D1620797

BEITRÄGE ZUR HISTORISCHEN THEOLOGIE
HERAUSGEGEBEN VON GERHARD EBELING

52

Neuzeitliches Denken
und die Spaltung
der dialektischen Theologie

Zur Frage der natürlichen Theologie

von

CHRISTOF GESTRICH

1977

J. C. B. MOHR (PAUL SIEBECK) TÜBINGEN

CIP-Kurztitelaufnahme der Deutschen Bibliothek

Gestrich, Christof
Neuzeitliches Denken und die Spaltung der
dialektischen Theologie: zur Frage d. natürl.
Theologie. — 1. Aufl. — Tübingen: Mohr, 1977.
    (Beiträge zur historischen Theologie; 52)
    ISBN 3-16-138752-X

Als Habilitationsschrift
auf Empfehlung der Eberhard-Karls-Universität Tübingen gedruckt
mit Unterstützung der Deutschen Forschungsgemeinschaft

ISSN 0340-6741

MEINEN ELTERN

VORWORT

Theologie in unserer Zeit muß ihr Verhältnis zur dialektischen Theologie reflektieren. Nützlich sind hierbei aber nicht eklektische Bezugnahmen auf die jüngste theologische Tradition. Vielmehr hängen Relevanz und Selbstbewußtheit heutiger Theologie an unserem Vermögen, die geschichtliche Funktion der dialektischen Theologie als ganzer zu begreifen.

Vorliegender Beitrag hierzu möchte nebenbei auch die Rezeption eines großen Teiles des umfangreichen „Stoffes" erleichtern. Dessen Differenziertheit sollte künftig nicht in einer pauschalen Bewertung „der" dialektischen Theologie untergehen. Mit Bedacht wird zunächst eine historisch-kritische Darstellung der „dialektischen Anfänge" als eines Zusammentreffens verschiedenartiger Entwürfe wider den Historismus gegeben. Sodann werden weitere Ursachen analysiert, die — folgenreich bis heute — zur Spaltung des gemeinsamen Lagers der dialektischen Theologie geführt haben. Schließlich wird die einstige Kontroverse um „Natur und Gnade" neu analysiert.

Vorherrschende Interpretationsmethode ist die der Einordnung der Wege Barths, Brunners, Bultmanns und Gogartens in umfassendere Zusammenhänge. Durch besondere Berücksichtigung der in der dialektischen Theologie (meist verdeckt) mitwirkenden neuzeitlichen *philosophischen* Traditionen sind Horizonte aufgewiesen, innerhalb derer einige der einstigen *theologischen* Gegensätze transzendierbar werden. Die aufgezeigten philosophisch-geistesgeschichtlichen Aspekte integrieren auch die entsprechenden politischen und gesellschaftsgeschichtlichen Realitäten.

Es stellt sich dann, erstens, heraus: „Theologie-" und „Geistesgeschichte" der Moderne repräsentieren nicht zwei Traditionen von grundverschiedener systematischer Qualität, sondern einen einzigen Zusammenhang. Hier und dort gibt es ein „Weiterkommen" immer erst dann, wenn vernachlässigte eigene Aufgaben in ihrer Ausformung und Aufgehobenheit beim jeweils *anderen* Traditionsstrang neu entdeckt und zurückgeholt werden.

Die Linien werden, zweitens, immer wieder versammelt beim Problem der natürlichen Theologie. Weil der hier auf uns gekommene Kardinal-Dissens nicht durch einen knotenlösenden Schwerthieb, auch nicht durch den Zugriff einer einzelnen Idee zu bewältigen ist, weil er ferner durch keinen der heutigen Entwürfe bereits überwunden scheint (dies zeigt die

Barth-Renaissance), analysiert diese Arbeit zunächst vielfältige historische Implikate der theologia-naturalis-Frage. Um aber in den Fragen, die einst das gemeinsame Lager der dialektischen Theologie zersprengten, zu gewissen Klärungen zu kommen, wird vor allem die Konstellation Barth—Hegel in neuer Weise thematisch gemacht. Bezogen auf diese Konstellation (die sachlichen Vorrang hat vor dem Verhältnis Barths zu K. Marx!) werden gerade auch die Wege der anderen dialektischen Theologen in einer produktiven Weise verständlich. — Daß wir mit dem auf uns gekommenen Problem der natürlichen Theologie nicht zuletzt auf die neuzeitliche Freiheitsfrage (und auch deshalb heute aufs Gespräch mit dem deutschen Idealismus) zurückverwiesen sind, ist besonders herausgearbeitet.

Die Untersuchung wurde 1973 abgeschlossen und 1974 vom Fachbereich Evangelische Theologie der Universität Tübingen als Habilitationsschrift für das Fachgebiet Systematische Theologie angenommen. Für die Drucklegung wurde leicht gekürzt; der Schlußabschnitt G ist neu geschrieben.

Herr Professor D. Gerhard Ebeling, Zürich, regte die Arbeit während meiner Assistentenzeit bei ihm an. Ihren Werdegang begleitete er aufs freundlichste und nahm sie nun in die von ihm herausgegebenen Beiträge zur Historischen Theologie auf. Hierfür und für Theologisches und Menschliches während vieler Jahre danke ich ihm herzlich. Viel verdanke ich auch dem Gespräch mit Freunden, die gleich mir in Zürich studierten: Dr. Jürgen Hübner, Heidelberg; Professor Theodor Jørgensen, Kopenhagen; Dr. Walter Mostert, Zürich; Dr. Karl-Heinz zur Mühlen, Tübingen; Dr. Christof Windhorst, Bethel. Herr Professor Dr. Eberhard Jüngel, Tübingen, las das Manuskript als erster. Seine Beurteilung war mir ebenso wertvoll wie mich seine eigenen Barth-Interpretationen während der Arbeit an diesem Buch ermutigten.

Dem Verleger, Herrn Dr. Hans Georg Siebeck, danke ich für die Bereitschaft, dieses Buch zu veröffentlichen; der Deutschen Forschungsgemeinschaft für den namhaften Druckkostenzuschuß.

Mein Vater, Ephorus i. R. Wolfram Gestrich, las die Korrekturen mit. Dem Elternhaus verdanke ich auch die erste Begegnung mit der dialektischen Theologie.

Rosenfeld-Täbingen, Pfarrhaus, im Juli 1976

Christof Gestrich

INHALT

EINLEITUNG

I. „Zerfall der Moderne" — Spaltung der dialektischen Theologie . . . 1
II. „Ende der Neuzeit" — Anfänge der dialektischen Theologie 2
III. Neuzeitsyndrom und natürliche Theologie 4
IV. „Theologie des Wortes Gottes" in der Konsequenz der Neuzeit? . . . 6
V. Fortwirken der Spaltung der dialektischen Theologie 7
VI. Notwendigkeit eines „historisch-kritischen" Verhältnisses zur dialektischen Theologie 12

Erster Teil
VORAUSSETZUNGEN DER SPALTUNG

A) URSPRÜNGLICHE THEOLOGISCHE GEGENSÄTZE IM KREIS VON „ZWISCHEN DEN ZEITEN"

I. Die gemeinsamen Anfänge als ein Zusammentreffen verschiedenartiger theologischer Entwürfe wider den Historismus 15
1. Das Gemeinsame 16 — 2. Die Gegensätze (Problemanzeige) 17 —
3. Der Historismus Troeltschs und die Anfänge der dialektischen Theologie 19 — *Exkurs I:* Von Herder zu Nietzsche — Wandlungen des Geschichtsbegriffs 22
II. Dialektische Anfänge bei Brunner 27
1. Brunners philosophisch-theologische Reaktion gegen den Historismus 28 — *Exkurs II:* Brunner zum Verhältnis von Theologie und Philosophie während seiner „dialektischen Periode" (ca. 1921—1929). Mit einem Hinweis auf Barth 31 — 2. Zum geschichtlichen Ort der Theologie Brunners 34
III. Dialektische Anfänge bei Barth 39
1. Barths theologische „Wende" 40 — *Exkurs III:* Barths rückblickende Beurteilungen seiner Römerbrieferklärung 56 — 2. Das Problem der Ethik beim frühen Barth 59
IV. Dialektische Anfänge bei Gogarten 72
1. Überblick über die Entwicklung bis zur Schrift: „Ich glaube an den dreieinigen Gott" (1926) 74 — 2. Die Auseinandersetzung mit Troeltsch

(I) 77 — 3. Ursprüngliche Differenzen zwischen Gogarten und Barth 80 — 4. Phänomene des Unwirklichen. Gogartens Kritik an der „modernen Welt" 85 — 5. Die Auseinandersetzung mit Troeltsch (II) 94 — 6. Weichenstellung im Verhältnis zu Barth 99 — 7. Neuzeit und Reformation. Zum „Ansatz" der Theologie bei Barth und Gogarten 100

B) LINIEN VON DER AUFKLÄRUNG ZUM KIRCHENKAMPF IM ZWANZIGSTEN JAHRHUNDERT

I. Die Neuzeit als theologie- und geistesgeschichtliches Problem. Historische und systematische Urteile Barths 110
1. Christliche Neuzeitdeutung nach der Parabel vom verlorenen Sohn 110 — 2. Andere „Lage-Diagnosen" bei Barth 112 — 3. Barth zur „Trauergeschichte der neueren protestantischen Theologie" 117 — 4. Ansätze zur Kritik des Barthschen Bilds von der neueren protestantischen Theologie 121 — Exkurs IV: Barth über Lessing 123 — 5. Über die Kohärenz neuzeitlicher Philosophie- und Theologiegeschichte 127 — 6. Zum Verständnis der Neuzeit bei H. Blumenberg und Barth 130 — Exkurs V: „Biblische Theologie" (Kant und Barth) 133 — 7. Barth im Jahre 1929 zum Verhältnis von Theologie und Philosophie. Beginn der Krise von „Zwischen den Zeiten" 136
II. Die Fronten am Anfang des Dritten Reichs 143
1. Der Durchschnittseindruck von der Theologie der „Deutschen Christen" 144 — 2. Barth zum Kirchenkampf 145 — 3. Die Stellung Emanuel Hirschs. Mit einem Hinweis auf Paul Tillich 150 — 4. Zu Brunners Schrift „Natur und Gnade" (1934) 158

Zweiter Teil
DER STREIT UM NATUR UND GNADE

C) ANTHROPOLOGIE / ONTOLOGIE / HERMENEUTIK

I. Zur Fragestellung 166
1. Möglichkeit, Wirklichkeitsbezug und Notwendigkeit der Theologie 166 — 2. Hundert Jahre alte Fragen 169
II. Zum theologiegeschichtlichen Hintergrund der Kontroverse Brunner—Barth 172
1. Brunners Lehre von der imago Dei und die Kritik Barths 173 — 2. Calvin und Brunner über den Menschen 181 — 3. Das Gewichtig-Werden des imago-„Restes" in der altprotestantischen Orthodoxie 184 — 4. Das Problematisch-Werden des „heilsgeschichtlichen Rahmens" der Dogmatik etwa seit 1700 186 — 5. Die „teleologische" Orientierung der Theologie im 19. Jahrhundert 190 — 6. Zur Eigenart und Problematik der neuen schöpfungstheologischen Impulse im 20. Jahrhundert

193 — 7. Der theologiegeschichtliche Ort der Barthschen analogia fidei 200

III. Die Frage nach dem wirklichen Menschen 206
1. Der Mensch im Widerspruch und das Problem der natürlichen Theologie 207 — 2. Die Erwählung des Menschen Jesus und das Problem der natürlichen Theologie 211 — 3. Die Begründung der Anthropologie auf die Christologie 220, a) Der „neue Barth" und die Vertiefung der Gegensätze innerhalb der dialektischen Theologie 220, b) Theologische Anthropologie und Humanwissenschaft 226, c) Der Mensch Jesus als das Kriterium der Humanität 233 — Exkurs VI: Hegel und Marx über den wirklichen Menschen 235

IV. Barth und Hegel 236
1. Idealismus, Metaphysik und Christologie 237, a) „Hegelianismus" Barths? 239, b) Barths Begründung der Anthropologie auf die Christologie als Revision der idealistischen Begründung der Christologie auf die Anthropologie 240, c) Zu der Kritik an Barths „idealistischer Denkform" (H. U. v. Balthasar) 243 — Exkurs VII: Barth über Hegel 246 — 2. Hegels Folgen und die Spaltung der dialektischen Theologie 249

V. Der Gegensatz Barth—Bultmann als systematisches und als kirchengeschichtliches Problem 263
1. Die Konturen der systematischen Differenz 266 — 2. Gemeinsame hermeneutische Anfänge 270 — 3. Bultmanns Weg zur existentialen Interpretation 272 — 4. Die Rede vom „Objektivismus" Barths und vom „Subjektivismus" Bultmanns 275, a) Ontologische Probleme der Exegese. Barths und Bultmanns wechselseitige Kritik ihres Auslegungsverfahrens 276, b) Übereinstimmung in der Ablehnung des Cartesianismus in der Theologie 280, c) Barths Hermeneutik 282 — 5. Der Dissens im Verständnis der theologischen Aufgabe 285 — 6. Die beiden „Elemente" der Theologie Barths und Bultmanns 289 — 7. Ergebnisse 293

D) OFFENBARUNG

I. Die Wiederentdeckung der Schöpfungsoffenbarung 295
1. Die neuere Geschichte des Offenbarungsverständnisses als hermeneutisches Problem 296 — 2. Brunners Begriff der Schöpfungsoffenbarung 302 — 3. Die fragwürdige Berufung auf Röm. 1 und 2 307

II. Drei dogmatische Schwerpunkte im Streit um die Ur- oder Schöpfungsoffenbarung 309
1. Die Offenbarung und das menschliche Selbstverständnis 310 — 2. Natürliche Theologie bei A. Schlatter 311 — 3. „Natürliche Offenbarung" bei Bultmann und „Uroffenbarung" bei P. Althaus 313 — 4. Das Problem einer „Aufspaltung des Gottesgedankens" (Barth und P. Althaus) 316 — 5. Der Schock der Neuzeit und das Offenbarungsverständnis Barths 319

E) ORDNUNGEN

I. Zur Entstehung der Theologie der Ordnungen 328
    1. Brunners Definition der Schöpfungsordnungen 328 — 2. Philosophie-
    geschichtlicher Hintergrund 329 — 3. Theologiegeschichtlicher Hinter-
    grund 330
II. Die Ordnungen im Horizont der Zweireichelehre 332
    1. Brunners problematische Stellung zwischen Barth und Gogarten 332
    — 2. Die „jüdischen Lehren" der Neuzeit (Gogarten und Barth) 337

F) ANKNÜPFUNG

I. Brunners Lehre vom Anknüpfungspunkt unter Berücksichtigung des
    Verhältnisses zu Barth und zu Schleiermacher 342
    1. Die Stellung des Lehrstücks innerhalb der Brunnerschen theologia
    naturalis 343 — 2. Brunners Stellung zwischen Barth und Bultmann
    344 — 3. Zur Motivation der Brunnerschen Frage nach dem Anknüp-
    fungspunkt 344 — 4. Die Frage des Hl. Geistes als Angelpunkt der
    Kontroverse 346 — 5. Der Anknüpfungspunkt und das religiöse Apriori
    347 — 6. Barths Gleichsetzung von Anknüpfungspunkt und Anknü-
    pfungsereignis 348 — 7. Grenzen des Problembewußtseins bei Brunner
    349 — 8. Brunner und Schleiermacher 350 — 9. Brunners Verständnis
    der theologischen Aufgabe zwischen 1925 und 1934 353 — 10. Feuer-
    bach und die Polarisierung von Glaube und Liebe 358
II. Der Lehrgegensatz Bultmann-Brunner 360
    1. Die Religion als Anknüpfungspunkt 360 — 2. Anknüpfung am „Ma-
    terialen" oder am „Formalen"? 362 — 3. Die strittige Bewertung der
    philosophischen Daseinsanalyse 363, a) Brunner zum Verhältnis von
    Theologie und Ontologie 363, b) Bultmanns Ablehnung einer „Glau-
    bensontologie" 368, c) Zu W. Links Interpretation der Kontroverse 370
    — 4. Das Verhältnis Bultmann-Heidegger als theologiegeschichtliches
    Problem 373

G) DAS PROBLEM DER NATÜRLICHEN THEOLOGIE
UND DIE NEUZEIT. EIN NACHWORT

I. Natürliche Theologie im 20. Jahrhundert 381
II. Der unglückliche Verlauf der Debatte über die natürliche Theologie
    und die Unklarheit über die Rolle des Zeitfaktors in der theologischen
    Arbeit 384
III. Die theologia-naturalis-Frage zwischen Gotteslehre und Anthropologie
    — ein Reflex der neuzeitlichen Freiheitsfrage? 388
IV. Zur Neuzeitfrage: Barths Theologie im Zusammenhang mit Grundpro-
    blemen der neueren Philosophie 390
V. Gogarten und die Freiheit 393

ABKÜRZUNGEN HÄUFIG ZITIERTER WERKE

Anfänge I/II	Anfänge der dialektischen Theologie. Teil I und Teil II, hg. v. J. Moltmann, ThB 17, 1962/63.
Briefw B-B	Karl Barth – Rudolf Bultmann. Briefwechsel 1922 bis 1966, hg. v. B. Jaspert. Karl Barth Gesamtausgabe V. Briefe, Bd. 1, 1971.
Briefw B-Th I/II	Karl Barth – Eduard Thurneysen. Briefwechsel. Band I: 1913 –1921. Band II: 1921–1930, beide hg. v. E. Thurneysen. Karl Barth Gesamtausgabe V. Briefe, Bd. 3, 1973; Bd. 4, 1974.
CD	K. Barth, Die christliche Dogmatik im Entwurf I: Die Lehre vom Worte Gottes, 1927.
DThSchB	„Dialektische Theologie" in Scheidung und Bewährung 1933– 1963. Aufsätze, Gutachten und Erklärungen, hg. v. W. Fürst, ThB 34, 1966.
EEG	E. Brunner, Erlebnis, Erkenntnis und Glaube (1921[1]), 1923[2.3].
FAn	E. Brunner, Die Frage nach dem „Anknüpfungspunkt" als Problem der Theologie. ZZ 10, 1932, 505 ff.
GO	E. Brunner, Das Gebot und die Ordnungen. Entwurf einer protestantisch-theologischen Ethik, 1932.
GuV I-IV	R. Bultmann, Glaube und Verstehen I–IV, 1933 ff.
KD	K. Barth, Die Kirchliche Dogmatik, 1932 ff.
MW	E. Brunner, Der Mensch im Widerspruch. Die christliche Lehre vom wahren und vom wirklichen Menschen (1937[1]), 1965[4].
MyW	E. Brunner, Die Mystik und das Wort. Der Gegensatz zwischen moderner Religionsauffassung und christlichem Glauben, 1924[1].
„Nein!"	K. Barth, Nein! Antwort an Emil Brunner. ThEx H. 14, 1934. Jetzt in: „Dialektische Theologie" in Scheidung und Bewährung, 1966 (DThSchB), 208 ff. Hiernach die Zitate. Die jeweils hinter dem Schrägstrich angegebene Seitenzahl bezieht sich auf die Paginierung der Ausgabe von 1934.
NuG/NuG²	E. Brunner, Natur und Gnade. Zum Gespräch mit Karl Barth, 1934[1] (=NuG) / 1935[2] (= NuG²). Die 1. Aufl. jetzt in: „Dialektische Theologie" in Scheidung und Bewährung, 1966 (DThSchB), 169 ff. Hiernach die Zitate. Die jeweils hinter dem Schrägstrich angegebene Seitenzahl bezieht sich auf die Paginierung der Ausgabe von 1934.
ProtTh 19. Jh.	K. Barth, Die protestantische Theologie im 19. Jahrhundert (1946[1]), 1960[3].

Röm¹/Röm²	K. Barth, Der Römerbrief, 1919¹/1921².
Vorträge I-III	K. Barth, Das Wort Gottes und die Theologie. Gesammelte Vorträge (1924¹), 1925² (= Vortr. I).
	Ders., Die Theologie und die Kirche. Gesammelte Vorträge, 2. Bd., 1928 (= Vortr. II).
	Ders., Theologische Fragen und Antworten. Gesammelte Vorträge, 3. Bd., 1957 (= Vortr. III).
WuG I/II	G. Ebeling, Wort und Glaube (Bd. I) 1960¹, 1967³ / (Bd. II) 1969.

EINLEITUNG

I. „Zerfall der Moderne" — Spaltung der dialektischen Theologie

Im Jahre 1929, als der um K. Barth entstandene Kreis von „Zwischen den Zeiten" schon merklich seiner Auflösung entgegenging, erschien F. K. Schumanns Monographie *Der Gottesgedanke und der Zerfall der Moderne*. Der Titel implizierte, ähnlich wie derjenige der Gogartenschen Schrift *Der Zerfall des Humanismus und die Gottesfrage* (1937), eine geistesgeschichtliche und zugleich auch theologiegeschichtliche Hypothese: Das 20. Jahrhundert stehe im Zeichen des Scheiterns der von der Aufklärung ausgegangenen Impulse. Der vom Ersten Weltkrieg herkommende „moderne Mensch" sei der Ideale der Aufklärung überdrüssig geworden und klammere sich nun an den aus dunklen, mittelalterlichen Tiefen zurückflutenden Gottesgedanken[1]. Diese „Lagediagnose" galt in jenen Jahren weithin für plausibel. Das Aufkommen der dialektischen Theologie[2] mit ihrer machtvollen Erneuerung des plötzlich gar nicht mehr als „fraglich" empfundenen Gottesgedankens[3] schien selbst der treffendste Beweis für die genannte Hypothese zu sein. — Doch ist dann in der Folge, trotz des einstweiligen Überhandnehmens konservativer und faschistischer Strömungen, weder die Moderne einfach „zerfallen" noch wurde das (im ganzen nur ständig noch zunehmende) moderne atheistische Weltgefühl und

---

[1] Zu *Schumann*, s. u. S. 110 ff.

[2] Die Bezeichnung „dialektische Theologie" wird im folgenden in dem eingebürgerten Sinn für den Gesamtkomplex des mit den Namen Barth, Brunner, Bultmann, Gogarten und Thurneysen verknüpften Werks gebraucht.

[3] Vgl. *Gogarten*, aaO. 13: „In dem neuen theologischen Ansatz, der in der Nachkriegszeit versucht wurde, stellte man die Gottesfrage ganz anders. Man fragte nicht aus einer gesicherten Welt ... nach Gott, sondern man meinte, gerade in der erschütternden Tatsache, daß die Welt, in der man lebte, zerbrach, daß die Kultur sich zersetzte, daß das Wissen sich in lauter Diskussion und Zweifel auflöste, Gott selbst als den zu erfahren, durch dessen Dasein die Welt und man selbst in Frage gestellt wurde. Gott selbst und sein Dasein waren nicht mehr fraglich." — Ähnlich seinerzeit z. B. *W. Wiesner*, Das Offenbarungsproblem in der dialektischen Theologie. FGLP III, 2, 1930, 1 ff.: Die Gegenwart steht „im Zeichen des Zusammenbruchs", den der „Geist der Aufklärung" „auf allen Gebieten erlebt", weshalb jetzt auch wieder „der Geist des Gegenwartsmenschen nach Offenbarung gleichsam schreit".

Wirklichkeitsverständnis durch den neu aufgelebten „Theismus" überwunden. Auch wenn es unter anderen Aspekten nach wie vor als plausibel erscheinen könnte, für das 20. Jahrhundert das „Ende der Neuzeit" zu diagnostizieren[4], hat sich das neuzeitliche Denken durch die Weltkriege jedenfalls nicht erledigt. Vielmehr wurde inzwischen offenkundig, daß mit dem „Kairos" nach dem Ersten Weltkrieg *keine* epochale „Sternstunde der Theologie" zuungunsten des Geistes der Aufklärung begann.

Schon als Schumann sein Buch schrieb, zeichnete es sich ab, daß nicht das in eine Krise geratene „moderne Denken" etwa unter dem Ansturm der dialektischen Theologie vollends „zerfallen" würde, sondern daß umgekehrt das Lager der dialektischen Theologie aufgrund der sehr uneinheitlichen Stellung seiner einzelnen Repräsentanten zur Geltung der geistigen und gesellschaftlichen Grundlagen der Neuzeit früher oder später auseinanderbrechen müsse.

II. „Ende der Neuzeit" — Anfänge der dialektischen Theologie

In ihren Anfängen trug die dialektische Theologie ein doppeltes Gesicht. Auf der einen Seite war sie eine im Zusammenhang mit den Umbrüchen zur Zeit des Ersten Weltkriegs erfolgte Abkehr sowohl von der liberalen wie von der positiven Theologie des 19. Jahrhunderts. D. h. sie war der Versuch einer evangelisch-reformatorischen Erneuerung des in die Fänge des Historismus und einer allgemeinen Religionswissenschaft hineingeratenen Protestantismus. Auf der anderen Seite erschien sie, wenigstens für einen Moment, als das Auffangbecken aller geistigen Wege der Neuzeit, als das Meer, in das hinein sich alle Ströme neuzeitlicher Philosophie und Weltanschauung ergossen. Die frühe dialektische Theologie war das eine nur indem sie auch das andere war. Der neue Anfang im Bereich der evangelischen Theologie galt zugleich als das Ende der Odyssee der neuzeitlichen Geistesgeschichte. Die tiefe Wiedervereinigungssehnsucht, von der der Neuprotestantismus dem modernen Denken gegenüber erfüllt war (und die in seiner „Apologetik", in seinen „Synthesen", aber auch in seinen „Diastasen" zum Ausdruck kam), schien nun ausgerechnet mit einer einseitigen, kompromißlosen Rückwendung der evangelischen Theologie zur Reformation an ihr Ziel gelangt! Die im Sinne des „unendlichen qualitativen Unterschied(es)" (Kierkegaard) neu verstandene Bezie-

---

[4] *R. Guardini* (Das Ende der Neuzeit, 1950, 62 ff. 66 ff. 82 ff.) sah in Goethe den klassischen Repräsentanten neuzeitlichen Lebensgefühls. Die Neuzeit endet mit dem 1. Weltkrieg, der u. a. den Glauben an das „autonome Individuum" zerbrach. Die vom Fortschrittsoptimismus geprägte neuzeitliche Kulturvorstellung erledigte sich. — Ähnliche Gedanken bei *P. Tillich*, Die gegenwärtige Weltsituation (1945) WW X, 237 ff.; *Ders.*, Der Zerfall unserer Welt (1941) aaO. 202 ff.

hung Gottes zum Menschen galt als „das Thema der Bibel und die Summe der Philosophie in Einem"[5].

Die frühen Schriften aller dialektischer Theologen waren „irgendwie" von der genannten, doppelten Thematik geprägt. Doch gab es von Anfang an gravierende Unterschiede. Auf der einen Seite stand der revolutionäre und zugleich konservative Gogarten, der Kirche und Gesellschaft vom aufklärerisch-idealistischen Krankheitskeim befreien und reformatorisch erneuern wollte. Auf der anderen Seite der „Sozialdemokrat" Barth, der freilich als Theologe, so schien es, doch nur eine stark historisch orientierte Prinzipienrevison der protestantischen Kirchenlehre anstrebte[6]. Und dazwischen bewegten sich in unterschiedlicher Abstufung die Vorstöße der übrigen dialektischen Theologen.

Das anfänglich fast als selbstverständlich empfundene Zusammentreffen der theologischen „Wende" mit dem Ende der neueren „Geistesgeschichte" erwies sich, objektiv, sehr bald als eine Chimäre, also teils als eine nicht recht geheuere Angelegenheit, teils als eine durch die Realität nicht gedeckte Hypothese. Sehr schnell erwuchs der dialektischen Theologie z. B. in der Existenzphilosophie, die ihrerseits *theologisches* Erbe integrierte, Konkurrenz. Jetzt entstand das Problem, wie man sich dieser konkurrierenden Bewegung gegenüber verhalten sollte. Und über diesen Fragen sind dann die schönsten Früchte, die anfänglich erhofft wurden, doch nicht gereift. Als das Dritte Reich näherrückte, zeigte es sich auch, wie voreilig die zuweilen freudige Begrüßung des geistigen Zusammenbruchs nach dem Ersten Weltkrieg gewesen war. Außerdem stellte sich jetzt heraus, wieviel Grundlagenarbeit im Bereich von Theologie und Philosophie zur Klärung und zur Überwindung der Neuzeitproblematik erst noch geleistet werden mußte, und wie sehr der anfängliche radikale Gegensatz zur neuprotestantischen Theologie und zur idealistischen Philosophie noch der Differenzierung bedurfte.

---

[5] Anfänge I, 113.

[6] Vgl. *F. Gogarten*, Gericht oder Skepsis. Eine Streitschrift gegen Karl Barth, 1937, 7 (in: Anfänge II, 331 f.): „Barth und ich ... sind ... von Anfang an verschiedene Wege gegangen. Barth beschäftigten, je länger um so ausschließlicher, spezielle theologische Fragen. Er ließ sich seine Fragen stellen und suchte Antwort auf sie zu geben, indem er sich mit Theologiegeschichte und Dogmatik beschäftigte. Mich nahm dagegen die Auseinandersetzung mit der Moderne in Anspruch. Mit dem an Luther geschärften Blick für das Eigentümliche des christlichen Glaubens habe ich nach den letzten Voraussetzungen des modernen Denkens gefragt und nach seinem Recht, sich offen oder heimlich zum Meister des christlichen Glaubens zu machen. Das führte mich immer tiefer in die großen politisch-ethischen Fragen, die die Gegenwart bewegten und die zu konkreten Entscheidungen zwangen." — Hierzu ferner: *K. Barth*, Abschied von „Zwischen den Zeiten". ZZ 11, 1933, 536, in: Anfänge II, 313 f. — *Ders.*, Rundbrief vom 26. II. 1922 an die schweizer Freunde, in: Briefw B-Th II, 46 f.

Die Frontenscheidung begann, als nach der Turbulenz der Anfänge die Durchbruchsstimmung einer gründlicheren, nüchternen Bearbeitung der hermeneutischen Prinzipienfrage wich[7], und als ferner die Geschichte über die Krisensituation des Ersten Weltkriegs hinausstrebte und auch in der Theologie geistig-politische Entscheidungen notwendig wurden[8].

Blieben sich die dialektischen Theologen auch in ihrem Gegensatz zur Theologie des 19. Jahrhunderts (welche vornehmlich erst durch sie zur „Theologie des 19. Jahrhunderts" qualifiziert wurde) relativ einig, so doch keineswegs in ihrem Gegensatz zum sog. Geist der Moderne. *Dieser* Gegensatz wurde jeweils verschieden angesetzt, ganz abgesehen davon, daß er jeweils auch von einer teilweisen Zustimmung zu den von der Aufklärung ausgegangenen Impulsen begleitet war. Und hier liegt einer der entscheidenden Punkte, von denen her die Spaltung der dialektischen Theologie ihren Ausgang nahm.

III. Neuzeitsyndrom und natürliche Theologie

Was nun das neuzeitliche Denken sei, und wie im folgenden der Begriff „Neuzeit" verstanden sei, dies soll hier nicht mit einer vorgängigen Definition angegeben werden. Denn die dialektische Theologie ist selbst ein Faktor, der zur Verständigung über das Wesen der Neuzeit beitrug. Zur Debatte steht offenbar jener — rückwärts und vorwärts als *offen* zu verstehende — historische Prozeß, der z. B. als die Ablösung des traditionellen „metaphysischen" durch ein „geschichtliches" Wirklichkeitsverständnis beschrieben wird[9]. Es geht um die „Moderne", die im 20. Jahrhundert zwar nicht „zerfallen" ist, aber deren innere Widersprüche gerade im 20. Jahrhundert schwer zu schaffen machen. Jene Epoche ist im Blick, von der auch angenommen wird, in ihr habe der christliche Glaube

---

[7] Vgl. *L. Steiger*, Die Hermeneutik als dogmatisches Problem. Eine Auseinandersetzung mit dem transzendentalen Ansatz des theologischen Verstehens, 1961, 74. — *K.-W. Thyssen*, Begegnung und Verantwortung. Der Weg der Theologie F. Gogartens von den Anfängen bis zum Zweiten Weltkrieg, HUTh 12, 1970, 279.

[8] Darin, wie die dialektischen Theologen jeweils die Krise zur Zeit des 1. Weltkriegs verstanden, liegt nach *Gogarten* (aaO. 13 bzw. 337) „der tiefe Gegensatz, der von allem Anfang an in dem war", was die dialektischen Theologen „miteinander verband, und der ganz folgerichtig in dem Augenblick offen zutage treten mußte, als es galt, angesichts [!] des Versuches, diese Krise zu überwinden, sich zu entscheiden".

[9] Etwa bei *F. Gogarten*, Verhängnis und Hoffnung der Neuzeit (1953) Siebenstern-TB 72, 1966, 103 ff.; vgl. *G. Ebeling*, Theologie und Verkündigung. HUTh 1, 1962, 2.

seine Selbstverständlichkeit, seine zuvor extra controversiam gewesene formale Autorität eingebüßt[10].

Ein systematisches Problem, das uns in diesem Zusammenhang beschäftigen wird, liegt darin, daß dieser Schwund der formalen Geltung des Christlichen angesichts der *immer schon* vom „natürlichen Menschen" intendierten und praktizierten Gottesleugnung eigentlich doch *nicht* als eine die neuzeitliche Theologie *belastende Schwierigkeit* verstanden werden darf! In einem Mißverhältnis zu der *Erleichterung* oder zu der dem Evangelium angemessenen Situationsklärung, die jener Schwund tatsächlich bewirkte, steht der bis in die Gegenwart hinein von der Theologie empfundene *Schock* wegen des Wechsels der Dinge seit der Reformation.

Exakt hier, in diesem Mißverhältnis, wurzelt das Problem der *natürlichen Theologie*, wie es der dialektischen Theologie sich stellte. Die strittige Kardinalfrage war: Wie verhält sich das Christliche als *Glaube* zum Christlichen als *Kultur* (bzw. zu den historischen Phänomenen und Folgen des Christentums)? Ist es, wie Barth anzunehmen schien, grundsätzlich verkehrt, ein Junktim zu setzen zwischen der Frage, welches der schriftgemäße *Inhalt* der christlichen Dogmatik sei, und der anderen Frage, welches die dem neuzeitlichen Wirklichkeitsverständnis gemäße *Form* der christlichen Dogmatik sei? Ist ferner auch jene andere, Brunner und Gogarten absorbierende Bemühung theologisch unhaltbar, dem neuzeitlichen Denken allererst wieder zu einem zureichenden Wirklichkeitsver-

---

[10] Vgl. *Ebeling*, WuG I, 30. – KD IV 3.1, 18 ff. Weitere Gesichtspunkte bei *G. Koch*, Die Zukunft des toten Gottes, 1968, 9 f. der die Neuzeit als eine (zu Ende gegangene) *Übergangszeit* wertet: Neuzeit ist die Epoche, die den Gottesgedanken immerhin noch in der Form des Denkens „des Absoluten" beibehielt. Heute begebe sich ein nach-neuzeitlicher Mensch auch dieses letzten metaphysischen Haltes. – Ferner: *D. Schellong*, Karl Barth als Theologe der Neuzeit, ThEx 173, 1973, 42–54 („Was ist ‚neuzeitlich'?"). Hier werden für die Neuzeit – im Hinblick auf fundamentale Zusammenhänge bei K. Barth – zunächst Beobachtungen gesammelt an Spinozas Erläuterung zum 67. Lehrsatz des 4. Buches der Ethik: An die Stelle des „sola fide" tritt ein „sola ratione", an die Stelle der „meditatio futurae vitae" die „meditatio vitae", an die Stelle der „conservatio Dei" die „conservatio sui". Schellong stellt sodann als die philosophische Signatur der Neuzeit heraus *das Problem*, aber auch die schon auf dem Weg von Spinoza bis Hegel *versuchte Überwindung der Subjekt-Objekt-Spaltung* samt deren negativen Folgen wie Kapitalismus, Freiheitsverlust usw. – Demnach ist Neuzeit sowohl die die Subjekt-Objekt-Spaltung wie auch die diese Spaltung durch „Vernunft", „Arbeit", „Veränderung" usw. selber wieder zu überwinden trachtende Epoche. Allerdings, so meint Schellong (aaO. 79), habe sich schon im 18. Jahrhundert „die Negativität des neuzeitlichen Prinzips", „mit solcher Wucht" geäußert, daß die der Bewältigung des Negativen von Haus aus zugewandte christliche Theologie bei Hegel wieder ins neuzeitliche Denken hereingeholt werden mußte. Und: „Nachdem dann auch Hegels Synthese von der Wirklichkeit dementiert worden ist, mußte Barths Theologie neu einsetzen...". – An dieser Stelle setzen die Fragestellungen unserer eigenen Untersuchung ein.

6

ständnis zu verhelfen? Wird hierbei etwa fatalerweise der Glaube schon vorausgesetzt und verbraucht, um dessen (verständlicher) Verkündigung willen solche Bemühung stattfindet? Wird infolgedessen auch eine falsche Allgemeinheit des Wirklichkeitsverständnisses vorgespiegelt? Und wird das Evangelium ontologisch „dingfest" gemacht?

Tatsächlich läßt sich — aus hermeneutischen Gründen — der kulturgeschichtliche Aspekt des Christentums vom dogmatischen nicht einfach trennen. Barths Gegner in der theologia-naturalis-Frage hatten z. T. ein Empfinden dafür, daß sich in der Neuzeit Philosophie wie Theologie im Zuge einer emotionalen, oft höchst kurzschlüssigen Abgrenzung gegeneinander selbst definiert haben. Dadurch entstanden in beiden Wissenschaften *Sprachprobleme*, an denen das moderne Wirklichkeitsverständnis überhaupt zu kranken scheint. Die kritische Analyse dieser Probleme dient *auch*, aber nicht nur, der Verständlichkeit christlicher Verkündigung. Bedenklich ist hier immer ein einseitiges Interesse der Theologie. Denn was hier zu bewältigen ist, betrifft gleichermaßen die Philosophie.

IV. „Theologie des Wortes Gottes" in der Konsequenz der Neuzeit?

Auf den *Gegensatz* zwischen dem Verhältnis des Christentums als Glaube und dem Verständnis des Christentums als Kultur (Geschichte) aufmerksam geworden zu sein, dies charakterisiert die dialektische Theologie als ganze von Anfang an. Jenes Christentumsverständnis war ihr wesentlich, dieses unwesentlich. Dadurch aber, daß sie die kultur- und geistesgeschichtliche Betrachtungsweise des Christentums aufgab, wurde sie gerade selbst wieder „geistesgeschichtliches Ereignis"! Auf dem Hintergrund der zur Zeit des Ersten Weltkriegs eingetretenen Krise des modernen Denkens („allgemeine Grundlagenkrise") ist dies nicht unverständlich. Für die dialektischen Theologen ergab sich hieraus schon in den Anfängen die weitere Frage, wie denn nun der am neu zur Geltung gebrachten Gegensatz zum „Geistesgeschichtlichen" auch wieder neu sichtbar gewordene *Zusammenhang* zwischen der theologischen Arbeit und der neuzeitlichen Problemlage zu bestimmen sei.

Diesen Umstand hatte man übersehen, wenn bisher meist angenommen wurde, die dialektische Theologie habe von Haus aus eine „Absage an die Neuzeit" intendiert oder doch faktisch bedeutet. Selbst bei Barth kann hiervon, genau genommen, keine Rede sein[11]. Es erscheint heute dringlich, den „erratischen Block" der dialektischen Theologie — diesen ver-

---

[11] Hierzu jetzt die Untersuchungen von *K. G. Steck* und *D. Schellong*, Karl Barth und die Neuzeit. ThEx 173, 1973, 7 ff. 34 ff. Ich bin mit den Autoren der Meinung, daß Barth derzeit als „Theologe der Neuzeit" entdeckt werden muß.

meintlichen Fremdling aus fernen Offenbarungswelten — in seiner spezifischen Funktion innerhalb der Zusammenhänge und Widersprüche des neuzeitlichen Denkens zu begreifen.

Erst von hier aus läßt sich auch die Spaltung der dialektischen Theologie produktiv interpretieren. War Barths Theologie auf die ursprüngliche Intention, so Gogartens Theologie auf die negativen Folgen der Aufklärung bezogen[12]. Eben dadurch aber charakterisiert *beider* Arbeit die dialektische Theologie als ein Unternehmen, das die zwiespältige Wirkungsgeschichte der Aufklärung rekapituliert in der Absicht, die auf dieser Ambivalenz und Dialektik beruhende Selbstblockierung und Selbstzerstörung der Aufklärung überwinden zu helfen.

Gerade als kirchliche und biblisch-reformatorische Theologie wußte sich die dialektische Theologie zu dieser therapeutischen Analyse des Neuzeitsyndroms aufgerufen. Denn was den Impuls der Aufklärung schon seit den Anfängen des Idealismus zu ersticken drohte, dies hängt offenbar mit der *häretischen Konstitution der Moderne*, mit dem neuzeitlich entarteten Verständnis von Evangelium zusammen. Aus diesem Grunde hat die dialektische Theologie auch dann, wenn es ihr um „reine Lehre" (Barth) ging, nicht etwa wieder hinter die Aufklärung zur Orthodoxie zurückgelenkt. Vielmehr war sie dann „orthodox" in der Bemühung, die steckengebliebene Aufklärung von den problematischen Elementen eines „umgeformten" modernen Christentums zu befreien.

Unter diesen Gesichtspunkten ist uns die dialektische Theologie bisher noch nicht erschlossen. Man sieht in ihr noch immer oder bereits wieder die Zerstörerin des von der Theologie bis hin zu E. Troeltsch noch gewahrten Kontakts zum „allgemeinen Wahrheitsbewußtsein"[13] — während sie in bestimmter Hinsicht gerade als konsequente „Theologie des Wortes Gottes" in der Konsequenz des neuzeitlichen Denkens selber steht[14]!

V. Fortwirken der Spaltung der dialektischen Theologie

Die Unklarheit über diesen Punkt führte seinerzeit bei der Spaltung der dialektischen Theologie zu „falschen Antithesen und schiefen Frontenstellungen"[15]. Diese aber setzten sich in der immer komplizierter, z. T. auch bizarrer werdenden Wirkungsgeschichte der dialektischen Theologie fort. Deshalb erscheint eine umfassendere Überprüfung der Vorgänge und Mo-

---

[12] S. u. S. 340 und 394 f.
[13] Vgl. *T. Rendtorff*, Theologie oder Prophetie? In Humane Gesellschaft. Beiträge zu ihrer sozialen Gestaltung (hg. v. T. Rendtorff u. A. Rich, 1970, 117 ff.) 133 f. u. ö. Jetzt in *T. Rendtorff*, Theorie des Christentums, 1972, 96 ff.
[14] S. u. S. 245 f. 390 ff. u. ö.
[15] *Ebeling*, WuG II, 428.

tive, die zum Auseinanderbrechen des Kreises von „Zwischen den Zeiten" geführt haben, als nützlich.

Noch bis zum Ende der Fünfziger Jahre wirkte sich jene Spaltung hauptsächlich nur so aus, daß der von Barth herkommenden Richtung einer „Theologie des Wortes Gottes" die von Bultmann inaugurierte „Kerygmatheologie" gegenüberstand. Die letztere öffnete sich der (wesentlich als „existentiale Interpretation" verstandenen) hermeneutischen Fragestellung — und fiel damit in den Augen Barths in die natürliche Theologie des Neuprotestantismus zurück[16]. Die deutschsprachige evangelische Theologie hatte sich zwischen diesen beiden „Wappenlöwen" zu entscheiden[17] — was freilich einige bewog, sich hier gerade nicht festzulegen, sondern zu „vermitteln"[18].

Diese Konstellation wurde zu Beginn der Sechziger Jahre durch aufstörende neue Fragestellungen modifiziert. Jetzt drang die sowohl Barth wie Bultmann unsympathische neue Frage nach dem historischen Jesus in breiter Front auch in die Arbeit der systematischen Theologie ein. Ferner machte ein Kreis um W. Pannenberg gegenüber den beiden bestehenden Grundrichtungen (die in dem Willen, *Wort*-Theologie zu sein, übereinkamen) die *Geschichte* als zentralen Bezugspunkt der Dogmatik thematisch[19]. Die Ära der dialektischen Theologie neigte sich ihrem Ende zu. Erste Anzeichen dieser Entwicklung aber hatten sich, wie im Rückblick sichtbar, bereits unmittelbar nach dem Zweiten Weltkrieg eingestellt.

Schon bald nach 1945 war von der „zweiten Theologengeneration" auch nach den „unerledigten Anliegen" der liberalen Theologie des 19. Jahrhunderts gefragt worden[20]. Durch diesen Rückbezug auf die Theologie der „Großväter" suchte man die immanenten Schwierigkeiten und

---

[16] Vgl. *K. Barth*, Rudolf Bultmann. Ein Versuch, ihn zu verstehen. ThSt(B) H. 34, 1952, 52 f.

[17] *Barth*, aaO. Vorwort zur 2. und 3. Aufl. 1964, 6.

[18] So schon vor dem 2. Weltkrieg z. B. D. Bonhoeffer und W. Link (s. u. S. 364).

[19] *Pannenberg* bezweifelte in dem von ihm herausgegebenen Sammelband: Offenbarung als Geschichte (1961, 1965[3], KuD Bh 1, 13 f.) daß die „kerygmatische Theologie der Gegenwart" (bzw. „die moderne personalistische Worttheologie") dem biblischen Offenbarungsbegriff gerecht werde. Dieser Theologie korrespondierten vielmehr die „gnostischen" Einsprengsel im Neuen Testament. — Zu Pannenbergs Herleitung der Worttheologie aus der verengten historistischen Geschichtsauffassung des ausgehenden 19. Jahrhunderts siehe jetzt: *H. Th. Goebel*, Wort Gottes als Auftrag. Zur Theologie von R. Bultmann, G. Ebeling u. W. Pannenberg, 1972, 181 f.

[20] Vgl. die von vielen Angehörigen dieser Generation zustimmend aufgenommene Äußerung von *G. Ebeling*, Die Bedeutung der historisch-kritischen Methode für die protestantische Theologie und Kirche (ZThK 47, 1950, 1 ff.; in: WuG I, 1 ff.): Es „drängt sich immer deutlicher die Frage auf, ob nicht das allzu schnelle Sichhinwegsetzen über die Probleme, mit denen die Theologie des 19.

Gegensätze in der Theologie der „Lehrer" zu bewältigen und die eigene Arbeit wieder besser in die Zusammenhänge des allgemeinen Denkens und der allgemeinen Geschichte hineinzustellen[21]. Auch war ein Bedürfnis entstanden, zu einem gediegeneren Wissenschaftsstil zurückzufinden, als er die hier und dort dem „dezisionistischen" Denken nicht ganz entgangene dialektische Theologie vielfach charakterisierte. Eine Repristination der Theologie des 19. Jahrhunderts wurde gleichwohl nicht intendiert. Die Kritik der dialektischen Theologie am neueren Protestantismus wurde nicht übergangen. Doch wurde der Problemkreis „Offenbarung und Geschichte" wieder in einen weiteren geistigen Rahmen gestellt, wobei auch Philosophie und theologische Tradition wieder mehr zu Wort kamen. Im Zuge dieser Entwicklung trat dann auch die eigentümliche Erscheinung auf, daß sich gleichsam unter der Prisma-Einwirkung der dialektischen Theologie von einer geschichtlich denkenden Theologie, die sich an der Kategorie des Wortes orientierte („Bultmannschule"), eine noch immer kerygmatisch denkende Theologie abspaltete, die sich an der Kategorie der Geschichte festmachte („Pannenbergkreis")[22].

Im Zuge dieser Vorgänge hatte sich in der Tat das 19. Jahrhundert wieder zu Wort gemeldet. Es dauerte aber nicht lange, so entstand demgegenüber auch bereits wieder ein neues Interesse an den „Anfängen der dialektischen Theologie", deren Impulse teils durch das Spätwerk der dialektischen Theologen selbst, teils durch die jüngsten partiellen Restaurationen der älteren liberalen Theologie in Vergessenheit geraten schienen. Nun wurde also gefragt, ob in den „Anfänge(n) der eigenen Gegenwart" nicht ebenfalls noch „unerledigte Anfragen" enthalten seien. Die dialektischen Anfänge erschienen fast als eine Schatzkammer, in der noch „mehr stecken könnte", als die dialektischen Theologen selbst später auszuschöpfen vermochten[23]. J. Moltmanns *Theologie der Hoffnung* ist insofern einer der in diese Zeit gehörenden Entwürfe, als während der Anfänge der dia-

---

Jahrhunderts rang, die immer spürbarer werdende Schwäche der theologischen Lage der Gegenwart ist" (WuG I, 9).

[21] WuG II, 43 schrieb Ebeling, er wende — ebenso wie Pannenberg — „dem Verhältnis des christlichen Glaubens zum allgemeinen Wahrheitsbewußtsein" seine Aufmerksamkeit zu, „nachdem diese Fragestellung innerhalb der dialektischen Theologie weithin vernachlässigt, überrannt oder gar grundsätzlich verworfen war".

[22] *J. M. Robinson*, Offenbarung als Wort und als Geschichte (in Theologie als Geschichte, Neuland in der Theologie Bd. 3, 1967, hg. v. J. M. Robinson und J. B. Cobb, Jr.), 12: Es handelt sich nicht „um eine Entweder-Oder-Beziehung zwischen Sprache und Geschichte. Vielmehr hat die Diskussion es mit der Frage zu tun: Welcher der beiden Entwürfe stellt die angemessenere übergreifende Kategorie bereit, um das richtige Verhältnis zwischen Sprache und Geschichte zum Ausdruck zu bringen"?

[23] *J. Moltmann*, Anfänge I (Vorwort), IX ff. — Vgl. *J. M. Robinson*, Die er-

lektischen Theologie das dogmatische Interesse an der Eschatologie in auffälliger Weise prävalierte.

Etwa zur gleichen Zeit entstand auch eine Art „Links"- und „Rechts"-Barthianismus (bzw. -Bultmannianismus)[24]. Die neue Linke[25], zuweilen „Radical-Theology" genannt, berief sich in ihrem Kampf gegen alle Formen eines „Theismus" bzw. für ihre Eliminierung nicht nur des „metaphysischen Gottesgedankens", sondern des Wortes „Gott" überhaupt, auffallend oft auf Barth[26]. Barths Kampf gegen die natürliche Theologie sollte angeblich konsequent zu Ende geführt werden. Doch wurde Barths Dogmatik gewissermaßen „vom Kopf auf die Füße gestellt" — nach klassischem Muster. Drohte in Barths „theozentrischer Theologie", wenigstens während der Anfänge, der Mensch neben Gott zu „verschwinden", so drohte jetzt ein umgekehrter Vorgang. Die Bemühung des späteren Barth, ohne Abstriche an seiner „theozentrischen" Grundkonzeption zur dogma-

---

sten heterodoxen Barthianer, in: Theologie zwischen gestern und morgen, hg. v. W. Dantine u. K. Lüthi, 1968, 14 und 17. — Vgl. auch *J. D. Smart*, The divided mind of modern theology. Karl Barth and Rudolf Bultmann, 1908 (sic!) — 1933. Philadelphia 1967. Smart meinte, die „Anfänge" seien erst jetzt in den USA geschichtlich angekommen (S. 7).

[24] Diese Terminologie begegnet z. B. bei *Paul M. van Buren*, The Secular Meaning of the Gospel, New York 1963. Deutsche Übersetzung: Reden von Gott — in der Sprache der Welt, 1965, 12—18: „Rechts" und „links" wird hier allerdings an einer Zentrumsposition Bultmanns orientiert. Zur „Rechten" gehören diejenigen, die im Sinne Barths die Bultmannsche Hermeneutik, existentiale Interpretation und Entmythologisierung kritisieren. Die „Linke" repräsentieren Theologen wie F. Buri oder Schubert M. Ogden, die Bultmann mythologische Reste im Gottesbegriff und im Kerygmaverständnis vorhalten.

[25] Zur Begriffsgeschichte: Nach *R. Eisler* (Wörterbuch der philosophischen Begriffe Bd. I, 1927[4], 629) erhielten die *Linkshegelianer* im 19. Jahrhundert ihren Namen wegen ihrer „atheistischen" Grundhaltung. — Dieser entsprach auch eine „linke" politische Einstellung (vgl. *J. Hoffmeister*, Wörterbuch der philosophischen Begriffe, 1955[2], 292). — Die Unterscheidung zwischen „rechts" und „links" soll aus dem Frankreich der Restaurationszeit kommen, während der es üblich wurde, die „staatserhaltende" regierungstreue Partei rechts, die Opposition links vom Präsidenten sitzen zu lassen (Deutsches Wörterbuch, hg. v. *J.* u. *W. Grimm*, Bd. 8, Leipzig 1893, Sp. 423).

[26] Hierzu *P. Hessert*, Barthianische Wurzeln der „Radical-Theology", in: Theologie zwischen gestern und morgen (siehe Anm. 23), 235 ff. In diesen Aufsatz ist eingearbeitet das Buch von *J. Ch. Cooper*, The Roots of the Radical Theology, Philadelphia 1967. — W. Pannenberg urteilte, die konsequente Ausscheidung der natürlichen Theologie habe jetzt im Protestantismus zu dieser „Auflösung und Ausscheidung des Gottesgedankens" geführt. Die amerikanischen „Death-of-God"-Theologen seien „Erben Barths und Bultmanns" (Reden von Gott angesichts atheistischer Kritik, in: Ev. Kommentare 2, 1969, 442 ff.). — Vgl. *Ebeling*, WuG II, 428 (zu dem in der Anm. 24 erwähnten Buch von van Buren): „... mit einem Salto mortale propagiert man als konsequente Eliminierung natürlicher Theologie zugunsten der Christologie den Verzicht auf das Wort ‚Gott' überhaupt".

tischen Entfaltung des „Humanismus" Gottes zu gelangen[27], kam hier
also nicht mehr oder noch nicht (wie im Blick auf nachfolgende Bewegungen in der systematischen Theologie zu sagen ist) zum Tragen.

Der „Radical-Theology" gegenüber rückten die vorher genannten Theologien des „Wortes" und der „Geschichte" fast zu einer Front zusammen.
Nunmehr erscheinen z. B. die Differenzen zwischen den Theologien G.
Ebelings und W. Pannenbergs nicht mehr als unüberbrückbare Gegensätze. Eher sticht das gemeinsame Bemühen hervor, den ontologischen Ort
der Vokabel „Gott" verifikatorisch aufzuweisen. Ebeling steht aber mehr
in der Schleiermacherschen, Pannenberg mehr in der Hegelschen Tradition. Und es wirkt in der Dualität ihrer Ansätze auch noch immer der Gegensatz zwischen Schleiermacher und Hegel selbst nach[28], ein unversöhn-
ter Gegensatz, dessen Existenz und Virulenz die Theologiegeschichte im
20. Jahrhundert überhaupt als ein „heimliches Problem" stark beeinflußt[29].

Zur weiteren Entwicklung scheint nicht nur eine Art Renaissance speziell der Theologie Barths zu gehören, sondern auch dies, daß die evangelische Theologie in den letzten zehn Jahren mutatis mutandis noch einmal alle Etappen und Retraktationen der Barthschen Theologie nachzuvollziehen hatte. Als die „Anfänge der dialektischen Theologie" wiederentdeckt waren, bemerkte man wenige Jahre später, wie von der inzwischen in den Vordergrund gerückten „Politischen Theologie" bzw. von der
„Theologie der Revolution" gewisse Linie bereits auch zu theologischen
Fragen des „Kirchenkampfs" zurückführten[30]. Man stand jetzt vor den
„unerledigten Problemen" jener Phase der dialektischen Theologie, die
durch das Auseinanderbrechen des Kreises von „Zwischen den Zeiten" gekennzeichnet ist. Nun drängte sich die Frage auf: Bestand seinerzeit etwa
die theologische Abirrung der Volksnomos-, Schöpfungs- und Ordnungs-
theologien usw. allein in der schlechten oder allein in der konservativen
Qualität der hinter ihnen stehenden Ideologie? Oder lag die Abirrung —
und das hätte Konsequenzen für jede spätere Politische Theologie —
schon und ausschließlich in der gewählten theologischen Methode?

Inzwischen steht der „späte Barth" mit seiner Sehnsucht nach einer
kommenden „Theologie des Heiligen Geistes", in der auch das Problem
der natürlichen Theologie „aufgehoben" sein würde, im Brennpunkt eines
vielfältigen Interesses. Die gleichzeitig zunehmende Beschäftigung mit

---

[27] Vgl. *K. Barth*, Die Menschlichkeit Gottes, ThSt(B) H. 48, 1956.

[28] *Ebeling*, WuG II, 43.

[29] Vgl. unten S. 261 f.

[30] Vgl. *K. Scholder*, Die Ergebnisse des Kirchenkampfes und die theologische
Situation der Gegenwart, in: Kirche und Nationalsozialismus zur Geschichte des
Kirchenkampfes, Tutzinger Texte SB I, 1969, 259 ff. In einer Auseinandersetz-
zung mit *R. Shaull* (Die revolutionäre Herausforderung an Kirche und Theolo-

theologischen Methoden- und Theoriefragen geht nicht allein auf einschneidende Veränderungen in anderen Wissenschaften zurück. Sie ist
auch ein Zeichen dafür, daß uns unsere jüngste theologische Tradition
wieder ein Stück ferner rückte. Wahrscheinlich wird aber nach Barth erst
auch noch der eine oder andere der übrigen dialektischen Theologen
„wiederentdeckt" und mit seinem „unerledigten Anliegen" gehört werden, bevor der Prozeß der verarbeitenden Ablösung von der dialektischen
Theologie seinen Abschluß findet.

VI. Notwendigkeit eines „historisch-kritischen" Verhältnisses zur dialektischen Theologie

Sicherlich wäre es kein nützliches Unterfangen, heute den „Zerfallspro-
zeß" der dialektischen Theologie nach Möglichkeit aufzuhalten oder wenigstens einige ihrer Einsichten zu „kanonisieren", um künftige Generationen an dieselben zurückzubinden. Ebensowenig erscheint als sinnvoll,
die Unzulänglichkeiten und Mißverständnisse beim Auseinanderbrechen
des Kreises von „Zwischen den Zeiten" „ordentlich aufzuarbeiten". Wir
brauchen die Theologiegeschichte nicht zu verbessern. — Doch es täuschte
sich ja über den Vollzug von Theologie, wer die determinierenden Kräfte
der „Tradition", die Abhängigkeit theologischer Erkenntnis von den Fragestellungen der Früheren nicht in Rechnung stellen wollte. Die uns vor-
gegebenen und uns prägenden Auslegungen sind nicht nur eine Schule
theologischer Erkenntnis, sondern ebensosehr eine Quelle des Verlusts dieser Erkenntnis in den Händen der Lernenden und Aufnehmenden. Das
größte Hindernis für den Theologen, seinen „Gegenstand" zu erfassen,
liegt nicht in den ständig andrängenden philosophischen Fragestellungen
und Ideologien, von denen her, wie es dann heißt, Vorentscheidungen
darüber gefällt würden, was die Bibel, um heute verständlich zu sein, sagen dürfe. Tatsächlich bietet die Theologiegeschichte zahlreiche Beispiele
dafür, daß das Engagement bei den Zeitströmungen für jede neue Theologie eher Hilfe als Hindernis bedeutet, biblische Aussagen ideologiekritisch zu erfassen. Die jeweils aktuelle Ideologie enthüllt erst die ideologische Besetztheit der Tradition.

Gerade das Beispiel der dialektischen Theologie lehrt uns: Gefährdet,
ihr Thema zu verlieren, ist die Theologie vor allem durch die Theologie

---

gie, in Appell an die Kirchen der Welt. Dokumente der Weltkonferenz für Kirche
u. Gesellschaft, hg. v. Ökumen. Rat der Kirchen, deutsch 1967) schreibt Scholder,
man stoße bei dieser Revolutionstheologie „ständig auf Irrtümer, denen auch die
deutschen Christen seinerzeit erlegen sind" (276). Man müsse also fragen, ob wir
heute in einer ähnlichen Situation wie 1933 stehen (263).

selbst. Sie ist durch ihren immanenten Traditions- und Entwicklungspro-
zeß ständig bedroht, weil in diesem Prozeß „Begriffsperseveration" stattfindet[31], eine unwillkürliche Rezeption theologischer Begriffe, die von der
Situation abgelöst sind, der sie ihre Entstehung verdanken. Die Folge ist
die Erzeugung von Fragestellungen, die, weil sie situationsungemäß sind,
auch schriftungemäß sind. Oder es kommt zu einem unergiebigen, wis-
senschaftstheoretisch naiven „Generationenkampf". Und nicht selten ergibt sich ein Leerlauf in monströs anschwellenden Methodenfragen.

Um solchen Gefahren zu entgehen, empfiehlt sich heute ein „histo-
risch-kritisches" Verhältnis zur dialektischen Theologie. Dieses braucht
z. B. soziologische oder wissenschaftstheoretische Untersuchungen nicht
auszuschließen. Es schließt aber aus ein „unmittelbares" Verhältnis zur
dialektischen Theologie, das zu Pseudoaktualisierungen führen würde.

Wenn heute besonders auch die „Anfänge" „historisch-kritisch" verstanden werden wollen, so erfordert dies zunächst eine Untersuchung der
Auswirkungen der „allgemeinen Grundlagenkrise" zur Zeit des Ersten
Weltkriegs auf die dialektische Theologie. Zwar sind die „Anfänge" nicht
aus dieser Krise heraus zu „verstehen"[32]. Aber sie werden eben auch nicht

---

[31] Vgl. meinen Aufsatz: die unbewältigte natürliche Theologie, ZThK 68, 1971
(82 ff.) 103.

[32] Vgl. *K. Barth*, Die Neuorientierung der protestantischen Theologie in den
letzten dreißig Jahren. Kirchenblatt f. d. ref. Schweiz 96, 1940, 100: Die theologische Erneuerung hängt mit den Umbrüchen zur Zeit des 1. Weltkriegs zusammen, doch stammt sie nicht *aus* ihnen und ist auch nicht zu erklären
— *F. Gogarten* (Die religiöse Entscheidung, 1921, 3) war damals mit der „absoluten Krise" befaßt, die „nicht aus den Zeitverhältnissen heraus verstanden werden will, sondern aus dem alten und von uns Menschen aus jedenfalls immer
gleichen und äußerst problematischen Verhältnis von Verhältnis von Zeit und
Ewigkeit". *Gogarten* sprach aber rückblickend (Gericht oder Skepis, 1937, 13 =
Anfänge II, 337) von einer gefährlichen Nähe der Anfänge der dialektischen
Theologie „zu der allgemeinen Krise, die durch Kriegs- und Nachkriegszeit das
menschliche Leben bis in den Grund erschütterte, und zu der Stimmung der
Ausweglosigkeit und des Am-Ende-seins, die damals über viele Menschen gekommen war. Es ist kein Zweifel, daß diese allgemeine Krise nicht ohne Einfluß
auf den Radikalismus unseres Denkens gewesen ist". — Gegen *Moltmanns* The-
se, es sei kaum ergiebig, die „Anfänge" im Horizont der damaligen allgemeinen
Krise zu interpretieren, weil allein die gewonnenen theologischen Erkenntnisse
wichtig seien (Anfänge I, Vorwort, IX f.), wandte *K. Scholder* ein, theologische
Erkenntnis lasse sich von ihren historischen Umständen nicht trennen (Neuere
deutsche Geschichte und protestantische Theologie, EvTh 23, 1963, 511). — Die
Bedeutsamkeit des zeitgeschichtlichen Hintergrundes für das Verständnis der
Anfänge der dialektischen Theologie betonten auch z. B.: *T. Rendtorff*, Kirche
und Theologie. Die systematische Funktion des Kirchenbegriffs in der neueren
Theologie, 1966, 170. 173 ff.; *H. Fischer*, Christlicher Glaube und Geschichte.
Voraussetzungen und Folgen der Theologie F. Gogartens, 1967, 71. — Ausführ-
lich erörtert diese Frage *G. Berkouwer*, Der Triumph der Gnade in der Theologie
K. Barths, 1957, 173 ff.

14

ohne diese verständlich noch von den nachfolgenden Generationen in ihrem theologischen Ertrag angemessen (d. h. auch: in einer zu eigenen
Fragen Freiheit gebenden Weise) gewürdigt. Die spätere Entwicklung der
dialektischen Theologie zu durchsichtigeren Reflexionsstufen[33] belehrt
darüber, wie sehr gerade während der „Anfänge" widersprüchliche Tendenzen sich überlagerten, und wie unklar damals Zeit- und Geistesgeschichtliches mit hereinspielte.

---

[33] Mir will nicht einleuchten, daß man mit *J. M. Robinson* (Die ersten heterodoxen Barthianer, in Theologie zwischen gestern und morgen, 1968, 20) das Verhältnis der „Anfänge" zu den späteren Phasen als eine „Kurve des Aufstieges
und Nieberganges der dialektischen Theologie" zu verstehen habe, und daß man
sich deshalb auch davor hüten müsse, der „Zeit ‚zwischen den Zeiten' ihren richtigen Ort in der Theologiegeschichte zuzuweisen". Ich sehe in der Tatsache des
frühzeitigen Auseinanderfallens des Kreises von „Zwischen den Zeiten" eher ein
Zeichen der Stärke bzw. einen Hinweis darauf, wie schnell die einzelnen dialektischen Theologen soweit fortgeschritten waren, sich den zunächst überspielten
Fragen zuzuwenden.

Erster Teil

VORAUSSETZUNGEN DER SPALTUNG

A) Ursprüngliche theologische Gegensätze im Kreis von
„Zwischen den Zeiten"

*1. Die gemeinsamen Anfänge als ein Zusammentreffen
verschiedenartiger theologischer Entwürfe wider den Historismus*

Literatur (außer den herangezogenen Arbeiten Barths, Brunners, Bultmanns
und Gogartens): *P. Althaus*, Theologie und Geschichte. Zur Auseinandersetzung
mit der dialektischen Theologie. ZSTh 1, 1923, 741 ff. — *W. Bodenstein*, Neige
des Historismus. Ernst Troeltschs Entwicklungsgang, 1959. — *H.-G. Drescher*,
Das Problem der Geschichte bei Ernst Troeltsch. ZThK 57, 1960, 186 ff. — *H.
Fischer*, Christlicher Glaube und Geschichte. Voraussetzungen und Folgen der
Theologie F. Gogartens, 1967. — *E. Fülling*, Geschichte als Offenbarung. Studien
zur Frage Historismus und Glaube von Herder bis Troeltsch. Studien der Lu-
therakademie N.F. 4, 1956. — *H. G. Geyer*, Geschichte als theologisches Problem.
EvTh 22, 1962, 92 ff. — *J. G. Herder*, Auch eine Philosophie der Geschichte. Zur
Bildung der Menschheit, 1774, WW V (hg. v. Suphan) 1891, 475 ff. — *K. Heus-
si*, Die Krisis des Historismus, 1932. — *M. Kähler*, Der sogenannte historische Je-
sus und der geschichtliche, biblische Christus (1892[1]). Neu hg. v. *E. Wolf*, ThB
Bd. 2, 1961[3]. — *W. Köhler*, Ernst Troeltsch, 1941. — *E. Lessing*, Die Geschichts-
philosophie E. Troeltschs. ThF 39, 1965. — *K. Löwith*, Weltgeschichte und
Heilsgeschehen. Die theologischen Voraussetzungen der Geschichtsphilosophie
(1953[1]), 1967[5]. — *F. Nietzsche*, Unzeitgemäße Betrachtungen. Zweites Stück.
Vom Nutzen und Nachteil der Historie für das Leben (1873/74), Gesammelte
Werke (Musaionausgabe) Bd. VI, 1922, 227 ff. — *H. Ott*, Geschichte und Heilsgeschichte in der Theologie Rudolf Bultmanns. BHTh 19, 1955. — *E. Peterson*,
Was ist Theologie? 1925. — *P. Tillich*, Kritisches und positives Paradox, 1923,
in: Anfänge I, 165 ff. — *Ders.*, Ernst Troeltsch †. Versuch einer geistesgeschichtlichen Würdigung. In: Kantstudien 29, 1924, 351 ff. — *Ders.*, Was ist falsch in
der „dialektischen" Theologie? CW 50, 1936, 353 ff. — *E. Troeltsch*, Die Bedeutung der Geschichtlichkeit Jesu für den Glauben, 1911. — *Ders.*, Die Absolutheit
des Christentums und die Religionsgeschichte (1902), 3. unveränd. Aufl. 1929. —
Ders., Ges. Schriften Bd. II (1913) und Bd. IV (1925).

16

1. Das Gemeinsame

Ohne Zweifel gab es in der frühen dialektischen Theologie einen positiven gemeinsamen Impuls, der noch über das bloß negativ bestimmte Verbindende, „gemeinsame Gegner" zu bekämpfen[1], hinausreichte. Denn der Gegensatz zur Ära Schleiermacher-Ritschl-Harnack-Troeltsch wurde nach dem Ersten Weltkrieg schnell ein Kennzeichen mehrerer neuer Theologien. Er beherrschte auch das Denken so verschiedenartiger Theologen wie P. Tillich, E. Hirsch oder G. Wobbermin, die außerhalb des Lagers der dialektischen Theologie standen. Das Barth, Brunner, Bultmann, Gogarten und Thurneysen von Anfang an Verbindende lag in einem gemeinsamen Willen, das Wort Gottes wieder als den maßgeblichen Gegenstand der Theologie anzuerkennen, ohne sich darin durch irgendwelche Ansprüche des neuzeitlichen Denkens auf eine ebenso maßgebliche Rolle in der Theologie beirren zu lassen. Dies war möglich geworden, weil durch eine neue Begegnung mit der Reformation und durch tiefgreifende ideologische Umbrüche der Raum endlich wieder „frei" wurde „für das Fragen nach Gott"[2].

Die ursprüngliche Einigkeit unter den genannten Theologen ging bekanntlich so weit, daß sie gemeinsam davon ausgingen, die gesamte neuere Theologie, mit Troeltsch als ihrem typischen und letzten Repräsentanten, sei an ihr Ende gelangt[3]. Die Voraussetzungen und Methoden der überkommenen Theologie ermöglichten, wie es schien, nur noch die Ausarbeitung von Religionsphilosophien oder — Psychologien, aber sie leiteten nicht hin zu theologisch relevanter und hilfreicher *Predigt*[4]. Die neuprotestantische Theologie habe, um zeitgemäß zu bleiben, die Offenbarung in eine ontologisch verrechenbare und vom Menschen, kraft seiner „religiösen Anlage", erschwingbare innerweltliche Größe umgemünzt. Sie sei im Verfolg der theologisch von Schleiermacher, geistesgeschichtlich von der Romantik ausgegangenen Impulse im Historismus verendet. Indem sie ständig die christliche Offenbarung als ein Teilphänomen der allgemeinen Religionsgeschichte interpretierte, habe sie die Offenbarung mit der Geschichte verwechselt[5]. Die Jenseitigkeit Gottes, die Tatsache, daß

---

[1] Vgl. *Gogarten* (1937) Anfänge II, 334.
[2] *Gogarten* (1920) Anfänge II, 100.
[3] Vgl. z. B. *E. Brunner*, Religionsphilosophie evangelischer Theologie. Sonderausgabe aus dem Handbuch der Philosophie (hg. v. A. Baeumler und M. Schröter) 1927, 21. — *Ders.*, The theology of crisis, 1929, 7.
[4] Über die Bedeutung der „Predigtsituation" für die Anfänge der dialektischen Theologie s. z. B.: *Barth*, (1922) Vorträge I, 101; *Gogarten* (1937) Anfänge II, 331.
[5] Vgl. z. B. *E. Brunner*, Geschichte oder Offenbarung? Ein Wort der Entgegnung an Horst Stephan, ZThK N.F. 6, 1925, 270.

Gottes Wort etwas Neues aussagt, also der Ereignis- und extra-nos-Charakter der Offenbarung, seien über dem neuprotestantischen Interesse, die christliche Wahrheit mit dem allgemeinen Wahrheitsbewußtsein zu vermitteln, verlorengegangen. — Demgegenüber fanden bekanntlich alle Initiatoren der dialektischen Theologie im Rückgriff auf die Reformatoren ein gewisses Leitbild für eine dem hermeneutischen Ansatz des Neuprotestantismus um 180° entgegengesetzte, beim „Vorrang" der Offenbarung einsetzende, sachgemäße theologische Verfahrensweise. Doch schon im Verständnis dessen, was die damals allerorts angestrebte „neue Sachlichkeit" denn für die Theologie präzise bedeute, waren sie sich nicht mehr einig[6].

2. Die Gegensätze (Problemanzeige)

Es ist kein Zufall, sondern theologiegeschichtlich begründet, daß sich alle theologischen Gegensätze, die im Laufe der Zeit innerhalb der dialektischen Theologie aufbrachen, im Rahmen der Frage nach dem Verhältnis von Glaube (Offenbarung) und Geschichte bewegen. Obwohl die dialektische Theologie diese seit D. F. Strauß in der protestantischen Theologie dominierende (und zuletzt von W. Herrmann noch einmal theologisch präzisierte) Fragestellung zu überholen versuchte und sie durch die Einschärfung einer absoluten Inkommensurabilität von Glaube und Geschichte auch tatsächlich sprengte[7], bleibt es dennoch ein Faktum, daß ihre eigenen und auch die von ihr hinterlassenen theologischen Schwierigkeiten durchweg im Problem der rechten Stellung zur Geschichte wurzeln.

---

[6] *Barth* ging es um Sachlichkeit der *Theologie* (vgl. die diesbezüglichen Äußerungen in der Auseinandersetzung mit v. Harnack, 1923, Vorträge III, 13). Sachlich ist eine Theologie, die sich mit dem Gott der Bibel und nicht mit den Endpunkten des menschlichen Denkens befaßt (so 1927, Vorträge III, 61). — Brunner bestimmte den *Glauben* als „reine Sachlichkeit" (EEG, 89 ff.). Der Glaube ist der Ermöglichungsgrund alles wirklich sachlichen Denkens und Handelns. — *Gogarten* hat 1923 Sachlichkeit an die *Kirche* gebunden. Kirche ist „keine individualistische, persönliche Gemeinschaft, sondern eine autoritäre, sachliche Gemeinde" (Anfänge II, 168). — In diesen Zusammenhang gehören auch Bultmanns und Barths frühe Auseinandersetzungen über exegetische „Sachkritik". Vgl. *Bultmann*, (1920) Anfänge II, 43; *Ders.*, (1922) Anfänge I, 140—142; *Ders.*, (1926) GuV I, 44. 57. — *Barth*, (1924) Anfänge I, 148. 150.
[7] Vgl. *E. Brunner*, Geschichte oder Offenbarung? ZThK N.F. 6, 1925, 270: „Für mich — wie für die Reformatoren — ist Geschichte, einschließlich die Religionsgeschichte in all' ihren Teilen, das *wovon* die Offenbarung in Christus uns, wie vom Aion hutos überhaupt, erlöst." — *Ders.*, EEG, 107. 110. — *Ders.*, Gott und Mensch. Vier Untersuchungen über das personhafte Sein, 1930, 12 u. ö. — *Barth*, (1926) Vorträge II, 310 u. ö. — *Gogarten*, (1922) Anfänge II, 146 ff. u.ö.

Mit der Frage, in welcher Weise sich die Theologie auf Geschichte einzulassen habe, schien die dialektische Theologie von Anfang an in einem
Dilemma zu stecken. Wenn sie einerseits den Eindruck erweckte, sie tren-
ne die konkrete menschliche Geschichte vom Offenbarungsgeschehen ab,
sie expliziere dieses in seiner eigenen Bedeutung isoliert vom Leiden und
Erleben der Menschen, so setzte sie sich auch sofort dem Verdacht aus, sie
sei skeptisch[8], unernst[9] und letztlich eben doch nicht dialektisch[10]. Versuchte sie aber andererseits, die Offenbarung auf die geschichtliche Situation zu beziehen, so wurde gleich undeutlich, worin nun eigentlich ihr Er-
kenntnisfortschritt gegenüber der Theologie des 19. Jahrhunderts liegen
mochte, ja, es drohte ihr dann selber die Gefahr, in den Bannkreis einer
„natürlichen Theologie" zu geraten.

Das Fortgären der von der dialektischen Theologie, wie es zunächst
schien, im ersten Ansturm schon überwundenen modernen Problemstellung „Glaube und Geschichte" hatte aber noch eine weitere Ursache:
Schon der dialektischen Theologie selbst bewährte sich das rein negative
Bild, das sie vom Neuprotestantismus gezeichnet hatte, im Grunde genommen nicht. Die gegenseitigen theologischen Korrekturversuche, mit
denen sich die führenden Repräsentanten der dialektischen Theologie sehr
bald bedachten, sind nicht zuletzt von da her zu verstehen, daß hier Probleme des Neuprotestantismus nachdrängten, die mit dem gemeinsamen
neuen Ansatz zu schnell und zu vollständig weggewischt worden waren.
Insofern kann das allmähliche Auseinanderbrechen des Lagers der dialektischen Theologie als ein fruchtbarer Prozeß erscheinen: Hier begann die
dialektische Theologie selbst schon, sich mit den „unerledigten Anliegen
der Theologie des 19. Jahrhunderts" zu befassen, allerdings ohne hinreichend dafür gerüstet zu sein und ohne es zu wollen.

Von besonderem Gewicht für die Spaltung des gemeinsamen Lagers
war schließlich die Uneinigkeit in der Beantwortung folgender Frage: Bedeutet der neuzeitliche Atheismus ein Problem, auf das sich die Theologie
methodisch und sachlich in besonderer Weise einstellen muß? Wenn sich
K. Barth zu Beginn des Dritten Reiches von den bisherigen Weggefährten
absetzte, so geschah dies in dem Bewußtsein, daß sich gerade an dieser
Frage die Geister scheiden. Barth wußte, daß er mit seiner Antwort eine
einsame Stellung im Kreis der dialektischen Theologie einnehmen müsse.
Im ersten Band der KD kam er schon am Anfang auf diesen Punkt zu
sprechen. Er wies darauf hin, daß ein „Unterschied unserer Zeit gegen-

---

[8] Vgl. *P. Althaus*, ZSTh 1, 1923, 746 f. Auch *Gogarten* nahm 1937 in „Gericht oder Skepsis" diese Kritik auf.

[9] Vgl. *P. Tillich*, Kritisches und positives Paradox, 1923, in: Anfänge I, 165 ff.
— *E. Peterson*, Was ist Theologie? 1925, 9.

[10] Vgl. *P. Tillich*, Was ist falsch in der „dialektischen" Theologie? CW 50,
1936, 359 f.

über früheren theologisch nicht zu begründen" sei, und daß die Götter
und Dämonen des alten Weltbildes doch wohl nicht als ein theologisches
„Plus" gegenüber der modernen „Entgötterung" zu betrachten sind. Mit
kritischem Bezug auf Brunner, aber auch auf Bultmann, Gogarten und
andere fragte Barth weiter: Hat denn „das moderne Kulturbewußtsein
und Weltbild mit seiner besonderen Bedrohung ‚aller Offenbarung", der
Offenbarung überhaupt und im allgemeinen, wirklich eine *grundsätzliche*
gefährdetere, der Sicherung oder Auseinandersetzung *ganz anders* bedürftige Lage für die christliche Dogmatik geschaffen"[11]? Auf diese Frage
fand weder die dialektische Theologie noch überhaupt die Kirche in der
damaligen Situation eine gemeinsame Antwort.

3. Der Historismus Troeltschs und die Anfänge der dialektischen Theologie

Nun läßt sich aber gar nicht bestreiten, daß für die Theologie in der
Neuzeit eine neuartige Lage entstanden ist. Der — auch in Barths Theologie überall vorausgesetzte — Unterschied zur mittelalterlichen Situation
besteht u. a. darin, daß neben die Theologie eine selbständige, in allen
Fragen mit der Theologie konkurrierende und ihr vital opponierende Philosophie trat, und daß die früher empfundene Einheit von Weltgeschichte
und Heilsgeschichte im Bewußtsein der Neuzeit zerbrach. Das Ziel der irdischen Geschichte wurde nicht mehr mit der christlichen Eschatologie
identifiziert. Ein säkularistisch-evolutionistisches Verständnis der Weltgeschichte ersetzte einerseits den „Gedanken" der Heilsgeschichte, andererseits verdrängte er das christliche „Heilsgeschehen" in die Sphäre der Innerlichkeit. Dem lag die unaufhaltsam sich verbreitende Gewißheit zugrunde, daß „die historische Welt ganz gewiß von uns Menschen gemacht" sei und „darum in den Modifikationen unseres eigenen Geistes
wiedergefunden werden" könne[12].

3.1 Mit dieser neuzeitlichen Diskrepanz von Weltgeschichte und Heilsgeschichte hängt es zusammen, daß die neuere Theologie immer wieder
dem Verdacht ausgesetzt war, sie operiere mit einem zweideutigen oder
mit einem doppelten Geschichtsbegriff[13]. Diesen Vorwurf hatte vor dem
Aufkommen der dialektischen Theologie zuletzt wieder Troeltsch gegen
Ritschl erhoben: Ritschl beurteile Jesus Christus mit anderen Maßstäben
als sie die Geschichtsschreibung sonst anzulegen pflegt. Die Persönlichkeit

---

[11] KD I 1, 26 f.
[12] So Giambattista *Vico* (1668–1744) in seiner „Scienza nuova seconda"
(1744); zit. bei *Löwith*, aaO. 114.
[13] Dies wurde 1955 von *H. Ott* (aaO. 11) auch wieder über Bultmanns Theologie gesagt.

Jesu falle „durch ein Glaubens- und Werturteil aus der übrigen Historie heraus". Sie bedeute bei Ritschl „ein der sonstigen Historie gegenüberstehendes Offenbarungswunder"[14]. Mit diesem exemplarischen Widerspruch gegen eine in der neueren protestantischen Theologie insgesamt bestehende Tendenz, in einen doppelten Geschichtsbegriff auszuweichen, ist Troeltsch für die Theologie vor allem bedeutsam geworden. Troeltschs theologiegeschichtlich wirksamster Impuls war seine Kritik an der „dogmatischen Methode der Theologie", die mit der Möglichkeit und der Wirklichkeit einer besonderen „Geschichte" (Heilsgeschichte) neben oder jenseits der gewöhnlichen Weltgeschichte rechnet[15]. Die dogmatische Methode der Theologie, meinte Troeltsch, scheide das historische Leben „in ein wunderloses, der gewöhnlichen, historisch-kritischen Methode unterliegendes Gebiet und in ein von Wundern durchwirktes und nach besonderen, auf innere Erfahrungen und demütige Unterwerfung der Vernunft gegründeten Methoden zu erforschendes Gebiet..."[16]. Diesem doppelten Geschichtsbegriff korrespondiere bei der dogmatischen Methode ein — noch verwerflicherer — doppelter Gottesbegriff, indem nämlich Gott einerseits als der auch den natürlichen Zusammenhang der profanen Geschichte Wirkende verstanden, andererseits aber als der diesen Zusammenhang in einer besonderen Geschichte wieder aufhebende und durchbrechende Gott gedacht werde[17].

3.2 Mit Troeltsch auf gleicher theologiegeschichtlicher Höhe stand der dreißig Jahre ältere M. Kähler. Auch er empfand den Widerspruch zwischen historischer und dogmatischer Methode in der Theologie als unerträglich, doch suchte er ihn nach der entgegengesetzten Seite hin zu lösen. So war er, und nicht etwa Ritschl, der eigentliche theologische Antipode Troeltschs. Kähler wollte sicherstellen, daß der Glaube nicht in eine theologisch unhaltbare Abhängigkeit von den jeweiligen Ergebnissen der historischen Kritik gerate. Er forderte, „daß es einen Geschichts- und Lehrstoff gäbe, auf dem der Glaube gründe, ohne dabei von wissenschaftlichen Untersuchungen abzuhangen...". „Auf dieses sturmfreie Gebiet soll meines Ermessens der Dogmatiker den Christen führen."[18] Mit dieser Forderung, die Ritschl gegenüber ebenfalls auf einen einheitlichen theologischen Geschichtsbegriff drängte, befand sich Kähler auf seine Weise genau in der Fragestellung, die auch Troeltsch bewegte. Denn wenn Troeltsch die Theologie auf die historisch-kritische Methode zu verpflichten

---

[14] *Troeltsch*, (1908) Ges. Schriften II, 211. — Vgl. *Gogarten*s Referat (1924) Anfänge II, 171 ff. besonders: 175.
[15] *Troeltsch*, (1900) Ges. Schriften II, 740 f.
[16] AaO. 742.
[17] AaO. 743.
[18] *M. Kähler*, Der sogenannte historische Jesus und der geschichtliche, biblische Christus, ThB Bd. 2, 1961³, 45 Anmerkung a); vgl. auch: 125.

suchte, so war auch ihm alles daran gelegen, dem Christentum eine unangreifbare Basis zurückzugewinnen! Doch dem Kählerschen Lösungsversuch, demzufolge „der historische Jesus ein ‚sogenannter‘, der biblische Christus aber ‚geschichtlich‘ sein sollte"[19], konnte Troeltsch aus naheliegenden Gründen nicht zustimmen. Als Religionshistoriker bemerkte er an dieser vermeintlich sturmfreien Glaubensbegründung wenigstens zwei Fehlerquellen: Sie ist zum einen den apostolischen Glaubenszeugnissen samt ihren Widersprüchen, Irrtümern und enthusiastischen Fälschungen ohne die Möglichkeit der Kritik einfach ausgeliefert. Zum andern steht bei ihr Jesus außerhalb jeder geschichtlichen „Analogie". Was Jesus von der sonstigen Geschichte unterscheidet, liegt hier „nicht auf der Linie des Grades, sondern auf der Linie der Art". Dabei übersieht man, daß das Christentum gar nicht allein die „Hervorbringung Jesu" ist, sondern z. B. auch von Plato, der Stoa und den populären religiösen Kräften der antiken Welt mit geformt und emporgetragen wurde[20].

Um der historischen und intellektuellen Redlichkeit willen suchte Troeltsch deshalb den modernen Zwiespalt zwischen profaner Geschichte und Heilsgeschichte in der der Kählerschen Position entgegengesetzten Richtung zu überwinden: Auch Gottesgeschichte muß innerhalb der nur durch historische Kritik, Analogie und Korrelation erschließbaren Historie gesehen und verstanden werden[21]. Nur so meinte Troeltsch den Glaubensinhalten geschichtliche Wirklichkeit und der wirklichen Geschichte eine religiöse Tiefendimension erhalten zu können. Und allein in der hierfür erforderlichen „universalgeschichtlichen Methode" sah Troeltsch einen Weg, der über das für die Religion und die Wissenschaft gleichermaßen verhängnisvolle neuzeitliche Auseinanderbrechen der gesamten Ontologie hinausführen könnte.

3.3 Damit war Troeltsch auf die Idee einer „religionsgeschichtlichen Theologie" festgelegt. Er fühlte sich hierbei dem Anliegen des Deismus verbunden. Aber auch so verschiedenartigen Männern wie Lessing, Kant und Herder, Schleiermacher, de Wette und Hegel sowie Baur und Lagarde[22]. Doch die Kategorie des Historischen leistete für Troeltsch nicht mehr dasselbe, was sie jenen gab und bedeutet hatte. Es war Troeltschs Schicksal, an dem er dann auch als Theologe, als Philosoph und als Historiker „scheiterte", daß er unter die Bedingungen einer im positivistischen Sinne wissenschaftlichen Geschichtsforschung gestellt war. Der angestrebte Durchstoß zu einem Transhistorischen, die angestrebte „schöpferische

---

[19] *W. Köhler*, Ernst Troeltsch, 57.
[20] *E. Troeltsch*, Die Bedeutung der Geschichtlichkeit Jesu für den Glauben, 1911. Die Zitate bei *W. Köhler*, aaO. 59.
[21] *Troeltsch*, (1900) Ges. Schriften II, 729 ff.
[22] AaO. 738.

Synthese" von Geschichte und Religion, von Relativem und Absolutem[23], war ihm, im Grunde genommen, unerreichbar und verboten. Troeltsch war Theologe unter den Bedingungen des „Historismus", welcher „Alles und Jedes" im korrelativen Geschichtszusammenhang wertet[24] und es eben damit — nicht allein für den Dogmatiker — entwertet, relativiert und der Skepsis ausliefert[25].

Exkurs I: Von Herder zu Nietzsche — Wandlungen des Geschichtsbegriffs

„Geschichte" war für Troeltsch nicht mehr wie für die Romantik ein Schlüsselwort, das einer neuen Epoche das Element des Lebendigen und „Natürlichen" wieder erschließt. War zuvor noch für die Aufklärung „Vernunft" das epochale Schlüsselwort gewesen, und galt hier das Vernünftige als das „Natürliche" im Gegensatz zu dem, was die unbegriffene Geschichte bloß „statutarisch" auferlegte, so hatte Herder, zum Mittelalter gewandt, ausgerufen: „... gebt uns in manchem Betracht eure Andacht und Aberglauben, Finsterniß und Unwißenheit, Unordnung und Rohigkeit der Sitten, und nehmt unser Licht und Unglauben, unsre entnervte Kälte und Feinheit, unsere Philosophische Abgespanntheit und Menschliches Elend!" (J. G. Herder, Auch eine Philosophie der Geschichte . . ., 526 f.). Herder wußte bereits um den skeptischen Strudel, in den unter historischer Betrachtung alles hineingerissen wird, und in dem Religion, Sittenlehre und Philosophie Schiffbruch erleiden (vgl. aaO., 511 f.). Dennoch empfand er die historische Sphäre als befreiend. Es erschien ihm auch noch nicht, wie später Ritschl, als unmenschlich und determinierend, wenn er der Geschichte nach der „Analogie in der Natur" gewärtig wurde (aaO., 513). Vielmehr erschloß ihm die so verstandene Geschichte wieder neu den von der rationalistischen Systematik und Ethik verschütteten menschlichen Lebensraum (vgl. aaO., 508). Die Aufklärung hatte sich z. Z. der Romantik und des Idealismus zwar noch keineswegs darin überlebt, daß sie die natürliche Vernunft zur Abwehr überlebter historischer Bindungen und des theologischen Supranaturalismus eingesetzt hatte. Doch als sie, über diese Aufgabe hinausgelangend, in die Gefahr geriet, die gesamte Wirklichkeit als eine rationale Konstruktion zu begreifen, als sie im „Rationalismus" und „Naturalismus" zu erstarren drohte, war die Stunde der Romantik, der Wiederkehr der verdrängten Kategorie des Geschichtlichen, gekommen. Jetzt war der Philosophie des deutschen Idealismus die seltene Möglichkeit geboten,

---

[23] Vgl. E. Troeltsch, Die Absolutheit des Christentums und die Religionsgeschichte, 1912², 58.

[24] Troeltsch, (1900) Ges. Schriften II, 733.

[25] Vgl. Troeltsch, (RE³, Bd. 24, 250 = Ges. Schriften IV, 628) über den Historismus des 19. Jahrhunderts: Wenn die Historie die „Zukunftsrichtung" verliert, wird sie „zum reinen Historismus, zur völlig relativistischen Wiedererweckung beliebiger vergangener Bildungen mit dem lastenden und ermüdenden Eindruck historischer Aller-Welts-Kenntnis und skeptischer Unproduktivität für die Gegenwart".

Vernunft und Geschichte zu *vermitteln* und damit zu „abschließenden", Natur und Geist, Schicksal und Idee versöhnenden Systemen zu gelangen! Die unerhört fruchtbare Zeit „zwischen den Zeiten" der Romantik ging aber zu Ende, als auch das Schlüsselwort „Geschichte" seinen Anspruch gegenüber der Aufklärung erfüllt hatte — und gleichzeitig dennoch, wie zuvor die „Vernunft", als die angeblich zur Erklärung menschlicher Wirklichkeit am meisten befähigte und legitimierte Kategorie das geistige Leben weiter beherrschte. Wie die Natur wurde jetzt auch die Geschichte „um ihrer selbst willen" *wissenschaftlich* erforscht. Neben den „Naturalismus" trat der „Historismus".

Nietzsche konstatierte: „... die Constellation ist wirklich verändert durch die Wissenschaft, durch die Forderung, daß die Historie Wissenschaft sein soll. Jetzt regiert nicht mehr allein das Leben und bändigt das Wissen um die Vergangenheit: sondern alle Grenzpfähle sind umgerissen und alles, was einmal war, stürzt auf den Menschen zu." (Unzeitgemäße Betrachtungen. Zweites Stück..., 257 f. Vgl. auch 303: „Überstolzer Europäer des neunzehnten Jahrhunderts, du rasest!" „Grund und Boden weicht in's Ungewisse für dich zurück, für dein Leben giebt es keine Stützen mehr, nur noch Spinnefäden, die jeder neue Stoff deiner Erkenntnis auseinanderreißt." Ursache des „Zerfasern[s]" aller Fundamente ist „das unermüdliche Zerspinnen und Historisieren alles Gewordenen durch den modernen Menschen"). — „Nur soweit die Historie dem Leben dient", wollte Nietzsche *ihr* dienen: „Aber es gibt einen Grad, Historie zu treiben und eine Schätzung derselben, bei der das Leben verkümmert und entartet..." (aaO., 229) — wenn anders es doch „ganz und gar unmöglich" ist, „ohne Vergessen überhaupt zu leben" (aaO., 234). Die vom Historismus bewirkte Entartung aber lag für Nietzsche in dem für den „modernen Menschen" charakteristischen „Gegensatz eines Innern, dem kein Äusseres, eines Äusseren, dem kein Inneres entspricht, ein Gegensatz, den die alten Völker nicht kennen" (aaO., 258 f.).

Der katastrophische Akzent, den Troeltschs Historismusbegriff in die protestantische Theologe hineinbrachte (vgl. bei Köhler, 1 Troeltschs Eisenacher Diktum von 1896: „Meine Herren, es wackelt alles!"), war eine indirekte Wirkung dieser Reflexionen Nietzsches. Dabei waren bei Troeltsch die Dinge aber doch noch anders gelagert, da es um die Frage des historischen Verständnisses der *Offenbarung* ging, und weil Troeltsch das Historismusphänomen im Sinne seiner „religionsgeschichtlichen Theologie" grundsätzlich positiv bewertete. Troeltsch verhielt sich noch eigentümlich gelassen gegenüber der Tatsache, daß die ganze Geschichte auf uns zustürzt. Er vermochte es noch auszuhalten, daß, an Aufklärung und Idealismus gemessen, notwendig „alles Epigonenwerk" sein muß, „was wir heute treiben" (Ges. Schr. IV, 17). Das hat sich dann mit dem Aufkommen der dialektischen Theologie, der Lebensphilosophie und des phänomenologischen Existentialismus geändert. Jetzt erst war Nietzsche „richtig angekommen". Wie groß der Druck inzwischen geworden war, und wie tief die Krise gewesen ist, in die man sich nun mit der von der Aufklärung herkommenden Entwicklung gestürzt sah, dies erhellt schon daraus, daß sich jetzt, nach der Herrschaft der Schlüsselworte „Vernunft" und „Geschichte" nicht mehr eine *neue* Kategorie, die „dem Leben dient", eröffnete, sondern daß jetzt das „Leben", die „Existenz" selbst zu Schlüsselworten werden mußten!

24

3.4 Troeltschs Historismusbegriff[26] war schillernd. Er schwankte zwischen einer Weltanschauung oder Zeitstimmung und einem unumstößlichen, wissenschaftlichen Prinzip[27]. Freilich: Den als relativistische, skeptische Weltanschauung verstandenen Historismus hatte Troeltsch gerade bekämpft. Er wollte den Historismus als Methode, und als Methode wollte er ihn speziell für die Theologie. Die Zumutung, die der Historismus für diese bedeuten mußte, hat Troeltsch nicht allein bewußt in Kauf genommen, vielmehr zeigt sich in ihr, was Troeltsch überhaupt an theologischem Eros besessen hat. Sein Vertrauen in die Einheit der Wahrheit in Wissenschaft *und* Religion wenigstens war fest. Gewiß war es nicht nur äußerlich bedingt, daß er während des Ersten Weltkriegs die Theologie verließ und einen philosophischen Lehrstuhl annahm. Doch hat Tillich recht, wenn er in seiner „geistesgeschichtlichen Würdigung" Troeltschs davor warnte, diesen Weg Troeltschs als einen Weg vom Denken des „Absoluten" weg und hin zur Selbstbescheidung beim bloß „Relativen" zu deuten. „Eher das Gegenteil ist richtig. Nachdem er mit den Waffen der philosophischen Kritik die falschen Absolutheiten in der Theologie beseitigt hatte, kämpfte er auf dem Boden der Philosophie um so leidenschaftlicher um die echte Absolutheit, ohne sie freilich zu finden."[28] Er vermochte dem Relativismus, aus dem er hinausspringen und in dem er doch zugleich auch verharren wollte, nicht zu entkommen[29]. Er selbst hatte es ja ausgesprochen: „Die Historie macht den modernen Menschen zum enttäuschten und wehmütigen Zuschauer des Wechsels; und wenn auch die mechanische Naturwissenschaft die Welträtsel nicht löst, sondern die Geheimnisse alle übrig läßt, so tötet um so sicherer die Historie die Theologie."[30]

Übrig blieben Troeltsch zwei Fluchtpunkte, die — jenseits des aporetischen Zirkels — festen Grund verhießen: die Mystik und die Praxis. Der Sprung in ein mystisches Verständnis der Geschichte, in die Tiefe, wo „der göttliche Allgeist" regiert, trug Troeltsch „hinüber über alle Relativismen"[31]. Die Fragen aber, die im Denken nicht mehr zu lösen waren, verlegten sich für Troeltsch auf das Feld der Praxis. In einem Vortrag über die Zukunftsmöglichkeiten des Christentums äußerte Troeltsch die (vielen Zeitgenossen einleuchtende) Meinung, die „wirklichen Schwierigkeiten" lägen gegenwärtig „nicht auf dem Gebiete des Denkens, sondern auf dem der praktischen Erfahrungen"[32]. Troeltschs Blick ging von der

---

[26] Zur Geschichte und Bedeutung des Begriffs: *K. Heussi*, aaO. 3 ff.
[27] Vgl. *H. Fischer*, aaO. 56 Anmerkung 204.
[28] *P. Tillich*, Ernst Troeltsch †. Kantstudien 1924, 351.
[29] Vgl. *W. Köhler*, aaO. 412.
[30] *Troeltsch*, (1903) Ges. Schriften II, 11.
[31] *W. Köhler*, aaO. 412.
[32] *Troeltsch*, (1910) Ges. Schriften II, 846.

schola zur vita, zu einer „an Zukunft, lebendige Offenbarung, steigende Klarheit und steigende Liebe glaubenden Gemeinschaft"[33].

3.5 Als die dialektische Theologie nach dem Ersten Weltkrieg mit einer radikalen „Wende" in den deutschsprachigen Protestantismus einzugreifen begann, war die von ihr vorgefundene Lage weitgehend von dieser mit Resignation umwebten Mischung von „Mystik" und „Praxis" bestimmt. (Die gebrochene Einstellung der dialektischen Theologie zu den praktischen Fragen christlicher Ethik und insbesondere zum „Religiösen Sozialismus", von dem Barth und Brunner ja herkamen, hat in der theologischen Absetzbewegung von dieser Lage ihre Wurzel). Es war wirklich nicht mehr „Schleiermacher", der diese Lage „beherrschte", wenngleich es vor dem Ersten Weltkrieg noch zu einer gewissen Schleiermacherrenaissance gekommen war. Wenn sich in der dialektischen Theologie aber sofort starke Tendenzen einstellten, Schleiermacher für die Misere des „Historismus" mit in Sippenhaft zu nehmen, so war dies doch ein für die neuere Theologiegeschichte mindestens sehr ungewöhnliches Unternehmen. Tatsächlich setzte die dialektische Theologie auch gar nicht mit einer präzisen Reaktion auf die Theologie Schleiermachers ein, sondern mit einem Gegenschlag gegen den von Troeltsch glänzend auf den Begriff gebrachten Geist des Protestantismus an der Schwelle zum 20. Jahrhundert. (Deshalb verfehlte Brunners Schleiermacherbuch von 1924 *Die Mystik und das Wort* so eklatant seinen Gegner!)

Neben anderen hatte M. Kähler der dialektischen Wendung gegen den Historismus Troeltschs zweifellos vorgearbeitet. Aber er hat nicht, wie Brunner im Jahre 1934 schrieb, „die meisten Fragestellungen, die uns heute beschäftigen, vorweggenommen"[34]. Die dialektische Theologie bot ja nicht, wie Kähler, eine Alternative zum Historismus Troeltschs. Bedeutete Troeltschs religionsgeschichtliche Theologie die zur selben Zeit mögliche und sinnvolle Gegenposition zur biblischen Theologie Kählers, so gilt für Troeltschs Stellung zur dialektischen Theologie das Diktum Tillichs: Troeltsch „ist die negative Voraussetzung jedes kommenden Aufbaues"[35]. Für die neue „Theologie des Wortes Gottes" bedeutete die von Troeltsch repräsentierte Theologie nicht mehr die Alternative oder die Gegenposition, sondern sie war, wenn auch negativ, integrierender Bestandteil des neuen theologischen Ansatzes selbst; sie bedeutete für die durch den Historismus „hindurchgegangene" dialektische Theologie eine conditio sine qua non.

Der Umstand, daß die nicht zufällig aus der liberalen Theologie hervorgegangene dialektische Theologie[36] die Kählersche Position nicht einfach

---

[33] *Troeltsch*, (1908) Ges. Schriften II, 226.
[34] NuG, 170/4 f. Anmerkung 3.
[35] Kantstudien 1924, 353.
[36] Vgl. *Bultmann*, (1924) GuV I, 1.

reproduzierte, sondern — vielleicht mit Ausnahme Brunners — die Historismuserfahrung zu integrieren versuchte, zeitigte für die dialektische Theologie selbst erhebliche Schwierigkeiten. Von seiten der liberalen Theologie entstand ihr der Vorwurf, sie zerschlage einfach den Knoten, an dessen sachgemäßer Auflösung z. B. noch Troeltsch sorgfältig gearbeitet habe[37]. In der Sicht der herkömmlichen positiven Theologie aber — sowie in der Sicht derer, die wie Althaus oder Tillich zur gleichen Zeit auf anderen Wegen die Probleme des Historismus zu bewältigen suchten — schien sich die dialektische Theologie selbst mit dem Gift des historischen Relativismus und Skeptizismus zu infizieren. Die „jungschweizerische Theologie" hatte sich scheinbar zwischen alle Stühle gesetzt und paradoxerweise von einer Substanz zu zehren begonnen, die man realiter eigentlich gar nicht mehr besaß. Durch derartige Kritik fühlte sich die dialektische Theologie freilich bestätigt. In der von fast allen dialektischen Theologen — auch hier bildet Brunner eine Ausnahme; bei ihm fehlt ein entsprechender Impuls — lebhaft empfundene Paradoxie der Aufgabe, von Gott reden zu sollen, und es doch nicht zu können[38], erblickte man im Kreis von „Zwischen den Zeiten" kein Negativum, sondern man wußte sich in die Grundsituation verwiesen, aus der heraus sachgemäße evangelische Theologie überhaupt erst entsteht.

Das theologiegeschichtlich Neue, das sich mit der dialektischen Theologie eingestellt hatte, bestand demnach darin, daß die seit mehr als 200 Jahren schmerzlich empfundene Kluft zwischen Heilsgeschichte und „profaner" Geschichte weder überbrückt, noch, wie bei Troeltsch oder Kähler, nach einer Seite hin vermittelt, sondern bewußt *offen* gehalten werden sollte. Darin lag nicht nur der spezifisch „reformatorische" Impuls der dialektischen Theologie, sondern zugleich ihr spezifischer Beitrag zur Bewältigung der „Neuzeitproblematik" sowohl der protestantischen Theologie wie auch der Philosophie.

Vornehmlich unter diesem Aspekt werden im folgenden die „Anfänge" bei den drei Systematischen Theologen Brunner, Barth und Gogarten untersucht. Sie stehen jeweils in einer eigentümlichen, die späteren theologischen Gegensätze schon andeutenden Weise zu Troeltsch. Die Reihenfolge ist so gewählt, daß sich die besten Vergleichsmöglichkeiten ergeben. Auf eine Untersuchung der „Anfänge" Bultmanns wird in diesem Zusammenhang verzichtet, da sich kaum zusätzliche Gesichtspunkte ergeben würden. Erst im zweiten Teil der Abhandlung wird Bultmanns Theologie ausführlicher zu berücksichtigen sein.

---

[37] Das Urteil über die dialektische Theologie lautete dann: „Das ist mir zu einfach" (*W. Köhler*, aaO. 412).

[38] Vgl. *Barth*, (1922) Vorträge I, 102. — *Ders.*, (1922) Anfänge I, 199. 217. — *Ders.*, (1926) Vorträge II, 320 u. ö. — *Bultmann*, (1926) Anfänge II, 77. 85. — *Gogarten*, (1920) Anfänge II, 117. — *Ders.*, (1937) Anfänge II, 331.

II. Dialektische Anfänge bei Brunner

Literatur (außer den im Abkürzungsverzeichnis aufgeführten Arbeiten und Sammlungen): *T. Bohlin*, Glaube und Offenbarung. Eine kritische Studie zur dialektischen Theologie, 1928. — *E. Brunner*, Reformation und Romantik, 1925. — *Ders.*, Geschichte oder Offenbarung? ZThK N.F. 6, 1925, 266 ff. — *Ders.*, Religionsphilosophie evangelischer Theologie. Sonderausgabe aus dem Handbuch der Philosophie (hg. v. A. Baeumler und M. Schröter) 1927. — *Ders.*, Der Mittler, 1927[1], 1930[2]. — *Ders.*, The theology of crisis, 1929. — *Ders.*, Das Wort Gottes und der moderne Mensch, 1937. — *Ders.*, Autobiographische Skizze, Reformatio XII, 1963, 631—646. — *R. Bultmann*, Geschichte und Eschatologie (1957), 1964[2]. — *F. Ebner*, Das Wort und die geistigen Realitäten. Pneumatologische Fragmente, 1921. — *J. C. Franken*, Kritische Philosophie und dialektische Theologie, Amsterdam 1932. — *H. Giesecke*, Die Aufgabe der Philosophie nach der dialektischen Theologie, 1930. — *Th. L. Haitjema*, Karl Barths „kritische" Theologie. Deutsche Ausgabe von P. Schumacher, Wageningen 1926. — *H. Leipold*, Missionarische Theologie. Emil Brunners Weg zur theologischen Anthropologie. FSÖTh 29, 1974 (erschienen nach Abschluß des MS). — *R. Roessler*, Person und Glaube. Der Personalismus der Gottesbeziehung bei Emil Brunner. FGLP 19. R., Bd. XXX, 1965. — *Y. Salakka*, Person und Offenbarung in der Theologie Emil Brunners während der Jahre 1914—1937. Schriften der Luther-Agricola-Gesellschaft 12, Helsinki 1960. — *H. W. Schmidt*, Zeit und Ewigkeit. Die letzten Voraussetzungen der dialektischen Theologie, 1927. — *H. Stephan*, Antwort auf Brunners Entgegnung. ZThK N.F. 6, 1925, 278 ff. — *H. Volk*, Emil Brunners Lehre von der ursprünglichen Gottebenbildlichkeit des Menschen, 1939. — *L. Volken*, Der Glaube bei Emil Brunner. Stud. Frib. N.F. H. 1, 1947.

„Wenn einmal der Kultur- und Zivilisationsschwindel vorbei sein wird, der seit der Aufklärung die Menschheit erfaßt und zu ‚Kindern am Verstand' (1. Kor. 14,20) gemacht hat, so wird sich mit der Nüchternheit auch die Erkenntnis einstellen, daß die Gottesfrage die einzig ernstzunehmende Frage des Menschen sei, weil sie allein die Voraussetzungen seines Menschseins in sich schließt."

„Die Verfallszeiten, in denen die Gesellschaft vergessen hat, daß sie ohne Religion zwar existieren, aber nicht menschlich leben kann, pflegen von kurzer Dauer zu sein."[1]

„Entweder Christus oder die moderne Religion."[2]

Brunners Schriften dokumentieren seit Beginn der Zwanziger Jahre z. T. drastisch den von der dialektischen Theologie bewirkten Wandel der theologiegeschichtlichen Szene. Aber sie haben keinen großen Anteil an

---

[1] *Brunner*, MyW, 29.
[2] AaO. 10.

der geistigen Geburt der dialektischen Theologie selbst. Sie sind eher deren Begleiterscheinung. Während seines Studiums hatte sich Brunner nicht, wie etwa Barth oder Gogarten, intensiv um die Durchdringung und Aneignung der Theologien A. v. Harnacks, W. Herrmans oder E. Troeltschs bemüht. Er war nie ein engagierter „liberaler Theologe" gewesen. Die Frage nach dem Verhältnis von Glaube (Offenbarung) und Geschichte, die noch in der Vorkriegstheologie dominierte, und deren lastender Druck dann zu Barths theologischer „Wende" geführt hatte, war nicht Brunners Ausgangsfrage gewesen. Ihn, den früh vor allem philosophische Studien im Bereich der modernsten Strömungen (Neukantianismus, Bergson, Husserl) fesselten, beschäftigte von Anfang an viel mehr die Frage nach dem Verhältnis von Offenbarung und Vernunft! Theologisch von der Schweizer religiös-sozialen Bewegung herkommend, war ihm gleichzeitig daran gelegen, das Christentum als Lebensmacht wiederzugewinnen. Als im Jahre 1919 Barths erster „Römerbrief" erschien, begrüßte Brunner als einer der ersten in einer begeisterten Rezension das „Neuland", das hier gegenüber den historisch-psychologistischen „Plattheiten des Liberalismus" gewonnen worden sei[3]. Brunner war der begabteste und eifrigste Missionar des theologischen Kreises um K. Barth, zu dem er, nach Studienreisen in die angelsächsische Welt, aus dem Pfarramt heraus gestoßen war. Aber er war nicht der „Systematiker" der dialektischen Theologie, als der er bald um seiner philosophischen Bildung und klaren Darstellungsgabe willen gerühmt wurde[4]. Er war es schon deshalb nicht, weil er an gewissen Grundfragen, die für andere dialektische Theologen wesentlich waren, kaum Anteil hatte. Aber es dauerte — besonders in der englischsprachigen Hemisphäre, in der man sich zunächst fast ausschließlich an Brunner hielt — noch längere Zeit, bis dies aufgrund der weiteren Entwicklung der dialektischen Theologie offen zutage trat.

1. Brunners philosophisch-theologische Reaktion gegen den Historismus

Der Historismus und seine Probleme bedeuteten für Brunner nicht eine Fragestellung, hinter welche die protestantische Theologie nun nicht mehr zurückkönne, sondern ein fundamentales Mißverständnis des Wesens der Geschichte, des Geistes und des Glaubens in einem. Zwar hat Brunner, wie alle dialektischen Theologen, dem „radikale(n) Historismus ... das große Verdienst" zugesprochen, durch sein theologisches

---

[3] *Brunner*, (1919) Anfänge I, 78 ff.
[4] Gegen *T. Bohlin*, aaO. 64 und *L. Volken*, aaO. 8. Mit Recht wandte sich *Th. L. Haitjema*, (aaO. 109) schon 1926 dagegen, Brunner als den „Systematiker der Schweizer Bewegung" zu bezeichnen.

Scheitern den unversöhnlichen Gegensatz zwischen dem Christentum und dem allgemeinen Religionsphänomen „unmißverständlich" aufgewiesen zu haben[5]. Aber dies bedeutete nicht, daß Brunner in Troeltschs Fragestellung selbst einer von jeder künftigen Theologie in Rechnung zu stellenden Einsicht gewahr geworden wäre. Eher betrachtete er sie als eine bei gründlicherer theologischer Besinnung vermeidbare Verirrung[6].

Den Historismus hielt Brunner für ein Produkt des Vorurteils, jede Gegebenheit könne aus ihrer (geschichtlichen) „Entwicklung" heraus „verstanden" werden. Ebenso wie sein „Zwillingsbruder", der Psychologismus, bedeute der Historismus eine problematische Übertragung des naturwissenschaftlichen Evolutionsdenkens auf das „Geistesleben"[7]. Die Herkunft des Historismus aus dem Geist der Romantik („Reaktion gegen den geschichtslosen Rationalismus")[8] schien Brunner besonders aufschlußreich: aus der Romantik stamme die historistische Verfahrensweise, alles Geschehen individuell und zugleich als Entwicklung aufzufassen. Daraus habe sich dann zwangsläufig die moderne „relativistische Skepsis" ergeben: „Wenn alles fließt und wenn alles nur individuell ist, wie sollte es da überhaupt zu absoluten, allgemeingültigen Aussagen kommen?"[9] — Recht verstanden bewähre sich die Übertragung naturkundlicher Kategorien auf die Geschichte allerdings nicht. Denn: „Nicht das Individuelle, sondern das Persönliche ist erst das wahrhaft Geschichtliche. Dieses ist aber nicht, wie die Individualität, eine — wenn auch schwer zu erfassende — Gegebenheit, sondern das *grundsätzlich Nichtgegebene*."[10]

Brunner wollte, ähnlich wie Gogarten oder auch Bultmann, das „wahrhaft Geschichtliche" von der persönlichen Entscheidung in der Verantwortungssituation her verstehen. Das „wahrhaft Geschichtliche" liegt der vom Historiker als „Gegenstand" wahrnehmbaren „Nachgeschichte" immer schon geheimnisvoll voraus[11]. Es ist das „Urgeschehen" oder, wie Brunner in freiem Anschluß an Barth und Overbeck sagen konnte, die

---

[5] *E. Brunner*, Religionsphilosophie evang. Theol., 1927, 22. — *Ders.*, The theology of crisis, 1929, 7.

[6] S. u. S. 37 f.

[7] EEG, 105. — Ähnlich *Bultmann*, (1924) GuV I, 5: „Man kann von einem Geschichtspantheismus der liberalen Theologie sprechen, der dem Naturpantheismus eng verwandt ist und letztlich darauf beruht, daß hier die Geschichte wie die Natur gesehen wird, d. h. mit den für die Natur geltenden Begriffen, und daß hier der Mensch, sofern er an dieser Geschichte teilnimmt, in der gleichen Weise gesehen wird, als Objekt, sozusagen von außen...". — Vgl. *Ders.*, Geschichte und Eschatologie, 1964, 88. 169.

[8] *E. Brunner*, Religionsphilosophie ev. Theol., 1927, 57.

[9] AaO. 58.

[10] AaO. 60.

[11] AaO. 61.

30

„Ur-Geschichte"[12]. Und als solche ist es letztlich identisch mit der menschlichen Antwort auf die den Menschen zur Entscheidung fordernde Anrede
des Schöpfers[13]. „Darum kann das ‚Urgeschichtliche' nicht historisch-psy-
chologisch wahrgenommen, sondern nur *geglaubt* werden."[14]

Doch auch jeder wahrhaft „kritischen Philosophie"[15] ist, so behauptete
Brunner, die „Ursprungsidee" aufgegeben. Denn ohne diese ließe sich die
für die Sittlichkeit entscheidende Grenze zwischen Gott und Mensch,
zwischen Absolutem und Relativem, nicht ziehen[16]. Erst die „Ursprungsidee" gibt, wie Brunner im Anschluß an P. Natorp formulierte, allem
Wirklichen „den Sinn"[17]. Sie durchbricht das deterministische Wirklichkeitsverständnis eines Historismus oder Psychologismus. Sie degradiert
Person und Geist nicht zu Produkten und Instrumenten einer naturgesetz-
lich ablaufenden historischen Entwicklung[18]. „Philosophie des Ursprungs
ist ... die Philosophie der Freiheit, der Tat und Verantwortung, weil sie
allein einen Zugang gibt zu jenem fundamentalen Paradox des ‚Autono-
mos', des Ich, das doch zugleich unendlich mehr ist als ‚Ich', jener Autorität, unter der alles Geistesleben steht ..."[19]. Der Historismus aber verfehlt
das Wesen des Geistes ebenso wie das Wesen des Glaubens[20]. Er übersieht,

[12] AaO. 62. Noch in EEG, 107 Anmerkung 1 hatte Brunner die Barthsche Unterscheidung zwischen Geschichte und Urgeschichte abgelehnt.
[13] Vgl. Religionsphilosophie ev. Theol., 1927, 60 f.: „Persönlichkeit wird vom
Schöpfer angesprochen als *Du*. Der Mensch wird ins Dasein *gerufen*. Und darum
vollzieht sich sein Leben nach seiner spezifisch menschlichen, wahrhaft geschichtlichen Qualität als *entscheidungsvolle Antwort* auf diesen Ruf. Höher als
alle Individualität steht die Verantwortlichkeit, die in ihr gegründete Freiheit,
die jeden Moment des Lebens zur Entscheidung macht."
[14] AaO. 62.
[15] Unter „kritischer Philosophie" verstand Brunner die „transzendentale ...
Philosophie des Ursprungs" von Plato bis Kant (EEG, 81), − Vgl. *Ders.*, (1925)
Anfänge I, 308.
[16] Vgl. EEG, 82.
[17] EEG, 84.
[18] Vgl. *Brunner*, (1925) Anfänge I, 304 f. − Brunner konfrontiert hier Kants
kritische Philosophie mit dem „Scheinausweg des Entwicklungsgedankens",
durch den „der Einzelne auf die Menschheit und ihre Geschichte soll vertröstet
werden, als ob die sittliche Forderung, die jetzt und mir gilt, auf ferne Zeiten
und andere Personen könnte abgeschoben werden". „All diese ‚Auswege' sind
nichts anderes als ein Sichhinausstehlen aus der existentiellen Spannung, aus
dem persönlichen Rechenschaftsverhältnis." Ja, sie sind einfach: „Unernst."
[19] EEG, 83 f.
[20] EEG, 59: Gegen Historismus und Psychologismus sei Luthers „Geisteskampf" auszufechten. „Es ist der Kampf des Elias gegen den orgiastischen
Baalskult, des Paulus gegen den Moralismus des Judentums, Luthers gegen die
Kultusmystik der katholischen Kirche; es ist der Kampf, der uns Heutigen ob-
liegt gegen die romantisch-pragmatische Verfälschung des Glaubens und des
Geistes."

daß weder Geist[21] noch Glaube[22] Gegebenheiten unter anderem Gegebenen sind, sondern vielmehr eine durchgängige Störung alles Gegebenen vom „Absoluten" her. Als „empirisch-konstatierbare Gegebenheit" wäre der Glaube genauso mißverstanden wie z. B. Kants kategorischer Imperativ, der nur als ein von aller Erfahrung unabhängiger Geltungsanspruch sinnvoll erfaßt wird[23]. So wenig wie der Geist darf der Glaube als „seelisches Erlebnis" verstanden werden. Denn beide Male steht die persönliche Freiheit — gerade auch gegenüber den psychischen Verläufen — auf dem Spiel[24].

Exkurs II: Brunner zum Verhältnis von Theologie und Philosophie während seiner „dialektischen Periode" (ca. 1921—1929). Mit einem Hinweis auf Barth

Soviel ist deutlich geworden: Brunner bekämpfte den Historismus mit einer eigentümlichen Mischung aus philosophischen und theologischen Argumenten. Anders als z. B. bei Barth, den das Problem einer *philosophischen* Infragestellung des Historismus gar nicht beschäftigte, und bei dem „Urgeschichte" niemals die existentielle menschliche Entscheidungssituation, sondern das Offenbarungsgeschehen als solches bedeutete, läßt es sich bei Brunner nicht ausmachen, wo die philosophische Kritik endet und die theologische beginnt. In seiner Habilitationsschrift *Erlebnis, Erkenntnis und Glaube* (1921[1], 1923[2. 3]) hatte sich Brunner nicht allein eine Untersuchung der Eigenart des Glaubens vorgenommen, sondern darüber hinaus einen Beitrag zu einer „umfassende(n) transzendentale(n) Besinnung auf die letzten kritischen Gesichtspunkte, an denen sich alle Geistesarbeit zu rechtfertigen hat" (EEG, 3).

Brunner empfand es allerdings selbst bald als ein Problem, daß in der genannten Schrift neben die „reine Sachlichkeit" des Glaubens fast bruchlos immer auch die „reine Sachlichkeit" des Geistes treten konnte. Bereits unter dem Einfluß F. Ebners stehend, hätte Brunner für die neue Auflage im Jahre 1923 seinen Begriff des „Geistes" gerne vom Begriff des „Wortes" her präzisiert und überhaupt eine „noch bestimmtere Grenzbestimmung zwischen Immanenz und Offenbarung" vorgenommen (EEG, V). Eine gründlichere Umgestaltung in dieser Richtung konnte er allerdings nicht mehr erreichen. Aber durch die Berücksichtigung der Philosophie Ebners änderte sich ohnehin nichts an Brunners Programm einer kritischen Überprüfung der Voraussetzungen *aller* Geistesarbeit.

Dabei stand es für Brunner fest, daß er bei diesem Programm nicht vom Gedanken einer ungebrochenen Kontinuität oder einer Identität von Glaube und wahrhaft „kritischer Philosophie" auszugehen habe (vgl. hierzu Salakka, 105 f.). Er meinte, daß „alle Philosophie, die sich selbst versteht", in die Nähe Gottes führe, aber den letzten Schritt selbst nicht vollziehen könne. Die „Geisteshand-

---

[21] EEG. 46 Anmerkung 1.
[22] EEG, 89 ff.
[23] EEG, 44 f.
[24] EEG, 36. 98. 100 u. ö.

lung" der „kritischen Philosophie" gleicht dem Handeln Johannes des Täufers: Sie „ist fortschreitendes Sich-selber-überflüssig-machen, gleichsam das Erheben der Hand, bis sie ausgestreckt nach einem Punkt jenseits deutet ...". Diese Gebärde bedeutet: „Nach mir kommt ein Anderes, das ists." „So ist Philosophie, je nüchterner und strenger sie ihres Amtes waltet, die Grenzen zu bewachen, desto mehr Ausdruck der Gottessehnsucht, Mose an der Grenze des Gelobten Landes, berufen bis an sie hinzuführen. Es ist ‚Moses', es ist das ‚Gesetz', das so weit kommt" (EEG, 120).

Es ist jedoch nicht die theoretische, sondern die praktische Philosophie, die Brunner an diese Grenze stoßen sah. Entgegen der üblichen Sicht behauptete Brunner, zwischen der Philosophie der praktischen Vernunft und der Philosophie der theoretischen Vernunft bestehe nicht das Verhältnis einer (konfliktreichen) Koordination, sondern ein Verhältnis der Subordination (MyW, 354). Die theoretische Vernunft lasse nämlich, trotz ihres begrifflichen Begrenzungsvermögens, „den existierenden Menschen noch führerlos". Erst die auf einer höheren Stufe stehende praktische Vernunft könne „mich jetzt" binden (EEG, 121 f.). Um dieses ihres Vermögens willen sah Brunner sie unmittelbar an das Thema der Theologie angrenzen. Brunner meinte, daß die praktische Vernunft beim Phänomen des Bösen an einen Endpunkt stoße, der eine Notlage signalisiere (Der Mittler, 97 sowie 98 ff., 106 f., 259. — Vgl. auch Salakka, 106). Der sich ernsthaft der sittlichen Forderung stellende Mensch endet, solange er dabei auf sich selbst gestellt bleibt, in der Verzweiflung (Anfänge I, 306). „In dieser — vorsichtig darf man auch sagen: aus dieser — Krise entspringt der Glaube" (EEG, 121). Auf die „existentielle" Frage des Menschen antwortet Gott mit seiner Offenbarung (Der Mittler, 480). Damit stellte Brunner den Glauben und die Offenbarung organisch an den Ort, wo von der „kritischen Philosophie" aus der große, wenngleich unmögliche Grenzübergang erforderlich wäre. Vom Menschen aus gibt es „keine denkbare Lösung" dieses Problems. „Aber wie", wenn der hier offenbar nötige „Eingriff Gottes gesetzt ist nicht als unser Gedanke, sondern als göttliche Tat"? „Wenn ... die göttliche Ewigkeit, die uns nur als Idee, im theoretischen und sittlichen Erkennen, als Wiedererinnerung an eine bessere Welt, wie Plato sagt, bekannt ist — wenn sie aus ihrer Stille herausträte ... und ... als ein wirkliches Wort in der Zeit zu uns redete ...? Wie, wenn Gott sich offenbarte? Der christliche Glaube ist die Behauptung dieses Geschehens" (Anfänge I, 307).

Es waren keine wesentlich neue Gedanken, wenn Brunner später vom „diakritischen Punkt" oder vom „Anknüpfungspunkt" redete, in welchem die geistig-sittliche Grenzsituation des Menschen dialektisch „auf die Spitze getrieben" und als solche „vernichtet" wird, indem „von der entgegengesetzten Seite die Spitze des Gotteswortes entgegenkommt" (FAn, 517 f.). Die im Jahre 1929 einsetzende Betonung der „anderen Aufgabe der Theologie" bedeutete also letztlich keinen gravierenden Einschnitt in Brunners theologischer Entwicklung (vgl. Salakka, 137. — Dagegen z. B. Roessler, 22 f.). Aus dem Nebeneinander von „Geist" und „Glaube" in der Habilitationsschrift ergab sich später der „Anknüpfungspunkt" für das Wort vom Glauben ganz von selbst. Und überhaupt stand die von Brunner im Jahre 1925 versuchte Bestimmung der theologischen Aufgabe durch alle „Perioden" hindurch in Geltung: „Theologie ist Angriff auf die sündig-verkehrte

Intellektualität, Ausbreitung des Glaubensgehorsams im Reich des Gedankens, und darum Erschütterung aller scheinbar gesicherten Erkenntnispositionen, Infragestellung aller vermeintlichen Lösung, Hinführung des Denkens an den Punkt, wo der Mensch aus sich nichts mehr weiß" (Anfänge I, 319).

Mit K. Barth ist Brunner nicht erst im Zuge seiner seit 1923 zunehmenden Rezeption der Wort- und Personphilosophie F. Ebners auseinandergekommen. Barth und Brunner hatten schon vorher ein gegensätzliches Verständnis der theologischen Aufgabe, zumal in ihrer Beziehung zur Philosophie. Brunner war, neben Gogarten, einer der ersten, die im Bereich der Theologie auf die in der philosophischen Fachwelt kaum anerkannte neue „Ich-Du-Philosophie" aufmerksam machten. In seinem Schleiermacherbuch von 1924 stattete Brunner bereits seinen Dank für die von Ebner empfangenen Anregungen ab (MyW, 395 Anmk.). Ebners Kritik an der „unwirklichen", „ich-einsamen" Philosophie des Idealismus und, implizit, auch am Geist der modernen Wissenschaften bot der Theologie interessante Aspekte einer allgemeinen, fundamentalen Ontologie, in welche sich eine evangelische Lehre vom Menschen einzeichnen ließ. Für Brunner wirkte sich die Begegnung mit Ebner aber auch im Sinne einer gewissen Einschränkung seiner Hochschätzung des idealistischen Denkens sowie im Sinne einer Konzentration auf die „personale" Relation von Wort und Glaube, welche den Ursprungsgedanken und den Geistesbegriff der Habilitationsschrift teils in den Hintergrund drängte, teils präzisierte. An der grundsätzlichen Sicht, daß zwischen „kritischer Philosophie" und Offenbarung ein dialektisches Verhältnis der Ergänzung, der „Wachablösung" im „diakritischen Punkt" bestehe, änderte sich durch den Einfluß Ebners nichts.

Doch eben diese Sicht war Barth von Anfang an fremd. Zwar sprach auch er, schon vor Brunner und anders als Brunner, von einer Übereinstimmung zwischen der biblischen Deutung des Weltgeschehens und derjenigen der Philosophie („sofern es sich um eine Philosophie handelt, die sich selbst versteht"). (Anfänge I, 50). Barth konnte diesen Gesichtspunkt sogar dermaßen betonen, daß demgegenüber Brunner das Verhältnis von Theologie und Philosophie nun doch kritischer, spannungsgeladener und so auch theologischer als Barth zu beschreiben schien. Denn wenn Brunner vom „Gesetz" als dem „Grenzgebiet von Theologie und Philosophie" sprach, so meinte dies, daß Theologie und Philosophie im „Gesetz" „beinahe eins werden, um dann desto heftiger auseinanderzufahren". Denn es gehe hier nicht um eine „Arbeitsteilung" zwischen Theologie und Philosophie, auch nicht um einen „Streit der Fakultäten", sondern um einen existentiellen „Konflikt", der nur von der Offenbarung her zu lösen sei (Anfänge I, 290 f.). — Genau betrachtet, zeigt aber gerade auch diese Aussage, daß Brunner eine wirkliche *Konkurrenz* zwischen Theologie und kritischer Philosophie für ausgeschlossen hielt. Und hier beginnt der Gegensatz zu Barth. Barth verglich das Verhältnis von Theologie und Philosophie nicht, wie Brunner, mit dem Verhältnis zwischen Jesus und dem Täufer. Aber auch er konnte sich hier einer biblischen Metapher bedienen, die übrigens Barths Verständnis der Situation der Theologie im 20. Jahrhundert treffend zum Ausdruck bringt: „Es wird dem Theologen unter den Philosophen immer so gehen wie dem Aaron vor Pharao mit seinem Stab, der zur Schlange wurde. ,Da forderte Pharao die Weisen und Zauberer und die ägyptischen Zauberer taten auch also mit ihrem Beschwören und ein jeglicher warf seinen Stab vor sich hin, da wurden Schlangen daraus' (Ex. 7,10 f.). Der Theologe kann wohl innerhalb der Grenzen der Humanität bestimmte, relativ außerordentliche Zeichen aufrichten", wie sie sich aus der „Entfaltung der auf die Bibel sich gründenden Begriffswelt der christlichen Dogmatik" je und je ergeben mögen. Aber diese „Zeichen" sind durchaus verwechselbar mit anderen; sie unterscheiden sich von diesen nur durch ihre besondere Begründung (Vorträge III, 57).

An dieser „Ungeschütztheit" des Vollzugs von Theologie, in der man um den Fortgang der Aarongeschichte („aber Aarons Stab verschlang ihre Stäbe") gleichsam noch nicht weiß (vgl. Vorträge III, 61), hing für Barth auch das rechte Verständnis der theologischen Aufgabe. Daß er bei Brunner, der ihm immer allzu siegreich erschien, das Gespür für diese „Ungeschütztheit" vermißte, ist zweifellos ein wichtiger Grund für die später einseitig durch Barth vollzogene Trennung. Brunner sah die Offenbarung immer dort, wo die äußersten Möglichkeiten der Vernunft aufhören. Er hat, was Barth vermieden wissen wollte, gerade „an die Endpunkte des menschlichen Denkens" gedacht und von ihnen geredet, wenn es für ihn als Theologen galt, „in tunlichster Sachlichkeit an Gott ... zu denken" und von Gott zu reden (vgl. Vorträge III, 61). Dadurch blieb ihm zwar nicht die Identität, aber die Einheit von Glaube und Geist erhalten. Die Aufgabe der „ernsthaften" Philosophie und die Aufgabe der Theologie wurden wie Gesetz und Evangelium unterschieden, aber nicht getrennt. Die Philosophie wurde in die Theologie mit hineingenommen, und die mit jener „ein gutes Stück Wegs" gemeinsam gehende Theologie wurde somit zur „Grundwissenschaft" für alle „Geistesarbeit" (vgl. Anfänge I, 300 f.).

2. Zum geschichtlichen Ort der Theologie Brunners

2.1 Barth hat in seiner Schrift *Nein!* Brunner als einen wiedererstandenen Vertreter der „„vernünftigen Orthodoxie' um die Wende vom 17. und 18. Jahrhundert" bezeichnet. Ebenso wie diese sei Brunner bestrebt, „die Offenbarung mit der Vernunft in ein fromm verständiges gegenseitiges Einvernehmen zu bringen"[25]. Dennoch erschließen sich die charakteristischen Impulse der Theologie Brunners, wie sie hier vorgestellt wurden, allein aus der geistigen Lage des frühen 20. Jahrhunderts. Damals ergab sich folgende Konstellation: Theologie und Philosophie begegnen sich nun nicht mehr im Streit um die Geltung empirischer bzw. dogmatischer Wahrheit; auch nicht in der Auseinandersetzung um die Frage, wer die rechte Sachwalterin der einen, unteilbaren Wahrheit sei. Sondern sie begegnen sich als zwei aus einer langen gemeinsamen Geschichte heraus definierbar, unterscheidbar und dadurch in ganz neuer Weise aufeinander beziehbar gewordene geistige Welten. Beide, Theologie und Philosophie, haben durch die Einwirkungen des Historismus in der „allgemeinen

---

[25] „Nein!" 243/46.

Grundlagenkrise" zur Zeit des Ersten Weltkriegs ein gemeinsames Schicksal erlitten, das sie nötigte, aus ihrer bisherigen Geschichte gleichsam auszutreten und ihren eigenen Denkweg von außen, vom „Ursprung" her, kritisch zu überprüfen. Es ist eine Art Metaphilosophie, Philosophie der Philosophie, die im Neukantianismus, in der Lebensphilosophie und in der philosophischen Phänomenologie einer Art Metatheologie, einer „dialektischen" Theologie gegenübergetreten ist.

Das Verhältnis der Anfänge der dialektischen Theologie zur „allgemeinen Grundlagenkrise" bliebe aber noch unverstanden, sähe man nur dies, daß dieselben Vorgänge, die sich damals in den Künsten und Wissenschaften abspielten, eben *auch* in der Theologie zu einer entsprechenden Krise führten. Vielmehr ergab sich aus der „allgemeinen Grundlagenkrise" für die Theologie selbst eine Aufforderung oder die Versuchung, ihre seit Beginn der Neuzeit eingebüßte geistige Führerrolle wieder anzunehmen, um so auch die moderne Spaltung im Wahrheitsbewußtsein zu überwinden. Exakt auf diese geschichtliche Konstellation ist der Ansatz der Brunnerschen Theologie bezogen. Überhaupt hat diese Konstellation einen nicht zu übersehenden Anteil an der überraschenden geistigen Vollmacht der frühen dialektischen Theologie. Andererseits hingen die theologischen Differenzen innerhalb der dialektischen Theologie zunächst immer auch mit der Frage zusammen, inwiefern es legitim und ratsam sei, die in der „Grundlagenkrise" liegende theologische Herausforderung anzunehmen und auszunützen.

Brunner war aber für das, was man die „Geschichtlichkeit" der Wahrheit nennt, wenig aufgeschlossen[26]. Er besaß eine starke Neigung, in zeitlosen Wesensstrukturen zu denken und aus dem Gedankengut der Theologie- und Geistesgeschichte zeitunabhängige „Denkformen" herauszulesen. Insofern erinnert er, als der am energischsten „antihistorisch" ausgerichtete Repräsentant der dialektischen Theologie, in der Tat an einen um das Geschichtliche wenig bekümmerten rationalistischen oder mittelalterlichen Denker. Er hatte nichts dagegen, „mit einer gewissen Gewalttätigkeit die Geschichte (zu) vereinfachen und bloß diejenigen Momente heraus(zu)greifen, die für uns heute besonders bedeutsam sind". Er hatte dabei „das Vertrauen..., daß was heute noch lebendige Macht ist, doch wohl auch im geschichtlichen Bild einen Hauptzug bilden muß"[27]. In diesem Sinne verfuhr Brunner z. B. mit dem „Historismus"[28] des „theologische(n) Paganini Schleiermacher"[29]. Er glaubte, im Zuge einer Widerle-

---

[26] Vgl. schon *H. W. Schmidt*, Zeit und Ewigkeit, 1927, 380: Brunners alternative Setzung von „Mystik" oder „Wort" rechnet nicht mit der Geschichte, „die Brunner nicht entdeckt hat, weil er sie von Anfang an nicht verstand".

[27] *E. Brunner*, Reformation und Romantik, 1925, 5.

[28] Vgl. *E. Brunner*, Geschichte oder Offenbarung? ZThK 6, 1925, 271.

[29] *Brunner*, (1922) Anfänge I, 272.

gung Schleiermachers mit der *gegenwärtigen* geistig-religiösen Mystik „abrechnen" zu können. Und er meinte, dies nur auf der Grundlage der dem Systematiker zur Ehre gereichenden Urteilskategorien „wahr-falsch" tun zu können[30]. Brunner konnte u. a. deshalb so verfahren, weil er der Überzeugung war, die ernsthaften Probleme des Menschen seien stets dieselben. „Der ‚heutige Mensch' ist im Grunde immer derselbe. Denn die Selbstsicherheit des Menschen in seinem Vernunft- und Kulturbesitz (oder in seinem theologischen oder kirchlichen Besitz) ist immer dieselbe." Brunner räumte aber ein, daß sich die „Formen" dieser Selbstsicherheit ständig wandeln. Und er hielt es auch für geboten, daß sich die Theologie jeweils darauf einstelle, „trotzdem sie es letztlich immer mit denselben Problemen und mit derselben Wahrheit zu tun hat"[31].

Aber gerade diese Art zu denken, diese sapientale Einstellung gegenüber dem Ideologieproblem, weist doch unverkennbar die spezifische Signatur des frühen 20. Jahrhunderts auf. Wenn Brunner z. B. immer wieder Naturalismus und Idealismus, Nominalismus und Realismus, Subjektivismus und Objektivismus usw. als partiell richtige, miteinander in „ewigem" Streit liegende Denkformen vorstellte, so schien er selber auf einem der Geschichte entnommenen Standort zu stehen, von dem aus sich über die „Einseitigkeit" und auch über das relative Recht, also über die „Wahrheitsmomente" aller Bildungen des menschlichen Geistes urteilen ließ. Brunner selbst war der Meinung, dieser Standort, von dem aus es sichtbar werde, „daß auf dem Boden des ‚natürlichen Menschen' etwas anderes als dieses Hin und Her nicht möglich ist", sei der Glaube[32]. Aber auch die „kritische Philosophie" konnte von Brunner, in einer gewissen Konkurrenz hierzu, als diejenige Instanz bezeichnet werden, welche die „Besinnung" darauf zu leisten habe, daß „einige große Systemlinien, seit dem Beginn der Philosophie tausendmal widerlegt, immer wieder auftauchen und sich Geltung verschaffen", und „daß jedes dieser großen Systeme ebensoviele gute Gründe für als gegen sich hat"[33]. Unverkennbar hat jedoch insbesondere die vom Historismus selbst geschaffene Lage diese Denkweise angeregt. Es ist doch auffällig, daß Idealismus, Naturalismus usw. eben tatsächlich als „Denkformen" und gar nicht mehr als zeitge-

---

[30] *Brunner,* (1924) Anfänge I, 285. — Vgl. aber *H. Stephan,* Antwort auf Brunners Entgegnung, ZThK 6, 1925, 278: Brunner muß die „Funktion" der Theologie Schleiermachers „im Gesamtgewebe der neueren Theologie" mißverstehen, „weil er es versäumt zu fragen, was Schleiermachers Sätze . . . sagen *wollen*", und weil somit „die Vernachlässigung der historischen Aufgabe zum Verhängnis für die systematische Untersuchung . . . wird".

[31] *E. Brunner,* Religionsphilosophie ev. Theol., 1927, 98. — Vgl. *Ders.,* Das Wort Gottes und der moderne Mensch, 1937 (Vorwort).

[32] *E. Brunner,* Religionsphilosophie, 98 f.

[33] AaO. 28.

bundene, epochale geistige Ereignisse verstanden werden. Entgegen der eigenen Tendenz dieser geistigen Bewegungen, jeweils die *ganze* erkennbare Wirklichkeit zu umgreifen, werden sie bei Brunner — im Sinne der in der damaligen „Grundlagenkrise" häufig anzutreffenden These vom „ewigen" Widerstreit der Philosophien und Ideologien — darauf reduziert, jeweils nur Teilaspekte der Wahrheit zu bieten. Und der gesamte Weg der neueren Geistesgeschichte konnte jetzt wie ein abgeschlossenes systematisch-philosophisches Lehrbuch eingesehen werden, das über die Grenzen der Vernunft Auskunft gibt und im übrigen nach einer theologischen Fortsetzung verlangt.

2.2 Die ihm als evangelischem Theologen „von der Geschichte gestellte Aufgabe" verstand Brunner folgendermaßen: „Wenn dem Entwicklungsgang der protestantischen Theologie irgendein Sinn, d. h. irgendeine Notwendigkeit innewohnen soll, so könnte diese wohl am ehesten so verstanden werden, daß es vier Hauptgesichtspunkte gibt, die in einer christlichen Lehre von der Offenbarung zu ihrem Recht kommen müssen: Die Beziehung von Offenbarung und Schrift, Offenbarung und Vernunft, Offenbarung und subjektivem Erleben, Offenbarung und Geschichte. Das isolierte Hervortreten von je einem dieser Gesichtspunkte hat je einer dieser Epochen der Geistesgeschichte ihren Charakter aufgeprägt. Aber ihr *isoliertes* Hervortreten hat auch zugleich eine Epoche von der anderen verdrängt werden lassen und zuletzt zur Auflösung der Theologie geführt. So stellt sich uns die Aufgabe vom christlichen Offenbarungsglauben aus: neu, und im Zusammenhang mit allen vier bestimmten Größen zugleich — damit auch im Zusammenhang mit den Problemen der Zeit — den Sinn der Offenbarung zu erfassen zu suchen. Daß es sich dabei nicht um eine ‚Synthese' jener genannten vier Richtungen handeln kann, versteht sich von selbst. Denn aus vier Unmöglichkeiten wird niemals durch Zusammensetzung eine Möglichkeit. Auch kann es sich für den Glaubenden niemals darum handeln, sich die Auffassung von der Offenbarung von der Zeit geben zu lassen. Eine solche Theologie würde von vornherein alles andere eher als eine christliche sein. Sondern nur darum kann es sich handeln, aufs neue in begrifflicher Schärfe zu zeigen — was der Glaube selbst schon in schlichter Erkenntnis in sich begreift —, daß die richtige Auffassung der Offenbarung den Anliegen jener vier Richtungen von selbst [!] Rechnung trägt, wenn sie nur gehörig in die Tiefe geht [!]."[34]

Zu diesem für Brunners Theologieverständnis aufschlußreichen Text abschließend einige Bemerkungen: Methodisch kann das Verfahren nicht überzeugen, zunächst — systematisch — die verschiedenen Beziehungen der Offenbarung zur Wirklichkeit festzustellen, sodann diese Beziehungen nacheinander je einzeln einer geistesgeschichtlichen Epoche der Neuzeit

---

[34] AaO. 23.

4 Gestrich

zuzuordnen. Es beweist dieses Verfahren weder ein Verständnis der eigenen Situation noch die Berechtigung des Überlegenheitsgefühls, das hier gegenüber dem neueren Protestantismus geäußert wurde.

Das von Brunner gezeichnete Bild ist historisch unhaltbar und in sich selbst nicht klar: Aus irgendeinem Grund war die protestantische Theologie während der letzten Jahrhunderte nicht am „christlichen Offenbarungsglauben" orientiert, sondern an den jeweils aktuellen geistesgeschichtlichen Strömungen. Immerhin spielten diese Strömungen aber, wie zufällig, der Theologie stets neu einen Schlüsselbegriff zu, der *einen* konstitutiven Aspekt der Offenbarungswirklichkeit erschloß. Es sind merkwürdigerweise nacheinander sogar alle vier Hauptgesichtspunkte in den Blick gekommen. Ihr jeweils *isoliertes* Hervortreten aber ließ immer wieder eine geistesgeschichtliche Epoche durch die nächste verdrängt werden. — Doch war es, historisch gesehen, wirklich das stets ungenügende, einseitige Verständnis der Offenbarung, was hier die Geistesgeschichte zur Weiterentwicklung drängte? Nötigten nicht umgekehrt geistesgeschichtliche Veränderungen die Theologie, den Begriff der Offenbarung neu zu bestimmen?

Brunner urteilte auch unzutreffend, es sei jeweils nur ein Teilaspekt, einer von mehreren Hauptgesichtspunkten der Offenbarungslehre zu Gesicht gekommen. In Wirklichkeit unternahm es die Theologie in jeder Epoche, die ganze Offenbarungslehre im Lichte der jeweils erkenntnisleitend gewordenen Kategorie zu explizieren. Recht hatte Brunner aber, festzustellen, daß ihm selbst in der Situation nach Troeltsch kein einzelner Leitbegriff wie „Geschichte", „Vernunft", „Natur" usw. mehr zur Verfügung stand. Alle diese Begriffe sind ihm „relativ" geworden. Er mußte sie alle zusammen zur Geltung bringen. — Aber geschah dies etwa deshalb, weil nun endlich eine „gehörig in die Tiefe" gehende Theologie wieder den Mut gefunden hätte, sich die Auffassung von der Offenbarung *nicht* mehr „von der Zeit", sondern *allein* von der Schrift her bestimmen zu lassen?

Brunner ist hier zugute zu halten, daß Barth, Bultmann und Gogarten seinerzeit ähnliche theologiegeschichtliche Urteile abgaben. Barth beispielsweise kritisierte die neuprotestantische „Theologie des ‚und'" bereits darin, daß sie sich jeweils mit dem Wirklichkeitsverständnis der Zeit in Verbindung zu bringen suchte[35]. Während der ersten Hälfte der Zwanziger Jahre schien auch Brunner diesem Urteil beizupflichten, wenn er schrieb, das inhaltliche „Was" des Glaubens habe der moderne Protestantismus vollständig vernachlässigt, das technische „Wie" des Glaubens sei ihm allein wichtig gewesen[36]. — Aber bald darauf setzte sich Brunner

---

[35] *Barth,* (1933) Vorträge III, 138 u. ö.
[36] *Brunner,* EEG, 7. — *Ders.* (1922) Anfänge I, 277. — *Ders.,* MyW, 11. — Und vgl. noch: *Ders.,* Reformation und Romantik, 1925, 6.

dann selber energisch für die Bearbeitung der theologischen „Wie"-Frage ein[37]. Seine tatsächliche Distanz zum neueren Protestantismus war viel geringer, als ihm selber bewußt wurde[38]. Er hat diesen Sachverhalt durch eine besonders heftige Polemik gegen die vorige Theologie verdeckt. Aber ebenso wie diese wollte Brunner die christliche Prägung der abendländischen Kultur erhalten und die Rebellion des säkularistischen „modernen Denkens" mit den Waffen des Glaubens und des Geistes besiegen[39].

III. Dialektische Anfänge bei Barth

Literatur (außer Arbeiten Barths und anderer dialektischer Theologen): *P. Althaus*, Religiöser Sozialismus. Grundfragen der christlichen Sozialethik. Stud. d. apologet. Seminars i. Wernigerode, H. 5, 1921. – *Ders.*, Theologie und Geschichte. Zur Auseinandersetzung mit der dialektischen Theologie. ZSTh 1, 1923, 741 ff. – *H. U. v. Balthasar*, Karl Barth. Darstellung u. Deutung s. Theologie (1951), 1962². – *H. Barth*, Das Problem des Ursprungs in der platonischen Philosophie, 1921. – *Chr. Bäumler*, Der Begriff der Geschichte in der Theologie Karl Barths (Ev.-theol. Diss., maschinenschr.), Tübingen 1959. – *G. C. Berkouwer*, Der Triumph der Gnade in der Theologie K. Barths (1954), deutsch: 1957. – *H. Bouillard*, Karl Barth. Genèse et évolution de la Théologie Dialectique, Bd. I, Aubier 1957. – *E. Busch*, Karl Barths Lebenslauf. Nach seinen Briefen und autobiographischen Texten, 1975 (erschien nach Abschluß des MS). *H. Diem*, Kritischer Idealismus in theologischer Sicht. Eine Auseinandersetzung mit Heinrich Barth, 1934. – *U. Duchrow*, Christenheit und Weltverantwortung. Traditionsgeschichte und systematische Struktur der Zweireichelehre. Forsch. u. Berichte d. ev. Studiengemeinsch., Bd. 25, 1970. – *W. Elert*, Der Kampf um das Christentum, 1921. – *Chr. Gestrich*, Die unbewältigte natürliche Theologie. ZThK 68, 1971, 82 ff. – *R. Hauser*, Autorität und Macht, 1949. – *W. Heinzelmann*, Das Prinzip der Dialektik in der Theologie Karl Barths. NKZ 35, 1924. – *E. Hübner*, ,Monolog im Himmel'? Zur Barth-Interpretation von Heinz Zahrnt. EvTh 31, 1971, 63 ff. – *F. Huntemann*, Die dialektische Theologie und der spekulative Idealismus Hegels, 1957. – *E. Jüngel*, Gottes Sein ist im Werden, 1965¹. – *Ders.*, Zum Ursprung der Analogie bei Parmenides und Heraklit, 1964. – *Ders.*, ... keine Menschenlosigkeit Gottes ... Zur Theologie Karl Barths zwischen Theismus und Atheismus, in: EvTh 31, 1971, 376 ff. – *E. Jünger*, Der Arbeiter. Herrschaft und Gestalt, 1932, wiederabgedruckt: WW Bd. 6, Essays II, Stuttgart o. J. – *W. Köhler*, Ernst Troeltsch, 1941. – *Chr. Graf v. Krockow*, Die Entscheidung. Eine Untersuchung über Ernst Jünger, Carl Schmitt, Martin Heidegger. Göttinger Abhandl. z. Soziologie, Bd. 3, 1959. – *G. Krüger*, Dialektische Methode und theologische Exegese. ZZ 5, 1927, 116 ff. – *H. Kutter*, Sie müssen! Ein offenes Wort an die christliche Gesellschaft, 1910. – *L. Lambinet*, Christozentrische Religionsphilosophie? Eine kritische Untersuchung des Religionsbegriffes dialektischer Theologie. FGLP Reihe 8, Bd. IV, 1938. – *W. Lindemann*, Karl

---

[37] S. u. S. 353 ff.

[38] Vgl. u. S. 350 ff.

[39] Vgl. *E. Brunner*, Der Mittler, 1927, VIII: Dieses Buch wuchs aus Brunners „Kampf mit dem modernen Denken" heraus.

Barth und die kritische Schriftauslegung. ThF 54, 1973. — *F.-W. Marquardt*, Theologie und Sozialismus. Das Beispiel Karl Barths. Gesellschaft u. Theologie, Abteilung: Systematische Beiträge. Nr. 7, 1972. — *W. D. Marsch*, „Gerechtigkeit im Tal des Todes". Christlicher Glaube und politische Vernunft im Denken Karl Barths. In: Theologie zwischen gestern und morgen, hg. v. W. Dantine u. K. Lüthi, 1968. — *A. Mohler*, Die Konservative Revolution in Deutschland 1918—1932. Grundriß ihrer Weltanschauungen, 1950. — *A. Oepke*, K. Barth und die Mystik, 1928. — *F. Overbeck*, Christentum und Kultur (1919¹), 1963².ʼ — *P. Schempp*, Randglossen zum Barthianismus, 1928, in: Anfänge II, 303 ff. — *H. Schindler*, Barth und Overbeck. Ein Beitrag zur Genesis der dialektischen Theologie im Lichte der gegenwärtigen theologischen Situation, 1936. — *H. W. Schmidt*, Zeit und Ewigkeit. Die letzten Voraussetzungen der dialektischen Theologie, 1927. — *F. Schmidt-Japing*, Die christologischen Anschauungen der dialektischen Theologie. Apologetisches Jahrbuch 1925. — *F. K. Schumann*, Der Gottesgedanke und der Zerfall der Moderne, 1929. — *R. Smend*, Nachkritische Schriftauslegung. In: Parrhesia. Karl Barth zum achtzigsten Geburtstag, 1966, 215 ff. — *D. Sölle*, Stellvertretung. Ein Kapitel Theologie nach dem Tode Gottes, 1965. — *Dies.*, Atheistisch an Gott glauben, 1968. — *T. Stadtland*, Eschatologie und Geschichte in der Theologie des jungen Barth, 1966. — *L. Steiger*, Die Hermeneutik als dogmatisches Problem, 1961. — *Th. Strohm*, Theologie im Schatten politischer Romantik. Gesellschaft u. Theologie, Abteilung: Systematische Beiträge. Nr. 2, 1970. — *A. Szekeres*, Karl Barth und die natürliche Theologie. EvTh 24, 1964, 229 ff. — *H. Thielicke*, Theologische Ethik I, 1951. — *C. v. Til*, The new Modernism. An appraisal of the theology of Barth and Brunner, 1947². — *E. Troeltsch*, Ein Apfel vom Baume Kierkegaards, 1921, in: Anfänge II, 134 ff. — *P. Tillich*, Antwort an Karl Barth, 1923, in: Anfänge I, 189 ff. — *W. Wingren*, Die Methodenfrage der Theologie. Theol. d. Ökumene Bd. 5, 1957. — *A. v. Zahn-Harnack*, Adolf von Harnack, 1936. — *H. Zahrnt*, Die Sache mit Gott. Die prot. Theol. i. 20. Jahrhundert, 1966.

> „Das Leben hat sich gegen den Tod im Leben aufgemacht."[1]
> „Das Problem der Ethik ist der gefährliche, der tödliche *Angriff* auf den Menschen."[2]

1. Barths theologische „Wende"

1.1 Um diese „Wende", einem Wunsche Barths gemäß, als ein „gewöhnliches" Stück Theologiegeschichte[3] zu würdigen und durchsichtig werden zu lassen, bedarf es einer von der Sprachwelt dieser Anfänge möglichst distanzierten, vielleicht sogar umständlichen Annäherung an Barths Neuentdeckung der biblisch-reformatorischen Theologie. Wir blicken zuerst auf das bei Brunner erreichte Verhältnis zum Historismus zurück und

---

[1] *Barth*, (1919) Anfänge I, 15.
[2] *Barth*, (1922) Vorträge I, 135 f.
[3] Vgl. CD, IX.

erinnern daran, daß Brunner dem Geschichtsverständnis Troeltschs zunächst mit einer *philosophischen* Kritik entgegengetreten ist. Brunner sprach dieses Geschichtsverständnis als darwinisierenden Geschichtsnaturalismus an, obwohl Troeltsch selbst das Phänomen der Geschichte letzten Endes als einen unendlichen Prozeß göttlicher Selbstentäußerung und Selbstvereinigung verstanden hatte[4]. Aber gegen die hier zum Ausdruck kommende „Mystik" machte Brunner wiederum die antipsychologistische und antihistoristische Kategorie des „Geistes" als des urgeschichtlichen Grundes aller Geschichte geltend[5]. Dabei wurde „Geist", unter Ebners Einfluß, vom „Wort", von der in personalen Beziehungen enthaltenen Verantwortungssituation her verstanden. Brunner war der Überzeugung, eine noch „kritischere" Philosophie im Rücken zu haben als diejenige es war, die im historischen Geschichtsverständnis zur Geltung kam. Und indem diese „kritischere" Philosophie an ihrer wohlerkannten Grenze gleichsam selber nach „Offenbarung" verlangte, meinte Brunner auch, trotz Troeltschs Kritik an der dogmatischen Methode das Recht zu einer Theologie der Offenbarung, des „Wunders" von jenseits her, zurückgewonnen zu haben.

Anders Barth. Er verzichtete auf eine philosophische Kritik am Historismus und am Psychologismus[6]. Sofern auch er, ähnlich wie Brunner, im „Geist", in der „Ur-Geschichte", im „Praehistorischen", im „Un- oder Übergeschichtlichen" den Grund und die Krise aller historischen Geschichte erblickte[7], so handelte es sich hierbei bei ihm doch in jedem Fall um theologische Begriffe[8]: Die „Urgeschichte" war inhaltlich verstanden als „Heilsgeschichte"[9], und der „Geist" als „Heiliger Geist", als die Kraft von „Ostern": „Der Geist in allem Geistigen, das Humane in der Humanität, die Schöpfung im Kosmos, die Überlegenheit Gottes — das alles als kritische Potenz, als erlösende Bewegung, als klar werdender Sinn, als vorwärtsdrängende, Bedeutung gewinnende Erkenntnis verstanden — das ist Ostern." „Die Auferstehung Christi oder, was dasselbe sagt: seine Wiederkunft, sie ist kein geschichtliches Ereignis; die Historiker mögen sich beruhigen, wenn sie es nicht vorziehen, sich höchstlich dadurch beunruhigen

---

[4] Siehe etwa *E. Troeltsch*, Ein Apfel vom Baume Kierkegaards, 1921, in: Anfänge II (134—140), 138.

[5] S. o. S. 30 f.

[6] Jedoch nicht auf Kritik am Historismus u. Psychologismus (der neueren protestantischen Theologie) überhaupt. Vgl. Röm², 102. 149. 260 u. ö.

[7] Vgl. Röm², 5. 32.

[8] Vgl. *Chr. Bäumler*, Der Begriff der Geschichte in der Theologie Karl Barths, 1959, 28 ff.

[9] Röm², 116 f. spricht Barth im Anschluß an Nietzsches Begriff des „Unhistorischen" von der „ungeschichtliche(n), d. h. aber *ur-geschichtliche(n)* Bedingtheit aller Geschichte". „Ur-Geschichte" aber ist „Jesus als der *Christus*", ist die in der „Offenbarungszeit und Entdeckungszeit" der Jahre 1—30 ereignete „Heilsge-

zu lassen, daß es sich gerade *hier* um *das* Ereignis handelt, das allein uns
veranlassen kann, von einem wirklichen *Geschehen* in der Geschichte zu
reden."[10] Die Geschichte wäre ohne Dynamik, ohne das Ereignis von
wirklich *Neuem*, gäbe es nicht von Ostern her den Einbruch des Lebens
„gegen den Tod im Leben"[11].

1.2 Jene unüberschreitbare „Grenze" zwischen Gott und Mensch bzw.
jene „absolute, eherne Schranke" zwischen Offenbarung und Geschichte[12],
die in Brunners Theologie als organisierendes Prinzip des rechten christlichen Redens wirksam war, bildete auch bei Barth den funktionalen Rahmen aller theologischen Aussagen[13]. Der formal an den platonisch-idealistischen „chorismos" zwischen Göttlichem und Menschlichem, zwischen
Idee und Erscheinung erinnernde Begriff der Grenze oder Schranke diente während der Anfänge — auf je verschiedene Weise — allen dialektischen Theologen zur Abwehr des neuprotestantischen Religionsverständ-
nisses.

Man könnte sagen, der frühen dialektischen Theologie habe sich das
Religionsverständnis der vorausgegangenen Generationen als *aristotelisch*
gestimmt dargestellt. Denn im neueren Protestantismus konnten der
Glaube als die fundamentale geistige Potenz, die Religion als die „Seele

schichte" (Röm², 5 in Verbindung mit: 32). — Während der Begriff der Ur-Geschichte bei F. Overbeck, von dem ihn Barth übernahm, noch ein „geschichtswis-
senschaftlicher Hilfsbegriff" war, der „die hinter den neutestamentlichen Quellen als großes X sichtbare...Entstehungsgeschichte der christlichen Kirche und
Verkündigung" decken sollte, verwendete Barth diesen Begriff ausschließlich als
einen „theologischen Begriff zur Bezeichnung des eigentümlichen Verhältnisses
von Offenbarung und Geschichte" (so *Barth* selbst: CD, 230. — Vgl. *F. Overbeck*, Christentum und Kultur, 1963², 20 f.). — KD I 2, 64 distanzierte sich
Barth von seinem früheren Reden von der Ur-Geschichte, da es natürlicher Theologie, d. h. einem Verständnis der Offenbarung als dem „tiefsten Gehalt", als
dem „Sinn der Geschichte" (s. Röm², 5 Zeile 2!) Vorschub leiste. — Zu dieser
Wandlung und zu Barths trinitätstheologischer Wiederaufnahme des Begriffs der
Ur-Geschichte (z. B. KD II 1, 573; KD II; 2, 6 f. 113; KD III 1, 64. 84. 87 f.; KD
III 2, 170 ff. 203. 535; KD III 3, 268; KD IV 1, 16. 222. 370. 563 f.) siehe *E. Jün-
gel*, Gottes Sein ist im Werden, 1965¹, 87 f. Anmerkung 57.

[10] *Barth*, (1920) Anfänge I, 72 f.
[11] Vgl. *Barth*, (1919) Anfänge I, 15.
[12] *Brunner*, (1925) Anfänge I, 312.
[13] Dabei standen Barth und Brunner dem „kritischen Idealismus" nahe, wie er
besonders von Heinrich Barth definiert wurde: Die Ideen sind der Welt nicht
immanent, sondern die transzendente Welt der Ideen steht als Krisis und zugleich als Begründung allen diesseitigen Lebenswerten gegenüber. — In seiner
Basler Antrittsvorlesung (Das Problem des Ursprungs in der platonischen Philosophie, 1921, 13) bestätigte *H. Barth* den Einfluß dieses Ansatzes auf Karl Barths
Theologie. — Über die Differenzen zwischen diesem philosophischen und dem
entsprechenden theologischen Ansatz: *H. Diem*, Kritischer Idealismus in theologischer Sicht, 1934. — Zum Ganzen siehe jetzt: *F.-W. Marquardt*, 207 ff., wo das
Denken des „Ursprungs" beim K. Barth der zwanziger Jahre mit Recht im Hori-

der Kultur"[14] und die Offenbarung als der in der „Tiefe" aufleuchtende
Logos der Geschichte[15] gedacht werden. Was nach Auffassung der dialektischen Theologie dem Menschen nur vom „Jenseits", nur vom „Extra
nos" her begegnen kann, das schien von Schleiermacher bis Troeltsch mit
Hilfe des Entwicklungsgedankens als gestaltende „Form" dem Geschichtlichen und Gegenständlichen selber zugeschlagen worden zu sein. Und
auf diesem Vorgang der Historisierung, Psychologisierung, Anthropologisierung und schließlich auch Säkularisierung des „Ewigen" und „Jenseiti-
gen" schien den dialektischen Theologen die geistig-religiöse Fehlentwicklung der Aufklärung, des Idealismus und des neueren Protestantismus in
einem zu beruhen[16].

Deshalb drängte sich der beginnenden dialektischen Theologie auch der
Eindruck auf, ihre Lage gleiche der theologiegeschichtlichen Situation
unmittelbar vor dem Anfang der Reformation: Auch damals war durch
ein aristotelisches Verständnis des Menschen und der Religion das biblische Verständnis der Sünde und der Gnade verdunkelt worden. Durch die
Annahme einer Kontinuität zwischen Natur und Gnade war der „chorismos" zwischen unserem Sein und Tun und Gottes Sein und Tun durchlö-
chert, war das völlige Unvermögen der „unteren Welt", aus Eigenem an
der „oberen Welt" zu partizipieren, vergessen worden. Schon einmal also
schien dadurch, daß die Gnade — aristotelisch — als anthropologisches
Formalprinzip verstanden wurde, die Freiheit Gottes von der Theologie
verraten worden zu sein.

Und nun war auch schon damals, in der Reformationszeit, der vom Humanismus und der Renaissance neu zur Geltung gebrachte *platonische*
Impuls ein nicht gering zu veranschlagendes philosophisches Hilfsmittel,
um die verschiedenen Ausläufer der mittelalterlichen Scholastik zu zer-
schlagen. Im 20. Jahrhundert aber gewährte das vor allem durch den
Marburger Neukantianismus wiederbelebte Platoverständnis der dialektischen Theologie die nötige Sprachform, um das biblisch-reformatorische
Verständnis des Gott-Mensch-Verhältnisses und -Unterschiedes (zeitgemäß!) zu formulieren[17]. Erneut verbanden sich sozusagen „Plato" und ein
radikaler theologischer Erneuerungswille gegen den „Katholizismus", den
Barth ja mit dem „Neuprotestantismus" zu identifizieren pflegte[18].

zont der „Arbeitsgemeinschaft der beiden Barth-Brüder" interpretiert wird. Zu
berücksichtigen ist aber: Vom „kritischen Idealismus" Heinrich Barths her war
auch der ganz andere Ursprungsbegriff und theologische Ansatz bei E. Brunner
durchaus denkbar!

[14] Vgl. die Kritik an Troeltsch durch *Gogarten*, (1920) Anfänge II, 113—115.
[15] Vgl. *Troeltsch*, (1921) Anfänge II, 138 f.
[16] S. u. S. 118 f. u. ö.
[17] Nach *H. Bouillard*, (Karl Barth I, 1957, 81) wirkte sich dieser neukantia-
nisch-platonische Impuls schon bei A. Ritschl aus.
[18] Vgl. etwa *Barth*, (1923) Vorträge I, 201. — *Ders.*, (1933) Vorträge III, 142.

1.3 Mit Barths Verhältnis zur Philosophie hatte es aber von Anfang an eine besondere Bewandtnis[19]. Wenn Barth seinerzeit, dem platonischen Denkschematismus folgend, das Ostergeschehen und die Weltgeschichte wie „Idee" und „Erscheinung" einander gegenüberstellte, so war dies immerhin *kein* theologisches Gespräch mit der Philosophie. Und es bedeutete dies auch nicht, daß Barth — wie Brunner — die Hilfsdienste einer „kritischen Philosophie" angenommen hätte. Vor allem aber gab es für Barth *keine* Weggemeinschaft von Theologie und Philosophie im Bereich der Gesetzeserkenntnis. Die „philosophische" Sicht der Wirklichkeit wurde überall durch eine „theologische" ersetzt.

Barth schrieb im Vorwort zur 2. Auflage des *Römerbriefs*, er habe „das Vorurteil", „die Bibel sei ein gutes Buch und es lohne sich, wenn man ihre Gedanken mindestens ebenso ernst nimmt, wie seine eigenen"[20]. Hiermit war mit einem sarkastischen Unterton ausgesagt, die Bibel und das von *ihr* auf den Weg gebrachte Denken seien *auch* eine respektable „Philosophie"! Nicht zuletzt die Theologie sollte daran erinnert werden, daß Verständnis der *Wirklichkeit* außer in der Philosophie auch in der Bibel begegnet, und daß das biblische Wirklichkeitsverständnis die Theologie doch wohl beschäftigen müßte. Die erwähnte Äußerung Barths setzte also nicht etwa ein ungebrochen-orthodoxes theologisches Lebensgefühl voraus. Vorausgesetzt war vielmehr (mit Overbeck!), daß unser Leben vom Christentum augenscheinlich nicht mehr beherrscht wird[21]! Es war auch

---

— Vgl. aber auch: *Ders.*, (1928) Vorträge II, 338: „Der Katholizismus wird uns zur Frage, indem er sich in seinen Voraussetzungen über die Kirche bei aller Gegensätzlichkeit in größerer Nähe zu den Reformatoren befindet, als die Kirche der Reformation, sofern sie etwa wirklich und endgültig neuprotestantisch geworden sein sollte."

[19] Wenig glückliche frühe Versuche, Barth als „Platoniker", als „Neukantianer", als einen „auf den Kopf gestellten Hegel" (!), einen „Fortbildner der Schellingschen Philosophie" oder einen „heimlichen Gefangenen seines Todfeindes, des Idealismus" zu interpretieren, waren z.B. die im Literaturverzeichnis erwähnten Arbeiten folgender Autoren: *F. Schmidt-Japing*, (1925), *G. Krüger*, (1927), *H. W. Schmidt*, (1927), *A. Oepke*, (1928), *L. Lambinet*, (1938). — Vgl. später: *C. v. Til*, (1947[2]), *W. Wingren*, (1957) usw. — S. auch die Hinweise bei: *P. Schempp*, Randglossen zum Barthianismus, 1928, in: Anfänge II, 303 ff.; *F. Huntemann*, Die dialektische Theologie und der spekulative Idealismus Hegels, 4 ff. — Über *Barths* Verhältnis zur Philosophie während der Zwanziger Jahre siehe auch: CD, 403 ff. wo ausgeführt wurde, daß 1. jeder Bibelleser durch irgendeine philosophische „Brille" sieht; daß dies 2. in Rechnung zu stellen ist, damit die „Relativität" jeder Theologie und Verkündigung bewußt wird; daß 3. keine bestimmte einzelne Philosophie als absolut verpflichtend gelten darf (man kann mit Plato, aber auch mit Aristoteles ein guter oder schlechter Theologe sein); daß folglich 4. auch von der Bekämpfung dieser oder jener Philosophie (und von der Rezeption einer anderen) nicht „das Heil der Theologie" zu erwarten ist. [20] *Barth*, (1921) Anfänge I, 115.

[21] *F. Overbeck*, aaO. 67. — Vgl. *Barth*, (1920) Vorträge II, 16.

nicht mehr Barths Sorge, das Wirklichkeitsverständnis der Bibel mit dem „allgemeinen Denken" zu vermitteln oder es in ihm durchzusetzen. Vielmehr lag ihm daran, die besondere Welt der Bibel radikal von unserer Welt abzuheben, sie dieser geschlossen *gegenüberzustellen*[21a]. „Vermittlungen" zwischen Theologie und Philosophie, Glaube und moderner Weltanschauung, Offenbarung und Geschichte hielt Barth selbst in dem Fall für ausgeschlossen, daß man — wie es z. B. Brunner vorschwebte — „nach Widerlegung Troeltschs" mit einer „verbesserten", „neuen Lehre von der Geschichte" aufwarten könnte[22].

Selbstverständlich wollte auch Barth einen Zugang zum biblischen Denken *eröffnen*. Eben deshalb kam es bei ihm aber zu der gewollten, methodisch dem platonisch-idealistischen Denkschematismus folgenden Isolierung eines geschlossenen „biblischen" Denkzirkels gegenüber dem „allgemeinen" Denken. So sollte in einer Situation, in der das Christentum aufgehört hatte, eine allgemein das Denken und die Praxis bestimmende „Lebensmacht" zu sein, *dennoch* die biblische Wahrheit als Grund und Krise alles Geschichtlichen aufgewiesen werden. Barths damaliger „Platonismus" steht also auch in einem sachlichen Zusammenhang mit den weitschichtigen Problemen der modernen Atheismus-Erfahrung! Barth suchte die vom neuzeitlichen Denken zunehmend mehr isolierte *Offenbarung* genau an den Ort zu bringen, wo die zeitgenössische Philosophie tastend von einer (der bloß gliedernden Vernunft vorgelagerten) Dimension des „Geistes" oder von einer (das historische Geschehen umgreifenden) grund- bzw. urgeschichtlichen Dimension redete. In der dialektischen Theologie Barths konnte es deshalb von Anfang an keine „Philosophie", keine für den Glauben und den Unglauben gleichermaßen verbindliche, allgemeine Ontologie geben. Barths Theologie stellte sich — durchdrungen von der geistigen Bildung ihrer Zeit, aber frei auf ihren Gegenstand, das biblische Denken, bezogen — mit einem in der neueren Theologiegeschichte einzigartigen Selbstvertrauen neben Philosophie und Wissenschaft. Und dies mit einem Anspruch auf geistige Universalität, der demjenigen Hegels nicht nachstand[23].

War Brunner an dem Nachweis gelegen, daß Troeltschs Geschichtsbegriff schon philosophisch nicht zu halten sei, so lag Barth daran, daß Troeltsch sogar mit den äußersten, für die Theologie scheinbar unerträglichen Konsequenzen seiner historistischen Denkweise philosophisch recht ha-

[21a] Denn: „Das Göttliche ist etwas Ganzes, in sich Geschlossenes, etwas der Art nach Neues, Verschiedenes gegenüber der Welt. Es läßt sich nicht auftragen, aufkleben und anpassen." — „Wo hat denn die Gotteswelt offene Fenster gegen unser Gesellschaftsleben hin?" — „Distanz wahren!" *Barth*, (1919) Anfänge I, 6. 11.
[22] CD, 405. — Vgl. *H. U. v. Balthasar*, aaO. 46.
[23] Vgl. *H. U. v. Balthasar*, aaO. 45 f.

be[24]! Für die mystischen Implikationen der Religionsphilosophie Troeltschs interessierte sich Barth allerdings nicht. Ohne diese erschien ihm Troeltschs theologische und philosophische Leistung stärker, akzeptabler. Denn Barth bekannte sich im Römerbrief ja zu einem jede philosophisch-mystische Tiefenschau ausschließenden, scheinbar „materialistischen", „skeptischen" und „relativistischen" Verständnis der Geschichte: „Geschichte ist das Spiel der vermeintlichen Vorzüge des Geistes und der Kraft der einen Menschen vor den andern, der durch die Ideologie von Recht und Freiheit heuchlerisch verhüllte Kampf ums Dasein, das Auf- und Abwogen alter und neuer Menschengerechtigkeiten, die einander gegenseitig an Feierlichkeit und Nichtigkeit überbieten." „Am Maßstab Gottes gemessen verlieren die Vorzüge des Menschen ihre Höhe, ihren Ernst, ihre Tragweite, sie werden verhältnismäßig. Auch die höchsten, die geistigsten, die gerechtesten Gegensätze unter Menschen erscheinen hier wie sie sind: in ihrer natürlichen, innerweltlichen, profanen, ‚materialistischen' Bedeutung."[25] — „Kunst, Wissenschaft und Moral zeichnen den Menschen aus und heißes Verlangen nach Gemeinschaft mit dem Unendlichen — ja, aber weiß Gott auch Hunger und Durst, Geschlechtstrieb und Schläfrigkeit und Verdauungsprozeß und wo ist die Grenze? Wer befreit uns von dem unwiderstehlichen Eindruck, wie sehr das alles ineinander verfilzt ist, wer von dem fast an Gewißheit grenzenden Verdacht, es möchte meine Geschichte und die Geschichte des Menschengeschlechts letztlich aufrichtiger und getreuer vom Standpunkt des Magens usf. als vom Standpunkt des Kopfes ... aus zu schreiben sein?" — „Geist? Was heißt Geist? Was wir als Geist kennen, pflegt auf alle Fälle nie und nirgends anders aufzutreten, denn als Nebel über einem Sumpfgelände."[26]

Während Brunner sorgfältig auf den graduellen Unterschied zwischen Materialismus und Idealismus achtete, während für ihn die Welt des Gei-

---

[24] Siehe schon: *K. Barth*, Der christliche Glaube und die Geschichte. Schweizerische Theologische Zeitschrift XXIX, 1912 (1—18. 49—72), 4 f.: „Die strikte Anwendung der relativierenden religionsgeschichtlichen Methode ... entspricht dem Gebot der Wahrhaftigkeit, die seit Kant in der Wissenschaft selbstverständlich sein sollte und der sich der Theologe ... nicht entziehen darf." Die religionsgeschichtliche Methode bereitet der Theologie aber auch keine „Notlage", weil sie nämlich „als Glaubenslehre außer Betracht fällt", dafür „als ‚profane' Propädeutik der theologischen, d. h. systematischen Arbeit wesentliche Dienste tut". — Vgl. aber v. Harnacks Kritik an Barth (1923), Vorträge III, 17: „Immer hat die radikalste Bibelwissenschaft recht, und Gott sei Dank, daß dem so ist; denn damit sind wir sie los. Dieser aus der neueren Kirchengeschichte zweiter Ordnung sattsam bekannte Standpunkt schafft den Freibrief für jede beliebige Phantasie und für jede theologische Diktatur, die das Geschichtliche unserer Religion auflöst ..."
[25] Röm², 51.
[26] Röm², 295 f. — Vgl. *Barth*, (1922) Vorträge I, 143 f.

stes unbedingt auf einer höheren Stufe stand als die bloß naturalistisch, psychologistisch und historistisch erschlossene Wirklichkeit, rückten bei Barth der Ewigkeit gegenüber Materialismus und Idealismus als gleichermaßen unter das „Fleisch" beschlossene Nichtigkeiten und Flüchtigkeiten unter *einen* Aspekt. Daß Barth der Welt die „Tiefe", der Geschichte ein in die Transzendenz hineinreichendes „Geheimnis" absprechen konnte — ein Vorgang, der schon auf seinen späteren Kampf gegen die „natürliche Theologie" hindeutete —, dies war es, was die meisten Zeitgenossen (Barth nahestehende Theologen eingeschlossen!) an seinem *Römerbrief* irritierte, wenn nicht gar abstieß. Ihnen schien hier vom Menschen zu gering[27], von der Geschichte zu verantwortungslos gedacht zu werden[28]. Aber handelte es sich wirklich um eine unbillig kränkende, alles Ethische niederwalzende[29], nach weltanschaulicher Psychoanalyse und Popularmarxismus schmeckende[30] Geschichtsschau? Man konnte damals doch auch bereits wieder sehen, daß hinter den soeben zitierten Sätzen das Anliegen einer Neuformulierung des von Luther als das Thema des Römerbriefs herausgestellten „magnificare peccatum"[31] stand[32]. Und schließlich war es auch nicht schwierig, zu verstehen, daß Barth im *Römerbrief* die Geschichte tatsächlich gar nicht „materialistisch" dachte. Sein schockierendes Abheben auf die Banalität der Geschichte ermöglichte sich ihm allein dadurch, daß er die Wirklichkeit unter das „Oberlicht" der Offenbarung gestellt sah. Um des von „Ostern" her ausstrahlenden Lichtes willen aber war für Barth die Geschichte eben doch nicht nur ein banaler Prozeß, und der Mensch keineswegs würdelos[33].

1.4 Das theologiegeschichtlich Neue, das aus Barths „platonischer" Scheidung der bei Troeltsch noch ineinandergewobenen Größen „Gott" und „Geschichte" hervorgegangen war, lag zunächst in der bislang so nicht möglichen Korrelation von atheistisch-materialistischem Weltbegreifen und christlicher Offenbarung[34]. Diese Korrelation war so beschaffen, daß einerseits die Möglichkeit eines ideologisch unprätentiösen Verständnisses der Welt als eines tiefen- und götterlosen Raums an die Erkenntnis

---

[27] *W. Heinzelmann,* (aaO. 533 und 537) charakterisierte 1924 Barths Theologie als „unmenschlich".

[28] Vgl. z. B. *F. K. Schumann,* aaO. 249.

[29] W. Köhler z. B. sprach von „einem Christentum ohne Ethik" (aaO. 80).

[30] Vgl. *H. Zahrnt,* aaO. 39.

[31] WA 56, 157, 2 ff.

[32] Vgl. Röm², 170. 239, 275.

[33] Vgl. *Barth,* (1922) Vorträge I, 149 f.

[34] In einer verwandten Richtung entwickelte sich P. Tillich, freilich mit einer ganz anderen theologischen Konzeption (s. hierzu z. B. Anfänge I, 189—193). Tillich blieb darin seinem Lehrer Troeltsch verbunden, daß er die Offenbarung als den — freilich „paradoxen" — „*Tiefen*-Sinn" der Wirklichkeit verständlich zu machen suchte. Hierzu: *Barth,* (1923) Anfänge I, 183.

der Offenbarung gebunden war, während umgekehrt die Erkenntnis der Offenbarung nach „Entzauberung der Welt" (M. Weber), nach einem säkularen, „religionslosen" Wirklichkeitsverständnis rief. Die damit verknüpften ideologiekritischen Aspekte waren für viele zweifellos der eigentliche Grund ihrer theologischen Ablehnung Barths.

Hatte sich bei Barth der Tradition gegenüber das qualitative Verständnis von Offenbarung und von Geschichte gewandelt, so wurde in Barths Theologie gleichzeitig auch der modus der zwischen Offenbarung und Geschichte herrschenden Beziehung neu verstanden. War bisher das Verhältnis von Offenbarung und Geschichte deshalb konfliktgeladen, weil die historisch-kritische, rationale Geschichtsbetrachtung dem Offenbarungsgedanken Schwierigkeiten bereitete, so rückten in Barths Römerbrieferklärung Vernunft und Geschichte ihrerseits unter das Gericht der Offenbarung. Damit hatte sich die bisherige „Spannung" verflüchtigt[35], und die Bedeutung der historisch-kritischen Methode relativierte sich allerdings großenteils dahingehend, daß deren uneingeschränkte Geltung jetzt nur noch als die negative Voraussetzung der Barthschen „Wende" in Betracht kam. Die herkömmlichen Methoden der Theologie, sich bald durch „Apologetik", bald durch „Synthesen" oder auch durch „Diastasen" der Herausforderung durch das moderne Denken zu stellen[36], schienen durchweg überflüssig. Das hermeneutische Problem des Neuprotestantismus wurde um 180° gewendet[37]. Und an dieser unvermuteten „Lastenabschüttelung", die den Eindruck einer „zu einfachen" Lösung[38] erweckte, stieß sich die gelehrte liberale Theologenschaft, vorab v. Harnack, ganz besonders[39].

In der Tat wäre Barths Sprengung der herkömmlichen Korrelation von Offenbarung und Geschichte nur ein wenig beachtliches Umkehrmanöver

---

[35] Vgl. meinen Aufsatz: Die unbewältigte natürliche Theologie, ZThK 1971, 88—90.

[36] Hierzu: *W. Elert,* Der Kampf um das Christentum, 1921, besonders 366—429.

[37] S. u. S. 270 ff.

[38] S. o. S. 26 Anm. 37.

[39] Vgl. (1923) Vorträge III, 31 u. ö. — A. v. Harnack sah die dialektische Theologie offenbar von jener Zeitkrankheit betroffen, die man heute als „Dezisionismus" beschreibt. Er meinte, hier vernichte die Theologie sich selber (vgl. u. S. 60). Wenn *Graf Krockow* (Die Entscheidung, 1958, 28 ff.) als ein Grundmotiv der sog. Konservativen Revolution den „Kampf des Bürgertums gegen sich selbst" herausstellte, so reiht sich in der Perspektive v. Harnacks Barths theologische „Wende" dieser Zeiterscheinung ein. Erweckte doch auch sie den Eindruck: Überkommene schwächliche und halbe Lösungen werden liquidiert; selbst wenn kein Ersatz in Aussicht steht; auch wenn man sich daraufhin in die „Luft" stellen muß. Zugelassen wird *nur* Starkes, Ursprüngliches, mit Autorität Bestimmendes, obwohl dafür gar keine echten Grundlagen vorhanden zu sein scheinen. Indem man aber den Niedergang der noch bestehenden Grundlagen („die keine sind") bewußt beschleunigte (vgl. Vorträge III, 13: *Barth*s 14

gewesen[40], hätte Barth nicht gleichzeitig schon an einem dritten Punkt, nämlich bei der Verhältnisbestimmung von Gesetz und Evangelium, eine tiefgreifende Revision inauguriert. Zwar spielten die Begriffe „Gesetz" und „Evangelium" selbst während der Anfänge Barths eine geringe Rolle. Dennoch war die Problematik ihres Verhältnisses, die ja den paulinischen Römerbrief durchzieht, schon präsent. Und man kann bereits für Barths Anfänge feststellen, was im Jahre 1935 dann expressis verbis bekundet wurde, nämlich daß Barth jede Vorordnung des Gesetzes vor das Evangelium verwarf.

Gespräche mit Gogarten förderten eine gegenüber dem *Römerbrief* von 1918 viel schärfere Akzentuierung des „unendlichen qualitativen Unterschieds" und des über alles Irdische ergehenden *Gerichts* in der 2. Auflage von 1921[41]. Aber Barth hat dieses Gericht damals schon anders verstanden als Gogarten. Das „tödliche" Gericht, die „Krisis", war für Barth nicht eine Wirkung des göttlichen Gesetzes, nicht eine dem göttlichen Heilshandeln in Christus vorangehende Bedrängnissituation. Das tötende Gesetz begegnete Barth nicht aus der Geschichte. Vielmehr beschrieb Barth dieses Gericht Gottes stets als das unmittelbare Ergebnis des göttlichen Gnaden- oder Heilshandelns selbst! Im Lichte der Auferstehung Jesu Christi wird unsere Welt des Todes zum Tode verurteilt[42]. Nicht zur Strafe dafür, daß sie dem Gesetz Gottes nicht gehorcht, wird diese Welt in den Tod gegeben. Noch geschieht dies aus elenchtisch-propädeutischen Gründen, um die Welt dem Evangelium zugänglich zu machen[43]. Das todbrin-

---

Antwort an v. Harnack, 1923) und ein „Vakuum" zu schaffen bestrebt war (vgl. Briefw B-Th II, 235, Barths Rundbrief vom 4. 3. 1924. — Ähnlich: *E. Thurneysen*, Zum religiös-sozialen Problem. ZZ 5, 1927, 515 f.), wollte man den ersehnten „Umschlag" der Dinge erzwingen (hierzu: *Graf Krockow*, aaO. 126; *A. Mohler*, aaO. 208). Unter dieser Beleuchtung war die neue Orientierung am „deus dixit" ein *Sprung* in die Bibel bzw. in die Offenbarung hinein — vgl. *v. Harnack* (1923) Vorträge III, 31 —, denen, zeitgemäß, „nach den Regeln des soldatischen Exerzitiums" (so die Denkweise bei *E. Jünger*, aaO. 13; vgl. *Barth*, Vorträge III, 158 ff.) fragloser Gehorsam entgegengebracht werden sollte — obwohl hier doch wenigstens zehn Theologengenerationen Fragen über Fragen gehabt hatten, die inzwischen nicht einfach gegenstandslos geworden sein konnten. Diese „Erlösung" des Protestantismus von seinen zahlreichen überkommenen Problemen schien der Wirksamkeit der zeitgenössischen Lebensphilosophie genau zu entsprechen: „Befreiung von einer unerträglich gewordenen Last, Erlösung, darauf läuft es hinaus" (*Graf Krockow*, aaO. 31 über die Lebensphilosophie).
[40] S. u. S. 56.
[41] Siehe hierzu: Briefw B-Th I, 435 f. — Ein Vergleich der beiden Fassungen des „Römerbriefs" findet sich z. B. bei *H. Bouillard*, aaO. 90 ff. oder bei *H. U. v. Balthasar*, aaO. 71 ff. — Jetzt auch: *E. Busch*, 109 ff.
[42] Röm², 184.
[43] Röm², 168 f. wendet sich Barth gegen das pseudodialektische Spiel mit der ewigen Spannung von Sünde und Gnade, göttlichem Nein und göttlichem Ja, „in der sich der Mensch angeblich befinden soll."

gende Gericht ereignet sich vielmehr, weil die Welt der evangelischen Norm von Ostern nicht entspricht, weil sie, gemessen am göttlichen Leben selbst, sich selber immer schon als tot erweist[44].

Auf den gnadenhaften Charakter dieses Barthschen Gerichtsverständnisses hat insbesondere Berkouwer hingewiesen: Barth habe die „Krisis *um* der Gnaden *willen*...., das Nein *wegen* des Ja Gottes" aufgezeigt. „Es geht also nicht um ein fremdartiges, dialektisches ‚Gegengewicht' zwischen dem Ja und dem Nein, sondern um ein Triumphieren des Ja *durch* und *in* dem Nein, weil der Triumph des Ja gerade und allein da sichtbar wird, wo das Urteil über des Menschen *eigene* Gerechtigkeit ergeht. *In* der Krisis geht es um die Gnade, *in* dem Gericht um die Vergebung..."[45] — Das Entscheidende an Barths triumphaler Gnadentheologie scheint Berkouwer damit aber gerade noch nicht getroffen zu haben. Denn so hatte immerhin auch Gogarten gelehrt. Daß es im göttlichen Richten immer um die Gnade geht, ist zudem ein so gut lutherischer und überhaupt gemeintheologischer Gedanke, daß Barth mit derartigen Hinweisen kaum besonderes Aufsehen erregt hätte. Aber Barth sagte eben nicht nur, daß das Gericht Gottes im Interesse der Gnade erfolge, sondern auch dies, daß dieses Gericht durch Gottes Gnade hervorgerufen, verursacht werde[46]: Die Fülle des göttlichen Lebens enthüllt die Kraftlosigkeit unseres eigenen Lebensversuches, Gottes Heilshandeln und Gnade enthüllt unsere Bosheit — so wie der Sonnenaufgang alles lichtscheue Wesen an den Tag (und in Bedrängnis!) bringt.

Nun sind die Begriffe: Gericht-Gnade nicht einfach identisch mit dem Begriffspaar: Gesetz-Evangelium. Trotz weitreichender Überschneidungen ist das in der biblisch-heilsgeschichtlichen Hermeneutik beheimatete letztere Begriffspaar in jedem Glied weiter als das erstere, so daß das Gesetz die Gnade, das Evangelium das Gericht nie vollständig ausschließen. Wenn hier deshalb Barths frühes Verständnis von Gericht und Gnade bereits auch auf das darin enthaltene Verständnis von Gesetz und Evangelium untersucht werden soll, so muß dieser Unterschied sorgfältig mitbedacht werden. Soviel ist deutlich: Die hier dargestellte eigentümliche Lehre von Gericht und Gnade fügt sich nicht in das lutherische Grundsche-

---

[44] Vgl. *Barth*, (1920) Anfänge I, 14 f. sowie: Röm², 178 f. wo Barth (mit A. Schlatter) formuliert: „... dadurch, daß Christus zu uns kam und für uns auferstand, sind Menschen, wie wir es sind, alt geworden, veraltet und überholt."

[45] *G. C. Berkouwer*, aaO. 23 f.

[46] Röm², 170: *Gnade*... ist der tödliche Angriff auf diesen ‚in der Sünde lebenden' Menschen..." „Sie stellt uns selbst als *diese* Menschen, die wir *sind*, in Frage. Sie nimmt uns als solchen den Atem, sie ignoriert uns als solche, sie redet uns an als die, die wir nicht sind, als neue Menschen." — Vgl. Röm², 166: „Gnade ist nicht Gnade, wenn der Begnadete nicht der *Gerichtete* ist." — S. auch Röm², 173 f. sowie: *Barth*, (1922) Vorträge I, 152; KD III 4, 3 u. ö.

ma: lex occidit — evangelium vivificat. Auch ist es nicht zufällig, daß Barths Römerbriefauslegung, soweit dies vom Text her nicht ganz unumgänglich wurde, z. B. kaum den Begriff des Evangeliums verwendete, sondern von Gnade, Leben, Ostern, Reich Gottes usw. sprach. „Evangelium" hätte nämlich erfordert, daß suo loco dann auch vom „Gesetz" als einer von jenem zu unterscheidenden Bekundung Gottes geredet werden müßte. Und eben dies hat Barth von Anfang an nicht gewollt.

So wenig Barth in seiner zweiten Römerbrieferklärung zwischen Geist und Natur (Materie), Idee und Schicksal, Sollen und Sein einen „Riß", einen theologisch ernst zu nehmenden Unterschied oder Gegensatz akzeptierte — vor der Ewigkeit ist die vergängliche Welt „eine Linie" ohne Höhen und Tiefen; der „Kampf des Guten mit dem Bösen" ist aus[47] — , so wenig akzeptierte Barth für Gott zwei verschiedenartige Weisen der Offenbarung und des Wirkens. Auch „das Göttliche" ist ohne Riß, es ist etwas Einheitliches, „Ganzes, in sich Geschlossenes" und als solches „etwas der Art nach Neues, Verschiedenes gegenüber der Welt"[48]. Gesetz und Evangelium sind nicht zwei verschiedenartige Weisen des göttlichen Wirkens. Gottes Wirken ist, wie für Barth schon in der zweiten Römerbrieferklärung feststand, „einfach" immer nur Gnade. Erst dadurch aber, daß Gesetz und Evangelium so in dem als Gnade, Auferstehungsleben, Heilsoder Urgeschichte oder als Reich Gottes verstandenen Begriff der Offenbarung zusammenfielen, erst dadurch war Barth anscheinend auch in die Lage versetzt, eine protestantische Theologie ohne den spezifischen „Neuzeitdruck" zu denken.

Demgegenüber blieben praktisch alle anderen dialektischen Theologen der herkömmlichen Existenzdialektik von Sünde und Gnade, Gericht und Erlösung, Natur und Geist usw. verpflichtet. Brunner beispielsweise betonte: „Wo das Leben, das natürlich-geistige Dasein des Menschen vor allem als ein harmonisches angesehen wird, als ein natürlicher Fluß und Schwung, als Kunstwerk aus einem Guß, da wird für den christlichen Glauben auch nicht die Spur eines Verständnisses vorhanden sein. Dieser Glaube setzt voraus, daß der Riß gesehen werde, und zwar nicht als eine Zufälligkeit, eine leichte kaum bemerkbare Störung an dem sonst harmonischen Bilde; sondern als ein Riß durchs Ganze hindurch, als schauerhafter Zwiespalt, als Monstrosität . . ."[49]

Auf die hier angesprochene sittliche Notlage hat Barth den Glauben nicht beziehen können. Er sah das Menschliche wie das Göttliche einheitlich, ungespalten, ganz. Auch trifft, seiner Auffassung zufolge, die Offenbarung nicht auf einen Menschen, der — um der Sünde willen — mit

---

[47] Röm[2], 51.
[48] *Barth*, (1920) Anfänge I, 6.
[49] *Brunner*, (1925) Anfänge I, 315.

52

sich selbst nicht mehr identisch wäre. Im Gegenteil: Das Wunder des Offenbarungsempfangs „geschieht an dem in Wirklichkeit mit sich *identischen* Menschen"[50]. Durch die *Sünde* bin ich gerade identisch mit mir *selbst*, während „ich durch die Gnade identisch bin mit dem *neuen* Menschen"[51]. Das heißt wiederum: Die Gnade setzt nicht eine „Identitätskrise" voraus, sondern sie schafft eine solche erst. Doch sie schafft sie nicht so, daß der Mensch nun mit sich selbst uneins würde, sondern so, daß die unauflösbare Ganzheit des *alten* Menschen unter das Kraftfeld und unter das Gericht der unauflösbaren Ganzheit des *neuen* Menschen (sc. Jesu Christi) gerät. Im Vergleich zu Brunner hat man es hier mit einer hermeneutisch anders strukturierten Anthropologie und mit einer andersartigen theologischen Konzeption zu tun: mit einer Konzeption, die einerseits nicht auf den verzweifelten Charakter menschlicher Existenz ohne den Glauben setzte und die andererseits die große Störung der menschlichen Identität nicht von der Sünde, sondern von der Gnade erwartete. Dabei war der auch in Luthers Römerbriefauslegung begegnende Gedanke vorausgesetzt, die Sünde finde ihren vollständigen Ausdruck nicht im Scheitern der menschlichen Existenz, sondern im Gegenteil im gelungenen Akt menschlicher Selbstverwirklichung.

Auch das Verhältnis von neuem und altem Menschen dachte Barth in einer eigentümlichen Analogie zu der zwischen Idee und Erscheinung herrschenden Relation. Anders als die Ethik und Theologie des Risses, des anthropologischen Zwiespalts, zog Barth — übrigens durch alle Perioden oder Phasen seiner Theologie hindurch — die Scheidelinie zwischen Himmel und Erde nicht vertikal, sondern, analog zum mittelalterlichen Weltbild, horizontal! So wie Barth den „unendlichen qualitativen Unterschied" dachte, liefen die „Schnittlinien" von Zeit und Ewigkeit nicht im Zentrum der menschlichen Existenzproblematik zusammen, sondern sie durften sich *überhaupt nicht treffen*, sie mußten gleichsam, der Trennmauer zwischen Himmel und Erde entlang, parallel laufen. Deshalb war es in Barths Römerbrief auch zu der eigenartigen Formulierung gekommen: Die „neue Welt des Heiligen Gottes" berührt in der „Auferstehung" „die alte Welt des Fleisches... wie die Tangente einen Kreis, ohne sie zu berühren, und gerade indem sie sie *nicht* berührt, berührt sie sie als ihre Begrenzung, als *neue* Welt"[52].

---

[50] KD I 2, 290.
[51] Röm², 181.
[52] Röm², 6. — Anders aber z. B. Gogarten, für den *diese* Unterscheidung von Zeit und Ewigkeit nicht in Frage kam: „... diese Welt... ist eine einzige Linie. Und diese ganze Eine Linie ist Zeit und Ewigkeit. Und zwar so, daß sie in der einen Richtung Zeit und in der anderen Ewigkeit ist." (Von Glaube und Offenbarung, 1923, 23) Die Welt ist der Ort, wo — in der Bewegung der Offenbarung — Zeit und Ewigkeit *aufeinander stoßen!* — *Th. Strohm* (Theologie im Schatten

1.5 Damit stehen wir endlich am theologischen Zentrum der dialektischen Anfänge Barths, dem vitalen (und auch später für Barth noch gültigen) Kern vor allem des zweiten *Römerbriefs*. Barths theologische „Wende" und das theologische Befremden vieler Zeitgenossen an ihr beruhten gleichermaßen darauf, daß Barth nicht mehr bereit war, den Widerspruchscharakter der menschlichen Existenz zu dem Zweck aufzuweisen, hieran „irgendwie" die Botschaft des Evangeliums „anzuknüpfen". Es hängt mit später noch darzulegenden, weitschichtigen Problemen der neueren Christentumsgeschichte und vor allem des nachkantischen deutschen Idealismus zusammen, daß Barth das weithin noch (oder bereits wieder) vorhandene dunkle Gottesbewußtsein, das religiöse Gefühl, die aus der Existenzproblematik heraus sich erhebende Frage nach Gott mit dem Thema der christlichen Theologie nicht mehr in eine unmittelbare Verbindung bringen konnte[53]. Hinzutrat unter dem Eindruck des Ersten Weltkriegs eine tiefe Abneigung gegenüber der theologischen „Lehre von der Katastrophe des Menschen", von der Barth andererseits wohl wußte, daß auch sie „ein Stück Wahrheit" enthält[54]. Aber im Sinne dieser Lehre müßte man dem Menschen, paradoxerweise um des Evangeliums willen, die „Negativität seiner Existenz", das „Fragezeichen", von dem er „ja gerade *her*kommt", „irgendwie riesengroß machen". „Das Kreuz wird dabei aufgerichtet, aber die Auferstehung wird so nicht verkündigt, und darum ist es endlich und zuletzt doch nicht das Kreuz Christi, was da aufgerichtet wird, sondern irgend ein anderes Kreuz. Das Kreuz Christi brauchte wohl nicht erst von *uns* aufgerichtet zu werden!" ... „Nicht *Gott* ist da Mensch geworden, sondern der *Mensch* ist da wieder einmal und nun erst recht Mensch geworden, und das ist kein heilvoller Vorgang."[55]

Eine theologische Verdoppelung der Geschichtskrise der Nachkriegszeit, wie sie so oft hinter den Anfängen der dialektischen Theologie vermutet

---

politischer Romantik, 1970, 82 f.) sieht hierin eine „verhängnisvolle ... Irrationalisierung des geschichtlichen Lebens". Denn nun komme es bei Gogarten ja zu einer Entgegensetzung von Zeitlichem und Ewigem *innerhalb* der Welt — und darüber werde die Welt zur „Fremde".

[53] Während die *Neuzeit* oft unter dem Aspekt einer fortschreitenden „prometheischen" *Destruktion der Religion* interpretiert wurde, zeichnete *Barth* den modernen Prometheus in einer originellen Skizze als den *Erfinder der Religion*. Die Neuzeit ist im Verständnis *Barths* prometheisch, indem sie auf eine bestimmte Weise religiös wurde. Sie hat ein Feuer gestohlen, das — *Barths* vom Mythos abweichender Interpretation zufolge — „keineswegs das verzehrende Feuer *Gottes*" gewesen ist, „sondern nur der Herd einer bestimmten Art von Rauch, der sich neben vielen andern Rauch-, Dampf- und Qualmschwaden über die Ebene der Humanität ausbreitet". — Feuerbach ist, was die moderne künstliche Erzeugung von Religion und insbesondere die romantische Religionslehre betrifft, „in verschärftem Sinn Recht" zu geben (Röm², 218; Prot Th 19. Jh., 323).

[54] *Barth*, (1922) Anfänge I, 210.

[55] AaO. 211.

5 Gestrich

wird, hat Barth offenbar unbedingt vermeiden wollen! Seine Rede vom
„Gericht" war nicht verbunden mit der Vorstellung des „Zerbrechens" des
alten Menschen als Strafe für seine Sünden und als Voraussetzung des
neuen Anfangs. Barth dachte von Anfang an in einem anderen — nicht
etwa „weicheren", sondern in seiner Art zweifellos „männlichen" — päd-
agogischen Modell. Das Gericht von Ostern her zerbricht den Menschen
nicht, sondern es beschämt ihn durch die überlegene Konsequenz und
Kraft des göttlichen Liebes- und Lebenswillens. Es handelt sich hierbei
um jene Art der Beschämung, die den Menschen nicht paralysiert, sondern durch Beseitigung falscher Hemmungen und durch besseres Vorbild
anspornt[56]. Es geht um den Ansporn des menschlichen Geistes durch den
Heiligen Geist, der Erde durch den Himmel, des menschlichen Lebens
durch das österliche Leben und der menschlichen Gerechtigkeit durch das
Reich Gottes und seine Gerechtigkeit. Also um eine Theologie der Ermuti-
gung. Aber auch schon um eine Theologie der Revolution. Denn das Gericht von Ostern bedeutet — per analogiam — Revolution auf Erden[57].
Dieses Analogie-Denken ist nicht etwa das Ziel, zu dem Barths Dogmatik
erst allmählich hingefunden hätte, sondern wie jetzt mehrfach gezeigt
wurde, die elementare Voraussetzung der Barthschen „Wende": Es *entspricht* dem österlich-himmlischen Leben auf Erden z. B. ein Leben „in
mutigen Entschlüssen und Schritten, in rücksichtslosen Kampfansagen
und geduldiger Reformarbeit ... *innerhalb der Sozialdemokratie,* in der
unserer Zeit nun einmal das Problem der Opposition gegen das Bestehende gestellt, das Gleichnis des Gottesreiches gegeben ist ...“[58].
Hinfällig wurden für diese Theologie jene Aktualisierungen der lutherischen *Zweireichelehre,* die Barth bei F. Naumann und M. Weber, aber auch
bei W. Herrmann, R. Sohm, E. Troeltsch und schließlich bei P. Althaus ken-
nenlernen konnte[59] und die ihn in seinem „tiefen Mißtrauen gegen den

---

[56] Röm[2], 53: „Gericht ist nicht Vernichtung, sondern Aufrichtung." — Von
der „Beschämung" des Sünders durch die Gnade sprach *Barth:* KD IV 2, 430 ff.
— Vgl. in diesem Zusammenhang auch *Barths* Äußerung über Pestalozzi und
Calvin in: Die Menschlichkeit Gottes. ThSt(B) H. 48, 1956, 13.
[57] *Barth,* (1919) Anfänge I, 15.
[58] AaO. 32. — Vgl. den letzten Satz des Buches von H. Kutter, Sie müssen!
1910, 204: „Ja es ist so: Gottes Verheißungen erfüllen sich in den Sozialdemokraten." Vgl. S. 93: „Die Sozialdemokraten sind revolutionär, weil Gott es ist.
Sie müssen vorwärts, weil Gottes Reich vorwärts muß. Sie sind Männer des Um-
sturzes, weil Gott der große Umstürzler ist." Hieran anschließend war *Barth* in
Röm[1] noch stark an dem Gedanken orientiert, das Reich Gottes müsse in der irdischen Geschichte anfangsweise Gestalt gewinnen. In Röm[2] schob sich dann
aber der Gesichtspunkt der radikalen tödlichen Krise, die das Ethische für den
Menschen bedeutet, in den Vordergrund (vgl. *Bouillard,* aaO. 91). — Zu Barths
Verhältnis zu Kutter und Ragaz siehe auch Briefw B-Th I, 78 f. — Zu Barths
Eintritt in die sozialdemokratische Partei (1915) siehe Briefw B-Th I, 30.
[59] *U. Duchrow,* Christenheit u. Weltverantwortung, 1970, 582—584.

dunklen Zusammenhang zwischen lutherischer Innerlichkeit und lutherischer Weltlichkeit" fürs Erste bestärkt haben[60]. Dem berüchtigten Dualismus zwischen der „Eigengesetzlichkeit" weltlicher Ordnungen und seiner individuell verstandenen Frömmigkeit wurde der Kampf angesagt[61]. Gleichzeitig etablierte Barth aber im Zeichen des „unendlichen qualitativen Unterschieds" von Himmel und Erde eine *neue Zweireichelehre*, die nicht mehr am Antagonismus und Widerspruch von Gnadenordnung und Sündenordnung, Kirche und Staat, Glaube und Vernunft, Evangelium und Gesetz orientiert war, sondern in der sich göttliches Leben und menschliches Leben wie „Idee" und „Erscheinung" gegenübertraten, dieses also als jenem entsprechend, jenes aber als der Grund und die Kritik des menschlichen Lebens gedacht war. Gerade die moderne Erfahrung einer den Glauben verunsichernden Diskrepanz zwischen Offenbarung und Geschichte, Offenbarung und Vernunft sollte transponiert werden in eine zwischen diesen beiden Größen bestehende Analogie. Das Verhältnis der Theologie zur Aufklärung wurde entkrampft. Doch handelte es sich nicht, wie oft angenommen wurde[62], um eine Art Bündnis zwischen Theologie und dem modernen, atheistischen Weltbegreifen! Denn in einer bestimmten Hinsicht betrieb Barth gerade „Gegen-Aufklärung", oder besser, Aufklärung der Aufklärung: Es ging ihm um eine theologische Überbietung jener Aufklärung, die den Himmel auf die Erde herunter verpflanzt zu haben meinte und die jetzt, bei ihren eigenen Zielen behaftet, vom Himmel „beschämt", am Osterlicht „gemessen" werden sollte! Im Verhältnis zur Hl. Schrift aber erstrebte Barth gleichsam eine *zweite Naivität*[62a], die durch die Vernunft-Emanzipation der Aufklärung hindurchgegangen war. Gerade den sieghaften humanen und sozialen Impulsen des neuzeitlichen Denkens warf sich Barths theologische „Wende" — trotz der dazu ermunternden Kulturkrise — nicht entgegen! Sie verbündete sich nicht mit den Schwächen, sondern mit den Stärken des modernen Menschen und konfrontierte diesen mit der „sieghaften" (Blumhardt!) göttlichen Lebensbewegung selbst. Neben den Triumph der modernen Philosophie und Wissenschaft trat der „Triumph der Gnade"[63].

---

[60] *Barth*, (1922) Anfänge I. 163.
[61] *Barth*, (1919) Anfänge I, 15.
[62] S. u. S. 63.
[62a] Vgl. *Smend*, aaO. 236.
[63] Vgl. Röm², 167.

Exkurs III: Barths rückblickende Beurteilungen seiner Römerbrieferklärung

Gegen die hier vorgelegte Interpretation der Barthschen „Wende" kann vorgebracht werden, sie deute die Anfänge stellenweise schon im Lichte des Späteren. Freilich: Dieses rückblickende Verfahren hat Barth selbst empfohlen (Suchet Gott..., 1928², 4). Denn es verhindert eine unangemessene „philosophische" Interpretation der Anfänge (vgl. Credo, 1935¹, 159 f.). Und deshalb eröffnet es überhaupt einen besseren Zugang zu Barth als eine Interpretation des späteren Werks im Lichte der Anfänge (vgl. Balthasar, 67 ff.). Ein anderes Problem ist es aber, daß sich Barth seit seiner Begegnung mit Anselm von Canterbury in der Zeit zwischen der CD von 1927 und der KD 1932 ff. mitunter so stark von seinen Anfängen distanziert hat, daß von hier aus u. U. unsere Interpretation der Anfänge in Frage gestellt sein könnte.

Mit einer gewissen Unsachlichkeit, mit subjektiv bedingten perspektivischen Verschiebungen, ja mit Spuren von „Koketterie" in Barths rückblickender Beurteilung seiner „ein bißchen arg unmenschlich" ausgefallenen Anfänge (Die Menschlichkeit Gottes, 8) — ist immerhin zu rechnen! Barth konnte später den meisten kritischen Einwänden gegen seine Theologie der Zwanziger Jahre ein Recht zubilligen — und damit „beweisen", daß sein „eigentliches" Anliegen von diesen Einwänden praktisch gar nicht betroffen wurde. Er räumte ein, daß in seiner Römerbrieferklärung Ewigkeit und Zeit, Offenbarung und Geschichte in einer Weise getrennt wurden, in der Joh. 1,14 „nicht zu seinem Rechte" gekommen sei (KD I 2,55 f.); er räumte ein, der „Eindruck mancher Zeitgenossen" sei nicht „ganz unbegründet" gewesen, „hier möchte alles darauf hinauslaufen, Schleiermacher zur Abwechslung von den Füßen auf den Kopf zu stellen" und in einer bloßen Themaumkehrung gegenüber dem Neuprotestantismus „Gott zur Abwechslung auf Kosten des Menschen groß zu machen" (Die Menschlichkeit Gottes, 8); und er räumte auch ein, daß die „Anthropozentrik" und der „Humanismus" „jener Theologie der Vorzeit" doch nicht kurzerhand hätten erledigt werden dürfen (ebd.).

Sachlich hat sich Barth wenigstens an drei Punkten später von seinen Anfängen distanziert. Er sah sich, erstens, genötigt, den „unendlichen qualitativen Unterschied" von Ewigkeit und Zeit, Gott und Mensch so zu formulieren, daß er nicht mehr als ein zur Not auch ohne die Bibel denk- und lehrbares, abstraktes philosophisches Prinzip erscheinen konnte. „Uns faszinierte damals zunächst das Bild und der Begriff eines ‚ganz Anderen', das wir nun doch nicht unbesehen mit der Göttlichkeit dessen hätten identifizieren dürfen, der in der Bibel Jahve-Kyrios heißt — das in der Isolierung, Abstraktion und Verabsolutierung, in der wir es betrachten und dem Menschen, diesem elenden Tropf, gegenüberstellten — um nicht zu sagen: um die Ohren schlugen — mit der Göttlichkeit des Gottes der Philosophen immer noch oder schon wieder größere Ähnlichkeit hatte als mit der des Gottes Abrahams, Isaaks und Jakobs" (Die Menschlichkeit Gottes, 9). Wenn P. Althaus im Jahre 1923 den „aprioristisch" gewonnenen Gottesgedanken der dialektischen Theologie (und vor allem K. Barths) kritisierte (ZSTh 1, 1923, 742), so hat Barth diese Kritik mit seiner „christologischen Konzentration" im Zeichen Anselms angenommen (Parergon, 272) und überhaupt zu einer die gedankliche Bewegung der biblischen Texte noch getreuer nachzeichnenden „inhaltlichen" Dogmatik hingelenkt (vgl. Balthasar, 94 und Steiger, 65 und 67). Die CD, welche noch „Begriffe des phänomenologischen und existenziellen Denkens" verwendete, bezeichnete Barth später als „Fehlstart" (KD III 4, VIII f.; vgl. KD I 1, VIII und 130).

Damit hängt, zweitens, die Revision der von Barth anfänglich für richtig angesehenen Gleichung: Theologie = Eschatologie (Röm², 298; Vorträge II, 25) zusammen. Hatten die Reformatoren die „Ewigkeit" Gottes meist als die unendliche „Vorzeitlichkeit" des Schöpfers verstanden, und hatte dann der Neuprotestantismus Gottes „Ewigkeit" als „Überzeitlichkeit" interpretiert, so brachte Barth — im Anschluß an die zur Zeit des Ersten Weltkriegs vom „eschatologischen" Charakter des Neuen Testamentes faszinierte Exegese — Gottes „Ewigkeit" zunächst ganz auf den Nenner der „Nachzeitlichkeit", d. h. er glaubte, von Gott ausschließlich „eschatologisch" reden zu können (KD II 1, 715). Dabei ging dann aber die Möglichkeit, Gott wirklich als *nach*zeitlich zu denken, gerade verloren. Und erst recht war es nicht mehr möglich, von einer Vorzeitlichkeit Gottes zu reden. Das Verständnis des „unendlichen qualitativen Unterschieds" von Ewigkeit und Zeit analog zum Verhältnis von Idee und Erscheinung hatte somit die Eschatologie, zusammen mit der Gotteslehre, in einer mit dem biblischen Denken unvereinbaren Weise enttemporalisiert: Man sieht „mit Erstaunen, daß in meiner Auslegung ausgerechnet das einseitig überzeitliche Verständnis Gottes, das zu bekämpfen ich ausgezogen war, als allein greifbares Ergebnis auf dem Plane blieb". „Gerade hier konnte P. Tillich mit seiner Kairosphilosophie und konnte später R. Bultmann mit seiner existentialphilosophischen Reduktion der neutestamentlichen Anthropologie der Meinung sein, mich als den Ihrigen begrüßen zu dürfen. Und gerade hier konnte man sich zwar darüber freuen, daß die gewisse Naivität, in der die christliche Hoffnung bei den beiden Blumhardt und ihren nächsten Nachfolgern in innerzeitliche Erwartungen transponiert worden war, überwunden schien, konnte man aber auch darüber trauern, daß der Schwung, den diese Hoffnung gerade in ihrer Beziehung auf die Zeit in das zeitlich christliche Denken und Leben hereingebracht hat, wieder bedroht war und zu einer Anregung, radikal, aber auch ohne konkrete Hoffnung und Bewegung in ein absolutes Jenseits der Zeit zu blicken, zu verkümmern drohte. Es hat viel gebraucht, diese nicht unverschuldeten Mißverständnisse, bzw. das Selbstmißverständnis [!], auf dem manche unserer Äußerungen aus jenen Jahren beruhten, im Lauf der Zeit richtig zu stellen, die Theologie aus dem Engpaß des Verdachtes, als ob sie wirklich nur ‚Theologie der Krisis' sei, wieder herauszusteuern. ‚Theologie der Krisis' konnte und durfte sie in der Tat nicht länger als einen Augenblick sein." Denn es ist in der Dogmatik nicht anders als in der Exegese: „Wer in der Theologie am Leben bleiben will, kann mit einer einzelnen Einsicht, wie richtig und wichtig sie als solche immer sein möge, nun einmal nicht durchkommen" (KD II 1, 716—718).

Drittens hat sich Barth von der im zweiten *Römerbrief* mitunter anklingenden Lehre von der „Alleinwirksamkeit Gottes" (Röm², 96 u. ö.) zugunsten einer die menschliche Freiheit und Verantwortlichkeit betonenden Theologie und Anthropologie distanziert (KD III 3, 147; KD IV 4, 25; Die Menschlichkeit Gottes,

9). Dieses Bekenntnis Barths zum „Humanismus" wurde weithin als die ein-
schneidenste Wandlung seines Theologieverständnisses empfunden. Man nahm
zuweilen an, der Streit um die „natürliche Theologie" hätte vermieden werden
können, wenn diese Wandlung rechtzeitig erfolgt wäre (vgl. z. B. Brunner, Der
neue Barth, 90). Doch gerade hier stellen sich einige Fragen: Auch diese Wandlung hatte sich Barth ja erst auf dem Boden seiner zweiten, im Zeichen Anselms
vollzogenen „Wende" ermöglicht (vgl. z. B. Barths Lob der Schöpfung: Parergon,
EvTh 8, 1948/49, 273.277). Diese zweite „Wende" aber hatte andererseits den
Streit um die „natürliche Theologie" überhaupt erst zu seiner akuten Entladung
gebracht! Man muß deshalb feststellen: Barth hatte sich im Verlauf dieser zweiten „Wende" Brunner, Bultmann und Gogarten allmählich formal wieder etwas
angenähert *und* sich doch gleichzeitig noch immer weiter von ihnen entfernt! Es
gibt durchaus auch Stimmen, die darauf hinweisen, Barth hätte sich „den Zwi-
schenfall mit Brunner ... ersparen können", hätte er an seinen *vor* der Begegnung mit Anselm (z. B. in *Die Kirche und die Kultur*, 1926) vorgetragenen Erkenntnissen „unentwegt festgehalten" bzw. diese Erkenntnisse nicht „zeitweise
verdunkelt" (Balthasar, 105; Szekeres, 231). Damals hatte Barth geschrieben (und
er konnte diesen Satz auch später noch als Bestreitung der natürlichen Theologie
verstehen und festhalten): „In der theologia revelata ist die Wahrheit der göttlichen Schöpfung mit enthalten und ans Licht gebracht — in diesem Sinn gilt:
Gratia non tollit naturam, sed perficit — und man kann geradezu den *Sinn* des
Wortes Gottes überhaupt darin finden, daß es die verschüttete, vergessene Wahrheit der Schöpfung mächtig ans Licht bringt" (Vorträge II, 375).
Ein angemessenes Verständnis der Entwicklung der Barthschen Theologie läßt
sich demnach nur so erzielen, daß man die seit der Römerbrieferklärung zu be-
obachtenden Wandlungen weniger als einschneidende Veränderungen im theologischen Aussagewillen Barths auffaßt, sondern eher als Versuche, die Einsichten
des *Römerbriefs* durch Neuformulierungen durch die Jahrzehnte hindurch zu erhalten und zu vertiefen. Es ist keineswegs so, wie z. B. A. Szekeres in einem —
allerdings bezeichnenden — Falschzitat behauptete: „Von Barths Römerbrief aus
muß nach seinen eigenen Worten ‚ein Weg auf die Erde' gefunden werden. Und
ein solcher Versuch ist ‚Die christliche Dogmatik im Entwurf'. Hier ist die
Transzendenz Gottes spürbar gemäßigt" (Szekeres, 231). Tatsächlich schrieb
Barth, der die Transzendenz Gottes gewiß niemals zu „mäßigen" gedachte, an
der von Szekeres angezogenen Stelle: „Ich bin vor wie nach dem Römerbrief
meines Weges *auf der Erde* gegangen und weitergegangen." Wer sich jetzt darüber entrüste, daß dem „Frühling der ‚reformatorischen Botschaft'" allzu schnell
ein orthodox-dogmatischer „Herbst" gefolgt sei, der habe wohl schon den *Römerbrief* im Sinne einer irregulär-prophetischen Immediattheologie mißverstanden (CD, VIII—X). Auch noch nach dem Zweiten Weltkrieg betonte Barth, seine Wendung zur „Menschlichkeit Gottes" — die übrigens zu einem gewissen
Teil einfach auch durch den Fortgang seiner zu anthropologischen Problemen
hingelangten Arbeit an der KD bestimmt war — sei kein nachträglicher „Rückzug", sondern, mit Augustin zu reden, eine „Retraktation", ein neuer „Angriff,
in welchem das zuvor Gesagte erst recht, nur nun eben besser zu sagen ist" (Die
Menschlichkeit Gottes, 7).

Daß die im vorigen Abschnitt versuchte Interpretation der Barthschen Anfänge darin sachgemäß war, daß sie gerade jene Elemente hervorhob, die sich bei
Barth später durchgesetzt haben und von ihm weiterentwickelt wurden, dies hat
sich uns somit bestätigt. Es hat sich ergeben, daß spätere Urteile Barths wie z. B.
dies, während der Anfänge sei zu ausschließlich mit dem Begriff der „Diastase"
und zu selten „auch mit dem komplementären Begriff der Analogie gearbeitet
worden" (aaO., 9), eben nicht so verstanden werden dürfen, als habe Barth später
die Diastase durch die Analogie ersetzt. Denn die bleibende Voraussetzung des
Analogiegedankens — auch des Gedankens der analogia fidei — *ist* die Diastase
(so schon bei Heraklit, vgl. Jüngel, 52 mit Anmk. 4)! Ebenso wäre auch die Annahme problematisch, Barth habe zunächst das „Gericht", später aber die „Gnade" betont. Daß in der zweiten Römerbrieferklärung gerade Gottes *Heils*handeln als das Gericht über die „Todesgeschichte" verstanden wurde, haben wir
gezeigt. Wenn später die Krisisfunktion dieses Heilshandelns weniger hervorgetreten ist, so lag dies an der fortgeschrittenen geschichtlichen Situation und dem
raschen Erfolg der Absetzbewegung vom Neuprotestantismus. Und umgekehrt
lag es „an der ganzen äußeren und inneren Situation" nach dem Ersten Weltkrieg, daß das (damals schon gnadenhaft verstandene) „richtende göttliche Nein
gegenüber aller Gegenwart ... deutlicher gehört werden mußte als das gnädige
Ja, das wir ... eigentlich zu hören vermeinten und eigentlich zur Aussprache
bringen wollten" (KD II 1, 715).

2. Das Problem der Ethik beim frühen Barth

2.1 Wer sich, wie Barth, zum Zeichen dessen, daß er gegenüber der
Theologie des Neuprotestantismus ein Neues zu pflügen sich anschickte,
mit der Theologiekritik Overbecks verbünden konnte, der mußte auch zeigen, wie für das Gebiet einer evangelischen *Ethik* neue Impulse zu gewinnen wären. Denn Overbeck war der Meinung, „die innerste und reale Not
des Christentums" sitze gegenwärtig „in der *Praxis*: was das Christentum
vor allem bedarf, um sich in der Welt noch zu behaupten, ist der Erweis
seiner praktischen Durchführbarkeit im Leben"[64]. An die Möglichkeit dieses Nachweises glaubte Overbeck nicht mehr; er wollte das Christentum
sanft verlöschen lassen, bevor die Menschheit ihm vollends hingeopfert sein
würde[65]. „Das moderne Christentum selbst verrichtet nur Totengräberarbeit, indem es im Schweiße seines Angesichts die Kluft, die hier zwischen
Theorie und Praxis besteht, erweitert. Es glättet nach Kräften an der
christlichen Dogmatik, indem es sie dem modernen Denken konformiert.
Damit tilgt es aber die letzten Spuren, die das Christentum noch im Leben hat."[66]
Was hatte Barth getan? Hatte er die neuprotestantische „Synthese" von

---

[64] *F. Overbeck*, Christentum und Kultur, 1963², 274.
[65] AaO. 68.
[66] AaO. 67. Vgl. *Barth* (1920) Vorträge II, 16 f.

60

modernem Denken und Dogmatik gesprengt und war er dann — etwa
unter der Einwirkung der beiden Blumhardts und der Schweizer religiösen
Sozialisten — zu einer neuen Konzeption christlicher Praxis durchgesto-
ßen? Oder hat er gerade die „Konformierung" der Dogmatik mit dem
modernen Denken vollends zum Abschluß gebracht und damit — wider
Willen oder gar willentlich — zur Tilgung der „letzten Spuren" des Christentums aus dem gesellschaftlichen Leben beigetragen?

An Stimmen, die Barth Anpassung an den Säkularismus vorwarfen,
fehlte es nicht. Die Kehrseite von Barths Behauptung „der völligen Transzendenz des göttlichen Lebens gegenüber der Geschichte" schien z. B. P.
Tillich ein Sich-Abfinden mit der modernen Abkehr vom Christentum zu
sein. Und P. Althaus erblickte hierin „die Aufhebung jeder konkreten
theologischen Erkenntnis vom Willen Gottes und vom Berufe des Christen", also den „Verzicht auf eine inhaltliche christliche Ethik"[67]. Auch v.
Harnack fragte auf dem Hintergrund der „Erwägung, daß sich diese Art
Religion überhaupt nicht ins wirkliche Leben umsetzen läßt, sondern nur
als Meteor, und zwar als ein zerplatzender, über ihm erscheinen
kann...": „wie kann ein Pfarrer, der doch Seelsorger sein soll, so urteilen"? „Wenn Gott alles das schlechthin nicht ist, was aus der Entwicklung der Kultur und ihrer Erkenntnis und Moral von ihm ausgesagt wird,
wie kann man diese Kultur und wie kann man auf die Dauer sich selbst
vor Atheismus schützen?"[68] — Diese Urteile und Fragen sind in der Folgezeit dann unzählige Male nachgesprochen worden.

Was v. Harnack betrifft, so vermochte er nicht nachzuvollziehen, daß
die Barthsche Theologie nicht allein auf eine solche „praktische Umset-
zung" des Christentums und auf eine direkte Widerlegung des Atheismus
verzichtete, sondern schon bei der Erkenntnis ihren Ausgang nahm, daß
es ein praktisch verwirklichtes Christentum, eine christliche Kultur überhaupt nicht gibt; daß die Gesellschaft von ihrem eigenen Logos beherrscht ist, daß aber auch das Göttliche sich nicht „anwenden" läßt (weil
es „stürzen und aufrichten" will)[69].

2.2 Barths Tambacher Vortrag *Der Christ in der Gesellschaft* (1919) eröffnete zwei befremdende Perspektiven. Erwartet worden war damals von
Barth eine Absage an das kapitalistische System, ferner ein praxisbewuß-

[67] *Tillich*, (1923) Anfänge I, 192 f. — *P. Althaus*, Theologie und Geschichte.
ZSTh 1, 1923, 741.
[68] *A. v. Zahn-Harnack*, Adolf von Harnack, 1936, 532 f. — Vgl. *v. Harnack*,
(1923) Vorträge III, 8 (Frage 7). — Auf einer Postkarte teilte v. Harnack Barth
unter dem 16. 1. 1923 mit, er habe insbesondere an Barths Rezeption der Kritik
Overbecks stärksten Anstoß genommen: „... zu diesem Thema werde ich schweigen, abwartend, ob die neue evangelische Losung: ‚Heiliger Franz, bitt für uns'
durch eine noch verstiegenere überboten werden wird" (Briefw B-Th II, 135).
[69] *Barth*, (1919) Anfänge I, 6.

tes Hineinstellen des theologischen Themas in die am Horizont der Geschichte sich ankündigende sozialistische Neuordnung[70]. Tatsächlich sagte Barth — erstens — jeder Theologie der „Bindestriche" ab[71], stellte er die Probleme der Gesellschaft (und auch die Sozialismusfrage) in das *theologische* Thema hinein[72]. Zugleich explizierte er — zweitens — ein völlig überraschendes Verständnis der neuzeitlichen *Säkularisierung:* Diese meint nicht die Transformation und Beerbung christlicher Gehalte durch das sog. moderne Denken, sondern jene von Overbeck kritisierte Bemühung der neueren Theologie, die Dogmatik dem modernen Denken zu konformieren. Nach Barth bedeutet dies faktisch: „die Gesellschaft zu klerikalisieren", Christus „zum soundsovielsten Male zu säkularisieren", ihn mitsamt der Gesellschaft zu „verraten"[73]. Der Säkularisierungsvorwurf fällt ausschließlich auf die Kirche selbst zurück. Säkularisierung ist hier identisch mit jenem Phänomen, das Barth andernorts kritisch als die moderne „Theologie des ‚und'"[74] bzw. als natürliche Theologie angesprochen hat. — Von Anfang an wendete Barth jenem anderen, von Gogarten später immer präziser explizierten Verständnis der neuzeitlichen Säkularisierung bewußt keine Aufmerksamkeit zu[75]! Vollends fremd war ihm die Vorstellung von einer ehemals vorhandenen „christlichen" Substanz der Gesellschaft, die im Prozeß der Neuzeit gleichsam entartet wäre. Sein „Säkularisierungsverdacht" richtete sich gerade gegen die in den Kirchen vorhandene Neigung, eine „christliche" Substanz zu kultivieren, das Christliche gesellschaftlich zu organisieren, fest werden zu lassen.

2.3 Im übrigen waren es tatsächlich *ethische Desiderate*, die Barth seinerzeit zuerst auf den Weg einer theologischen Neubesinnung brachten. Barth ist nicht erst allmählich von der Dogmatik auch zu einer inhaltlichen Ethik gelangt; er hat nicht nach einer anfänglichen Eruption schroffer, diastatischer dogmatischer Einsichten langsam wieder auf den Boden nüchterner anthropologisch-gesellschaftlicher Besinnung zurückgefunden. Bekanntlich empfand Barth als den äußeren Anlaß seiner dialektischen Anfänge jenen „dies ater" im August des Jahres 1914, „an welchem 93 deutsche Intellektuelle mit einem Bekenntnis zur Kriegspolitik

---

[70] Vgl. *F.-W. Marquardt,* Theologie und Sozialismus, 1972, 202.

[71] *Barth,* (1919) Anfänge I, 5: „Schnell zur Hand sind alle jene Kombinationen, wie ‚christlich-sozial', ‚evangelisch-sozial', ‚religiös-sozial', aber höchst erwägenswert ist die Frage, ob die Bindestriche, die wir da mit rationaler Kühnheit ziehen, nicht gefährliche Kurzschlüsse sind."

[72] Vgl. *Marquardt,* aaO. 202: „Wurde bisher ‚Gott' in den Wehen der Gesellschaft gefunden, so wird jetzt umgekehrt: die Gesellschaft ‚in Gott' gesucht."

[73] *Barth,* (1919) Anfänge I, 5 f.

[74] Vgl. *Barth,* (1933) Vorträge III, 138.

[75] Auch noch im Alter war Barth der Ansicht, was in der Neuzeit die Theologiegeschichte überschattet und die Kirche gefährdet hat, das sei allein die *innere Säkularisation* der kirchlichen Lehre und Ordnung gewesen (KD IV 3.1, 36).

Kaiser Wilhelms II. und seiner Ratgeber an die Öffentlichkeit traten", wobei Barth zu seinem „Entsetzen" unter den Unterzeichnern auch die Namen so ziemlich aller seiner „bis dahin gläubig verehrten theologischen Lehrer wahrnehmen mußte". „Irre geworden an ihrem Ethos, bemerkte ich, daß ich auch ihrer . . . Dogmatik . . . nicht mehr werde folgen können, daß die Theologie des 19. Jahrhunderts jedenfalls für mich keine Zukunft mehr hatte."[76] Barth sprach in diesem Zusammenhang von einer „germanische(n) Kampftheologie", in der die „absoluten Gedanken des Evangeliums . . . bis auf weiteres suspendiert" würden[77]. Dies führte Barth in seine theologische „Wende" hinein, die dann später in einem massiven Kampf gegen die sog. natürliche Theologie kulminieren sollte.

Vor dem Ersten Weltkrieg, so schrieb Barth (übertreibend[78]) im Jahre 1922, sei zumal eine „christliche" Ethik nirgendwo als ein „Problem" empfunden worden. Die Ethik verkörperte die erhabene Spitze der Kultur. Theologen und Philosophen waren mit Freude bei der Sache, „wenn sie vom Sein aufs Sollen, von den Gegebenheiten auf die Normen, von der Natur auf die Geschichte zu sprechen" kamen[79]. Man fühlte sich hier „auf sicherem Boden in der Unterschiedenheit des Menschen vom Tier"; hier meinte man „den archimedischen Punkt zu finden, von dem aus eine materialistische Welt- und Lebensanschauung mit ihrer Trost- und Gottlosigkeit aus den Angeln zu heben sei". Heute aber, so fuhr Barth fort, sind wir „nicht mehr so sicher, ob der Adelsbrief, den man aufgrund der richtigen Erkenntnis des transzendentalen Ursprungs des ethischen Problems dem *Menschen* meinte ausstellen zu dürfen, nicht erloschen sein könnte". Die Zeit der Ethiken Ritschls oder Troeltschs sei jedenfalls „für einmal *vorbei*"[80]. Hinter ihnen habe der Geist „des fröhlich emporsteigenden deutschen Bürgertums zur Zeit der Konsolidierung der Bismarckschen Reichsgründung" gestanden bzw. die „auf christlich-sozialen Einschlag nicht ganz verzichtende neudeutsche Wirtschaftskultur"[81]. Das Problem der Ethik sei weit davon entfernt gewesen, als die „Krisis des Menschen" verstanden zu werden oder gar als „die Krankheit zum Tode"[82], als „das unheimliche, störende Eintreten eines *fremden steinernen* Gastes in den heitern Zirkel unseres Lebens"[83]. So habe das Problem der Ethik auch gar nicht an die Grenze herangeführt, die „scheiden muß zwischen Gott und

[76] *K. Barth*, Evangelische Theologie im 19. Jahrhundert. ThSt(B) H. 49, 1957, 6. – *Ders.*, Die Menschlichkeit Gottes. ThSt(B) H. 48, 1956, 6.
[77] Briefw B-Th I, 10.
[78] Dagegen z. B. *E. Troeltsch*, S. o. S. 24.
[79] *Barth*, (1922) Vorträge I, 131 f.
[80] AaO. 132 f.
[81] AaO. 131.
[82] AaO. 134 f.
[83] AaO. 133.

Welt, Schöpfer und Geschöpf, dem Heiligen und den Sündern, der über-himmlischen Idee des Guten und allen ihren als solchen notwendig gebro-chenen und unendlich unvollkommenen Erscheinungen"[84].

Für seine eigene Stellung zum Problem der Ethik zog Barth hieraus die Konsequenz: „Wer hier sicher sein will, der muß vor allem einmal *unsicher* geworden sein. Und wer hier reden will, der muß vor allem einmal *ge-schwiegen* haben. Denn inzwischen ist etwas geschehen, nicht ein Weltun-tergang zwar und nicht der Tod des alten Menschen, wie manche unter dem ersten Eindruck der so vieles verändernden Ereignisse gemeint ha-ben, aber immerhin gegenüber der Zuversicht, mit der der Mensch an sich selbst glaubt, die Aufrichtung eines Menetekels von beachtlicher Grö-ße und Deutlichkeit."[85] Barth verwies also ausdrücklich auf den zur Zeit des Ersten Weltkriegs weithin konstatierten Zusammenbruch der idealisti-schen Anthropologie als auf ein Grunddatum seiner theologischen und ethischen Überlegungen. Die „Skepsis gegen uns *selbst*, gegen den *Men-schen* und sein Verhältnis zur Idee einer ethischen Persönlichkeit ... ist nun eben *unsere* Situation, von der wir nicht abstrahieren dürfen"[86]. Das verbreitete Urteil, Barths Ethik entfalte sich prinzipiell unabhängig von konkreten geschichtlichen Fragestellungen, scheint mindestens an dieser Auskunft Barths immer vorbeizusehen. Andererseits lassen diese Mittei-lungen aber auch die Frage entstehen, ob Barths Kampf gegen die moder-ne „Theologie des ‚und'" nicht einen wichtigen Sachverhalt immer ver-dunkelt hat, indem hierbei verborgen blieb, worin sich Barths theologische „Wende" selbst als eine „Theologie des ‚und'" vollzog, als eine Theologie, die in ihrer Situation zeitgemäße und beachtliche antibürgerliche geistige Strömungen für eine Neuformulierung des christlichen Glaubens frucht-bar zu machen verstand.

Wir gehen diesem Problem hier noch ein Stück weit nach und setzen dabei mit der Feststellung ein, daß Barth sein vorläufiges „Schweigen" hinsichtlich des ethischen Problems durchaus nicht als „Skeptizierung" der Ethik gewertet wissen wollte[87]! Gerade dort, wo die ethische Frage für den Menschen „*ganz* vernichtend wird", sah Barth „ein neues Licht" fal-len „auf alles das, was wir innerhalb ihres dunklen Schattens tatsächlich tun"[88]. Standhalten sah Barth vor diesem Licht aber dasjenige, was der Inhalt der „enthusiastischen, idealistischen, kommunistischen, anarchisti-schen ... Hoffnung" ist (und nicht nur dieser Hoffnung, sondern — wie Barth scheinbar ganz im Sinne einer „Theologie des ‚und'" sagen konnte

---

[84] AaO. 146.
[85] AaO. 134.
[86] AaO. 134.
[87] AaO. 134. 150.
[88] AaO. 147.

— „wohl zu merken auch immer wieder der *christlichen* Hoffnung"):
„Freiheit in Liebe und Liebe in Freiheit als reines *direktes* Motiv gesellschaftlichen Handelns und eine in Gerechtigkeit verfaßte Gemeinschaft
als sein *direkter* Gegenstand, Aufhebung der Bevormundung oder vielmehr der Ausbeutung und Unterdrückung der einen durch die andern,
Aufhebung der Klassenunterschiede und Ländergrenzen, des Krieges, des
Zwangs und der Gewalt überhaupt, Kultur des Geistes an Stelle der Kultur der Dinge, Menschlichkeit an Stelle von Sachlichkeit, Brüderlichkeit
an Stelle des allgemeinen Gegeneinander."[89] — Was nötigte Barth aber,
diesen Zielsetzungen und Idealen der Moderne, der Französischen Revolution und des Sozialismus, eine besondere, theologische Dignität beizumes-
sen? War dies nicht im Prinzip nur eine „linke" Variante der von Barth im
Verein mit Overbeck und Nietzsche verachteten „Bismarckschen Religiosität"[90]? Der Schlüssel zur Beantwortung dieser Fragen findet sich,
wenn man darauf achtet, wie sich diese offenkundige Option für eine
„links-hegelianisch" idealistische Ethik zu Barths gleichzeitiger, radikaler
Idealismuskritik verhält.

Wo der Erste Weltkrieg tatsächlich einen bisher vorhandenen Fortschrittsoptimismus beseitigt hatte, dort bestand die Gefahr, daß alsbald
als Reaktion die neuzeitlichen Ideale überhaupt verworfen werden könnten, und daß zu früheren Modellen einer autoritären Zwangsordnung zurückgelenkt werden würde. Barth mahnte deshalb, es möge der sein
Scheitern an den Idealen erkennende Mensch nur nicht, „Worte des
Wahns ausstoßend"[91], die Hoffnung verleugnen und lästern, „als sei *sie*
der Betrüger, das Unmögliche". Ein Mensch, der weiß, worauf es ankommt — „frei sein und frei machen, uns lieb haben, Geistesmenschen
und Friedensmenschen sein, das, *das* wär's" — fühlt sich von diesem hohen Bild nur deshalb auch immer wieder „zurückgestoßen", weil er sich
„selbst als *Täter* dieses Werks in seiner Unmöglichkeit" erkennt. Ob „eh-
renvoll oder gemein (in Wirklichkeit wohl immer beides!), der Mensch
geht unter an diesem Riff, auf das loszusteuern er nicht lassen kann noch
darf". „Wohl ihm, wenn er sich dann wenigstens keinen Illusionen hin-
gibt über *sein* Vermögen, das, was er da sieht, zu realisieren, wenn er die
Distanzen nicht unterschätzt und die hohen Worte nicht verfälscht und
um seiner beschränkten Möglichkeiten willen das Ideal nicht etwa be-
schneidet und verkürzt, den sittlichen Gedanken als solchen nicht etwa
verspielt und verschleudert um ein Linsengericht!"[92] Mit seinem Urteil,

---

[89] AaO. 141.   [90] Vgl. *Barth*, (1920) Vorträge II, 17.
[91] Siehe bei *F. Schiller* (Die Worte des Wahns): „Verscherzt ist dem Menschen
des Lebens Frucht / Solang er die Schatten zu haschen sucht / Solang er glaubt
an die goldene Zeit / Wo das Rechte, das Gute wird siegen —/ Das Rechte, das
Gute führt ewig Streit / Nie wird der Feind ihm erliegen ..."
[92] *Barth*, (1922) Vorträge I, 142 f.

daß der Mensch am Ideal scheitern *müsse* (und also der Kulturzusammenbruch jener Jahre nicht von ungefähr erfolgte), hat Barth eine für seine
Theologie höchst bedeutsame Grundentscheidung getroffen, auf die es
auch zurückzuführen ist, daß sich Barth dem religiösen Sozialismus entfremdete und zudem frühere Pläne, sich direkt als Politiker zu betätigen[93], für dauernd fallen ließ. Barths bleibender (und in jenen Jahren die
Gemeinschaft mit Gogarten ermöglichender) Vorbehalt gegenüber dem
philosophischen Idealismus und dem ideologischen Sozialismus galt deren
unrealistischer Einschätzung des Menschen[94]. Durch ihre mangelnde
Skepsis gegenüber der Idee einer durch Pflichterfüllung und Willensan-
strengung über das Sinnliche erhobenen, die natürlichen Verhältnisse frei
gestaltenden und beherrschenden geistig-sittlichen Persönlichkeit und Gesellschaft, tragen sie in gewisser Weise selbst die Schuld daran, wenn nun
ein Kulturzusammenbruch den erwähnten Stimmungsumschwung hervor-
ruft, und die Ideale preisgegeben werden. In der „evangelischen" Notwendigkeit aber, diese Ideale dem Menschen *dennoch* zu sichern, lag für
Barth die Nötigung, sie theologisch zu verantworten, und so gleichsam
dem Idealismus gegen den Idealismus Geltung zu verschaffen! Diese bleibende Geltung der Ideale sah Barth verbürgt durch *Ostern*. Die durch
Enttäuschungen akut bedrohten neuzeitlichen Hoffnungen nehmen teil
(„methexis"!) „an der Rechtfertigung, an der Verheißung, an der heilvol-
len Bedeutsamkeit, die das Dasein des Menschen in diesem Tale des Todes" von der Auferstehungswirklichkeit her gewonnen hat. Der Mensch
erhält durch solche Teilnahme die Möglichkeit, „selber ein *Lebendiger* zu
werden", „in den Sieg des Lebens einzutreten"[95]. Aber auch schon die Erinnerung („anamnesis"!) an die (neuzeitlich?) vergessene „Offenbarung
Gottes und an unseren eigenen Glauben"[96] vermag vor einer kurzschlüssigen, verbitterten Preisgabe der Ideale zu bewahren.

---

[93] Vor Erscheinen des „Römerbriefs" trug sich Barth mit dem Gedanken, „Ge-
werkschaftssekretär" o. ä. zu werden (*K. Barth*, Die Neuorientierung der protestantischen Theologie in den letzten dreißig Jahren. Kirchenblatt f. d. ref.
Schweiz 36, 1940, 99).   [94] entfällt.
[95] *Barth*, (1922) Vorträge I, 148. — *Ders.*, (1919) Anfänge I, 17. Vgl. aaO. 13:
„Gerade das ganz Andere an Gott, das sich gegen alle Säkularisierungen, gegen
alle bloßen Anwendungen und Bindestriche sträubt, treibt uns mit zwingender
Kraft, unsererseits auszuschauen nach einem wurzelhaften, prinzipiellen, ursprünglichen Zusammenhang unseres Lebens mit jenem ganz anderen Leben.
Wir wollen leben und nicht sterben. Der lebendige *Gott* ist es, der uns, indem er
uns begegnet, nötigt, auch an *unser* Leben zu glauben." — Hier zeigt sich übrigens auch bereits Barths Bestreben, das zeitgenössische Bedürfnis nach „wurzelhaften" „ursprünglichen" Bindungen als *sinnvoll* zu erklären, nämlich in der
Ausrichtung auf den „lebendigen Gott" — was auf der Kehrseite bedeutet, daß
alle anderweitige Suche nach einem Absoluten im Horizont dieser Theologie als
schlechte Ideologie disqualifiziert ist.
[96] *Barth*, (1919) Anfänge I, 17 f. — Vgl. Röm², 21. 188. 224 f.

Weil Barth das theologische Thema und das ethische Grundproblem gerade in der von der modernen Gesellschaft und ihrem Idealismus verdrängten Thematik der Rechtfertigungs- und Gnadenbedürftigkeit des Menschen fand, kann man wohl nicht sagen, er habe damals — wie die moderne „Theologie des ‚und'" — nur die allgemeine gesellschaftliche Bewußtseinslage theologisch „verdoppelt". Gerade die von Barth aus der Konkurrenz zu Politik und Ideologie herausgenommene, die aus ihrer kulturüberhöhenden Funktion entlassene und dem Verdrängten, Vergessenen zugewendete Theologie wurde über den Raum der Kirche hinaus zu einem erregenden zeitgeschichtlichen Ereignis.

2.4 Nur „negativ" erregt war aber insbesondere der Großteil des Luthertums, dem der Barthsche „Platonismus" als eine ungeheuerliche dogmatische Selbstdispensierung vom Bereich ethischer Verantwortlichkeit erschien. Und dies, obwohl Barth keinen Zweifel daran ließ, in welch' hohem Maße er gerade das Sittliche als Prüfstein für das Dogmatische wertete. Es läge deshalb nahe, die gängige lutherische Kritik an Barths zeitloser, situationsindifferenter Theologie und Nicht-Ethik[97] als „Mißverständnis" auf sich beruhen zu lassen. Aber die Regelmäßigkeit, mit der sich dieses „Mißverständnis" einstellte, verlangt doch nähere Aufklärung. Zunächst sollen drei Beispiele zeigen, wie die Kritik an Barth begründet wurde.

Gogarten zufolge vermochte Barth die „Problematik des menschlichen Daseins" nicht „ethisch" zu verstehen, weil er das *Gesetz* künstlich von Gott fernhalte, es zugunsten des Evangeliums aus Gottes Wesen und Wirken tilge. Indem Barth das Gesetz als ein „außerhalb des Göttlichen" befindliches „Negativ" anspreche[98], werde Gott in der Geschichte heimatlos. Die im geschichtlichen Leben sich stellende ethische Forderung könne nicht mehr als *Gottes* Forderung verstanden werden. So bleibe auch Gottes richtendes und gnädiges Handeln ein reiner „Willkürakt", und die menschlich-geschichtliche Existenz erscheine als „gleichgültig"[99]. Im übrigen sei es kein Ersatz für die unumgänglich im Offenbarungsbegriff selbst vorzunehmende Unterscheidung von Gesetz und Evangelium, wenn Barth etwa zwischen „Gott an sich" und „Gott für uns" unterscheiden

---

[97] Vgl. auch *Zahrnt*, aaO. 39. 134. 142 f. u. ö.; *H. Thielicke*, Theologische Ethik I, 1951, Nr. 594. 596 u. ö.; *D. Sölle*, Stellvertretung, 1965, 120. — Vgl. ferner die kritische Auseinandersetzung mit Barths frühen Ethik-Thesen: in der (röm.-kath.) Abhandlung v. *R. Hauser*, Autorität und Macht, 1949, 52 ff.

[98] *F. Gogarten*, Gericht oder Skepsis, 1937, 52 (vgl. 46). — Siehe auch Röm², 236. — Später hat Barth das Gesetz keineswegs so verstanden. Der Nachteil der hier zitierten Schrift Gogartens, daß sie Barth 1937 noch an vielen Stellen bei der im „Römerbrief" eingenommenen Position behaftet, macht es immerhin möglich, diese Schrift in den hier zu besprechenden Zusammenhang — die dialektischen Anfänge — hereinzunehmen.

[99] *Gogarten*, aaO. 27 f.

wolle[100]. Auch diese Unterscheidung liege *oberhalb* einer konkreten geschichtlichen Konfrontation des Menschen mit dem göttlichen Willen. —
Während der nach Gesetz und Evangelium unterschiedene Offenbarungsbegriff im Begriff des Gesetzes direkt in den Bereich des natürlichen Lebens hineinragt, schien demgegenüber Barth den Offenbarungsbegriff
selbst durch seine Unterscheidung zwischen Nicht-Offenbarung[101] und Offenbarung Gottes gleichsam eine Stufe hinaufgeschoben zu haben. Und
durch diese Eskalation der Unterscheidungsebene schien dann zwangsläufig die Verantwortung für das Geschichtliche aus dem theologischen Ansatz herauszufallen.

P. Althaus vermißte bei Barth früher schon aufgrund ähnlicher Erwägungen ein „echtes Verhältnis zwischen Gott und Mensch"[102]. „„Gott in
der Geschichte' — das gibt es nicht."[103] „Wie die Ewigkeit für die Zeit, so
ist Gott für den Menschen nur Begrenzung, Bedrohung, Krisis und
Tod."[104] Bei Barth habe man es mit „einer rein skeptisch-relativistischen
Betrachtung der Geschichte" zu tun. Denn „Nietzsche und Overbeck bah-
nen mit ihrem völligen Radikalismus... gerade den Weg der Erkenntnis
Gottes"[105]. Barth übersehe, daß der Gesichtspunkt der Ewigkeit die Geschichte nicht nur als Unsinn erscheinen lasse, sondern auch darauf hinweise, daß geschichtliche Verhältnisse ernste *Verantwortungen* bedeuten[106]. Da bei Barth alles menschliche Tun, einfach, weil es geschichtlich
ist, unter das Gericht falle, verschwimme der Begriff der Schuld ins In-
haltslose. „Glaubt man wirklich, daß diese Theologie zum Ernst der Buße
erziehen könne?"[107]

In der Gegenwart hat W. D. Marsch von einem der konservativen politischen Romantik immerhin unverdächtigen Standpunkt aus Barths frühe
und spätere politische Ethik als einen einheitlichen Entwurf der Kritik
unterzogen. Marsch bezieht sich zentral auf den „Platonismus" in der
Barthschen Theologie, der ihm als eine exegetisch nicht gerechtfertigte

---

[100] AaO. 46.
[101] AaO. 49.
[102] *P. Althaus,* Theologie und Geschichte, ZSTh 1, 1923, 743.
[103] AaO. 744.
[104] AaO. 743.
[105] AaO. 746.
[106] AaO. 748.
[107] AaO. 759. — Vgl. *W. Wingren,* Die Methodenfrage der Theologie, 1957,
39: „Die spezielle Verankerung, die die Reformation in der Frage der Buße und
damit der *Schuld* und der Rechtfertigung hatte, sieht Barth wohl nicht klar." —
Den Gegensatz Barths zum modernen Luthertum könnte man in der Tat herlei-
ten von einem letzten Dissens im Verhältnis der *Buße.* Diese war für Barth primär nicht ein Korrespondenzbegriff zu „Schuld", sondern zu „Auferstehung"
(vgl. Röm², 370: zur Buße gelangt, wer ergriffen ist durch „das schlechthin
Fremde der ,Auferstehung'").

philosophische Überformung der biblischen Überlieferung erscheint. Auch möchte Marsch bezweifeln, daß die von Barth platonisierend der Geschichte gegenübergestellte „„Sonderveranstaltung' der Bundesgeschichte" noch nach der Aufklärung „der glaubenden Vernunft plausibel zu machen" sei. Dieser Vernunft komme vielmehr die neuere exegetische, inssondere die alttestamentliche Forschung mit der Erkenntnis entgegen, „daß Gottes Handeln . . . nicht isolierbar ist vom Zusammenhang mit dem Selbst- und Weltverstehen des Menschen . . ."[108]. Barths ethische Anweisungen aber sieht Marsch (aufgrund des „platonischen" Ansatzes der Barthschen Theologie) „allzu häufig in einer Nacht" verschwimmen, in der alle Katzen grau sind"[109]. Die jeweiligen Inhalte der politischen Vernunft — für die der Christ, Barth zufolge, nicht aus einem festen ideologischen Engagement heraus, sondern nur „pragmatisch plädieren" soll — blieben „zweideutig", weil sie „als Abglanz des Gnadenlichtes" „lediglich Paradigmen und Zeichen" sein können[110]. Letzten Endes sei in Barths Theologie der Auferstehung die „theologia crucis" zu kurz gekommen[111]. Auf deren Boden hätte die „profane Wirklichkeit" doch ernster genommen werden müssen, „denn nur als Abschattung eines von Ewigkeit her feststehenden Gotteshandelns"[112]. Die theologia crucis befreie dazu, „politische Situationen geduldig, dem Kreuze Christi gemäß aufzunehmen und kritisch zu analysieren" (und nicht „nur protestierend nach einer ‚Gerechtigkeit im Tal des Todes' zu schreien")[113]. Schwebend und unbestimmt habe Barth den — respektablen — Zielen der aufklärerischen, utopisierenden Vernunft beigepflichtet und dabei so etwas wie E. Blochs Vision einer „Eunomie des aufrechten Gangs in Gemeinsamkeit" im Blick gehabt[114].

---

[108] *W. D. Marsch*, Gerechtigkeit im Tal des Todes, 1968, 185. — Sprach Marsch von einer „Sonderveranstaltung", so *D. Sölle* (Atheistisch an Gott glauben, 1968, 59 f.) von einer „Superveranstaltung" der Barthschen Bundesgeschichte, zu der eine Beziehung nur „als Teilhabe, als Einstimmen in den großen Dankchoral" möglich sei. „Dialektik" sei hier nur der „Deckmantel für einen ontologischen Dualismus". Barth habe alle „auch ihm verlorengegangenen Heilsfakten gleichsam ins innergöttliche Geheimnis" hineingerettet. Jedoch: „Was die Theologie sich *vor* dem ‚Tode Gottes' leisten konnte [!] — Objektivität —, schlägt ihr nach diesem um in bare, unreflektierte Subjektivität, deren empirisches Kennzeichen der Ausbau des kirchlichen Ghettos ist, der trotz gewisser gegenläufiger Tendenzen die Kirchengeschichte in der ersten Hälfte dieses Jahrhunderts bestimmt hat." — Zur Kritik an dieser Art der Barthkritik: S. u. S. 239 ff.
[109] *Marsch*, aaO. 180.
[110] AaO. 184.
[111] AaO. 111. — Vgl. schon *Althaus*, aaO. 766. — Vgl. aber auch *Barth*s Bekenntnis zur theologia crucis: Vorträge I, 121 (1922).
[122] *Marsch*, aaO. 186.
[113] AaO. 189.
[114] AaO. 178 f.

Christus werde bei Barth als „„Urbild' für all das verstanden, was zwischen Menschen, also auch in der Gesellschaft werden kann", wodurch
„die unmittelbare Ich-Du-Beziehung zum Kriterium auch für die gesellschaftliche Situation des Menschen" erhoben werde. Tatsächlich seien in
unserer gesellschaftlichen Wirklichkeit aber Sachzwänge eingelagert, die
nicht in der Ich-Du-, sondern in der Ich-Du-Es-Relation greifbar werden[115].

Gemeinsam vertreten diese drei Voten die Auffassung, Barths Ethik sei
von Anfang an inhaltlich unbestimmt und setze sich über die elementaren Notwendigkeiten und Zwänge des gesellschaftlichen Lebens hinweg.
Der systematische Hintergrund dieser Kritik war immer wieder der, daß
Barths ungewohnte Subsumierung des göttlichen Gerichts unter die Gnade, des Kreuzes unter die Auferstehung[116] usw. den Verdacht erregte: Wer
das Gericht als Gnade versteht, der verfällt in der Ethik der Skepsis! Daß
man aber im 20. Jahrhundert aus theologie- und geistesgeschichtlichen
Gründen veranlaßt sein könnte, in dieser Weise mit dem herkömmlichen
Ansatz lutherischer Theologie zu brechen, um unter den Bedingungen des
20. Jahrhunderts die theologische Kontinuität zur Reformation gerade zu
erhalten[117], dies kam — auf beiden Seiten — gar nicht in den Blick. Bleiben Marschs Einwände zunächst beiseite, so läßt sich sagen: Barths Erwägungen zur Ethik wurden von der Kritik meistens in einer zu direkt an
der (von Barth schon in den Anfängen durchbrochenen) traditionellen
Unterscheidung von Gesetz und Evangelium gemessen. Barths Aussagen
über Gericht und Gnade, Gesetz und Buße, Tod und Leben wurden stillschweigend in den ihnen fremden Ansatz des Luthertums eingezeichnet
— und von hier aus konnte dann allerdings das Ethische bei Barth überhaupt vermißt werden!

Es wiederholte sich dann immer wieder die hoffnungslose Diskussion,
bei der etwa Althaus rhetorisch fragte, ob „nun wirklich die Liebe als *einzige* Weltverfassung denkbar" sei, und Barth antwortete: „Ja . . ., die in
der Bergpredigt ‚gedachte' Liebe Gottes ist entweder eine Illusion oder
aber die einzige ‚Weltverfassung' . . ., trotzdem der uns allein bekannte
Weltzustand uns in ausgesprochenster Weise als Nicht-Liebe gegenübersteht."[118] (Althaus freilich wollte auf den „jedermann" einsichtigen Gedanken hinaus, daß „höheres Leben in der menschlichen Gesellschaft"
auf „verbindliche Ordnungen", „auf die elementare Notwendigkeit des
Rechts und des aus seinem Wesen folgenden Zwanges" angewiesen sei)[119].

---

[115] AaO. 181 f.
[116] Vgl. *Althaus*, aaO. 766.
[117] S. u. S. 109.
[118] *P. Althaus*, Religiöser Sozialismus, 1921, 34. — *Barth*, (1922) Anfänge I,
158 f.
[119] *Althaus*, aaO. 34 f.

6 Gestrich

An anderer Stelle fragte Althaus nach dem konkreten Inhalt für die Normen weltpolitischer Gerechtigkeit. Dieser Inhalt ergebe sich, so meinte Althaus selbst, aus der lebendigen Bewegung der Geschichte, dem Aufstieg und Niedergang der Völker. Doch hier antwortete Barth: Nein! „Ihr höchst konkreter Inhalt ist die Gerechtigkeit Gottes, so konkret, daß keine von allen politischen Gerechtigkeiten auch nur im Geringsten mit ihr identisch sein könnte."[120] Barth vermißte bei Althaus offenbar ein klares theologisches Bekenntnis zu dem göttlichen Gericht, unter dem *alle* geschichtlichen Lebensordnungen stehen. Er konnte den Verdacht nicht unterdrücken, Althaus nehme Gott dafür in Anspruch, zufällig bestehende Machtverhältnisse theologisch zu sanktionieren, obwohl Althaus tatsächlich, wie Barth wohl wußte[121], nicht von vornherein bei diesem dogmatischen Niveau zu behaften war. — So läuft zunächst alles auf die Vermutung hinaus, zwischen Barth und Kritikern wie z. B. Althaus oder Gogarten sei das Verständnis des Ethischen selbst zutiefst strittig gewesen. Und hinter der Strittigkeit des Verständnisses des Ethischen hätte man dann auch eine Strittigkeit des Verständnisses der politischen und geistigen Situation einerseits, des Evangeliums andererseits anzunehmen. Und hinter dieser Strittigkeit stünde schließlich, wie Barth und Althaus selbst schon vermuteten, eine fundamentale Uneinigkeit im Verständnis der Vokabel „Gott"[122].

Wie spätestens Marschs Kritik lehren kann, läßt sich die Grunddifferenz auch nicht einfach von dem Gegensatz zwischen „konservativ" und „fortschrittlich-utopistisch", „bürgerlich" und „sozialistisch", „schöpfungstheologisch" und „eschatologisch" her begreifen. In vielen Fällen war dem Streit zwar auch davon etwas beigemischt, doch fehlte z. B. weder bei Barth ganz das konservative und bürgerliche Moment, noch bei Althaus eine ernsthafte Bemühung um Sozialismus und Eschatologie. Allerdings sahen Barths frühe Kritiker die moderne Welt sich anders entwickeln: Sie erwarteten, daß sich der „nihilistische" und „bolschewistische" Prozeß der geistigen und physischen Vermassung und der technisch-künstlichen Programmierung aller Verhältnisse bald von selbst totlaufe oder jedenfalls vom christlichen Glauben her aufzuhalten sei. Demgegenüber setzte Barth, ebenso wie der Sozialismus, die Unausweichlichkeit der Verwissenschaftlichung, Technisierung und Internationalisierung der modernen Welt voraus. Neigten etwa Althaus und Gogarten den „kleinen", gegliederten gesellschaftlichen Ordnungen und Bindungsverhältnissen zu, so zeigte sich bei Barth früh ein Zug zum Globalen, Entschränkten, Weltbürgerlichen — mit allen anthropologischen Konsequenzen. Dies zeigte sich auch am Gottesbegriff. Trat diesen Kritikern das „ganz Andere" (ent-

---

[120] AaO. 62 ff. — *Barth*, (1922) Anfänge I, 160.
[121] *Barth*, aaO. 154.
[122] AaO. 157 f. — Vgl. *Althaus*, aaO. 7 ff.

sprechend *ihrer* Einschätzung der Moderne) zunächst als neue Bindung, als Gesetz und Verantwortung vor Augen, so Barth selbst (entsprechend seinem Mißtrauen gegen die in dieser Neuzeitkritik angestrebten Ziele) zu allererst als Freiheit.

Kaum dürfte es sich auf die Länge der Zeit bewähren, die Strittigkeit auf die Differenz zwischen einer platonisierenden Theologie der Auferstehung und einer wirklichkeitsbezogenen theologia crucis zurückzuschieben. Es ist doch fraglich, ob z. B. eine den Willen Gottes der — dunklen! — Sprache der Geschichte und der „Verhältnisse" ablauschende christliche Ethik präziser und unzweideutiger sein kann als die an der „Analogie", am „Gleichnis" zwischen Offenbarung und Wirklichkeit festgemachte Ethik Barths. Analogie bedeutet immerhin Entsprechungsverhältnis. Und wo ein Entsprechungsverhältnis besteht, kommt Erkenntnis durch das Verfahren des Messens zustande[123]. Daß Barth von hier aus einen beachtlichen Sinn für „das mehr oder weniger Gute und das kleinere oder größere Übel in politicis" entwickelte, hätte man nicht in Frage ziehen sollen[124], wenn es auch gewiß zutrifft, daß Barth sich nicht „*ebenso* treu an der Schrift wie an der Zeitung ..., Lehrbüchern politischer Theorie und geschichtlicher Erfahrung" orientierte, wie Marschs Kreuzestheologie dies vorsieht[125].

Aber die entscheidende theologische Differenz sitzt nun auch gar nicht in der selbstverständlich auch von Barth bejahten Frage, *ob* der Christ zu einer im Detail sachverständigen, verantwortlichen, dem Leiden standhaltenden Bemühung um die Beseitigung gesellschaftlicher Nöte und Zwänge aufgefordert sei. Sondern sie sitzt in der Frage, welches der *theologische* Beitrag dazu sein könne, daß eben dieses geschieht! Mit Mißtrauen betrachtete Barth die diesbezüglichen Fähigkeiten einer Theologie, die z. B. emotional-bewegt auf die elementare Notwendigkeit von Bindungen und Ordnungen hinzuweisen pflegte, welche es dem Utopismus gegenüber nüchtern einzusehen gelte[126]. Mit Mißtrauen blickte Barth aber auch auf die Neigung des neueren Protestantismus, aus theologischer „Platzangst" heraus das Gottesthema in gesellschaftlichen Problemstellungen zu lokalisieren, deren Analyse und technische Bewältigung der *Theologie* im

---

[123] *Barth*, (1919) Anfänge I, 14: „Alles Leben muß es sich gefallen lassen, sich am Leben selbst messen zu lassen." — Vgl. aaO. 23 f. über die neutestamentlichen Gleichnisse.

[124] Denn s. schon: Röm², 435 ff. 445 ff.

[125] *Marsch*, aaO. 190. — Zur Kritik an Marschs Barthinterpretation s. jetzt auch: *E.-W. Marquardt*, aaO. 61 ff.

[126] Vgl. *Barth*, (1922) Anfänge I, 160: „Ohne das von Althaus so streng gerügte ‚Verkennen der menschlichen Natur und der einfachsten Notwendigkeiten des geschichtlichen Lebens' geht es nun einmal, wo es zu einem Hören der Botschaft von Christus kommt, *nicht* ab."

Grunde gar nicht bedarf[127]. Die Klerikalisierung und Theologisierung dieser Problemstellungen betrachtete Barth geradezu als eine Hemmung, die bestehenden Verhältnisse zu verändern, und gleichzeitig auch als eine Hemmung, der Gesellschaft jene Hilfe anzubieten, die sie vom Worte Gottes mit Recht erwarten darf[128]. Barths früher ethischer Ansatz ist also nur verständlich auf dem Hintergrund der Frage nach dem *proprium* der Theologie, oder der Frage, was es unter den Bedingungen der Neuzeit heißt, von Gott zu reden. Barths Kritiker standen andererseits unter dem Eindruck, Barth ziehe — ebenfalls aus der modernen theologischen „Platzangst" heraus — die Offenbarung von der Geschichte ab, er überlasse den ideologischen Religionssurrogaten das Feld und begnüge sich mit Anregungen und Messungen aus dem Bereich des Himmels.

IV. Dialektische Anfänge bei Gogarten

Literatur (außer Arbeiten Gogartens und anderer dialektischer Theologen): *H. Asmussen*, Finitum capax infiniti. ZZ 5, 1927, 70 ff. — *H. Blumenberg*, Die Legitimität der Neuzeit, 1966. — *J. Cullberg*, Das Du und die Wirklichkeit. Zum ontologischen Hintergrund der Gemeinschaftskategorie. UUÅ 1933. — *F. Duensing*, Gesetz als Gericht. Eine lutherische Kategorie in der Theologie Werner Elerts und Friedrich Gogartens. FGLP 10. Reihe Bd. XL, 1970. — *H. Eklund*, Theologie der Entscheidung. Zur Analyse und Kritik der „existenziellen" Denkweise. UUÅ 1937. — *H. Fischer*, Christlicher Glaube und Geschichte. Voraussetzungen und Folgen der Theologie Friedrich Gogartens, 1967. — *Th. L. Haitjema*, Karl Barths „kritische" Theologie, 1926. — *H. Herrigel*, Zum prinzipiellen Denken. ZZ 2, 1924, H. 7. — *Ders.*, Vom skeptischen und gläubigen Denken, ZZ 3, 1925. — *J. Kahl*, Philosophie und Christologie im Denken Friedrich Gogartens. Diss. Marburg 1967. — *A. Kretzer*, Zur Methode von Karl Barth und Friedrich Gogarten. Theol. Diss. Münster 1957. — *M. Kroeger*, Friedrich Gogarten in einem Gespräch über die Säkularisierung, 1967. In: Filmdokumente zur Zeitgeschichte. Institut für den wiss. Film, Göttingen 1969. — *P. Lange*, Konkrete Theologie? Karl Barth und Friedrich Gogarten „Zwischen den Zeiten" (1922 — 1933). *BSHSTh* Bd. 19, 1972. — *E. Lessing*, Das Problem der Gesellschaft in der Theologie Karl Barths und Friedrich Gogartens. StEvEthik 10, 1972. — *F.-W. Marquardt*, Theologie und Sozialismus. Das Beispiel Karl Barths. Gesellschaft und Theologie, Abteilung: Systematische Beiträge. Nr. 7, 1972. — *G. Merz*, Die Begegnung Karl Barths mit der deutschen Theologie. KuD 2, 1966, 157 ff. — *E. Reisner*, Das Recht auf Geschichtsphilosophie — Gedanken zu der Geschichtsauffassung F. Gogartens. ZZ 6, 1928, 126 ff. — *A. Sannwald*, Der Begriff der „Dialektik" und die Anthropologie. FGLP 3. Reihe Bd. IV, 1931. — *K. Scholder*, Neuere deutsche Geschichte und protestantische Theologie. EvTh 23, 1963, 510 ff. — *F. Schröter*, Bemerkungen über den reformierten Charakter des theologischen Ansatzes Karl Barths. In: Antwort. K. Barth z. 70. Geburtstag, 1956,

---

[127] Vgl. *Barth*, (1922) Anfänge I, 200. — *Ders.*, Erklärung des Philipperbriefes, 1927, 123.

[128] Vgl. *Barth*, (1919) Anfänge I, 8.

148 ff. — *Th. Strohm*, Theologie im Schatten politischer Romantik. Gesellschaft u. Theologie, Abteilung: Systematische Beiträge. Nr. 2, 1970. — *H. Thielicke*, Geschichte und Existenz. Grundlegung einer evangelischen Geschichtstheologie, 1935. — *K. W. Thyssen*, Begegnung und Verantwortung. Der Weg der Theologie Friedrich Gogartens von den Anfängen bis zum Zweiten Weltkrieg. HUTh Bd. 12, 1970. — *P. Tillich*, Antwort an Karl Barth, 1923, in: Anfänge I, 189 ff. — *F. Tönnies*, Gemeinschaft und Gesellschaft (1887), 1922[4. 5]. — *E. Troeltsch*, Die Absolutheit des Christentums und die Religionsgeschichte (1902), 1929[3]. — *Ders.*, Der Historismus und seine Probleme (= Ges. Schriften Bd. III), 1922. — *Ders.*, Der Historismus und seine Überwindung. Fünf Vorträge, 1924. — *R. Weth*, Gott in Jesus. Der Ansatz der Christologie Friedrich Gogartens. FGLP 10. Reihe Bd. XXXVI, 1968. — *G. Wieser*, Friedrich Gogarten, 1930. — *O. Wolff*, Die Haupttypen der neueren Lutherdeutung. Tüb. Stud. z. syst. Theol. 7, 1938.

> „Gerät man ... durch die Krisis der eigenen Zeit in den Abgrund des eigenen Zerbrechens, dann ist man der Offenbarung Gottes näher, als man ihr je vorher war."[1]
>
> (Gegen Tillich) „würde ich sagen, daß ich — und ich glaube hier auch im Namen Barths sprechen zu dürfen — die Wirklichkeit der Welt und des Lebens und ihre Erkenntnis von Jesus Christus her, ja, genauer: in Jesus Christus suche, während Tillich die Erkenntnis Jesu Christi oder wie er bezeichnend sagt: des Christusgeistes in der Erkenntnis der Welt und des Lebens sucht"[2].

Gogarten war der Barth Nächste und doch, von Anfang an, auch der ihm Fernste unter den Theologen des Kreises von „Zwischen den Zeiten". Diese beiden in hohem Maße eigenständigen Männer repräsentieren zwei verschiedene Wurzeln und zugleich zwei verschiedene Erscheinungsformen der dialektischen Theologie. Dabei wäre Barth ohne Gogarten nicht geworden, was er als Theologe wurde. Und auch Gogarten hätte ohne die theologische Existenz Barths nicht den Weg gehen können, den er gegangen ist. Beide wollten als Theologen gründliche Remedur schaffen, die der nachreformatorischen Entwicklung der Theologie anhaftende „Neuzeitproblematik" von Grund auf überwinden. Und dieses Ziel konnte entweder so in Angriff genommen werden, daß das biblische Zeugnis von der Theologie nicht mehr länger gegen das moderne Wahrheitsbewußtsein in Stellung gebracht, diesem aber auch nicht amalgamiert, vielmehr selber gleichsam als die Spitze der „Aufklärung" verstanden und ausgelegt wurde, oder aber so, daß die geistige und gesellschaftliche Entwick-

---

[1] *F. Gogarten*, Der Zerfall des Humanismus und die Gottesfrage, 1937, 18.
[2] *Gogarten*, (1924) Anfänge I, 197.

lung der neueren Zeit als ein fundamentales Mißverständnis der Wirklichkeit und des Menschen entlarvt und mit Hilfe des biblischen Zeugnisses zurechtgebracht werden sollte. In diese beiden Richtungen scheinen die Wege Barths und Gogartens von Anfang an auseinandergestrebt zu sein. Wie Barth war Gogarten gegen Ende des Ersten Weltkrieges nicht allein als ein vielversprechender junger Theologe bekannt geworden, sondern darüber hinaus als ein „prophetisches" Organ, durch welches sich diese Zeit selbst und die in ihr verspürte Epochenwende allererst artikulierten. Im Nebeneinander Gogartens und Barths zeigt sich aber auch der Zwiespalt, die Zweideutigkeit dieser Zeit: Noch war es nicht am Tage, ob die neuen, mit dem Überkommenen auf allen Gebieten geräuschvoll abrechnenden Impulse sich als eine Zerstörung und Beseitigung oder aber als eine Vertiefung und Weiterentwicklung (die Kriegserfahrung konnte zu beidem Anlaß geben!) der Grundlagen der Moderne zur Geltung bringen würden.

1. Überblick über die Entwicklung bis zur Schrift: „Ich glaube an den dreieinigen Gott" (1926)

Anders als bei Brunner oder bei Bultmann, läßt sich bei Gogarten der Zeitpunkt des Übergangs zur dialektischen Theologie nur ungenau angeben. Gogarten hat nicht irgendwann zur dialektischen Theologie hingefunden. Sondern diese hat sich bei ihm aus neuromantisch-irrationalistischen Versuchen, die Religion im Zeichen der Mystik[3], des Mythos[4] und des Volksgedankens[5] zu erneuern, seit dem Jahre 1914 nach und nach eigenständig entwickelt. In der gegenwärtigen Gogartenforschung betonen sowohl R. Weth wie K.-W. Thyssen, das Jahr 1920 bedeute für Gogarten keinen einschneidenden Bruch, es bestehe sachliche Kontinuität zwischen seiner vorigen und seiner sich von jetzt an in der Nähe Barths weiterent-

---

[3] *F. Gogarten*, Fichte als religiöser Denker, 1914, 3: „Darin liegt... das Bedeutendste von Fichtes religiösem Denken, daß er diese beiden Dinge: Handeln und das heißt Geschichte, und Mystik zusammengebracht hat. Damit hat er uns einen Weg gebaut, auf dem wir gehen können voll der unruhigsten und nach der alles entscheidenden Tat verlangenden Verantwortung..." — Vgl. S. 24 die Verbindung von Praxis und Mystik bei Gogartens Lehrer E. Troeltsch.

[4] *F. Gogarten*, Religion weither, 1917, 40 ff. Gogartens Mythosbegriff hatte eine stark antihistoristische Tendenz, in der er z. B. mit Brunners Begriff des Geistes als des lebendigen Grundes der Geschichte (s. o. S. 32) übereinkam. Eine Exegese des von Gogarten 1917 aufgrund gewisser Anregungen durch Arthur Bonus rezipierten Mythosbegriffs bietet *K. W. Thyssen*, aaO. 22 ff.

[5] *F. Gogarten*, Fichte als religiöser Denker, 80 ff. — *Ders.*, Religion und Volkstum, Tat-Flugschriften 5, 1915.

wickelnden Theologie[6]. Ein wirklich gravierender Umschwung sei in Gogartens Denken erst gegen die Mitte der Zwanziger Jahre hin erfolgt[7].
Während der Beschäftigung mit der religiösen Gedankenwelt des späteren Fichte hatte Gogarten zunächst — entgegen der modernen Rationalisierung und Technisierung des Lebens — die mystische Kraft der Seele, das Göttliche im Menschen zu aktivieren versucht. Das Göttliche und das wahre Selbst-Sein des Menschen[8] fielen in eins zusammen. Gogarten bekannte sich zu dem Gedanken der wesenhaften Einheit von Gott und Mensch[9]. Im Verlauf des Ersten Weltkriegs jedoch zerschlug sich Gogartens Hoffnung, im Anschluß an Fichtes bemerkenswerte Korrelation von Mystik und aktiver Weltgestaltung die Kultur zu erneuern. Die Erfahrung der Widergöttlichkeit des Menschen und der Unmöglichkeit, Gott mit der Seele zu fassen[10], drängte sich auf. Und damit gewann Gogartens Theologie jene radikale, kritische und paradoxe Gestalt, die sie in die unmittelbare Nachbarschaft zu K. Barth führte. Nicht als ob der Gedanke der wesenhaften Identität von Gott und Mensch nun sofort preisgegeben worden wäre[11]. Aber er erhielt jetzt eine eminent kritische Funktion: Er bedeutete das Gericht über die in Wirklichkeit bestehende Nicht-Identität, über die Entzweiung des Menschen mit Gott[12]. Gogartens paradoxes (aber wegen der bleibend negativen Zuspitzung zuweilen nicht als „echte Dialektik" anerkanntes[13]) Zusammendenken von Gottgehörigkeit und Welt-

[6] *Thyssen*, aaO. 4. 29. — *Weth*, aaO. 58.
[7] *Thyssen*, aaO. 59 ff. — *Weth*, aaO. 95 ff.
[8] *Weth* hat seine These (aaO. 12 f.) überzeugend ausgeführt, daß sich die Fichte-Frage nach dem Selbst-Sein des Menschen wie ein roter Faden durch Gogartens Werk zieht (als Frage nach der Wirklichkeit, Selbstheit, Autonomie, Eigentlichkeit oder Personalität des Menschen usw.).
[9] *F. Gogarten*, Fichte als religiöser Denker, 63 ff. 83. 93.
[10] *Gogarten*, (1920) Anfänge II, 98: „Man kann uns nicht mehr täuschen, und wir können uns selbst nicht mehr täuschen und Menschliches für Göttliches nehmen." [11] Vgl. *Thyssen*, aaO. 4.
[12] Vgl. *F. Gogarten*, Die religiöse Entscheidung, 1921, 41: „Gott hat keinen Platz in der Welt, solange der Mensch sich nicht ganz vernichtete." Unsere „tatsächliche Situation ist der Abfall von Gott, ist die Gottlosigkeit". Andererseits: „Wo Gottes Wirklichkeit erkannt ist, da ist in der Welt kein Platz mehr für den Menschen, da ist die Eigenexistenz des Menschen aufgehoben. Da steht der Mensch wieder als Gottes Schöpfung im Ursprung der Dinge." „Da gibt es nicht mehr die Zweiheit, den Dualismus, in dem es heißt: Hier Mensch, hier Gott. Da gibt es nur noch Gott und Gottes Wirklichkeit..., und der Mensch ist in ihr wie ein Atemzug in einem lebendigen Leib, so verwoben mit Gott." — Vgl. aber aaO. 10: „... was wir von neuem geboren sind, das sind wir in Gott; wir selbst aber bleiben Menschen. Und selbst wenn wir in glaubendem Trotz... all unser Sein mit all seiner... Sünde in Gottes Sein hineinstellen..., dann ist doch... der Glaube, in dem es geschieht, noch unser, und vielleicht ist die Gegensätzlichkeit, die zwischen uns und Gott ist, hier... am allergrößten."
[13] Z. B. *Strohm*, aaO. 75.

verfallenheit, Identität und Nicht-Identität des Menschen war damals allerdings mit einer ähnlichen Schwierigkeit behaftet wie sie sich auch für die Anfänge K. Barths ergeben hatte: Diese gleichzeitige Scheidung *und* Korrelation von Göttlichem und Menschlichem ließ sich zur Not auch ohne Bibel und Offenbarung philosophisch denken, so daß „Gott" in diesem Zusammenhang u. U. „ein Phantasma aus Kraft der immanenten Unendlichkeit des Menschentums" bedeuten konnte[14]. Daß sich Vergebung der Sünde wirklich ereignet, und daß Gott in Christus wirklich Mensch wurde, dies war auf der Ebene dieses Ansatzes noch nicht in der rechten Weise zur Geltung zu bringen. Doch als H. Herrigel in den Jahren 1924/25 insbesondere auf dieses Problem aufmerksam machte[15], hatte Gogarten bereits Schritte unternommen, die hier weiterführen sollten. So gelangte Gogarten schon vor Barths christozentrischem Neuansatz im Zeichen Anselms zu der für seine Theologie künftig maßgebenden christologisch-soteriologischen Orientierung.

Von 1922 an bis hin zu Gogartens durchgeformter Darstellung des neuen Ansatzes in *Ich glaube an den dreieinigen Gott* (1926) ergaben sich folgende Wandlungen: Der Mensch wurde nicht mehr als wesentlich unendlich oder göttlich verstanden, und die Sünde auch nicht mehr als der Abfall des Menschen von diesem seinem unendlichen Wesen. Vielmehr verstand Gogarten als Sünde des Menschen nun gerade dessen „religiöses" Streben nach Unendlichkeit; als Glaube aber seine Existenz in der Begrenztheit des Geschöpfs vor dem Schöpfer. Weil der ewige Gott Mensch wurde, endlich wurde, findet der nach der Unendlichkeit greifende Mensch allein in dem „Fleisch" gewordenen Christus seine Identität[16]. „Durch die Konfrontation mit dem ‚endlichen' Christus — und nur durch sie — kommt der ‚unendliche' Mensch zu sich ‚selbst'."[17] An die Stelle des Gedankens der „wesentlichen Einheit von Gott und Mensch" tritt „das Gegenüber von Schöpfer und Geschöpf"[18]. Und indem der Mensch nun als Geschöpf verstanden wird, tritt an die Stelle des früheren, paradoxen Gegensatzes zwischen dem unendlichen, der Welt entnommenen (oder entkommenden) Menschen der Gnade einerseits, dem der irdischen End-

---

[14] *F. Gogarten*, Von Glaube und Offenbarung. Vier Vorträge, 1923, 51.

[15] *H. Herrigel*, Zum prinzipiellen Denken, ZZ 2, 1924, 8 u. ö. — *Ders.*, Vom skeptischen und gläubigen Denken, ZZ 3, 1925, 62 ff.

[16] Vgl. *F. Gogarten*, Ethik des Gewissens oder Ethik der Gnade (ZZ 1, 1923, H. 2, 10—29) in Illusionen. Eine Auseinandersetzung mit dem Kulturidealismus, 1926, 36 f. — *Ders.*, Kultur und Religion (ZZ 2, 1924, H. 5, 40—62), in: Illusionen..., 118.

[17] *Weth*, aaO. 102.

[18] *Thyssen* setzt sich (aaO. 4 sowie 67 ff. Anmerkung 28) mit der Hauptthese R. Weths auseinander, Gogarten sei immer am identitätsphilosophischen Wirklichkeitsverständnis orientiert gewesen. Thyssen bestreitet, daß sich bei Gogarten ein von Fichte herkommender Identitätsbegriff als „systemwirksamer Grund"

lichkeit verfallenen Sünder andererseits *jetzt* die *Einheit* einer sich gemäß der irdischen Grenzen *und* gemäß der göttlichen Gnade vollziehenden Existenz. „Gogartens ... Wendung zum Endlichen besteht ... letztlich in der Kehre der bisherigen *paradoxen* Gegensätzlichkeit *zweier* Menschen — eines Menschen qua ‚Selbst‘ und Gnade und eines Menschen qua ‚Welt‘ und Sünde — zur *komplementären* Doppeleinheit *eines* Menschen qua ‚Selbst‘ und ‚Welt‘.“[19] Daraus ergaben sich weitreichende dogmatische und ethische Konsequenzen. Die Entdeckung des wahren menschlichen Wesens innerhalb der Grenzen der geschöpflichen Gegebenheiten schloß ein eigenmächtiges menschliches Entwerfen, Interpretieren und Gestalten der Wirklichkeit aus. Die ungesucht und zwangsläufig je und je begegnende Wirklichkeit ist die Wahrheit; aber des Menschen stückweise, wechselhafte und individuell voreingenommene Wahrheits- und Wirklichkeitserkenntnis ist nicht die Wirklichkeit! In großer Nähe, wenn auch nicht in direkter Abhängigkeit zu entsprechenden philosophischen Gedankengängen bei E. Grisebach[20] wandte sich Gogarten jetzt gegen die modernistische Verwechslung von Wahrheit und Wirklichkeit, welche, mit F. Ebner zu sprechen, in der idealistischen, „ich-einsamen“ Reflexion und Daseinsgestaltung ihre Wurzel hat. Wirklichkeit begegnet dem Menschen erst im Anspruch eines Du auf das eigene Ich, den es „deutungslos“ auszuhalten und zu verantworten gilt[21].

2. Die Auseinandersetzung mit Troeltsch (I)

Gogartens Durchstoß zur dialektischen Theologie nach dem Ersten Weltkrieg sowie die Entfaltung seines neuen Ansatzes auf dem Weg zur Schrift *Ich glaube an den dreieinigen Gott* waren begleitet von einer ständigen Auseinandersetzung mit Gogartens Lehrer E. Troeltsch. Dem theologischen Entwicklungsgang Gogartens entsprechend lassen sich bei dieser Auseinandersetzung zwei — freilich ineinanderfließende — Stadien unterscheiden. Während des ersten Stadiums lautete die Kritik, Troeltsch habe für die Theologie nicht die folgerichtigen, radikalen Konsequenzen aus seiner Erkenntnis der Relativität alles Historischen gezogen; er habe

---

stets durchhalte, weil 1925 eine manifeste Abkehr vom idealistischen Identitätsgedanken erfolgt sei. — Weth stützt seine These allerdings auch auf Gogartens Spätwerk, das bei Thyssen unberücksichtigt bleibt. Beide Interpretationen schließen sich, recht verstanden, an diesem Punkt nicht aus.

[19] *Weth*, aaO. 105.

[20] Über den Einfluß Grisebachs siehe etwa *Cullberg*, aaO. 81. 132 f.; *Weth*, aaO. 89 f. 95. 120 f.; *Thyssen*, aaO. 83 f.; *Strohm*, aaO. 87. 89; am besten jetzt: *Lange*, aaO. 95 ff. (hier ist erstmals der Briefwechsel Grisebach—Gogarten ausgewertet).

[21] Vgl. *F. Gogarten*, Ich glaube an den dreieinigen Gott, 1926, 69 ff.

sich nicht eingestanden, daß das Relative das Absolute gar nicht in sich
einschließen könne, und ebensowenig das Menschliche die Wirklichkeit
Gottes, die Historie die Offenbarung[22]. Während des zweiten Stadiums lag
der Akzent der Kritik Gogartens dann nicht mehr allein darauf, daß
Troeltsch (der über den Gedanken einer wesenhaften „Identität der endlichen Geister mit dem unendlichen Geist" nicht hinauskam[23]) das Wesen der
Offenbarung nicht begreife. Sondern jetzt lautete der Vorwurf, Troeltsch
habe auf der Grundlage seiner Identitätsspekulation auch „das Problem
der *Geschichte* von vornherein beseitigt"[24].

Ebenso wie K. Barth meinte Gogarten, daß jede künftige Theologie auf
den Ergebnissen Troeltschs aufbauen und durch sie hindurchgehen müsse[25]. Und wie Barth war Gogarten von dem Gedanken fasziniert, daß
durch eine extreme Radikalisierung der von Troeltsch halbwegs wieder
zurückgenommenen Infragestellung und Erschütterung der Theologie das
eigentliche Thema der Theologie zurückgewonnen werden könnte[26].

Gogarten wandte sich „genau an der Stelle" gegen Troeltsch, wo er ihm
am meisten „zu Dank verpflichtet" war[27]: „Habt Ihr uns nicht selbst gelehrt, in allem und jedem Menschenwerk zu sehen?" „Ihr schufet uns das
Werkzeug, laßt es uns nun gebrauchen. Nun ziehen wir den Schluß: Alles, was irgendwie Menschenwerk ist, entsteht nicht nur, es vergeht auch
wieder. Und es vergeht dann, wenn das Menschenwerk Alles Andere
überwuchs. Ich sagte vorhin: wenn die Wissenschaft es begreift. Eben: das
kann sie in dem Augenblick, in dem der Mensch sich durchgesetzt hat.

---

[22] Vgl. *Gogarten*, (1922) Anfänge II, 146 f. u. ö.

[23] Vgl. *Gogarten*, (1924) Anfänge II, 190 (vgl. auch 186. 188).

[24] AaO. 190.

[25] AaO. 181; vgl. 186.

[26] Vgl. *Gogarten*, (1922) Anfänge II, 141 f.: „Ich glaube übersehen zu können,
welche Folgen Troeltschs entscheidende ... Erkenntnis von dem ‚großen Wandel
der Dinge in dem modernen Geiste, daß für ihn die Geschichte in den Zusammenhang des allgemeinen Geschehens eingereiht ist', für die Theologie hat. Jede
Theologie, die sich an dieser Erkenntnis so oder so vorbeistehlen will, ist gerichtet. Und man kann Troeltsch nur dankbar sein, daß er dieses Gericht an der
überkommenen Theologie vollzogen hat. Troeltsch steht mit der Anwendung jener Erkenntnis von der Allgesetzlichkeit des historischen Denkens auf die Theologie unmittelbar davor, die Theologie von der Halbheit zu befreien, mit der sie
in dem Raum zwischen Gott und Mensch unentschlossen hin und her pen-
delt ..." „Troeltschs Erkenntnis bedroht die Theologie mit völliger Gegenstands-
losigkeit. Denn ihr Gegenstand, das göttliche Geschehen, ist nicht mehr ihr Gegenstand, wenn er in der Allgesetzlichkeit der Historie zu einem unter anderen
geworden ist." Aber gerade mit diesem Aufweis kann Troeltschs Erkenntnis „die
Theologie vor das Problem stellen, das von Rechts wegen ihr einziges sein sollte,
nämlich das der Offenbarung". — Zu diesem Text vgl. *H. Fischer*, Christlicher
Glaube und Geschichte, 1967, 80 ff.

[27] *Gogarten* (1922) Anfänge II, 141.

Heute ist eine Stunde des Unterganges. Wir sehen die Zersetzung in Allem." „Wir sind alle so tief in das Menschsein hineingeraten, daß wir Gott darüber verloren."[28]

Das von Gogarten hier beschworene „Heute" wurde gleichzeitig als ein Kairos, der die Gottesfrage wieder freigab[29], und als ein göttliches Gericht an der Kultur, die Gott verloren hat, verstanden[30]. Der theologische Sinn dieser doppelten Bewertung der Krisenzeit nach Kriegsende ist nicht ohne weiteres deutlich. Diese Bewertung könnte zwar sofort einleuchten, hätte Gogarten lediglich herausstellen wollen, daß sich die Kultur bisher eine religiöse Selbstverklärung geleistet habe, die nun durch die Kriegs- und Krisenereignisse demaskiert worden sei. Dieser Gedankengang findet sich auch bei Gogarten[31]. Doch in bezug auf Troeltschs Verständnis der Religion sah er die Dinge noch komplizierter. Mit Troeltschs Begriff des historischen Relativismus hatte sich die Kultur ja gleichsam selbst die menschlich-geschichtliche Bedingtheit von allem und jedem eingestanden und zugemutet. Damit aber, daß jetzt alle Werte und Normen als bloß endlich und relativ erfaßt wurden, hatte die Kultur, Gogarten zufolge, für die theologische Erkenntnis etwas *Positives* geleistet — auch wenn dies bei Troeltsch selbst nicht mehr zum Tragen kam. Und deshalb wäre zu erwarten gewesen, daß Gogarten, ähnlich wie Barth, die im Historismus wahrgenommene oder intendierte Verwissenschaftlichung, Verendlichung und Vermenschlichung aller Lebensgebiete als einen bedeutsamen Schritt zur Überwindung der religiösen Selbstverklärung der Kultur ohne weiteres positiv bewertet hätte. Aber das war nun nicht der Fall. In einem zweiten Gedankengang, der den ersten überlagerte und im Grunde störte, stellte Gogarten fest, im Effekt dieser umfassenden Vermenschlichung sei das Menschliche selbst gerade wieder absolut, unendlich oder göttlich gesetzt worden[32]. Deshalb ging Gott „verloren". Deshalb war Troeltsch auch auf den Gedanken der wesenhaften Identität des Endlichen und des Unendlichen angewiesen. Und weil Troeltsch als Vollender des historistischen Denkens gelten konnte, drängte Gogarten ausgerechnet ihn in die Rolle des klassischen Repräsentanten nicht allein der anthropozentrischen neuprotestantischen Theologie, sondern des den Menschen vergötzenden, weil ihn zum Maß aller Dinge erhebenden Geistes der Moderne überhaupt.

Gogarten zufolge hatte Troeltsch letzten Endes die wahren Ursachen des von ihm glänzend beobachteten Normenzerfalls nicht durchschaut[33].

---

[28] *Gogarten*, (1920) Anfänge II, 97 f.

[29] AaO. 100.

[30] Vgl. *Gogarten*, (1920) Anfänge II, 119 f.

[31] Vgl. aaO. 112 ff.

[32] Vgl. *F. Gogarten*, Ich glaube an den dreieinigen Gott, 1926, 27 u. ö. — Ders., (1920) Anfänge II, 98.

[33] Vgl. *Gogarten*, (1924) Anfänge II, 172 ff.

Er hatte aus dem Geist der Zersetzung heraus auf religionsphilosophischem Wege die Zersetzung überwinden wollen[34]. Er versäumte darüber aber die Frage, ob das, was er mit Recht beobachtet hatte, sich neuzeitlich tatsächlich auch zu Recht entwickelt hat! Und diese Frage, die sich naturgemäß nicht mehr lediglich auf das Problem der Rechtmäßigkeit eines historisch-kritischen Verständnisses der sog. Heilsgeschichte beziehen durfte, sondern die sich gleichzeitig auch dem Problem der Legitimität der neueren Profangeschichte zuwenden mußte[35], — diese Frage ist dann das eigentliche Leitmotiv der Gogartenschen Auseinandersetzung mit Troeltsch geworden. Die theologische Radikalisierung Troeltschs[36], die zunächst die Freigabe der Offenbarung als des eigentlichen Gegenstandes der Theologie erzielen sollte, stellte Gogarten somit vor die „ungeheuer große Aufgabe"[37] einer radikalen Infragestellung der modernen Kultur.

3. Ursprüngliche Differenzen zwischen Gogarten und Barth

Die Art, wie Gogarten und Barth selber das Verhältnis ihrer Theologien zur geistigen und politischen Krise nach dem Ersten Weltkrieg einschätzten, war von Anfang an verschieden. Bei Barth herrschte der Gesichtspunkt vor, daß die Grundlagenkrise illustrativ und gleichnishaft die Theologie wieder in das „kritische" Wesen ihres Gegenstandes einübe. Bei Gogarten diente die Krise nicht allein der Erläuterung der theologischen Aufgabe, sondern in den Vordergrund trat der Gedanke, allein die Theologie könne das Wesen dieser geschichtlichen Krise produktiv erläutern.

Stößt man bei Gogarten nach dem Ersten Weltkrieg auf die bewegte Sorge, die Krise könnte wieder vorübergehen, ohne daß der in ihr verborgene „Segen" ausgeschöpft wäre, ohne daß die „Entscheidung" für Gott[38] — welcher die Situation täglich dringender entgegenzutreiben schien[39] — gefallen sei, so liest man in Barths Vorwort zum *Römerbrief* (1919), das Buch habe „Zeit zu warten", der Römerbrief selbst warte „ja auch!"[40]. Oder man liest in der zweiten Auflage (1921), die „Entscheidung" (sc. gegen die „Sünde" und für den „neuen Menschen") sei „nicht in der Zeit, aber in der Ewigkeit" schon *„gefallen"*[41].

Zwar fragte Barth in *Der Christ in der Gesellschaft* (1919), ähnlich wie

---

[34] S. u. S. 94 ff.
[35] *Gogarten*, (1924) Anfänge II, 180. 186.
[36] Hierzu auch *F. Gogarten*, Der Zerfall des Humanismus und die Gottesfrage, 1937, 8.
[37] Vgl. *Gogarten*, (1924) Anfänge II, 180.
[38] Z. B.: *Gogarten*, (1920) Anfänge II, 100. — *Ders.*, (1920) Anfänge II, 102.
[39] *Gogarten*, (1921) Anfänge II, 122.
[40] *Barth*, (1919) Anfänge I, 78.
[41] Röm², 255.

Gogarten, nach dem „tiefsten Sinn" der „seltsam verworrenen und zweideutigen Bewegungen" der Nachkriegszeit[42]. Barth sprach, eindrucksvoll
wie Gogarten, von der großen „Erschütterung der Grundlagen der Welt"
oder von der „Revolution", die „in der heutigen Situation" alle Lebensgebiete erfaßt habe. Aber was Barth dann als den „Sinn unserer Lage" vortrug, war nicht etwa eine geistesgeschichtlich weit ausgreifende Erhellung
der historischen Wurzeln der Grundlagenkrise, sondern die eigenartige
Feststellung, in der Auferstehung Jesu Christi habe sich das Leben „gegen die es umklammernden Mächte des Todes" aufgemacht. Kühn stellte
Barth der modernen „Eigengesetzlichkeit" aller Lebensgebiete die Kraft
der Auferstehung Jesu Christi entgegen, von der her die „tödliche Isolierung des Menschlichen gegenüber dem Göttlichen ... heute [!] an mehr
als einem Punkte sehr ernstlich in Frage gestellt" sei. Die „Revolution",
die „große Beunruhigung des Menschen", von der nach dem Kriege die
Rede war, führte Barth nicht etwa auf eine Krise des modernen Denkens
zurück, sondern auf das vor fast 2000 Jahren geschehene Osterereignis[43].
In jenen aktuellen Zersetzungserscheinungen aber, die Gogarten als Symptom und verhängnisvolles Resultat der neuzeitlichen Verabsolutierung des
Menschlichen wertete, erblickte Barth gerade zeichenhaft die Kraft der
österlichen Innovation[44].

Drei Jahre später gab Barth noch deutlicher zu verstehen, daß er mit
den kulturellen, philosophischen und politischen Problemen der „Grundlagenkrise" und ihrer historischen Wurzeln *als Theologe* nicht direkt zu
tun bekommen wollte. Er wollte insbesondere die „Impressionen" und
Stimmungen der Nachkriegszeit" (die ihm als „nur relativ wie alles in der
Geschichte" erschienen) nicht „verabsolutieren"[45]. Er hielt es geradezu für
„gefährlich ...., das ewige Problem aller Zeitlichkeit in das Licht einer bestimmten Zeit, und wenn es unsre Zeit wäre, zu rücken"[46]. Obwohl es der
Zusammenbruch des Kulturoptimismus überhaupt erst ermöglicht hatte,
daß sich die protestantische Theologie nach dem Ersten Weltkrieg erneuerte und allgemeines geistiges Interesse erregte, wollte sich Barth doch
nicht darauf einlassen, dem Zusammenhang zwischen seiner eigenen gro-

---

[42] *Barth*, (1919) Anfänge I, 15. — Zum „tiefsten Sinn" des „Zusammenbruches" nach dem 1. Weltkrieg siehe *F. Gogarten*, Der Zerfall des Humanismus
und die Gottesfrage, 1937, 18. — Vgl. *Ders.*, Politische Ethik, 1932, 1: Wer wollte „nach einem solchen Ereignis, wie dieser Krieg eines ist, einfach so weiter
denken, wie er vor ihm gedacht hat? Das war ja nicht ein Krieg, wie es sonst
Kriege gegeben hat, sondern dieser Krieg ist Anbruch des Endes einer Geschichts-
epoche. Und zwar der Epoche der Humanität".
[43] *Barth*, (1919) Anfänge I, 14—16.
[44] AaO. 15—17.
[45] *Barth*, (1922) Vorträge I, 134.
[46] AaO. 129.

ßen Wirkung und den zeit- und geistesgeschichtlichen Vorgängen mit systematisch-theologischem Interesse nachzugehen[47].

Auch in der von Gogarten geforderten „religiösen Entscheidung" ging es letzten Endes nicht um etwas, das aus den „Zeitverhältnissen heraus verstanden" werden wollte. Gogartens Entscheidungsruf galt „dem alten und von uns Menschen aus jedenfalls immer gleichen und äußerst problematischen Verhältnis von Zeit und Ewigkeit, von Mensch und Gott"[48]. Aber da Gogarten von der Existenz eines fundamentalen Gegensatzes zwischen dieser immer gleichen Gottesfrage und dem Geist der Moderne überzeugt war, wurde ihm das im Phänomen des neuzeitlichen Denkens liegende *dogmatische* Problem immer wichtiger, die Auseinandersetzung mit dem „heute zum erstenmal seit seinem Entstehen ... bis ins Innerste erschüttert(en)" „moderne(n) Geist" immer dringlicher[49].

Freilich: Wenn Gogarten von dem „Gericht" redete, das die „Religion", gedrängt vom „Absoluten", an der sich selbst absolut setzenden modernen Kultur zu vollziehen habe, so beschränkte er dieses „Gericht" doch auf die „Frommen", auf die Kirche, da es sinnlos wäre, von der modernen Welt „Rechenschaft zu fordern"[50]' Der „Fromme" sollte *jetzt* zur „Buße" bereit sein[51], sich zeichenhaft abkehren von der modernen humanistischen Illusion und in „der erschütternden Tatsache, daß die Welt, in der man lebte, zerbrach, daß die Kultur sich zersetzte, daß das Wissen sich in lauter Diskussion und Zweifel auflöste, Gott selbst als den ... erfahren, durch dessen Dasein die Welt und man selbst in Frage gestellt wurde"[52].

Die Differenz zu Barth lag hierbei weniger in der Tatsache, daß Gogarten das Kultur- und Neuzeitproblem mit seinen politischen und geistesgeschichtlichen Implikationen überhaupt aufgriff, als vielmehr in dem hiermit verknüpften theologischen Verständnis von „Buße" und von „Gericht"[53]. Ferner: Gogarten hatte die neue Gotteserfahrung mit der allgemeinen „Grundlagenkrise" verknüpft, ja, sie von der bußfertigen Überwindung und Erledigung des Geistes der Moderne abhängig gemacht. Weil er die geschichtliche Situation aber in dieser Weise *theologisch* qualifizierte, konnte er folgerichtig auch betonen, daß es ihm ganz fernliege, zu den rein politischen und sozialen Fragen der Gegenwart Stellung zu nehmen[54]. Dies aber hatte Barth wiederum, ebenfalls aus theologischen Gründen, keineswegs ferngelegen. Und andererseits war

---

[47] Vgl. aaO. 134.

[48] *F. Gogarten*, Die religiöse Entscheidung, 1921, 3.

[49] *Gogarten*, (1924) Anfänge II, 194 f.

[50] *Gogarten*, (1920) Anfänge II, 120. — Vgl. *Ders.*, (1921) Anfänge II, 124.

[51] Vgl. *Gogarten*, (1920) Anfänge II, 121. — *Ders.*, (1922) Anfänge II, 153.

[52] S. o. S. 1 Anm. 3.

[53] S. o. S. 50. Und s. u. S. 341.

[54] Vgl. z. B. *Gogarten*, (1920) Anfänge II, 100. 112.

Gogartens theologische Distanz gegenüber dem rein Politischen eben auch ein Politikum[55], wenngleich von anderer politischer Strahlkraft als sie damals der Barthschen Theologie zukam.

Im Mittelpunkt der Neuzeituntersuchungen Gogartens stand von Anfang an *Die Frage nach der Autorität*[56]. Im Verlust von Autorität und Bindung erblickte er den Grundschaden der Moderne. Damit verloren, so führte Gogarten 1923 in Zürich aus, „alle Gebilde des menschlichen Lebens, die bis dahin in einer ewigen Ordnung gestanden hatten, ihre fraglose Gültigkeit. Sie wurden maß- und normlos, sie wurden, was sie heute sind: problematisch bis zum äußersten"[57]. In dieser Lage aber werde die Wiedergewinnung echter Autorität dringlichstes Problem nicht nur der Theologie, sondern der Gegenwart, der Kultur, des Lebens selbst. In beschwörendem und zugleich vor Mißverständnissen warnendem Ton fügte Gogarten hinzu, die „einzige Autorität . . ., die es gibt", sei aber die „Willenserklärung Gottes, die den sündigen Menschen für den heiligen erklärt"[58].

E. Thurneysen hatte Gogartens Zürcher Vortrag gehört und berichtete Barth brieflich darüber — und zwar im großen ganzen positiv[59]! Die tatsächlich schon existierenden Differenzen wurden damals noch kaum bemerkt[60]. Zwar spürte Thurneysen, daß sich bei Gogarten im Verborgenen auch noch ein anderer Geist artikulierte als bei Barth: Gogarten befinde sich in der Gefahr, die eben mühsam erreichte prinzipielle Offenheit theologischer Sätze wieder zu verfestigen, zu einer geschichtlichen Position werden zu lassen, er stehe an jener „gefährlichen Ecke", wo „der Weg von Kant zu Fichte und Hegel oder auch von Luther zum Luthertum weiterführt". Aber er *wisse* um die Gefahr[61]. „Er möchte", so schrieb Thurneysen weiter, „ja wohl dich irgendwie überholen, überhöhen, aber im Grunde *kann* er auch nichts tun als die . . . lange, lange Rampe entlangrennen wie wir, höchstens mit dem Unterschied, daß er behauptet,

[55] Vgl. u. S. 92 f. Ferner: Gogartens Selbstzeugnis nach *Kroeger*, aaO. 31: „Sie müssen mich nehmen wie ich nun einmal bin, als einen völlig unpolitischen Menschen."

[56] *Gogarten* veröffentlichte einen Vortrag dieses Titels: ZZ 1, 1923, H. 3, 6 ff. (= Illusionen, 1926, 73 ff.).

[57] AaO. (ZZ 1923) 12 f.

[58] AaO. 24.

[59] Am 23. 2. 1923. Briefw B-Th II, 148: „Die Linien . . . schienen mir noch mehr als bisher denen des 2. Römerbriefs parallel zu laufen, überall der lutherische Ausgangs-, vielleicht auch Endpunkt sehr deutlich, aber im dialektischen Verlauf dazwischen *keine* wesentliche Differenz."

[60] *Barth* hatte sich allerdings schon am 7. 10. 1922 kritisch über Gogartens Anschluß an die Ich-Du-Philosophie geäußert: „Weiß der Himmel, wo das noch hinführt. Ich bin auch in dieser Hinsicht einfach besorgt um die Zukunft: Gogarten sitzt mir zu weit *oben*, ich habe, wenn ich ihm zuhöre, immer Lust, mich

diese Rampe sei ein Sprungbrett, und dieses Rennen sei ein Anlauf, von wo es einmal zu einem Sprung komme. Aber er ist dann doch viel zu kritisch, zu besonnen, zu sehr in der wirklichen Dialektik der Sache drin, als daß er es dazu kommen ließe."[62]

Thurneysen hatte nicht schlecht beobachtet. Bei seiner Ausbreitung des Grundthemas der Theologie mitten in die politisch-geistesgeschichtliche Problemlage hinein war Gogarten offensichtlich nicht von der Auffassung ausgegangen, daß sich das Christliche in der Kultur *verwirklichen* könnte (wie dies bei Harnack und Troeltsch gedacht werden konnte), sondern daß die (christliche) Religion die Kultur restlos in Frage stelle[63], und daß der Mensch überhaupt am Willen und Gesetz Gottes *scheitere* und gerade dadurch in die Situation komme, die Gottes Rechtfertigungshandeln voraussetzt[64]. In dieser Einsicht lag damals Gogartens bemerkenswerte Nähe zu Barth[65]. Zugleich aber auch die ganze Ferne zwischen beiden Theologen. Nähe, weil Gogarten den von ihm scheinbar immer schon angestrebten Sprung in eine neue theologische Kulturideologie hinein tatsächlich nicht vollzog. Ferne, weil er unter dem Eindruck eines „wahnsinnigen Tanz(es) der Weltgeschichte"[66] ein Gerichts- und Gnadenverständnis zu explizieren begann, das Barth theologisch nicht nachvollziehen konnte[67].

Was Barth selbst Gogarten im Jahre 1924 schließlich zum Vorwurf machte, war bezeichnenderweise nicht dies, daß Gogarten sich von der radikal-kritischen Theologie der gemeinsamen Anfänge wieder entferne, sondern daß er unablässig in der kompromißlosen Haltung der Anfangs-

auf die Seite der unverständigsten Historiker zu stellen" (Briefw B-Th II, 105 f.). — Doch am 19. 12. 1922 schrieb Barth über sein Verhältnis zu Gogarten: Ich bin „wieder mehr als je überzeugt, daß wir an demselben Knochen herumbeißen, und kann es mir schon gefallen lassen, wenn [in der Theologie Gogartens] das gesuchte X in der Gleichung... beständig als bekannte Größe auftritt, sofern keinen Augenblick (... auch nicht in der Polemik gegen den Idealismus!) übersehen wird, daß es in unserem Mund doch nur als die bekannte Unbekannte auftreten und dabei als Schwert wie als Spaten nur mit höchster Vorsicht verwendet werden kann. Ich bin nun einmal ... auf die deutsche Art im Ganzen aufmerksam geworden, die beständig nach diesem X zu *greifen* droht, als ob man das nur so könnte, und dann erscheint mir Gogarten in gewissen Momenten wie die höchste letzte Potenzierung und Sublimierung dieser Art. Aber du liebe Zeit, es ist ja bei ihm wie bei uns allen alles so im *Fluß*, daß ich das gewisse Mißtrauen, das ich irgendwo zu allerunterst gegen ihn habe, ... ebenso gut unterdrücken wie äußern kann" (Briefw B-Th II, 126). — Barth hat hier aber schon die Punkte bezeichnet, die später zur Trennung von Gogarten führten. Gogarten steht vor Barth als Lutheraner, der die „Sache selbst" haben will (vgl. auch Barths Brief vom 26. 10. 1922 Briefw B-Th II, 117: „O diese Deutschen, o diese Lutheraner, nur immer *betasten*!") und bei dem deshalb nichts mehr „aussteht" (vgl. Thurneysens Brief vom 23. 2. 1923 Briefw B-Th II, 148: „Eines fiel mir auf: das Fehlen einer *wirklichen* Eschatologie"). — S. jetzt auch *P. Lange*, Konkrete Theologie? 157 ff. 344 ff.

zeit verharre! „Gogarten möchte überhaupt nur den *aller*vordersten Graben besetzt sehen, wo fortwährend Minen springen und so kann man
nicht Krieg führen ...". Barth fürchtete, daß Gogarten „bei seinem momentan sicher überspannten Gegensatz zu allem und jedem Historismus
und Humanismus ... Geschirr zerschlage"[68]. Gogarten aber wollte damals
„beinahe" tun, was Barth neun Jahre später wirklich tat: dem Kreis von
„Zwischen den Zeiten" seinen „Abschied" geben[69]. Daß man mit der neuzeitlichen Kultur nur halb, nur einesteils in Konflikt geraten könne, wenn
das theologische Thema einmal radikal angepackt war, dies blieb für Gogarten über alle Jahre hin ein unvollziehbarer Gedanke[70].

4. *Phänomene des Unwirklichen. Gogartens Kritik an der „moder-*
nen Welt"

4.1 Gogartens Auseinandersetzung mit der Moderne vollzog sich während der mittleren Zwanziger Jahre vornehmlich als Aufweis der *Verun-*
wirklichung aller Lebensbereiche, welche verursacht sei durch die neuzeitliche Idee der Freiheit des Menschen, schöpferisch sein Dasein zu gestalten. Das theologische Thema dieser Auseinandersetzung war die Frage
nach der rechten Unterscheidung von Schöpfer und Geschöpf. Den aktuellen Anlaß der Fragestellung charakterisierte Gogarten folgendermaßen:
„... eine gesetzlos gewordene Welt ruft nach Gesetzen! eine unwirklich
gewordene Welt hungert nach Wirklichkeit!"[71]

---

[61] *Thurneysen*, Briefw B-Th II 149.   [62] AaO. 148.

[63] Vgl. *Gogarten*, (1920) Anfänge II, 112 f. 120.

[64] Vgl. u. S. 152 f.

[65] Vgl. *Th. L. Haitjema*, aaO. 91 ff.

[66] *Gogarten*, (1920) Anfänge II, 111.

[67] Vgl. auch Barths Brief vom 21. 7. 1924 (Briefw B-Th II, 264): Gogarten hat
„einen ganz anderen (tragisch-aristokratisch-eschatologisch-esoterischen) Begriff
von ,unserer' Rolle in der Weltgeschichte ... als ich".

[68] AaO. 265.   [69] Ebd.

[70] Gogarten wurde — ähnlich wie Brunner — nie den Eindruck los, inkonse-
quenterweise vermeide es Barth bei seinem Kampf gegen verkehrtes Denken in
der neueren protestantischen Theologie, eben dieses verkehrte Denken auch dort
zu bekämpfen, wo es seit Jahrhunderten außerhalb der Theologie begegnet. G.
selbst glaubte, seine Kritik am neueren Protestantismus „aus geschichtlicher Notwendigkeit" als umfassende Kulturkritik vortragen zu müssen: „Wollte man ...
die überkommene Theologie von Grund auf überwinden, dann mußte man sie in
ihrem Lebensnerv treffen und ihre eigentliche Voraussetzung überwinden. Das
heißt, man mußte das in ihr verborgen oder offen enthaltene Kulturbewußtsein
treffen. Darum genügt es nicht für einen neuen theologischen Ansatz, wenn
man sich nur ,theologisch' in Gegensatz zu der überkommenen Theologie stellte,
man mußte auch ihre geheimen Fundamente zerstören." (Der Zerfall des Humanismus und die Gottesfrage, 1937, 12).

[71] *Gogarten*, (1924) Anfänge II, 199.

In dem individualistischen, autoritätsfeindlichen *Gemeinschaftsbegriff*, der sich seit „der Entstehung der modernen Welt vor vierhundert Jahren" entwickelte[72] erblickte Gogarten das bedeutsamste Phänomen des Unwirklichen. Dieser Gemeinschaftsbegriff hat „jegliche Form des Zusammenlebens der Menschen" — „vom Staat bis zur Kirche und von der Schule bis zur Familie, die in früheren Zeiten eine Fraglosigkeit ohnegleichen hatten" — „bis in den Grund hinein erschüttert"[73]. Dies bewirkte einen ungeheuren Wirklichkeitsschwund, denn „früher" bedeuteten diese „festen Ordnungen", in denen sich das Leben abspielte und an denen es sich orientierte, die Wirklichkeit schlechthin[74]. Jene festen Formen der Gemeinschaft besaßen Autorität „über den Willen und die Zustimmung der Einzelnen hinweg", weil nämlich „der Einzelne ... als durchaus nicht gut, sondern mindestens ebenso sehr als böse und des Zwanges ... bedürftig angesehen wurde"[75]. Heute dagegen ist „der einzelne Mensch die Wirklichkeit"[76]. Das bedeutet z. B.: Der einzelne entschließt sich nicht nur aus freien Stücken zu einer Eheschließung, „sondern die Ehe ... bleibt auch in ihrem weiteren Verlauf und Bestand eben dieses Einverständnis der beiden Ehegatten"; die Wirklichkeit wird nicht mehr durch Ordnungen gestiftet und garantiert, sondern durch den einzelnen Menschen selbst hergestellt[77]. War das Leben einst *Dienst* in den Ordnungen, so ist es heute gekennzeichnet durch den herrschaftlichen oder *Herrschaft* anstrebenden Umgang des einzelnen mit seinen Partnern. Und in diesem Umstand erblickte Gogarten die tiefste Ursache der von ihm diagnostizierten modernen gesellschaftlichen Katastrophe.

Theologisch stand für Gogarten hier die Frage: Glaube oder Aberglaube, Gott oder Götze auf dem Spiel (mit Luthers Großem Katechismus: „... das Trauen und Glauben des Herzens macht beide, Gott oder Abgott")[78]. „Wirklicher Glaube ist ... der, der Gottes Willen in der Wirklichkeit unseres Lebens erkennt und der uns zu Dienern dieser Wirklichkeit macht, weil er uns zu Dienern Gottes macht."[79] Die Gegenmöglichkeit ist der moderne Glaube an die eigene sittliche Kraft, der „Aberglaube", der den eigenen Willen des Menschen „in die Wirklichkeit ... hineinliest, der die Wirklichkeit dem eigenen Wunsch des Menschen entsprechend deutet"[80].

---

[72] *Gogarten*, (1923) Anfänge II, 153.
[73] AaO. 153 f. — Vgl. *F. Gogarten*, Glaube und Wirklichkeit. ZZ 6, 1928, 177.
[74] ZZ 6, 1928, 178. — Das Thema „Ordnungen" behandelte *Gogarten* eingehender erstmals in: Ich glaube an den dreieinigen Gott, 1926, 206 ff.
[75] *Gogarten*, (1923) Anfänge II, 154.
[76] *F. Gogarten*, Glaube und Wirklichkeit, ZZ 6, 1928, 178.
[77] AaO. 179.
[78] AaO. 180.
[79] AaO. 181.
[80] AaO. 180 f.

Im Hinblick auf Barths spätere Kritik an Gogartens „natürlicher Theologie", die sich den Zugang zur Christusoffenbarung von einer allgemeinen anthropologischen Spekulation aus erschließe[81], ist schon hier festzuhalten: Gogarten stellt die Erkenntnis des Willens Gottes in unserer Lebenswirklichkeit nicht einer Erkenntnis des Willens Gottes in der Christusoffenbarung unterscheidend gegenüber. Vielmehr ist die Erkenntnis des
Willens Gottes in der Lebenswirklichkeit für ihn — im Konstrast zur modernen Verunwirklichung aller Bereiche des Lebens — genau die Haltung, die es im Namen des christlichen Glaubens gegenüber dem modernen „Aberglauben" einzunehmen gilt. Es ist im übrigen interessant, daß
Gogarten diesen modernen Aberglauben in einer Weise beschreibt, die als
Anspielung auf Feuerbach verstanden werden muß: Dieser Aberglaube ist
eine den eigenen Wünschen entsprechende götzenhafte Hypostasierung,
eine Absolutsetzung von geschöpflicher, endlicher Wirklichkeit. Und zwar
wird absolutgesetzt das eigene Ich, das eigene Wollen und Denken, das
„wunschgemäß", aber illusionär mit der ganzen bestehenden Wirklichkeit
identifiziert bzw. verwechselt wird. Das bedeutet aber: In der Interpretation Gogartens richtete sich Feuerbachs Illusionstheorie und Theologiekritik gerade gegen die moderne Kultur, sie schlug auf den Illusionismus *ihres* Autonomiebegriffs zurück. — Im Gegensatz hierzu hatte Barth die
Kritik Feuerbachs dazu benützt, nicht die Fragwürdigkeit der Kultur, sondern die Brüchigkeit der Grundlagen der neuprotestantischen Religiosität
und Theologie aufzuweisen[82]. Entwand sich Barth selbst der Religionskri-
tik Feuerbachs dadurch, daß er ihr ein relatives Recht insbesondere gegen
Schleiermacher zubilligte, so Gogarten dadurch, daß er sie auf die „säkularistische" moderne Kultur ableitete.

4.2 Das Problem der *Säkularisierung* und des später sog. Säkularismus[83], also das Problem der illegitimen neuzeitlichen Umformung christlicher Elemente als des eigentlichen Geheimnisses des modernen Denkens,
hatte Gogarten schon in den Zwanziger Jahren im Blick! Nur weil er bereits im Rahmen dieser Problemstellung dachte, war es ihm überhaupt
möglich und dringlich, in eine theologische Auseinandersetzung mit dem
modernen Denken als solchem einzutreten. Dabei hat Gogarten aber den
von ihm (gemeinsam mit Barth!) bekämpften modernen „Glauben an den
Menschen" schon damals nicht schlechterdings perhorresziert: „Dieser
Glaube an den Menschen weiß jedenfalls das eine, daß der Mensch für
den Menschen da sein soll, daß der Mensch für den Menschen verantwortlich ist, der Bruder für den Bruder." Dieser „Glaube" ist ganz behei-

---

[81] KD I 1, 130 ff.

[82] Prot Th 19. Jh., 486 ff. u. ö.

[83] Vgl. *F. Gogarten*, Der Mensch zwischen Gott und Welt (1952), 1967⁴, 139 ff.
185 f. — *Ders.*, Verhängnis und Hoffnung der Neuzeit (1953). Siebenstern-TB
Nr. 72, 1966, 134 ff.

matet bei dem, „was wir heute ‚das Soziale‘ nennen"[84]. Er hat das uns
aufgegebene Gebot der Nächstenliebe wirklich erfaßt, und von da her er-
wächst ihm auch seine „immer neue und sieghafte Stoßkraft". Er weiß,
daß „der Sabbat um des Menschen willen gemacht" ist „und nicht der
Mensch um des Sabbats willen". Und insofern ist er auch ganz im Recht
gegenüber „Ordnungen", die im geschichtlichen Prozeß nur noch um ihrer selbst willen existieren oder die etwa „von Einzelnen oder ganzen
Gruppen in deren eigenem Interesse gebraucht werden"[85]. Die stärkste
Waffe dieses Glaubens aber ist sein Vertrauen in die praktisch unbegrenz-
te Entwicklungsfähigkeit der Individualität, sein elementares Aufbegeh-
ren gegen blinde Schicksalsergebenheit oder Resignation. Und er weiß
sich in dieser Sache so sehr im Recht, daß er jedes Eintreten für die einst
an der Stelle des modernen Gemeinschaftsgedankens gestandene, „nüchtern" auf „Gehorsam und Ordnung" aufgebaute, autoritäre „Gemeinde"
geradezu als ein Phänomen des Unglaubens betrachtet.

Dies alles hat Gogarten gesehen. Wenn er sich dennoch gegen die Sache und den Begriff des „Sozialen" wandte, so nicht deshalb, weil er bezweifelte, „daß der Mensch für den Menschen da sein *soll*", sondern weil
er im „sozialen" Denken nicht den nötigen — übrigens auch von Barth
angemeldeten[86] — Zweifel dagegen vorfand, „daß der Mensch für den
Menschen da sein *kann*"[87]. Wo dieser Zweifel fehle, sei die Not des Mitmenschen noch nicht „tief genug, in ihrem ganzen Umfang erkannt".
Der sozial Gesinnte verhülle diese Not dann vielmehr im „gleichen Augenblick, wo er sich daran macht, sie zu heilen"[88]. Denn er bemächtige
sich dann seines Nächsten, gerade so wie sich der „Aberglaube" der Wirklichkeit mit „Hilfe einer bestimmten Deutung", einem vom Ich ausgehenden Entwurf, bemächtigen will[89].

Diesen Idealismus und Individualismus sah Gogarten zusammenbre-
chen, wenn man sich erst der Erkenntnis stelle, „daß die Welt zerbrochen
ist in Ich und Du"[90]. Vor dem Anspruch eines konkreten Du erweist sich
die von der Französischen Revolution eingeprägte Devise: liberté, égalité,
fraternité als Phantom. Ich und Du können gar nicht in wesenhafter
Gleichheit und in Freiheit miteinander verbunden sein, sondern allein
durch „Autorität"[91]. Das konkrete Du läßt sich auch nicht unter einen all-

---

[84] *F. Gogarten*, Glaube und Wirklichkeit. ZZ 6, 1928, 185.
[85] AaO. 186.
[86] S. o. S. 64.
[87] *Gogarten*, aaO. 186.
[88] AaO. 187.
[89] AaO. 188.
[90] *Gogarten*, (1923) Anfänge II, 165.
[91] AaO. 165 f. — Vgl. hierzu *H. Eklund*, Theologie der Entscheidung, 1937,
39 f.

gemeinen Begriff der Menschheit oder des Humanen verrechnen. Das moderne Humanitätsideal bedeutet „eine Abstraktion vom tatsächlichen, wirklichen Menschen"; es konstruiert das „Soziale" künstlich nach Maßgabe eines willkürlichen Bildes, es setzt an die Stelle der früheren „Ordnungen" den „grauenhaft unmenschlichen Schematismus eines nur gedachten Menschen und einer konstruierten Menschheit". „Man kann wohl fragen, ob man ... der Wirklichkeit je so fern gewesen ist, wie man ihr heute fern ist mit diesem Glauben an den Menschen ..." „Und es ist nicht schwer, dem, was heute im Namen der Idee des Menschen die Welt bewegt, dem Versuch der — wenn ich so sagen darf — Humanisierung des ganzen Lebens, die Prognose des katastrophalen Zusammenbruches zu stellen."[92]

Rettung wäre der wahre Glaube, der seine Freiheit im Dienst an jedermann, nicht aber in der Herrschaft über alles und jedes gewinnt. Erst dort, wo man dem Begegnenden vorbehaltlos dient, das begegnende Du deutungslos aushält, erfaßt man „mit seinem Glauben die Wirklichkeit"[93].

4.3 Das alles hat Gogarten immer wieder in der Form einer empirischen Studie vorgetragen. So lag es, trotz Gogartens Einspruch hiergegen[94], nahe, Gogartens Wirklichkeitsbegriff als eine philosophisch mehr oder weniger einleuchtende Hypothese und seine Vorschläge zur Therapie der Moderne als mehr oder weniger einleuchtende sozialethische Anweisungen aufzufassen[95]. Gogartens Beeinflussung durch Grisebach und andere Philosophen war ja bekannt. Und insbesondere auch seine Abhängigkeit von der zeitgenössischen phänomenologischen Wendung gegen das vorstellende, die Wirklichkeit verstellende Wesen der idealistischen Metaphysik. Hinzu kamen kontemporäre, Gogarten mehr oder weniger nahestehende gesellschaftspolitische Entwürfe. Seitdem H. Thielicke bei Gogarten eine Selbstüberwachung des Denkens vermißte, „ob im Augenblick philosophisch oder latent-theologisch argumentiert wird", ob also z. B. „jenes Ich-Du-Verhältnis sich schon auf immanentem Erfahrungswege als der wahre Grundfaktor der Geschichte erweisen läßt" oder allein durch die Belehrung der Offenbarung — seither ist diese Kritik an Gogarten nicht mehr verstummt[96].

---

[92] *F. Gogarten*, Glaube und Wirklichkeit, ZZ 6, 1928, 188 f.

[93] AaO. 189.

[94] Vgl. *F. Gogarten*, Ich glaube an den dreieinigen Gott, 1926, 38.

[95] Vgl. etwa die Diss. v. *J. Kahl* (Philosophie u. Christologie im Denken F. Gogartens, 1967), wo Gogartens Du-Ich-Lehre verstanden ist als ein in sich sinnvolles philosophisches System, bei dem die theologisch-christologischen Ingredienzien auch fehlen könnten. — Zur Kritik an Kahls These siehe *P. Lange*, Konkrete Theologie? 357 ff.

[96] *H. Thielicke*, aaO. 4. — Vgl. *H. Fischer*, aaO. 92 (sowie die dort in der Anmerkung 120 angegebene Literatur).

Diese Kritik gibt Anlaß, danach zu fragen, was Gogarten zu der eigentümlichen Kontamination von Philosophischem und Theologischem, Empirischem und Glaubensbedingtem theologisch nötigte, und worin ferner das Eigene des Gogartenschen Entwurfs im Vergleich zu seinen nicht-theologischen Vorlagen bestand. Um die erste Frage zu beantworten, ist noch einmal darauf hinzuweisen, daß Gogarten das Phänomen des neuzeitlichen Denkens als ein dogmatisches Problem wertete und dadurch an die Frage der theologischen Rechtmäßigkeit der modernen Kultur herangeführt wurde. Eben diese Voraussetzung nötigte ihn aber auch, seinen Verdacht einer theologischen Unstimmigkeit der letzten Voraussetzungen der Moderne mit einem auch als *Philosophie* ernst zu nehmenden Gegenentwurf gegen die Gesamtkomplexe: „abendländische Metaphysik" und „neuzeitliches Denken" zu verifizieren. Und doch mußte diese Verifikationsbemühung dann zwangsläufig wieder auf ihren theologischen Grund zurückführen. — Der zweiten Frage — der Frage nach dem Eigenen — soll im folgenen mit einem exemplarischen Vergleich der Intention von Gogartens Vortrag *Gemeinschaft oder Gemeinde?* (1923) mit der Intention des Buches von F. Tönnies *Gemeinschaft und Gesellschaft* (1887. 1922⁴ ⁵) nachgegangen werden[97].

Tönnies hatte versucht, die von K. Marx als eine Bewegung des Gegensatzes von Stadt und Land definierte, ökonomische Geschichte der neuzeitlichen Gesellschaft noch einmal, und zwar mit einem antimarxistischen Akzent, zu interpretieren. Er konfrontierte die auf Grund und Boden, Blutsverwandtschaft und dörflich-kleinstädtische Verhältnisse gegründete Lebensgemeinschaft mit der modernen, industrie- und kapitalbedingten, individualistisch-bindungslosen (und daher dem Sozialismus verbundenen) Gesellschaft. In diese Konfrontation ließ Tönnies das düstere Bild von der Selbstzersetzung der antiken Massenkulturen einfließen und er diagnostizierte von hier aus für die Gegenwart höchste Gefahr. Sein Therapievorschlag lautete: Stärkung der noch existierenden, auf Religion, Sitte und Recht gründenden kleinen Gemeinschaften, weil auch in einem gesellschaftlichen Zeitalter allein die Gemeinschaft die Realität des sozialen Lebens sei und bleibe[98].

In einer derartigen Form lag also Gogartens „soziologisches" Material bereits vor. Möglicherweise hat Gogarten jedoch den Titel seines genannten Vortrags mit Bedacht im Sinne eines theologischen Vorbehalts gegenüber der Studie von Tönnies gewählt. Was bei Tönnies *Gesellschaft* hieß, nannte Gogarten gerade *Gemeinschaft*. Dies besagt: Gogarten nahm so-

---

[97] Ich verdanke Th. Strohms Hinweise auf Tönnies (Theologie im Schatten politischer Romantik, 1970, 95 f.) die Anregung zu dem nachfolgenden Vergleich.

[98] *Tönnies*, aaO. 237—252.

gar ein konservatives Verständnis von Ehe und Familie, das genossen-
schaftliche Leben auf dem Dorfe usw. nicht von der radikalen Kritik am
alles zersetzenden modernen Individualismus aus[99]. Die Kritik am Geist
und am Sozialleben der Neuzeit ist bei ihm total geworden. Die Scheidelinie trennte hier nicht mehr die Gesellschaft von der Gemeinschaft, die
Stadt vom Land, sondern die moderne Welt als ganze — von der Kirche.
Durch diese äußerste Radikalisierung der Kritik schlugen die von Gogarten (in weitgehender Übereinstimmung mit Tönnies) durchgeführten empirischen Analysen gleichsam von selbst um in eine theologische Abhandlung. Allein die Kirche ist jetzt noch, sofern sie Gottes Wort als Autorität
anerkennt, „autoritäre, sachliche Gemeinde". Und nur sie darf und soll es
noch sein[100].

4.4 Gogarten will weder die neuen autoritären Strömungen theologisch
verstärken noch das vorneuzeitliche Ordnungsmodell repristinieren. Denn
die wahrhaft ethische, verantwortliche Bemühung um das wirkliche Du
kann im öffentlichen Leben nicht autoritär erzwungen werden, sondern
sich allenfalls für einzelne mit autoritativer Überzeugungskraft vom
Glauben her nahelegen[101]. Man verwechsle die Autorität nur nicht, sagt
Gogarten 1923, mit *der* „Überzeugungskraft, die ein Führer, sogar ein ge-
nialer Führer bei den Individualisten, also in den heutigen Bewegungen
hat. Denn in dem Führer ... erkennt man" nur „sich, sein eigenes, inner-
stes Ich wieder"[102]. Die Entwicklung zum totalen Staat, wie sie sich in
Deutschland bereits anbahnte, wertet Gogarten hier als eine letzte Potenzierung des alles zersetzenden modernen Geists und der von ihm herauf-
beschworenen Phänomene des Unwirklichen. Mit demselben empirischen
und ideologischen Material, das sich im Rahmen nichttheologischer Entwürfe nun z.B. als „Konservative Revolution" auszuwirken beginnt, will
Gogarten somit durch die theologische Klammer ganz andere, ideologiekritische gesellschaftstherapeutische Wirkungen erzielen!

Einer vorschnellen politischen Interpretation und Kritik dieser um Autorität, Du und Ich kreisenden Gedankenwelt Gogartens stellt sich deren
zentrale Ausrichtung auf Gott entgegen. Nur „Gottes Du" kann „Autorität" sein. Es läßt uns erst „unsere tiefe, undurchdringbare Einsamkeit" als

---

[99] Vgl. *Gogarten*, (1923) Anfänge II, 155 f.
[100] AaO. 168.
[101] Vgl. aaO. 154: Man mag über den Zusammenbruch der alten Ordnungen
„schelten und meinen, das sei nichts als Rebellion des Einzelnen, und man müsse sie mit Gewalt zwingen, sich der Autorität dieser Formen wieder zu fügen.
Diese Gewalt ist einfach nicht mehr da, und kein Schelten auf die böse moderne
Zeit und kein Preisen der besseren alten Zeiten wird sie auf irgendeine Weise
wieder herstellen. Denn es hülfe auch nichts, wenn die äußere, materielle Gewalt — durch welche Umstände immer — einmal wieder vorhanden wäre. Es
geht hier um geistige Entscheidungen."
[102] AaO. 166.

92

„Ich" „schmecken"[103]. Eröffnet uns aber Gott in Christus den Zugang
zum wahren Glauben und damit zur Wirklichkeit, so haben wir nicht
pragmatisch einen „Herrn" in unser „Weltbild" eingefügt, sondern in
Christus „einen wirklichen Herrn erhalten"[104]. Und wir werden daraufhin
auch gar nicht endlich der Wirklichkeit gerecht[105] — Christus „als der
Mensch schlechthin" ist ihr gerecht geworden —, sondern uns wird „der
göttliche Wille in seiner ganzen Schärfe offenbar", „und damit auch das
Versagen des Menschen diesem göttlichen Gesetz gegenüber"[106].

Diese abschließende Wendung des Gedankengangs deutet an, worin
Gogartens eigentliches Interesse an der Analyse der modernen Verunwirklichung aller Lebensgebiete bestanden hat: Nicht im Politischen, sondern
in der Frage, wie sich eine christliche Theologie jetzt und künftig noch
ermögliche! Wird nämlich der illusionäre Charakter des modernen Um-
gangs mit der Wirklichkeit nicht erkannt — und wo der Mensch, durch
den modernen „Aberglauben" „vergewaltigt", „zur Nummer" wird, da
„paralysiert" man nach Gogarten die „tiefe Beunruhigung des Gewissens"
wieder, mit der die Epoche der Humanität einst zweifellos begonnen hatte[107] —, so bestehe keine Aussicht, das Thema von Gottes Gesetz und Gottes Evangelium zu Gehör zu bringen. Immer wieder betonte Gogarten, bei
aller Kritik an den aktuellen geistigen und gesellschaftlichen Verhältnissen komme es ihm doch nicht auf die konkreten, politischen Probleme der
geschichtlichen Entwicklung an[108]. In der Tat nicht! Der Sinn seiner Bemühung, zur „wirklichen Geschichte" hinzuführen, lag in der Ermöglichung christlichen Glaubens und christlicher Theologie, auf daß man in
der Kirche wieder verstehe, „was es heißt, ‚daß wir wiederum eine neue
Kreatur sind worden, nachdem wir gar verdorben und umbracht sind'"
(Luther)[109].

Hätte nicht *hier* Gogartens ganzes Interesse gelegen, so bedeutete seine
neuzeitkritische Bemühung um die Wirklichkeit nichts weiter als eine fatale petitio principii, bei der die Ermöglichung des Glaubens von der Genesung der Kultur und die Genesung der Kultur vom Glauben der Gesell-

---

[103] AaO. 167.
[104] *F. Gogarten*, Glaube und Wirklichkeit, ZZ 6, 1928, 188 f.
[105] *Gogarten*, (1923) Anfänge II, 170 f.: „Man versteht auch dann den anderen
noch nicht in seinem individuellen So-Sein und man wird nicht von dem anderen verstanden. Aber was liegt daran! Glaubt man an Gottes Wort auf Gottes
Autorität hin, so ist man in seinem tiefsten und höchsten, äußerlichsten und in-
nerlichsten existentiellen So-Sein von Gott verstanden." Und dann kann auch
„einer dem anderen auf Gottes Wort hin und in Gottes Namen alle seine Sünde
vergeben".
[106] ZZ 6, 1928, 196.
[107] AaO. 189.
[108] Vgl. S. 87 f.
[109] *Gogarten* (1923) Anfänge II, 170.

schaft abhängig gemacht wäre. — Aber auch so, wie die Akzente bei Gogarten tatsächlich lagen, bleiben Fragen offen. Mußte wirklich erst ein gigantischer Geisteskampf ausgefochten werden gegen „eine Jahrhunderte lange Entwicklung", die sich vor dem Thema der Theologie als „furchtbarster Irrtum" zu erweisen schien (gerade auch dort, wo sie die „glänzendste Kultur" hervorbrachte)[110], und mußte wirklich ein totaler „Neubau der Wirklichkeit"[111], in Aussicht genommen werden, damit dem zeitgenössischen Menschen wieder das *Gesetz*[112] vor Augen käme, an dem er zerbrechen muß — um *dann* zu dem eigentlichen Ziel dieser Bewegung, dem Glauben an das Evangelium, zu gelangen? Offenbar bestand bei Gogarten eine vollständige theologische Hemmung, den „Gesetzescharakter" auch der modernen Verhältnisse selbst aufzuweisen. Erst so hätte aber seine in der Sache nicht einfach unbeachtliche Kultur- und Aufklärungskritik, die z. B. in manchen Punkten mit der Frankfurter „Kritischen Theorie" konvergiert, gesellschaftlich fruchtbar werden können: Und zwar als Kritik der von Gogarten als die Kehrseite des individualistischen Idealismus erkannte Flucht der Massen ins Autoritäre, ins Herrschaftsdenken und in entpersönlichende Manipulation.

So wie die Dinge aber liegen, kann an der Stelle, wo Gogartens Bemühung um die Wiedergewinnung von „Wirklichkeit" und „Gesetz" theologisch problematisch erscheint, auch etwa der Historiker oder der Soziologe Kritik anmelden[113]. Diese hätte aber nicht eine verhängnisvolle politische Programmatik Gogartens zu beleuchten, sondern den befremdlichen Ausfall von politischer Gesinnung überhaupt[114], wie er in Gogartens Verweigerung einer theologischen Qualifikation der neuzeitlichen Verhältnisse als „Gesetz" deutlich zum Ausdruck kommt. Man wird auch Gogartens 1928 einsetzende Wendung zur „Politischen Ethik" erst auf diesem Hintergrund recht verstehen. Denn selbst das Phänomen des Dritten Reichs wurde in Gogartens Theologie zunächst der Fragestellung subsumiert: Wo ereignet sich zum Evangelium hinführende Gesetzeserfahrung[115]? Die

---

[110] AaO. 156.
[111] Vgl. *F. Duensing*, Gesetz als Gericht, 1970, 67 ff. 74.
[112] Zu Gogartens Verständnis des Gesetzes und seiner beiden „Gebräuche" *vor* 1928 siehe *Duensing*, aaO. 77—83.
[113] Vgl. u. S. 106 f.
[114] Strohm wies mit Recht auf die politischen Auswirkungen gerade dieses „Passivismus" hin, den Gogarten mit anderen konservativen „Romantikern" teilte (aaO 42 ff.).
[115] Vgl. *F. Gogarten*, Einheit von Evangelium und Volkstum? 1933, 24: „Gerade weil wir heute wieder unter dem totalen Anspruch des Staates stehen und darum unter der Forderung des Gesetzes, ist es, menschlich gesprochen, wieder möglich, den Christus der Bibel und seiner Herrschaft über uns zu verkündigen." — Vgl. *Ders.*, Ist Volksgesetz Gottesgesetz? Eine Auseinandersetzung mit meinen Kritikern, 1934, 29 f. — Treffend bemerkte *P. Lange* in seiner Monographie

vielschichtige, neuzeitkritische Bemühung der mittleren zwanziger Jahre
konnte in den Hintergrund treten, als ein „irgendwie" bindendes „Gesetz" wieder in Aussicht stand, das Gogartens Theologie vor die neue Aufgabe stellte, diesem politischen Geschehen „die theologische Tiefendimension offenzuhalten"[116].

5. Die Auseinandersetzung mit Troeltsch (II)

5.1 Versteht man, wie es Gogarten mit Recht tat, Troeltschs Bemühung
um das „Christentum" als einen Versuch, die kulturell zersetzende Wirkung des Historismus religionsphilosophisch zu überwinden[117], so ist Gogartens Theologie bis 1928 hierzu ein Gegenentwurf. Gogarten versuchte
die genannten Zersetzungserscheinungen durch eine Überwindung der
geistigen Wurzeln des Historismus selbst zu bewältigen. Dabei blieben
Troeltsch und Gogarten durch eine für sie beide charakteristische, gemeinsame Bestrebung verbunden: Für beide hing die Möglichkeit der
Theologie davon ab, daß ein allgemein als gültig anerkannter Geschichts-
und Wirklichkeitsbegriff auch die „Heilsgeschichte" umgreift und daß
umgekehrt die „Heilsgeschichte" nicht in besondere ontologische Kategorien verwiesen werden muß[118], vielmehr das Wesen geschichtlicher Wirklichkeit in letzter Tiefe erschließt. Troeltsch hatte dieses Desiderat auf den
Weg eines religionsphilosophischen Verständnisses der Geschichte geführt,
Gogarten aber auf den Weg einer theologischen Infragestellung der neu-
zeitlich-idealistischen Metaphysik, welche mit dem Glauben die Wirklichkeit verloren zu haben schien.

5.2 In der Absicht, aus dem religiösen Erbe Europas Normen für die
von der historistischen Zersetzung bedrohte Kultur zu gewinnen, hatte
Troeltsch zunächst auf das alte Verfahren der natürlichen Theologie zurückgegriffen, durch einen Vergleich der Religionen feste, allgemeine
Wahrheit zu ermitteln[119]. Die hierbei erzielten Ergebnisse bezog Troeltsch

---

(aaO. 296): „Gogarten will mit seiner Theologie nicht einfach Hitler dienen, sondern er will Hitler seiner Theologie und durch diese der Kirche dienen lassen."

[116] *Duensing*, aaO. 75.

[117] *Gogarten*, (1924) Anfänge II, 175 ff.

[118] Vgl. *Fischer*, aaO. 107: „Gogartens eigentümliche Thesen über die Geschichte und die historische Wissenschaft erklären sich aus seinem Bemühen, einen auf das Heilsgeschehen zielenden Geschichtsbegriff auch für die Fachhistorie
als verbindlich zu erklären." — F. urteilte: „Das aber ist nicht durchführbar. Neben der ‚Heilsgeschichte' gibt es die politisch, sozial, kulturell und religiös bestimmte Geschichte. Weil Gogarten dieser Geschichte mit dem Postulat der
Nicht-Existenz begegnet, erfährt das Problem des Historismus durch seine Ausführungen keine Lösung."

[119] *E. Troeltsch*, Die Absolutheit des Christentums und die Religionsgeschichte, 1912², 74 — zitiert von *Gogarten* (1924) Anfänge II, 157.

dann auf das Christentum zurück, das ihm nach dieser Überprüfung als die „stärkste und gesammeltste Offenbarung" unter den großen Religionen galt[120]. Später hatte Troeltsch der christlichen Wahrheit dann nur noch eine beschränkte Geltung eingeräumt: Sie ist nur für uns Europäer die höchste Offenbarung, „das uns zugewandte Antlitz Gottes"[121]. Denn sie ist, wie sie uns heute begegnet, im Kern die Wesensdarstellung des abendländischen Geistes selbst[122].

Die Folgen dieser Sicht Troeltschs haben Gogarten alarmiert (während die übrigen dialektischen Theologen mehr oder weniger mit Stillschweigen über diese Privattheologie zur Tagesordnung übergingen): Ist das Christentum die Seele der europäischen Kultur, so geht es (jetzt!) auch mit dieser zugrunde. Es wird mit ihr zusammen in Frage gestellt, anstatt seinerseits die Kultur in Frage zu stellen[123]. Außerdem muß die auf die Bibel sich gründende Theologie als „Norm begründende Wissenschaft" abtreten und ihre Funktion an eine europäische „Geschichtsphilosophie" abgeben[124]. Diese Philosophie hätte dann die individuelle „Entwicklungsgeschichte der mittelmeerisch-europäisch-amerikanischen Kultur" zu erforschen und „universal-geschichtlich" „die großen elementaren Grundgewalten" herauszuarbeiten, die für uns „unmittelbar bedeutungsvoll, wirksam und anschaulich sind"[125]. Ermöglicht würde eine solche, aufbauende „Kultursynthese" kraft einer immer gegebenen „,intuitiven Partizipation der endlichen Geister an dem konkreten Gehalt und der bewegten Lebenseinheit des unendlichen Geistes'. Denn ,vermöge unserer Identität mit dem Allbewußtsein tragen wir das Fremdseelische in uns und können es verstehen und empfinden wie unser eigenes Leben, indem wir es doch zugleich als ein fremdes, einer eigenen Monade angehöriges empfinden'"[126].

5.3 Ohne Zweifel mußte dieser, das Erbe Schleiermachers, aber auch Hegels und R. Rothes nicht verleugnende Versuch einer idealistischen Gesamtlösung der aktuellen Kultur- und Theologiekrise den Widerspruch der Kirche herausfordern. Er hätte sich in einer erneuten exegetisch-dogmati-

---

[120] *Troeltsch*, aaO. 86. *Gogarten*, aaO. 175.
[121] *E. Troeltsch*, Der Historismus und seine Überwindung, 1924, 77 f. — *Gogarten*, aaO. 177.
[122] *Troeltsch* (aaO. 80) schienen „die großen Religionen eben doch Festwerdungen der großen Rassegeister zu sein...", ähnlich wie die Rassen selbst Festwerdungen der biologisch-anthropologischen Formen sind." — Vgl. *Gogarten*, aaO. 179.
[123] *Gogarten*, (1920) Anfänge II, 119 ff.
[124] *Gogarten*, (1924) Anfänge II, 179.
[125] *E. Troeltsch*, Ges. Schriften III, 1922, 690 f. 765. — *Gogarten*, aaO. 185.
[126] *Troeltsch*, aaO. 677. 684. — *Gogarten*, aaO. 186 f. — Alle Troeltschzitate wurden in der (formal zuweilen unkorrekten) Gestalt wiedergegeben, in der sich Gogarten mit ihnen auseinandersetzte. Bei Anm. 125 wurde jedoch eine Seitenzahl korrigiert.

96

schen Explikation des „übereuropäischen" neutestamentlichen Denkens artikulieren können. Gogarten wählte jedoch den Weg, die Unhaltbarkeit der ontologischen Prämissen dieser „Geschichtsphilosophie" nachzuweisen. Dabei mußte er Troeltsch einräumen, daß er, wie es auch Gogarten selber tat, die Geschichte immerhin als eine „Handlung" erfaßt habe, „an der drei beteiligt sein müssen: Gott und du und ich"[127]. Denn konstituiert wurde Troeltschs Geschichtsbegriff durch das Zusammenspiel des unend-lich-alleinen Geists, des Fremdseelischen und des persönlichen Ich. Da Troeltsch kraft des Identitätssatzes „diese Drei" dann aber letztlich immer „auf einen reduziert" und ihre Gesamtbewegung als „Lebensprozeß des Absoluten" verstanden hat, verlor er, Gogarten zufolge, die „wirkliche Ge-schichte" wieder aus dem Blick: „Hier ist ... die Dreidimensionalität der wirklichen Geschichte in eine ... flächige, deutende Darstellung verwan-delt. Man hat sich aus der actio zurückgezogen in die contemplatio."[128] Troeltschs „romantische", die Geschichte als einheitliche organische Ent-wicklung begreifende[129] Synthese ermöglicht ganz und gar nicht die von ihr angestrebte Erkenntnis der Lebensziele aus der Geschichte. Sie ermög-licht „in Wahrheit" nämlich nur „ein Selbstverständnis des Geistes aus sich selbst"[130]. Das eigene Ich bleibt Subjekt und Objekt aller Wirklich-keitserkenntnis[131].

Damit hatte Gogarten die Stelle gefunden, von der aus er in immer neuen Anläufen Troeltschs System aus den Angeln heben zu können meinte — und damit gleichzeitig den „Geist der Moderne": Das idealisti-sche Ich ist von der „konkreten Natur ebenso fern wie von dem wirkli-chen, konkreten Geist. Natur ist ihm das Anwendungsgebiet für seine selbstherrliche Vernunft, und Geist ist ihm die reine, inhaltlose Gesetz-lichkeit seiner Vernunft. Darum ist ihm die Natur auch nur eine techni-sche Angelegenheit ... und der Geist ist ihm Wissenschaft". „Freiheit"

---

[127] *Gogarten,* aaO. 186.
[128] Ebd. — Vgl. *F. Gogarten,* Ich glaube an den dreieinigen Gott, 1926, 19: G. sieht hier das „griechische Denken" sich auswirken, das „keine Geschichte in dem Sinne einer existenten Wirklichkeit" kenne; „das irdische zeitliche Gesche-hen bleibt für das griechische, ganz auf das zeitlose und geschichtslose Wesen eingestellte Denken im besten Fall trübes Abbild des zeitlosen selig in seiner zeitlosen Ordnung schwebenden Wesens. Dagegen ist das zeitliche Geschehen als die einzige existente Wirklichkeit der eigentliche und einzige Gegenstand des christlichen Glaubens".
[129] Vgl. *Gogarten,* (1922) Anfänge II, 140.
[130] *F. Gogarten,* Ich glaube an den dreieinigen Gott, 1926, 21.
[131] Gogarten treibt hier seinen Kampf gegen den Idealismus so weit voran, daß er Wirklichkeits*erkenntnis* überhaupt, also jeden „Versuch, die Wirklichkeit denkend zu verstehen", als einen Abfall vom Schöpfungsglauben wertet (aaO. 43). Die vom Idealismus herausgestellte überragende Bedeutung des Subjektes für *jeden* Erkenntnisakt ist damit allerdings implizit voll anerkannt! Da Gogar-

aber ist ihm „das Sinnwort seines losgelösten, isolierten Daseins, das er ‚Geschichte' nennt"[132].

5.4 Mit dieser Abrechung war die Möglichkeit einer „Geschichtsphilosophie" überhaupt bestritten. Und diese Bestreitung gewann für Gogarten dieselbe prinzipielle theologische Bedeutung, wie später für Barth die Ablehnung der „analogia entis". In ebenso gegen Tillich wie gegen Troeltsch gerichteter Kritik konnte Gogarten ausführen: „Wo ein Mensch nicht auf das Wort der Kirche hört ..., da macht er sich dann zum Ersatz eine Geschichtsphilosophie. Das aber bedeutet, daß er dem Geschehen nicht mehr verantwortlich, sondern anspruchsvoll und das heißt im letzten verantwortungslos gegenübersteht. Diese Sucht nach Geschichtsphilosophie, die als eine Pest nachgerade unser heutiges geistiges Leben vergiftet und es verfaulen läßt, und die Geschichte zu einem Spiel der Geistreichigkeit macht, ist der eigentliche Ausdruck für die tiefe Gottlosigkeit, die das heutige Tun und Denken auch da beherrscht, wo man ihr mit ernstester Gedankenarbeit und Geschichtsdeutung beizukommen sucht."[133]

Demgegenüber wurde von Gogarten ein „völlig neuer Ansatz" gefordert[134], der „die Sphäre der Geschichte" tatsächlich „erreicht"[135] indem er der Geschichte „ihren eigenen, unmittelbaren Wirklichkeitsanspruch zuerkennt"[136] und gleichzeitig das „Ich ... aus seiner Isoliertheit" befreit[137]. Erreicht wäre mit diesem neuen Ansatz aber auch die Sphäre des Glaubens und der Offenbarung. Denn der Glaube könnte nicht als ein Zusätzliches zu der in der echten Beziehung zwischen Du und Ich erreichten Überwindung der Unwirklichkeit bzw. der Ich-Einsamkeit verstanden werden[138]. Tatsächlich ist es für Gogarten jetzt ein und dasselbe, zu sagen, daß der christliche Glaube „in der realen Beziehung zum Anderen" „seinen Ursprung" hat, oder zu sagen, daß der christliche Glaube „das deu-

---

ten zudem die Notwendigkeit, daß das „Ich" „Objekte" erkennt und ordnet, gar nicht bestreiten kann, billigt er der *Wissenschaft* einen (problematischen, praktisch gar nicht exakt ausgrenzbaren) Freiraum zu, in dem sie sich betätigen kann, soweit es sich „um keine weltanschaulichen, sondern um wissenschaftlich-technische Fragen handelt, soweit nicht Wahrheiten, sondern Richtigkeiten zur Entscheidung stehen". — Freilich kümmere sich die moderne Wissenschaft in einem „verhängnisvollen Irrtum" auch um „Wahrheit und Wirklichkeit". Darüber werde sie zur „Ideologie". „Das ist der Grund, warum wir ganz im Gegensatz gegen den Brauch der heutigen Wissenschaft vor die Erkenntnis die Anerkenntnis stellen" (aaO. 77). — Vgl. u. S. 249 ff. die Parallelen bei Barth.

[132] AaO. 31 f.
[133] AaO. 181. — S. hierzu die kritische Stellungnahme von *E. Reisner*, aaO. 126 ff.
[134] *Gogarten*, aaO. 34.
[135] AaO. 37.
[136] AaO. 33.
[137] AaO. 37.
[138] AaO. 60.

tungslose, verantwortliche Hören des Wortes Jesu Christi ist und so die reale Wiederherstellung der Du-Ichbeziehung und die Aufhebung jener Verkehrung von . . . Du und Ich, Schöpfer und Geschöpf"[139].

H. Eklund behauptete, Gogarten habe mit diesem neuen Ansatz „die Offenbarung in unsere Wirklichkeit hineingebracht". Er habe, entgegen dem „Transzendenzgedanken" bei Barth, die Offenbarung nun „als Überbrückung eines realen und immanenten Gegensatzes" zu denken gelernt[140]. Auch J. Cullberg bezeichnete Gogartens Du-Ich-Konzeption als „ein wohltätiges Korrektiv gegenüber Barth"[141]; und tatsächlich hatte Gogarten die bei Barth[142] (und in anderer Weise zunächst bei Brunner[143]) theologisch unumgängliche Disjunktion von Glaube (Offenbarung) und Geschichte überholt bzw. überboten[144]. Ob er damit aber die Offenbarung in *unsere* Wirklichkeit „hineingebracht" hat — oder ob er vielleicht doch nur in seiner eigenen theologischen Entwicklung von einem anfänglich paradox-jenseitigen Offenbarungsverständnis („Offenbarung findet statt im Jenseits des Menschen"[145]) zu einer in der Struktur unveränderten innergeschichtlichen „Dialektik von Offenbarung und Wirklichkeit"[146] hingefunden hat, dies ist eben die Frage! Berücksichtigt werden muß die Tatsache, daß Gogarten die nun erreichte „Wirklichkeit" erst „jenseits" des gängigen neuzeitlichen Wirklichkeitsverständnisses finden konnte. War ihm anfänglich die „Offenbarung" jene Größe, die sich nicht in den konkreten Lebensprozeß hinein verrechnen ließ, so ist es jetzt die „wirkliche Geschichte", die den bestehenden Lebensverhältnissen gegenüber ein Fremdes, ganz Anderes repräsentiert.

---

[139] AaO. 191 f.

[140] *Eklund*, aaO. 50.

[141] *Cullberg*, aaO. 79. C. meinte, durch Gogartens „Fortschritt" über die eigenen Anfänge und vor allem über Barth hinaus sei 1. der „metaphysische Ausgangspunkt ganz und gar aufgegeben"; 2. die „negative Einstellung zum zeitlichen Leben . . . durch eine positive ersetzt"; 3. dem „ethische(n) Problem" eine „positive Bedeutung" eingeräumt.

[142] Vgl. Barths gleichzeitige Kritik an dem Satz, „daß Geschichte und Gott, Geschichte und Offenbarung ‚zuhaufe' gehörten". „Geschichte kann wohl ein Prädikat der Offenbarung werden, aber nie und nimmer wird die Offenbarung zum Prädikat der Geschichte. Wer Geschichte sagt, sagt eben damit Nicht-Offenbarung." (1926, Vorträge II, 310. — Vgl. KD I 2, 64).

[143] S. o. S. 17 mit Anm. 7.

[144] Gogarten kam es 1926 bereits darauf an, daß „die Beziehung des Glaubens auf das zeitliche Geschehnis . . . wieder gefunden wird" (Ich glaube an den dreieinigen Gott, 18).

[145] *F. Gogarten*, Die religiöse Entscheidung, 1921, 71.

[146] *Duensing*, aaO. 96.

6. Weichenstellung im Verhältnis zu Barth

Mit dieser Entwicklung Gogartens trat ein für die damalige Problemlage der dialektischen Theologie charakteristischer Grundzug noch deutlicher hervor: Bezog sich die dialektische Theologie wirklich auf die vom „modernen Denken" beherrschte „Gegenwart", so durfte sie anscheinend die *Offenbarung* gerade nicht „aktuell" ausrichten wollen. Sie hatte vielmehr die Offenbarung in äußerster Distanz zu halten, sie „isoliert" in ihrem eigenen Anspruch zu explizieren. Wollte und meinte man aber eine „Gegenwart" wie sie unter dem Anspruch der Offenbarung sein *müßte*, so durfte man die *Wirklichkeit* nicht „aktuell" verstehen, sondern man mußte den Begriff der Wirklichkeit von den bestehenden Verhältnissen distanzieren, ihn von diesen „isoliert" in seinem eigenen Anspruch explizieren. — In beiden Fällen aber konnte ein Graben, eine ausdrücklich zwischen zwei Welten gezogene Grenze offensichtlich nicht vermieden werden. K. Barth, so könnte man fortfahren, führte die Bestimmung des Verhältnisses von Offenbarung und Wirklichkeit auf den Weg der *Analogie* (analogia fidei), Gogarten aber zu einer vom Evangelium her möglich erscheinenden, kritischen Beiseiteräumung des vorherrschenden Wahrheits- und Wirklichkeitsbewußtseins als einer *Ideologie*.

Sieht man genau zu, so sollte allerdings weder auf dem einen noch auf dem anderen Weg ein Graben aufgerissen werden, sondern — wie P. Lange mit Bezug auf Barth betont — ein „Hiatus zwischen dem Glaubenszeugnis von der Gottestat in Jesus Christus und dem Problem des faktischen Lebens in dieser Welt" gerade vermieden werden[147]! — Doch warum drohte überhaupt ein solcher Hiatus? Ist hier etwa jener „garstige, breite Graben" im Blick, den der „moderne Mensch" schon in der Person Lessings zwischen sich und der Offenbarung, zwischen der Offenbarung und der Geschichte gezogen sah? Wenigstens bei Gogarten kann kein Zweifel bestehen, daß es sich tatsächlich um neuzeitlich entstandene Probleme handelt, da sich Gogarten ja ausdrücklich gegen den „Geist der Moderne" abgrenzt, um so zu einer Überbrückung des Hiatus zwischen der Offenbarung und dem wirklichen Leben hinzufinden. Bei Barth liegen die Dinge komplizierter. Sein theologischer Weg ließ zunächst immer die Grenze zwischen der Offenbarung und dem faktischen Leben in dieser Welt unübersehbar hervortreten. Und nur durch diese Distanz von der gegenwärtigen Lebenswirklichkeit schien seine Theologie in die Lage versetzt, einen spezifisch neuzeitbedingten Graben zwischen der Offenbarung und dem allgemeinen Wahrheits- und Wirklichkeitsbewußtsein gar nicht erst bewältigen zu müssen! Auch stand das erste Hervortreten des Barthschen Analogiebegriffs im Jahre 1919 in keinem unmittelbaren Zusam-

---

[147] *Lange*, aaO. 154.

menhang mit den Problemen des neuzeitlichen Denkens, dafür aber in einem deutlich erkennbaren Zusammenhang mit der Welt der neutestamentlichen Gleichnisse[148]! Trotzdem besteht kein Zweifel, daß es dieselben
Probleme sind, die Gogarten mit dem „Geist der Moderne" um die
„Wirklichkeit" kämpfen, Barth aber bewußt jenen anderen Weg einschla-
gen ließen. Insofern ist der auf die Struktur der neutestamentlichen
Gleichnisse zurückgehende Barthsche „Ansatz" als eigenständiger Beitrag
zum Vollzug evangelischer Theologie „unter den Bedingungen der Neuzeit" zu verstehen. Er dient sehr spezifisch der Ermöglichung evangelischer Predigt in einer durch komplizierte Säkularisierungsprozesse hindurchgegangenen, teils atheistisch, teils theistisch gewordenen „nach-
christlichen" Welt.

7. Neuzeit und Reformation. Zum „Ansatz" der Theologie bei Barth und Gogarten

7.1 Die fundamentaltheologischen Differenzen, die zwischen Gogarten
und Barth von Anfang an bestanden und sich bis zur Trennung im Jahre
1933 teils profilierten, teils infolge einer zunehmenden Unfähigkeit beider, die tatsächliche Position des anderen zu verstehen, verwischten oder
verdunkelten — diese Differenzen lassen auf alle Fälle eine eigentümliche
Nähe zum klassischen Gegensatz zwischen *lutherischer* und *reformierter*
Theologie erkennen[149]. G. Merz äußerte die Ansicht, am fruchtbarsten
wäre die theologische Auseinandersetzung zwischen Gogarten und Barth
in der Form eines Gesprächs über das heilige Abendmahl — zu dem es
freilich nie gekommen ist — durchgeführt worden[150]. Barth wies im Jahre
1923 auf den Vorzug der reformierten Tradition hin, daß sie „die feine
aber bestimmte *Grenze* zwischen Gott und der Welt, die auch in Christus
ebensowohl *gesetzt* wie aufgehoben ist", unübersehbar einschärfe[151]. Bei
den Reformierten bestehe immer eine entschiedene Hemmung, „aus der
indirekten, nur in Gott selbst vollzogenen Identität zwischen himmlischer

---

[148] *Barth* (1919) Anfänge I, 23 f. — Vgl. auch Barths späte Wiederaufnahme
dieser Gedanken im Zusammenhang seiner christologischen Reflexion des Natürlichen: KD IV 3.1, 124—126.
[149] Bultmann schrieb am 21. 4. 1927 an Barth die Vermutung, „daß in der nä-
heren theologischen Beziehung zwischen Gogarten u. mir im Gegensatz zu Ihnen der alte Gegensatz zwischen Lutheranern und Calvinisten wirksam ist".
Barth antwortete am 28. 4. 1927: „Irgendwie werden es schon die alten, nie
recht erledigten lutherisch-reformierten Kontroversen sein, die uns ein wenig von
beiden Seiten Beschwerden machen und die vielleicht noch einmal in einer großen Explosion *innerhalb* von ZdZ zum Ausbruch kommen werden." (Briefw B-B,
68, 70).
[150] KuD 2, 1966, 163.
[151] *Barth*, (1923) Vorträge I, 203.

und irdischer Gabe, zwischen Sache und Zeichen, zwischen Zeugnis und Offenbarung eine *direkte* irdisch-mirakulöse Identität, also aus der Offenbarung, die, wenn sie echt ist, immer auch Verhüllung ist, eine direkte Mitteilung, eine religiöse Gegebenheit zu machen"[152]. Für die Wahrung der *Freiheit Gottes*, die immer entscheidendes Anliegen seiner Theologie gewesen ist, fand Barth also im Raum dieser Lehrtradition ein besonders feines Empfinden vor. So galt ihm auch „das berüchtigte Extra calvinisticum" nicht als ein unbedingt zu vermeidendes Theologumenon, sondern als ein Hinweis auf „die nie zu übersehende, nie zu mindernde Verborgenheit und Erhabenheit, die Gott zu unserm Heil bewahrt, auch wenn, ja gerade *wenn* er uns in seinem Wort sich selber schenkt"[153].

Später wird Barth diese Gedanken in den Prolegomena zur CD (1927) aufgreifen: „Ausgangspunkt und Ziel der Dogmatik" kann nicht sein der christliche Glaube selbst oder das Wort Gottes selbst, sondern die „kirchliche *Predigt*"[154]. Barth weist hier der Theologie qua Dogmatik die spezielle Aufgabe zu, nach „der Übereinstimmung, nach der Eignung, nach der Angemessenheit des Predigtwortes im Verhältnis zum Worte Gottes ... zu fragen, nach nichts sonst"[155]. Dem Beispiel des Petrus Lombardus und Bonaventuras folgend, eröffnet Barth die Dogmatik mit der Trinitätslehre, welcher die doppelte Funktion zukommt, einerseits die sonst in den „Prolegomena" nicht selten versuchte vor-theologische Verständigung über die Möglichkeit und Aufgabe der Theologie zu ersetzen, andererseits Gottes eigenes Sein (sein „dreifach ewiges majestätisches *Insichselbstbleiben*") von dem Offenbarwerden Gottes, von seiner Fleischwerdung — um der Freiheit Gottes willen — zu unterscheiden, wenn auch nicht zu trennen[156].

Gogarten aber wird — wie dies P. Lange unlängst umfassend dargestellt hat — den Vorbehalt der Freiheit Gottes in der von Barth vorgetragenen Weise nicht akzeptieren. Er wird unter Berufung auf die Inkarnation daran festhalten, daß im Vollzug schriftgehorsamer kirchlicher Verkündigung „die Identität von Menschenwort und Gotteswort gegeben"

[152] AaO. 203 f.
[153] AaO. 204. — Vgl. *Barth*, (1926) Vorträge II, 374. — Vgl. ferner: CD, 270 f. — *F.-M. Marquardt*, (Theologie und Sozialismus, 1972, 257 ff.) wies auf die Bedeutung des Extra Calvinisticum für Barths Stellung zur natürlichen Theologie hin: Indem es das Natürliche und das Göttliche auseinanderhält, ermöglicht es nach Marquardt zugleich eine „christologische Etablierung ‚natürlicher Theologie'", ein christologisches Verstehen des Natürlichen, das die traditionelle theologia naturalis freilich sprengt.
[154] CD, 28 f.; vgl. 33: „Das bedeutet eine große Vereinfachung der Lage. Den allzu hohen Anspruch, als ob direkt Gott oder doch das Göttliche im Menschen oder doch der Verkehr des Christen mit Gott das Gegebene unserer Wissenschaft sein müsse, wird man dann allerdings fallen lassen müssen."
[155] CD, 118.
[156] CD, 128. 215.

sei[157]. Und er wird überhaupt Barths dogmatischen Ansatz bei der kirchlichen Predigt, der im Gegensatz stehen soll zu einem dogmatischen Ansatz bei der „christliche(n) Sache selbst", angreifen[158]. Gleichzeitig verwirft Gogarten dann auch — von seinem eigenen trinitarisch konzipierten dogmatischen Versuch herkommend — die bei Barth der Trinitätslehre eingeräumte doppelte Funktion vollständig. Auf eine in freier geistiger Auseinandersetzung stattfindende Klärung der theologischen Begrifflichkeit in den „Prolegomena" kann Gogarten nicht verzichten[159]. Er vermißt sie bei Barth und führt angebliche Unklarheiten in dessen CD auf dieses Versäumnis zurück[160]. Barths trinitarische Entfaltung eines vom Offenbarwerden Gottes zu unterscheidenden göttlichen „Insichselbstbleibens" wird als eigenmächtige philosophische Spekulation abgelehnt[161]. Andererseits betont Gogarten ebenso wie Barth, daß die Offenbarung als ein *Geschehen* zu verstehen sei, daß sie nicht als ein verfügbares „Offenbarsein" zum Gegenstand der Theologie gemacht werden dürfe[162].

Die Differenz zu Barth besteht dann darin, daß Barth als Dogmatiker darauf verzichtete, von diesem je und je Ereignis werdenden Offenbarungsgeschehen „auszugehen", während Gogarten dieses Geschehen — wenn auch im Bewußtsein seiner Nichtverfügbarkeit — „‚festhalten' und zum ‚Ausgangspunkt' seines theologischen Denkens machen möchte"[163]. Aufs Ganze gesehen, möchte Gogarten genau an der Stelle, wo Barth mit Hilfe der Trinitätslehre „tiefer" in den Raum des eigenen Wesens Gottes vorstößt, mit Hilfe der Du-Ichlehre (bzw. der Schöpfungslehre) „tiefer" in das eigene Wesen des Menschen eindringen. Die gemeinsame Ausgangsebene ist hierbei die Christologie.

---

[157] *Lange*, aaO. 177 ff.

[158] *F. Gogarten*, Karl Barths Dogmatik. ThR NF 1, 1929, 62 f: Barth stellte sich hiermit in einen Gegensatz zu fast allen modernen Dogmatikern. „Barth selbst sieht den Unterschied so, daß das, was sich die Dogmatiker im allgemeinen zum Gegenstand machen, ‚irgendwie die christliche *Sache* selbst, die Beziehung von Gott und Mensch, von der die christliche Rede redet', sei, daß er, Barth, aber eine scheinbar oder wirklich tiefere Ebene aufsuche', indem er die christliche Rede als kirchliche Verkündigung zum Gegenstand der Dogmatik mache. Hier steckt aber eine verhängnisvolle Unklarheit." Denn auch auf diesem Wege müsse Barth immer schon die „Sache selbst" im Blick haben. Die ihr gegenüber aufgerichtete Distanz beruhe nur auf Schein. „Hier macht sich das Fehlen einer wirklichen Vorverständigung über Sinn und Möglichkeit der Dogmatik bemerkbar."

[159] AaO. 63 — Denn mit solchen „Prolegomena" würde man „besser die Solidarität mit der gegenwärtigen Epoche und ihrer theologischen Schwäche bekunden".

[160] Ebd.

[161] AaO. 72 ff.

[162] AaO. 63 f. — Vgl. CD, 352.

[163] *Lange*, aaO. 190.

7.2 Es wäre falsch, anzunehmen, der Gegensatz zwischen Gogarten und Barth beruhe nur auf einer Verschiedenheit in der Methode, nicht jedoch auf einer Differenz in der Sache[164]. Andererseits sollte im Hinblick auf das Verhältnis Gogarten — Barth aber auch nicht von einem Streit zwischen zwei verschiedenen theologischen Prinzipien gesprochen werden, sondern, wie Lange besser sagt, von einem „Streit um die rechte Weise, dem Ereignis der Offenbarung Gottes in Jesus Christus als dem ‚principium' der Theologie zu entsprechen"[165]. Fragt man nun weiter nach den sachlichen Implikationen dieser verschiedenartigen Entsprechungsversuche, so stößt man zunächst auf verwirrende Faktoren aus dem Bereich moderner Zeitfragen sowie des Psychologischen und des Soziologischen. Dies aber ist ein Hinweis darauf, daß sich der Gegensatz zwischen Gogarten und Barth nicht einfach als eine Neuauflage der einst zwischen lutherischer und reformierter Theologie entstandenen „Urdifferenz" erklären läßt.

Die verschiedenen reformatorischen Grundimpulse haben ohnehin in der Neuzeit eine im einzelnen schwer faßbare theologisch-philosophische Weiterbildung erfahren[166]. Darauf spielte auch Tillich an, als er im Jahre 1923 versuchte, einen Zugang zur Barthschen Theologie zu gewinnen: Barths tiefe Verwurzelung in der reformierten Lehrtradition sei dafür verantwortlich, daß Barth den Vorgang der neuzeitlichen Profanisierung aller Lebensgebiete offenbar hinnehmen könne. Durch die reformierte Theologie sei der „Dualismus zwischen profaner und heiliger Sphäre" überhaupt erst „zu weltgeschichtlicher Bedeutung" gelangt. „Die Profanisierung und Entleerung des gesamten kulturellen Lebens auf der einen Seite, die Primitivisierung des religiösen Lebens auf der anderen Seite" sei „eine sichtbare Folge dieser Haltung". Und mit direktem Bezug auf Barth fügte Tillich hinzu: „Ich kann es nicht für einen Gewinn halten, empfinde es vielmehr als einen Widerspruch zu unserer Lage, wenn die Profanisierung unserer Kultur als unaufgebbar festgelegt wird."[167]

---

[164] Gegen H. M. Müller und G. Kuhlmann (beide zitiert bei *Sannwald*, aaO. 16).

[165] *Lange*, aaO. 280.

[166] Deshalb galt auch z. B. Barths Interesse am reformatorischen Abendmahlsstreit weniger der Christologie und der Abendmahlslehre selbst, als vielmehr dem „mehr denn je brennende(n) Problem der kontingenten Offenbarung" (1923, Vorträge I, 205 f.). Und wenn Barth nun dieses Problem von der reformierten Lehrtradition her aufgriff, und wenn er es bewunderte, wie in dieser Tradition der Mensch in seinen profanen Bezügen ganz besonders ernst genommen worden sei (und zwar gerade, indem hier alles auf „gloria Dei und meditatio futurae vitae" ausgerichtet war), so schwang hier immer folgende Vermutung mit: Obwohl das „Luthertum" das „deutsche Gemüt" für sich hat (aaO. 206 und 211), lassen sich die spezifisch neuzeitlichen Probleme der Theologie im Horizont dieser Tradition wohl nicht mehr bewältigen.

[167] P. *Tillich*, Antwort an Karl Barth, 1923, in Anfänge I (189—193), 193. T.

104

Nun wird man aber die unterschiedliche theologische Haltung gegenüber dem sog. Geist der Moderne (und das gilt auch für das Verhältnis von Barth und Gogarten) nicht einfach auf die Verwurzelung in der reformierten bzw. in der lutherischen Lehrtradition zurückschieben können. Eher trifft es zu, daß hier und dort ein je verschiedenes Verständnis sowohl des Evangeliums wie der eigenen geschichtlichen Situation mit dem Erbe Calvins bzw. mit dem Erbe Luthers sekundär verknüpft worden ist. Für Barth war das reformierte Finitum non capax infiniti allerdings ein willkommener theologiegeschichtlicher „Anknüpfungspunkt", um im neuzeitlichen Problemfeld der Theologie den richtig erscheinenden Weg zu finden. Denn das Extra calvinisticum konnte Barths Kritik an den neueren Versuchen, den Glauben mit der Geschichte, die Offenbarung mit der Wirklichkeit zu „vermitteln", kräftig unterstützen. Andererseits bedeutete für Gogarten die von ihm am Anfang der Zwanziger Jahre an Luthers Großem Galaterkommentar entdeckte Unterscheidung von Gesetz und Evangelium[168] eine Bestätigung der Notwendigkeit einer „Auseinandersetzung des Protestantismus mit dem modernen Geist"[169], der kein „Gesetz" mehr kenne und anerkenne und deshalb auch das Evangelium nicht mehr evangelisch verstehe. — Mit einer speziell der Bewältigung neuzeitlicher Probleme dienenden Funktion reformatorischer Lehre hat man also sowohl bei Barth wie bei Gogarten zu rechnen — unbeschadet der Tatsache, daß verbunden damit auch eine Besinnung auf das ursprüngliche theologische Anliegen der Reformatoren stattgefunden hat[170].

7.3 Dieser *doppelte* Bezug zur reformatorischen Theologie erweist sich als die entscheidende Quelle der immanenten Schwierigkeiten schon der damaligen Gogartenschen Theologie. Formal schien Gogartens Neuzeitkritik auf klaren, evangelischen Grundgedanken zu beruhen: Dem modernen Glauben an den in seinen sozialen und technischen Werken scheinbar Rechtfertigung findenden Menschen sollte die evangelisch-reformatorische Unterscheidung von Glaube und Werk entgegengestellt werden. Es sollte gezeigt werden: Das Werk macht den Menschen nicht gut. Auch nicht die sittliche Tat im Sinne idealistischer Ethik. Allein der Glaube macht eine Tat sittlich. Der sich durch Werke selbst rechtfertigende moderne Mensch geht „anspruchsvoll" mit der Wirklichkeit um. Er schafft sie sich selbst zum Bilde um. Er will die Wirklichkeit beherrschen und verliert sie darüber. Seine Freiheit ist ohne Bindung, sein Tun und

gibt hier auch seine eigene Position an: „Demgegenüber stelle ich mich bewußt in die deutsch-lutherische Tradition, deren geistesgeschichtliche Bedeutung gerade darin besteht, daß immer neue Versuche zur Überwindung der profanen Autonomie durch eine gefüllte, theonome hervorgegangen sind."

[168] Vgl. *Thyssen*, aaO. 72.
[169] Vgl. *Gogarten*, (1924) Anfänge II, 193.
[170] Daß nicht einfach der primäre, ursprüngliche Gegensatz zwischen „Luthe-

Hören ohne rechten Glauben. Der modernen Verwechslung von Schöpfer und Geschöpf, Glaube und Werk entspricht die Verwechslung von Evangelium und Gesetz. Wie bei den „Schwärmern" der Reformationszeit, droht das Gesetz als Evangelium, das Evangelium aber als Gesetz mißverstanden zu werden usw.

Darüber hinaus blieb es Gogarten auch nicht verborgen, daß sich Luthers Unterscheidung von Gesetz und Evangelium nicht einfach für die Gegenwart repristinieren läßt. Gogarten ging stets davon aus, daß Luther noch in einer ganz anderen Situation gestanden hatte. Im Jahre 1933 charakterisierte Gogarten diese andere Situation Luthers folgendermaßen: In den „Ordnungen" des öffentlichen und des privaten Lebens war das „Gesetz" in selbstverständlicher Geltung präsent, so daß damals die Theologie vor allem um die notwendige Begrenzung des Gesetzes „vom Evangelium her" besorgt sein mußte. Heute hingegen, fuhr Gogarten fort, droht das „Chaos", und die Theologie habe sich deshalb vordringlich der „Begründung des Gesetzes" zuzuwenden. Dem Evangelium geschehe damit kein Abbruch. „Im Gegenteil, gerade dadurch", daß das Gesetz „die größte Bedeutung bekommt, schafft es die Möglichkeit, daß das Evangelium wieder lauter und rein verkündigt werden kann."[171]

Gogarten sah sich vor folgende Schwierigkeiten gestellt: Man kann in der heutigen Situation anscheinend das Grundthema der Reformation nicht mehr zur Geltung bringen, ohne in einen fundamentalen Gegensatz zu den geistigen Grundlagen der Moderne zu geraten. Und umgekehrt kann man anscheinend die geistigen Grundlagen der Moderne nicht gelten lassen, ohne darüber das Grundthema der Reformation zu verlieren. Schon in der ersten Hälfte der Zwanziger Jahre war Gogarten auf diese „Diskontinuität" zwischen der Reformation und dem „modernen Geist" aufmerksam geworden. Er fand damals auch, der neuere Protestantismus habe den hier bestehenden Bruch nur dadurch überspielen können, daß er entweder Luther idealistisch verfälschte[172], oder den von Luther ausgegangenen Protestantismus dem modernen Denken konformierte[173], oder sich

---

ranern" und „Reformierten" als der Hintergrund der Spaltungen in der dialektischen Theologie angenommen werden darf, dies erhellt am Kirchenkampf. Barth schrieb (1933) Anfänge II, 319: „Die ernsthaften Fronten laufen heute ... durch die Grenzen der beiden überkommenen Bekenntnisse quer hindurch." — Im ganzen hat die dialektische Theologie zum weiteren Abbau dieser Bekenntnisschranken beigetragen.

[171] *F. Gogarten*, Einheit von Evangelium und Volkstum? 1933, 20 f.

[172] *Gogarten* hatte hier vor allem K. Holl im Blick (vgl. Theologie und Wissenschaft. Grundsätzliche Bemerkungen zu Karl Holls „Luther". ChW 38, 124, 34—42. 71—80. 121 f.). — O. Wolff schrieb Gogarten das Verdienst zu, „als erster auf eine bei Holl vorliegende ‚Ethisierung' Luthers hingewiesen zu haben" (Die Haupttypen der neuern Lutherdeutung, 1938, 361).

[173] *Gogarten* dachte hier vor allem an Troeltsch: „Troeltschs Versuch, die Kon-

schließlich, wie die sog. positive Theologie es getan habe, keine Rechenschaft über die geistigen Veränderungen in der Neuzeit ablegte[174]. Die u. a.
von Dilthey und von Troeltsch vertretene These, es bestehe Kontinuität
zwischen den Anschauungen der „Schwärmer" und Humanisten der Reformationszeit und dem modernen Denken, übernahm Gogarten als Bestätigung des von ihm behaupteten Gegensatzes zwischen Reformation
und Neuzeit. Daneben vertrat Gogarten aber die Auffassung, die genuine
Reformation habe den für die Neuzeit charakteristischen Gedanken, daß
die Welt aus ihrer eigenen Gesetzmäßigkeit heraus zu verstehen sei, überhaupt erst freigesetzt. Die Reformation habe die sakralen Gesetze und
Normen beseitigt, mit denen der mittelalterliche Katholizismus die Gewissen band, das Evangelium vergesetzlichte und verweltlichte und zugleich
das eigene Wesen der Welt verdeckte. Allerdings hätten die Reformatoren
aber „nicht die Bindung gegen die Freiheit schlechthin eintauschen wollen, sondern sie haben diese falsche, unrechtmäßige Bindung um einer
anderen, der rechtmäßigen Bindung willen zerrissen"[175]. Mithin ist der
am Autonomiegedanken ausgerichtete „Geist der Moderne" als ein *illegi-
times* Ergebnis der Reformation zu verstehen. Und für diese Fehlentwicklung machte Gogarten den Protestantismus selber voll verantwortlich: Der
neuzeitliche Protestantismus habe schwere Schuld auf sich geladen, er sei
letzten Endes „sich selbst der Welt schuldig geblieben". Er habe die von
ihm entfesselten Kräfte nicht zusammengehalten und der Welt die einzige „Bindung" versagt, „die nicht eine Bindung des Menschen durch sich
selbst und darum die Sklaverei unter die Willkür und unter alle Süchte
des Menschen ist, sondern die die Bindung an die Wirklichkeit ist"[176].

Somit sah Gogarten auch dem Protestantismus (und ihm allein!) die
Aufgabe zufallen, dem von ihm (und angeblich von ihm allein!) verschul-
deten Verhängnis der Neuzeit abzuhelfen[177]. Und Abhilfe bedeutete hier:
neue „Begründung des Gesetzes". Fragt man, wodurch der Protestantismus hierzu mit einem Male in der Lage sei nachdem er doch mehrere

---

tinuität zwischen Protestantismus und modernem Geist aufzuzeigen, ist ein Versuch, den Frieden, den der Protestantismus mit dem Geist der modernen Welt
gemacht hat, doch noch trotz Aufkündigung von seiten der Moderne aufrecht zu
erhalten. Er macht diesen Versuch durchaus auf Kosten des Protestantismus."
„Troeltsch war so von der fraglosen Gültigkeit des modernen Geistes eingenommen, daß es ihm garnicht in den Sinn kommen konnte, ihn sich erst ernsthaft
vor dem Geiste des Protestantismus rechtfertigen zu lassen." (1924, Anfänge II,
194 f.).

[174] *Gogarten*, (1924) Anfänge II, 191.

[175] AaO. 196.

[176] AaO. 198 f.

[177] Eine solche Problem- und Aufgabenstellung kritisierte aber *H. Blumenberg*, (aaO. 34 u. ö.) als „Fiktion", die sich an der mittelalterlichen Vorstellung
einer „Dualität und Konkurrenz einer geistlichen und weltlichen Instanz" nähre.

Jahrhunderte hindurch „versagte", so erhält man die sehr kennzeichnende Auskunft: „Heute" ist „der moderne Geist" „zum erstenmal seit seinem Entstehen... bis ins Innerste erschüttert"! Eben deshalb habe man auch jetzt erst seinen „Gegensatz" zum Protestantismus in voller Schärfe erkannt[178]. — Hier zeichnet sich in Gogartens Theologie ein gefährliches Junktim ab zwischen der geistesgeschichtlichen und politischen Lage einerseits und andererseits der Möglichkeit bzw. Unmöglichkeit, das Grundthema evangelischer Theologie zu Gehör zu bringen. An dieser Stelle lag auch die relative Wehrlosigkeit der Gogartenschen Theologie gegenüber dem Dritten Reich.

Abgesehen von der Frage, ob Gogartens damalige Äußerungen über die Entstehung und das Ende des „modernen Geists" historisch unangefochten bleiben können, sind hier theologische Bedenken anzumelden. Zunächst Bedenken dagegen, daß Gogarten Wirklichkeitsverlust und Wirklichkeitserfahrung, Irrtum und Wahrheit, Sünde und Glaube als Phänomene einschätzte, die zu einer epochalen Faktizität werden könnten. Daß Gogarten die Moderne *als Epoche* unter dem Vorzeichen der Unwirklichkeit, des Irrtums und der (den Schöpfer mit dem Geschöpf verwechselnden) Sünde sehen konnte, bereits dies läßt seine Thesen als theologisch fragwürdig erscheinen. Und wenn Gogarten zu ihrer Verifikation auf die faktisch „chaotisch" gewordenen Verhältnisse hinwies (wie sich dies auch von Röm. 1,25 ff. her nahelegte), so wurde der gesamte Gedankengang im Grunde noch verkehrter. Denn daraufhin mußte Gogarten auch noch den Gedanken einer aus dem „Chaos" rettenden, epochalen „religiösen Entscheidung" ins Auge fassen[179].

Wird von dieser „Entscheidung" nun aber die rettende Rückkehr aus der modernen Verunwirklichung aller Lebensgebiete erwartet, so wäre damit nicht etwa nur das *Gesetz* wieder „neu begründet", sondern es hätte

---

[178] *Gogarten*, (1924) Anfänge II, 194 f.

[179] Gogartens Begriff der *Entscheidung* bereitete der Interpretation stets Schwierigkeiten, einerseits, weil G. ihn nicht einheitlich verwendete, andererseits, weil sich zudem die verschiedenen diesem Begriff subsumierten Sachverhalte mit G.s theologischer Entwicklung immer wieder anders darstellten. — Ich unterscheide für die Zwanziger Jahre drei Verwendungsmöglichkeiten des Begriffs: a) die in der „Not der Absolutheit", in der Menschen nicht „helfen... können", notwendige *religiöse* Entscheidung (vgl. z. B. Anfänge II, 124. 100). Sie muß Gott vollziehen; der Mensch kann nur „stillhalten". b) Die *ethische* Entscheidung, in der sich der Mensch „entweder für sich selbst oder... für den Anderen entscheiden" muß (vgl.: Ich glaube an den dreieinigen Gott, 1926, 60). c) Die *theologische* Entscheidung gegen die geistigen Grundlagen der Moderne. Hier sah G. selbst die Wurzeln des „tiefe(n) Gegensatz(es)" zu Barth (vgl. 1937, Anfänge II, 337). — Zwischen den genannten Entscheidungsbegriffen besteht ein Zusammenhang: Mit der ethischen Entscheidung („ob ich oder du") fällt zugleich die religiöse („ob Glaube oder Unglaube"), und an dieser hängt auch das ganze Ontologieproblem, die Frage der Wirklichkeit, um die es in der theologi-

dann ja auch schon der *Glaube* Platz gegriffen[180]. D. h. die Rückkehr zur „Wirklichkeit" in Ehe, Familie und Staat wäre nach Gogartens Voraussetzungen unbedingt gleichbedeutend mit einer Befreiung des Lebens von der Sünde! Dabei konnte auch Gogarten — und hierin liegt ein von ihm selbst nicht aufgelöster Widerspruch — nicht von der Annahme eines sündlosen Lebens in den „Ordnungen" *vor* der Neuzeit ausgehen. Sein Grundgedanke war ja im Gegenteil der in den einst (angeblich) fraglos anerkannten „Ordnungen" sei der Mensch mit dem „Gesetz" konfrontiert gewesen, das ihn nicht allein vor dem „Chaos" bewahrte (usus civilis), sondern ihn gleichzeitig auch schuldig werden ließ und zum Evangelium hintrieb (usus elenchticus)[181]. Wenn jedoch die Sünde auch das Leben im Mittelalter beherrschte, wie ließ sich von hier aus dann überhaupt die (besondere) Sündhaftigkeit oder Verkehrtheit des modernen Denkens und Lebens begründen? Und wenn das Wesen der Sünde immer in der Usurpation der Schöpferrolle durch das Geschöpf besteht — wie konnte Gogarten dann irgendwelche frühere Zeiten von der (nur modernen?) Verunwirklichung aller Lebensgebiete ausnehmen?

Indem Gogarten das in der Moderne nicht weniger intensiv als früher präsente „Gesetz" nicht als solches akzeptierte, vielmehr hier ein vom reformatorischen Denken her erst noch zu füllendes Vakuum erblickte, lief seine Gesetzestheologie Gefahr, auch den konkreten Ort des Evangeliums, zu dem sie doch hinführen wollte, zu verfehlen. Dadurch aber, daß Gogarten gegenüber der Situation Luthers (in der das Gesetz schon „da" war und vom Evangelium „begrenzt" werden mußte) zusätzlich eine neuzeitbedingte, der Begründung des Gesetzes dienende theologische Sonderaufgabe wahrnehmen zu müssen glaubte, dadurch wurde bei ihm das Gesetz eigentümlich übergewichtig. Aus dem Gegensatz zum „modernen Geist" heraus kamen alle Akzente so zu stehen, daß ein dem christlichen Glauben entsprechendes freiheitlich-schöpferisches menschliches Verhalten

---

schen Entscheidung geht. In dieser Interdependenz und Ambivalenz der verschiedenartigen Entscheidungsbegriffe liegt aber eine systematische Schwäche. Daß G. eine bestimmte Zeit, die Krisenzeit nach dem 1. Weltkrieg, als Entscheidungszeit empfindet (Anfänge II, 100. 122), dies bindet das reine Gotteshandeln — das Rechtfertigungsgeschehen — an einen Termin, an dem es auch als ein epochales Ereignis stattfinden soll. Andererseits stiftet die unscharfe Abgrenzung *dieser* Entscheidung gegenüber den anderen, bei denen der Mensch als das sich entscheidende Subjekt gedacht ist, Verwirrung. Hinzukommt, daß die „Erschütterung" des Weltkriegs nicht klar unterschieden ist von der „Erschütterung" des Sünders im (gnädigen) göttlichen Gericht. Aber eben hierauf basierte nach dem 1. Weltkrieg G.s „prophetische" Wirkung, seine „göttliche Dämonie" (hierzu: *G. Wieser*, aaO. 6). — Zur Kritik an diesen unklaren Verbindungen s. z. B.: *K. Scholder*, aaO. 510 ff.; *Th. Strohm*, aaO. 76 ff.

[180] Hierzu *Eklund*, aaO. 50 ff.
[181] Vgl. o. S. 99.

nicht mehr im Mittelpunkt des theologischen Interesses stand, sondern eine — wenn auch ungewollte[182] — theologische Hemmung erfuhr.

Es stellt sich zuletzt die Frage: Wie läßt sich das Thema von Gesetz und Evangelium neuzeitlich zur Sprache bringen, wenn der von Gogarten während der Zwanziger Jahre eingeschlagene Weg als theologische Möglichkeit ausscheidet? Der Versuch, diese Frage zu beantworten, setzt voraus, daß man sich mindestens über die von Gogarten scharf gesehenen Probleme, welche mit dem „häretischen" Grundzug des idealistischen Denkens zusammenhängen, nicht hinwegsetzt. Eine diesen Problemen standhaltende Theologie müßte sich, ebenso wie Gogarten, der uns objektiv von der Situation der Reformatoren trennenden Faktoren bewußt sein. Ja, sie müßte das gesamte Neuzeitproblem noch sehr viel schärfer, differenzierter und sachlicher als Gogarten analysieren, und d. h. auch sehr viel bescheidener und weniger unter der Voraussetzung, als sei die Reformation in Diskontinuität oder in Kontinuität die zentrale Bezugsgröße sowohl des Verhängnisses wie der Hoffnung der Neuzeit. Sie hätte sich sowohl von der Suggestion des beim frühen Gogarten wichtigen Gedankens eines zwar schwierigen, aber schließlich doch möglichen Einzugs „in das alte, so lange leer gestandene Haus des Protestantismus"[183] freizumachen wie von der Suggestion einer nur in der evangelischen Glaubensbindung möglichen, ideologiefreien Autonomie und aufgeklärt-mündigen Weltlichkeit beim späten Gogarten.

Damit ist nun auch die Frage berührt, ob Gogartens Versuch, zur ursprünglichen, von der idealistischen Entstellung gereinigten Theologie Luthers zurückzulenken, nicht auf ein zu direktes, hermeneutisch nicht genügend durchgearbeitetes Anknüpfen an Luthers Unterscheidung von Gesetz und Evangelium hinauslief. Und ob nicht *dem gegenüber* Barths Umkehrung: „Evangelium und Gesetz" Luther sachlich näher stand als der Gogartensche Ansatz. Denn: Konnte der von Gogarten nicht erreichte Aufweis des Gesetzescharakters gerade jener Erfahrungen, die neuzeitlich von dem Bewußtsein menschlicher Freiheit und Autonomie umgeben waren, anders geschehen als im Aufweis *evangelischer Freiheit*, jener „ganz anderen" Freiheit, die am Kreuz Jesu Christi und durch dieses Kreuz hindurch Ereignis wurde?

---

[182] Das macht Gogartens Spätwerk deutlich.
[183] Vgl. *Gogarten*, (1924) Anfänge II, 195.

B) Linien von der Aufklärung zum Kirchenkampf im
zwanzigsten Jahrhundert

I. Die Neuzeit als theologie- und geistesgeschichtliches Problem.
Historische und systematische Urteile Barths

Literatur (außer Arbeiten dialektischer Theologen): *H. Blumenberg,* Die Legi-
timität der Neuzeit, 1966. — *D. Bonhoeffer,* Ethik, hg. v. E. Bethge (1949),
1963⁶. — *G. Ebeling,* Gewißheit und Zweifel. Die Situation des Glaubens im
Zeitalter nach Luther und Descartes. ZThK 64, 1967, 282 f.. (= WuG II, 138 ff.).
— *Ders.,* Verantwortung des Glaubens in Begegnung mit dem Denken M. Heideggers. Thesen zum Verhältnis von Philosophie und Theologie. ZThK 58, 1961,
Beih. 2, 119 ff. (= WuG II, 92 ff.). — *J. Friese,* Die säkularisierte Welt.
Triumph oder Tragödie der christlichen Geistesgeschichte? 1967. — *Chr. Gest-*
rich, Die unbewältigte natürliche Theologie. ZThK 68, 1971, 82 ff. — *H. Gie-*
secke, Die Aufgabe der Philosophie in der dialektischen Theologie, 1930. — *I.*
Kant, Werke, Bd. VII, 1917. — *G. E. Lessing,* Gesammelte Werke in zehn Bänden, 1954 ff., hg. v. P. Rilla: Bd. VIII, 1956 (philos. u. theol. Schriften) und Bd.
IX, 1957 (Briefe). — *H. Lübbe,* Säkularisierung. Geschichte eines ideenpolitischen Begriffs, 1965. — *J. Mittelstrass,* Neuzeit und Aufklärung. Studien zur
Entstehung der neuzeitlichen Wissenschaft und Philosophie, 1970. — *W. Pan-*
nenberg, Die christliche Legitimität der Neuzeit. Gedanken zu einem Buch von
Hans Blumenberg, 1968. In: *Ders.,* Gottesgedanke und menschliche Freiheit,
1972. 114—118. — *D. Schellong,* Lessings Frage an die Theologie. EvTh 25,
1970, 418 ff. — *F. Schmid,* Verkündigung und Dogmatik in der Theologie
Karl Barths. Hermeneutik und Ontologie in einer Theologie des Wortes Gottes.
FGLP 10. Reihe Bd. XXIX, 1964. — *K. Scholder,* Neuere deutsche Geschichte
und protestantische Theologie. EvTh 23, 1963, 510 ff. — *F. K. Schumann,* Der
Gottesgedanke und der Zerfall der Moderne, 1929. — *E. Troeltsch,* Die Bedeutung des Protestantismus für die Entstehung der modernen Welt. Hist. Bibl. 24,
1911. — *H. Zabel,* Verweltlichung/Säkularisierung. Zur Geschichte einer Inter-
pretationskategorie. Phil. Diss. Münster, 1968.

1. Christliche Neuzeitdeutung nach der Parabel vom verlorenen Sohn

Die Parabel vom verlorenen Sohn ist das Modell, an dem bis über den
Zweiten Weltkrieg hinaus die Neuzeitdeutungen christlicher Kritiker der
bindungslosen, technisch-zivilisierten Aufklärungswelt in der Regel orientiert waren. So schrieb F. K. Schumann im Jahre 1929: „. . . der Geist der
neuen Zeit gleicht dem verlorenen Sohn, der jauchzend und hoch zu Roß
auszog, sich die Welt zu gewinnen, und der jetzt, frierend in der Hunger-
öde und angeekelt von den Trebern, die ihm verblieben sind, an seine
Brust schlägt: ‚ich will mich aufmachen und zu meinem Vater gehen.‘"[1]

---

[1] *Schumann,* aaO. 17. — Vgl. *E. Brunner,* MW 473 Anmerkung 1: „Die ganze
neuere Philosophiegeschichte, ja die Geschichte des ganzen modernen Geistes ist
die Parabel vom verlorenen Sohn, so wie André Gide sie erzählt: der Sohn, der
sich vom Vater trennt, weil er endlich selbständig, frei, und so — ein Mensch

Schumann meinte, in dieser Parabel den Schlüssel zur Erklärung der überraschenden Wiederkehr des „Gottesbewußtseins" z. Z. des Ersten Weltkriegs gefunden zu haben. Die mystisch-religiöse Sehnsucht jener Jahre schien aus einem rapiden Zerfall der geistigen Grundlagen der Moderne zu resultieren: „... das müde und matt gewordene freie Weltgefühl" wendete sich „zu seinem Mutterschoß" zurück[2]. Mit Hilfe dieser Theorie hoffte Schumann auch die Frage zu klären, wie der Einfluß der geistesgeschichtlichen Lage nach dem Ersten Weltkrieg auf die damals einsetzende Erneuerung der protestantischen Theologie exakt zu bestimmen sei. Während im Kreis von „Zwischen den Zeiten" dieses Problem oft mit der Begründung ausgeklammert wurde, anthropologisch-geisteswissenschaftliche Fragestellungen bewegten sich in einem anderen Zirkel als die theologischen, wies Schumann auf ein Gesetz des Umschlags hin, demzufolge sich angeblich die eine Fragestellung jeweils aus der anderen ergibt: Wie zu Beginn der Neuzeit ein machtvolles, säkulares, anthropozentrisches Denken die älteren, noch theologisch geprägten notiones communes abgelöst hatte, so lösten nun Theologie und Religion die inzwischen kraftlos gewordenen anthropozentrischen Positionen wieder ab.

Schumann beschrieb das wieder „religiös" gewordene Gegenwartsdenken, nicht unkritisch, als eine der Klärung bedürftige Regression in mittelalterliche Bewußtseinslagen[3]. Dennoch war seine Deutung der Moderne analog zu der Parabel vom verlorenen Sohn nicht nur einseitig, sondern auch in sich undifferenziert und gefährlich. Einseitig, weil von z. T. spezifisch deutschen Erfahrungen aus — die etwa in der angelsächsischen Welt in dieser Form kaum realisierbar waren — pauschal dem gegenwärtigen Zeitalter die Diagnose gestellt wurde. Einseitig auch, weil Schumann in Deutschland nur mit ganz bestimmten Gruppen in dem Urteil übereinstimmte, die „Kultur der Aufklärung" liege im „Todeskampf", die

---

werden will, ohne zu merken, wie er damit in Lüge und Elend gerät." — S. auch: *Gogarten* (1920) Anfänge II, 110 f. — Häufig wurde die Neuzeit auch im Lichte der Geschichte des Turmbaus zu Babel interpretiert.

[2] *Schumann,* aaO. 17.

[3] Vgl. *Schumann:* aaO. 1: Das Wort „Gott" ist „in der hereinbrechenden Dämmerung des Aufklärungsdenkens wieder ein Wort geworden, das geheimnisvolle Sehnsucht und Inbrunst umwittert..., in dem die erschöpfte Kraft zurücksinkt in die dunkle Tiefe, aus der sie sich losgerissen". — Mit Recht bezweifelte S. aber, daß die allgemeine Krise nach dem Ersten Weltkrieg wirklich als ein „Vorgang von letztlich ‚religiösem' Charakter zu bezeichnen" sei. Es könne nicht mehr übersehen werden, „daß im Sprachwandel der letzten Jahrzehnte die Worte ‚Religion' und ‚religiös' sich hart der Grenze genähert haben, innerhalb deren die Worte als fruchtbare, sinnkräftige Gebilde leben, jenseits deren sie als sinnentleerte Wortleichen modern — nicht ohne Gefahr für das Reich des lebendigen Sprachdenkens, denn es gibt auch eine Leichenvergiftung durch verwesende Worte"[1]

„Moderne" neige sich ihrem „Ende" zu[4]. Die Anwendung der Parabel vom verlorenen Sohn war ferner undifferenziert, weil ihre pseudotheologische, antineuzeitliche Spitze ein theologisches Desiderat verfehlte, welches gerade auch in der Mündigkeitsforderung der Aufklärung enthalten ist. Und sie war schließlich gefährlich, bedenkt man etwa die Auswirkungen dieser „ideenpolitischen" Konstruktion auf den Bestand der Weimarer Republik[5].

2. Andere „Lage-Diagnosen" bei Barth

2.1 Während des Dritten Reichs entwarf auch Barth mit Hilfe von Denkmodellen ein Bild von der religiösen und geistigen Entwicklung in der Neuzeit. Es leuchtet ein, daß Barths Bild des Weges vom Mittelalter in die Gegenwart mit demjenigen Schumanns nicht übereinstimmen konnte. Was sich am Ende des Ersten Weltkriegs ereignete, war für Barth nicht der Wiedergewinn der Gottesfrage als Ergebnis eines angeblichen Zerfalls der Moderne, sondern zunächst die Selbstauflösung der Theologie als Ergebnis dessen, daß sich die Moderne in großer Vitalität auch im Bereich der protestantischen Theologie immer unerschütterlicher zu etablieren vermochte. — Die beiden folgenden, sich freilich z. T. gegenseitig ausschließenden Hypothesen, zog Barth damals in Erwägung:

a) Der den gegenwärtigen Schwierigkeiten in Kirche und Theologie zugrunde liegende „Sündenfall" ereignete sich nicht erst in der „Aufklärung", sondern schon im 4. Jahrhundert. Doch heute erst erntet die Kirche die „Quittung für die große Lüge ... seit dem verhängnisvollen Zeitalter Konstantins"[6]. Damals ließ sich die Kirche „von der Welt einladen", weil sie es nicht mehr dabei aushielt, „die törichte, immer verschwindende Minderheit zu sein"[7]. „Und sie hatte Erfolg." Sie „siegte". Sie schloß immer neue Bündnisse, zuletzt mit der technisch bestimmten Kultur der Neuzeit[8]. Heimlich freilich war die „Welt" ihr immer untreu. In der Gegenwart aber ereignet sich folgendes: „Das ‚christliche Europa' kehrt unter dem Gelächter der Hölle zu seiner ursprünglichen wilden Freiheit zurück. Und nun mag ihm das Christentum nachtrauern wie ein verführtes Mädchen seinem ungetreuen Liebhaber."[9]

---

[4] *Schumann*, aaO. 14.
[5] Hierzu *Scholder*, aaO. 516 ff.
[6] *K. Barth*, Das Evangelium in der Gegenwart. ThEx H. 25, 1935, 32.
[7] AaO. 30 f.
[8] AaO. 31.
[9] AaO. — Ähnlich schon *E. Brunner*, EEG, 6: „In dem Maße, als das zweifelhafte Erbe Konstantins verloren geht, stellen sich, mit Notwendigkeit, die umgekehrten Folgen seiner Tat ein. Was nur durch den Zwang des Rechtes oder der Sitte zusammengehalten war, tritt auseinander, die große Masse der Menschen wird wieder ehrlich unchristlich, wie sie es uneingestanden immer war."

b) Der im sog. corpus Christianum *geglückte* Bund zwischen dem Evangelium und den Weltmächten war *kein* Sündenfall der Kirche, sondern ein „Erweis der Geduld Gottes". Der Bund hatte unter der Leitung von Gottes Weisheit „auf bestimmte Zeit und in bestimmten Grenzen sein Recht und seine Notwendigkeit". Heute aber kann man nur noch mit Sehnsucht und Wehmut auf diese „Zeit der Synthese" als auf ein „einziges großes Traumgesicht" zurückblicken. In dem Bündnis zwischen Evangelium und Welt wiederholte sich symbolhaft die Inkarnation, um allen anderen Geschichtsepochen ihre Bestimmung kundzutun. Aber gerade um dieser Funktion willen handelte es sich beim corpus Christianum um ein „vorübergehendes Zeichen". Mit Notwendigkeit vollzieht sich inzwischen wieder die „Verselbständigung eines Reiches der Profanität" usw.[10].

Barth dachte nicht daran, sich zwischen diesen beiden — im Ergebnis übereinstimmenden — Denkmodellen zu entscheiden. Durch ihre Zusammenstellung meinte Barth aber um so untrüglicher nachweisen zu können: Wie immer man diese Vorgänge im ganzen und im einzelnen interpretieren mag, „das *christlich*-bürgerliche oder *bürgerlich*-christliche Zeitalter ist abgelaufen, der Bund, d. h. . . . das Christentum in seiner uns bisher bekannten Gestalt ist zu Ende"[11]! — „,Siehe der Winter ist vergangen.' Die Welt nimmt die Maske ab und ihre Freiheit zurück, um sich wieder offen zu bekennen als das, was sie im Grunde ist und will. Eben damit ist aber auch dem Evangelium seine Freiheit ihr gegenüber zurückgegeben."[12]

2.2 Bei dieser These von der gegenwärtig sich vollziehenden Scheidung von „Evangelium" und „Welt" hat man es mit einer der wesentlichen Prämissen der Barthschen Theologie zu tun[13]. Um so merkwürdiger ist es, daß Barth seinen Eindruck von der „Lage" mit so leichter Hand, so ungeschützt angesichts der Verwickeltheit des Gangs der neueren Geistes- und Theologiegeschichte darlegen wollte und konnte. Historisch scheint diese

---

[10] *Barth*, aaO. 32 f. — Vgl. später KD IV 3. 1, 21: Dem „*Schwebezustand*" wurde in der mit dem Anbruch der Neuzeit anhebenden oder offen an den Tag tretenden Diastase zwischen Kirche und Welt ein *Ende* gemacht".

[11] *K. Barth*, Das Evangelium in der Gegenwart, ThEx 1935, 33.

[12] AaO. 34. — Vgl. *Barth*s Frage KD IV 3.1, 21: „Mußte die Welt vielleicht darum mündig werden, damit in ihrer eigenen Weise, im positiven Sinn auch die Kirche mündig, ihres eigenen Auftrags in jenem Gegenüber *bewußt*, zu dessen verantwortlicher Ausführung *fähig* werde?" — Barths ganze dogmatische Arbeit galt im Grunde der Vorbereitung eines sich selbst gegenständlichen, *bewußten Christentums*. Hierfür schien Barth die Zeit reif. Und unter diesem Aspekt sollte man überhaupt Barths theologiegeschichtliche Bedeutung und insbesondere auch seine vermeintliche „Orthodoxie" beurteilen.

[13] „Gott ist im Himmel und du auf Erden" (*Barth*, 1921, Anfänge I, 113) — diese programmatische Feststellung bedeutete, erstens, Widerspruch gegen einen vermeintlichen religiösen Besitz Gottes, und sie artikulierte zugleich, zweitens, die neuzeitliche Erkenntnis, daß die Welt „säkular" und nicht „religiös" zu ver-

Interpretation die „Lage" auch nicht zuverlässiger aufzuschlüsseln als jene andere Neuzeitdeutung in der Analogie zur Parabel vom verlorenen Sohn. In erster Linie handelt es sich hier aber um eine systematische These, die besagt, daß Barth Vermittlungen von „Evangelium" und „Welt" grundsätzlich theologisch verdächtig erscheinen. Dennoch spielen historische Probleme mit herein. Barth selber wies ja darauf hin, daß der moderne Mensch *von sich aus* die mittelalterlichen Vermittlungen von „Evangelium" und „Welt" aufkündigte. Demnach trug der moderne Mensch, ohne dies überhaupt zu wissen und zu wollen, dazu bei, daß die Kirche wieder „auf ihre eigenen Füße gestellt" werden konnte[14], und daß das „Evangelium" seine „Freiheit" zurückerhielt.

In diesem Zusammenhang hat nun H. Blumenberg die Frage gestellt, ob nicht der für die Kirche „fatale Vorgang" der Säkularisierung eine unstatthafte, „paradoxe Umwertung" erfahre, wenn die Theologie solchermaßen davon ausgeht, durch die moderne „Verweltlichung der Welt" werde auch das „Geistliche geistlicher". Blumenberg mißtraut einem der Lage angepaßten theologischen Stehvermögen, bei dem „Weltlichkeit" in einem einseitigen Bündnis mit den ausdrücklich gegen das Christentum angetretenen Mächten mit einem Male „nicht nur zugelassen und geduldet, sondern systematisch vorgesehen und als notwendiges Korrelat [sc. der Offenbarung] etabliert wird". Dabei könnte sich die „Wirklichkeit" „solcher Einplanung in den Heilsplan ebensowenig widersetzen" „wie sie etwas dazu zu tun braucht, um eine Rolle zu spielen, die selbst nicht zu verstehen eben die Pointe dieser Rolle ist"[15].

Barth selber hatte sich in dieser Richtung keine Sorgen gemacht. Er war vielmehr absorbiert von der Sorge über die verhängnisvollen Auswirkungen jener anderen theologischen Haltung zum Säkularisierungsproblem, bei welcher mit der Bestreitung der Rechtmäßigkeit der geistigen Grundlagen der Moderne in der Regel theologische Hoffnungen verknüpft wurden[16]. Demgegenüber wollte Barth die Säkularisierungsfrage

---

stehen und zu besorgen ist. — Noch im Alter wandte sich *Barth* gegen alle corpus-Christianum-Romantik: „Die Voraussetzung der Vorstellung von einer aus einer christlich bestimmten Tradition herauswachsenden und zu übernehmenden christlicher Existenz war ja nie echt vorhanden. Sie ist — und mit ihr jene Vorstellung — heute *unmöglich* geworden" (KD IV 3.2, 602).

[14] *K. Barth*, Das Evangelium in der Gegenwart. ThEx 1935, 30.

[15] *Blumenberg*, aaO. 13. — Zu diesem Problem und seiner Geschichte siehe auch *Lübbe*, aaO. 53 f.

[16] Erst in der Zeit nach dem 1. Weltkrieg ist dieses, dem 19. Jahrhundert noch fremde Verständnis der Säkularisierung als „Säkularismus" entstanden. Wie unlängst *Zabel*, (aaO. 21. 164. 264) wieder zeigte, trugen die Berichte von der Jerusalemer Weltmissionskonferenz (1928) dazu bei, daß in Deutschland eine umfangreiche kirchliche Diskussion des zivilisationskritisch gemeinten Begriffs secularism/Säkularismus einsetzte (vgl. hierzu auch das Kapitel: „Der ‚Säkularismus'

einer ganz anderen theologischen Würdigung zuführen: „Die Kirche beschäftigt sich heute auf der ganzen Welt mit dem Problem der Säkularisierung des modernen Menschen. Sie würde vielleicht besser tun, sich
mindestens zuerst mit dem Problem ihrer eigenen Säkularisierung zu beschäftigen."[17] Die Bekämpfung moderner Ideologien, in welchen möglicherweise ursprünglich christliche Glaubenseinsichten häretisch entstellt
weiterleben, soll also nicht der erste Schritt, nicht das erste, unmittelbare
Ziel gegenwärtiger dogmatischer Arbeit sein. Zuerst ist die Theologie selber aus ihrer modernen philosophischen Überfremdung herauszuholen.
Hatte man auf der einen Seite den Weg des sich vom Christentum *eman-
zipierenden* „Aufklärungsmenschen" unter dem Gesichtspunkt des Scheiterns, der fortschreitenden Dekadenz gesehen, so sah Barth zunächst den
Weg des „bürgerlich" mit dem modernen Denken *paktierenden* Christentums unter dem Dekadenzgesichtspunkt.

Für das z. B. bei Hirsch, Schumann und Gogarten so wichtige Motiv
von der geistigen Not und Entwurzelung des vermeintlich „autonomen"

---

als Gegenstand praktischer Kirchen-Sorge" bei *Lübbe*, aaO. 92—96). — *Keiner*
der dialektischen Theologen war allerdings — wie auch Lübbe mit Recht betonte — *diesem* Säkularisierungsverständnis direkt verpflichtet. Sie waren alle
nicht am Problem einer Kulturschuld orientiert, durch die es neuzeitlich zu einer
verhängnisvollen säkularistischen Umbildung des christlichen Erbes gekommen
wäre, vielmehr am schuldhaften Versagen des neueren Protestantismus. Dieses
Versagen wurde bald, wie z. B. bei Barth, mehr darin gesehen, daß der Protestantismus um jeden Preis mit der modernen Welt paktieren wollte; bald, wie
z. B. bei Gogarten, mehr darin, daß er sich selbst der modernen Welt schuldig
geblieben sei. Von einem grundsätzlichen Desinteresse der dialektischen Theologie der Zwanziger und Dreißiger Jahre am Säkularisierungsproblem (*Lübbe*,
aaO. 90 ff.) kann aber keine Rede sein (siehe auch die Kritik an Lübbe bei *Zabel*, aaO. 165). Vor allem darf man nicht, wie Lübbe dies tut, eine einheitliche
Stellung der dialektischen Theologen zum Säkularisierungsproblem voraussetzen.
[17] *Barth*, (1934) DThSchB, 147. — B. fährt hier fort: „Säkularismus herrscht
zweifellos da, wo man nur noch um den Menschen, nicht mehr um Gottes Offenbarung weiß. Aber weiß man da um Gottes Offenbarung, wo man unter Offenbarung fast nur noch eine Veränderung, eine Verbesserung, eine vielleicht
sehr eigenmächtig ausgedachte Veränderung und Verbesserung des Menschen
versteht, wo man nicht mehr weiß, daß die Offenbarung Gott selber ist? Und
darum nicht mehr weiß um ihr Geheimnis, ihre Autorität, ihr Gericht! Nicht
mehr weiß um ihre Gewißheit und Einmaligkeit! Nicht mehr weiß um die
Scheidung und darum auch nicht mehr um die Beziehung von Gott und
Mensch! Wundert sich die Kirche, wenn sie dem modernen Menschen wenig zu
sagen hat? Fortschreitend auf dieser Bahn wird sie ihm immer weniger zu sagen
haben." — In gewisser Weise ist Barth hiermit an das kritisch-polemische Verständnis der Verweltlichung von Theologie und Kirche fixiert geblieben, das in
der 2. Hälfte des 19. Jahrhunderts z. B. F. Overbeck oder E. v. Hartmann (in
Weiterführung älterer pietistischer Traditionen!) vortrugen. Die Positionen Overbecks und v. Hartmanns sind ausführlich nebeneinander referiert bei *Zabel* (aaO.
§§ 7 und 8).

modernen Menschen war im Barthschen Verständnis der Neuzeit kein
Raum! Der in der Gegenwart lebende Mensch, wie ihn Barth zeichnete,
leidet an den Gebrechen, die ihm diese Hypothesen immer zuschreiben,
nicht. Daß diesem Menschen alle Hoffnungen und Träume auf eine Weise zusammengebrochen wären, daß er nun wieder tastend den Gott des
Neuen Testaments suchen würde, dies hat Barth nicht angenommen. Er
erblickte im Menschen der Gegenwart keineswegs den gebrochenen, verlorenen Sohn, der reumütig zum „Ursprung" zurückkehrt. Er betrachtete
vielmehr auch ihn als ausgesprochenen „Feind der Gnade", als ein ohne
Gott auskommendes, mit sich selbst identisches Wesen, das überhaupt
nicht daran denkt, von seiner „Autonomie" und von seinem „Humanismus" zu lassen[18]. Für diesen Menschen sind „Geschäft, Technik, Sport
und etwas Politik... notwendig; auch das Christentum ist [ihm] eine
gute, aber doch nur eine als mehr oder weniger überflüssiger Zusatz gute
Sache"[19].

Barth sah die theologische Neuzeitdeutung nach der Parabel vom verlorenen Sohn unweigerlich zur „natürlichen Theologie" hinführen. Diese
aber zeichnete sich, wie Barth sie verstanden hat, nicht einfach durch
Evangeliums-Vergessenheit aus; vielmehr durch das Bestreben, der Sache
des Evangeliums zu gesellschaftlichem „Erfolg" zu verhelfen. Demgegenüber betonte Barth, das Evangelium lebe nicht davon, „daß das Christentum die allgemeine Entwicklung, das Herz der führenden Politiker, der
Gebildeten, die Jugend oder gar die Massen für sich hat"[20]. Außerdem
hätten ja die in der Neuzeit bestimmenden Kräfte eine — die Illusion der
„natürlichen Theologie" zunichte machende — neue Haltung zum Christentum eingenommen. Eine Haltung, derzufolge das Christentum „zuerst
zu einem entbehrlichen Nebenwert gemacht, dann ausdrücklich und
nachdrücklich seiner Selbständigkeit beraubt, dann offen verneint und
schließlich sogar verfolgt und unterdrückt werden muß"[21]. — Nur darin
stimmte Barth mit seinen Gegnern überein, daß auch er die Voraussetzung machte, der moderne Mensch habe ein früher vorhanden gewesenes
Verhältnis zum Evangelium aufgekündigt[22]. Aber die Frage ist zu stellen,
ob nicht auch Barth aus Gegenwartsimpressionen heraus viel zu weitge-
hende historische Schlüsse zog. Und ob nicht auch er seinen dogmatischen
Widerspruch gegen die „natürliche Theologie" mit einer historisch fikti-
ven „Lage-Diagnose" erkaufte. Diese Frage erfordert bei Barth zunächst
eine Überprüfung seines Verhältnisses zur neueren protestantischen Theologie.

---

[18] Vgl. z. B.: KD II 1, 141 ff. — Prot Th 19. Jh., 16 ff.
[19] *K. Barth*, Das Evangelium in der Gegenwart, ThEx H. 25, 1935, 19.
[20] AaO. 22 f.
[21] AaO. 30.
[22] Auf die von R. Rothe vorgetragene Sicht der Dinge — „aufgehoben" statt

3. Barth zur „Trauergeschichte der neueren protestantischen Theologie"

Barth beschrieb die „Trauergeschichte der neueren protestantischen Theologie"[23] öfters in glanzvoll und dramatisch formulierten Rückblicken, welche alle das lawinenartige Anwachsen einer „Katastrophe", nämlich des zu Beginn des 18. Jahrhunderts einsetzenden Verrats der Offenbarung an und durch die „natürliche Theologie", demonstrieren sollten[24]. Bei diesen theologiegeschichtlichen Skizzen sieht man Barth an einem Ort stehen, von dem aus das Kapitel „Neuprotestantismus" bereits abgeschlossen, von neuen biblisch-reformatorischen Impulsen her überwunden erscheint. Daß Barth in diese Katastrophenrückblicke auch immer wieder die großen, den Gang der neueren Theologiegeschichte stark beeinflussenden *philosophischen* Gestalten einbeziehen konnte, daß er von seinen neuartigen dogmatischen Einsichten wie von seiner philosophischen Bildung her in der Lage war, auch ihnen jene Fragen zu stellen, die er erst recht gegenüber dem Neuprotestantismus nicht unterdrücken konnte, dies ist, aufs Ganze gesehen, einer der Vorzüge seiner theologischen Arbeit und zeugt von einem ausgeprägten Problembewußtsein hinsichtlich der Kohärenz neuerer Theologie- und Geistesgeschichte.

Die Frage, *warum* der Protestantismus, kaum daß er in die Geschichte eingetreten war, sich schon auf falsche Geleise drängen ließ und diese dann, von wenigen Ausnahmen abgesehen[25], nicht mehr zu verlassen in

---

„aufgekündigt" — ging Barth nicht ein. Er wertete Rothes Theologie als eine „Sackgasse" innerhalb der am Anfang des 19. Jahrhunderts eröffneten Möglichkeiten. Er sah von Rothes „Theosophie" aus Linien allenfalls zur Rittelmeyerschen Christengemeinschaft hinführen. Daneben ahnte Barth zwar, daß Rothe moderner gewesen sein könnte als alle seine theologischen Zeitgenossen. Denn E. Troeltsch sah sein Wollen bei Rothe antizipiert. Doch mit dem Gegensatz zu Troeltsch hängt es wiederum zusammen, daß Barth den Thesen Fichtes, Hegels und Rothes über das künftige Geschick der Kirche (Säkularisierung bei gleichzeitiger Entsäkularisierung des Staates) keine Beachtlichkeit beimaß. Er konnte hier nur „entsetzt sein Heil in der Flucht suchen" (Prot Th 19. Jh., 544 ff.). — Der entsäkularisierte, der religiös prädizierte Staat war inzwischen ja als ideologisierter, totaler Staat Wirklichkeit geworden. Und mit dieser Möglichkeit der Entwicklung hatten die Idealisten und Rothe eben gar nicht gerechnet.

[23] KD I 2, 315.
[24] Manchmal setzte Barth den Beginn des Verfalls schon im 16. Jahrhundert an. — KD I 2, 313 ff. werden der Reformierte Salomon van Til (1643—1713) und der Lutheraner J. Franz Buddeus (1667—1729) als die Erstlinge der modernen natürlichen Theologie bezeichnet. — Vgl. KD I 1, 292 f.
[25] Daß es im 19. Jahrhundert „Outsiders" wie Kierkegaard, die Blumhardts, H. F. Kohlbrügge, W. Löhe, F. Overbeck, J. T. Beck und A. Schlatter gab, dies bestätigte *Barth:*. Die Theologiegeschichte hätte nicht unbedingt auf dieses Geleise geraten müssen! (Evangelische Theologie im 19. Jahrhundert. ThSt(B) H. 49, 1957, 5).

der Lage war, diese Frage konnte Barth — bezeichnenderweise! — nicht nur nicht beantworten, sondern es hatte für ihn auch keinen Sinn, sie sich (und sich selbst ihr) zu stellen. Barth sprach in diesem Zusammenhang einfach von einem „Rätsel"[26]. Plötzlich, „vom 18. Jahrhundert ab", sei es „in der protestantischen Theologie zu jener selbstverständlichen Gewohnheit geworden, immer zuerst nach außen, auf die Zustände und Bewegungen in Kirche und Welt zu schielen, um ... nur ja zeitgemäß, wirklichkeitsnahe, zur Lage reden zu können. Den Dank vom Hause Österreich hat die neuere protestantische Theologie verdientermaßen [!] darin geerntet, daß man sie erst recht und von Stufe zu Stufe immer mehr ignorierte."[27]

Den Pietismus vermochte die protestantische Schultheologie, Barth zufolge, erst zu integrieren, als dessen Blüte, die ja noch in die Zeit der Hochorthodoxie fiel, schon vorüber war. Als die Orthodoxie den Pietismus zu Beginn des 18. Jahrhunderts aber zu bewältigen begann, war bereits der Wolffianismus einerseits, der Zinzendorfianismus andererseits auf den Plan getreten. Als die Neologie sich dann den ersteren glücklich assimiliert hatte, zog schon der eigentliche, die Offenbarung ganz preisgebende Rationalismus herauf. Dem von der Theologie dann auch noch aufgesogenen Rationalismus standen aber bereits wieder Lessing und die Repräsentanten der Sturm- und Drangzeit gegenüber. Als die Theologie dann idealistisch wurde, war die Zeit der Romantik und Erweckungsbewegungen angebrochen. Und als die Theologie auch diese Erscheinungen rezipierte, erhoben sich der Empirismus und Positivismus des 19. Jahrhunderts. Als dann schließlich „der theologische Positivist A. Ritschl eben seinem Triumph entgegenging, war Nietzsche schon längst aufgebrochen, um auch dieses Reich zu zerstören"[28]. — Da also die neuere protestantische Theologie solchermaßen immer bloß reagierte und nie (wie z. B. Luther und Calvin, die noch wirkliche „Führer" der „Zeitbewegung" waren) ein „wirksames Vorwärts! oder Zurück! oder überhaupt Anders!" zu proklamieren wußte, deshalb konnte es nicht ausbleiben, daß die von einer Schar überwiegend „ernster, fleißiger und gescheiter, aber auch ... offenkundig grämlicher, besorgter, um nicht zu sagen betrübter" Theologen geleistete Arbeit de facto eben nicht ernst genommen wurde, vielmehr etwas „von der Stimmung eines langsam aussterbenden Indianerstammes in dem ihm vorläufig noch zugewiesenen Territorium" ausstrahlte[29].

---

[26] KD I 2, 309 ff. u. ö.

[27] Prot Th 19. Jh., 118.

[28] AaO. 115 f.

[29] AaO. 116 f. — Hier hat Barth im Alter — die Tatsache würdigend, daß die *Mission* von der neueren Theologie und Kirche ins Werk gesetzt wurde — seine Meinung noch einmal modifiziert! Vgl. KD IV 3.1, 20: „Es war ... dieselbe Neuzeit, in der der Christenheit ... Bedrängnis widerfahren ist, in der ihre Situation

Den vom Neuprotestantismus angerichteten Schaden erblickte Barth konkret in der neuzeitlichen „Humanisierung der Theologie". Das Problem (gemeint ist: der „Gegenstand") der Theologie soll hierbei im einzelnen 1. eine „Verstaatlichung", 2. eine „Verbürgerlichung oder Moralisierung", 3. eine „Verwissenschaftlichung oder Philosophierung" und 4. eine „Individualisierung oder Verinnerlichung" erfahren haben[30]. Ohne diese Vorgänge damit „erklären" zu wollen, wies Barth in diesem Zusammenhang, in Übereinstimmung mit der einschlägigen Literatur, auf die Religionskriege und auf die dogmatischen Streitigkeiten des 17. Jahrhunderts hin. Diesen geschichtlichen Ereignissen sei dann im 18. Jahrhundert die „bedeutsame und folgenschwere Erfindung... von der Unfruchtbarkeit, ja Gefährlichkeit der theologischen *Theorie*" gefolgt. Der Begriff der „toten Orthodoxie" kam auf. Statt „Lehre" wollte" man „Leben"[31]. Die aufklärerische „Kritik an Kirche, Bibel und Dogma" setzte ein. Die geschichtlichen Grundlagen dieser drei Größen wurden erschüttert, d. h. problematisiert. Es kam zu der „Umdeutung und Vergleichgültigung, der Bezweiflung oder offenen Negierung der durch sie verkündigten Offenbarungswahrheiten aufgrund der modernen philosophischen und naturwissenschaftlichen Erkenntnisse". Und es kam ferner zu einer „Reduktion der Lehre des Christentums auf den Bestand der Lehre einer sogenannten natürlichen oder vernünftigen Religion bzw. Sittlichkeit"[32]. Das Christentum mußte sich jetzt selbst praktisch und theoretisch „rechtfertigen und begründen". Es meinte jedenfalls, seine praktische Verwirklichbarkeit, ja seine sittliche Überlegenheit unter Beweis stellen zu müssen. Es entstand der moderne „christliche Moralismus", der jedoch, so urteilte Barth, sein eigentliches Ziel nicht erreichte. Denn wer sich vornehme, das Christentum theoretisch zu begründen und praktisch zu verwirklichen, der befinde sich mit diesem Vorhaben nicht nur immer „im Rückstand, in einer Unvollkommenheit", sondern überhaupt „in einer völligen Unmöglichkeit".

---

der einer schwer belagerten Festung tatsächlich oft... sehr ähnlich gesehen hat, auch der Schauplatz eines durchaus nicht vom Gegner diktierten, sondern höchst ursprünglichen *Erwachens*, in welchem sie sich wie seit den ersten Jahrhunderten zu kaum einer Zeit ihres *Auftrags* gerade der Welt gegenüber, ihrer *Sendung* gerade in der Welt und an die Welt *neu* bewußt geworden, in welchem sie sich in den verschiedensten Formen aufgemacht hat, um ihr besser gerecht zu werden. Wie merkwürdig, daß ein so gelehrter und scharfsinniger Mann wie *E. Hirsch* es fertiggebracht hat, die Geschichte der neueren protestantischen Theologie unter völligem Übersehen dieser andern Seite des Bildes als die Geschichte eines einzigen konsequenten Rückzugs in eine Indianerreservation darzustellen!" — Das hier E. Hirsch angelastete Bild ist doch auch von Barth lange Zeit vertreten worden.

[30] Prot Th 19. Jh., 65.
[31] AaO. 72 f.
[32] AaO. 80.

Dies aber habe der Mensch des 18. Jahrhunderts auch deutlich zu spüren
bekommen. Gerade deshalb habe er damals begonnen, sich das Christentum durch philosophische Spekulation und durch historische Kritik auf
eine Art und Weise zurechtzubiegen, die die geforderte und erwünschte
Realisierbarkeit des Christentums nun wirklich gewährleisten sollte[33]!

Zwar wurde der Mensch des 18. Jahrhunderts unter der Einwirkung
philosophischer Moraltheorie „ein etwas manierlicheres Geschöpf als der
des 17. oder des 16. oder gar des finsteren Mittelalters. Aber wurde er darum christlicher"? „Was war das Alles Anderes als eben Ausweichen,
Rückzug, Flucht — Flucht vor der christlichen Lebenserneuerung, die
man eigentlich gewollt hatte und die man nicht leisten konnte"[34]? Man
suchte *nun* offen „ein anderes, echtes, ursprüngliches, wahres Christentum", dem gegenüber man nicht mehr in die genannte Verlegenheit
kommen konnte. Man verhielt sich *jetzt* zum Christentum wie zu einer
Sache, die man so oder so einschätzen kann, je nachdem es das gerade
geltende anthropologische Credo erfordert. Man entschloß sich, *diejenige*
Lebenserneuerung, die dem Menschen immer möglich ist, als Verwirklichung des Christentums zu interpretieren[35]. Man „brauchte, suchte und
fand ein *natürliches* oder, was dasselbe sagt, ein *vernünftiges* Christentum". „Natur" wurde zum Inbegriff dessen, was dem Menschen zugänglich ist. Das Nicht- oder Übernatürliche aber, das Nicht-vernünftige wurde zum Gegenstand heftigster Kritik. Dogmatische Lehrstücke, die sich
nicht ohne weiteres mit der angestrebten sittlichen Erziehung des Menschengeschlechts vermitteln ließen — wie z. B. die Lehre von der Erbsünde, die Satisfaktions- und Rechtfertigungslehre, aber auch die Trinitätslehre, die nur von „Gott an sich" zu handeln schien — sanken zur Bedeu-
tungslosigkeit herab[36]. „Damit, daß man in der modernen Welt die Lehre
des Christentums in jener überkommenen Gestalt nicht mehr glauben
könne, begründete man fein und eindrucksvoll, gewiß ohne alle bewußte,
nur eben in faktischer Hinterlist, daß man sie nicht mehr glauben *wollte*."[37]

---

[33] AaO. 80—82. Vgl. 81: Es „pflegt sich ... der christliche Moralismus darin
zu rächen, daß er sich selbst theoretisch rechtfertigen und begründen muß.
Wahrscheinlich weil es ihm nun doch nicht ganz langt zu der so ersehnten
Wirklichkeit, muß er sich umgekehrt die Bestätigung verschaffen, daß er wenigstens die Wahrheit sei. Und dann entsteht die neue, die kritische, die philoso-
phisch-christliche Theorie." Es kommt zu einer abstrakten, vom theologischen
Erkenntnisweg losgelösten apologetisch-philosophischen Begründung der Wahrheit des Christentums. „Die abstrakte christliche Theorie" aber, „ob sie nun positiv oder kritisch, traditionell oder neologisch ist, ist, psychologisch gesprochen,
immer eine Kompensation für einen faktisch (wenn auch vielleicht sehr verborgen) stattfindenden Ausfall an christlicher Praxis."
[34] AaO. 82.   [35] AaO. 84.   [36] AaO. 85.   [37] AaO. 87.

4. Ansätze zur Kritik des Barthschen Bilds von der neueren protestantischen Theologie

In dem von Barth gezeichneten, großlinigen Bild bleibt dunkel und rätselhaft, warum in der Neuzeit nicht nur noch eine an die Stelle der protestantischen Theologie getretene Philosophie auf dem Plan geblieben ist, warum also immerhin neben der modernen Philosophie stets auch noch das gesonderte Unternehmen einer protestantischen Theologie statthatte. In dem von Barth gezeichneten Bild gibt es überhaupt kein Kriterium, mit dem die sachliche Bedeutung des Unterschiedes etwa zwischen dem Ort und der Arbeit eines Schleiermacher und eines Hegel sichtbar werden könnte. Dieselbe Schwierigkeit der Barthschen Darstellung zeigt sich in anderer Weise in dem Umstand, daß Barth zirkelhaft den Grundschaden der neueren protestantischen Theologie bald darin erblickte, daß diese Theologie sich ihr Thema immer mehr „von außen", von der modernen Philosophie her habe stellen lassen, bald aber darin, daß diese Theologie selbst in einem Prozeß innerkirchlicher Häresie neuzeitlich zur Philosophie entartet sei, ja, das moderne Denken eigentlich aus sich selbst herausgesetzt habe.

Diese Schwierigkeiten weisen auf einige Retouchen Barths am historischen Befund hin. Die Frage nach den Ursachen der neuzeitlichen Entstehung einer der Theologie gegenüber selbständigen Philosophie und Wissenschaft müßte auch noch einmal ganz anders gestellt werden. Und ebenso die Frage des „Versagens" der neueren Theologie. Dabei wäre zunächst der Problemkomplex zu berücksichtigen, daß die spätmittelalterliche Theologie noch über die Reformation hinaus das Aufkommen der Wissenschaften eher behinderte als förderte, daß sie nicht mehr plausible „Wahrheiten" als verbindlich proklamierte und dadurch den „Rückzug" wacher Geister in die Philosophie geradezu erzwang. Freilich könnte dann auch gezeigt werden, wie es von diesen Rückzugspositionen aus zu schwerwiegenden Mißverständnissen und Verzeichnungen des Christlichen im allgemeinen, der reformatorischen Theologie im besonderen gekommen ist. Der alte physei-thesei-Gegensatz lebte wieder auf. Als Inbegriff „statutarischer" Wahrheit galten jetzt der Begriff und die Sache der Offenbarung. Unter dem Druck dieser Vorgänge begann die Kirche aber nicht einfach, wie wir es bei Barth dargestellt fanden, ihrerseits die Offenbarung zu problematisieren. Vielmehr verdient auch der Vorgang Beachtung, daß sich die Kirche gerade jetzt weithin in den Geltungsbereich der sog. Offenbarung zurückzog! Die Verschiebung des allgemeinen Wahrheitsbewußtseins zum sog. Natürlichen hin war auch die Geburtsstunde eines pointierten kirchlichen Redens von der Offenbarung (wobei der Offenbarungsbegriff selbst eine Bedeutung und einen Umfang erhielt,

122

den er z. B. bei Luther noch keineswegs hatte und auch nicht haben konnte)[38].

Am weiteren Geschichtsverlauf wäre in diesem Zusammenhang zu beachten: Sowohl in der Theologie wie in der Philosophie blieb eine Zeitlang die Erinnerung lebendig, daß man es hier und dort (trotz der eingetretenen Polarisierung: „übernatürliche" Offenbarung — „natürliches" Wirklichkeitsverständnis) nicht mit zwei von Hause aus verschiedenen Erkenntnis- bzw. Wirklichkeitsbereichen zu tun habe. Man wußte noch, daß das Natürliche nicht einfach das Vernünftige und Wahre im Gegensatz oder Unterschied zur Offenbarung bedeute. Man wußte noch, daß Offenbarung ursprünglich nicht einfach auf einen supranaturalen Bereich beschränkt gewesen ist. Denn das Vernünftige und Natürliche hatte vordem noch Platz in dem, was jetzt in negativem Sinn als „statutarische" Kirchen- oder Offenbarungsreligion bezeichnet wurde. Gerade der Offenbarung eignete ursprünglich jene lebendige Evidenz, die jetzt am Natürlichen zur Erfahrung gelangte. Deshalb war man auch im Bereich der Philosophie noch eine Zeitlang bereit, der Wahrheit der Offenbarung „innerhalb der Grenzen der bloßen Vernunft" Raum zu gewähren. Umgekehrt hielt sich aber z. B. auch Schleiermacher noch für verpflichtet, im Rahmen seiner „nach den Grundsätzen der evangelischen Kirche" entfalteten, „positiven" Theologie dem allgemeinen Wahrheitsbewußtsein Raum zu gewähren. Sofern er den neueren Protestantismus klassisch repräsentiert, zeigt sich gerade an seiner Arbeit, was diesem sein besonderes Profil gab: die Nötigung zur Aufarbeitung und Klärung jener falschen Weichenstellungen und Mißverständnisse erst der Theologie mit sich selbst, durch welche die Entstehung der neuzeitlichen Philosophie gefördert worden war, dann aber auch der Philosophie mit sich selbst, durch welche die Unzulänglichkeiten in der aufklärerischen Bewertung von Theologie und Kirche entstanden waren. Der neuere Protestantismus stand somit vor demselben Problem des „Eigentlich-Nicht-Sein-Dürfens" der theologisch-philosophischen Spaltung des Wahrheitsbewußtseins, welches auch die Philosophie bis hin zu Kant und Hegel beschäftigte. Auf beiden Seiten kam die das Denken antreibende Kraft wesentlich aus dem Bedürfnis, den genannten Bruch, soweit er auf Mißverständnissen beruhte, zu heilen. Daß dies nun aber weder von der einen noch von der anderen Seite her mit bleibendem Erfolg erreicht werden konnte, daß überhaupt die „Wiedervereinigungssehnsucht" in der Philosophie nach Hegel, in der protestantischen Theologie aber nach dem Ersten Weltkrieg abrupt abgenommen hat, das lag nicht zuletzt daran, daß beiden Seiten eine im Grunde paradoxe Aufgabe zugemutet war: Es sollte hier nämlich ein

---

[38] Siehe hier und zum Folgenden meinen Aufsatz: Die unbewältigte natürliche Theologie. ZThK 68, 1971, 104 f.

sinnlos erscheinender Dualismus von neuzeitlicher Theologie und Philosophie beseitigt werden, *obwohl* Theologie und Philosophie von Hause aus gar nicht eins werden *können*, obwohl also diese ganze Wiedervereinigungsbemühung, wäre sie gelungen, als Resultat gerade die tatsächliche Differenz von Theologie und Philosophie hätte zur Erkenntnis bringen müssen!

Damit sind die großen Linien der neueren Theologie- und Geistesgeschichte zum zweiten Mal bis zu jenem Punkt ausgezogen, an dem die dialektische Theologie einsetzte. Aber das hier angedeutete Gesamtbild unterscheidet sich von demjenigen Barths nicht nur durch die positivere Wertung des neueren Protestantismus, sondern auch darin, daß es in der Rückschau die dialektische Theologie selbst besser und kontinuierlicher dem Vorausgegangenen an- und einzufügen vermag. Faktisch hatte nämlich gerade Barth von dem zuletzt genannten Problemstand aus weitergedacht. Und deshalb ist es auch verständlich, daß in der dialektischen Theologie zunächst der falsche Eindruck aufkam, man habe mit der neuprotestantischen Vermittlungstheologie vollständig gebrochen und sei wieder in der Lage, die prinzipielle Verschiedenheit von Theologie und Philosophie zu erkennen und zu akzeptieren. Weil es mit dieser neuen „Diastase" aber eine recht hintergründige, geschichtliche Bewandtnis hatte, und weil dieselbe hermeneutisch unaufgehellt blieb, deshalb blieb auch die Frage der natürlichen Theologie stets der „Pfahl im Fleisch" der dialektischen Theologie.

Exkurs IV: Barth über Lessing

Barth hat sein Verhältnis zur neueren Theologie- und Philosophiegeschichte nicht nur in verallgemeinernden Rückblicken dargelegt. Immer wieder zeigte er auch am historischen Detail, was ihn zu seinem theologischen Gesamturteil über die zurückliegenden Jahrhunderte nötigte. So erscheint es nützlich, die bisher gewonnenen Ergebnisse an einem exemplarischen Fall zu überprüfen. Dafür eignet sich besonders die von Barth mehrmals in Angriff genommene Würdigung und theologiegeschichtliche Einordnung Lessings.

Barth sah Lessing am Anfang jenes Weges stehen, der schließlich bei den „Deutschen Christen" endete! Lessing habe als erster den garstigen, breiten Graben überspringen und die „Offenbarung Gottes in der Geschichte" wahrnehmen wollen! Lessing suchte und kannte „einen Beweis des Christentums durch die Geschichte". („Es muß aber ‚der Beweis des Geistes und der Kraft' sein, d. h. ... von uns selbst ‚gefühlte' und ‚erfahrene' Wahrheit ...") Barths abschließendes Urteil stellte fest, Lessing habe die „nicht aufzuhebende Ungleichzeitigkeit zwischen Christus, den Aposteln und uns selbst" fallenlassen „zugunsten einer immanenten und darum auch immanent aufzuhebenden Ungleichzeitigkeit. Von da ab fanden es alle lebendigen Geister ... nicht mehr schwer und anstößig, die

Offenbarung als Geschichte und die Geschichte als Offenbarung zu interpretieren" (KD I 1, 151 f.).

Nun scheint Barth das eigentliche Problem der Lessing-Schrift *Über den Beweis des Geistes und der Kraft* (1777) gar nicht gesehen oder überspielt und somit ein Fehlurteil abgegeben zu haben. Im Kontext der anderen Äußerungen Lessings zum Verhältnis von Offenbarung, Vernunft und Geschichte — insbesondere in *Die Erziehung des Menschengeschlechts* (1780) — können die Äußerungen zum „Beweis des Geistes und der Kraft" nicht so verstanden werden, als habe Lessing nach innerer Stärkung in Form eines Geistbeweises für die Wahrheit der biblischen Offenbarung verlangt. Lessing wußte, woran er sich zu halten hatte, nämlich an die Vernunft, welche *jetzt* vollkommen sicher jene Wahrheit erschließt, die *früher* den Menschen nur durch erfüllte Weissagungen, nur durch Wunder und durch Offenbarung nahegebracht werden konnte (Die Erziehung..., §§ 4.59.72. Vgl. Schellong, 425 f.). Darunter, daß „zufällige Geschichtswahrheiten... der Beweis von notwendigen Vernunftswahrheiten nie werden" können (Über den Beweis..., 12), hat Lessing in Wahrheit also nicht gelitten. Er wollte mit dieser Feststellung (nach einer Interpretation von H. Scholz) vielmehr betonen, daß geschichtliche Tatsachen — vorausgesetzt, die Offenbarung handle von solchen — nie ein Beweis *gegen* notwendige Vernunftwahrheiten werden können (zit. bei Schellong, 425). Lessings Problem war demnach nicht die geschichtliche Verifikation, nicht die von Barths Kritik so betonte Erfahrbarkeit der Offenbarung, sondern die Erziehung zur geistigen und sittlichen Autonomie, auf deren Boden die Vernunft der Offenbarung und der sie legitimierenden Wunder nicht mehr bedarf.

Tatsächlich hat aber auch Barth diese Zusammenhänge sehr wohl gesehen! Er wußte genau: „Jener Jammer über die Unmöglichkeit des Übergangs vom historischen Beweis zum Offenbarungsglauben ist ja nicht echt. Lessing kann das durchaus entbehren, was er in jenen Sätzen als ihm unzugänglich darstellt", nämlich die Vermittlung zwischen zufälliger Geschichtswahrheit und notwendiger Vernunftwahrheit, „und er möchte den Theologen klar machen", daß auch „sie im Interesse ihrer eigenen Sache darauf verzichten müßten" (Prot Th 19. Jh, 224). Nicht ohne Sympathie registrierte Barth, daß Lessing das damals moderne neologische Vermittlungs- und Vernunftchristentum ganz und gar ablehnte. Barth zitierte aus Lessings Brief an den Bruder (2. Febr. 1774) die bekannte Stelle über „unsere neumodische Theologie", die „Mistjauche" gegen das freilich auch nicht eben reine Wasser der Orthodoxie eintausche. „Darin sind wir einig", so schrieb Lessing, „daß unser altes Religionssystem falsch ist; aber das möchte ich nicht mit Dir sagen, daß es ein Flickwerk von Stümpern und Halbphilosophen sei. Ich weiß kein Ding in der Welt, an welchem sich der menschliche Scharfsinn mehr gezeigt und geübt hätte als an ihm. Flickwerk von Stümpern und Halbphilosophen ist das Religionssystem, welches man jetzt an die Stelle des alten setzen will; und mit weit mehr Einfluß auf Vernunft und Philosophie, als sich das alte anmaßt." (WW IX, 597; vgl. Prot Th 19. Jh, 219).

Da Lessing nicht übersah, daß in der breiten Öffentlichkeit die christlich-jüdische Offenbarung noch längst nicht durch das Vernunftprinzip ersetzt war, paktierte er vorderhand diplomatisch mit der älteren Orthodoxie gegen die von ihm als reaktionär empfundene Neologie (Prot Th 19. Jh, 220). Barth meinte sogar, nicht zu Unrecht, Lessing habe mit der Veröffentlichung der Reimarus-Fragmente insgeheim nur dem älteren Offenbarungsglauben eine Chance einräumen wollen. Diese Veröffentlichung sei gedacht gewesen „als eine chemische Prüfung, auf die . . . die Kirche, die Theologie, sofern ihre letzte Stunde noch nicht geschlagen haben sollte, auf eine bestimmte Weise reagieren müsse." Dies aber habe Lessing „in Aufregung und Zorn gegen die Theologen versetzt, daß er zu sehen meinte: sie reagierten nicht auf die allein mögliche Weise; sie begriffen nicht, wonach sie gefragt waren und was sie darauf zu antworten hatten . . ., sie verpaßten den Kairos, die große Bewährungsgelegenheit, die ihnen geboten war. Und nun muß er, der Aufklärer, der Mann, der davon überzeugt ist, daß alle Offenbarungswahrheit dereinst in Vernunftwahrheit übergehen und aufgehen wird — nun muß er den Theologen sagen, wie sie sich zu verhalten hätten, wenn es faktisch noch nicht so weit sein sollte! Das war, von Lessing aus gesehen, das Problem, der grimmige Humor und die bittere Tragik des Fragmentenstreits." (AaO., 221 f.) — Und dies war auch, so wäre hinzuzufügen, jene Seite an Lessing, der ohne Zweifel eine gewisse sachliche Affinität zu Barths eigener Rolle in der Theologiegeschichte eignete.

Doch nun unterschied Barth von diesem „gymnastikos" redenden Lessing einen „eigentlichen" Lessing. Und dieser zweite, „wahre" Lessing fügte sich ihm genau in sein Gesamtbild vom neueren Protestantismus. Hier sah Barth einen *katholisierenden* Lessing, der die Offenbarung nicht mehr benötigt, weil ihm die geschichtliche Entwicklung, die „Tradition", zur maßgeblichen Erkenntnisquelle wurde (KD I 1, 107 f.; vgl. Prot Th 19. Jh, 234). Und hier sah er den *Erfahrungstheologen* Lessing, dem die praktische Verwirklichung und Erfahrbarkeit der Religion — „Erlebnis", „Gefühl", „Herz" — zum entscheidenden Kriterium ihrer Wahrheit wurde (Prot Th 19. Jh, 226.233). Und hier sah Barth schließlich den *Dramatiker* Lessing, der, anders als die „anderen Neologen" (!), an einen „Gang" der Geschichte glaubte, an eine Höherentwicklung, von der er nur nie genau angab, ob sie nun eigentlich durch Selbsterziehung der Menschen oder aber durch göttliche Erziehung zustande komme (aaO., 235 f.). — Dieser Lessing, der der lutherischen Kirche Rat geben wollte, stand selber nicht auf dem Boden des lutherischen Offenbarungsglaubens, sondern er *stellte* sich nur auf ihn. Er stellte sich auf ihn aus einem vermeintlich umfassenden „Wissen um den großen Zusammenhang der ganzen, einer letzten Entscheidung entgegengehenden Geschichte" heraus (aaO., 232). Er, der Lessing des *Nathan*, wußte aus rationaler Überlegung, daß man vorderhand nun einmal in irgendeiner Religion zu Hause sein und diese (und in ihr sich selbst) bis zum „Gericht" moralisch bewähren müsse (aaO., 232 f.). „Von dieser geschichtsphilosophischen Warte aus hat Lessing der lutherischen Kirche Rat gegeben." Er verwies sie, wie der weise Richter in der Ringparabel, nun anscheinend doch *nur* auf die Pflicht zum moralischen Selbstbeweis und auf die *Möglichkeit* eines Erfahrungsbeweises ihrer Wahrheit. Und „mit diesem Verweis hat Lessing die lutherische Kirche *nicht* etwa auf das verwiesen, was sie jedenfalls in ihren Ursprüngen und in ihren Bekenntnisschriften unter Offenbarung verstanden hatte, nicht auf die ‚Wunderkraft‘, mit der sich Gott, als der Herr der Geschichte, des geschichtlichen Menschen in einer diesem unmittelbar zuteil werdenden geschichtlichen Begegnung annimmt" (aaO., 233).

Nun heißt es bei Barth mit einem Male, Offenbarung in diesem reformatorischen Sinn sei „geradezu *die* in Lessings Geschichtsbild ausgeschlossene Größe". Selbst „die stellenweise wirklich lehrreich und lustig anzuhörende Polemik des Fragmentenstreites" sei „in ihren entscheidenden Sätzen" eben doch „fraglos eine Bestreitung eben dieses Offenbarungsbegriffs". Sie treffe nämlich nicht allein die Apologeten, welche die Wahrheit der Offenbarung historisch beweisen wollten, sondern „den Begriff der heiligen Schrift als des maßgeblichen Dokumentes der für die Kirche mit der Offenbarung identischen Geschichtswahrheit" (aaO., 233 f.)!

Ein widersprüchliches Lessing-Bild also. Gewiß haben die hier sichtbar werdenden Inkonzinnitäten Anhalt an Lessings Persönlichkeit selbst. Barth hatte für Inkonsequenzen, wie sie anscheinend gerade bei den zwischen Theologie und Philosophie stehenden neuzeitlichen Geistern gehäuft auftreten, einen scharfen Blick. Aber es könnte auch sein, daß Barths widersprüchliche Bewertung des Lessingschen Verhältnisses zur Theologie auch noch darin begründet ist, daß Barth Lessing in ein schon fertiges, aber eben doch nicht recht passendes Bild von den Abwegen des neueren Protestantismus einzuzeichnen bestrebt war. Ist der „wahre" Lessing, dessen Wollen Barth ermitteln zu können meinte, wirklich ein moderner Erfahrungs*theologe*, der bestrebt war, „es auf die Erfahrbarkeit der die Kirche begründenden Geschichtstatsache ankommen zu lassen" (aaO., 234 f.)? Ist er nicht vielmehr darin gerade moderner *Philosoph*, daß er den Gesichtspunkt der Erfahrbarkeit geltend machte?

Für Barth freilich wäre diese Unterscheidung gar nicht sinnvoll. Er interpretiert zudem Lessing stets von rückwärts, d. h. von den Erfahrungen mit dem modernen Protestantismus her. Und so ist ihm der „eigentliche" Lessing derjenige, der wie der gesamte protestantische Modernismus die Geschichte nicht mehr von der Offenbarung her, sondern die Offenbarung aus der Geschichte heraus verstand, ja, dem die Geschichte selbst zur Offenbarung wurde (aaO., 234 f.). Lessing scheiterte nun doch, Barth zufolge (trotz allem, was er selbst hierzu zuvor ausführte), wie der gesamte neuere Protestantismus am Problem des Abstands zwischen dem historischen Christusereignis und der Gegenwart. Es handle sich hier um dasselbe Problem, das etwa noch W. Herrmann als Frage nach dem Verhältnis von „Glaube und Geschichte" beschäftigte, oder Bultmann als Frage nach dem Verhältnis „zwischen der in Jesus von Nazareth historisch einmalig geschehenen Tat Gottes und der existentiellen Wirklichkeit des auf diese bezogenen und begründeten christlichen Glaubens" (KD IV 1, 316).

Aber hierbei, so meinte Barth, handelte es sich in Wirklichkeit gar nicht um Fragen der historischen Distanz zwischen der Gegenwart und dem Geschehen der Jahre 1—30. Vielmehr sei die Grundform dieses Problems die Distanz zwischen dem Menschen als einem Sünder und Gott (KD IV 1, 319). „Und nun fragt es sich: ob nicht unser ganzer Kummer um unsere zeitliche Distanz von Jesus Christus, um unsere bloß mittelbare Beziehung zu ihm doch nur in dem Sinn ein echtes Problem ist, als es eine allerdings sehr echte *Flucht*bewegung vor jener Begegnung darstellt? Schützen wir da nicht eine technische Schwierigkeit vor, von der wir ganz genau wissen: nicht sie ist es im Grunde, die uns bedrückt, sondern ganz im Gegenteil die Sorge bedrückt uns, es könnte mit dieser Schwierigkeit so weit nicht her, sie möchte behebbar, ja sie möchte eigentlich schon behoben sein?" (KD IV 1, 320).

Diese Lessing-Interpretation endet also wieder beim Barthschen „Katastrophenbild" vom Neuprotestantismus. Barth hielt die — von ihm wirkungsgeschichtlich auf Lessing zurückgeführte — auffällige neuprotestantische Pflege der mit der neuzeitlichen Distanz zur Bibel gegebenen „technischen Schwierigkeit" für eine Bewegung der *Sünde*. „Solange nämlich diese Schwierigkeit uns beschäftigt, braucht uns ja noch nicht so richtig beunruhigen, was uns in der Menschwerdung des Sohnes Gottes, in seiner Erscheinung in unserem Raum, in seinem jetzt wie einst... kräftigen Tun für uns widerfahren und zugefügt ist. Solange wir die Präsenz jenes Einmaligen noch problematisieren und diskutieren können, solange uns etwa das noch die ernsteste aller Fragen sein kann: wie wir denn ehrlicherweise heute für wahr und wirklich halten könnten, was uns doch als die behauptete Wahrheit und Wirklichkeit eines einst Geschehenen im Munde Anderer begegnen kann? — solange sind wir offenbar noch geschützt vor der Katastrophe, die die Erkenntnis des Sachverhalts, die Erkenntnis des *Christus pro nobis praesens* für uns bedeuten müßte." — „Alles dank der Existenz der Lessingfrage!" (KD IV 1, 321).

In ihrem Kern bewertete Barth die rationalistische und idealistische Kritik und Umbildung der reformatorischen Tradition, ja den Rationalismus und den Idealismus selbst, und zusammen mit ihnen die neuere protestantische Theologie, als eine theologisch nur *zu* verständliche „Fluchtbewegung" — vor der Gnade.

5. Über die Kohärenz neuzeitlicher Philosophie- und Theologiegeschichte

Mit Recht ging Barth bei der Interpretation Lessings davon aus, daß neuzeitliche Philosophie und neuere protestantische Theologie als kohärente Denkbewegungen verstanden werden müssen. Aber noch immer wurde nicht klar, was für Barth in diesem Zusammenhang „neuzeitliche Philosophie" bedeutete — ein natürlicher, nicht-evangelischer Erkenntniswille, wie er sich schon immer, also z. B. schon im vorchristlichen Griechentum, geltend gemacht hat? Oder vielleicht doch ein Novum, ein Denken, das seine Substanz im wesentlichen erst im Widerstreit gegen die evangelisch-reformatorische Gnadenlehre gewann? Auf der anderen Seite wurde auch noch nicht deutlich, was Barth von einer neueren protestantischen Theologie, die nicht „versagt" hätte, eigentlich erwartete. — Troeltsch bereits wies darauf hin, daß die protestantische Theologie in der Neuzeit gerade dann ihr reformatorisches Wesen alterierte, wenn sie versuchte, die äußere Form reformatorischer Theologie zu bewahren[39]. Sie

---

[39] Mit Recht bemerkte *Troeltsch*, (aaO. 25), der moderne Protestantismus sei selbst da, wo er die orthodoxen Traditionen des Dogmas fortzusetzen oder zu er-

mußte also auf die neuzeitliche Herausforderung reagieren! Und Barth war auch vorsichtig genug, nie zu behaupten, der neuere Protestantismus hätte sich Lessing, Schleiermacher oder Troeltsch besser erspart.

Barth meinte aber, die neuere protestantische Theologie hätte jedenfalls anders auf die Herausforderung „von außen" reagieren müssen; sie hätte nicht in die Offenbarungskritik und die in ihr enthaltene Flucht vor der Gnade einstimmen dürfen. Aber war die philosophische Theologiekritik der Moderne in jeder Hinsicht unberechtigt? Waren es wirklich *nur* außerhalb der Theologie liegende Gesichtspunkte, die hier Eingang in die Theologie fanden? Tatsächlich war die Sache der Theologie in der Neuzeit zwar allerdings bald mehr von einer noch intakten Kirchenlehre, bald aber auch mehr von der neuzeitlichen Philosophie (von der jene dann zu „lernen" hatte) erfaßt worden! Gerade deshalb stehen Theologie und Philosophie in der Neuzeit ja in einem kohärenten geistigen Zusammenhang, weil es ständig — man kann hier die psychoanalytischen Begriffe benützen — zu merkwürdigen *Verschiebungen* zwischen den hier und dort vorhandenen Erkenntnissen gekommen ist. Und es ist eine historische Tatsache, daß jeder dieser beiden Wissenschaften dann auch in ungesuchter Zwangsläufigkeit die Aufgabe zugefallen ist, gewisse, in der Partnerdisziplin *verdrängte* Probleme und Einsichten festzuhalten und sie so bis zu einem späteren Zeitpunkt aufzubewahren, zu dem sie dann von der anderen Wissenschaft wieder „eingeholt" werden konnten.

Dies alles — es handelt sich um den wichtigsten Interpretationsgesichtspunkt dieser Monographie — muß gar nicht *gegen* Barth gesagt werden. Die Kohärenzthese bewährt sich bei dem Versuch, Barths (oder auch Gogartens) Theologie innerhalb jener Bezüge zu deuten, welche in ihr selbst angesprochen und aufgenommen sind. — Es ist z. B. kein Zufall, daß Schleiermacher mit seiner „Hermeneutik", Kierkegaard mit seiner „Existenzdialektik" — beide Gegner Hegels — erst im 20. Jahrhundert auf die *Philosophie*, etwa auf Heidegger, maßgeblich eingewirkt haben. Es ist aber auch nicht zufällig, daß Barth, einen Tag bevor er sich „unter einem Apfelbaum dem Römerbrief zuzuwenden" begann, in einem Gespräch mit Thurneysen die Notwendigkeit einer „ganz andere(n) theologische(n) Grundlegung" erörterte — da es „von Schleiermacher aus . . . offenbar nicht weiter" gehe. Thurneysen hatte damals „die seltsame Frage

---

neuern versucht habe, „tatsächlich ein völlig anderer geworden". Doch ist dem hinzuzufügen: Der moderne Protestantismus *mußte* jetzt, nachdem es das Problem einer Dispersion von herkömmlich-christlichem Gedankengut tief in die modernen Philosophien und Weltanschauungen hinein gab, und ebenso das Problem einer Dispersion des neuzeitlichen philosophischen Denkens tief in die Substanz des Selbstbewußtseins der christlichen Kirche hinein, seine Gestalt tiefgreifend wandeln, gerade *wenn* er immer noch evangelischer und reformatorischer Protestantismus zu sein beanspruchte.

aufgeworfen: ob wir nicht — Hegel studieren sollten"[40]? (!) Und es ist weiter kein Zufall, daß dann bei der Spaltung der dialektischen Theologie die („Existenz"-) Philosophie Heideggers sowie die „Hermeneutik" Schleiermachers und die „Existenzdialektik" Kierkegaards eine große Rolle in *dem* Lager spielten, das sich gegen und von dem Barth sich abgrenzte. Geht man diesen Linien sorgfältig nach, so erweist sich die folgenschwere Spaltung der dialektischen Theologie in ihrem Kern als Folgeerscheinung eines allzu abrupten, nicht hinreichend reflektierten und durchsichtig gemachten Durchschneidens von Zusammenhängen, die gleichwohl für die eigene Fragestellung von konstitutiver Bedeutung waren. Sie erweist sich also nicht zuletzt als eine Folge *neuer* Verdrängungen und der dann unvermeidlichen Wiederkehr des Unbewältigten.

Von hier aus ist auch zu fragen, ob Barth nicht schon Lessing mißverstanden hat, wenn er ihn, alles in allem, als einen auf der Flucht vor der Gnade befindlichen, die Häresie der „Deutschen Christen" historisch inaugurierenden Theologen interpretierte. Es hätte doch mindestens daneben jener Aspekt nicht unterdrückt werden dürfen, welcher Lessing als einen in seiner Zeit der theologischen Aufgabe ernsthaft zugewandten Anwalt der Wahrheit in Theologie *und* Philosophie zeigt. Barth ging sicher zu weit als er den Lessingschen Typ des modernen Theologen als einen „feierlich besorgt" sich selbst und seine „Wahrhaftigkeit" „schrecklich ernst" nehmenden Flüchtling „vor der in vollem Gang begriffenen Selbstvergegenwärtigung und Selbstvermittlung Jesu Christi" diskreditierte[41]. Der durch W. Herrmann und M. Weber eingeführte Begriff der „intellektuellen Redlichkeit" ist in der Theologie allerdings inzwischen überstrapaziert worden. Meint er jedoch z. B. die Notwendigkeit theologischer Besinnung auf eine gegenüber neuzeitlichem Wahrheitsbewußtsein bestehende partielle Ohnmacht der eigenen Tradition (und folglich auf eine von der Theologie ernst zu nehmende partielle Vollmacht der neueren Philosophie sowie der Natur-, Sozial- und Humanwissenschaften), so ist dieser Begriff eben nicht von vornherein Indiz eines vom Neuprotestantismus kanonisierten Selbstbehauptungswillens vor Gott[42]. Er kennzeichnet dann vielmehr ein der Würde der Theologie angemessenes Verhalten. Und er erschließt auch ein angemessenes Verständnis der charakteristischsten Bestrebungen des neueren Protestantismus.

---

[40] *K. Barth*, Nachwort zur Schleiermacher-Auswahl, hg. v. H. Bolli, Siebenstern-TB 113/114, 1968, 294.

[41] KD IV 1, 321 f.

[42] Ich stimme hier *Bonhoeffer* (aaO. 103 f.) zu: „Intellektuelle Redlichkeit in allen Dingen, auch in den Fragen des Glaubens, war das hohe Gut der befreiten ratio und gehört seitdem zu den unaufgebbaren sittlichen Forderungen des abendländischen Menschen. Die Verachtung der Zeit des Rationalismus ist ein verdächtiges Zeichen für einen Mangel an Bedürfnis nach Wahrhaftigkeit. Daß

130

6. Zum Verständnis der Neuzeit bei H. Blumenberg und Barth

H. Blumenbergs Buch *Die Legitimität der Neuzeit* (1966) hätte durchaus nicht anders ausfallen oder gar ungeschrieben bleiben müssen, wenn Barth mit der Prämisse, unter die er seine Neuzeitdeutung stellte — es sei die *Gnade* während der letzten Jahrhunderte in Theologie und Philosophie methodisch eskamotiert worden —, tatsächlich recht hat. Zwar machte Blumenberg primär nicht die Feindschaft des Menschen gegen den gnädigen Gott für die Auslösung des Neuzeit-Syndroms verantwortlich, sondern die Notwendigkeit menschlicher „Selbstbehauptung" gegenüber der erdrückenden Übermacht des spätmittelalterlich-nominalistischen „Maximal-Gotts"[43]: Nicht zufällig habe Luther selbst in seinen Disputationsthesen gegen die scholastische Theologie von 1517 wider Duns Scotus und Gabriel Biel formulieren müssen, „daß der Mensch kraft seiner Natur nicht wollen kann, daß Gott Gott ist, daß er vielmehr im Inbegriff seines Willens nur haben kann, selbst Gott zu sein und Gott nicht Gott sein zu lassen"[44]. Luther habe es im Vorgriff auf die Neuzeit selber ausgesprochen, daß der Mensch den Gott nicht wollen kann, „der in der Theodizee Augustins alle Last für die in der Welt begründeten Vorwürfe dem Menschen überließ und seine Rechtfertigung im Ratschluß seiner Gnade verbarg". Den Menschen, „die sich einer unverdienbaren und unversicherbaren Erwählung nicht gewiß sein können", sei nur die Alternative einer „natürlichen und rationalen Selbstbehauptung", einer „gegengöttlichen Selbstvergöttlichung" geblieben. So sei denn auch die später von Descartes gesuchte „absolute Gewißheit auf dem Grunde des menschlichen Denkens selbst ... nicht die ‚Säkularisierung' der Heilsgewißheit, die im Glauben und seiner nuda fiducia verbürgt sein soll, sondern deren notwendige, mit Luthers These theologisch geforderte und unerwartet legitimierte [!] Gegenposition. Der theologische Absolutismus hat seinen eigenen, ihm unentbehrlichen Atheismus und Anthropotheismus"[45].

In gewisser Weise bestätigt aber diese Neuzeitdeutung diejenige Barths in hohem Maße. Als eine nicht hinzunehmende Entmächtigung des Menschen empfand es die Neuzeit, wie Blumenberg feststellte, daß der An-

---

intellektuelle Redlichkeit nicht das letzte Wort über die Dinge ist, daß die Helle des Verstandes oftmals auf Kosten der Tiefe der Wirklichkeit geht, hebt doch niemals mehr die innere Verpflichtung zum ehrlichen und sauberen Gebrauch der ratio auf. Hinter Lessing und Lichtenberg können wir nicht mehr zurück."

[43] *Blumenberg*, aaO. 142 f. Das Wort „Maximal-Gott" prägte *F. Nietzsche* (Zur Genealogie der Moral III, 20).

[44] *Blumenberg*, aaO. 143. — *Luther*, WA 1, 225, 1 f.

[45] *Blumenberg*, aaO. 142–144. — Vgl. hierzu aber *Pannenberg*, Kritik: Blumenberg hat die Prädestinationslehre der Scholastik gar nicht authentisch wiedergegeben, deshalb auch einen verfehlten „theologischen Absolutismus" konstruiert (aaO. 123 f.)

spruch Gottes im Nominalismus und dann doch auch bei Luther als „menschlich unerfüllbar gesehen", und daß in der Folge der „Gnadenweg absolut gesetzt" wurde[46]. Gerade bei Luther schien der „theologische Absolutismus" ja auf die Spitze getrieben. — Zwar hat er selber nicht aus resignierender Hinnahme des „Maximal-Gotts" seine Glaubens- und Heilsgewißheit geschöpft. Wie G. Ebeling zeigte, verdankte sich diese vielmehr gerade dem „Deus humanus", dem in Christus sich erschließenden Gott des „wiederentdeckten" neutestamentlichen Evangeliums. Und sie war deshalb bei Luther auch „Ausdruck einer unbegreiflichen *Ermächtigung* des Menschen"[47]. Im Sinne Luthers müßte somit festgestellt werden: Jeder, der dieser Ermächtigung ausweicht, weil sie aus Eigenem nicht sicherzustellen ist, der täuscht sich immer schon in doppelter Weise über Gott. Er täuscht sich über ihn darin, daß er ihn „heidnisch", nicht ganz von Christus her, nicht ganz von seiner Menschwerdung und Menschlichkeit her versteht. Und er täuscht sich andererseits darin, daß er „Gottes sicher sein will, ohne sich ihm ganz auszuliefern, also höchst widersprüchlich will, daß Gott in der Weise Gott sei, daß er nicht Gott ist. Dieser Mensch entbehrt gerade deshalb der Gewißheit, weil er sich von Gott nicht anfechten läßt"[48]. *Fluchtbewegung* vor der „Absolutheit" der Gnade (Blumberg) ist also in der Tat jene neuzeitliche Rebellion gegen den, so müßte man im Sinne Barths hinzufügen, *mit Bedacht* als unmenschlich drapierten *menschlichen* Gott des Neuen Testamentes. Eben in dem Verständnis des Christus-Gottes als eines willkürlichen „Maximal-Gotts" artikuliert sich schon diese Fluchtbewegung — und nicht etwa nur ein theologisches oder philosophisches „Mißverständnis". Und deshalb bleibt hier auch immer die Frage bestehen, ob die zur Neuzeit drängenden geistigen Kräfte an dieser Stelle Luther etwa gar nicht mehr realisiert haben, ob sie also aus theologisch wohl verständlichen Gründen in einem vorreformatorischen gestus erstarrt sind.

Wie dem auch sei: Blumenbergs „philosophischer" Versuch, die *Legitimität* der Neuzeit aufzuweisen, geht auf seine Weise weit besser mit Barths „theologischer" Neuzeitinterpretation zusammen als alle jene Neuzeitdeutungen, die in der modernen, innerweltlichen Verortung der Gewißheit eine zwar illegitime, aber vergleichsweise friedliche, säkularistische „Umformung" theologischer Begriffe erblicken.

Von Barths Interpretationsansatz her wird auch deutlich, warum Barth sich nichts versprach von dem Verfahren moderner protestantischer Theologie, der neuzeitlichen Philosophie „Selbstmißverständnisse" aufzudecken und ihr „Anknüpfungspunkte" für die evangelische Botschaft abzu-

---

[46] AaO. 515.
[47] *G. Ebeling*, Gewißheit und Zweifel, ZThK 64, 1967, 312.
[48] AaO. 309.

ringen: Was bleibt der Theologie anderes übrig als beharrlich, ohne nach „Vermittlungen" zu suchen, auf die schriftgemäße Verkündigung der in Christus offenbaren Heilstat Gottes hinzuwirken, wenn wenigstens die Hauptwurzel des „modernen Unglaubens" gar nicht in „Verstehensschwierigkeiten" liegt, sondern letztlich in einem recht genauen Verstanden-Haben!?

Barth versuchte die Theologie, Blumenberg das neuzeitliche Denken[49] von der Hypothek des Sich-Verantworten-Müssens — dort vor der Moderne, hier vor der Dogmatik — in einer ganz bestimmten Hinsicht zu entlasten. Blumenberg wies auf das ständige, im Mittelalter noch untergründige, zuletzt aber besonders bei Nietzsche wieder offen zutage getretene Fortwirken der Antike, der griechischen Philosophie, in der Christentumsgeschichte hin. Und von hier aus interpretierte er die neuzeitliche Emanzipation vom Christentum als ein Sich-geltend-machen von Denkmustern, die von Hause aus mit dem Christentum nichts zu tun haben. Die christianisierte Zeit erscheint, ähnlich wie bei Barth[50], als bloße Episode innerhalb der abendländischen Geschichte, als ein religiös-kulturelles Syndrom, das sich an der Epochenschwelle zur Neuzeit nicht etwa in profane Kategorien hinein transformierte, sondern das jetzt definitiv abgelöst, durch nichtchristliches Denken ersetzt wurde. Das in der Regel „als Säkularisierung gedeutete neuzeitliche Phänomen der Umbesetzung" christlicher topoi ist demnach gerade „nicht an die Spezifität der geistigen Struktur" der christlichen Epoche gebunden. Hingegen sind „christliche Rezeption der Antike und neuzeitliche Übernahme von Erklärungsfunktionen des christlichen Systems ... strukturell weitgehend analoge historische Phänomene: das patristische Christentum tritt ‚in der Rolle' der antiken Philosophie auf" — ohne sich auf deren Fragestellungen und auf deren Geist zu verpflichten; „die neuzeitliche Philosophie ‚vertritt' weithin die Funktion der Theologie"[51] — und auch ihre „Bindung an die Vergangenheit" ist dabei nicht eine „Schuldigkeit aus übernommenen Besitz", sondern nur eine „*Belastung* durch die reell nicht mehr einlösbaren Verbindlichkeiten gegenüber dem Fortbestand der Fragen"[52].

Nun würde Blumenberg sicher der Feststellung zustimmen, daß gerade dieser „Fortbestand der Fragen" zu einer gefährlichen Perseveration theologischer Begriffshülsen führte, Begriffshülsen, die nur noch mit der Substanz „modernen Denkens" gefüllt werden können und so autoritäre, inhumane Valenzen entwickeln. Dieser Vorgang aber läßt eben doch theologische Selbstverantwortung vor dem Forum des neuzeitlichen Den-

---

[49] *Blumenberg*, aaO. 35 f.
[50] S. o. S. 112 f.
[51] *Blumenberg*, aaO. 45.
[52] AaO. 36 (Hervorhebung von mir).

kens sowie philosophische Selbstverantwortung vor dem Forum der Theologie weiterhin als notwendig erscheinen! Die Tatsache, daß sich Theologie und Philosophie in einem gemeinsamen Sprachraum bewegen, zwingt auf alle Fälle zu einer ständigen wechselseitigen Abgrenzung. Barths Theologie ist in dieser Richtung auch in besonderer Weise initiativ geworden. — Und nicht nur das Faktum des „Fortbestands der Fragen", sondern auch das von Blumenberg doch wohl zu wenig berücksichtigte Faktum des Fortbestands gewisser (theologischer) *Erkenntnisse*, die während der „christlichen Epoche" *neu* zum bisherigen anthropologischen Erkenntnisstand hinzukamen — auch dieser Fortbestand provoziert eine spezifisch neuzeitliche Auseinandersetzung zwischen Theologie und Philosophie! Weil es auch einen solchen Fortbestand christlicher Erkenntnis gibt, kommt jenen Neuzeitdeutungen, die — wie etwa bei Gogarten — an den inneren und äußeren Strukturen der Neuzeit genuin christliche Elemente herausstellen, ebenfalls ein relatives Recht zu.

Es konnte nicht ausbleiben, daß Barths Versuch, die Theologie unter weitgehender Ausklammerung dieses Aspekts wieder auf eigene Füße zu stellen, in der dialektischen Theologie selbst zwiespältige Reaktionen hervorrief. Dasselbe gilt entsprechend auch für Gogartens Auswahl und Interpretation dieser Probleme. Tief hinein in die Spaltungsvorgänge im Bereich der dialektischen Theologie zog sich der Gegensatz zweier — grundsätzlich nicht unvereinbarer, sondern notwendigerweise zu vereinbarender — Verständnisweisen des neuzeitlichen Säkularisierungsvorgangs.

Exkurs V: „Biblische Theologie" (Kant und Barth)

„Dogmatische Arbeit steht und fällt damit, daß das Maß, an dem die kirchliche Verkündigung gemessen wird, die in der Hl. Schrift bezeugte Offenbarung ist: keine Philosophie, keine Ethik, keine Psychologie, keine Politik." (KD I 1, 300). Barth hatte damit nicht gesagt, Philosophie, Ethik, Psychologie, Politik usw. seien belanglos für die Verkündigung, sondern er behauptete, sie seien nicht deren Maß. Die für die Verkündigung durchaus relevanten Fragen und Einsichten aus dem Bereich von Philosophie, Ethik usw. sind von der Dogmatik an der Schrift zu messen. Damit war einer „biblischen Theologie" das Wort geredet, die Barth gleichwohl nicht als ein „zeitloses", um die philosophische, politische oder naturwissenschaftliche Wahrheitsfrage unbekümmertes Unternehmen verstanden hat.

Die Möglichkeit einer solchen „biblischen Theologie" eröffnete sich erst unter dem Vorzeichen des neuzeitlichen Gewichtszuwachses der „unteren", der philosophischen Fakultät, also des Aufstiegs und Wandels der sieben mittelalterlichen artes liberales, von denen Kant im *Streit der Fakultäten* (1794) bereits sagen konnte, ihre Zuständigkeit erstrecke sich „auf alle Teile des menschlichen Wissens" (Werke VII, 28). Seither, meinte Barth, ist eine „biblische Theologie" geboten, „die sich der Philosophie gegenüber bescheiden würde, auf ihren eigenen Füßen zu stehen", und die „ihren methodischen Ausgangspunkt ebenso bestimmt in der Offenbarung, wie jene in der Vernunft erkennen ... würde" (Prot Th 19. Jh, 274).

Kant selbst hatte gefordert, es müßten sich die drei um ihres evidenten gesellschaftlichen Nutzens willen von Alters her als „obere" Fakultäten etablierten Disziplinen — Theologie, Jurisprudenz und Medizin — *schriftgemäß* verhalten (Werke VII, 22). Sie hätten ihre Lehren aus „Statuten", aus Bibel, Landrecht und Medizinalordnung (!) zu schöpfen und dürften es nicht wagen, „aus der Vernunft Entlehntes einzumischen". Sonst kämen sie „ins Gehege der philosophischen (Fakultät), die ihr alle glänzende(n) ... geborgte(n) Federn ohne Verschonen abzieht" (aaO., 23). Insbesondere die Theologie habe sich davor zu hüten, sich als Wahrheitsforschung im allgemeinen zu gebärden. Denn eben dies sei Aufgabe der Philosophie, die „alle Lehren in Anspruch nehmen" darf, um ihre „Wahrheit" einer „Prüfung zu unterwerfen" (aaO., 28). Vermengt „der biblische Theolog" seine „Sätze mit der Vernunft ...", so überspringt er (wie der Bruder Romulus) die „Mauer des allein seligmachenden Kirchenglaubens und verläuft sich in das offene freie Feld der eigenen Beurteilung und Philosophie, wo er, der geistlichen Regierung entlaufen, allen Gefahren der Anarchie ausgesetzt ist" (aaO., 24).

Barth ließ sich diese Warnung, von der Kant kaum hoffen konnte, daß Theologen sie beherzigen würden, tatsächlich gesagt sein! (Und dies, obwohl Jurisprudenz und Medizin inzwischen längst nicht mehr nach Maßgabe des Kantschen „Friedensdiktates" gedeihen könnten!). Barths Kritik an der Theologie des 19. Jahrhunderts klingt wie ein Echo der Stimme Kants: „Die Theologie kann sich ... nicht als Wahrheitsforschung und Wahrheitslehre im allgemeinen gebärden. Indem sie sich der Wahrheit der Offenbarung beugt, versteht sie das, was die verschiedenen Weltanschauungen ‚Wahrheit' nennen, im besten Fall als relative, vorläufige, beschränkte Wahrheit. Es ist aber nicht ihres Amtes, sich sozusagen zwischen oder über den Gegensatz zwischen Gottes Offenbarung und die menschliche Vernunft und ihre Weltanschauungen zu stellen und die Relation, den Zusammenhang zwischen beiden als solchen, die Offenbarung als Vernunft oder die Vernunft als Offenbarung darzustellen und so beide in ein System zu bringen. Das ist's, was die Gnosis aller Zeiten und Spielarten immer wieder versucht hat." (D Th SchB, 162 f.)

Nun ist Barths Verhältnis zu Kant nicht frei von Ironie. Vielleicht, meinte Barth, ist „das Nebeneinander von Theologie und Philosophie" überhaupt „eine Angelegenheit, über die sich ohne Ironie ... nicht reden läßt" (Prot Th 19. Jh, 278). Mochte doch auch Kant, als er bei seinem Versuch, die Kompetenzen der Fakultäten zu klären, „unerwarteterweise ... einer biblischen Theologie ihren Ort neben der Philosophie anzuweisen" bereit war, „auf den Stockzähnen gelacht haben ..., zufrieden, daß er nicht in der Haut eines solchen ‚biblischen Theologen' steckte" (aaO., 227 f.). Das ironische Moment bei Barths „Erfüllung" des der Theologie von Kant zudiktierten Programms liegt darin, daß sich die Rollen von Theologie und Philosophie in gewisser Weise gerade vertauscht haben! Der Gesamtheit der „oberen", „normalen" Fakultäten steht jetzt nicht mehr einsam eine bescheiden auftretende, wenngleich sich ihres Wertes bereits wohl bewußte philosophische Fakultät gegenüber. Sondern die Theologie ist es, die jetzt der Gesamtheit der „ordentlichen", „wissenschaftlichen" Disziplinen einsam, aber selbstbewußt gegenübersteht (vgl. KD I 2, 863 f.). Hatte Kant „den stolzen Anspruch" der theologischen Fakultät, „daß die philosophische ihre Magd sei", konziliant auf sich beruhen lassen (da ja „noch immer die Frage offen bleibt: ob diese ihrer gnädigen Frau die Fackel vorträgt oder die Schleppe nachträgt", und daß es genügt, wenn man der Philosophie „nur nicht ... den Mund zubindet") (Werke VII, 28), so ließ es nun Barth offen, welche Fakultät tatsächlich die Fackel voranträgt. Es genügte jetzt *ihm*, wenn sich Theologie und Verkündigung wenigstens ungehindert nach ihrer eigenen Gesetzmäßigkeit entfalten und äußern können (vgl. KD I 1, 3—10).

Dieser Vorgang weist darauf hin, daß die Disziplinen der „unteren" Fakultät inzwischen de facto nach „oben" gerückt sind und für den gesamten Wissenschaftsbetrieb maßgeblich wurden. Auch setzte Barth voraus, daß durch diese Veränderung im Fundament des Wissenschaftsgefüges gewissermaßen ein Vakuum entstand, so daß keine kritische „Grundwissenschaft" mehr da ist, die vor einem inneren Chaos der Wissenschaft schützen würde. Deshalb fragte Barth, „ob wohl in der ganzen Universität irgendwo in der gleichen Freiheit und Notwendigkeit gedacht, gelehrt und geredet werde wie gerade in der Theologie? ob die Theologie nicht vielleicht immer noch die eigentliche, die Grundwissenschaft sein möchte, aus der die übrige *universitas literarum* nicht nur historisch hervorgegangen ist, sondern der sie sich auch sachlich nach wie vor anschließen kann, sofern gerade wissenschaftliches Selbstbewußtsein hier seinen eigentlichen und ursprünglichen Ort hat". (Barth fügte allerdings sogleich hinzu: „Man täusche sich aber nicht... — nur kraft der Einordnung der Theologie in die Mitte zwischen Bibel und Kirche ist das Alles möglich. Die Zeit der inneren Zerrüttung und der äußeren Ohnmacht und Schande der Theologie müßte sofort wiederkehren, sowie jene Einordnung wieder vergessen oder rückgängig gemacht würde, statt noch viel strenger durchgeführt zu werden, als es in wenigen Jahren, die uns von jener Zeit trennen, geschehen konnte." (KD I 2, 863 f.). Hatte noch Kant „die oberen Fakultäten" davor gewarnt, „sich mit der untern ja nicht in Mißheirat einzulassen, sondern sie fein weit in ehrerbietiger Entfernung von sich abzuhalten" (Werke VII, 23), so war es *jetzt* offenbar an der Zeit, die Philosophien und Wissenschaften zu warnen, sich nicht selbst als „Theologie" zu gerieren. Dies ist als geschichtlicher Hintergrund der Barthschen Theologie besonders zu beachten. In dieser Situation sollte die Existenz einer in ihrer Erkenntnismethode und in ihrem Erkenntnisgegenstand *unabhängigen* theologischen Fakultät den Wissenschaften helfen, ihre Grenzen zu bewahren.

7. Barth im Jahre 1929 zum Verhältnis von Theologie und Philosophie. Beginn der Krise von „Zwischen den Zeiten"

7.1 Theologie vollzieht sich im gleichen Raum wie die Philosophie[53]. Deshalb kann es zwischen Theologie und Philosophie auch dann zum Streit kommen, wenn beide auf eigenen Füßen stehen. Als konfliktverschärfendes Moment kommt hinzu, daß „alle Philosophie" ihren Ursprung in der Theologie hatte[54]. Zwar soll sich die Theologie nicht, wie die Philosophie, mit den Endpunkten des menschlichen Denkens befassen, sondern „in tunlichster Sachlichkeit an Gott... denken"[55]. Trotzdem kommen über die *Sprache* alle philosophischen Fragestellungen und Begriffe in die Theologie wieder herein[56]. Und dies geschieht auch mit den fundamentalen, philosophieimmanenten Gegensätzen, also z. B. mit dem Antagonismus von Idealismus und Realismus. Aber die Theologie kann hier jedenfalls nicht als Schiedsrichter auftreten. Sie hat kein tertium anzubieten[57]. Die Kunst, hier zu vermitteln — Barth sagte dies vor allem gegen Brunner —, ist das „gute... Recht der Philosophie" selbst[58]. Die Theologie hat sich an ihrem eigenen Gegenstand zu orientieren und muß sich davor hüten, in der philosophischen Problematik des „Doppelaspekt(s) der Wirklichkeit" steckenzubleiben[59].

Unter diesen Prämissen analysierte Barth während des Übergangs von der CD zur KD in dem Aufsatz *Schicksal und Idee in der Theologie* (1929) die theologische Bedeutung von Realismus und Idealismus. Er tat dies „grundsätzlich-systematisch", „nicht historisch"[60], d. h. er klammerte

---

[53] *Barth,* (1929) Vorträge III, 57. 62. 67. 82.

[54] AaO. 59.

[55] AaO. 61. — Vgl. K. *Barth,* Die Theologie und der heutige Mensch. ZZ 8, 1930, 375: „Theologie ist jedenfalls nicht irgend eine empirisch oder spekulativ oder kritisch betriebene Besinnung auf letzten Sinn, letzten Grund, letzte Größe. Man könnte die ganze Geschichte der Theologie verstehen als eine Reihe von immer wieder nötig werdenden Versuchen, sich aus den Schlingen dieses allzu naheliegenden Selbstmißverständnisses zu befreien. Theologie mußte immer wieder zurückkehren zu ihrem Anfang in der Erkenntnis, daß wir Menschen uns nen können, weil unser Dasein seinen Sinn unrettbar verloren hat. Mit dem Anfang in dieser Erkenntnis bekennt sich die Theologie zur Kirche."
fang in dieser Erkenntnis bekennt sich die Theologie zur Kirche."

[56] *Barth,* (1929) Vorträge III, 61.

[57] AaO. 84 f.

[58] AaO. 84.

[59] AaO. 61.

[60] AaO. 51. — Hinweis: Mit den Begriffen „Realismus" und „Idealismus" bezeichnete *Barth* hier dieselben Sachverhalte, die er im Jahre 1922 als „dogmatischen Weg" und als „kritischen Weg" der Theologie untersucht hatte (Das Wort Gottes als Aufgabe der Theologie, in: Anfänge I, 208 ff.). — S. im übrigen die sorgfältig kohärente Analyse beider Aufsätze bei *F. Schmid,* aaO. 59—77.

die einschlägigen Fragestellungen aus dem Bereich der neueren Philosophiegeschichte aus. Um so mehr geriet ihm die Arbeit zu einer Abrechnung mit der neueren protestantischen Theologie, die sich von diesen philosophischen Fragestellungen beeinflussen ließ. Gleichwohl ging Barths eigentliche Absicht hier auch nicht auf eine Klärung seines Verhältnisses zum Neuprotestantismus, vielmehr erstrebte er eine Klärung der inzwischen angelaufenen Differenzen zu Brunner, Bultmann und Gogarten. Und die Pointe war dann, daß Barth jetzt die theologische Entwicklung der „Weggenossen" als einen Rückschritt ins 19. Jahrhundert zu sehen begann. Das alles muß hier noch zwischen den Zeilen gelesen werden. Aber seit dieser Meditation über das Philosophische in seinem Verhältnis zur Theologie konnte Barth bei jeder Gelegenheit betonen, daß er nun wohl seinen eigenen Weg gehen müsse. Im folgenden wird der Gedankengang dieses Aufsatzes knapp umrissen und sowohl in seiner Beziehung zur Kantschen Verhältnisbestimmung von Philosophie und Theologie wie zur Problemlage im Kreis von „Zwischen den Zeiten" interpretiert.

Realismus vertraut darauf, daß die Existenz Gottes aus den Gegebenheiten dieser Welt abgelesen werden kann[61]. Gott erscheint als „äußerer und innerer Erfahrung" zugänglich; es wird mit ihm „in objektiver und subjektiver Gegebenheit" gerechnet[62]. Theologischer Objektivismus und Theologischer Subjektivismus gehören eng zusammen, sie wechseln sich in der Geschichte der „Erfahrungstheologie" ständig ab. So folgte auf den Subjektivismus Schleiermachers bei Ritschl ein objektiv-historisch akzentuierter Empirismus und auf diesen, etwa bei Herrmann, wieder das Interesse für den „Glauben", für das subjektive Moment. „Glaube und Geschichte, Geschichte und Glaube wie oft schon haben wir seither dieses Verslein gehört. Was lehrt uns Wobbermins religionspsychologischer Zirkel, wenn nicht das, daß man hier auf beiden Seiten . . . mit Gegebenheiten rechnet[63]? — Das relative Recht des Realismus liegt in der Realität der Inkarnation, liegt in dem Grund-Satz: „das Wort ward Fleisch." Und auch die in Mt. 25 aufgezeigte Verbindung zwischen dem „Nächsten" und Gott (Christus) impliziert einen Realismus. Und soweit kommt auch dem zeitgenössischen theologisch-philosophischen Begriff der „Ich-Du-Beziehung" hohe Relevanz zu[64]. Der Gottesgedanke *muß* sich ja „legitimieren als Erfahrungsgedanke"[65]. Und so kann die Auseinandersetzung mit dem theologischen Realismus jedenfalls „*keine* Götterdämmerung bedeuten"[66]. Allerdings wird dieser Realismus zum Totengräber der Theologie,

[61] *Barth*, (1929) Vorträge III, 61 f.
[62] AaO. 63.
[63] AaO. 64.
[64] AaO. 65.
[65] AaO. 66 f.
[66] AaO. 67.

wenn er Gotteserfahrung, philosophisch, als eine „dem Menschen verfügbare Möglichkeit" postuliert — wie dies, so meint Barth, klassisch in dem bei Thomas präfigurierten „katholische(n) Denken" geschieht[67]. Dann ist gegen die Philosophie zu streiten — und zwar gegen die Philosophie im eigenen Hause.

Idealismus hat gegenüber dem Wirklichkeitsproblem eine überlegene Fragestellung. Er fragt nach der „Wahrheit", „nach einem Nicht-Gegebenen", „nach der Idee"[68], nach einem „Kriterium gegenüber der Wirklichkeit", nach dem Eigenwesen „des Geistes gegenüber der Natur"[69]. Letztlich verdankt die Philosophie diese Fragestellung der Theologie[70]. Umgekehrt scheint sich die Denkweise idealistischer Philosophie der Theologie ganz besonders zu empfehlen, bedenkt man, welche Vorbehalte dem theologischen Realismus gegenüber anzumelden sind: „Gott ist nicht das Schicksal. Gott ist nicht die Natur. Gott ist auch nicht die Geschichte. Gott ist nicht da. Das Wort ward Fleisch, aber das Fleisch ist darum nicht an sich das Wort . . ."[71]. Aber die kritische Rückfrage muß gegenüber dem Idealismus lauten: Woher eröffnet sich ihm der Zugang zu dieser Wahrheit? Er eröffnet sich ihm jedenfalls nicht von der Offenbarung her. Denn der Idealismus kennt ja eine allgemeine Möglichkeit des Menschen, kraft derer man der „Wahrheit in der Wirklichkeit" ansichtig wird[72]. Die Theologie hingegen kann nur die göttliche „Wahrheitswirklichkeit oder Wirklichkeitswahrheit mit den Mitteln menschlicher Begrifflichkeit" *nachzeichnen*. Die dialektische Inbeziehungsetzung „des Gegebenseins und des Nichtgegebenseins Gottes" geschieht in ihr nach Maßgabe der Offenbarung. Theologie leistet aber nicht — Barth sagte dies vor allem gegen Gogarten — eine direkte Darstellung und Darbietung „des Wortes Gottes selber"[73].

Obwohl die Theologie die Wahrheit also nicht an und in der Wirklichkeit selber zum Aufweis bringen kann, und obwohl sie die Wahrheit vor allem nicht in freier Wahrheitsforschung findet, vielmehr die Offenbarung „nachzeichnen" muß, entsteht doch gerade an dieser Stelle keine „Spannung" zum allgemeinen Denken und Wahrheitsbewußtsein hin. Es droht hier nicht — Theologie hat es ja mit der Offenbarung und mit der Erkenntnis des Schöpfers und Erlösers der Welt zu tun! — das Problem einer „doppelten Wahrheit". Der Theologe soll sich überhaupt frei machen von der Vorstellung, in der Frage der Gotteserkenntnis gebe es eine

---

[67] AaO. 68.
[68] AaO. 72.
[69] AaO. 73.
[70] Ebd.
[71] AaO. 76.
[72] AaO. 78.
[73] AaO. 79.

„Spannung" zwischen unserer eigenen und der durch Gott selber ermöglichten Erkenntnis. Hier hat der Mensch von sich aus eben keine Erkenntnis! Erkenntnis kann hier „nur An-Erkenntnis bedeuten"[74]. Deshalb besteht in dieser Frage, bei der es um Gehorsam gegenüber Gottes „Befehl" geht[75], objektiv gesehen auch keine „Spannung" zwischen Theologie und Philosophie. Gewiß: *Daß* es diesen Befehl überhaupt gibt, dies kann die Theologie, wie Barth mit Kant sagte[76], nicht beweisen: „Wir können nur feststellen, daß Theologie bei ihrem Reden von Gott von diesem Befehl ausgeht. So ist hier die Wahrheit aufgerichtet."[77]

Hatte Kant einer streng „biblischen Theologie" konziliant einen Freiraum neben der Philosophie gewährt, so räumte jetzt Barth der Philosophie ein Feld ein, auf dem sie mit der Theologie nicht in Konflikt gerate. Die Philosophie soll sich mit dem Menschen unter Ausklammerung der Gottesfrage (im materialen Sinne) befassen: „Wohl ihr, wenn sie sich . . . ihrer Grenzen als Philosophie, als Besinnung auf die Wirklichkeit und Wahrheit des *Menschen*, an deren Grenze der Gottesgedanken eben nur als Frage auftauchen kann, bewußt ist, wenn sie das theologische Problem eines positiven Redens von Gott mit dem ihrigen nicht verwechselt, sondern es in seiner Besonderheit . . . wenigstens sieht, wenn sie also gerade nicht als verkappte Theologie, als Theologieersatz, als Theosophie auftritt . . ."[78]. — Für die Theologie aber gilt — Barth sagte dies vor allem gegen Bultmann[79] —, daß sie „in keinem Sinn und unter keinem Vorwand Anthropologie, Besinnung auf die Wirklichkeit und Wahrheit des Menschen sein wollen darf, weil sie Besinnung ist auf die Wirklichkeit und Wahrheit des dem Menschen gesagten Wortes Gottes"[80].

Doch so wenig Kant erwarten konnte, daß sich die Theologie seinem philosophischen „Friedensdiktat" fügen würde, so wenig rechnete Barth im Ernst damit, daß sich die Philosophie, die in Geschichte und Gegenwart das Gegenteil bewiesen hatte, mit den ihr von Barth zugewiesenen Grenzen begnügen würde. Für die Auseinandersetzung innerhalb des Kreises von „Zwischen den Zeiten" aber war es bedeutsam, daß Barth das Anthropologische in einer Weise aus der Theologie herausnahm und an

---

[74] AaO. 80.

[75] AaO. 82.

[76] Vgl. *Kant*, aaO. 23.

[77] *Barth*, (1929) Vorträge III, 82.

[78] AaO. 84.

[79] Seit *Bultmann* 1925 den Satz geprägt hatte „Es zeigt sich also: will man von Gott reden, so muß man offenbar von sich selbst reden" (GuV I, 28), begrub Barth nicht mehr seinen Verdacht, B. beschneide die Offenbarung nach Maßgabe eines ihm genehmen Wirklichkeitsentwurfs. *Barth* trennte sich 1933 von B. im Zeichen der Frage: „Ob Theologie und Anthropologie nun wirklich auswechselbare Begriffe sein sollen?" (Vorträge III, 141).

[80] *Barth*, (1929) Vorträge III, 85.

die Philosophie überwies, die von den übrigen dialektischen Theologen nicht akzeptiert werden konnte. Gerade weil die Philosophie das Gebiet der Anthropologie theologisch nicht „neutral" zu bearbeiten pflegt, hielt man es hier für geboten, in der Frage nach der Wahrheit und Wirklichkeit des Menschen mit ihr zu konkurrieren. Und nach dem Zweiten Weltkrieg erkannte Barth selber, daß diese Frage keinesfalls der Philosophie überlassen bleiben darf[81].

Im Jahre 1929 war Barth immerhin vorsichtig genug, auf die große Schwierigkeit einer theologischen Philosophiekritik hinzuweisen: Eine scheinbar ganz im philosophischen Denken aufgehende Theologie kann in Wirklichkeit doch vom Wort Gottes herkommen, und eine „Theologie des Wortes Gottes" kann philosophischem Denken zum Verwechseln ähneln. Wahrscheinlich, meinte Barth, sind in jeder Theologie beide Momente „gemischt" anzutreffen, und es ist deshalb darauf zu achten, „daß wir unsere eigene theologische Wirklichkeit nicht mit der Wahrheit verwechseln und darum auch nicht die vielfach sehr fatale theologische Wirklichkeit Anderer mit der Unwahrheit"[82]. „Zu einem abschließenden Urteilen über Andere, zu einem theologischen Rechthaben im strengen Sinn, zu einer Geschichte der Theologie, in der die Schafe nun wirklich von den Böcken zu sondern wären, langt es offenbar nicht und soll es nicht langen."[83] — Wenige Jahre später hatte sich Barth dann aber zu abschließenden Urteilen und Scheidungen verstanden — um freilich nach dem Zweiten Weltkrieg wieder zu der vorsichtigeren (und für ihn eigentlich charakteristischen) Urteilsweise von 1929 zurückzukehren.

7.2 Barth hatte in dem Aufsatz von 1929 auf eine direkte Auseinandersetzung mit der neuzeitlichen Philosophie verzichtet. Und zwar deshalb, weil er die philosophische Tradition — wie Kant seinerzeit die theologische — nicht mehr als eine bedrohliche Macht, durch welche die Theologie aufs äußerste herausgefordert wäre, verstanden hat. Die Bedrohung, die von der Philosophie in den zurückliegenden Jahrhunderten tatsächlich ausgegangen war, sah Barth *jetzt* von einer theologisierenden Philosophie und mehr noch von einer philosophierenden Theologie herkommen: „Der „Feind" steht nicht mehr „außen", sondern „innen". Die neuzeitliche Philosophie selbst scheint am Ende, und ihr wider-evangelisches Moment kehrt in der „natürlichen Theologie" wieder." Deshalb wird Barth jetzt innertheologische Auseinandersetzungen in einer Schärfe durchführen, wie sie früher allenfalls bei Absetzbewegungen der Theologie von der Philosophie an der Tagesordnung war. Und deshalb kann bei ihm auch von einem Ringen um die Freiheit der Theologie von der Philosophie — um in

---

[81] AaO. 89.
[82] Ebd.
[83] AaO. 90. — Vgl. *Barth*, (1933) Vorträge III, 142 f.

Anlehnung an W. Links Luthermonographie zu formulieren — nicht eigentlich mehr die Rede sein, ebensowenig wie bei Kant von einem Ringen um die Freiheit der Philosophie von der Theologie.

Überhaupt hatte der von Barth bewirkte theologische Umbruch einen anderen Charakter als Luthers reformatorische Wende. Hier durchbrach nicht ein „frommer Mönch" in der Angst um das ewige Seelenheil die von einer philosophierenden Theologie um das Wort Gottes herum errichteten Zäune. Sondern ein von den Fragen seiner Zeit bewegter und zugleich von der reformatorischen Botschaft beeindruckter Pfarrer, der unter der Belanglosigkeit und dem geringen Selbstvertrauen der herrschenden Theologie litt, versuchte die Theologie wieder auf eigene Füße zu stellen. Und dabei war für ihn die überkommene Theologie in ihrer philosophischen Verstrickung allerdings keine fürchterliche, in die Verzweiflung treibende Macht; sondern eben ein mit viel gutem Willen durchgeführtes, gelehrtes Unternehmen, das an innerer Schwäche zugrunde gegangen sei. Bei Barth war das die Wende auslösende Moment die coram mundo unhaltbar gewordene Lage der Theologie, die in ihrer Philosophieoffenheit der modernen Welt in falscher Weise allzu gerecht werden wollte. Bei Luther war es die coram deo unhaltbar gewordene Lage des Menschen, der in seiner weltabgewandten Frömmigkeit Gott in falscher Weise allzu gerecht werden wollte.

Der Unterschied zeigt sich auch daran, daß Barth bei der Behandlung des Theologie-Philosophieproblems den Begriff des *Gesetzes* gar nicht benötigte. In einer gewissen Latenz war die diesem Begriff eigentümliche Problematik in dem Aufsatz von 1929 zwar vorhanden. Die Vokabel „Schicksal" weist darauf hin. Aber da Barth mit ihr auf das Problem des „Realismus" hinweisen wollte, hatte er Mühe, das „Schicksal" von Zeit zu Zeit überhaupt wieder in Erinnerung zu rufen[84]. Auch ließ er das kurz gestreifte Problem einer „Spannung" zwischen Offenbarung und Vernunft, Glaube und Geschichte schnell wieder hinter sich, ohne bei dieser Gelegenheit auf das Verhältnis von Evangelium und Gesetz zu sprechen zu kommen. In einer Umkehrung der Kantschen Verhältnisbestimmung von Theologie und Philosophie erwiesen sich ihm die legitime Erkenntnis der freien Vernunft und die der Theologie gebotene Offenbarungs-An-Erkenntnis als inkommensurabel. Doch es wurde schon deutlich: Obwohl sich sagen läßt, daß zwischen Theologie und Philosophie keine „Spannung" besteht sofern beide sich selbst *recht* verstehen, gilt auch: So gewiß

---

[84] Dies geschieht z. B., wenn Barth 1929 den theologischen Realisten sagen läßt: „Gott ist ontologisch und noetisch das Schicksal des Menschen" (Vorträge III, 62). An anderer Stelle bemüht sich *Barth*, den „Begriff der Wirklichkeit" überhaupt erst „in Beziehung zu setzen zu dem des Schicksals" (aaO. 66).

142

das Wort vom Kreuz die Vernunft „ärgert", hat es die Theologie mit einer „Spannung" zwischen Glaube und Vernunft zu tun.

Barth hatte 1929 die Konsolidierung und Klärung seiner Theologie im Zeichen Anselms noch nicht erreicht. Er begann jetzt aber bereits deutlicher zu sehen, was er künftig auf keinen Fall mehr würde vertreten wollen. Wenn auch noch offen war, worauf es „positiv" hinauslaufen sollte, wußte er doch schon — und damit läßt sich der Gegensatz zu Brunner, Bultmann und Gogarten summarisch umschreiben —, daß er es unterlassen wollte, die „Wirklichkeit" unter den theologischen Gesichtspunkt des „Gesetzes" zu rücken. Denn damit hätte er die Unabhängigkeit und Eigenständigkeit einer „biblischen Theologie", die ihm auch in der Konsequenz des neuzeitlichen Aufstiegs der Wissenschaften selber zu liegen schien, gerade wieder verloren. Seine Theologie wäre dann doch genötigt gewesen, sich mit der ganzen Fülle der Phänomene zu befassen, welche auch Philosophien und Wissenschaften beschäftigen. Sie hätte dann mit der Philosophie nicht nur um die Gotteserkenntnis streiten müssen, sondern um die gesamte Wirklichkeitserkenntnis, und vor allem um die Erkenntnis der Wahrheit und Wirklichkeit des Menschen. Und dies deshalb, weil die Philosophie selbst keinen Anlaß oder keine Möglichkeit hat, die Wirklichkeit auf den theologischen Gesetzesbegriff hin auszulegen[85]. Sie kommt ja auch nicht vom Evangelium her und wird deshalb den „Schicksals"-Charakter des Gegebenen stets in einer Wendung zum „Idealismus" hin zu überwinden suchen.

Indem nun Barth das philosophische Denken als eine *selber* den „Doppelcharakter der Wirklichkeit" aufarbeitende Reflexionsbewegung anerkannte, gelang es ihm, die theologische Unterscheidung von Gesetz und Evangelium aus diesem Problemfeld ganz herauszuhalten.

Dem schien noch entgegenzukommen, daß die wechselseitige Korrektur und Dialektik von Schicksal und Idee ohnehin nicht einfach der Dialektik von Gesetz und Evangelium entspricht. Im Sinne lutherischer Theologie selbst ist jedenfalls nicht „Schicksal" eine philosophische Chiffre für „Gesetz", und nicht „Idee" eine philosophische Chiffre für „Evangelium". Aber im Sinne dieser Theologie — und das hat Barth offenbar nie recht gewußt! — sind Schicksal und Idee *zusammen* Gesetz. Sind aber Schicksal und Idee unter dem theologischen Begriff des Gesetzes zusammengespannt, so verlieren sie gerade ihre philosophische Anspannung; ihre Dialektik geht zugrunde. An die Stelle der innerphilosophischen „Spannung" von Schicksal und Idee tritt die Unterscheidung von Gesetz und Evangelium. Das Evangelium aber bedeutet, so verstanden, allerdings die (von

---

[85] Vgl. *Ebeling*, WuG II, 95 f.: „... als Gesetz und Evangelium nicht unterscheidendes Denken" bringt Philosophie „gerade nicht das Gesetz *als* Gesetz zur Sprache und steht so zum Glauben im Widerspruch."

Barth damals der Philosophie überlassene) Überwindung des „Doppel-
aspekts der Wirklichkeit", die Befreiung aus dem circulus vitiosus von Selbst-
erlösung und Resignation. — Auf der Linie der so verstandenen Unterscheidung von Gesetz und Evangelium haben Brunner, Bultmann und
Gogarten noch mit großer Selbstverständlichkeit gedacht. Deshalb gerieten sie hier auch auf der ganzen Linie — angefangen bei der Frage der
theologischen Bewertung des Wirklichkeitswiderspruchs bis hin zur Frage
des Verhältnisses von Theologie und Philosophie — zu Barth in Gegensatz.

II. Die Fronten am Anfang des Dritten Reichs

Literatur (außer Arbeiten, die im Abkürzungsverzeichnis genannt oder in einem der dort aufgeführten Sammelwerke enthalten sind): *K. Barth*, Die Theologie und der heutige Mensch. ZZ 8, 1930, 374 ff. — *Ders.*, Vorwort zur englischen
Ausgabe des „Römerbriefs". ZZ 10, 1932, 285 ff. — *Ders.*, K. Barth und G. Kittel. Ein theologischer Briefwechsel, 1934. — *Ders.*, Das Evangelium in der Gegenwart. ThEx H. 25, 1935. — *Ders.*, Gotteserkenntnis und Gottesdienst nach reformatorischer Lehre. Zwanzig Vorlesungen über das Schottische Bekenntnis von
1560 (Gifford Lectures), 1938. — *Ders.*, Die Kirche und die politische Frage von
heute, 1939. — *Ders.*, Eine Schweizer Stimme 1938—1945 (Ges. Vorträge und
Schriften, 1945), 1953². — *Ders.*, Rudolf Bultmann. Ein Versuch, ihn zu verstehen. ThSt(B) H. 34, 1952. — *Ders.*, Barmen. In: Bekennende Kirche. Martin Niemöller zum 60. Geburtstag, 1952, 9 ff. — *Ders.*, Karl Barth zum Kirchenkampf.
Beteiligung, Mahnung, Zuspruch. ThEx NF 49, 1956. — *Ders.*, Evangelische
Theologie im 19. Jahrhundert. ThSt(B) H. 49, 1957. — *Ders.*, Der Götze wackelt.
Zeitkritische Aufsätze, Reden und Briefe von 1930—1960, hg. v. K. Kupisch,
1961. — *E. Brunner*, Der Mittler. Zur Besinnung über den Christusglauben
(1927), 1930². — *D. Cornu*, Karl Barth und die Politik. Widerspruch und Freiheit, 1969. — *F. Gogarten*, Theologische Tradition und theologische Arbeit. Gei-
stesgeschichte oder Theologie, 1927. — *Ders.*, Gericht oder Skepsis. Eine Streit-
schrift gegen Karl Barth, 1937. — *E. Hirsch*, Die gegenwärtige geistige Lage im
Spiegel philosophischer und theologischer Besinnung. Akademische Vorlesungen
zum Verständnis des deutschen Jahres 1933, 1934. — *O. Langmann*, Deutsche
Christenheit in der Zeitwende, 1933. — *W. Lütgert*, Die theologische Krisis der
Gegenwart und ihr geistesgeschichtlicher Ursprung, 1936. — *K. Meier*, Die
Deutschen Christen. Das Bild einer Bewegung im Kirchenkampf des Dritten
Reiches, 1964. — *A. Mohler*, Die Konservative Revolution in Deutschland
1918—1932, 1950¹. — *H. Mulert*, Kirchliche Lehren des Jahres 1933. ChW 48,
1934, 12 ff. — *P. Neumann*, Die jungreformatorische Bewegung. Arb. z. Gesch.
d. Kirchenkampfes Bd. 25, 1971. — *W. Pressel*, Artikel: „Deutsche Christen".
Calwer Kirchenlexikon I, 1937, 398 ff. — *H. Schlemmer*, Von Karl Barth zu den
Deutschen Christen, 1934. — *G. Schneider-Flume*, Kritische Theologie contra
theologisch-politischen Offenbarungsglauben. Eine vergleichende Strukturanalyse
der politischen Theologie Paul Tillichs, Emanuel Hirschs und Richard Shaulls.
EvTh 33, 1973, 114 ff. — *Dies.*, Die politische Theologie Emanuel Hirschs
1918—1938. Europäische Hochschulschriften Reihe XXIII, 5, 1971, 135 ff. — *O.
Spengler*, Jahre der Entscheidung I, 1933. — *E. Thurneysen*, Zum religiös-sozialen Problem. ZZ 5, 1927, 514 ff. — *K. W. Thyssen*, Begegnung und Verantwor-

tung. Der Weg der Theologie Friedrich Gogartens von den Anfängen bis zum Zweiten Weltkrieg. HUTh Bd. 12, 1970. — *P. Tillich*, Die Theologie des Kairos und die gegenwärtige geistige Lage. Offener Brief an Emanuel Hirsch. ThBl 13, 1934, 305 ff. — *Ders.*, Was ist falsch in der „dialektischen" Theologie? ChW 50, 1936, 353 ff. — *Ders.*, Ein Wendepunkt in Karl Barths Denken (1940). In: Ges. Werke Bd. XII, 324 ff.

Zu Beginn des Dritten Reichs kam es hin und wieder zu der Behauptung, die Theologie der „Deutschen Christen" (D.C.) und die dialektische Theologie entstammen einer „gemeinsamen Wurzel"[1]. Beide Bewegungen seien „irgendwie" aus der mit dem Ersten Weltkrieg verknüpften „Krise" hervorgegangen[2]. — Tatsächlich gab es an der Oberfläche Parallelen: Der gemeinsame Gegensatz zum Geist und zur Theologie des 19. Jahrhunderts; die Abkehr vom „unfruchtbaren" historischen und intellektualistischen herkömmlichen Wissenschaftsstil (und die gleichzeitig angestrebte „Lebensnähe"); der Wille, jenseits von dem, was herkömmlich „rechts" oder „links" hieß, weiterzudenken; der Kampf gegen den neuzeitlichen Liberalismus und Individualismus; und schließlich eine neue Hochschätzung von Autorität und Bindung. Hinzukam der äußere Gleichklang von Namensgebungen wie „Zwischen den Zeiten", „Zeitenwende" usw. sowie der auf beiden Seiten hervortretende Wille, das Weltkriegserlebnis theologisch zu verarbeiten[3]. — Der jeweils verschiedene Kontext dieser Parallelen ermöglicht es allerdings, gerade an diesen vermeintlichen Gemeinsamkeiten die grundlegenden Differenzen aufzuweisen.

1. Der Durchschnittseindruck von der Theologie der „Deutschen Christen"

Die im ganzen wenig einheitliche Theologie der D.C. wies immerhin einige konstante Wesenszüge auf, an denen ihre Fragwürdigkeit von vielen Zeitgenossen meist rasch erkannt wurde. War die dialektische Theologie seinerzeit von der „Not der Zeit" auf die *Bibel* als die Quelle wahren Lebens verwiesen worden[4], so lag das religiöse Urerlebnis der D.C. in dem „großen politischen Geschehen unserer Tage". Ihm wurde von den D.C.

---

[1] *Schlemmer*, aaO. 19. — Andere empfanden die D.C. als „Gegenschlag gegen die Übersteigerung der dialektischen Theologie nach dem Weltkriege" (so *Langmann*, aaO. 68).

[2] *Mulert* (aaO. 14) zeigte, daß deshalb zunächst der Eindruck entstehen konnte, D.C. und „Krisis-Theologie" seien zu einem engen Kampfbündnis prädestiniert.

[3] *Schlemmer* formulierte eine Kapitelüberschrift folgendermaßen: „Die gemeinsame Grundlage von dialektischer und deutsch-christlicher Theologie" (!). Hier wurden auch die meisten dieser Parallelen erwähnt (aaO. 19 ff.). — Vgl. auch *Lütgert*, aaO. 20 f.

[4] Vgl. hierzu *Thurneysen*, aaO. 516 ff.

zuweilen der Charakter einer „besonderen" (specialis!) Offenbarung Gottes beigemessen. Die Blickrichtung führte also wieder von der Bibel weg — das Alte Testament wurde ohnehin ganz oder teilweise preisgegeben — auf die, wie es schien, in wunderbarer Weise wieder annehmbar gewordenen politischen Verhältnisse hin. Das im Evangelium verheißene „Heil" sollte in Einklang gebracht werden mit jenem „Heil", das man sich von den mit Hitlers Machtergreifung am 30. Januar 1933 möglich gewordenen (und unbedingt bejahten) geschichtlichen Veränderungen versprach. Das Evangelium mußte „eingedeutscht" werden. Auf der gleichen Ebene lagen die Forderungen nach einem „artgemäßen Christentum", nach Anerkennung der (jetzt wieder „freudig" zu bejahenden!) „schöpfungsmäßigen Gegebenheiten" und der „national-sozialistischen Grundlehre von Blut und Boden". Ferner die Forderungen nach einer „positiven", „vorbehaltlosen" Einstellung zum Führer und zum Dritten Reich, nach einer Absage an eine „weltfremde und volklose Theologie" usw.[5].

2. Barth zum Kirchenkampf

Barth hat als wichtigster theologischer Berater der „Bekennenden Kirche" den Kampf gegen die Theologie der D.C. aufgenommen und gleichzeitig seiner eigenen Theologie eine den bisherigen Ansatz präzisierende Ausrichtung gegeben. Die folgenden zehn Punkte umreißen die Barthsche (Gegen-) Position:

2.1 Barth war der Meinung, der Protest gegen die Irrlehren der D.C. könne „nicht erst beim Arierparagraphen, bei der Verwerfung des Alten Testamentes, bei dem Arianismus und Pelagianismus der deutsch-christlichen Rechtfertigungs- und Heiligungslehre, bei der Staatsvergötterung der deutsch-christlichen Ethik einsetzen". Verwahrung einzulegen sei vielmehr schon gegenüber der entscheidenden dogmatischen Prämisse dieser häretischen Theologie, daß nämlich „das deutsche Volkstum, seine Geschichte und seine politische Gegenwart als eine zweite Offenbarungsquelle" zu bewerten sei[6]. Dieser Protest ist in den ersten Satz der „Theologischen Erklärung" der Barmer Synode vom 31. Mai 1934 eingegangen. Nach Zitierung von Joh. 14,6 und Joh. 10,1.9 heißt es dort: „Jesus Christus, wie er uns in der Heiligen Schrift bezeugt wird, ist das eine Wort Gottes, das wir zu hören, dem wir im Leben und im Sterben zu vertrauen und zu gehorchen haben. Wir verwerfen die falsche Lehre, als könne und müsse die Kirche als Quelle ihrer Verkündigung außer und neben diesem einen Worte Gottes auch noch andere Ereignisse und Mächte, Gestalten und Wahrheiten, als Gottes Offenbarung anerkennen."[7] — Barmen be-

[5] Vgl. *Pressel*, aaO. 400.
[6] So *Barth* 1933. In: Karl Barth zum Kirchenkampf, ThEx 49, 1956, 7 f.
[7] Zit. nach KD II 1, 194, wo Barth eine ausführlichere „geschichtliche Kom-

kannte somit einerseits gegenüber der Auffassung, auch in der *Geschichte* begegne verpflichtende Offenbarung Gottes, die Gebundenheit der Offenbarung an die Hl. Schrift. Andererseits bekannte Barmen gegenüber der Auffassung, auch die *Schöpfung* sei nach dem klaren Zeugnis der Hl. Schrift eine Offenbarung Gottes, Jesus Christus als Gottes eine und einzige Offenbarung.

2.2 Das in Barmen zustande gekommene „erste Dokument einer bekenntnismäßigen Auseinandersetzung der evangelischen Kirche mit dem Problem der natürlichen Theologie" hat, wie Barth ausdrücklich betonte[8], keinen unmittelbaren Anhalt an den Bekenntnisschriften der Reformationszeit oder an der Theologie der Reformation selbst[9]. Der in Barmen verhandelte Problemkreis wurde erstmalig im 18. Jahrhundert akut, als die von den Reformatoren nur sporadisch in Gebrauch genommene natürliche Theologie[10] „immer mehr zum manifesten Maßstab und Inhalt der kirchlichen Verkündigung und Theologie zu werden drohte"[11].

2.3 Die Gestalt, in der sich die natürliche Theologie zu Beginn des Dritten Reichs zu Wort meldete, bezeichnete Barth „als die letzte, vollendetste und schlimmste Ausgeburt des neuprotestantischen Wesens, das die evangelische Kirche, wenn es nicht zu überwinden ist, romreif machen muß und wird"[12]. Aus diesem Urteil geht hervor, daß Barth die als historische Erscheinung wenig lebenskräftige D.C.-Bewegung insofern als einen äußerst potenten Gegner einschätzte als er in ihr die Vollgestalt der seit Jahrhunderten im Wachsen begriffenen neuzeitlichen Häresie erblickte. Die D.C.-Häresie bedeutete für Barth eine besonders verwerfliche Spielart jener früheren Zumutungen neuprotestantischer Irrlehrer, denen zufolge Gottes Offenbarung *auch* in der Vernunft, *auch* im Gewissen,

---

mentierung" Barmens beginnt.

[8] Ebd.

[9] Siehe hierzu auch *Wolf*, (1936) DThSchB, 291 ff.

[10] Vgl. *Barth*, (1933) Vorträge III, 139: Bei den Reformatoren noch, meinte B., kann man „seiner Sache dahin sicher sein, daß sie trotz ihrer gelegentlich und beiläufig betriebenen natürlichen Theologie ,keine andern Götter haben', das heißt an keiner wichtigen Stelle die Offenbarung durch die Vernunft und durch die Natur oder durch die Geschichte richten lassen, sondern immer umgekehrt. Diese Sache ist es, deren man in der neueren protestantischen Theologie nicht ebenso sicher ist". — Vgl. *K. Barth*, Gotteserkenntnis und Gottesdienst nach reformierter Lehre, 1938, 46. B. nahm hier die Reformatoren nicht mehr ganz vom Vorwurf natürlicher Theologie aus. Sie hätten — wenngleich noch im Stande der Unschuld und der Naivität — immerhin von der natürlichen Theologie einen „vorsichtigen hypothetischen", „gelegentlich aber auch (so z. B. Luther und Calvin in ihrer Lehre vom Gesetz) einen unvorsichtigen thetischen Gebrauch gemacht".

[11] KD II 1, 194. — Vgl. *Barth*, (1934) DThSchB, 137.

[12] *Barth*, (1933) Anfänge II, 316 f. — Vgl. *Ders.*, (1933) DThSchB, 63. — Vgl. *Ders.*, (1934) DTSchB, 122 u. ö.

auch im Gefühl, *auch* in der Geschichte, *auch* in der Natur und *auch* in der Kultur wahrzunehmen ist[13]. In der im Dritten Reich aktuellen Form der natürlichen Theologie sah Barth die moderne „Theologie des ‚und'" sich vollenden. D. h. es kulminierte hier die in der Neuzeit in den Protestantismus eingedrungene theologische Verfahrensweise, der Offenbarung durch ein „und" den jeweils in eine geistesgeschichtliche Schlüsselstellung einrückenden anthropologischen Faktor (den „übermächtige(n) Feind" von außen[14]) nicht nur als hermeneutischen Horizont beizuordnen, sondern de facto vor- und überzuordnen[15]. Aufgrund dieser Diagnose hat Barth auch vor einer Verkennung bzw. Verkleinerung des Gewichts der in Barmen verhandelten Fragen als eines nur deutschen oder gar nur zusammen mit dem Faschismus bestehenden Problems gewarnt[16].

2.4 Obwohl Barth die Theologie der D.C. als eine Frucht des Neuprotestantismus betrachtete, nahm er die gesamte Theologie des 19. Jahrhunderts gegenüber dem von den D.C.unternommenen Versuch, die großen Repräsentanten dieser Ära der eigenen Ahnenreihe einzugliedern, in Schutz. „Schon der gewisse vornehme Humanismus, der diese Generation kennzeichnete, hat sie faktisch davor bewahrt, sich nach dieser Richtung schuldig zu machen. Ein Harnack hätte noch eher Kapuziner werden als sich in die Gesellschaft der in den zwanziger Jahren in den Vordergrund tretenden ‚Volks'-Redner begeben können."[17] Der Irrtum der D.C. war für Barth unter diesem Aspekt in der Theologie des 19. Jahrhunderts praktisch ohne Vorbild.

2.5 Für Barth bedeutete die eigene Konzentration auf die Christusoffenbarung (und verbunden damit: die Absage an alle und jede natürliche Theologie) auch die „längst fällige grundsätzliche Abrechnung mit der römisch-katholischen Denkmethode" in der Theologie[18]. Barth brachte die von ihm auf der einen Seite als ein spezifisch neuzeitliches Problem erkannten theologischen Fragen auf der anderen Seite mit der „analogia entis" als dem „Urprinzip" des Katholizismus in Verbindung[19]. Während des Kirchenkampfes bezeichnete er immer wieder die scholastische (und auch schon vorscholastische) Korrelation von Natur und Gnade als das Ur-

---

[13] KD II 1, 194 ff. — Vgl. *Barth*, (1933) DThSchB, 116. — *Ders.*, (1934) DThSchB, 136.
[14] KD II 1, 195.
[15] *Barth*, (1933) DThSchB, 117 ff. — *Ders.*, (1933) Vorträge III, 138. — *Ders.*, (1929) Vorträge III, 64.
[16] KD II 1, 196. — KD III 4, 347. — Vgl. *K. Barth*, Das Evangelium in der Gegenwart. ThEx H. 25, 1935, 20 f.
[17] KD III 4, 347.
[18] *K. Barth*, Barmen. In: Bekennende Kirche, M. Niemöller zum 60. Geburtstag, 1952, 12.
[19] Vgl. u. S. 221 ff.

bild der verhängnisvollen neuzeitlichen Vorordnung ontologischer Erkenntnis vor die Offenbarung.

2.6 Wenn Barth den Grundschaden der neueren protestantischen Theologie darin sah, daß sie „reagierte"[20], statt ihr eigenes Thema frei zu entfalten, so blieb ihm nicht verborgen, daß auch „Barmen" und seine eigene Haltung im Kirchenkampf „durch die Grundtorheit der damaligen Widersacher gewissermaßen herausgefordert" waren[21]. In dieser Lage betonte Barth aber, der gegen die D.C. gerichteten, negativen Spitze seiner Theologie komme keine selbständige dogmatische Bedeutung zu. Diese negative Spitze sei nebenbei von der zuerst gegebenen positiven Setzung, vom Ja des Evangeliums her gewonnen[22].

2.7 Grundsätzlich empfand Barth den in Barmen von der Christologie her konzipierten Widerstand gegen die natürliche Theologie der D.C. nicht als einen dogmatisch „gemachten" Gegenschlag, sondern als ein „Wunder, das wider alles Erwarten wieder einmal an der Kirche geschehen war". „Als sie von allen anderen Ratgebern und Helfern verlassen war, da hatte sie in dem einen Wort Gottes, das Jesus Christus heißt, Gott zum Troste. Wem anders als ihm sollte sie, so wie die Dinge lagen, ihr Vertrauen und ihren Gehorsam zuwenden, an welche andere Quelle ihrer Verkündigung konnte und sollte sie sich halten? Jede andere Quelle konnte rebus sic stantibus nur noch der Mythus und damit das Ende aller Dinge und jedenfalls das Ende der Kirche sein."[23] Barth hatte sich der aktuellen natürlichen Theologie dadurch zu erwehren versucht, daß er seinerseits „die geschichtliche Stunde" als verpflichtende Aufforderung verstand, die Offenbarung Gottes endlich als ganz auf Jesus Christus konzentriert zu begreifen! Ging es den Gegnern in dieser „Stunde" um die wunderbare Rettung aus der Not des Volkes (und so auch aus der Not der Kirche)[24], so Barth um die wunderbare Rettung aus der Not der Kirche (und so auch aus der Not des Volkes).

2.8 Damals notierte Barth: „Die Lage ist auf einmal wieder so schlicht geworden, wie es vielleicht seit den Tagen der Reformation nicht mehr

---

[20] Prot Th 19. Jh, 115 ff. — Vgl. *Barth*, (1933) DThSchB, 118.

[21] *K. Barth*, Barmen, 12. — Vgl. aber KD II 1, 198 (zu Barmens Bruch mit der natürlichen Theologie): „Es war nicht der neue politische Totalitarismus und es waren nicht die Methoden des Belagerungszustandes, die dieses Ereignis herbeigeführt haben." „Daß der Kirche, als ihr nichts Anderes übrig blieb, das eine Wort Gottes, das Jesus Christus heißt, übrig blieb, daß sie sich nicht fallen lassen konnte ins Bodenlose, wie es ihr zugemutet war, sondern daß sie neuen Stand fassen konnte und mußte, daß jene auf der anderen Seite diesmal unaufhaltsame Logik der Sache in der Kirche gerade diesmal grundsätzlich zum Stehen kam, das will geistlich gewürdigt sein, oder es kann gar nicht gewürdigt werden."

[22] KD II 1, 199. — *Barth*, (1933) DThSchB, 75.

[23] KD II, 1, 198.   [24] S. u. S. 153 f.

der Fall gewesen ist."[25] Durch die Ereignisse des Jahres 1933 sind die Kirchenglieder hinsichtlich der „ganz einfachen Frage des Glaubens, der Ordnung und des Lebens ... wieder einmal in die Möglichkeit versetzt, diesen Fragen entsprechend, ganz einfache Antworten, Ja- oder Neinantworten zu geben"[26]. Nicht allein der „status confessionis" schien wieder einmal eingetreten, sondern zugleich der Höhepunkt und das Ende der die Kirche und die Theologie von der Reformation trennenden neuzeitlichen Misere. Jetzt, in der Konfrontation von D.C. und Bekenntnis, schien die Entscheidung über einen fast vierhundertjährigen Irrweg zu fallen.

2.9 Alles, was theologisch gegen die D.C. sprach, hielt Barth auch jenen Theologen kritisch entgegen, die zwar ihrerseits die „Deutschen Christen" ebenfalls bekämpften, dies jedoch aus grundsätzlichen Erwägungen heraus nicht auf der Linie der „Barmer Theologischen Erklärung" tun konnten. Wer in der damaligen kirchengeschichtlichen „Stunde" nicht für Barmen war, der unterstützte, Barth zufolge, unweigerlich die natürliche Theologie der Gegner. Barth erblickte sogar die „betrüblichsten Gestalten des heutigen evangelischen Deutschland" nicht in den Reihen der D.C., „sondern in der Mitte zwischen diesen und der Bekenntnisfront"[27]. Das theologische Programm dieser Mittelpartei (zu der Barth jetzt auch die ehemaligen Weggefährten Gogarten und Brunner rechnete) hielt Barth für eine Repristination der vor 200 Jahren unter dem Namen „vernünftige Orthodoxie" aufgekommenen „Vermittlungstheologie"[28].

2.10 Rückblickend wagte Barth das Urteil: Wer im Jahre 1933 „noch immer im Bann der Theologie des 19. Jahrhunderts stand, der war ... hoffnungslos verurteilt, dem Nationalsozialismus gegenüber und im Kirchenkampf auf irgend ein falsches Pferd zu setzen"[29]. Barth sah sich freilich gezwungen, z. B. im Hinblick auf Brunner[30] oder Bultmann[31], denen

[25] *Barth*, (1934) DThSchB, 129.
[26] AaO. 128.
[27] „Nein!", 238/40. — Siehe auch *Barth* (1933), DthSchB, 68: In dieser Mitte standen, B. zufolge, auch die Mitglieder der erst 1933 entstandenen „Jungreformatorischen Bewegung", unter deren Aufrufen man „nebeneinander" „die Namen Heim, Gogarten, v. Tiling, Jacobi, Lilje, Brunstäd, Knak, Lütgert, Ritter, G. Schulz, Schreiner, W. Stählin" finden konnte.
[28] Vgl. „Nein!", 209/6. 211/8. 243/46. — *Barth*, (1933) DThSchB, 70.
[29] *K. Barth*, Evangelische Theologie im 19. Jahrhundert, ThSt (B) H. 49, 1957, 19.
[30] Vgl. *Brunner*s Selbstzeugnis NuG², VI: „Mit dem Deutschchristentum habe ich nie etwas zu tun gehabt und aus meiner Verurteilung dieser Verwirrung von ihrem Auftreten an kein Hehl gemacht." In einer Wendung gegen Barth fuhr B. fort: „Die Erfahrung in Deutschland wie in anderen Ländern ... scheint mir eindeutig bewiesen zu haben, daß sie [diese Verwirrung] in ganz anderen Gründen als in einer so oder so beschaffenen Anschauung über die allgemeine Offenbarung wurzelt."
[31] 1933 war Barth gegen alle, „die in irgend einem positiven Sinne mit einer

ein „Versagen" im Dritten Reich nicht eben gut vorgeworfen werden konnte, noch anders zu formulieren: Ihr theologisches Abweichen konnte sich Barth nur als eine *Rückkehr* zur Theologie des 19. Jahrhunderts, zu den nach dem Ersten Weltkrieg, wie es zunächst schien, schon verlassenen Fleischtöpfen Ägyptens verständlich machen[32].

3. Die Stellung Emanuel Hirschs. Mit einem Hinweis auf Paul Tillich

3.1 Der Barthschen Haltung im Kirchenkampf genau entgegengesetzt war die theologische Position E. Hirschs[33]. Hirsch bekannte sich zu dem mit dem Kreis um Barth konkurrierenden „jungen nationalen Luthertum"[34]. Kennzeichen dieses Luthertums war es, daß es sich „im innerdeutschen Streit mit leidenschaftlicher Entschlossenheit auf die Seite derer" stellte, „die den durch die Niederlage und Revolution von 1918 gewordenen Zustand innerlich nicht anerkannten und unter Kampf gegen die Ideen von 1918, gegen den Traum einer internationalen, volkseinebnenden Weltkultur demokratischen oder marxistischen Gepräges und pazifistischer Ideologie, dem deutschen Volke den Willen zu sich selbst, zur deutschen Freiheit und zur deutschen Sendung, zum deutschen Neuaufbau bewahren wollten. Dieses Luthertum hielt es für seine Pflicht, die allgemeine Kulturkrise zuallererst als die besondere Lage zu nehmen, unter der

---

natürlichen Theologie od. dgl. arbeiteten", von dem Mißtrauen erfüllt, sie würden bei den D.C. landen. Am 10. VII. 1934 schrieb er jedoch an Bultmann (Briefw B-B, 152 f.): „Seien Sie nun nicht weiter bewegt, daß ich von diesem Mißtrauen in der Tat in dem Maß erfüllt war, daß ich damit gerechnet hatte, Sie bei den D.C. auftauchen zu sehen. Es ist nun einfach durch die Tatsachen bewiesen, daß ich mich in diesem Fall verrechnet hatte und daß also auch in meinem grundsätzlichen Bedenken etwas nicht gestimmt haben kann. Sie müssen mir aber ... zugeben ..., daß Sie es mir nicht leicht gemacht haben, zum vornherein darüber klar zu sein, daß Sie nicht tun würden, was Heidegger nun doch mit Pauken und Trompeten getan hat und ebenso Gogarten, den ich für den von Ihnen geschätzten Normaltheologen halten mußte."
[32] *Barth,* (1933) Anfänge II, 315. — Noch nach dem 2. Weltkrieg warf Barth Bultmann vor, eine „vorkopernikanische" Position einzunehmen, bzw. die theologiegeschichtliche Situation nicht zu begreifen (Rudolf Bultmann. Ein Versuch, ihn zu verstehen, 1952, 53).
[33] 'Ich bin nicht der Meinung *W. Fürsts* (Vorwort zu DThSchB, 10), „daß es sich „keinesfalls" verlohne, Hirschs damalige „Verlautbarungen" noch einmal zu Gehör ... kommen" zu lassen. Einmal erfordert das Verständnis des bei Barth in jenen Jahren gefallenen dogmatischen Entscheidungen auch eine Kenntnis Hirschs. Zum andern ist der deutsche Protestantismus mit dem Phänomen Hirsch sicher noch nicht einfach fertig. Daß es in der Regel mit Stillschweigen bedacht oder als nicht diskussionswürdig geflissentlich übergangen wird, dies ist doch in erster Linie ein verdächtiges Zeichen!
[34] *Hirsch,* aaO. 114. — Da H. von den Lebenden — außer dem „Führer" —

nun eben nach Gottes Willen diese Aufgabe durchzuführen, auf diese Aufgabe hin zu erziehen war"[35].

In diesem Geist betonte Hirsch gegenüber Barth — den übrigen dialektischen Theologen begegnete er jeweils anders — die sich aus Luthers Theologie heraus ergebende ethische Verpflichtung zur geschichtlichen „*Verantwortung* für uns selbst wie für das Ganze, dem wir eingegliedert sind"[36]. Hirsch wollte von seinem Lutherverständnis her über den Horizont einer bloß „abstrakten dialektischen Reflexion über das Göttliche und das Menschliche" hinausgelangen[37]. Ironisch stellte er im Sinne der gängigen Kritik der Lutheraner an Barth fest, die theologische Arbeit sei nicht damit schon geleistet, daß man „das bloß Menschliche als in sich nichts denn gottverloren", und „das Christliche als die lediglich hinzunehmende Botschaft von dem fremden Gott" begreift. Theologisch sachgemäß sei das „Geschichtliche" vielmehr „als ursprünglich gottesinne und gottesentzweit zugleich" zu bestimmen. Denn es sei, abgesehen davon, daß es der Mensch selber aktiv hervorbringe und gestalte, auch „Auffang und Werkzeug" der göttlichen Offenbarung. Unter dieser Voraussetzung aber könne die Theologie ihre Aufgabe nicht so „einfach" anpacken, wie Barth sich dies gestatte. Die Theologie werde vielmehr zu einem „verwikkelten geistigen Ringen". Gelte es doch, wie Hirsch mit Barth gegen Barth formulierte, den „Bruch" gerade nicht zu verleugnen, den Schleiermacher und der Idealismus unsachgemäß „einebneten"[38].

---

niemanden mit Namen nennt, muß aus seiner plastischen Zeichnung der theologischen Fronten seit dem 1. Weltkrieg jeweils erschlossen werden, wogegen er sich abgrenzt, und welches seine eigene Position ist: H. weiß sich als Vertreter der neuen theologischen Generation, die am Zustand der Theologie „vorm Weltkriege" kein Genüge mehr fand (78 ff.). Wie die dialektischen Theologen war H. überzeugt, daß ein „theologischer Neubruch in den letzten Voraussetzungen nötig sei" (91). Und auch bei H. kam es in diesem Zusammenhang zu einem neuen Bedeutsamwerden von „Bibel" und „Reformation" (104 ff.). Die Kritik an Schleiermacher und überhaupt an der idealistischen Spekulation, „die Christentum und Welt geschichtsphilosophisch miteinander versöhnen" wollte, hat H. ebenfalls geteilt (vgl. 113!) Gleichzeitig kam es auch bei ihm zu einer Entdeckung Kierkegaards und der zeitgenössischen „Existentialphilosophie", die H. als das der Gegenwart angemessene Denken begrüßte (45 ff.). Und wie die dialektischen Theologen erblickte H. die Schwäche des Neuprotestantismus darin, daß diesem „das geistige Bewußtsein der Zeit ... zu einer Norm" geworden sei, „die über dem Gottesbewußtsein" gestanden habe (82 vgl. 87). Im übrigen hat H. die These, die D.C. erhöben die Geschichte zu einer zweiten Offenbarungsquelle, interessanterweise grundsätzlich *nicht* akzeptiert (115). Hier war er sich ganz einig mit *H. Kittel,* (aaO. 10) und natürlich auch mit *F. Gogarten* (vgl. Gericht oder Skepsis, 1937, 9 und 20).

[35] *Hirsch,* aaO. 114.
[36] AaO. 109.
[37] AaO. 111. [38] AaO. 113.

11*

152

Besonders betonte Hirsch, sein Gegensatz „zu den Voraussetzungen des
in Vernunft und Freiheit sich vergötternden Geschichtsalters" sei keineswegs bloß politisch oder gefühlsmäßig motiviert. Dieser Gegensatz sei
vielmehr von der lutherischen Ethik her theologisch geboten. Die recht
verstandene lutherische Zweireichelehre dränge zu anderen gesellschaftlichen Lösungen als die Revolution von 1918, die den Geist der modernen
Auflösung aller Bindungen und jeder Verantwortlichkeit innerhalb konkreter Ordnungen geatmet habe: „Zu einer Stunde, da das natürlich-geschichtliche Leben dem Tode oder der Verwesung verfallen schien, entfaltete Lutherische Theologie den Satz, daß es von dem Schöpfer und Herrn
der Geschichte gesetzt und geheiligt sei als Grund und Ordnung unseres
Daseins, für deren rechte Bewahrung und Gestaltung wir als Christen in
gläubiger Dankbarkeit uns Gotte verantwortlich wissen."[39]

3.2 Hirsch war nicht zu Unrecht der Meinung, er bewege sich mit diesen Gedanken in der Nähe Gogartens. Aber er übersah die gleichwohl bestehenden Differenzen[40]. Vor allem im Verständnis der Zweireichelehre
bestand ein bleibender Gegensatz. Zwar wollte auch Gogarten zurück zu
Autorität und Bindung. Aber aus anderen Gründen als Hirsch. Dieser lei-
tete aus der Zweireichelehre einen göttlichen Befehl zur politischen Wiederherstellung von Zucht, Bindung und Ordnung im Sinne des Antimo-
dernismus her. Jenem aber bedeutete eine solche politische „Erneuerung"
nicht eine theologisch in sich selbst gültige Zielsetzung; es ging ihm letzten Endes gar nicht um die „Erhebung" des Volkes. Sondern es lag ihm
bei alledem — so absurd dies klingt — an der Wiederherstellung der
Möglichkeit, am Gesetz zu scheitern[41]! Das „Reich zur Linken" beschäftigte Gogarten also nicht, wie Hirsch, in einer isolierten Weise um seiner

[39] AaO. 114 f.
[40] AaO. 123. Hier begrüßt H. neben der junglutherischen Theologie die Theologie Gogartens als „Vorspiel einer kommenden neuen deutschen Theologie in
neuer deutscher Zeit". — Zu Gogartens Verhältnis zur D.C.-Bewegung, der Gogarten sich im Spätsommer 1933 anschloß und von der er sich — in D.C.-Kreisen
ohnehin nicht recht anerkannt — Ende 1933 wieder lossagte, s. jetzt: *K. W.
Thyssen*, aaO. 217—226. Die Ende 1933 schon zahlreich erfolgten Austritte aus
der D.C.-Bewegung sind z. T. zurückzuführen auf R. Krauses „neuheidnische"
Berliner Sportpalastkundgebung vom 13. 11. 1933. — Vgl. auch *Gogarten*,
(1937) Anfänge II, 333: „Daß ich nicht von ferne daran dachte, für das theologisch undurchdachte und unreife Zeug, das von vielen der ‚Deutschen Christen'
zum Besten gegeben wurde, meine Theologie preiszugeben, das meinte ich, sei
für jeden anständigen Zeitgenossen, der nur ein wenig von mir wußte, selbstverständlich gewesen."
[41] S. o. S. 92 f. — Vgl. bei *Thyssen*, aaO. 208 ff. den letzten Paragraphen des
dritten, der Gogartenschen Zweireichelehre gewidmeten Kapitels: „Die Erfahrung des vernichtenden Gottesgesetzes in der volkhaften Sittlichkeit als Voraussetzung für den Glauben an das Evangelium."

selbst willen[42]. Es ging ihm um die *Gnade*, die dem Menschen nicht anders zukomme als in dem (zum Scheitern verurteilten!) Versuch, dem Willen Gottes verantwortlich zu leben[43]. Gerade an diesem unterschiedlichen Verständnis der Zweireichlehre kommt es also heraus, was Gogarten mit dem Vorwurf gegen Hirsch meinte, dieser sei in einen geistesgeschichtlichen Zirkel hineingeraten, den er mit dem theologischen verwechsle[44].

3.3 Hirsch war nun auch vorsichtig genug, sich nicht ausschließlich auf die genuine lutherische Theologie festzulegen. Wie sich Barth bei seiner Absage an die natürliche Theologie bewußt war, daß er Neuland gegenüber den Reformatoren beschritt, räumte Hirsch ein, die Jung-Lutherischen hätten die „Art der älteren lutherischen Ethik verwandelt". So sei jetzt z. B. nicht mehr der „Staat", sondern das „Volk" mit seiner „Hoheit, quellenden Lebendigkeit und Schicksalhaftigkeit" das „Herzstück konkreten geschichtlichen Gemeinschaftslebens". „Den Menschen, denen durch Krieg, Niederlage, Novemberrevolution und Versailles das deutsche Herz nicht gelähmt, sondern nur umso leidenschaftlicher entflammt worden war, was war ihnen in Nacht und Not aufgegangen? Das Volkstum ... als die ursprüngliche Macht der Geschichte, als der echte Träger von Geist und Zucht und Leben, ja, als die Bereitung zur Begegnung mit Gott." „Wer dem nachdachte", so lautet die Spitze gegen Barth, „dem wurde der Offenbarungs- und Gnadenbegriff aus bloßer christologischer Verengtheit befreit"[45].

Hatte Barth die Barmer Konzentration der Offenbarung auf den Christus der Schrift als wunderbare göttliche Führung verstanden[46], so wertete auch Hirsch die *Ausweitung* der Offenbarung auf die große geschichtliche Stunde des deutschen Volkes nicht als ein Ergebnis theologischer Reflexion, sondern als das Werk göttlicher Ananke, als ein „Wunder": „Der neue Wille ... ist nicht künstlich von uns gemacht: er ist als ein *heiliger Sturm* über uns gekommen und hat uns ergriffen."[47]

3.4 Zur theologischen Legitimation konnte sich Hirsch auch auf P. Tillich berufen[48]. Zwar akzeptierte Hirsch die in Tillichs Theologie enthaltenen Elemente marxistischer Geschichtsphilosophie nicht. Aber Barth und der dialektischen Theologie gegenüber befanden sich die in der Weltan-

---

[42] Siehe auch o. S. 337 ff.

[43] *F. Gogarten*, Gericht oder Skepsis, 1937, 27 u. ö.

[44] *F. Gogarten*, Theologische Tradition und theologische Arbeit, 1927, 37.

[45] *Hirsch*, aaO. 117. — Die Konzentration des Offenbarungsbegriffs auf Christus bedeutete für Hirsch also — im Rückblick auf die Ritschlschule nicht zu Unrecht — *herkömmliche* Theologie, während sie sich Barth allerdings als ein erst noch zu gewinnendes Ziel darstellte.

[46] S. o. S. 148.

[47] *Hirsch*, aaO. 29.

[48] AaO. 121.

schauung voneinander getrennten Wingolfsbrüder Hirsch und Tillich[49] in einer erstaunlich gleichartigen Situation. Deshalb konnten sie auch ihre Kritik an der dialektischen Theologie in z. T. gleichlautenden Formulierungen vortragen! Hirsch stellte fest[50], daß bei den Barthianern dem „Nein zum jungen nationalen Luthertum ein klares eindeutiges Ja zu einer andern konkreten Haltung dem allgemeinen Leben gegenüber nicht zur Seite gegangen ist. Fast möchte man sagen, daß die Theologen der Krise durch das neutestamentliche Gerichts- und Gnadenwort eine weisende Stellungnahme in den unsre Volklichkeit und Geistigkeit zerreißenden Gewissensfragen für eigentlich ausgeschlossen gehalten haben. Sie haben dergleichen für eine Privatangelegenheit des Einzelnen gehalten“[51]. Eine gleichartige Kritik wurde auch von Tillich, noch während der Emigration, vorgebracht[52].

Bei Tillich erblickte Hirsch insofern „formell etwas Verwandtes“, als auch er eine „geschichtliche Entscheidung“ forderte[53]. Hirsch konnte Tillichs „Begriff des *Kairos*, der von Gott gegebenen fordernden geschichtlichen Entscheidungsstunde“, dankbar aufgreifen als eine Schützenhilfe der „Geschichtsphilosophie des theologischen Marxismus“ für das „junge nationale Luthertum“, welches durch diese Vorarbeit „aus der bürgerlichen Enge, die ihm ursprünglich anhaftete“, erlöst worden sei[54].

Tillich nahm hierzu in einem offenen Brief an Hirsch Stellung[55]. Er bestätigte voll die von Hirsch geltend gemachte „Gemeinsamkeit“ in der Grundhaltung[56]! Und er zeigte sich geradezu verwirrt darüber, daß sich Hirsch nun „zu Gogarten statt zu uns“ stelle: „Ich kann das nur als Folge der furchtbaren geistigen Verwirrung aller Fronten im gegenwärtigen geistigen Kampf erklären. Aber zur Entwirrung viel beizutragen hättest Du die geistigen Mittel gehabt. Und daß Du es durch Dein Schweigen über Dein wirkliches Verhältnis [!] zur Arbeit des Religiösen Sozialismus nicht getan hast, das ist es, was ich Dir um der geistigen Lage willen zum Vorwurf mache.“[57] Hirsch mißbrauche die Kategorie des religiösen Sozia-

---

[49] Vgl. Briefw B-Th II, 64.
[50] Und ähnliche Äußerungen finden sich bei *Tillich*, (1923) Anfänge I, 165 ff.
[51] *Hirsch*, aaO. 118.
[52] Vgl. *P. Tillich*, Was ist falsch in der „dialektischen“ Theologie? ChW 50, 1936, 353 ff.
[53] *Hirsch*, aaO. 121.
[54] Ebd. — K. Barth beurteilte das Buch Hirschs, aus dem hier zitiert wurde, 1934 als „theologisch gehaltlose und alle theologischen Elemente entleerende Kairosphilosophie genau so wie die seines religiös-sozialen Antipoden Paul Tillich“ (in: Karl Barth zum Kirchenkampf, ThEx 49, 1956, 21).
[55] *P. Tillich*, Die Theologie des Kairos und die gegenwärtige geistige Lage. ThBl 13, 1934, 305 ff.
[56] AaO. 307.
[57] AaO. 311.

lismus zu einer „priesterlich-sakramentale(n) Weihe des gegenwärtigen Geschehens"[58] und bringe sie dadurch „um ihren tiefsten Sinn"[59]. Er verleugne seine eigene Übereinstimmung mit dem ursprünglichen Gebrauch dieser Kategorien, und darum fehle seinem Buch die geistige Wahrhaftigkeit[60]. — Tillich gab aber die Hoffnung nicht auf, „daß sich in beiden Lagern Theologen und Nichttheologen finden, die in der unverzerrten Kairosidee einen Ausweg aus den Sackgassen finden werden", in die Hirsch, ebenso wie Barth, „auf die Dauer ... Theologie und Kirche hineinführen müssen"[61].

3.5 Der von Hirsch begrüßte Nationalsozialismus war in den ersten Monaten nach der Machtergreifung noch nicht in einer bestimmten Richtung profiliert, sondern für viele Weltanschauungen und politische Vorstellungen offen[62]. Hirsch wollte ihn zum Träger einer geistig-religiösen Wiedergeburt des Deutschtums bestimmen. Man muß Hirsch zubilligen, daß er damals politisch und philosophisch eine konsequentere Haltung vertreten hat als diejenigen, die nach dem Ersten Weltkrieg zwar von der „großen Krise" redeten, nun aber vor der konkret gewordenen Aussicht, ihr entgegenzuwirken, zurückschreckten und insgeheim doch einem Arrangement mit der vordem als nihilistisch und atheistisch geschmähten „Moderne" den Vorzug gaben. Von seiner Begabung und seiner wissenschaftlichen Arbeit her verfügte Hirsch über eine fast unvergleichliche Kenntnis der geistigen Welt des Idealismus, die er als Historiker liebte und deren Zusammenbruch ihm doch eine ausgemachte Sache war[63]. Bei ihm jedenfalls war das Reden von der Krise nicht nur ein aus dumpfer Empfindung heraus riskiertes Gerede, sondern er meinte es — den Weg der neueren Geistesgeschichte bis hin zu Marx und Nietzsche nachzeichnend — begründen zu können, warum die Krise kommen *mußte*[64]. Der Nationalsozialismus war ihm jenes „Irgend etwas", das damals „in irgendeiner Gestalt", wie O. Spengler formulierte[65], kommen mußte, weil die neuere Geschichte mit unheimlicher Folgerichtigkeit in die Auflösung hineingeführt habe. Anstatt in die Humanität habe sie in das, was Hirsch als „Bolschewismus" bezeichnete, geführt: in eine die euroamerikanischen Massendemokratien ebenso wie das Rußland Lenins und Stalins kennzeichnende[66] seelenlose Maschinenwelt, in der der Mensch nur „Objekt"

---

[58] AaO. 312.
[59] AaO. 306.
[60] Ebd.
[61] AaO. 312.
[62] Hierzu z. B. *Mohler*, aaO. 66.
[63] Vgl. z. B. *Hirsch*, aaO. 14.
[64] AaO. 13 ff.
[65] *Spengler*, aaO. VII.
[66] *Hirsch*, aaO. 17 ff.

156

ist, „ein nach Bedarf ein- und aus- und umgebautes Stück einer riesigen Maschine"[67]. Wirklichen „Fortschritt" habe die Entwicklung seit der Aufklärung nicht gebracht. Indem das Leben immer mehr unter Gesichtspunkten durchorganisiert wurde, „die dem dinglichen Wissen und der technischen Wissenschaft entstammen", sei vielmehr zwangsläufig „das Menschentum herabgemindert" worden. Der moderne Mensch habe, zusammen mit den religiösen Wurzeln, seine „wachstümlichen natürlichen Bedingungen" eingebüßt[68].

Daß dies alles nicht bis zum bitteren Ende durchgemacht werden müsse, wenn nur ein kraftvoller Wille aufstünde, dieses Rad aufzuhalten, dies war Hirschs Grundgedanke und Hirschs Hoffnung, aus der sich alles weitere ergab — bis hin zu der Bejahung der Ideologie von „Blut und Rasse"[69] und bis hin zur Kritik an der modernen Judenemanzipation (die sowohl das Judentum zerstört wie den „Wirtsvölkern" die geistigen und religiösen Wurzeln gekostet habe)[70].

Tiefsinnig und zudem die fragwürdige Sache treffend hob Hirsch als den Kern der Vorgänge von 1933 dies hervor: „Das ist die letzte Heimlichkeit des kühnen deutschen Unternehmens von 1933, daß wir — von allen weltgeschichtlichen Beispielen für die Möglichkeit solchen Tuns verlassen[71] — auf dem Boden einer rationalisierten und technisierten Spätkultur, alle ihre Mittel uns zunutze machend, die Macht ursprünglicher Bindungen, die einer Jungkultur eigen ist, wiederherstellen und so die lebenszerstörende Gewalt der Spätkultur überwinden wollen."[72]

3.6 K. Barth schrieb nach der Lektüre der hier referierten Publikation Hirschs, es handle sich um „ein nach allen Seiten wohlüberlegtes und endlich auch einmal ein lesbar und interessant geschriebenes Buch, in welchem sicher bis auf weiteres das Beste am besten gesagt ist, was sich für die Sache der D.C. allenfalls sagen läßt"[73]. Barth wertete somit im Kampf gegen die D.C. Hirsch als den maßgeblichen Gegner[74]. Hatte Hirsch die „gegenwärtige Stunde der Theologie" als einen schicksalhaften Augenblick des „Entweder/Oder" gekennzeichnet, von dem die Zukunft

---

[67] AaO. 17.

[68] AaO. 18.

[69] AaO. 34 f.

[70] AaO. 22 ff.

[71] Vgl. oben S. 148 die fast gleichlautenden Ausführungen Barths über die Situation der *Kirche* zu Beginn des Dritten Reichs.

[72] *Hirsch*, aaO. 29.

[73] In: Karl Barth zum Kirchenkampf, ThEx 49, 1956, 20.

[74] Noch im Jahre 1922 wollte Barth Hirschs „ganzen Widerspruch nicht tragisch ... nehmen". B. schrieb damals unter dem 2. IV. über Hirsch (Briefw. B-Th II, 65): „Er kann ja in der Hauptsache eigentlich doch nicht wider den Stachel löcken ... Aber seine große Kunst wird ihn wohl immer etwas rasend machen und verhindern, daß mir dieser Starke gänzlich zur Beute wird." — Im

des Christentums abhänge, so ließ sich Barth auf seine Weise durchaus auf Hirschs Proklamation einer Entscheidungsstunde ein. Barth nahm die in Hirschs „Entweder/Oder" liegende Herausforderung an und entschied sich für jene Theologie und Kirche, die nach dem Urteil der D.C. den Untergang des Christentums bedeuten mußten.

Doch es scheint, als habe Barth die kirchengeschichtlich weder bedeutsame noch erfolgreiche noch langlebige noch homogene Bewegung der D.C. in ihrer Gefährlichkeit überschätzt. Denn er hatte diese Bewegung, deren Existenz ihm die Richtigkeit seiner „christologischen Konzentration" bestätigte, noch fast sorgsam „gehegt", als schon nach wenigen Monaten deren Zusammenbruch begann. Zwar sah er, daß über die D.C. Ende 1933 (vor allem nach Krauses „Sportpalastrede") die „Katastrophe" hereinbrach. Doch warnte er damals seine theologischen Freunde sogleich vor voreiligem Triumph und nachlassender Wachsamkeit. Wirkliche Erleichterung, meinte er, hätten diese Ereignisse nicht gebracht. Aber noch schlimmere Verheerungen seien für die Zukunft denkbar. Hiergegen sei man noch längst nicht hinreichend gewappnet[75].

Weil Barth die D.C.-Bewegung als Höhepunkt einer vielhundertjährigen Fehlentwicklung des Protestantismus betrachtete, lag ihm damals alles daran, daß sich jetzt, auf dem kritischen Wendepunkt der Fieberkurve, im Raum von Theologie und Kirche eine grundlegende Neuorientierung vollziehe. Freilich: Daß Barth die D.C.-Bewegung geradezu als die Erfüllung aller Wege des neueren Protestantismus hochstilisierte, dies bedeutete sicherlich eine Überzeichnung der theologiegeschichtlichen Zusammenhänge. So haftete seinem Kampf gegen die D.C. etwas von „überschüssiger Reaktion" an, deren freigebliebene Kräfte dann seit 1935 folgerichtig in einen umfassenderen Kampf gegen den faschistischen Staat und seine geistigen Grundlagen eingebracht wurden[76].

Jahre 1934, als Barth die Sache Hirschs tragisch nahm, bestätigte er ihm gleichzeitig, er sei sich vollkommen treu geblieben und rede nicht etwa um der inzwischen veränderten geistigen und politischen Lage willen der Sache der D.C. das Wort. Wenn einer, so sei Hirsch auf seiten der D.C. zum Reden legitimiert (Karl Barth zum Kirchenkampf, ThEx 49, 20).

[75] Karl Barth zum Kirchenkampf, ThEx 49, 13—15.

[76] Zu diesem Umschwung bei Barth siehe etwa *Cornu*, aaO. 53 ff. — Charakteristisches Dokument des Übergangs zum Kampf gegen den Nationalsozialismus ist *K. Barth*, Die Kirche und die politische Frage von heute, 1939. — Vgl. hierzu die Rezension v. *P. Tillich*, Ein Wendepunkt in Karl Barths Denken (1940), in Ges. Werke XII, 324 ff.

4. Zu Brunners Schrift „Natur und Gnade" (1934)

4.1 Als Brunner 1934 „zum Gespräch mit Karl Barth" über die Bedeutsamkeit und Notwendigkeit einer „rechten theologia naturalis"[77] ansetzte, hatte dieser bereits mit ihm gebrochen. Im Vorwort zur englischen Ausgabe seines „Römerbriefs"[78] und auf den ersten Seiten von KD I 1 (1932) hatte Barth die von Brunner seit 1929 literarisch vertretene Diagnose der Situation des Christentums sowie Brunners Umschreibung der sich hieraus ergebenden theologischen Aufgabe („Eristik" als „andere Aufgabe der Theologie"; „Anknüpfung") schroff zurückgewiesen[79]. Im Frühjahr 1933 hielt Barth in Dänemark seinen programmatischen Vortrag „Das erste Gebot als theologisches Axiom", in dem er sich deutlicher als jemals zuvor theologisch von Brunner, Bultmann und Gogarten distanzierte: Bei ihnen drohe über ihrem Ernstnehmen neuzeitlich-anthropologischer Probleme die Offenbarung selbst „zu einem Parergon, zu einem bloßen Schatten" herabzusinken[80]. Deutlicher als je zuvor[81] stellte Barth in diesem Vortrag auch die „natürliche Theologie" als diejenige Größe heraus, welche von einer „wirklichen" Theologie bekämpft werden müsse: „Der im Blick auf das erste Gebot ... unvermeidliche Streit gegen die natürliche Theologie ist ein Streit um den rechten Gehorsam in der Theologie."[82] Im Herbst 1933 ereignete sich dann Barths „Abschied" und „Rücktritt" von „Zwischen den Zeiten" und der definitive Bruch mit Brunner, Bultmann und Gogarten[83].

Die Verdikte, die Barth hierbei aussprach, konnte Brunner wenigstens für seine Person nicht anerkennen. Daß sich sein theologischer Standort, wie auch derjenige Gogartens, bei der von Barth konstruierten homogenen Trias „Katholizismus, Neuprotestantismus, Deutsche Christen" befinden sollte, mußte Brunner extrem abwegig erscheinen: „Ich fühlte mich so sehr als Bundesgenosse Barths gerade auch in dem, was er gegen mich vorbringen zu müssen glaubte, daß ich mich über das Mißverständnis ziemlich leicht hinwegzusetzen vermochte."[84] Freilich: Wenn Brunner da-

---

[77] NuG, 207/44.
[78] ZZ 10, 1932, 185 ff.
[79] KD I 1, 24 ff. — Vgl. auch schon: *K. Barth*, Die Theologie und der heutige Mensch. ZZ 8, 1930, 394 f.
[80] Vorträge III, 141 f.
[81] Doch schon 1930 klagte Barth: „Der Schrei nach der ‚natürlichen' Theologie ertönt schon an allen Ecken und Enden und das Werk ihrer Neubegründung ist ebenfalls an allen Ecken und Enden und in den verschiedensten Aufmachungen im vollen Gang." (ZZ 8, 1930, 395).
[82] Vorträge III, 142.
[83] *Barth*, (1933) Anfänge II, 313 ff.
[84] NuG, 169/3.

mals auch ironisch-irenisch betonte, an den entscheidenden Punkten, auf die sich Barths Kritik bezog, bestehe keinerlei Meinungsverschiedenheit „außer derjenigen auf seiten Barths, daß eine solche bestehe"[85], so konnte es doch niemandem verborgen bleiben, daß sich Brunner mit NuG keineswegs nur als linientreuer Barthianer auszuweisen suchte[86]! „Es geht mir", so war auch hier schon zu lesen, „nicht nur darum, den Makel, den Barth meiner Theologie angeheftet hat, abzutun, sondern vor allem darum, den Stillstand und die Versteifung in falschen Antithesen, die dem theologischen Gespräch bei den Einseitigkeiten Barths droht, überwinden zu helfen."[87] Brunner wollte seine seit Jahren gegen Barths Wendung zum „Dogmatizismus" erhobenen Einwände begründet und zusammenhängend „der öffentlichen Auseinandersetzung" übergeben, nachdem es ihm „trotz langen und ehrlichen Bemühungen nicht gelungen" war, seinen „Freund selbst" von der Richtigkeit seiner Thesen zu überzeugen[88]. Brunner gab also den Vorwurf theologischer Abirrung an Barth zurück.

Die milden und freundschaftlichen Töne, die Brunner in NuG anschlug, verbargen nicht, daß Brunner durch Barths seitherige Kritik tief verletzt war und nun seinerseits „abrechnen" wollte. Daß er diese Kritik z.T. selbst durch allzu schneidige, oft schulmeisterliche „Korrekturen" an Barths Theologie provoziert hatte[89], ist eine andere Sache. Jedenfalls wirkte sich die gefühlsmäßig ambivalente Haltung gegenüber der Person und der Theologie Barths nachteilig auf die Form und den systematischen Gehalt der Schrift NuG aus: Brunner wollte Barth gravierende Mängel nachweisen und dabei gerade Barths Anerkennung gewinnen. Barth aber vermochte hierauf zu diesem Zeitpunkt nur noch mit Härte zu reagieren. In seiner polemischen Antwort „Nein!" nutzte er alle Schwächen der Brunnerschen Schrift aus, ja, er verzeichnete ihr Anliegen oft erheblich. So brachte diese berühmt und berüchtigt gewordene Kontroverse keine sachlich überzeugende Scheidung der Fronten. Sie bedeutete keinen An-

[85] NuG, 172/6.

[86] Vgl. *Volk*, aaO. 16: „Brunner hatte in seiner Schrift, die der Verständigung dienen sollte, ungefähr alles bestritten, was Barth als wesentlich für reformatorisches Offenbarungsverständnis angesehen hatte."

[87] NuG, 170/4. — Den „Makel" erblickte Brunner darin, daß Barth ihn „seinen Lesern als einen durchaus unzuverlässigen Theologen" vorgestellt hatte, „der sowohl nach der Seite des Thomismus als auch nach der Seite des Neuprotestantismus hin verräterische Neigungen zeige" und „zu der unerfreulichen Kategorie der Vermittler" gehöre, „die weder kalt noch warm sind" (NuG, 169/3).

[88] NuG, 170/4.

[89] Vgl. auch die Kritik Brunners an Barth von 1927 (Der Mittler, 6 Anmerkung 1): Barths Verzicht auf eine „Auseinandersetzung mit der Zeit, mit Philosophie und Religion" liefere die Theologie der Gefahr aus, „allmählich einem geistigen Chinesentum zu verfallen".

160

gelpunkt in der Theologiegeschichte, eher eine Sackgasse. Auch im Rahmen der theologischen Arbeit Barths und Brunners selbst stellte sie nicht das entscheidende und letzte Wort zum Problem der natürlichen Theologie dar.

Brunner hatte sich in NuG vorgenommen, seine Ansichten zur natürlichen Theologie mit „Beweisen" aus der Bibel und dem Werk der Reformatoren zu untermauern. Die Frage aber, ob die hier zu gewinnenden dicta probantia heute noch direkt, ohne hermeneutische Vorbesinnung und Interpretation ins theologische Denken aufgenommen werden können, stellte sich Brunner nicht. Vermutlich deshalb nicht, weil er die Theologie- und Geistesgeschichte *nach* der Reformation ohnehin als eine Fehlentwicklung betrachtete. Er glaubte sich mit Barth ganz einig in der kritischen Beurteilung dieser Entwicklung und in der Meinung, die Theologie müsse ihre Prinzipienlehre wieder an der Reformation orientieren[90]. Deshalb war ihm Barths Urteil über seine Arbeit so bitter. Und deshalb erschien ihm auch das Verfahren, etwa bei Calvin Bestätigung für seine Lehre vom „Anknüpfungspunkt" zu suchen, als ein Barth gegenüber gangbarer und beweiskräftiger Weg. Aber der Tatsache, daß die Kontroverse selbst eigentlich durch spezifisch neuzeitliche Probleme veranlaßt war, konnte so doch nicht hinreichend Rechnung getragen werden.

4.2 Im ersten Abschnitt von NuG („Worum es Karl Barth und mir geht") bekannte sich Brunner zu der vor allem durch Barth herbeigeführten theologischen Wende, die den Protestantismus vom allgemeinen Religionsphänomen weg- und zum Wort Gottes hingeführt habe. Brunner belobigte Barth dafür, daß er durch seine bahnbrechende Arbeit „die Themata der Aufklärung", die alle irgendwie um „das deus in nobis" kreisen, von der Liste ernsthafter theologischer Fragestellungen abgesetzt habe. Seit dieser Tat gehe es in der evangelischen Theologie wieder um die „Offenbarung in Jesus Christus"[91]. Es gehe ihm selbst, führte Brunner weiter aus, wie Barth um „die harte, dem Denken unserer Zeit so entgegengesetzte Wahrheit und Botschaft Luthers von der sola gratia, vom gekreuzigten Christus als dem alleinigen Heil der Welt und von der Rechtfertigung allein aus dem Glauben"[92]. Weiter gehe es ihm, ebenso wie Barth, um das reformatorische Prinzip: sola scriptura („... daß in allen Fragen der kirchlichen Verkündigung allein die Schrift Richterin sei") sowie um das servum arbitrium usw. Besonders betonte Brunner, auch er lehre, „daß die Botschaft der Kirche nicht zwei Quellen und Normen hat, etwa die Offenbarung *und* die Vernunft, oder das Wort Gottes *und* die Geschichte, und daß das kirccliche oder christliche Handeln nicht zwei

---

[90] Vgl. NuG, 171/5 f.
[91] NuG, 171/5.
[92] Ebd.

Normen hat, etwa das Gebot *und* die Ordnungen. Der Kampf gegen *dieses* ‚und' ist der Kampf des Elias auf dem Karmel gegen das Hinken auf beiden Seiten und darum der Kampf für die Ehre des wahren Gottes"[93].

Durch dieses Bekenntnis zur reformatorischen Norm meinte Brunner, die Kritik Barths bereits abgefangen und eine Grundlage geschaffen zu haben, von der aus Barths „falsche Konsequenzen" aus den reformatorischen Fundamentallehren nachweisbar würden. Doch selbstverständlich vermochte die behauptete Einigkeit mit Barth in der „Hauptsache"[94] — nämlich in der Anerkennung der vier mit der reformatorischen particula exclusiva gebildeten Verbindungen: sola gratia, sola fide, solo Christo, sola scriptura — Brunner in keiner Weise vor Einwänden Barths zu schützen. Überhaupt war Brunners Rede von der gemeinsam festgehaltenen „Hauptsache" nicht frei von verschleiernder Rhetorik, da ja feststand, daß aus dieser „Hauptsache" bei Barth und Brunner verschiedene „Konsequenzen" gezogen wurden (was eben doch auf Differenzen in den Grundlagen schließen läßt).

Im zweiten Abschnitt von NuG führte Brunner sechs falsche Konsequenzen Barths aus der gemeinsam anerkannten reformatorischen Norm vor[95]. Aber auch hier ist erneut schon die Form unbefriedigend. Offenbar nach dem Vorbild des „Syllabus... errorum..." Pius' IX. konstruierte Brunner eine Thesenfolge, die nicht etwa bereits seine Kritik an Barth zum Ausdruck brachte, sondern das, was Brunner als Barths kurzgefaßte (irrige) Meinung über die natürliche Theologie ansah:

1. Wenn das sola gratia gilt, dann darf nicht behauptet werden, der Mensch weise als ein Sünder irgendwelche Reste einer ursprünglichen „Gottebenbildlichkeit" auf, die sich etwa in seiner „Vernunftnatur", in seiner „Kulturfähigkeit" oder in seiner „Humanität" manifestierten.

2. Wenn das sola scriptura gilt, gibt es keine „allgemeine Offenba-

---

[93] NuG, 171/5 f. — Den Vorwurf, „Theologie des ‚und'" zu treiben, weist *Brunner* zurück, weil er (wie auch Barth selbst in seinem Aufsatz von 1926: Die Kirche und die Kultur) nichts von einem „‚und' der Koordination" wissen wolle, sondern allein das „‚und' der Problematik, der zu erfragenden Beziehung" zwischen Offenbarung und Vernunft (Wirklichkeit) beachtlich finde (NuG 172/6 f.). — Doch hat Brunner die Pointe des Barthschen Vorwurfs, Brunner und Gogarten würden dem reformatorischen „sola scriptura" nicht gerecht, sie führten die Wirklichkeitserfahrung neben der Offenbarung als zweite Quelle und Norm ein, offenbar nicht verstanden. Denn dieser Vorwurf bezog sich gerade auf ihren Versuch, Offenbarung und Wirklichkeit in ihrer wechselseitigen *Beziehung* zu untersuchen. Barth meinte, dabei werde jener anderen Instanz neben der Offenbarung stets das größere Interesse entgegengebracht: „Es ist... in der neueren protestantischen Theologie von Buddeus und Pfaff bis und mit Hirsch und Althaus, Gogarten und Brunner nicht klar, ob ihr Eifer und ihr Pathos nicht... jener anderen Instanz gilt" (1933, Vorträge III, 138. — Vgl. DThSchB, 116).

[94] NuG, 170/4.

[95] Vgl. zum folgenden *Volk*, aaO. 13 ff.

rung" „in der Natur, im Gewissen, in der Geschichte . . .". Es ist dann
überhaupt sinnlos, „zweierlei Offenbarung anzuerkennen". Es gibt nur
die „Christusoffenbarung".

3. Wenn sola gratia im Sinne von solo Christo zu interpretieren ist,
kann nicht zwischen mehreren verschiedenen „Gnaden" unterschieden
werden. Das Reden von Schöpfungs- oder Erhaltungsgnade ist verfehlt.

4. „Dementsprechend" verbietet sich auch das „als heidnischer Gedanke" in die Theologie eingedrungene Reden von „Erhaltungsordnungen".

5. Um des sola gratia im Sinne von solo Christo willen ist es „auch
nicht statthaft von einem ‚Anknüpfungspunkt' des erlösenden Handelns
Gottes zu sprechen".

6. Wenn sola gratia gilt, kann schließlich „in keinem Sinne mit Thomas von Aquin gesagt werden „gratia non tollit naturam sed perficit".
Vielmehr geht es dann beim Gnadengeschehen tatsächlich um „Vernichtung des Alten", um „Neusetzung"[96].

Brunner räumte ein, Barth habe diese, seine Meinung wohl nicht „in
jeder Nuance genau" treffenden sechs Thesen „immer nur gelegentlich,
nie im Zusammenhang . . . expliziert"[97]. Streng genommen verhält es sich
aber überhaupt so, daß die sechs Folgerungen nur ins Gegenteil verkehrt
werden müssen — um *Brunners* Theologieverständnis jener Jahre exakt
zum Ausdruck zu bringen! Insofern hatte Barth recht, wenn er sich von
vornherein weigerte, zu Brunners „Barth"-Thesen zu stehen und sich in
die so wenig kunstgerecht aufgebaute „Schußlinie" dieser Folgerungen
hineinzustellen[98]. Andererseits hat Barth Brunners Meinung akzeptiert,
der Angelpunkt des Streits liege in der Frage der rechten Auslegung und
Anwendung der reformatorischen Norm. In seiner Gegenschrift verlegte
er sich deshalb seinerseits darauf, Brunner die tatsächliche Nichtbeach-
tung der reformatorischen particula exclusiva nachzuweisen. So ist es
Brunner also nicht gelungen, bei Barth ein Gespür dafür zu wecken, daß
dem Problem der natürlichen Theologie in der Neuzeit gerade *um dieser
reformatorischen Norm willen* Bedeutung zukommen könnte[99].

4.3 Der dritte Abschnitt von NuG bringt Brunners Gegenthesen samt

---

[96] NuG, 173 f/7 f.

[97] NuG, 174 f/9.

[98] „Nein!", 213 ff/11 ff. — Vgl.: 216/14, wo Barth schreibt, Brunners Darlegung der Barthschen Ansicht würde „gegen ihn mißtrauisch machen . . ., auch
wenn er sich meiner Ansicht anschließen würde". — Wer verstehen wolle, um
was es in dem Gegensatz Brunner-Barth eigentlich geht, „dessen Auge soll bei-
leibe nicht auf diesem sekundären Widerspruch haften bleiben. Wir standen
schon anderswo, bevor er [Brunner] zu seinem Ja, ich zu meinem Nein in dieser
Sache gekommen waren".

[99] Besser zur Geltung gebracht ist dieser Gesichtspunkt bei *R. Bultmann*, Das
Problem der „natürlichen Theologie", 1933 (GuV I, 294 f.). Auch er weist das
Verständnis natürlicher Theologie im katholischen und im neuprotestantischen

einem kurzgefaßten „Schriftbeweis"[100]; der vierte dogmengeschichtliche
Erwägungen über das Verhältnis des Brunnerschen Theologieverständnisses zur Reformation, zum Thomismus und zum Neuprotestantismus[101].
Der fünfte Abschnitt schließlich ist „eine Schlußausführung über die
theologische und praktische Bedeutsamkeit der Kontroverse, d. h. über das
Interesse, das für Theologie und Kirche an der Ablehnung der Barthschen
Konsequenzen aus seiner richtigen Grundeinstellung liegt"[102]. Der Abschnitt schließt mit der Feststellung: „Es ist die Aufgabe unserer theologischen Generation, sich zur *rechten* theologia naturalis zurückzufinden."[103]
Dieser bekannte Satz aus dem Schlußkapitel von NuG zeigt, daß Brunner
1934 bewußt gegen die Grundvoraussetzungen des Barthschen Theologieverständnisses Front bezog und jenes Thema programmatisch in den Mittelpunkt rückte, von dessen Bekämpfung oder Ignorierung für Barth alles
abhing.

„Daß ich", so schrieb Brunner in der zweiten Auflage von NuG (1935),
„mit der Geltendmachung dieser, in der Kirche bis auf Karl Barth allgemein anerkannten Lehre ,die Geschäfte des Feindes besorgt' habe [so
Barth], kann nur der glauben, der es für weise und erlaubt hält, biblische
Wahrheiten aus kirchenpolitischen Erwägungen heraus zu unterdrük-
ken."[104] Brunner hielt es gerade in der damaligen Situation für dringend
geboten, im Kampf gegen die „Deutschen Christen" zu zeigen, wie *richtig*
von Gottes Schöpfungsoffenbarung gelehrt werden müsse. Er wollte der
D.C.-Bewegung das Argument aus der Hand nehmen, sie — und sie allein
— könne sich auf gewisse biblisch-reformatorische Traditionen berufen,
die eine in Schwierigkeiten geratene dialektische Theologie aus Opportuni-
tätsgründen unterschlage.

Doch war Brunner hier nicht bloß ein gewissenhafter Anwalt des
inopportun Gewordenen. Ihm bedeutete die theologia naturalis nicht nur
eine *trotz* der Zeitumstände festzuhaltende dogmatische Wahrheit, sondern in erster Linie eine *wegen* der aktuellen Verkündigungssituation not-

---

Sinn zurück. Aber gerade eine Theologie, für die „die einzig mögliche Zugangs-
art zu Gott der Glaube ist", die also jedes offene oder verschleierte „est Deus in
nobis" zurückweist, gerade eine solche Theologie, ein solcher Glaube der „gehor-
same(n) Beugung unter Gottes Offenbarung im Wort der Verkündigung" ist
nach B. mit dem Problem der natürlichen Theologie konfrontiert. Bei B. stehen
hinter dieser These letztlich *hermeneutische* Erwägungen. Brunners Interesse an
der theologia naturalis ist dagegen vor allem *pädagogischer Natur* (vgl. NuG,
205 f/42 f.). — Siehe auch unten S. 363.
[100] NuG, 175/9 — 187/22.
[101] NuG, 187/22 — 200/36.
[102] NuG, 200/36 — 207/44. Das Zitat: NuG 175/9.
[103] NuG, 207/44. Hervorhebung von mir (aufgrund der Anweisung *Brunner*s
NuG², 59 f.).
[104] NuG², 55.

wendige Lehre: „Die theologia naturalis ist... entscheidend für das Gespräch mit den Nicht-Gläubigen"[105], denn sie leistet die „begrifflich-intellektuelle Vorarbeit, die Hindernisse für die Verkündigung auf die Seite räumt", und deren Vernachlässigung oder Verachtung „sich in der Kirche bald — und heute mehr als je — als vollkommene Isolierung geltend machen" wird[106]. Daß Barth es bewenden ließ bei der „Hauptarbeit", der Entfaltung des dogmatischen „Was", daß er die Notwendigkeit einer diese Arbeit begleitenden theologischen Besinnung auf das „Wie" nicht anerkannte, dies ist es, was Brunner ihm zum Vorwurf machte[107]. So sind die von Brunner antithetisch zum Barthschen Theologieverständnis entwickelten Gesichtspunkte gleichzeitig auch wieder von einer echten Antithetik frei: Nicht, *was* Barth lehrte, war Gegenstand der Kritik, sondern dies, daß Barth etwas für Brunner zwingend noch zu dieser Lehre Hinzugehöriges betontermaßen *nicht* lehrte. Zur Barthschen Entfaltung des dogmatischen „Was"[108] fügte Brunner also noch einen weiteren Gesichtspunkt hinzu, der die Verkündigungsaufgabe besonders berücksichtigen sollte — wie wenn sich Barths Theologie in dieser Weise nach der Seite der Verkündigung hin überhaupt noch hätte ergänzen lassen; wie wenn aus Barths „Voraussetzungen" in dieser Richtung noch andere und zusätzliche Konsequenzen zu ziehen gewesen wären! Brunner hätte seine Kritik schon nicht bei den „Konsequenzen", sondern viel besser, wie Gogarten es tat, bei den „Voraussetzungen" der Barthschen „Theologie der Verkündigung" ansetzen müssen[109]!

Nicht weniger unglücklich begründete Brunner schließlich die Bedeutsamkeit der theologia naturalis für die Dogmatik selbst: Innerhalb der Dogmatik bringe die natürliche Theologie die *analogia entis* zur Geltung, die „nichts spezifisch Katholisches" sei, „sondern die Basis jeder Theologie, der christlichen so gut wie der heidnischen"[110]. Auch hier konnte Brunner nicht zeigen, Barths Dogmatik sei aufgrund ihrer Verwerfung der analogia entis[111] ohne Wirklichkeitsbezug. Brunner versuchte im Gegenteil den Nachweis, daß auch Barths KD von der analogia entis *lebe*[112], und daß deren Verwerfung also als „Mißverständnis" und „falsche Konsequenz" zu bewerten sei! Brunner beklagte einerseits Barths Diskreditierung dieser Lehre, doch vermochte er andererseits an Barths Dogmatik keinen hieraus

---

[105] NuG, 206/43.
[106] NuG, 206 f/43.
[107] NuG, 206/42 f. und: s. u. S. 344 ff.
[108] Vgl. NuG 169 f/3 f.
[109] Barth über Gogarten, (1933) Anfänge II, 313. — Barth wies später des öfteren darauf hin, daß er seinerzeit, statt gegen Brunner, gegen Gogarten hätte schreiben sollen.
[110] NuG, 204/41.
[111] Vgl. KD I 1, VIII f. u. ö.
[112] NuG, 203/40 mit Bezug auf KD I 1, 139.

resultierenden inhaltlichen Mangel herauszustellen. Er war deshalb zu der problematischen Argumentation gezwungen, Barths Theologie basiere zwar nicht auf der Lehre, wohl aber auf der Tatsache der schöpfungsbedingten „formalen" Verwandtschaft von Gott und Mensch[113]: „So tritt Barth selbst, ohne es zu wissen und zu wollen, für die theologia naturalis, und zwar für ihre schlechtweg fundamentale Bedeutung innerhalb der Theologie ein, ebenso wie er selbst in der Ausführung seiner Theologie seinem Programm ‚Gegen die analogia entis!' widerspricht."[114]

Diese Argumentationsweise hatte zur Folge, daß Barth seine in jenen Jahren taktisch ohnehin günstigere Situation wirklich dazu nützte, um Brunners Anliegen vollständig abzuweisen und zu verurteilen. Damit erhielt die deutschsprachige evangelische Theologie ein Streitthema, das sie dann für Jahrzehnte an vorderster Stelle beschäftigte.

4.4 Im folgenden zweiten Teil der Abhandlung untersuchen wir das Problem der natürlichen Theologie wie es beim Auseinanderbrechen des Kreises von „Zwischen den Zeiten" hervorgetreten ist. Die vier Hauptteile sind sachlich und in der Reihenfolge bezogen auf die Gliederung von Brunners Lehrschrift NuG bzw. von Barths Entgegnung „Nein!": Anthropologie (mit Ontologie und Hermeneutik) — (Schöpfungs-)Offenbarung — Erhaltungsgnade und Ordnungen — Anknüpfungspunkt (und Kontinuität zwischen dem alten" und dem „neuen" Menschen) sind die Leitthemen und bezeichnen die Gebiete der nachfolgenden Untersuchungen.

---

[113] NuG, 203/40.
[114] NuG, 204/40 f.

12 Gestrich

Zweiter Teil

DER STREIT UM NATUR UND GNADE

C) Anthropologie / Ontologie / Hermeneutik

I. Zur Fragestellung

Literatur: K. Barth, Das erste Gebot als theologisches Axiom, 1933, in: Vorträge III, 127 ff. — *E. Busch,* Der Weg der Theologie in Anfechtung und Hoffnung. In: Parrhesia. Karl Barth zum 80. Geburtstag, 1966, 50 ff. — *G. Ebeling,* Zum Verständnis von R. Bultmanns Aufsatz: „Welchen Sinn hat es, von Gott zu reden?" In: WuG II, 343 ff. — *Ders.,* Gott und Wort, 1966 (wieder abgedruckt in WuG II, 396 ff.). — *L. Feuerbach,* Grundsätze der Philosophie der Zukunft, Zürich und Winterthur 1843. — *F. Gogarten,* Das Problem einer theologischen Anthropologie. ZZ 7, 1929, 493 ff. — *E. Jüngel,* Unterwegs zur Sache. BEvTh Bd. 61, 1972. — *K. Löwith,* Gesammelte Abhandlungen. Zur Kritik der geschichtlichen Existenz (1960), 1969². — *K. Rahner,* Artikel: „Theologische Anthropologie", LThK² I, 1957, 618 ff. — *Ders.,* Grundsätzliche Überlegungen zur Anthropologie und Protologie im Rahmen der Theologie. In: Mysterium Salutis II, 1967, 406 ff. — *T. Rendtorff,* Theologie oder Prophetie? Der politische Sinn theologischer Kontroversen, in: Humane Gesellschaft. Beiträge zu ihrer sozialen Gestaltung, hg. v. T. Rendtorff u. A. Rich, 1970, 117 ff. — *D. Rössler,* Interdisziplinäre Forschung als theologisches Programm. In: Die Theologie in der interdisziplinären Forschung, hg. v. J. B. Metz u. T. Rendtorff. Interdisziplinäre Studien Bd. 2, 1971, 73 ff. — *L. Steiger,* Die Hermeneutik als dogmatisches Problem, 1961. — *H. Zahrnt,* Wiederentdeckung der Religion. EvKomment 1972, 521 ff.

1. Möglichkeit, Wirklichkeitsbezug und Notwendigkeit der Theologie

Die evangelische Theologie gelangt gegenwärtig in ein Stadium, das anders ist als die Situation, die die dialektische Theologie voraussetzte und ausfüllte. Die Ausgangsfrage der dialektischen Theologie war, ob Theologie als eine Wissenschaft, die dem Worte Gottes Raum gibt, *möglich* sei[1]. Die hermeneutische Frage wurde radikal gestellt: Können wir überhaupt von Gott reden[2]? Redet die Theologie als eine menschliche Wissenschaft

---

[1] Hierzu jetzt: *Busch,* aaO. 50 ff.
[2] S. o. S. 26 mit Anm. 38.

nicht immer nur von Phänomenen, deren Realgehalt das Anthropologische und Ontologische nicht übersteigt? — Heute dagegen meldet sich die Frage an, ob Theologie als eine Wissenschaft sui generis überhaupt *notwendig* sei[3]. Ob Gott selbst notwendig sei[4]. Ob das christliche Reden von Gott auch noch einen anderen Sinn haben könne als den, eine bestimmte Art der (Mit-)Menschlichkeit eindringlich zu empfehlen. Ob die Theologie recht daran tue, neben die allgemeine Bemühung um den Menschen seit Beginn der Aufklärung eine parallel laufende kirchlich-dogmatische Theorie und Praxis zu stellen[5]. Also: Wozu Theologie?

In dieser Situation interessiert von den Themen, die zum Problembestand der dialektischen Theologie gehörten, gegenwärtig vorzüglich noch die Frage der natürlichen Theologie. Der Kirchenkampf scheint sie unter allzu eingeschränkten geschichtlichen und dogmatischen Aspekten vorschnell tabuiert zu haben. Andererseits verlangt heute niemand mehr nach einer solchen theologia naturalis, wie sie seinerzeit von Barths Gegenspielern gefordert wurde. Zweifellos hat auch dieser ganze Problemkreis einen neuen Akzent erhalten. Im Vordergrund steht nicht mehr die Frage, ob der Mensch auch außerhalb der Christusoffenbarung in einer wirklichen, schöpfungsbedingten Berührung mit Gott stehe. Sondern es geht um die Frage, ob Gott in unserer Wirklichkeit überhaupt einen Ort hat. Auch tritt gegenwärtig das Interesse an der Frage zurück, welche Relevanz dem sog. allgemeinen Wahrheitsbewußtsein und dem sog. natürlichen Selbstverständnis des Menschen für die Theologie zukomme. Dieses Grundproblem der theologia naturalis, wie sie die dialektische Theologie beschäftigte, kehrt sich jetzt um, indem vor allem die Relevanz der Theologie selbst für die allgemeinen gesellschaftlichen und anthropologischen Problemstellungen zur Diskussion steht. Damit wird auch die Frage nach dem Anknüpfungspunkt in der natürlichen Erfahrung ein zweitrangiges Problem. Es geht jedenfalls nicht mehr darum, ob es Phänomene im natürlich-weltlichen Bereich gibt, die der christlichen Botschaft entgegenkommen, sondern darum, ob die christliche Botschaft etwas zu sagen hat, das den Problemen unserer Welt hilfreich entgegenkommt. Sehe ich recht, so hat das Problem der natürlichen Theologie damit eine Wendung genommen, bei der vielleicht ausgerechnet die kompromißlos *gegen* die natürliche Theologie gerichtete Barthsche Dogmatik heute einige weiterführende Denkanstöße vermittelt.

---

[3] Diese Frage ist z. B. in dem von der Theologie angestrebten interdisziplinären Dialog impliziert. Denn hier zeigt sich auch die gegenwärtig empfundene „Identitätskrise" der Theologie, die zugleich eine Relevanzkrise ist (*Rössler*, aaO. 74).

[4] Hierzu *Jüngel*, aaO. 7. — Vgl. *Zahrnt*, aaO. 523.

[5] Diese Frage richtete *T. Rendtorff* immer wieder an die dialektische Theologie.

12*

Die dialektische Theologie, die von der Frage der *Möglichkeit* des Redens von Gott ausgegangen war, sah sich seit der zweiten Hälfte der Zwanziger Jahre mit dem Aufkommen der Existenz-Philosophie und mit dem Aufbrechen des Anthropologie-Problems in den eigenen Reihen vor die weitere Frage des *Wirklichkeitsbezugs* der Theologie gestellt. Damit begann der Streit um die natürliche Theologie. Diese Entwicklung ergab sich im übrigen auch daraus, daß die dialektische Theologie die Möglichkeiten der Verifikation theologischer Rede, über die die liberale Theologie verfügte, preisgegeben hatte. Die Frage der *Notwendigkeit* der Theologie jedoch wurde dann erst von der nächsten Generation in der rückblickenden und verarbeitenden Auseinandersetzung mit der dialektischen Theologie explizit gestellt. G. Ebeling bemängelte an Bultmanns programmatischem Aufsatz *Welchen Sinn hat es, von Gott zu reden?* (1925) das Fehlen dieser Fragestellung: Bultmann hat „zwar die untrennbare Verbundenheit und gemeinsame Verwurzelung des Redens von Gott und des Redens von unserer Existenz in der Situation des Menschen erfaßt". „Doch in sachlicher Hinsicht bleibt dieser Zusammenhang im Dunkel. Er müßte in seiner Begründung von daher verdeutlicht werden, worin denn die Notwendigkeit sowohl des Redens von Gott als auch des Redens von unserer Existenz besteht."[6] Ebeling führte Bultmanns Verhaltenheit gegenüber dieser Frage darauf zurück, daß bei Bultmann bereits die verifikatorische Besinnung auf den Wirklichkeitsbezug der Theologie nicht weit genug vorangetrieben worden sei: Bultmann hat die „Sprachlichkeit des Menschen" nicht entschieden genug als den Horizont entfaltet, wo, zusammen mit der Gottesfrage, „das Grundmenschliche" auf dem Spiel steht[7]. Ebelings eigene Bemühungen um einen zureichenden Wort-Begriff zielten alle darauf, zugleich mit der worthaften „Grundsituation" des Menschen auch den Wirklichkeitshorizont der Vokabel „Gott" zur Sprache zu bringen[8], somit den Wirklichkeitsbezug (und damit auch die Notwendigkeit) der Theologie stringenter auszuführen als in der dialektischen Theologie, somit schließlich falsche Alternativen abzubauen, die seinerzeit das Problem der natürlichen Theologie umlagerten[9]. — Da heute aber auch die-

---

[6] WuG II, 370.

[7] Ebd.

[8] Vgl. *G. Ebeling*, Gott und Wort, 1966, 54 ff. (= WuG II, 416 ff.).

[9] E. hat im Blick, „daß gemäß dem trinitarischen Glauben das Wort die zweite Person der Gottheit ist, Gott also von sich selbst her Wort ist" (aaO 56/417). Die christologische Perspektive führt E. insofern in die Nähe Barths, als sie der — von E. angestrebten — Verifikation des Redens von Gott einen der natürlichen Theologie entgegengesetzten Skopus verleiht: Das Wort „Gott" und das „Wort Gottes" sind letztlich nicht aus unserer sprachlichen Wirklichkeit heraus zu verifizieren, sondern sie verifizieren sich selbst darin, daß sie „unser Sein in der Welt verifizieren" (aaO. 83/429). Doch ist andererseits auch vorausgesetzt, daß in der menschlichen „Grundsituation" – also: in der „Wortsituation" –

ses Fragen nach der Notwendigkeit Gottes und des Redens von ihm bereits wieder problematisiert wird, wäre dieser ganze Komplex, der mit der Frage nach der Möglichkeit der Theologie begann, zu überprüfen. Die im folgenden zu untersuchende kritische Phase der Gesamtentwicklung liegt dort, wo zusammen mit dem Anthropologie-Problem die Frage des Wirklichkeitsbezugs des Redens von Gott in der dialektischen Theologie zu einer Streitfrage wurde.

2. Hundert Jahre alte Fragen

Die Untersuchung der genannten Streitfrage führt uns aus Gründen, die in der seinerzeit kontrovers gewordenen Materie selber liegen, historisch noch weiter zurück bis zum Ausgang der Philosophie des deutschen Idealismus im 19. Jahrhundert. Barth sah sich im Hinblick auf die Entwicklungen bei Brunner, Bultmann und Gogarten wieder mit dem Feuerbach-Problem der Auflösung der Theologie in Anthropologie konfrontiert[10]. Während er selbst betonte, der gesamte Bereich der Anthropologie sei „im Zusammenhang der Dogmatik gewiß nur ein Kapitel unter anderen"[11], sah besonders Gogarten die gesamte Theologie durch die neuzeitliche Anthropologisierung aller Lebensgebiete herausgefordert. Freilich: was Barth ihm unterstellte — die Verwechslung der Theologie mit Anthropologie —, wollte er durchaus vermeiden und mit geeigneteren Mitteln als denen der Barthschen Theologie bekämpfen. Er inaugurierte deshalb eine inzwischen über die Konfessionsgrenzen hinaus relativ erfolgreich gewordene Tendenz, Theologie heute — gerade um sie nicht in Anthropologie aufzulösen — wesentlich als theologische Anthropologie zu betreiben[12]. Zuvor aber bestand bereits seit Herder die Forderung nach ei-

---

immer schon ein Wissen von dem, was das Leben „unverfügbar" „von außen" her trägt und erhellt, aufleuchtet. Deshalb scheint gerade die Besinnung auf das „Wort" geeignet, die Sackgasse einer die Gnade eskamotierenden natürlichen Theologie, aber auch die Sackgasse eines die Erfahrung eskamotierenden Offenbarungspositivismus' zu vermeiden.

[10] Vgl. *Barth*, (1933) Vorträge III, 141 u. ö.

[11] KD III 2, 23.

[12] Vgl. *F. Gogarten*, Das Problem einer theologischen Anthropologie. ZZ 7, 1929, 504 f. — Vgl. ferner z. B. K. Rahners Auffassung, es sei möglich, „alle theologischen Aussagen der ganzen Dogmatik als die einer theologischen Anthropologie zu lesen" (LThK² Bd. I, 1957, 624). — *Ders.*, Mysterium Salutis II, 1967, 406: Die Anthropologie ist „der umgreifende Ort aller Theologie". R. beruft sich hier auf die zeitgenössische protestantische Theologie sowie auf die „Tatsache, daß eine heutige Theologie nicht hinter das in der Philosophie artikulierte Selbstverständnis des Menschen zurück kann noch darf, das von der transzendental-anthropologischen Wende seit Descartes, Kant und über den deutschen Idealismus bis in die heutige Existenz(ial)-philosophie bestimmt ist" (aaO. 414).

ner in der Neuzeit unumgänglichen Einziehung der gesamten *Philosophie* auf Anthropologie[13]. Ferner weist auch die in der dialektischen Theologie geführte Debatte über die Bedeutsamkeit der zeitgenössischen Ich-Du-Philosophie (M. Buber, F. Ebner, E. Grisebach) auf den ausgehenden Idealismus, hier speziell auf Feuerbach[14], zurück. Und schließlich stehen Barths Differenzen mit den von ihm der natürlichen Theologie bezichtigten dialektischen Theologen in einem sachlich bedeutsamen Bezug zum Dreieck Hegel-Marx-Feuerbach. Inspiriert von Hegelschem Denken hat Marx den objektiven Geist gegen Feuerbachs weltlose, von den politisch-ökonomischen Verhältnissen abstrahierende Ich-Du-Problematik zur Geltung gebracht[15]. Von Hegel her hat Barth die Gegenständlichkeit Gottes gegen einen angeblich von Schleiermacher bis Bultmann sich fortschreibenden abstrakten anthropologischen Subjektivismus zur Geltung gebracht. — Es wird im einzelnen zu zeigen sein, warum die innerhalb der dialektischen Theologie aufgebrochenen Diskrepanzen in gewisser Hinsicht vorgebildet sind in hundert Jahre alten Problemstellungen der Philosophie.

Kierkegaard ist besonders zu erwähnen. Er ist der Mittelpunkt, zu dem viele Fäden des Anthropologie-Problems, wie es der dialektischen Theologie sich stellte, zurücklaufen. Seine Kritik des Hegelschen Existenzverständnisses bedeutete für die dialektische Theologie eine erste, imponierende theologische Zurechtrückung des Idealismus als eines Aggregates von Aufklärungsphilosophie und häretischer Theologie. Auch versäumte die dialektische Theologie nicht, die große Bedeutung des Theologen Kierkegaard für die zeitgenössische Existenz-Philosophie hervorzuheben.

Gegenüber dieser theologie- und geistesgeschichtlichen Perspektive spielte die Entwicklung in den sog. Humanwissenschaften für die dialektische Theologie noch eine verhältnismäßig geringe Rolle. Im Grunde sahen sich noch alle dialektischen Theologen vor die Aufgabe gestellt, die anthropologischen Weichenstellungen des Idealismus, die dann Kierkegaards, Feuerbachs, Marx', Schopenhauers und Nietzsches Kritik nach sich zogen, nachträglich auch in der evangelischen Kirchenlehre zu korrigieren. Daneben aber hatten interessanterweise die exakten Wissenschaften vom Menschen bei Barth noch die relativ größte Bedeutung für die theologische Anthropologie[16]. Sonst ist vor allem die Philosophie der Gesprächspartner. Und die Bedeutung der jungen exakten Wissenschaften vom Menschen — Feuerbach bezeichnete sie noch zusammenfassend als

---

[13] *Löwith*, aaO. 41 Anmerkung 62.

[14] *Feuerbachs* Versuch, die idealistische Identitätsphilosophie im Zeichen seiner Entdeckung der Ich-Du-Beziehung aufzusprengen (Grundsätze der Philosophie der Zukunft §§ 57, 61 f., 64 f.).

[15] Vgl. *Löwith*, aaO. 41 f. Anmerkung 64.

[16] S. u. S. 226 ff.

„Physiologie"[17] — ist höchstens eine indirekte, sofern nämlich die moderne Emanzipation dieser Wissenschaften von der Philosophie die letztere in eine kritische Lage gebracht und deren Position der Theologie gegenüber geschwächt hat.

Wenn im 20. Jahrhundert Kierkegaards Einspruch gegen Hegel einer *philosophischen Rezeption* fähig war, die des theologischen Ursprungs des Kierkegaardschen Existentialismus nicht mehr gedachte, so drängten in der Erbfolge des Idealismus und seiner Nachgeschichte doch auch Fragen an, die offenbar eine spezifisch theologische Bearbeitung erforderten. Auch wurde jetzt eine *theologische Rezeption* der Idealismus- und Hegelkritik bei Feuerbach und Marx möglich, die sich durch den philosophischen Ursprung dieser Kritik nicht beirren ließ. Die deutsche Philosophie zwischen den beiden Weltkriegen und die dialektische Theologie setzten weithin bei den gleichen überkommenen Fragestellungen an. Dies vor allem verband z. B. Bultmann mit dem Denken des früheren Heidegger[18]. Der philosophische Einsatz half nach dem Ersten Weltkrieg der dialektischen Theologie, ihre Aufgabe „theologischer", dem Wesen der Theologie angemessener als vordem zu erfassen. Sicherlich ließ umgekehrt auch die dialektische Theologie einen Teil der zeitgenössischen Philosophie wieder „philosophischer" werden. Jedenfalls trat aufgrund der Parallelität der Fragestellungen die Grunddifferenz zwischen Theologie und Philosophie wieder schärfer ans Licht.

Gleichwohl brachte die dialektische Theologie nicht einfach den Abbruch der für die liberale Theologie im 19. Jahrhundert charakteristischen Bemühung, „die Auslegung der geschichtlich vermittelten Wahrheit für den Glauben ... im Horizonte des allgemeinen Wahrheitsbewußtseins und seiner gesellschaftlichen wie politischen Ausbildungen wahrzunehmen". Selbst (und gerade) Barth versuchte nicht, „die Freiheit des Glaubens ausschließlich nach der ihm selbst eigenen Wahrheit zu bestimmen und diese Wahrheit in konsequenter Ausscheidung jedes Zusammenhanges mit der neuzeitlichen Welt zu erfassen"[19]. Tatsächlich war die Herausarbeitung der eigenen Wahrheit und Freiheit des Glaubens sehr genau bezogen auf die Tradition des neuzeitlichen Denkens und vor allem auf die veränderte geistesgeschichtliche Situation nach dem Ersten Weltkrieg, die auch der Philosophie eine Grundlagenbesinnung in der Revision des neuzeitlichen Denkens abverlangte. Wir können deshalb im folgenden T. Rendtorffs Urteil nicht erhärten, daß die in der dialektischen Theologie, insbesondere der Theologie Barths, unter Berufung „auf die unzugängliche Instanz der Offenbarung" vollzogene „Wiederholung des Prozesses der

---

[17] *Feuerbach*, aaO. § 55.
[18] Vgl. *Steiger*, aaO. 199.
[19] Gegen *Rendtorff*, aaO. 133.

Aufklärung in einem radikalen und systematischen Sinne" *ohne vernünftig angebbare Gründe* geschehen sei[20]. Vielmehr erscheint uns die dialektische Theologie als Gesamterscheinung gerade mit dieser Wiederholung auch geistesgeschichtlich durchaus begründet. Sie war nicht durchweg „als Gegenprozeß zur Aufklärung im historischen Sinne konzipiert"[21]. Sie nahm teil an der im 20. Jahrhundert notwendig gewordenen Aufarbeitung der inneren Schwierigkeiten und Widersprüche der Aufklärung — und dies vielfach im Interesse zeitgeschichtlich bedrohter Zielsetzungen der Aufklärung selbst.

II. Zum theologiegeschichtlichen Hintergrund der Kontroverse Brunner—Barth

Literatur (außer vorneuzeitliche Quellen sowie Arbeiten der dialektischen Theologen): *P. Althaus*, Uroffenbarung. Luthertum 1935, 4 ff. — *W. Bachmann*, Gottes Ebenbild. Furche-Studien Bd. 20, 1938. — *P. Barth*, Das Problem der natürlichen Theologie bei Calvin. ThEx H. 18, 1935, 33. — *O. Bauhofer*, Bemerkungen zu E. Brunners christlicher Anthropologie. In: Stimmen der Zeit 134, 1938, 327 ff. — *A. E. Biedermann*, Christliche Dogmatik I (1868), Berlin 1884². — *H. J. Birkner*, Natürliche Theologie und Offenbarungstheologie. NZSTh 3, 1961, 279 ff. — *K. Bornhausen*, Schöpfung, Wandel und Wesen der Religion, 1930. — *P. Brunner*, Allgemeine und besondere Offenbarung in Calvins Institutio. EvTh 1, 1934/35, 189 ff. — *J. G. Fichte*, Die Anweisung zum seligen Leben (1806). WW hg. v. I. H. Fichte, Leipzig 1845/46, Bd. V, 397 ff. — *H. Fischer*, Grundlagenprobleme der Lehre von Urstand und Fall. Ein Beitrag zur Methodenfrage der Theologie. Diss. Marburg 1959. — *J. Gerhard*, Loci Theologici, Tom. II, hg. v. Preuss, Berlin 1864. — *K. Hammer*, Analogia relationis gegen analogia entis. In: Parrhesia. K. Barth zum 80. Geburtstag, 1966, 288 ff. — *M. Heidegger*, Kant und das Problem der Metaphysik (1929), 1951². — *Ders.*, Über den Humanismus, 1947. — *Ders.*, Holzwege (1950), 1963⁴. — *J. Hessen*, Das Problem der theologia naturalis. ZSTh 20, 1943, 163 ff. — *A. Hoffmann*, Zur Lehre der Gottebenbildlichkeit des Menschen in einer neueren protestantischen Theologie und bei Thomas von Aquin. Divus Thomas 19, 1941, 3 ff. — *E. Jüngel*, Der Schritt zurück. Eine Auseinandersetzung mit der Heidegger-Deutung Heinrich Otts. ZThK, 1961, 104 ff. — *M. Kähler*, Die Wissenschaft der christlichen Lehre, Leipzig 1905³. — *I. Kant*, Die Religion innerhalb der Grenzen der bloßen Vernunft (1793), 1794². In: Werke in 6 Bänden hg. v. W. Weischedel, Bd. IV, 1966, 649 ff. — *E. Kinder*, Das vernachlässigte Problem der ‚natürlichen' Gotteserfahrung in der Theologie. KuD 9, 163, 316 ff. — *J.-F. Konrad*, Abbild und Ziel der Schöpfung. Untersuchungen zur Exegese von Gen 1 und 2 in Barths Kirchlicher Dogmatik III, 1. BGbH 5, 1962. — *E. Lämmerzahl*, Der Sündenfall in der Philosophie des deutschen Idealismus. Neue Deutsche Forschungen Abteilung Philosophie, Bd. 3, 1934. — *P. Lange*, Konkrete Theologie? Karl Barth und Friedrich Gogarten „Zwischen den Zeiten" (1922—1933). BSHSTh 19, 1972. — *W. Link*, „Anknüpfung", „Vorverständnis"

---

[20] *Rendtorff*, aaO. 127.
[21] Ebd.

und die Frage der „Theologischen Anthropologie". ThR NF 7 1935, 205 ff., jetzt
in: Heidegger und die Theologie, hg. v. G. Noller, ThB Bd. 38, 1967, 147 ff. —
R. A. Lipsius, Lehrbuch der evangelisch-protestantischen Dogmatik (1876),
Braunschweig 1879². — *W. Lütgert*, Schöpfung und Offenbarung. Eine Theologie des ersten Artikels. BFChTh 2. Reihe, Bd. 34, 1934. — *L. Malevez*, La
pensée d'Emile Brunner sur l'homme et le péché. Son conflit avec la pensée de
Karl Barth. RechSR 34, 1947, 407 ff. — *J. Moltmann*, Theologie in der Welt
der modernen Wissenschaften (1966), in: Perspektiven der Theologie, 1968,
269 ff. — *A. v. Oettingen*, Lutherische Dogmatik II. 1, München 1900. — *Ch.
K. Olearius*, Die Umbildung der altprotestantischen Urstandslehre durch die Auf-
klärungstheologie. Diss. München o. J. — *H. Ott*, Denken und Sein. Der Weg
Martin Heideggers und der Weg der Theologie, 1959. — *W. Pannenberg*, Zur
Bedeutung des Analogiegedankens bei Karl Barth. ThLZ 78, 1953, 17 ff. —
Ders., Artikel „Analogie", in: RGG³ I, 1957, 350 ff. — *H. G. Pöhlmann*, Analogia entis oder Analogia fidei? FSÖTh Bd. 16, 1965. — *E. Przywara*, Um die
Analogia entis. In: In und gegen. Stellungnahmen zur Zeit, 1955, 278 ff. — *J.
Ries*, Die natürliche Gotteserkenntnis in der Theologie der Krisis im Zusammen-
hang mit dem Imagobegriff bei Calvin. Grenzfragen zwischen Theol. u. Phil. 14,
1939. — *A. Ritschl.*, Die christliche Lehre von der Rechtfertigung und Versöhnung. I—III, Bonn 1888 f³. — *J. M. Robinson*, Die deutsche Auseinandersetzung
mit dem späteren Heidegger. In: Der spätere Heidegger und die Theologie, hg.
v. J. M. Robinson u. J. B. Cobb, Neuland in der Theologie Bd. 1, 1964, 15 ff. —
L. Scheffzyk (Hg.), Der Mensch als Bild Gottes. Wege der Forschung Bd.
CXXIV, 1969. — *F. Schiller*, Etwas über die erste Menschengesellschaft nach
dem Leitfaden der mosaischen Urkunde (1790). Sämtl. Werke hg. v. G. Fricke u.
H. G. Göpfert, Bd. IV, 1958, 767 ff. — *A. Schlatter*, Das christliche Dogma, Lahr
u. Stuttgart 1911. — *F. Schleiermacher*, Der christliche Glaube, 1960⁷ (hg. v. M.
Redeker). *E. Schlink*, Der Mensch in der Verkündigung der Kirche, 1936. — *F.
K. Schumann*, Imago Dei (1932). In: Um Kirche und Welt. Gesammelte Aufsätze u. Vorträge, 1936. — *G. Söhngen*, Analogia fidei. Catholica 3, 1934, 113—136
u. 176—208. — *Ders.*, Analogia entis in analogia fidei, in: Antwort. K. Barth
zum 70. Geburtstag. 1956, 266 ff. — *Ders.*, Artikel „Natürliche Theologie",
LThK², Bd. VII, 1962, 811 ff. — *H. Thielicke*, Die Subjekthaftigkeit des Menschen. In: Das Menschenbild im Lichte des Evangeliums. Festschrift zum 60.
Geburtstag E. Brunners. 1950, 65 ff. — *T. F. Torrance*, Calvins Lehre vom Menschen (1948), deutsch 1951. — *E. Troeltsch*, Artikel „Eschatologie", RGG¹ II,
1910, 622 ff. — *H. Volk*, E. Brunners Lehre von der ursprünglichen Gottebenbildlichkeit des Menschen, 1939. — *W. Wieland*, Artikel „Entwicklung II", RGG³
II, 510 ff. — *Erik Wolf*, Artikel „Naturrecht I", RGG³ IV, 1353 ff — *Ernst
Wolf*, Redaktionsbemerkung in EvTh 1, 1934/35, 215 f.

1. Brunners Lehre von der imago Dei und die Kritik Barths

1.1 Der an Gen. 1,26 f. anschließende alte dogmatische Begriff der
imago Dei stand bei Brunner im Zentrum des theologischen Interesses.
„Die Lehre von der imago Dei bestimmt das Schicksal jeder Theologie."[1]

---

[1] *E. Brunner*, Die andere Aufgabe der Theologie, ZZ 7, 1929, 264 Anmerkung
3.

174

Im Anschluß an die lutherische Dogmatik A. v. Oettingens[2] lehrte Brunner bekanntlich, die *materiale* Gottesebenbildlichkeit, die ursprüngliche gottgewollte Art des Menschen (Sein im Wort Gottes, iustitia originalis) sei durch die Sünde restlos zerstört. Doch bleibe der Mensch auch im Zustande sündiger Wesensverkehrung noch in die Gottesbeziehung hineingebunden. Diesen zweiten Gesichtspunkt haben die altprotestantischen Dogmatiker mit dem mißverständlichen, weil quantitativen Begriff des ima-go-„Rests" zur Sprache gebracht. Brunner zog es vor, diesen Gesichtspunkt unter der Kategorie der unverlierbaren *formalen* Gottesebenbildlichkeit festzuhalten[3].

Daß der Sünder formal Gottes Ebenbild bleibt, dies bedeutet für ihn kein Sprungbrett, von dem aus er selbst den Verlust der materialen imago wieder rückgängig machen könnte. Überhaupt hat der Mensch nach Brunner keine natürliche Fähigkeit, dem Willen Gottes zu entsprechen (potentia oboedientialis). Brunners Lehre von der Unverlierbarkeit der formalen imago zielt in eine andere Richtung:

Der formale Sinn der Gottesebenbildlichkeit ist „das Humanum, d. h. dasjenige, was den Menschen, ob er nun Sünder sei oder nicht, vor der gesamten übrigen Kreatur auszeichnet": sein „Subjektsein", seine „Wortfähigkeit", seine „Verantwortlichkeit". Durch die Sünde aber ist der Mensch eben in seinem unverlierbaren Humanum, in seinem menschlichen Wesen, in seinem Personsein verkehrt. Wegen des Verlusts der materialen imago ist er „widerpersönliche Person"[4].

---

[2] NuG, 170/4 Anmerkung 3. — Vgl. die Parallelen bei *A. v. Oettingen*, aaO. 363 f.

[3] NuG, 175—177/9—11. — Zur imago Dei s. auch: FAn, 519 f. sowie: MW, 85 ff. 489 ff. (hier verzichtet Brunner auf den Begriff „formale imago", da seine Unterscheidung einer formalen von der materialen Gottesebenbildlichkeit inzwischen oft als Wiederholung der „katholischen" Unterscheidung zwischen imago und similitudo „mißverstanden" worden sei). — Vgl. ferner *E. Brunner*, Das Wort Gottes und der moderne Mensch, 1937, 54 ff. — *Ders.*, Wahrheit als Begegnung, 1963², 145 ff. — *Ders.*, Dogmatik II, 1950¹, 64 ff., 90 ff. — Zwischen formaler und materialer Gottesebenbildlichkeit unterschieden im 19. Jahrhundert — außer v. Oettingen — auch schon z. B. *Lipsius*, aaO. 331 ff. und *Kähler*, aaO. 270 f. — Terminologisch begegnet diese Unterscheidung aber bereits z. B. bei *Johann Gerhard*, (aaO. 113). Doch hat sie bei G., da der aristotelische Formbegriff zugrunde liegt, eine ganz andere Bedeutung als bei Brunner: Sowohl die materiale wie die formale imago beziehen sich ausschließlich auf die *rectitudo* des Menschen. Und zwar weist die materiale imago auf die Vollkommenheit des Menschen im Urstand hin, die formale aber auf die Vollkommenheit, die dem Menschen aus der Rechtfertigung zuteil wird. Die materiale imago ist die verlorene, die formale die neu geschenkte. Materialiter ist der Mensch protologisch als imago Dei anzusprechen, formaliter aber eschatologisch. Die formale imago ist nicht, wie bei Brunner, die trotz der Sünde erhaltene, sondern die trotz der Sünde sola gratia und sola fide neu geschenkte.

[4] NuG, 175 f/10 f.

Warum Brunner gerade der Kategorie der formalen imago größtes Interesse entgegenbringt, dies erklärt sich aus seinem ständigen Bemühen, die Aussichtslosigkeit eines Humanismus ohne Gott nachzuweisen. Die theologische Pointe seiner Lehre von der Unverlierbarkeit der formalen imago liegt in der Behauptung, der Mensch sei auf Gott angewiesen, schon um sein natürliches Wesen recht zu erkennen, und er bedürfe des Glaubens, schon um seiner natürlichen menschlichen Bestimmung entsprechend zu leben. Negativ gewendet vertritt Brunner die These: Durch die Sünde, durch den Verlust der materialen imago, ist auch des Menschen Vernunft nicht vernünftig, seine Rede und sein Tun nicht verantwortlich, seine Freiheit nicht wirkliche Freiheit[5].

Vom normal-katholischen Begriff der imago Dei, der den Menschen im Anschluß an Augustins Doppelbestimmung imago nennt, weil er vernünftig ist, ferner similitudo, weil er geistlich ist[6], wußte sich Brunner so weit wie nur möglich entfernt. Denn nach Brunners Lehre zerstört die Sünde nicht nur die similitudo, während die natürlichen Fähigkeiten des Menschen intakt blieben. Die Sünde pervertiert nach Brunner gerade das Natürliche[7]!

Mit Barth dagegen meinte Brunner sachlich übereinzustimmen. Die von Barth angemeldeten Bedenken liefen auf einen „Wortstreit" hinaus[8]. Denn auch Barth habe Vernunft, Humanität und Kultur stets als Größen ernst genommen, die „bei aller Fragwürdigkeit von der Offenbarung aus nicht einfach negativ zu bewerten sind". Andererseits sei Brunners eigene Lehre diejenige der Reformatoren[9]. Als dann Barth im Jahre 1948 seine ausgeführte theologische Anthropologie herausbrachte (KD III, 2), glaubte Brunner erst recht, an den entscheidenden Punkten Übereinstimmung feststellen und frühere Streitigkeiten als erledigt betrachten zu dürfen[10].

1.2 Eine entsprechende Reaktion auf seiten Barths blieb aber auch nach dem Zweiten Weltkrieg aus. Barth hat seiner Kritik an Brunners theologischer Anthropologie vor und nach 1945 gleichbleibend die Zuspitzung gegeben, sie stimme mit dem evangelischen Verständnis der *Gnade* nicht überein. Bei Brunner könne der Mensch „seinem Retter nun offenbar doch mit einigen gar nicht üblen Schwimmbewegungen zuhilfe...

---

[5] Wie der Apologet Chr. E. Luthardt kann Brunner sagen, „daß der Mensch sich selbst nur im Glauben richtig verstehen kann", und „daß er nur im christlichen Glauben werden kann, wozu er bestimmt ist" (Die andere Aufgabe der Theologie. ZZ 7, 1929, 261).

[6] De spiritu et anima c. X. MPL 40, 786.

[7] MW, 494 ff. — Siehe auch NuG, 196/32.

[8] NuG, 175/9.

[9] NuG, 175/9 f.

[10] *E. Brunner*, Der neue Barth. Bemerkungen zu Karl Barths Lehre vom Menschen. ZThK 48, 1951, 90. — Vgl. *Ders.*, Dogmatik II, 1950[1], 52.93.

kommen"[11]. Brunner gehe mit „Gnade und Offenbarung" so um, „als ob man sie in der Tasche, als ob man ihre Erkenntnis unter sich statt immer hinter sich und vor sich hätte"[12]. Wie in der katholischen Dogmatik werde dem Menschen eine ihm „von der Schöpfung her eigene und trotz der Sünde verbliebene potentia oboedientialis" zugeschrieben[13]. Brunner wisse von einer „‚Offenbarungsmächtigkeit' des Menschen" zu reden[14]. „Der Mensch", schrieb Barth 1948 mit Bezug auf Brunners Monographie *Der Mensch im Widerspruch* (1937[1]), „scheint bei Brunner frei, sein Sein und Wesen *entweder* in der Treue *oder* in der Untreue gegen Gott zu realisieren, *entweder* Gott *oder* auch sich selbst oder den Teufel zu seinem Herrn zu erwählen"[15] usw. — Für Barth war dies des Rätsels Lösung: Brunner redet trotz seines Bekenntnisses zum reformatorischen Gnadenverständnis und trotz seines Vorhabens einer schriftgemäßen Anthropologie faktisch doch „neutral" vom Menschen. Er zeichnet den Menschen, wie dies auch im Katholizismus, im Neuprotestantismus und in aller Philosophie geschehe, in einer „abstrakten" Freiheit[16].

War dies wirklich des Rätsels Lösung? Zunächst scheint ein abgründiges Mißverständnis vorzuliegen. Jedenfalls war nicht dies strittig, ob das sola gratia in der Anthropologie „streng" gelten müsse, sondern *wie* es hier „streng" zur Geltung gebracht werde. Das punctum saliens der Kontroverse liegt offenbar in dem Umstand, daß das 20. Jahrhundert unter geschichtlichen Bedingungen steht, unter denen sich wirkliche Kontinuität zur Lehre der Reformatoren schwieriger darstellt als Brunner, vielleicht auch als Barth annahmen. Insofern könnte die gesamte Kontroverse über die natürliche Theologie als ein Streit darüber verstanden werden, wie in der *Gegenwart* reformatorisches Gnadenverständnis stringent zu explizieren sei.

Barth empfand Brunners Insistieren auf einem „Können" und „Vermögen" des natürlichen Menschen als befremdlich und verdächtig. An der reformatorischen Theologie gemessen, schien Brunners Anthropologie mit ihrer Betonung einer dem Sünder unverlierbar verbleibenden „Mächtigkeit" und „Fähigkeit" am Abwegigen orientiert. Was heißt hier Können, wenn der Mensch auf Gottes Gnade angewiesen ist? Das ist Barths notorische Frage.

---

[11] „Nein!", 225/24.

[12] „Nein!", 216/14.

[13] „Nein!", 220 f/19.

[14] „Nein!", 217/16. — Es handelt sich hier um ein Falschzitat. Brunner spricht tatsächlich von einer Offenbarungsmächtigkeit der *Schöpfung*. S. hierzu *Brunner*s Anmerkung 12a aus dem Jahre 1965 im Wiederabdruck von NuG (DThSchB, 183 f.).

[15] KD III 2, 156.

[16] Ebd. — Vgl. „Nein!" 222 f/21 f. — *Brunner* weist dies als Mißverständnis zurück (Der neue Barth. ZThK 48, 1951, 92).

1.3 Aber nun bewegt sich Brunner von vornherein nicht in jenem theologischen Sprachzusammenhang, bei dem ihn Barth behaften möchte. Er fragt nicht nach der *Möglichkeit* der Gnade und des Glaubens, sondern nach deren *Wirklichkeit*, nach deren anthropologischer Relevanz[17]. Und ferner stellt er ausgerechnet im Rahmen des klassischen philosophischen Verständnisses des Menschen die Frage nach den uns *gegenüber dem Tier* auszeichnenden „Kapazitäten"! Er tritt in die traditionelle philosophische Fragestellung ein, um dann in einer eristischen Wendung seine These zu explizieren, es sei allerdings das Menschsein des Menschen *nicht* unabhängig vom Gottesverhältnis definierbar und realisierbar. Er bekämpft ein philosophisch-natürliches Verständnis des Menschen „ohne Gott", also die Meinung, eine theologisch „neutrale Humanität" dürfe „als die eigentliche Natur des Menschen" gelten[18]. Und deshalb ist ihm die aus einer ganz anderen Richtung kommende Behauptung Barths, Brunner rede philosophisch „neutral" vom Menschen, schlechterdings nicht verständlich! Lautet doch Brunners notorische These, es gebe „kein zuerst rational zu verstehendes Wesen des Menschen als Menschen, keine losgelöst von der Gottesbeziehung zu verstehende Menschennatur, zu der dann die Gottesbeziehung als ‚Übernatürliches' hinzukäme"[19].

Brunner will nachweisen, daß eine „rein säkulare Kultur" immer „der tieferen Menschlichkeit bar" ist, „was in der Umkehrung heißen würde, daß die reinste Menschlichkeit dort zu finden ist, wo nicht der Mensch, sondern Gott in der Mitte steht"[20]. Das neuzeitliche Denken habe die reformatorische Einsicht verloren, daß die „autonome Vernunft" „der eigentliche Sündenkern, der Herd des Widerspruchs im Menschenwesen" ist. „Denn tatsächlich ist die Vernunft eben nicht autonom, ist der Mensch auch in seiner Vernunft nicht gottgleich ..., wird er am allerwenigsten frei dadurch, daß er sich vom Grund seiner Freiheit, vom Worte Gottes, emanzipiert"[21].

1.4 Barths Anfrage, ob Brunner dem Menschen neben formalen tatsächlich nicht doch auch materiale „Fähigkeiten" zugebilligt habe, traf — von Brunner aus gesehen — ins Leere. Der Mensch kann der Gnade Gottes nicht von sich aus entgegenkommen. Andererseits gehört aber zur formalen imago im Sinne Brunners selbstverständlich auch der jeweilige Materialaspekt: das Sein in der Sünde *oder* das Sein in der Gnade[22]. Eben

---

[17] Dies wird allerdings heftig kritisiert bei *Link*, aaO. 152 ff. (vgl. auch u. S. 364 ff.).

[18] MW, 113.

[19] Ebd.

[20] MW, 39.

[21] MW, 473.

[22] „Nein!", 227/26 f. u. ö. — NuG², 49: „Jedes Formale ist, selbstverständlich, auch ein Inhaltliches."

deshalb ist die Unterscheidung zwischen materialer und formaler imago bei Brunner „kategorial" verstanden[23].

Anscheinend brach der theologische Gegensatz aber an der Stelle auf, wo ihn Barth *nicht* suchte: bei der „Selbstverständlichkeit", „daß der Mensch der Mensch und keine Katze ist"[24]. Brunner und Barth hätten wahrscheinlich fruchtbarer disputiert, hätten sie gemeinschaftlich danach gefragt, von wo her diese Aussage tatsächlich möglich und schließlich auch selbstverständlich wird. Denn auch Barths gesamte theologische Arbeit setzte sich, meist stillschweigend, mit der Tatsache auseinander, daß es dem neueren Denken allgemein *nicht* mehr sicher und selbstverständlich ist, was den Menschen zum Menschen macht, und was ihn vom Tier unterscheidet[24a]. Mit Brunner aber hätte darüber geredet werden müssen, ob sein theologisches Verfahren, das philosophische Denken zu entsichern, Aporien an ihm auszuweisen, den „Vernunftwahn" oder das Streben nach „Gottgleichheit" des modernen Menschen zu demaskieren und schließlich

---

[23] NuG, 176/11.

[24] „Nein"! 225/26 f. — S. auch: 218/17. — Vgl. hierzu NuG, 176/10 f. sowie FAn, 520 f.: „Als ob es nicht göttliche Gnade wäre, daß wir Menschen und nicht Tiere sind!" „Gott ist Mensch und nicht Tier geworden; damit ist die unbedingte Auszeichnung des Menschen vor aller übrigen Kreatur, die schon Genesis I als Schöpfungswort deutlich ausgesprochen ist, an höchster Stelle wiederholt." — *Barth* bezeichnete Brunners „Feststellung, daß der Mensch der Mensch sei", als „Belanglosigkeit" („Nein!", 227/27). Natürlich sei der Mensch „auch als Sünder der Mensch und keine Schildkröte. Aber ist seine Vernunft darum ‚geeigneter', zur Wesensbestimmung *Gottes* zu dienen, als irgend etwas Anderes in der Welt"? („Nein!", 218/16. Hervorhebung von mir). — In KD III 2 suchte *Barth* dann eine *historische Erklärung* dafür, daß diese „Belanglosigkeit" in der Theologie überhaupt hochgespielt werden konnte: In der zweiten Hälfte des 19. Jahrhunderts kam die protestantische Theologie angesichts der naturwissenschaftlichen Bestreitung der „besondere(n) Existenz eines von seiner Umwelt geschiedenen *Menschen*" in Bedrängnis. Denn auf die Sonderstellung des mit einem „fromme(n) Selbstbewußtsein" ausgestatteten Menschen „hatte man sich ja hinsichtlich der Gottesfrage zurückgezogen". Doch nun rächte es sich, daß man im Anschluß an die Bewußtseinstheologie Schleiermachers „keine Besonderheit Gottes im Verhältnis zur Welt" mehr anzugeben wußte. Sehr folgerichtig wurde jetzt eben auch die „Besonderheit des Menschen im Verhältnis zu seiner Umwelt" fragwürdig. Auf das obsolete Unternehmen der Gottesbeweise folgten jetzt ebenso obsolete „Beweise des Menschen" (KD III 2, 92 f.). „Das 19. Jahrhundert war darum ein düsteres Jahrhundert ohnegleichen, weil es die Zeit war, in der der Mensch gleichzeitig mit einem ruckartigen Fortschritt in der Entfaltung seiner Möglichkeiten sich selbst ein Unbekannter wurde..." — „gerade jetzt wurde es ihm undeutlich, was ihn vom Tier unterscheidet"! „Gerade dieses Jahrhundert mußte das Jahrhundert des Menschenaffen und des Affenmenschen werden. Nicht Darwin machte es dazu, sondern weil es den wirklichen Menschen nicht mehr sah vor allen seinen Möglichkeiten, darum mußte es seinen Darwin haben...; (KD III 2, 104). — Vgl. hierzu S. 254 f.

[24a] S. Anm. 24. — Vgl. auch schon Röm², 254.

ein überlegenes Denken vom Glauben her anzubieten — ob dieses Verfahren an der bestehenden Situation nicht ganz vorbeirede, ob es wirklich zweckmäßig und als eine evangelische Lehre auch dogmatisch hinreichend durchdacht sei.

Barth stellte Brunners Verfahren unter den Pelagianismusverdacht. Während Brunner, Bultmann und Gogarten die unzulänglichen Leistungen der Bartschen Theologie auf dem Gebiete der Anthropologie rügten, äußerte Barth ihnen allen gegenüber den Verdacht, sie könnten von ihren Voraussetzungen her der evangelischen Gnadenlehre nicht genügen. Dabei hatten sie alle sogar vornehmlich die Absicht, in unserer durch die Neuzeit geprägten, dem reformatorischen Verständnis der Sünde und der Gnade entfremdeten Zeit den Sprachraum für die evangelische Gnadenlehre wiederzugewinnen. Im Rahmen einer von der Offenbarung herkommenden Theologie des Natürlichen versuchten sie, Sünde und Gnade wieder als die Grundbestimmungen des Menschen herauszustellen. Und nichts lag ihnen ferner als das von Barth ihnen unterstellte Eindringen in Gottes Gnade bzw. Offenbarung vom Menschen aus[25].

Barth hatte Anfang der dreißiger Jahre die natürliche Theologie abgelehnt, weil er — und darin stimmten ihm alle zu! — die „Theologie", die der „natürliche Mensch" hat, wohl als Ausdruck sündiger Selbstbehauptung, nicht aber als Eingangstor zur wirklichen Offenbarung, nicht als eine Anknüpfungsmöglichkeit für wahres Gottesverständnis gelten lassen

---

[25] Vor allem gegen Gogarten schrieb *Barth*, KD I 1, 134: „Analyse des Menschen im Lichte einer Offenbarung Gottes von der Schöpfung her als introitus zu dem inneren Zirkel der eigentlichen, auf die revelatio specialis sich gründenden Theologie — das ist doch noch immer das Wesen und die Absicht aller natürlichen Theologie gewesen." Damit war aber die Meinung Gogartens in dessen — von Barth hier herangezogenem — Aufsatz „Das Problem einer theologischen Anthropologie" (ZZ 7, 1929, 493 ff.) nicht getroffen. Denn hier geht es Gogarten um eine Theologie, die — wie auch Brunner dies forderte — den Menschen nicht ohne Gott und Gott nicht losgelöst vom Menschen versteht. Die in der Theologie immer gleichzeitig vorzunehmende Verstehensbewegung von Gott zum Menschen und vom Menschen zu Gott hin bezeichnet G. als einen „Zirkel" (496). Kritisch aber wendet sich G. gegen die im Neuprotestantismus geübte Methode, Gott und Offenbarung von psychologisch-anthropologischen Gegebenheiten aus zu erschließen. Von diesen Gegebenheiten aus, schreibt G., wollte man jenen Zirkel „auflösen". Man wollte „von außen in ihn hineindringen". „Indessen gibt es keine Möglichkeit in diesen Zirkel dadurch einzudringen, daß man Mensch und Gott zunächst als zwei in der Welt vorhandene und jede aus sich zu begreifende Größen versteht" (498). Formal ganz im Sinne Barths stellt G. weiter fest, daß man von einer vom Christusgeschehen abgezogenen Geschichte aus *niemals* in den Offenbarungszirkel eindringen kann, weil diese Geschichte doch „die furchtbare Geschichte der Sünde ... ist" (499). Barth hat hier offenbar alles durcheinandergebracht und mißverstanden. Das zeigt sich an seiner These, G. wolle aus einem ersten, äußeren natürlich-theologischen Zirkel in einen zweiten, inneren christologischen Zirkel hineinspringen.

180

konnte[26]. In dieses spezifische Verständnis der natürlichen Theologie —
Eindringen in Gottes Gnade und Offenbarung — ordnete er die ganz anders gemeinten Entwürfe der ehemaligen Mitarbeiter ein. Ratlos fragte
er, was Brunner eigentlich wolle, „wenn er das . . . nicht will"[27]? Doch indem Barth in der Gereiztheit eines Mannes, bei dem sich bereits ganz andere Lösungen vorbereiteten (ohne daß er sie jetzt schon überzeugend zu
explizieren vermochte), das Problem der natürlichen Theologie beharrlich
hierauf hinausspielte, gelang es ihm einstweilen, sich der auf der Gegenseite tatsächlich erhobenen Forderung der Verifikation theologischer Aussagen zu entziehen.

Dabei hatte Barth damals schon den Angelpunkt des Streits nicht einfach verfehlt, wenn er die Frage der Übereinstimmung mit der evangelischen Gnadenlehre aufwarf. Muß sich doch alle theologische Verifikationsbemühung fragen lassen, ob sie auch das Unvermögen der Theologie,
die Wahrheit der christlichen Botschaft einleuchtend zu machen, berücksichtigt habe? Ob sie wirklich in keiner Weise mit dem konkurriere, was
nur das Werk des Hl. Geistes sein kann? Ob nicht vielleicht bei lauterster
missionarischer Absicht doch eine fragwürdige Art von Pietismus mit dem

---

Tatsächlich redet G. ja nicht, wie Barth unterstellt, von zwei Zirkeln oder zwei
konzentrischen Kreisen, sondern eben — wie auch Barth dies grundsätzlich für
richtig hält — nur von *einem* Zirkel, der sich G. aus der Notwendigkeit, das Anthropologische vom Theologischen und das Theologische vom Anthropologischen
her zu verstehen, ergibt. Barths eigene Fassung dieses einen Zirkels weicht hiervon nur insofern ab, als Barth abwandelnd formuliert: „Verständnis des Menschen hat Verständnis Gottes zur Voraussetzung; Verständnis Gottes schließt
aber auch immer Verständnis des Menschen in sich" (KD I 1, 132). Beide Satz-
hälften schließen sich bei Barth, anders als bei G., tautologisch zusammen. Es
heißt beidemale: Vom Verständnis Gottes kommt es zum Verständnis des Menschen. Der Weg geht nur von oben nach unten, von der Christologie zur Anthropologie, nicht umgekehrt. Somit ist aber das, was Barth als den einen, einzigen
fest geschlossenen Zirkel der Theologie bezeichnet in Wahrheit gar kein „Zirkel", sondern, im Sinne Barths formuliert, eine „Einbahnstraße". In der Kritik
an G. aber interpretiert Barth auf eine absurde Weise das, was bei G. lediglich
als eine Zirkel*hälfte* figuriert, nämlich die Verstehensbewegung von oben nach
unten, von Gott zum Menschen hin, bereits als einen vollständigen Zirkel, nämlich als den inneren christologischen Kreis. Die bei G. — hermeneutisch selbstverständlich — den Zirkel als Zirkel überhaupt erst konstituierende rückläufige
Verstehensbemühung vom Menschen zu Gott hin wird von Barth entsprechend
als äußerer, natürlich-theologischer Kreis fixiert. Durch diese unsachgemäße Zer-
legung des G.schen Satzes von der Zirkelstruktur theologischen Verstehens in
zwei gegeneinander isolierte Figuren bzw. Vorgänge hat sich Barth hier die Behauptung und Verurteilung einer anthropologischen Restriktion der Offenbarung
viel zu leicht gemacht.

Weiteres hierzu jetzt bei *Lange*, aaO. 250 ff. — Für die Parallelen in der Kontroverse Barth—Bultmann: s. u. S. 275 ff.

[26] Vgl. KD II 1, 158.
[27] „Nein!", 221/20 (vgl. 218/17).

christlichen Glauben als mit der Lösung philosophischer Aporien zu operieren beginne? Das Vorhaben einer Verifikation theologischer Aussagen stellt jedenfalls immer vor die schwierigsten dogmatischen bzw. hermeneutischen Probleme. Schon die anscheinend jeder Theologengeneration neu sich stellende Aufgabe, den Gegenstand der Theologie in die Koordinaten des gegenwärtigen Wahrheitsbewußtseins hinein zu „übersetzen", hat ihre großen Schwierigkeiten. Der Gegenstand der Theologie müßte dann dem übersetzenden Theologen schon gegeben, schon ganz und gar bekannt und greifbar sein. Tatsächlich sehen wir heute besonders deutlich den Versuch, das theologische Erbe zeitgemäß zu verantworten, in ein Dilemma hineinführen: Die Theologie kann ihren Gegenstand weder einfach in die Koordinaten des neuzeitlichen Wahrheitsbewußtseins hinein „übersetzen" — denn damit hätte sie ihn auch schon verraten, oder gar nicht verstanden, oder bereits über ihn verfügt, als über eine von der Theologie aus einleuchtend zu machende und vom Menschen aus ergreifbare Wahrheit. Noch kann sie offensichtlich diesen Übersetzungsversuch unterlassen — sie würde sich sonst geistig isolieren und vor der Aufgabe einer theologischen Kritik und Mitgestaltung des neuzeitlichen Denkens resignieren.

Unausgesprochen stand hinter Barths und Brunners Auseinandersetzung über das Problem der Anthropologie die Streitfrage, unter welchen Bedingungen die evangelische Theologie im 20. Jahrhundert überhaupt arbeite. Präsentierte sich z. B. Brunners imago-Dei-Lehre selbst als eine möglichst getreue Wiederholung reformatorischer Anthropologie, so knüpfte sie de facto doch an Fragestellungen an, die für die Theologie erst in der Neuzeit aktuell wurden. Dies bedeutete eine Quelle der Verwirrung, derer die Gesprächspartner damals nicht Herr wurden. Im folgenden soll deshalb der Bezug ihrer Kontroverse zu den Hauptproblemen theologischer Anthropologie in der Neuzeit aufgezeigt und der theologiegeschichtliche Hintergrund ausgeleuchtet werden.

2. Calvin und Brunner über den Menschen

Weil Calvin die extreme Flacianische Aussage, „daß die Erbsünde die Substanz des Menschen ausmache", vermied und folglich auch „das Wesen des gegenwärtigen Menschen" noch in gewissem Sinne als imago Dei anzusprechen vermochte, deshalb galt seiner Anthropologie Brunners besonderes Interesse[28]. Calvin hatte zwar die gemeinreformatorische Lehre vertreten, daß mit der Zerstörung der iustitia originalis durch die Sünde

[28] NuG, 192/27. — Den Streit zwischen Flacius und Strigel hielt *Brunner* für „unentscheidbar" (MW, 138 f. Anmerkung 2). Für *Barth* lag das größere sachliche Recht bei Flacius (vgl. KD III 2, 29 ff.).

13 Gestrich

auch das natürlich-vernünftige Wesen des Menschen verkehrt und verdorben sei[29]. Doch gerade diese reformatorisch radikale Sündenlehre nötigte ihn, immerhin die Existenz gewisser dunkler „Reste" der verlorenen Gottesebenbildlichkeit anzuerkennen[30]. Vergleicht man nämlich den Menschen mit dem Tier, so könne nicht geleugnet werden, meinte Calvin, daß der Mensch die Kennzeichen einer geschöpflichen Vorzugsstellung besitzt — auch wenn er sich oft genug schlimmer als ein Tier benimmt und aus eigener Kraft unfähig ist, seiner geschöpflichen Bestimmung zu genügen[31]. Um aber bei der imago-Dei-Lehre alle Vorsicht walten zu lassen, wollte Calvin von einer restweise noch erhaltenen Gottesebenbildlichkeit nicht generell, sondern überhaupt nur in natürlich-biologischer Hinsicht sprechen. Zugleich betonte er, die eigentlich interessante geistliche Gottesebenbildlichkeit könne am Menschen selbst nicht mehr erkannt werden[32]. Wie Brunner wußte, bestimmte Calvin den geistlichen Sinn der imago *christologisch,* „da Christus das Urbild jenes Abbildes, der menschlichen imago ist", und ferner *soteriologisch,* da „der volle Inhalt der imago Dei nur aus der reparatio, aus der regeneratio durch Christus und den Heiligen Geist erkennbar ist"[33].

Nun behauptete Brunner aber, nicht etwa dieser Begriff der geistlichen imago, sondern die Lehre vom imago-„Rest" bilde „geradezu eine der tragenden Säulen" der gesamten Calvinischen Theologie und Ethik. Mit diesem „Rest" werde bei Calvin „das ganze humanum", „die Vernunftnatur" usw. „identifiziert"[34]. Wir werden sehen, daß diese Brunnersche Interpretation auf einer Eintragung späterer theologiegeschichtlicher Erfahrungen mit dem Begriff des imago-„Rests" in die Calvintexte beruht.

Ohne für seine eigene Lehre entsprechende Konsequenzen zu ziehen, räumte Brunner in NuG immerhin ein, „die Reformatoren" hätten ihrem Zorn über die katholische Behauptung einer intakten menschlichen Vernunft und eines intakten freien Willens nur nach einer Seite hin, nämlich „nach oben, nach der Seite der Soteriologie" hin, lehrmäßig Rechnung getragen. Sie hätten es jedoch unterlassen, auch „nach unten", nach der Seite der Anthropologie hin, die theologischen Konsequenzen aus ihrer berechtigten Ablehnung der scholastischen Natur- und Willenslehre zu formulieren. So erklärte es sich, daß *darüber* heute „kaum ein protestantischer Theologe richtig Bescheid weiß"[35]. Brunner empfand es als eine Pionierarbeit, heute zu zeigen, wie die evangelische Gnadenlehre auch eine

---

[29] Z. B. Inst. (1559) I, 15,3. — Siehe auch *Torrance,* aaO. 37 Anmerkung 1.
[30] Z. B. Inst. (1559) II, 2, 12 ff.
[31] Ebd.
[32] Vgl. *Torrance,* aaO. 94.
[33] NuG, 191/26 f.
[34] NuG, 192/28.
[35] NuG, 197/33.

Vernunftkritik impliziert und überhaupt erst ein sachgemäßes Verständnis des Natürlichen eröffnet. Demgegenüber, meinte Brunner, sei es den Reformatoren primär doch in einer gewissen Einseitigkeit um die Wiederentdeckung und das rechte Verständnis der evangelischen Gnadenlehre selbst gegangen.

Brunners Schrift NuG wäre weniger problematisch ausgefallen, hätte Brunner an der von ihm selbst bezeichneten Stelle tatsächlich eine hermeneutisch reflektierte Distanz zur Lehre der Reformatoren gewahrt. In Wirklichkeit schloß er aber, um den „Katholizismus"-Vorwurf Barths abzuwehren, alle Ausführungen in NuG oft bis in den Wortlaut hinein aufs engste an Calvintexte an — so als ob nun doch keinerlei Verschiebung des dogmatischen Interesses bestünde. Darüber hinaus teilte er mit, er habe vorsichtigerweise von besonders ungeschützten naturtheologischen Aussagen bei Calvin nicht einmal Gebrauch gemacht. Er habe sich die massivsten Beweise dafür, daß eine christliche theologia naturalis im Rahmen reformatorischer Lehre möglich sei, entgehen lassen[36]. Dies entsprach zwar den Tatsachen. Doch gerade mit diesem Hinweis erfüllte sich das Maß der im Verhältnis Brunners zu Calvin bestehenden hermeneutischen Verwirrung.

Es liegt auf der Hand, daß Calvin nicht nur unbefangener, sondern eben auch in einer anders qualifizierten Weise naturtheologische Aussagen machen konnte als dies in der Neuzeit, zumal in der Situation zwischen den beiden Weltkriegen, möglich war. Calvin *durfte* den Lesern seiner Institutio — sogar in der Absicht, die Wahrheit der doctrina Christiana als evident auszuweisen — die Natur als theatron göttlicher Schöpferherrlichkeit vor Augen führen[37]. Er setzte sich damit nicht eo ipso dem Verdacht aus, Offenbarung und Gnade semipelagianisch mißzuverstehen. Anders verhält es sich offenbar bei dem Versuch einer Repristination dieser Lehrweise im 20. Jahrhundert. Hat doch der Naturbegriff inzwischen eine komplizierte Geschichte durchlaufen und sich vielfach gewandelt[38]. Und gilt die Natur selbst inzwischen doch in einem theologisch legitimen Sinn vor allem als das Feld und auch als die Schranke kreativer menschlicher Selbstverwirklichung.

Um Brunners problematischen Calvinismus anzugreifen, hätten Barth und andere die Berufung auf jene Klammer „si integer *stetisset* Adam", innerhalb derer angeblich *alles* Naturtheologische in Calvins Institutio gesagt und gemeint sei[39], nicht nötig gehabt. Daß diese Berufung exegetisch hinreichend gesichert ist, scheint ohnehin zweifelhaft. Man hätte sich im

---

[36] NuG, 187/22.
[37] Vgl. Inst. (1559) I, 5,1 ff. u. ö.
[38] Vgl. etwa die Hinweise bei *Erik Wolf*, in RGG³, IV, 1355.
[39] Inst. (1559) I, 2,1. — *P. Brunner*, Allgemeine u. besondere Offenbarung in Calvins Institutio. EvTh 1, 1934/35, 197 (hierzu auch die redaktionelle Anmer-

Umkreis Barths wohl besser darauf berufen, daß Brunners systematische Verwertung der Institutio selbst dann, wenn sie im Formalen exakt und überhaupt aus erster Hand gearbeitet gewesen wäre, sachlich doch nicht in Ordnung ging: Als eine Übernahme dogmatischer Begriffe, deren ontologischer Sinn und deren Basis sich in der Neuzeit verschoben hat, war Brunners Verfahren unhaltbar.

Wenn aber z. B. Peter Barth, Brunners Calvininterpretation kritisierend, auf die von Calvin gelehrte Verderbtheit der dem Sünder verbliebenen natürlichen Gaben[40] oder auf den nach Calvin an den Hl. Geist gebundenen Wunder-Charakter der Wiedergeburt aufmerksam machte[41], so ist festzustellen: Gerade hierauf hat auch Brunner in NuG hingewiesen. Und es entsprach dies auch seiner eigenen theologischen Auffassung[42]. Nicht derartige Diskrepanzen gegenüber Calvin machten Brunners Lehrsätze fragwürdig. Aber es mußte im Gegenteil die „Verwirrung"[43] über Brunners Aufstellungen desto größer werden, je besser es Brunner tatsächlich gelang, seine dogmatischen Ziele mit dem Duktus und Wortlaut der Äußerungen Calvins genau zu verbinden.

3. Das Gewichtig-Werden des imago-»Restes« in der altprotestantischen Orthodoxie

In NuG ist der Mensch „formal" von seiner Sprachlichkeit her verstanden. Dadurch schien eine fundamentale Aporie jeder nichttheologischen modernen Anthropologie demonstrierbar zu werden: Wenn die Existenz des Menschen ganz auf das Vernehmen-Können (der Mensch hat „Vernunft"), auf das Sprechen-Können (der Mensch ist „wortfähig") und auf das Antworten-Müssen (der Mensch ist „verantwortlich") eingestellt ist[44], so geraten Philosophie und Wissenschaft in Verlegenheit, sollen sie Auskunft geben, wer den Menschen zuerst angesprochen hat und ihn zu einer mit seiner ganzen Existenz zu erteilenden Antwort nötigt. Sind Vernunft, Verantwortlichkeit, Wortfähigkeit usw. die Humanzentren, in denen sich die Entscheidung über das Verfehlen oder Nicht-Verfehlen der Existenz vollzieht, so weiß Philosophie doch nicht, nach welcher Seite sich der Mensch hier entscheiden muß. Gerade darum ist aber für Brunner die

---

kung von E. Wolf, EvTh 1, 1934/35, 216). — Ferner: „Nein!", 240/42 sowie 243/45.

[40] Peter Barth, aaO. 33.
[41] AaO. 37.
[42] NuG, 175/10 sowie 185 f./20 f.
[43] Vgl. „Nein!", 235/36.
[44] NuG, 176/10 f.

formale imago, durch die hindurch „entweder Gott oder Abgott" über den Menschen herrscht[45], identisch mit dem „Anknüpfungspunkt"[46].

Brunners Begriff der formalen imago oder des Anknüpfungspunktes schließt aber mit dieser seiner systematischen Intention nicht unmittelbar an Calvins Begriff des imago-„Rests" an. Vielmehr setzt er die Entwicklung voraus, welche die imago-Dei-Lehre seit und mit der altprotestantischen Orthodoxie genommen hat. In dieser Entwicklung war der „Rest-Begriff" im Zuge der Auseinandersetzung mit dem neuzeitlichen Denken immer gewichtiger geworden. Doch gleichzeitig wurden, wie auch bei Brunner, die in den Bekenntnisschriften des 16. Jahrhunderts zusammengefaßten reformatorischen Bestimmungen der Gottesebenbildlichkeit[47] noch vollumfänglich beibehalten. Ja, jetzt erst wurden „die radikalsten Formeln für die Verderbtheit der menschlichen Natur durch die Erbsünde geprägt"[48].

Reformatoren und Bekenntnisschriften hatten den *ganzen Menschen* einschließlich seines natürlich-vernünftigen Wesens einerseits unter dem Aspekt der Erbsünde, andererseits unter dem Aspekt der Gnade gesehen[49]. Und so wollte auch Brunner den Menschen wieder verstehen. Demgegenüber hatte vor allem die Aufklärung, antikes Gedankengut aufnehmend, den ganzen Menschen von der Vernunft her zu begreifen versucht. Auch sie ließ sich also nicht darauf ein, mit der mittelalterlichen Scholastik ein natürlich-rationales von einem übernatürlichen Wesen des Menschen zu unterscheiden. In dieser Hinsicht setzte sie die generalisierende Tendenz und den Radikalismus der reformatorischen Anthropologie fort. Aber war bei Calvin der von der Sünde verdunkelte imago-„Rest" nur ein glimmendes Lämpchen gewesen, in das hinein die Offenbarung erst das Licht zu bringen hatte, so fungierte jetzt die natürliche Vernunft als die Sonne, die sogar Licht in die dunklen Probleme der Offenbarung bzw. deren biblischer Urkunde bringen sollte. Im 16. Jahrhundert hatte noch gegenüber der mittelalterlichen scholastischen Anthropologie das reformatorische Verständnis des ganzen Menschen (einschließlich seiner Vernunftnatur) von der Sünde bzw. von der Gnade her befreiend gewirkt (und daher auch die Grundsituation des Menschen mit Evidenz erfaßt). Diese Evi-

[45] MW, 31 u. ö.
[46] NuG, 183/18.
[47] Vgl. neben CA II besonders: Sol. Decl. I, 10 (De peccato originis): „... quod sit per omnia totalis carentia, defectus seu privatio concreatae in paradiso iustitiae originalis seu imaginis Dei."
[48] *Schumann*, aaO. 122.
[49] Man könnte — auf die scholastische imago-Lehre zurückblickend — sagen: In der Reformation wurde der Mensch nicht mehr als imago *und* similitudo verstanden, sondern ausschließlich von dem her definiert, was die Tradition in den Begriff similitudo hineingelegt hatte.

denz verlagerte sich aber in der neuzeitlichen „Umstellung"[50] der reformatorischen Erkenntnisordnung zunehmend aufs Naturrechtliche und Rationale.

Bereits für die altprotestantische Orthodoxie trat durch das Aufleben der Philosophie die Vernunft in ein konkurrierendes Verhältnis zu der Weise, wie die (Erb-)Sünde und die Gnade nach reformatorischer Lehre die ganze menschliche Existenz bestimmen. Seither ließ sich die äußere Gestalt der reformatorischen Anthropologie, welche ja von der „materialen" imago, von der verlorenen und dem Glauben wieder verheißenen iustitia originalis her konzipiert war, immer weniger konservieren. Der Einbruch der Aufklärung war in der Tat an jener Stelle erfolgt, wo Calvin noch ohne Mißtrauen, ja mit Dankbarkeit gewisse „Reste" der verlorenen Gottesebenbildlichkeit konstatierte. Hier war jetzt der Ort, wo es, von der Philosophie aus gesehen, ums Ganze ging, und wo für eine um das reformatorische Erbe besorgte Theologie Natur und Gnade, Vernunft und Offenbarung miteinander auf dem Spiel standen. Von dieser Stelle aus hat seither alle theologische Apologetik das Problem der Anthropologie neu in Angriff genommen. Und auch Brunner hat den inzwischen so amplifizierten „Rest"-Begriff als das Terrain akzeptiert, auf dem über das rechte Verständnis des Menschen als imago Dei die Entscheidung fallen müsse.

4. Das Problematisch-Werden des „heilsgeschichtlichen Rahmens" der Dogmatik etwa seit 1700

4.1 Ein weiterer Einbruch in die reformatorische Anthropologie ereignete sich an der Wende vom 17. zum 18. Jahrhundert im Zusammenhang mit der seit der Renaissance fortschreitenden Transformation des mittelalterlichen Gedankens einer heilsgeschichtlichen Weltgeschichte (oder kosmischen Heilsgeschichte) in ein heilsgeschichtliches Verständnis der individuellen Existenz[51]. Es wurden jetzt die Stadien, die die Welt von der Schöpfung bis zu ihrem endgeschichtlichen Ziel durchlaufen sollte — in der idealistischen Philosophie besonders gut sichtbar; im Pietismus, der den äußeren heilsgeschichtlichen Rahmen unangetastet ließ, formal noch

---

[50] Vgl. *Söhngen*, LThK² VII, 815. — *Birkner*, aaO. 284 f.

[51] Die Anfänge dieses „Entmythologisierungsprozesses" sind wohl in Dantes „Divina Commedia" erkennbar, von der *Troeltsch* (RGG¹ II, 632) schrieb: „Sie wendet die kirchliche Eschatologie instinktiv ins Subjektive, macht die Anschauung der drei Jenseitsreiche zu einem Mittel des Aufstiegs und der Entwicklung der Seele, die in der Erkenntnis der selbstzerstörenden Wirkung des Bösen, der beseligenden Schmerzen der Reinigung, der steigenden Gottesnähe der Gereinigten und der Vereinigung aller Seligen in der Gottesliebe die Entwicklung und Bestimmung der Seele überhaupt beschreibt."

weniger deutlich — auf den inneren Weg des Individuums von seiner menschlichen Bestimmung hin zu seiner Vollendung, vom „Sollen" zum „Sein", von der Geburt bis zur Wiedergeburt übertragen. Urzeit und Endzeit verschwanden im Nebel eines für die Praxis bedeutungslos gewordenen Mythos. Die beiden Polenden der mittelalterlichen Welt- und Lebensanschauung wurden gekappt. Das Individuum, dessen Existenz praktisch nicht mehr in ein äußeres, weltgeschichtliches Heilsgeschehen „eingebettet" gedacht werden konnte, wurde auf sich gestellt. Es konnte sich jetzt nicht mehr von einer kosmischen heilsgeschichtlichen Bewegung mitnehmen lassen; es hatte seine Bestimmung selbst zu verwirklichen. Und so wurde auch die Wirklichkeit selbst anthropologisiert.

4.2 In diesen Zusammenhang gehört die durch den Pietismus inaugurierte Erweiterung des altprotestantischen Lehrstücks „de homine" um die Lehre vom „wiedergeborenen Menschen". In der altprotestantischen Dogmatik waren die Lehre von der Wiedergeburt und die Lehre vom Menschen noch getrennt. Erstere gehörte in den Gesamtzusammenhang des nach der Christologie abzuhandelnden sog. ordo salutis. Letztere hatte ihren Ort vor der Christologie im Zusammenhang der Lehre vom Urstand und vom Sündenfall. Die Theologie des Pietismus scheint nun die Absicht der Orthodoxie durchkreuzt zu haben, den ordo salutis schon durch seine Stellung innerhalb der Dogmatik als göttliches Gnadenhandeln auszuweisen. Der ordo salutis kennzeichnet nun auch menschliche Erlebnisse.

E. Schlink hat auf diesen Vorgang aufmerksam gemacht und ihn als den Ursprung der Verderbnis der neueren protestantischen Theologie interpretiert. Dieser Vorgang habe fatale Konsequenzen gezeitigt bis hin zu Brunner, Bultmann und Gogarten[52]. Seit der pietistischen Auflösung des ordo salutis in die Anthropologie hinein sei der Mensch nicht mehr nur Gegenstand *eines* theologischen Lehrstücks, sondern der Erkenntnisgrund *aller* loci der Dogmatik. Ein gewaltiger Zustrom natürlicher Theologie habe die Dogmatik in Anthropologie verwandelt. „Der Begriff der imago Dei wurde immer weiter und seines eigentlichen Inhaltes zugunsten psychologischer und moralischer Bestimmungen beraubt. Zunehmend wurden allerlei unabhängig von der Offenbarung mögliche Aussagen über den Menschen Inhalt ‚theologischer' Anthropologie."[53] Mit dem Pietismus „setzte die Entwicklung ein, die dann die christliche Erfahrung, das christliche Bewußtsein usw. an entscheidender Stelle neben Gottes Wort stellt oder ihm gar vorordnet"[54].

Schlinks Interpretation wird dem Vorgang allerdings nicht ohne weiteres gerecht. Die „christliche Erfahrung", die im 18. Jahrhundert „vorge-

---

[52] *Schlink*, aaO. 11.
[53] AaO. 7.
[54] AaO. 5 f.

188

ordnet" zu werden begann, war jedenfalls durch das Verblassen des Gedankens einer kosmischen Heilsgeschichte sowie durch das Vordringen
philosophischer Empiriebegriffe zunächst gerade etwas Fragliches geworden. Die experientia Christiana hatte im Vergleich zur Reformationszeit
ihre Selbstverständlichkeit verloren. Deshalb rückte jetzt mit dem Stichwort „christliche Erfahrung" auch nicht dasjenige ins Zentrum, worüber
der natürliche Mensch aus eigener Kraft verfügt, sondern im Gegenteil
das, was der christliche Mensch jetzt wie ein verlorenes Gut suchte. Er
suchte in der Krise des älteren heilsgeschichtlichen Gedankens einen neu-
en Bezugsrahmen, eine neue Möglichkeit der existentiellen Verifikation
für den Glauben.

4.3 Wenn im 18. Jahrhundert ein Glaube an die kontinuierliche Höherentwicklung der menschlichen Gattung das ältere heilsgeschichtliche
Denken ablöste, so scheint damals freilich nur eine neue natürliche Theologie eine frühere natürliche Theologie abgelöst zu haben. Die Entmythologisierung von „Urzeit" und „Endzeit" brachte im Resultat anscheinend
nur einen neuen Mythos hervor. Doch ist zu jenem älteren mythologisch-
heilsgeschichtlichen Rahmen noch folgendes zu bemerken: Sein Wegfall
hatte den eigentümlichen dogmatischen Effekt, daß weniger eine bestimmte natürliche Theologie verloren ging, vielmehr der christologische
und soteriologische Grund des Glaubens selbst problematisch wurde. Denn
der mythologische, heilsgeschichtliche Rahmen hatte das Wissen um ein
göttliches Gehaltensein und Sich-Empfangen von außen her eben ein gutes Stück weit geradezu garantiert. Das besonders von der dialektischen
Theologie konstatierte Elend der Theologie des 19. Jahrhunderts — Moralisierung des Jesusbildes, Psychologisierung des Glaubens — ist eines der
Ergebnisse der neuzeitlichen Destruktion dieses Rahmens.

4.4 Wie zufällig entdeckten in dieser Situation einzelne Exegeten am
Ende des 19. Jahrhunderts neu den restlos eschatologischen Charakter des
Neuen Testaments! Und wenig später entdeckte man auch, daß eine bib-
lisch orientierte Theologie an Gottes Schöpfungsoffenbarung und an den
Schöpfungsordnungen nicht vorbeigehen dürfe. *Zwischen* diesen beiden
Entdeckungen aber ist die dialektische Theologie entstanden! Barth,
Brunner, Bultmann und Gogarten stehen alle auf dem Boden dieser dop-
pelten neuen Begegnung mit dem „ur-geschichtlichen" Sprachgrund der
Bibel und der neuen Frage nach einem Jenseits der Geschichte und der
Existenz.

Mit der Wiederentdeckung der Kategorie des Schöpfungsmäßigen
schien sich der heilsgeschichtliche Kreis, wie er z. B. der altprotestantischen Theologie noch feststand, erneut wieder zu schließen[55]. Daher erlag
E. Brunner auch der Illusion, seine theologia naturalis sei unerläßlich für

---

[55] Vgl. hierzu KD II 1, 718 f.

die Wiederherstellung einer reformationsgetreuen Theologie. Doch handelte es sich nicht einfach um eine Restauration des früheren heilsgeschichtlichen Rahmens. Denn die neue Entdeckung der Eschatologie und die Wiederentdeckung der Schöpfung boten zwei nebeneinander her laufende, voneinander unabhängige Möglichkeiten, aus der anthropozentrischen Verengtheit des neueren Protestantismus wieder herauszufinden. Zuerst wirkte die Eschatologie, dann die Protologie wie ein ungeheuerer Sog, der jeweils das ganze theologische Lehrgebäude an sich zu reißen und zu erneuern bestrebt war. Beide Bewegungen waren also von Haus aus nicht auf gegenseitige Ergänzung ausgerichtet. Erst der dialektischen Theologie bot sich dann die Möglichkeit, durch eine naheliegende Verbindung der beiden neuen Bewegungen problematische Verdichtungen bald beim einen, bald beim anderen Polende der Dogmatik zu vermeiden[56].

Die zeitlich nacheinander erfolgten eschatologischen und protologischen Erneuerungsbewegungen selbst hatten, je für sich, mit einer Wiederherstellung des traditionellen heilsgeschichtlichen Spannungsbogens von Hause aus nichts zu tun. Vielmehr reagierten sie beide jeweils auf ein bestimmtes philosophisches Wirklichkeitsverständnis: Zuerst erfuhr am Ende des 19. Jahrhunderts das teleologische Denken des Idealismus eine äußerste theologische Radikalisierung und Kritik durch die Eschatologie. Dann erfuhr am Anfang des 20. Jahrhunderts ein konservativeres Ursprungs- und Erfahrungsdenken eine äußerste theologische Radikalisierung und Kritik durch eine neue Schöpfungstheologie. Beide Male sollte das Gottesthema wiedergefunden und die Existenz an ein tragendes und umgreifendes ganz Anderes zurückgebunden werden.

4.5 Sowohl die protologische wie die eschatologische Perspektive der Dogmatik, die sich den dialektischen Theologen wieder eröffneten, waren mit Fragestellungen durchsetzt, an denen die neuzeitliche Philosophie und der neuere Protestantismus mitgearbeitet hatten. So war auch Brunners Vorstoß zu einer neuen Theologie der Schöpfung, zu einer reformatorischen theologia naturalis, von der Protologie und natürlichen Theologie der Reformatoren selbst durch ein dazwischengekommenes, kompliziertes geschichtliches Erbe unterschieden. Die dialektischen Theologen vermochten sich zu diesem neueren Erbe, das im folgenden genauer anzugeben ist, nicht in ein einheitliches Verhältnis zu setzen. Deshalb kann von hier aus das Konfliktsmoment, das die dialektische Theologie spaltete, schließlich präziser erfaßt werden.

---

[56] S. o. S. 57.

5. Die „teleologische" Orientierung der Theologie im 19. Jahrhundert

5.1 Spätestens seit Kant und dem Idealismus war es schwierig geworden, die Lehre vom Menschen auf herkömmliche Weise im Zusammenhang der Schöpfungslehre und der Hamartiologie zu entfalten. Miteinander hatten die philosophische, die historische und die naturwissenschaftliche Kritik der alttestamentlichen Schöpfungsberichte die herkömmliche dogmatische Lehre vom Menschen revisionsbedürftig werden lassen. Die theologische Rede vom „Protoplasten" Adam[57] war nicht mehr zu halten. Das noch von Luther und der altprotestantischen Orthodoxie gezeichnete Bild eines in ursprünglicher paradiesischer anthropologischer Vollkommenheit und Machtfülle lebenden ersten Menschenpaares[58] war anstößig und unglaubwürdig geworden. Und so schien es auch unmöglich, weiterhin eine erste menschliche Seinsweise in der iustitia originalis zu lehren, die dann durch den Sündenfall verlorengegangen sei.

Auch die hier aufgetretenen Schwierigkeiten nötigten zu einer Destruktion oder Modifikation des klassischen heilsgeschichtlichen Aufrisses der Dogmatik. Diese schon vom Pietismus seit Spener her datierende[59] und im 19. Jahrhundert dann immer wieder in Angriff genommene Aufgabenstellung zeitigte einen überraschenden dogmatischen Nebenertrag: Gewisse Grundintentionen der reformatorischen Theologie ließen sich jetzt sogar schärfer herausarbeiten als dies früher möglich war. So urteilte z. B. F. K. Schumann, es sei „eine echte und ursprunghafte dogmatische Notwendigkeit" gewesen, daß bereits die altprotestantische Orthodoxie die reformatorische iustitia-originalis-Anthropologie formell in den Hintergrund treten ließ. Von einem „Urstand" dürfe die Dogmatik nicht ausgehen. Denn niemals sollte die Theologie „von einem irgendwie und irgendwoher angenommenen Gottesverhältnis der Sündlosigkeit, der iustitia, her entscheiden wollen, welches die Bedeutung und das Amt Christi sei; vielmehr kann sie erst von Christus her sagen, was iustitia sei"[60].

Im 19. Jahrhundert, an dessen Beginn bereits Fichte den Gedanken einer Schöpfung als des Anfangs der Historie mit Nachdruck bekämpft hatte[61], waren sowohl Schleiermacher[62] und seine Schüler wie auch die von

---

[57] Vgl. *Olearius,* aaO. 54 ff. — Zum Grundsätzlichen: die Monographien von *Benz* und *Fischer.*

[58] Vgl. WA 42, 46, 16—27.

[59] Vgl. *Ritschl,* aaO. Bd. 3, 8.

[60] *Schumann,* aaO. 122—125.

[61] *Fichte,* WW V, 479: Die „Annahme einer Schöpfung" ist „der absolute Grundirrtum aller falschen Metaphysik und Religionslehre"; „eine Schöpfung läßt sich gar nicht ordentlich denken".

[62] Vgl. die §§ 60 f. der zweiten Auflage der „Glaubenslehre". — *W. Lütgert*

Hegel ausgegangenen Theologen bemüht, den sog. status integritatis so zu interpretieren, daß er nicht mehr als der historische Anfang der Menschheit erscheinen mußte. Man sagte jetzt etwa, wie der von Hegel geprägte Zürcher Dogmatiker Biedermann, was die „Kirchenlehre in Form eines vollkommenen ersten Zustands" beschreibe, das sei nichts anderes als „das Moment der göttlichen Bestimmung des Menschen zum Geist"[63]. Zeittypisch ist an dieser Äußerung, daß die frühere protologische Bestimmtheit der Anthropologie jetzt durch eine teleologisch ausgerichtete Lehre vom Menschen ersetzt wurde. Christologie und Soteriologie, die durch die Krise des traditionellen heilsgeschichtlichen Rahmens bedroht schienen, gelangten so doch wieder, zusammen mit den Lehren vom Hl. Geist und vom Reiche Gottes, zu einer zentralen Bedeutsamkeit für die theologische Anthropologie[64]. Noch A. Schlatter bemerkte lapidar: „Zum Anfang der Menschheit führt uns keine sichere Wahrnehmung zurück." Doch ist im Vorblick auf das Reich Jesu Christi zu sagen: „Vom Ziel aus enthüllt sich der Anfang."[65] Eine Generation früher hatte A. Ritschl die Auffassung vertreten, die theologische Anthropologie werde „nicht durch die Beziehungen der biblischen Schöpfungsurkunde ausgefüllt, sondern durch die geistige und sittliche Bestimmung der Menschen, welche in der Lebensführung Jesu und in seiner Absicht des Reiches Gottes offenbar wird. Die confessionellen Lehren vom Urstande der Menschen haben auch keinen anderen Sinn, als daß sie das christliche Lebensideal vorausdatieren."[66]

(Schöpfung und Offenbarung, 1934, VII) sprach sogar von einer seit Schleiermacher üblichen Zurückdrängung des Alten Testaments in der Theologie.

[63] *Biedermann*, aaO. 495 (§ 665).

[64] Vgl. aber die typische, den Vorgang verfehlende Kritik bei *E. Brunner*, MW, 90 f.: „Schleiermacher gibt, wie er das in der Regel tut, unter dem Deckmantel einer Neuformulierung der christlichen Lehre ... die christliche Grundanschauung vom Ursprung des Menschen preis und ersetzt sie durch einen idealistischen Evolutionismus mit stark naturalistischem Einschlag; aus dem Gedanken des Schöpfungsursprungs wird die Idee des Entwicklungsziels eines universellen Geistprozesses". Folglich bedeute die Gottesebenbildlichkeit des Menschen bis hin zu Troeltsch auch nicht mehr einen „verlorenen Anfangszustand, sondern ein in der geschichtlichen Entwicklung zu erreichendes Ziel. Demgegenüber sei aber der „wirkliche Kern" der christlichen Lehre „das Verständnis des Menschen im Widerspruch von Schöpfungsursprung und seinem Gegensatz, der Sünde".

[65] *Schlatter*, aaO. 278 f.

[66] *Ritschl*, aaO. Bd. 3, 314. — Siehe hier auch Ritschls Kritik an der *Form*, in der „nach dem Vorbilde von Melanchthons Loci die Theologie bisher ausgeführt worden ist. Dieselbe nimmt zuerst ihren Stndpunkt in dem entlegenen Gebiete der ursprünglichen Vollkommenheit der Menschen, welche in Wechselbeziehung zu einem allgemein vernünftigen Begriff von Gott ... gesetzt wird". „Die hergebrachte Lehre vom Urstande der Menschen hat demgemäß den Sinn, daß die Theologie ihren Standpunkt in einer natürlichen oder allgemein vernünftigen Erkenntniß von Gott nimmt, welche gegen die christliche Erkenntniß Gottes ...

Kraft des Satzes von der „Urzeit"-„Endzeit"-Identität schien die Transformation oder Preisgabe des protologischen Bezugs der Anthropologie keine dogmatisch nachteiligen Folgen zu zeitigen. Im Gegenteil: Sie bewirkte eine christologische und soteriologische Konzentration, so daß schon Ritschl und andere vor den dialektischen Theologen das Bewußtsein hatten, es vollziehe sich in ihrer Theologie am Ende einer zweihundertjährigen, höchst kritischen Phase des Protestantismus wieder eine die Dogmatik konsolidierende Rückwendung zur Reformation[67].

5.2 Gleichwohl war jetzt, nachdem sich ein anfänglicher status integritatis nicht mehr ordentlich denken ließ, wenigstens einem Lehrstück, dem noch die Reformatoren größte Bedeutung zumaßen, der Boden entzogen: der Lehre vom Sündenfall und von der Erbsünde[68]. Da der Vollkommenheitszustand nicht mehr am Anfang der Menschheitsgeschichte liegen sollte, sondern in die Zukunft verlegt war, verstand man die Menschheitsgeschichte selbst jetzt auch nicht mehr als eine Geschichte des permanenten Abfalls von Gott. Sie mußte im Gegenteil als Evolutionsprozeß a peiore ad melius verstanden werden. Wenn überhaupt noch von einem in der Geschichte einmal geschehenen und in jeder menschlichen Einzelgeschichte sich wiederholenden Sündenfall die Rede sein sollte, so mußte dieser logischerweise mit F. Schiller als „die glücklichste und größte Begebenheit in der Menschengeschichte" mißverstanden werden. Kant nachredend, hatte Schiller gemeint, vom Sündenfall her datiere des Menschen Freiheit — „hier wurde seiner Moralität der erste entfernte Grundstein geleget"[69].

Dennoch mußte die teleologisch orientierte Theologie nicht darauf verzichten, die Radikalität und die Universalität der Sünde zu lehren. Nur durfte sie die Sünde nicht mehr als eine Ent-Artung des Menschen definieren, sie hatte sie jetzt als ein Noch-nicht-geartet-Sein zu bestimmen. So verstand z. B. Biedermann die Sünde als ein Stehenbleiben auf der menschlichen „Naturbasis"[70]. Schleiermacher sprach von einer „Hem-

---

gleichgiltig ist." „Von dem Maßstabe der ursprünglichen Vollkommenheit des ersten Menschen aus wird dann das Wesen und der Umfang der als Thatsache hingenommenen Sünde bestimmt. Es ist gleichgiltig dagegen, daß man dazu auch Schriftstellen benutzt..." Und auch die sich hieraus dann ergebende „Nothwendigkeit einer Erlösung" wird in einem „rein rationalen Verfahren nachgewiesen" (aaO. 4 f.).

[67] Vgl. *Ritschl*, aaO. Bd. 1, 2 f. 26 f. sowie Bd. 3, 7 u. ö.

[68] Vgl. *Ritschl*, aaO. Bd. 3, 323: „... angeerbte Sünde und persönliche Schuld können nicht zusammengedacht werden ... ohne Ungenauigkeit oder sacrificium intellectus."

[69] *Schiller*, aaO. 769. — Sch. ist hier abhängig von *Kant*s Schrift „Muthmaßlicher Anfang der Menschengeschichte" (1786). Weiteres Material in der Untersuchung von *Lämmerzahl*.

[70] *Biedermann*, aaO. 572 (§ 769).

mung" sowohl des Gottesbewußtseins wie der Fähigkeit, die höhere, geistige Bestimmung des Menschen zu ergreifen[71]. Die Sünde verlor in diesem Verständnis den Charakter eines defizienten, mit Gottes ursprünglichem Schöpferwillen nicht mehr zu vereinbarenden Seins und erschien dafür als ein defizientes Noch-Nicht in bezug auf die christologisch-soteriologische Wirklichkeit. Von Fichte bis Barth konnte sie deshalb wesentlich als „Trägheit" bestimmt werden[72].

Im Rahmen dieser Systematik legte sich auch die Auffassung nahe, die Sünde entstehe aus der Ablehnung der schenkenden göttlichen Gnade, nicht aber aus einem Widerspruch gegen Gottes forderndes Gesetz[73]. Unmöglich wurde überhaupt die Unterscheidung zwischen einer ersten schöpfungsmäßigen Ordnung Gottes, an der der Mensch schuldig werde, und einer zweiten Heilsordnung Gottes in Christus, die zur Beseitigung dieser Schuld führe. Es konnte jetzt nur noch von einer einzigen, die Schöpfung implizierenden Heils- oder Gnadenökonomie Gottes die Rede sein, der dann auch Gottes forderndes Gesetz zu subsumieren war.

5.3 Während sich in Barths KD noch deutliche Spuren dieser dogmatischen Umbrüche erhalten haben, fügt sich Brunners Schöpfungs- und Sündenlehre in diesen teleologischen Rahmen durchaus nicht. Brunner sprach wieder unbefangen von der Zerstörung der iustitia originalis durch die Sünde. Und problemlos und selbstverständlich erschien ihm die herkömmliche dogmatische Unterscheidung zwischen dem fordernden und dem erlösenden Handeln Gottes. Die theologischen sowie die geistesgeschichtlichen Motive, die im 19. Jahrhundert jene Umstrukturierung der Dogmatik erzwangen, schienen bei ihm keine Rolle mehr zu spielen. Im 19. Jahrhundert war die protestantische Dogmatik formell verändert worden, um sachlich die reformatorische Lehrweise fortführen zu können. Brunner kehrte formell zur Lehrweise der Reformatoren zurück — aber erreichte er so auch wieder eine theologisch-sachliche Kontinuität? Oder: Welche neuen Tatsachen ermöglichten im 20. Jahrhundert diesen neuerlichen Umschwung?

6. Zur Eigenart und Problematik der neuen schöpfungstheologischen Impulse im 20. Jahrhundert

6.1 Daß es nicht einfach auf dasselbe hinauslaufe, ob man die Menschheitsgeschichte als eine Entwicklung vom Guten zum Schlechteren oder aber umgekehrt als eine Entwicklung vom Schlechten zum Besseren be-

---

[71] § 66.2 der zweiten Auflage der „Glaubenslehre".
[72] Vgl. KD IV 2, 452 ff. 546 ff. u. ö.
[73] Vgl. KD III 2, 36 ff.

greifen möchte, darauf hat schon Kant hingewiesen. Kant nannte den zweiten Weg zwar eine „heroische Meinung, die wohl allein unter Philosophen, und in unseren Zeiten vornehmlich unter Pädagogen Platz gefunden hat"; doch bezweifelte er, daß diese Meinung vor der Erfahrung standhalte[74]. Dieser Erfahrungsgesichtspunkt ist im 20. Jahrhundert gegenüber idealistischem wie auch materialistischem Fortschrittsoptimismus stark hervorgehoben worden. Auch setzte etwa zur Zeit des Ersten Weltkriegs in allen Wissenschaftszweigen eine Revision der Evolutionstheorien des 19. Jahrhunderts ein. An die Stelle vorwiegend „finaler" traten jetzt wieder vorwiegend „kausale" Betrachtungsweisen; oder diese verbanden sich doch dialektisch mit jenen[75].

Diese Krise des teleologischen Denkens machte sich auch in der Theologie bemerkbar. Hier wurde jetzt die idealistische Eskamotierung der Schöpfung bekämpft und die reformatorische iustitia-originalis-Anthropologie erneuert. Somit konnte die Sünde auch wieder als eine Abweichung und Verkehrung, die Christusgnade aber als die Kraft der Wiederherstellung verstanden werden. Die im gesamten Geistesleben neu erwachte Frage nach dem Ursprünglichen erweckte auch wieder ein dogmatisches Interesse an der im 19. Jahrhundert bereits als obsolet betrachteten Urstandslehre.

Technisch ermöglicht war diese Rückkehr zum dogmatischen Aussagewillen der älteren, protologisch bestimmten Anthropologie auch dadurch, daß sich die historische und naturwissenschaftliche Kritik der alttestamentlichen bzw. der älteren dogmatischen Protologie inzwischen teils völlig durchgesetzt, teils völlig totgelaufen hatte. Diese Kritik lieferte jetzt anscheinend kein bedrohliches, ernstlich zu berücksichtigendes Argument mehr. Es konnte jetzt bei voller Anerkennung der Ergebnisse der paläontologischen Wissenschaft durch die Theologie zu einer Renaissance der alten Form der Dogmatik kommen.

Die Erneuerer der Schöpfungstheologie forderten meistens auch eine durchgängige Revision aller dogmatischen loci im Lichte einer theologia naturalis, da die Theologie im 19. Jahrhundert unter der Einwirkung des Idealismus praktisch alle dogmatischen Lehrstücke „verkürzt" oder „verengt" habe[76]. Charakteristisch sind die theologiegeschichtlichen Reflexionen W. Lütgerts: „Wie in der idealistischen Philosophie die Natur zurücktrat, so in der Theologie der Erweckungsbewegung die Lehre von der Schöpfung. Damit fehlte die Grundlage des Gottesglaubens." Da die Erweckungsbewegung den Begriff der Natur ganz durch den Begriff der Sünde bestimmt sein ließ, erlosch für sie alles schöpfungstheologische In-

---

[74] *Kant,* aaO. 665 f.
[75] Vgl. *Wieland,* aaO. 515.
[76] Vgl. MW, 91.

teresse. Die Natur wurde immer mehr der naturwissenschaftlichen Betrachtung überlassen und als Bereich der Determination begriffen. Vor allem aber wurde der Glaube an Christus nicht mehr „auf den Glauben an
Gott begründet, sondern umgekehrt der Glaube an Gott auf den Glauben
an Christus". Und die Schöpfung ließ sich, „entgegen der Ordnung des
Glaubensbekenntnisses", nur noch „erkennen in Form eines Rückschlusses
aus der Erlösung"[77]. Es kam „ein Bruch in die christliche Lebenshaltung
hinein" seitdem Natur, Vernunft und Geschichte im Gefolge Kants „aus
der Begründung der Gotteserkenntnis ausgeschaltet" worden waren. Indem aber die Betrachtung der Natur „atheistisch" wurde, kam auch eine
pessimistische Stimmung in sie hinein". Denn: „Hört man aus der Natur
als einzige Stimme nur ein Nein zu Gott heraus, so ist in ihr auch keine
Güte offenbar." „Damit wird auch das ethische Verhältnis zur Natur unsicher", und es „wird die christliche Haltung aus dem wirklichen Leben
zurückgedrängt in eine Innerlichkeit und Jenseitigkeit, in der sie praktisch unwirksam wird"[78].

Der neue schöpfungstheologische Impuls wollte einerseits der neuzeitlichen Abdrängung des Christlichen in die „Innerlichkeit" und „Jenseitigkeit"[79], andererseits einer resignierenden Überweisung des Natürlichen an
eine positivistische Wissenschaft und drittens, gleichzeitig damit, dem
Vordringen des Atheismus entgegentreten. Eine deutlich empfundene
Substratlosigkeit des herkömmlichen theologischen Redens von Gott sollte
überwunden werden. Und überzeugend schien die These, die Christusbotschaft könnte nicht aufgenommen werden ohne die „notwendige Folie"
eines allgemeinen Wissens um Gott als den „Schöpfer und Herr(n) der
Wirklichkeit"[80]. Man empfand es als „ein absolutes Novum in der Geschichte christlicher Theologie", daß im 19. Jahrhundert („vollends bei A.
Ritschl") „bewußt jede Lehre von einer Erfahrung Gottes in der ‚natürlichen' Wirklichkeit" entfiel; und daß „statt dessen die Wirklichkeit Gottes
allein aus der Christusoffenbarung" hergeleitet wurde[81]. Die als unbi-

---

[77] *W. Lütgert*, Schöpfung und Offenbarung, 1934, 1 f.

[78] AaO. 11 f.

[79] Darin war diese neue „Theologie der Schöpfung" ein Vorläufer der „Theologie der Hoffnung". Vgl. die Beschreibung und Kritik des Schismas „von Heilsgewißheit und Weltverantwortung, von Glauben und Denken, Theologie und
Wissenschaft" (angefangen bei Osiander bis hin zu Bultmann und Barth) bei
Moltmann, aaO. 270 ff. Auch M. erblickt in diesen Vorgängen einen „Rückzug"
der Theologie „in des Menschen Innerlichkeit", der „den Glauben in ein Ghet-
to" führt, „in dem er verdirbt". Doch wird bei M. die Überwindung dieses mit
dem neuzeitlichen Zusammenbruch der theistischen Metaphysik eingetretenen
Dilemmas eben nicht mehr mit einer neuen Zufuhr protologischer Impulse, sondern von der Eschatologie her angestrebt.

[80] *Kinder*, aaO. 317.

[81] Ebd.

blisch „christomonistisch" empfundene Theologie des 19. Jahrhunderts erschien zugleich als das Ergebnis eines unnötigen und unwürdigen Zurückweichens vor dem modernen Denken: Aus „Platzangst" habe sich die Theologie „mit dem Gottesgedanken auf die isolierte Christusoffenbarung" zurückgezogen nachdem durch Nietzsche die „Parole ‚Gott ist tot' brutal ausgesprochen" war[82].

6.2 Wenn Barth oft behauptete, Brunner, Bultmann und Gogarten seien wieder in den Neuprotestantismus zurückgefallen, so hatte er selbstverständlich deren Gegensatz zur Theologie im 19. Jahrhundert nicht übersehen. Doch sofern dieser Gegensatz mit dem zeitgenössischen protologischen Umschwung zusammenhing, war er zunächst vor allem ein Ausdruck der gewandelten geschichtlichen Situation. Und offenbar meinte Barth, bei Brunner und den ihm Gleichgesinnten werde unter den Bedingungen des 20. Jahrhunderts immerhin in der gleichen Absicht oder in der gleichen Art Theologie getrieben wie zuvor unter den anderen Bedingungen der Schleiermacher-Ära. — Wenn nun Barths KD an vielen Stellen mehr als die gleichzeitigen Arbeiten Brunners oder Gogartens noch auf die im 19. Jahrhundert maßgebliche dogmatische Grundstruktur zurückweist[83], so ist doch selbstverständlich auch an Barth die theologiegeschichtlich aktuelle Neueröffnung der protologischen Dimension nicht spurlos vorübergegangen[84]. Aber gerade deshalb weisen die in der KD noch sichtbaren Parallelen zur vorigen dogmatischen Form darauf hin, daß Barth viel grundsätzlicher als die anderen dialektischen Theologen mit der inneren Art des neueren Protestantismus gebrochen hat.

6.3 Die schöpfungstheologische Wende der zwanziger und dreißiger Jahre — die Nachwirkungen reichen weit über den Zweiten Weltkrieg hinaus — brachte den Willen zur Abkehr vom neueren Protestantismus formal am deutlichsten zum Ausdruck. Dennoch blieben einige in der Theologie des 19. Jahrhunderts gefallene, grundsätzliche Entscheidungen auch für die Erneuerer der Protologie noch verpflichtend. So ging z. B. Brunner davon aus, daß der Urstand, das Sein in der iustitia originalis, selbstverständlich „keine historische Größe" sei[85]. Brunner ist dann gefragt worden, ob der von ihm formal wiederhergestellte heilsgeschichtliche Aufriß — Urstand, Sündenfall (Widerspruch, Verkehrung) und Wiederherstellung in Christus — noch zureichend fundiert sei, nachdem diese ganze Konstruktion doch auch für ihn nicht mehr in einem realen Geschichtsvorgang gründet[86]. Brunner aber begründete sein Verfahren, wie zuvor Ritschl und andere das ihrige, mit dem Hinweis auf eine der Dog-

---

[82] AaO. 319.
[83] Vgl. WuG I, 99.
[84] S. o. S. 57.
[85] MW, 106. – Vgl. *E. Brunner*, Dogmatik Bd. II, 1950[1], 58 f.
[86] *Bachmann*, aaO. 109.

matik immanente Notwendigkeit. Wenn der Urstand auch keine bestimmte historische Stufe der Menschheitsentwicklung meine, so sei die menschliche iustitia coram Deo „doch zuerst als ein Sein und nicht als ein Sollen zu verstehen": Das Sein nach der imago Dei (im materialen Sinn) „ist göttliches Geschenk, mitgeteiltes Leben, nicht bloß Ziel. Vom Negativen aus gesehen: Das, wovon die Sünde eine Abkehr ist, ist nicht bloß eine Forderung, sondern (auch) ein gottgegebenes Sein. Das dem Menschen ursprungsmäßig gegebene Leben ist das Sein-in-Gottes-Liebe. Diese Gabe, nicht bloß eine göttliche Aufgabe, ist das Prius unserer empirischen, sündigen Existenz"[87].

Brunner meinte also, die vorige teleologisch orientierte Theologie, die ohne den Urstandsgedanken auskommen wollte, habe das Wesen der *Gnade* nicht richtig verstehen können. Das Sein-in-Gottes-Liebe habe dieser Theologie nicht mehr als das dem Menschen frei und gnädig Zuvorkommende gegolten, sondern als ein dem Menschen erst Zukommendes, Zugedachtes, gleichsam als ein Postulat seiner Existenz. Von hier aus konnte dann die Gnade leicht als göttliche Forderung mißverstanden werden; Schöpfung und Erlösung und auch Gesetz und Evangelium konnten bis zu einer Identifizierung ineinander rücken. Daher die moralisierende Tendenz in der Theologie vor dem Ersten Weltkrieg. Diese Schäden konstatierte Brunner ganz zu Recht.

Letztlich war aber Brunners Wiedereinholen des Protologischen in die Dogmatik *nicht* gegen die im 19. Jahrhundert christologisch-soteriologische Konzentration selbst gerichtet. Brunner wollte im Gegenteil deren dogmatisches Anliegen durch die protologische Korrektur erst richtig zur Geltung bringen! Seine Konzentration auf das Protologische verstand sich ja gerade als eine Konzentration auf den Gesichtspunkt der Gnade! Daß dem Evangelium ein „Prae" vor dem Gesetz zukommt, dies schien jetzt erst schöpfungstheologisch, erst auf der Grundlage des ersten Glaubensartikels recht und verständlich explizierbar zu sein.

6.4 Doch eben darin liegt auch ein Problem des neuen schöpfungstheologischen Impulses, daß er die im 19. Jahrhundert erreichte christologisch-soteriologische Konzentration zwar sachlich bestehen lassen wollte, aber *zusätzlich* zu ihr eine (einst angeblich durch Reduktion weggefallene) Schöpfungstheologie wieder zur Geltung zu bringen bestrebt war. Aber war eine solche Ergänzung und nachträgliche Fundierung einer Theologie, die auf ihre Weise auch die Anliegen der älteren Protologie in neuer Form zu vertreten meinte, noch sinnvoll? Hatte nicht Schleiermacher das, was die schöpfungstheologische Erneuerung jetzt zur Gel-

---

[87] MW, 106. Vgl. aaO. 69: „Die Wahrheit des Menschen ist ursprünglicher als seine Unwahrheit." — Siehe auch *E. Brunner*, Das Wort Gottes und der moderne Mensch, 1937, 48 ff. — Welche zeitgenössische Empfindung hinter dieser Ak-

tung bringen wollte, bereits in einem eindrucksvollen und ausgewogenen System erreicht? Haben sich nicht in seiner *Glaubenslehre* das kausale und das finale Moment, das „schlechthinnige Abhängigkeitsbewußtsein" und der Entwicklungsgedanke aufs kunstvollste und in immer noch nicht überbotener Modernität miteinander verbunden? Und doch mußte Ritschl, in dessen Theologie die teleologische Linie dann sehr viel markanter und undialektischer organisierendes Prinzip wurde, auf Schleiermacher folgen! Und nicht einmal bei ihm handelte es sich darum, daß ein Teil des überkommenen dogmatischen Stoffs einfach abgestoßen werden sollte. Auch bei ihm war eine Neuformulierung der ganzen Überlieferung beabsichtigt.

Die Vertreter einer neuen Theologie der Schöpfung befanden sich deshalb wohl immer in einem Irrtum, meinten sie einen Teil des dogmatischen Ganzen wieder zu Ehren bringen zu müssen, der bei Ritschl und anderen unterschlagen worden wäre durch die „Hemmung", welche die Theologie des 19. Jahrhunderts durch die Zerstörung der Metaphysik und der theologia naturalis bei „Hume und Kant" erfahren habe[88]. Um die Theologie über *diese* „Hemmung" hinwegzubringen, hatten gerade Schleiermacher und Ritschl in ihrem Jahrhundert bereits das Bestmögliche getan. Es bedurfte hierfür nicht eines neuen schöpfungstheologischen Impulses, so, als ob diese „Hemmung" der Theologie nur ganz äußerlich gewesen wäre und deshalb niemals hätte berücksichtigt werden dürfen! Als ob die Theologie im 19. Jahrhundert nur aus einer falschen Beeindrucktheit durch die Philosophie heraus der natürlichen Gotteserfahrung, dem „Kreaturgefühl"[89], einen immer geringeren und vor allem einen immer problematischeren dogmatischen Aufschlußwert beigemessen hätte!

Wenn die systematische Leistung der Ritschlschule im 20. Jahrhundert nicht mehr als ausreichend empfunden wurde, so liegt die Ursache darin, daß inzwischen *neue* „Hemmungen" aufgetreten waren, daß sich die geistige Situation erneut wandelte. Barth war z. B. der Meinung, durch Nietzsche sei die Theologie Ritschls erledigt worden[90].

6.5 Tatsächlich hat die schöpfungstheologische Erneuerungsbewegung auch auf eine Zeiterscheinung reagiert, die nicht mit dem Namen Kants,

---

zentsetzung stand, dies hat *Bornhausen* (aaO. 8) deutlich ausgesprochen: „Was der Philosophie durch das Entwicklungsprinzip verloren geht, ist das Problem des geistigen Ursprungs." Und aaO. 3: „... die Gottestaten, wie sie die Genesis schildert, sind die ewigen Geistwirkungen, die alles Endliche zustande bringen. Der kindliche Märchenstil [!] kann gern preisgegeben werden, wenn nur das Prinzip des Absoluten in seinem schlechthin Anders-Sein über und in dem geschichtlichen Lebensvollzug thront."

[88] Vgl. *Hessen*, aaO. 170. — *Althaus*, aaO. 4. — U. ö.
[89] So bestimmt *Lütgert* (aaO. 70) den „Anknüpfungspunkt".
[90] S. o. S. 118.

sondern mit dem Namen Nietzsches zu verbinden ist: Der neue protologische Impuls reagierte wesentlich — leider kam dies nicht klar heraus! — auf den modernen *Nihilismus*, den Nietzsche in seinem nachgelassenen Werk *Der Wille zur Macht* (1908) als erster klar definiert hat. Die Heraufkunft dieses Nihilismus erwies sich für die Theologie aber als ein zweideutiges Phänomen. Einerseits schien die neuere Geistesgeschichte nun in ein ungeheueres Loch hineinzuführen. Eine tabula rasa schien zu entstehen, die einen ganz neuen geistigen Aufbau ermöglichte. Mit der Heraufkunft des Nihilismus schienen jene philosophischen Kräfte, die in der Neuzeit immer neue Modifikationen des reformatorischen Theologieverständnisses erzwangen, auf ihrem eigenen Gipfelpunkt zusammenzubrechen. Und so hat man, wie in der schöpfungstheologischen Erneuerung geschehen, gehofft, daß ein der Tiefe und Schwere der Existenzproblematik wieder ansichtig werdender Mensch den „Unernst" (Brunner) des modernen Atheismus zu begreifen beginne. Damit verband sich die Auffassung, daß sich der Theologie jetzt die einmalige Gelegenheit biete, auf der Basis einer christlichen theologia naturalis mit der reformatorischen Lehre von Gott, vom Menschen und von der Wirklichkeit wieder ganz neu *anzufangen*. — Andererseits wollte der von Nietzsche diagnostizierte Nihilismus selbst aber keineswegs als eine tabula rasa, sondern als ein höchst „aktives" geistiges Ereignis verstanden werden. Schon F. Overbeck hatte ihn so verstanden, daß er für die Theologie und das Christentum weder formal noch inhaltlich die Möglichkeit eines neuen Anfangs im Sinne der Reformation, sondern das *Ende* ihrer sämtlichen bisherigen Wege bedeute. Nie wieder würde die Theologie nunmehr erreichen können, was die neue Schöpfungstheologie gerade anstrebte, nämlich, den neuzeitlich in die christliche Lebenshaltung hineingekommenen „Bruch"[91] wieder zu beseitigen, den christlichen Glauben wieder auf eine elementare kreatürliche Erfahrung und ein natürliches Wissen um Gott zu begründen.

Der Streit um die natürliche Theologie wurzelt u. a. also auch in einer unterschiedlichen Bewertung des Komplexes „Nihilismus". Wo man vom aktiven Charakter des modernen Nihilismus und Atheismus überzeugt war, mußte die Bemühung um eine neue theologia naturalis als naive, geschichtlich unreflektierte Torheit erscheinen. Wo man dagegen der Annahme eines Kollapses des modernen Denkens an sich selber zuneigte (und *so* den Nihilismus deutete!), herrschte kein Zweifel über einen jetzt von der Geschichte selbst erteilten Auftrag zur schöpfungstheologischen Erneuerung der evangelischen Lehre.

Der neue schöpfungstheologische Impuls verstand sich selbst als eine Rückkehr zur Reformation. Doch die konkrete Formulierung seines theo-

[91] S. o. S. 195.

14*

logischen Programms verriet, daß ihm eine genaue Wiederholung der reformatorischen Lehrweise aus geschichtlichen Gründen verwehrt war. Brunner wollte z. B. wieder deutlich machen, daß die „Gottesbeziehung" zum natürlichen Wesen des Menschen hinzugehöre[92]. Die Reformation selbst jedoch war vor vierhundert Jahren vor allem an der Aussage interessiert, daß es mit jener natürlichen Gottesbeziehung, auf die das allgemeine philosophische Wahrheitsbewußtsein damals noch aufbaute, *nichts* sei. Zwar ergaben sich den Reformatoren von der Christologie und von der paulinischen Gnadenlehre her *auch* Anstöße zu einem neuen Verständnis des ganzen Bereichs des Natürlichen. Im 20. Jahrhundert aber sollte umgekehrt ein neues, christliches Verständnis des Natürlichen den *Wirklichkeitsbezug* der Christologie und der Gnade allererst wieder aufzeigen. Eine ganz andere Fragerichtung und Interessenlage wurde also in das Gewand der Lehrweise der Reformatoren gesteckt! Diese Diskrepanz aber wurde gar nicht bemerkt.

Wegen dieser völlig verschiedenen Bedeutung und Funktion der theologia naturalis im 20. und im 16. Jahrhundert war es allerdings kein Zeichen einer in der Theologie plötzlich wieder erreichten ontologischen Fülle, sondern es war ein Notzeichen, wenn man sich jetzt in scheinbar größter Übereinstimmung mit den Reformatoren so energisch dem ersten Glaubensartikel zuwandte. Die natürliche Gotteserfahrung, die hierbei als etwas Selbstverständliches vorausgesetzt wurde, war in Wirklichkeit das Gesuchte, das Vermißte. Hinter der in den zwanziger und dreißiger Jahren revitalisierten Theologie der Schöpfung stand deutlich ein neues und notvolles *Fragen* nach der Ausweisbarkeit theologischer Aussagen im Ontologischen. Zu einer wirklichen theologischen „Eristik"[93] reichte es auf dieser Grundlage nicht.

7. Der theologiegeschichtliche Ort der Barthschen analogia fidei

7.1 „Die analogia fidei Barths ist eine theologische Neuschöpfung."[94] Sie läuft, negativ, auf eine in der Theologiegeschichte beispiellos radikale Ablehnung der natürlichen Theologie hinaus. Positiv beschreibt sie das Verhältnis von Gott und Mensch (Welt) als ein Entsprechungsverhältnis ungleicher Partner. Gott und seinen Geschöpfen kommt nicht das gleiche, aber auch nicht ein ungleiches, sondern ein ähnliches Sein zu. Die Geschöpfe aber haben diese Analogie nicht in sich selbst, sondern sie *werden* „similia" Gottes durch die Offenbarung durch einen Schöpfungsakt der

---

[92] S. o. S. 177.
[93] S. u. S. 355.
[94] *Pöhlmann*, aaO. 112.

freien Gnade Gottes, durch Christus. Auch erkennbar ist diese Analogie, die nie eine Eigenschaft oder ein Eigentum der Geschöpfe selber werden kann, nur durch Gottes Offenbarung.

7.2 Die Analogie im Sinne der Barthschen KD hält die Mitte zwischen „Proton und Eschaton": „Vor Christus gibt es noch keine Analogie, es sei denn nur als Hoffnungsgut, während in der ewigen Seligkeit die Analogie überboten und aufgehoben wird durch die Univokation des göttlichen und des menschlichen Erkennens."[95] — Von der Barthschen analogia fidei als „dogmatischem Strukturprinzip"[96] gilt aber auch, daß sie sich weder in den Horizont der teleologisch-eschatologisch orientierten Theologie des 19. Jahrhunderts noch in den der protologisch orientierten Theologie des 20. Jahrhunderts einfügt. Wohl setzt sie beide Entwicklungen voraus. Aber sie bedeutet im Vergleich zu ihnen theologiegeschichtlich etwas Neues. In der KD wird weder der Protologie noch der Eschatologie eine hermeneutische Prävalenzstellung eingeräumt[97].

Als die KD zur Lehre von der Schöpfung fortschritt (KD III, 1, 1945), näherte Barth sich Brunner, Bultmann und Gogarten nicht etwa wieder an[98]. Jetzt zeigte es sich erst recht, welche tiefgreifenden Gegensätze von Barths „christologischer Konzentration" im Zeichen Anselms her bestanden. Und jetzt wurde auch vollends deutlich, daß der Konflikt hinsichtlich der Frage der natürlichen Theologie nicht etwa deshalb aufbrach, weil Barth erst verspätet zu der unumgänglich gewordenen protologischen Wendung hingefunden hätte; weil er länger als die übrigen dialektischen Theologen der teleologisch-eschatologischen Linie des 19. Jahrhunderts verhaftet geblieben wäre. Als der Streit über die natürliche Theologie begann, hatte Barth die Wendung zur analogia fidei bereits vollzogen. Auf *ihr* beruhte das Nein! zur gesamten nichtbarthianischen zeitgenössischen Theologie. Auf dem Boden der analogia fidei ließ Barth die verifikatorischen Intentionen des teleologisch-eschatologischen und des protologischen Weges miteinander hinter sich. Er überstieg gleichsam die für alle neuere Theologie charakteristische Frage nach den gegenwärtig für die christliche Überlieferung bestehenden Übersetzungsmöglichkeiten. Er brach die Suche nach der philosophisch zeitgemäßen ontologischen Basis des theologischen Denkens und Redens ab.

7.3 Barth dachte aber nie daran, diesen Bruch mit Hinweisen auf die geistesgeschichtliche Situation zu begründen. Dies wäre zum einen wohl unmöglich gewesen, da gegenwärtiges Denken sich nicht zugleich selbst geschichtlich einordnen kann. Zum anderen wäre Barth eine geistesge-

---

[95] AaO. 104.
[96] *Pannenberg*, RGG³ I, 352.
[97] Vgl. KD II 1, 718 f.
[98] S. u. S. 220 ff.

schichtliche Begründung widersinnig erschienen, da die analogia fidei das theologische Erkenntnisverfahren gerade aus der Abhängigkeit vom jeweiligen Erkenntnisstand in der Philosophiegeschichte befreien sollte. So konnte auch Barth allein an einer dogmatischen Begründung seines Vorgehens gelegen sein. Und diese bestand in der These, daß die evangelische Gnadenlehre nur auf der Grundlage der analogia fidei ohne Verkürzung expliziert werden könne. Hieran wäre auch künftig die theologische Sachdienlichkeit des in der KD eingeschlagenen Weges zu messen.

Selbstverständlich brachte die analogia fidei aber nicht den Absturz der dogmatischen Arbeit Barths ins Ungeschichtliche. Auch sie war und ist ein „Kind ihrer Zeit". Barths Hinwendung zu ihr könnte heute als ein kirchliches Gegenstück zu der während der gleichen Zeit bei M. Heidegger vollzogenen (und von Bultmann nicht mehr als bedeutsam angesehenen) „Wendung ins Offene" begriffen werden. Es sollte dies eine Wendung sein, die darauf verzichtet, „das, was ist, negativ zu lesen"[99]. Vor allem wollte Barth jetzt, wie Heidegger, von einer existential-philosophischen Begründung seines Denkens und überhaupt von einem anthropologischen Subjektivismus abrücken[100]. In auffälliger Nähe zu der Art, wie Heidegger in der Auseinandersetzung mit Kant und dem Problem der Metaphysik die ontologische Frage neu stellte, fand auch Barth einen ganz neuen Zugang zum ontologischen Problem: Beide „denken" und „erkennen" nun vom Objektiven, vom Gegebenen her, weil „Seiendes" (Heidegger), „Gott" (Barth) „von sich aus begegnen, d. h. als Gegenstehendes sich zeigen kann"[101]. Beide sehen sich somit auf die Analogie verwiesen[102], auf die Frage nach dem logos, dem gemäß die gleichnisbedürftige Wirklichkeit überhaupt verstanden, aus einer stummen Wirklichkeit sprechende Wirklichkeit werden kann. Doch Barth findet diesen logos erklärtermaßen in Christus und nicht in der Sprache als dem „Haus des Seins". Er gibt gegenüber Heidegger zu bedenken, daß die menschliche Sprache doch der „Tummelplatz von ... endlos sich erneuernden Mißgriffen und Irrtümern" sei[103].

Das Verhältnis zwischen der Philosophie des späteren Heidegger und der analogia fidei bedürfte immer noch einer eingehenden Spezialuntersuchung[104]. Die hier gegebenen Hinweise zeigen, daß der theologische

[99] *M. Heidegger*, Holzwege, 279.
[100] Vgl. KD I 1, VIII. 130.
[101] *M. Heidegger*, Kant und das Problem der Metaphysik, 71.
[102] *Ott* (aaO. 145) meint dagegen, das Entsprechungs-Denken beim späteren Heidegger zeige gerade die Überflüssigkeit des Analogiebegriffs in der Theologie überhaupt, bei Barth **im besonderen.**
[103] KD IV 3.1, 544.
[104] Auch die These *Robinsons* (aaO. 42) kann nicht befriedigen, es scheine „gerade der spätere Heidegger eine solche Philosophie zu bieten, der Barth bei-

Ansatz der KD jedenfalls in einer Verbindung zu gleichzeitigen Entwick-lungen im Bereich der Philosophie steht. Und man kann sagen, es sei der in der KD vollzogene Bruch mit der bisherigen Art theologischer Arbeit ebenso groß gewesen wie die Kluft zwischen dem Spätwerk Heideggers und dem zuvor üblichen Wesen und Stil philosophischer Arbeit[105].

7.4 Trotz dieser Nähe zu Heidegger entscheidet sich die Frage der dog-matischen Berechtigung und Notwendigkeit der Barthschen analogia fidei allein daran, ob man auf sie im Interesse der evangelischen Gnadenlehre heute angewiesen ist. Entscheidend ist weder, welcher Philosophie die analogia fidei verpflichtet ist. Noch ist, wie man immer wieder gemeint hat, dies entscheidend, ob die analogia fidei bereits im Neuen Testament, bei den Kirchenvätern oder bei den Reformatoren maßgebliches „Struk-turprinzip" gewesen ist.

Freilich hat Barth durch eigenwillige Bibelexegesen und durch proble-matische theologiegeschichtliche Urteile (die seine analogia fidei historisch ausweisen sollten) selbst zu einer an der entscheidenen Frage des heute theologisch Notwendigen vorbeigehenden Diskussion seiner analogia fidei Anlaß gegeben. Große Mühe ist von den Kritikern auf den Nachweis ver-wandt worden, die Bibel sei in allen ihren Teilen nicht ohne den Gedan-ken der von Barth verworfenen analogia *entis* ausgekommen[106]. Sie habe auf den Gedanken einer der Schöpfung seinsmäßig inhärierenden Gottähn-lichkeit und Offenbarungsmächtigkeit nicht verzichtet. Und ihr Seinsver-ständnis sei nicht, wie dasjenige Barths, ein rein „dynamisches", sondern es sei „statodynamisch"[107]. Recht verstanden, impliziere also die analogia fidei die analogia entis[108]. — Pannenberg hat auch auf die logische Schwierigkeit der Bartschen analogia fidei hingewiesen: Sie könne das von Barth Intendierte deshalb letztlich nicht leisten, weil „alle Analogie in ihrer ontologischen Struktur Seinsanalogie ist"[109].

Wenn Barth die analogia entis als das „Kardinaldogma des römischen Katholizismus" bezeichnete[110], wenn er ferner den Grundschaden des

---

pflichten könnte". — Selbst wenn Barth dem auch von ihm zu sehr durch die Bultmannsche „Brille" gesehenen späteren Heidegger einigermaßen gerecht ge-worden wäre, — selbst dann muß entschieden bezweifelt werden, daß Barth des-sen (ihm allenfalls im „Denkschematismus" nahestehender) Philosophie „beige-pflichtet" hätte!

[105] Vgl. hierzu den Schluß von Heideggers Brief „Über den Humanismus", 1947, 47.

[106] Vgl. z. B. *Pöhlmann*, aaO. 120 ff. — Aber auch schon: NuG 203 f/39 ff.

[107] *Pöhlmann*, aaO. 120.

[108] Vgl. z. B. *Söhngen* (in: Antwort, 1956, 266 ff. sowie in: Catholica 3, 1934, 207); *Przywara*, aaO. 278 ff. — Zur Kritik an dieser Auffassung siehe etwa den Aufsatz von *Hammer* (und die hier registrierte frühere Literatur).

[109] ThLZ 78, 1953, 24.

[110] KD II 1, 274.

neueren Protestantismus auf den Gedanken der analogia entis zurück-
schob[111], so stand er mit solchem Urteil seinem positiven dogmatischen
Anliegen in der Tat selbst im Wege. Er meinte ja, mit der analogia *fidei*
an dem Punkt, wo in der Orthodoxie des 17. Jahrhunderts „zunächst noch
ohne Schaden, aber zum großen Schaden der späteren Entwicklung die
Weiche falsch gestellt wurde, Remedur zu schaffen"[112]. Aber er hätte den
Umstand angemessen berücksichtigen müssen, daß es eine Zeit gab, in
der auch die analogia *entis* — offenbar noch „ohne Schaden" — vertreten
werden konnte (und folglich doch nicht „die Erfindung des Antichrist"[113]
sein dürfte). Er hätte zeigen sollen, warum seiner Meinung nach *heute*
der Gedanke der analogia entis Schaden anrichte. Er hätte dann auch die
Erlaubnis gehabt, biblische und reformatorische Texte durchweg im Lichte der analogia fidei zu lesen. Denn dann wäre klar gewesen, daß es ihm
um die gegenwärtige Verantwortung des evangelischen Erbes ging — und
nicht um die historisch unhaltbare These, auch die Bibel und die Reformatoren selbst hätten bereits die analogia entis, um der Freiheit der Gnade Gottes Ausdruck zu verleihen, verworfen.

7.5 Barths Verwerfung der analogia entis hat die Nihilismuserfahrung
und ferner die neuzeitliche Krise der theistischen Metaphysik zur geschichtlichen Voraussetzung. Gerade deshalb konkurriert die analogia fidei mit der zeitgenössischen christlichen theologia naturalis. Mit der analogia fidei trug die KD dem Rechnung, daß sich z. B. noch die Reformatoren mit dem „natürlichen Gottesbewußtsein" zwar nicht in einer vorteil-
hafteren, aber in einer anderen Situation befanden als die heutige Theologie. Die Reformatoren beschäftigte noch nicht als ein schwieriges *Problem* die Frage, worauf hin der Mensch überhaupt mit dem Gottesthema
konfrontiert werden kann. Sie waren nicht damit befaßt, etwa die Tatsache, daß Menschen nach dem Sinn des Lebens fragen, als einen Anknüpfungspunkt auszuwerten. Sie waren nicht in der Situation, immer neue
philosophische Wirklichkeitsentwürfe darauf hin zu befragen, ob sich hinter ihnen eine natürliche Theologie, eine heimliche Gottesfrage verberge.
Sie mußten nicht für die Evidenz des Gottesgedankens als solchen Sorge
tragen oder absurderweise gar, wie es im 20. Jahrhundert versucht wurde, die Existenz einer natürlichen Theologie erst noch beweisen. Sie hatten allerdings der philosophischen Theologie, Anthropologie und Ontologie die christliche Lehre entgegenzustellen. Und dies wollten auch die
Theologen der Neuzeit. Aber sie befanden sich mit der natürlichen Theologie in der jetzt hinreichend gekennzeichneten anderen Lage.

---

[111] Vgl. KD II 1, 267 ff. (Auseinandersetzung mit dem „Kompendiator der alten Theologie", Quenstedt, und dessen Begriff der analogia attributionis).
[112] KD II 1, 274.
[113] KD I 1, VIII.

Barths Protest richtete sich gegen jede Theologie, die die Frage der Kontinuität zur Reformation primär als eine Frage der Wiedergewinnung des verloren gegangenen natürlich-theologischen Hintergrunds des Evangeliums aufgreift. Die analogia fidei widerstreitet dem apologetischen Versuch, zunächst auf dem Gebiet der Philosophie selbst eine natürliche Theologie sicherzustellen, um diese dann in einem zweiten Schritt mit den Reformatoren auch wieder in Frage zu stellen. Barths dogmatisches Verbot der analogia entis und der natürlichen Theologie ist ein Versuch, die Theologie von einer in die falsche Richtung gehenden Verifikationsbemühung zurückzuhalten. Nicht auf einem einseitigen aktualistischen Wirklichkeitsbegriff beruhte Barths These, es eigne den Geschöpfen die Gottesbeziehung nicht als eine seinsmäßige Qualität, es könne die Analogie am Geschöpf nur je und je im Worte Gottes aktuell werden. Sondern sie beruhte auf dem dogmatischen Interesse, eine unter den Bedingungen der Gegenwart die Gnade Gottes präjudizierende, theologisch widersinnige, vorgängige Sicherstellung der natürlichen Theologie zu vermeiden. Diese theologiegeschichtliche Funktion des Barthschen Aktualismus wurde im Zuge der Diskussion der philosophischen Herkunft und Qualität des Wirklichkeitsbegriffes Barths in der Regel übersehen.

Eine andere Frage ist es, ob Brunner, Bultmann und Gogarten bei dem obsoleten Verfahren einer vorgängigen Sicherstellung der natürlichen Theologie tatsächlich zu behaften sind. Offensichtlich sahen sie schon die gegenwärtige Situation der Theologie ganz anders als Barth. Was von Barth aus gesehen als ein Anachronismus, als aussichtslos, als künstliche Errichtung einer Plattform für theologische Aussagen erschien, galt diesen als ein auf die bestehende Lage sich unmittelbar beziehendes theologisches Denken. Für sie war umgekehrt Barths Weigerung, dogmatische Aussagen im Horizont dieser Lage zu verantworten, ein theologischer Anachronismus. Am heftigsten hat Brunner den angeblich in die altprotestantische Orthodoxie zurückweisenden Intellektualismus der KD gerügt[114]. In Wahrheit muß Barths analogia fidei aber — ohne daß über die Qualität ihrer Ausführung bei Barth im einzelnen damit schon befunden worden wäre — als ein theologiegeschichtlicher Schritt nicht nur über die altprotestantische Orthodoxie, sondern auch über Brunner hinaus verstanden werden. Sie greift über die erneuerte theologia naturalis hinaus; sie verwirft unter dem Eindruck des Endes der „christlichen Welt"[115] auch bereits diese Möglichkeit. Hinter der Spaltung der dialektischen Theologie stand so eine eigentümliche Ungleichzeitigkeit der jeweiligen theologischen Ansätze. Im Konflikt zwischen theologia naturalis und analogia fidei trafen zwei Zeiten oder jedenfalls zwei divergierende Möglichkeiten,

---

[114] S. u. S. 223 f. mit Anm. 72, ferner S. 275.
[115] S. o. S. 111 ff.

das Endergebnis des Weges der neuzeitlichen Theologie- und Geistesgeschichte zu fixieren, aufeinander.

III. Die Frage nach dem wirklichen Menschen

Literatur (außer Arbeiten dialektischer Theologen): *H. Albert,* Traktat über
kritische Vernunft (1968), 1969[2]. — *H. U. v. Balthasar,* Karl Barth. Darstellung
und Deutung seiner Theologie (1951), 1962[2]. — *D. Bonhöffer,* Akt und Sein
(1931), 1964[3] (ThB, Bd. 5). — *E. Buess,* Zur Prädestinationslehre Karl Barths.
ThSt(B) H. 43, 1955. — *A. Dekker,* Homines Bonae Voluntatis. Das Phänomen
der profanen Humanität in Karl Barths Kirchlicher Dogmatik, 1969. — *J. Fang-*
meier, Theologische Existenz *heute*?! In: Parrhesia, Karl Barth zum 80. Geburtstag, 1966, 366 ff. — *E. H. Friedmann* OSB, Christologie und Anthropologie. Me-
thode und Bedeutung der Lehre vom Menschen in der Theologie Karl Barths.
Münsterschwarzacher Studien Bd. 19, 1972. — *Chr. Gestrich,* Karl Barth und
Sigmund Freud — ein nachzuholender Dialog, WPKG 1975, 443 ff. — *G. Gloege,*
Zur Prädestinationslehre Karl Barth. Fragmentarische Erwägungen über den
Ansatz ihrer Neufassung. In: Heilsgeschehen und Welt, Theologische Traktate
Bd. 1, 1965. — *J. Habermas,* Analytische Wissenschaftstheorie und Dialektik.
Ein Nachtrag zur Kontroverse zwischen Popper und Adorno. In: Th. W. Adorno
u. a., Der Positivismusstreit in der deutschen Soziologie. Soziologische Texte Bd.
58 (1969), 1970[2]. — *G. W. F. Hegel,* Werke in zwanzig Bänden, hg. v. E. Moldenhauer und K. M. Michel, 1969 ff. — *M. Heidegger,* Über den Humanismus,
1947. — *H. Herrigel,* Vom skeptischen und gläubigen Denken. ZZ 3, 1925, 62 ff.
— *E. Jüngel,* Die Möglichkeit theologischer Anthropologie auf dem Grunde der
Analogie. Eine Untersuchung zum Analogieverständnis Karl Barths, EvTh 22,
1962, 535 ff. — *Ders.,* Das Gesetz zwischen Adam und Christus. Eine theologische Studie zu Röm 5, 12—21. ZThK 60, 1963, 42 ff. Jetzt in: Unterwegs zur Sache, 1972, 145 ff. — *Ders.,* Gottes Sein ist im Werden (1965), 1967[2]. — *G. Kittel*
(und Karl Barth), Ein theologischer Briefwechsel, 1934. — *T. Koch,* „Natur und
Gnade". Zur neueren Diskussion. KuD 16, 1970, 171 ff. — *W. Krötke,* Sünde und
Nichtiges bei Karl Barth. Untersuchungen zur Lehre vom Nichtigen und von der
Sünde in der Kirchlichen Dogmatik Karl Barths, 1971. — *K. Marx,* Werke.
Schriften. Briefe. Bd. 1 (Frühe Schriften I), hg. v. H.-J. Lieber und P. Furth,
1962. — *A. Plack,* Die Gesellschaft und das Böse. Eine Kritik der herrschenden
Moral (1967), 1970[9]. — *T. Rendtorff,* Kirche und Theologie. Die systematische
Funktion des Kirchenbegriffs in der neueren Theologie, 1966 (= Rendtorff I). —
Ders., Theologie oder Prophetie? Der politische Sinn theologischer Kontroversen,
in: Humane Gesellschaft, hg. v. T. Rendtorff u. A. Rich, 1970, 117 ff. (= Rendtorff II). — *F. W. Schelling,* Philosophische Briefe über Dogmatismus und Kriti-
cismus (1975[1]), 1809[2]. WW I, hg. v. M. Schröter, 1927[1], 1958[2], 207 ff. — *W.*
Schulz, Philosophie in der veränderten Welt, 1972. — *M. So,* Die christologische
Anthropologie Karl Barths. Diss. Bonn 1973. — *J. J. Stamm,* Die Imago-Lehre
von Karl Barth und die alttestamentliche Wissenschaft, in: Antwort, Festschrift
f. K. B. 1956, 84 ff. — *K. Stock,* Die Funktion anthropologischen Wissens in
theologischem Denken — am Beispiel Karl Barths, EvTh 34, 1974, 523 ff. — *W.*
Thimme, Die Ursünde. Nachzeichnung und Nachprüfung der grundlegenden

Thesen in E. Brunners ‚Der Mensch im Widerspruch'. ZThK 19, 1938, 228 ff. —
P. Tillich, Systematische Theologie I—III, 1956 ff. — *H. Vogel*, Die Anthropologie Karl Barths. Referat und Gegenfrage, in: VuF 1949/50. — *G. Wingren*, Gott
und Mensch bei Karl Barth, 1951.

1. Der Mensch im Widerspruch und das Problem der natürlichen Theologie

Die Bemühung Barths, zu einer Theologie des Wortes Gottes zurückzufinden, in der Gottes Offenbarung in Christus im Mittelpunkt stehen sollte, betrachtete Brunner immer als bahnbrechend und vorbildlich.
Mit seiner imago-Dei-Lehre versuchte Brunner jedoch, einer kurzschlüssig
und einseitig erscheinenden Entwicklung der Barthschen Theologie entgegenzuwirken. Ihm schien Barth mehr und mehr der Existenzproblematik
und der Anthropologie überhaupt auszuweichen. Die Furcht, in den „anthropozentrischen" Neuprotestantismus zurückzufallen, schien Barth in
eine unreformatorische Engführung hineinzutreiben, von der aus kein
rechter Zugang mehr zur Situation des Adressaten der christlichen Botschaft zu gewinnen war. Im Vorausgegangenen wurde aber gezeigt, daß
Barth gleichsam schon das theologiegeschichtliche Niveau, von dem Brunners kritische Anfragen herkamen, hinter sich zu lassen bestrebt war. In
den folgenden Kapiteln ist nun der von Barth in der KD gewonnene neue
Zugang zur anthropologischen und ontologischen Fragestellung zu untersuchen. Es ist zu prüfen, wie sich Barths positive dogmatische Entfaltung
der Lehre vom Menschen und von der Wirklichkeit zu derjenigen Brunners verhält.

In Brunners bedeutender und charakteristischer Monographie *Der
Mensch im Widerspruch* (1937[1], 1965[4]) wird in der Orientierung an Pascal und vor allem an Kierkegaard die These ausgeführt, daß jede nicht-
christliche Anthropologie „das Bild des wirklichen Menschen irgendwie
verzerrt oder verdeckt"[1]. Brunner lehrt (übrigens in Übereinstimmung mit
Barth): Wo der um Selbsterkenntnis bemühte Mensch „das Zentrum, das
Geschaffensein im Wort Gottes verfehlt, bricht ihm alles auseinander". Er
muß dann versuchen, die noetisch in Materialismus und Idealismus, Mo-
nismus und Dualismus usw. auseinandergebrochene Welt „mit künstli-
chen, gewaltsam abstrakten Schemata wieder zusammenzufügen". Und
die großen philosophischen Systeme, deren Widereinander den Wirklichkeitswiderspruch besonders deutlich sichtbar macht, sind selbst solche Versuche. — „Der letzte Gegensatz, der hier zu überwinden ist, ist der zwischen dem endlichen (menschlichen) und dem absoluten göttlichen Geist,
und die Überwindung geschieht nach Hegel ... im Bewußtsein der We-

---

[1] MW, 471 (vgl.: 68).

senseinheit mit Gott". Wo sich der Mensch seinem Schöpfer nicht mehr *gegenüber* sieht, da zerbricht ihm die Wirklichkeit in so bedrohlicher Weise, daß ihm nur noch ein „absoluter Idealismus" („Identitätsmystik") übrig bleibt. Nun muß das *Denken* aktiviert werden, um den Widerspruch „als einen Schein" zu entlarven und ihn „um jeden Preis... aus der Welt zu schaffen"[2]. Der Widerspruch wird verdrängt; man wird unfähig, den *wirklichen* Menschen zu sehen, wie dies schon Kierkegaard in seiner Hegelkritik darlegte[3].

Auch Barth hat auf das im neuzeitlichen Denken einen Grundzug bildende Bedürfnis nach einer „Domestizierung" des Doppelaspektes der Wirklichkeit hingewiesen[4]. Und auch er stellte fest, daß dem Menschen die Wirklichkeit auseinanderbricht, wenn er Gott nicht mehr als das reale Gegenüber der Welt erkennt — Barth sagt: wenn der Mensch von *dem* „Widerpart" nichts mehr wissen will, in dem sich „die Welt in ihrer Totalität" auf der einen, Gott auf der anderen Seite gegenüberstehen. Dann allerdings, meint Barth, sieht man sich plötzlich einem durch die ganze Welt gehenden Riß oder Zwiespalt konfrontiert. Dann wird auch die Frage der Überwindung dieses Zwiespalts akut. Und dann kann es schließlich geschehen, daß der Zwiespalt, in dem man die Welt jetzt erblickt, *verwechselt* wird mit dem Gegenüber von Gott und Welt, Gott und Mensch[5].

Worin unterscheidet sich die Barthsche von der Brunnerschen Sicht des Wirklichkeitswiderspruchs? Brunner meinte, wenn die Philosophie diesen Widerspruch zudecke oder verdränge, so sei dies eine Fluchtbewegung vor der Wirklichkeit, so gerate der wirkliche Mensch aus dem Blick. Barth hat diese Folgerung Brunners nicht akzeptiert. Ausgegangen war auch Brunner von der Feststellung: Die Erfahrung eines durch die ganze Wirklichkeit gehenden Risses oder Zwiespalts ist bereits eine Folge dessen, daß Gott nicht mehr als das Gegenüber der Welt anerkannt wird. Nur unter dieser Voraussetzung entsteht das Widerspruchsphänomen und -Problem. Aber von hier aus müßte, nach Barth, der nächste Satz lauten: Gerade auch der nicht verdrängte, der als ein existentielles Problem erfahrene und erkannte Wirklichkeitswiderspruch kennzeichnet also gar nicht die *wirkliche* Situation des Menschen! Der Mensch im Widerspruch ist *nicht* der wirkliche Mensch. Und deshalb, so Barths Schlußfolgerung, hat es auch keinen theologischen Sinn, dem Menschen einen Widerspruch aufzudecken, den er nicht nur gewöhnlich verdrängt, sondern den er vor allem in Verkennung seiner wahren Lage selbst erst künstlich erzeugt[6]!

---

[2] MW, 190 f.
[3] Vgl. MW, 191 Anmerkung 2.
[4] KD III 3, 363. Vgl. KD III 1, 430 ff.
[5] KD III 3, 363.
[6] Davon bleibt unberührt, daß *Barth* den schöpfungsmäßigen Doppelrhythmus der Welt, eine sich in Ja und Nein, Freude und Leid, Licht und Schatten, Auf-

Barth bezweifelte sodann den praktischen missionarischen Wert des Brunnerschen Verfahrens, in einer überführenden Argumentation den verdrängten Widerspruch zunächst einmal aufzudecken: Der „Sünder" wird diesen „Widerspruch" *immer* „zudecken". „Die Erschütterung des Menschen ... durch seine Verflochtenheit in Schuld und Tod ist tatsächlich, gerade wenn man sich nun ernstlich an die Wirklichkeit hält, so umfassend, so radikal nicht, wie man es wohl meinen sollte und wie man es dann auch darzustellen pflegt. Er erträgt diese Wirklichkeit viel lieber und viel leichter als die Gnade Gottes."[7] — Erreicht andererseits die Gnade Gottes aber den Menschen, dann sieht er ja die Wirklichkeit auch bereits *ohne* jenen z. B. in der dualistischen Philosophie angenommenen innerweltlichen Zwiespalt. Deshalb, meinte Barth, kann und muß die Theologie von vornherein davon ausgehen, daß gegen den „Selbstwiderspruch" des Menschen (wie auch gegen die „Selbsttäuschung, in der er diesen Widerspruch nicht einmal wahrhaben will") durch Christus „wirksamer Protest eingelegt" ist. „Protest damit, daß die Gegensätze, in denen wir existieren, in ihm keine Gegensätze sind, eines Strebens nach ihrer Überwindung also nicht bedürfen, womit denn auch alle Illusionen über den Erfolg dieses Strebens in ihm gegenstandslos gemacht sind." — „Das menschliche Wesen Jesu erspart und verbietet uns das unsrige."[8]

Offenbar sah Barth die große Schwierigkeit einer Theologie, die den Wirklichkeitswiderspruch als die „Wirklichkeit" anspricht, in folgendem: Diese Theologie stellt sich selbst auf den Boden jenes Denkens, das sie bekämpfen muß. Somit steht sie schon von ihrem Ansatz her in der Gefahr, die philosophische Verwechslung des biblischen Gegenübers von Gott und Welt (Mensch) mit dem innerweltlichen Zwiespalt oder Widerspruch mitzumachen. Und dann wird spätestens an der Stelle, wo diese Theologie von der Befreiung aus dem Widerspruch im Glauben reden möchte, die Argumentation fragwürdig. Hat man diesen Widerspruch erst weit geöffnet, hat man tiefgründig mit Pascal die misère de l'homme (sans dieu) aufgedeckt[9], dann kann und muß man sehr viel weniger tiefgründig fort-

---

gang und Niedergang, Konstruktion und Destruktion usw. artikulierende innere „Gegensätzlichkeit" des Kosmos, selbstverständlich nicht in Abrede stellt (vgl. KD IV 3.1, 164 f.).

[7] KD II 1, 148. — Vgl. *K. Barth*, Christus und Adam nach Römer 5 (1952), 1964² (zusammen erschienen mit der 3. Aufl. v.: Rudolf Bultmann. Ein Versuch, ihn zu verstehen), 99 f.

[8] KD III 2, 55. — Nicht übersehen werden darf, daß *Barth* hierbei stets *voraussetzt*: „Der Widerspruch zu uns selbst, in welchem wir uns wegen unseres Widerspruchs zu Gott finden, ist ernstlich" (KD III 2, 34). Eine andere Frage ist es aber, ob die Theologie den Menschen gerade hierin „ernstzunehmen" hat.

[9] Vgl. FAn, 530. — MW, 181 f. 203. — S. auch: MW, 471: „Nur ... wer diesen Widerspruch in seiner Tiefe begreift, begreift den wirklichen Menschen in seiner Tiefe."

fahren, daß sich die Existenznot des Menschen im Glauben, „erst im Glauben" löst. Man stößt dann an den Punkt, wo eine gewisse Art missionarischer Rede zu zeigen versucht, daß der Mensch zur Bewältigung dieser Not Jesus „braucht". Man *meint* zwar, die Gottesfrage an unabweisbaren Grunderfahrungen, die das Widerspruchsphänomen evident vor Augen führen, festgemacht zu haben. Und doch ist man darauf angewiesen, mit dem modernen Menschen theologisch-propädeutisch auf dem Boden seiner jeweiligen Philosophie erst einmal über einen existentiell zureichenden, den Riß nicht eskamotierenden Wirklichkeitsbegriff zu streiten und zu rechten.

Wenn Barth dem Widerspruch gegen Gott keinen Anspruch auf „feierliche Behandlung" zubilligte, so lag darin keine zynische Gleichgültigkeit gegenüber den schweren Widerspruchs- und Entfremdungserscheinungen unseres sozialen und individuellen Daseins. Solcher Gleichgültigkeit stand schon Barths sozialistische Grundhaltung entgegen. Und auch das existentielle Gewicht,die bedrückende Wirklichkeit der *Sünde* wurde äußerst ernst genommen[10]. Doch gerade deshalb konnte Barth sagen, dem Sünder sei nicht damit gedient, daß die Theologie seinen uninteressanten Widerspruch gegen Gottes Gnade noch einmal besonders mit ihm diskutiert, daß sie ihn *dabei* ernst nimmt[11]. Die Theologie, so meinte er, hat den Sünder um seiner Notlage willen dabei zu behaften, daß Jesus Christus für ihn gestorben und auferstanden ist. Sie hat ihn in „dieser seiner wahren Existenz" aufzusuchen, wodurch „die sämtlichen Wege der natürlichen Theologie automatisch und radikal *abgeschnitten* sind"[12]. Der Dualismus von Natur und Geist, die Spannung zwischen Sein und Sollen, die Widerspruchsdialektik von Entfremdung und Identität, Verfallenheit an das „man" und Existenz in der „Eigentlichkeit" — das alles bedeutet nicht das letzte Wort über unsere Wirklichkeit. Dahinter verbirgt sich auch nicht die Gottesfrage. Denn so widersprüchlich pflegt der Mensch die Wirklichkeit zu erfahren, wenn er gerade davon abstrahiert, daß Gott der Welt als ganzer als ihr Schöpfer und Erlöser gegenübersteht. Abstrahiert der Mensch aber hiervon, so fragt er nicht nach Gott, sondern er widerspricht ihm — und hieran kann die Theologie nicht anknüpfen.

Barth lehnte es ab, die Wirklichkeit vom Phänomen der *Sünde* her theologisch zu definieren. Das, was wirklich ist, kann nicht durch den Widerspruch gegen die Gnade Gottes, nicht durch das „Nichtige"[13] konstituiert sein. Da aber die Sünde nach allgemeiner theologischer Auffassung

---

[10] Vgl. Anm. 8.
[11] KD II 1, 187. — Vgl. *K. Barth*, Fides quaerens intellectum (1931), 1958², 66—68.
[12] KD II 1, 188.
[13] Siehe jetzt die Untersuchung von *Krötke*.

dennoch die menschliche Wirklichkeit bestimmt, meinte man auf der Gegenseite, bei Barth gehe der Bezug auf die *Erfahrung* verloren. Doch Barth war die Welt der natürlichen Erfahrung nicht gleichgültig. *Für* seine Auffassung spricht, daß die Theologie über den Begriff der Sünde der natürlichen Erfahrung keineswegs in einer ganz besonderen Weise nahe kommt. Beim theologischen Reden von der Sünde weiß sich der natürliche Mensch nicht etwa besser in seiner wirklichen Situation erfaßt und verstanden als beim theologischen Reden von der Gnade. Deshalb muß auch eine Theologie, die am philosophischen Problem des innerweltlichen Doppelaspektes, ohne anzuknüpfen, vorübergeht, nicht von vornherein auf den Erfahrungsbezug verzichten. Tatsächlich hat Barth für das Reden von Gott nur jenes Terrain nicht akzeptiert, auf das z. B. die idealistische Philosophie die Gottesfrage hingeschoben hat — mit dem Ergebnis, daß das Reden von Gott *so* die Erfahrungsgrundlage gerade verlor! Der Idealismus hat in den Nihilismus hineingeführt. In den Nihilismus, aus dem nun nach Barths Meinung auch eine natürliche Theologie nicht wieder herausführen kann. Der Erfahrungsbezug der Theologie ist über eine neue christliche theologia naturalis nicht mehr zu gewinnen. Wie sich dieser Erfahrungsbezug, nach Barth, dennoch positiv ermöglicht, das ist vor allem in der Lehre von Gottes Gnadenwahl (KD II, 2, 1942) entfaltet worden.

2. Die Erwählung des Menschen Jesus und das Problem der natürlichen Theologie

Seiner Alternative gegen die natürliche Theologie gab Barth in der Lehre von Gottes Gnadenwahl eine faszinierende Gestalt und Begründung. Von der Erwählungslehre aus wollte Barth das Hauptanliegen der zeitgenössischen theologia naturalis, die Möglichkeit des Redens von Gott unter der Bedingung des Atheismus als einer Massenerscheinung zu sichern, überholen.

2.1 Gottes Gnadenwahl schließt, so lehrte Barth bekanntlich, keinen einzigen Menschen vom Bund aus. Indem Gott Jesus erwählt hat, hat er den Menschen überhaupt erwählt. Allenfalls durch eigene Wahl kann ein Mensch sich ausschließen. Er verstößt dann gegen seine menschliche Bestimmung und bekommt dies in der Form menschlicher Verelendung zu spüren[14]. Letztlich ist aber auch solche eigene Wahl nichtig, denn die

---

[14] *Barth* beschreibt das Wesen der Sünde bekanntlich als „träges" Zurückbleiben hinter der von Gott bereits realisierten Versöhnung (KD IV 2, 452 ff. 546 ff.; IV 1, 157 f.) und somit auch als Unsinn und Unbestand (KD III 2, 38), Nichtigkeit (KD IV 2, 461 u. ö.), Unwirklichkeit (KD III 3, 327 ff. u. ö.), Dumm-

212

dem Gottlosen für sie gebührende Verwerfung ist von Jesus getragen und aufgehoben[15]. Jesu Stellvertretung bedeutet: Das Gericht über die dem Worte Gottes entfremdete Welt wird „faktisch nur an einer einzigen Stelle ... des Kosmos, nur an einem einzigen Geschöpf wirklich vollzogen werden, und an dieser einen Stelle, an diesem einen Geschöpf wird Gott selbst der Gerichtete, der Leidtragende sein an der Stelle und zur ... Bewahrung der ganzen übrigen Schöpfung"[16]. Weil Jesus an der Stelle aller anderen Menschen „als Mensch Gottes geboren wurde, litt und starb und in seiner Auferstehung als der, der das für Alle getan, für sie Alle offenbar wurde", deshalb „ist die in seiner Geschichte geschehene Wendung für sie *Alle* geschehen, ist in ihr ihrer *Aller* Wendung von der Untreue zur Treue vollzogen, ist christliches Leben als ihrer *Aller* Leben in dieser seiner Geschichte Ereignis geworden"[17].

Jesu menschliche Geschichte ist „*partikulare* Geschichte mit *universaler* Absicht"[18]. Jesus, der von Gott stellvertretend für alle anderen Menschen erwählte *und* verworfene „wirkliche Mensch"[19] ist das helle Licht, dem die menschliche Blindheit nicht gewachsen ist[20]. Und weil er dieses Licht der Welt tatsächlich ist, deshalb ist es möglich, ja selbstverständlich, ihn als den „Stellvertreter" aller übrigen Menschen zu bezeichnen.

Barth wollte mit dieser, das alte reformierte Prädestinationssystem umschmelzenden Lehre („doppelte Prädestination" heißt jetzt, daß Gott dem Menschen Seligkeit, sich selbst aber die Verdammnis zudenkt[21]) nicht die altkirchlichen Apokatastasis-Spekulation erneuern[22]. Die entscheidende Innovation liegt im Begriff der Stellvertretung Jesu. Und hier fällt auch die Entscheidung gegen die natürliche Theologie.

2.2 Neben der Existenz des Menschen Jesus darf die menschliche Existenz im allgemeinen nicht als ein zweiter, neuer Schauplatz des Kampfs zwischen dem gottentfremdeten Sein und dem neuen Sein im Glauben verstanden werden. Die Prädestination begründet keine an jeder Privatexistenz noch einmal zu vollziehende, in ihr durchzukämpfende und an ihr

---

heit (KD IV 2, 460 ff.), Mittelmäßigkeit (KD IV 2, 436 ff.), Verlotterung (KD IV 2, 510 ff.), Lüge (KD IV 1, 158 u. ö.), Hochmut (KD IV 1, 156 ff. 458 ff. u. ö.) usw. — In solchem Elend bekommt der Mensch seine Sünde zu spüren, wodurch Gott aber auch schon die Rückführung des Menschen anbahnt. Denn in der großen Gefährdung des Menschlichen durch die Sünde liegt auch so etwas wie ein „Schutzmechanismus" der Gnade (vgl. KD III 2, 36 ff.).
[15] KD II 2, 336.
[16] KD III 1, 121.
[17] KD IV 3.1, 15.
[18] KD IV 3.1, 23.
[19] KD II 2, 46. 338 f.
[20] KD III 2, 48.
[21] KD II 2, 177.
[22] KD II 2, 325 u. ö. — Vgl. *K. Barth*, Credo, 1935, 147 f.

abzulesende Entscheidung über Heil oder Unheil. Sein oder Nichtsein steht nicht mehr in jedem persönlichen Gottesverhältnis erneut auf dem Spiel. Hinzukommt, daß die Theologie nach Barth auch keine Veranlassung hat, die Menschheit aufgespalten in Erwählte und in Verworfene zu denken. Um an dieser Stelle nicht auf Abwege zu geraten, hat Barth mit dem traditionellen theologischen Verständnis der Gottesbeziehung des Menschen im Sinne eines jeweiligen „Privatverhältnisses" gebrochen[23]. Wohl ist die Prädestination nach seiner Lehre von fundamentaler Bedeutung für jeden einzelnen. Aber sie ist nicht ein „ihm zum vornherein immanenter Charakter", nicht „an seine Existenz gebunden". Erst wenn man nicht mehr „die einzelnen Menschen insgemein", sondern jenen einen Menschen, Jesus, als den direkten und eigentlichen „Gegenstand" der Gnadenwahl begreift — erst dann wird auch die Versuchung gegenstandslos werden, aus „Erfahrungstatsachen" (etwa „aus der Existenz von Heiden und Christen, schlechten und guten Christen") „so oder so auf Gottes Gnadenwahl schließen zu wollen"[24].

An unserer Existenz leuchtet jener entscheidende Sachverhalt, auf den Gogarten unaufhörlich hinwies, gerade nicht notwendig ein, nämlich: daß der Mensch nicht ohne Gott, Gott nicht ohne den Menschen ist. Wir verstehen uns faktisch — und heute ausdrücklicher denn je — „auch ohne Gott". Den Menschen Jesus aber könnten wir nicht „sehen und denken, wenn wir nicht sofort auch Gott sehen und denken würden". Bei ihm begegnet „mit dem Wesen des Menschen ... sofort auch das Gottes". „Die Anschauung des Schöpfers im Geschöpf kann bei allen anderen Geschöpfen nur eine indirekte sein und so auch die Beziehung des Begriffs des Geschöpfs zum Begriff des Schöpfers nur in Form einer nachträglichen Reflexion vollzogen werden": also nicht im Horizont der natürlichen Theologie, sondern allein im Horizont der Christologie. Doch bei Jesus ist „beides direkt und unmittelbar: die Anschauung und der Begriff des Schöpfers im Geschöpf. Keine Reflexion auf Gott ist nötig bei diesem Geschöpf. Gott ist gegenwärtig und offenbar, indem dieses Geschöpf gegenwärtig und offenbar ist"[25]. Auch schon die ganze Problemstellung der zeitgenössischen theologia naturalis ist unter diesem Aspekt nicht mehr relevant. Denn sowohl die Existenz wie das Wesen Gottes sind uns bei Je-

---

[23] Vgl. KD II 2, 43 ff. — In der Tat erweckt heute z. B. die Auseinandersetzung *K. Barth — G. Kittel* (Ein theologischer Briefwechsel, 1934) den Eindruck, es liege in dem herkömmlichen und von Kittel (unbeholfen) verteidigten Versuch, das Gottesverhältnis als Privat- bzw. als Individualverhältnis zu explizieren, *das* (von Barth scharf gesehene) theologische Dilemma aller vermeintlich „rechten" theologia naturalis im 20. Jahrhundert.
[24] KD II 2, 43—46.
[25] KD III 2, 79.

sus — aber wirklich nur bei ihm — schlechterdings nicht „problematisch", sondern einfach gar nicht zu übersehen und „denknotwendig"[26].

Das menschliche Wesen Jesu erschließt und offenbart uns Gott ebenso wie unsere eigene menschliche Wirklichkeit und Bestimmung mit *Evidenz*. Es bedarf keines Beweises, keiner Begründung, daß Jesus dieses „Licht" ist. Sucht man erst nach Argumenten, warum in keinem anderen Heil sei, so ist schon darüber entschieden, daß die Antwort „auf der Linie verlaufen wird, auf der Feuerbach, nachdem er selbst diese Frage gestellt, sich selbst Antwort gegeben hat"[27]. In Wirklichkeit begegnet uns Jesus als „überführende Wahrheit" — oder er begegnet gar nicht. Wer sich aber überdies noch „zu einer historischen, weltanschaulichen, anthropologischen Nachforschung und Darlegung" dieses Sachverhalts veranlaßt sieht, der verhält sich so, als ob dem vielleicht doch nicht „selbstverständlich", doch nicht „mit axiomatischer Gewißheit so sei"! „Welch ein ‚Als ob'!"[28] *Ist* Jesus das Licht unseres Lebens, dann sind allenfalls wir, die Christen, danach gefragt, „was es mit *unserem* Recht und Grund, uns seiner zu rühmen als solche, die in ihm leben dürfen, auf sich hat"[29].

Hat Gott in der Wahl des Menschen Jesus von seiner Freiheit, sich „aufzuschließen und mitzuteilen", Gebrauch gemacht, so sind wir von dieser göttlichen Lebensäußerung von vornherein betroffen und erreicht. Weder vermögen Nihilismus und Atheismus diesem Faktum Abbruch zu tun, noch könnte eine natürliche Theologie ihm auch nur im mindesten zur Geltung verhelfen. Jene Unwiderstehlichkeit, jene überführende Notwendigkeit und Selbstverständlichkeit des göttlichen Sich-Aufschließens beruht ohnehin nicht auf einer verborgenen Affinität zu unserer widersprüchlichen Daseinserfahrung, sondern sie beruht auf seinem Charakter als Gnade: „Weil es Gnadenleben ist, darum ist dieses Leben sprechendes, leuchtendes Leben."[30] Gottes Gnadenwahl allein ist der zureichende Grund dessen, daß uns die Wirklichkeit nicht dunkel und verworren sein muß, daß uns das Sein licht sein kann.

Erwählung schafft Evidenz.
Erwählung macht den Erwählenden offenbar und den Erwählten sich selbst durchsichtig.
Offenbarung und Erwählung sind identisch.
Offenbarung als Erwählung ist nicht nur Stiftung von Sein, sondern gleichzeitig auch Stiftung der Erkennbarkeit des Sinnes oder der Bestimmung von Sein.

---

[26] Ebd.
[27] KD IV 3.1, 79.
[28] KD IV 3.1, 81 f.
[29] KD IV, 3.1, 84.
[30] KD IV 3.1, 89 f. — Vgl. KD II 2, 171.

In und aufgrund Gottes gnädiger Wahl ist Gottes Wesen und Wirklichkeit evident.

In und aufgrund Gottes freier Wahl des Menschen findet der Mensch seine Freiheit, findet er seine Bestimmung[31].

2.3 Barths Erwählungslehre knüpft an den schlichten anthropologischen Sinn der Vokabeln „Erwählung", „erwählen" usw. an[32]. Daher gewinnt sie große innere Stringenz und sprachliche Kraft. Erwählung oder zuvorkommende Liebe als daseinsbegründender Akt, als Freigabe eines Lebensraums, als Ermöglichung von Selbsterkenntnis und persönlicher Freiheit des Erwählten — dies begegnet auch im zwischenmenschlichen Bereich. Und hier hat es der Mensch auch mit Vor- und Leitbildern zu tun, die ihm helfen, seine Bestimmung zu entdecken und mit sich selbst identisch zu werden. Diese Leitbilder werden nicht gemacht, nicht begründet, nicht einmal erfragt. Sie sind zuerst, was sie in sich selber sind. Sie setzen sich dann spontan als überströmendes, sprechendes und leuchtendes Leben auch bei anderen durch. Diese anderen sind recht eigentlich ihre Geschöpfe. Nicht aber im abwertenden Sinne des Wortes ihre Kreaturen, denen keine eigene Freiheit zukommt. Echte Erwählung als schöpferischer, überströmender, freier Akt der Gnade verhilft dem Geschöpf gerade zu seiner eigenen Freiheit. Und auch wo es sich um echte Leitbilder handelt, gilt: Nicht der einzelne Mensch sucht, schafft, wählt oder begründet seine Vor- und Leitbilder, sondern diese finden, schaffen, wählen und begründen ihn, „sich zum Bilde", und sie lassen ihn gerade so zu sich selbst kommen. Wäre es anders, wäre ein Leitbild oder ein Idol durch seine Anhänger allererst hervorgebracht, so wäre es auch bereits als Vorbild erledigt. Es wäre dann nur eine unfruchtbare Projektion eigener Wünsche und Sehnsüchte oder, mit dem Alten Testament zu reden, ein mit Händen gemachter Götze, der nichts leistet, selber ein Nichts ist und seine Anhänger ins Verderben stürzt.

Die Frage, ob es im Verhältnis der Geschöpfe untereinander überhaupt echte Erwählung geben könne, ob Menschen Leitbilder sein können, die anderen Menschen rein zu deren eigener Freiheit verhelfen, führt wohl schon notwendig zur Gottesfrage hinüber[33]. Aber für Barths Prädestina-

---

[31] Vgl. KD IV 3.1, 91.

[32] Letztlich deshalb bedeutete für *Barth* die Erkenntnis, Jesus Christus sei zugleich der erwählende Gott und der erwählte Mensch (KD II 2, 110 ff.) „eine unheimliche Erleuchtung" (vgl. *Buess*, aaO. 23). — Barth glaubte an dieser Stelle einen Einblick in den grundlegenden kosmischen Sachverhalt zu tun und — offenbarungstheologisch — gleichsam zu einer natürlichen Theologie höherer Ordnung durchzustoßen.

[33] Vgl. etwa KD II 2, 194: „Es ist also ganz schlicht, aber auch ganz umfassend die *Autonomie des Geschöpfs*, die im Akte der ewigen göttlichen Erwählung ursprüngliches Ereignis ist und legitime Wirklichkeit wird." — Und ferner

tionslehre ist auch dies von Bedeutung, daß wir ontologisch und anthropologisch das Phänomen einer echten Erwählung überhaupt verstehen können. Wir können sogar sagen: Wo echte Freiheit Ereignis wird, da muß es sich um einen solchen erwählenden Akt handeln. Es muß ein überströmendes Leben, das zuvor in sich selber existiert, der Grund solcher Freiheit beim anderen Menschen sein. Es muß ein leuchtendes Leben, das zuerst für sich selber leuchtet, der Grund für das Ereignis von klar werdendem Sinn, von sich rundender Identität, von sich erfüllender Bestimmung in unserem eigenen Leben sein.

Barths Lehre von Gott und von Gottes Gnadenwahl ist freilich nicht in dieser induktiven Weise konzipiert. Sie entfaltet nicht eine natürliche Theologie der Gnade im Gegensatz zu einer natürlichen Theologie des Gesetzes. Und doch streift sie schließlich das Phänomen der natürlichen Theologie. Und zwar deshalb, weil es unter dem Aspekt der Gnade, die im Unterschied zu allem zwiespältigen Sein allein sprechen und leuchten kann, keine unbillige Zumutung mehr für das Denken bedeutet, wenn in der Gotteslehre scheinbar thetisch-positiv und jedenfalls nicht induktiv vorgegangen wird. Auf dem Hintergrund der Erwählungslehre kann überhaupt nur ein positives, ein an Gottes eigener und besonderer Wirklichkeit interessiertes, explikatives Reden von Gott Evidenz beanspruchen. Denn Erwählung besagt ja, daß der Grund aller natürlichen Erleuchtung, aller natürlichen Existenz und Selbstbestimmung in einem zuerst für sich seienden, anderen, spontan überströmenden und sich durchsetzenden Leben liegt.

Daher nun Barths Grund-Satz: *Wenn* Gott existiert und sich im Menschen Jesus leuchtend und sprechend erschließt, so ist die Frage der natürlichen Theologie nach einem höchsten Wesen, und so ist auch die Frage der modernen christlichen theologia naturalis nach dem ontologischen Sinn des Redens von Gott bereits überholt und zurechtgebracht. Und als die Kehrseite dieses Satzes ließe sich formulieren: Wenn Gott *nicht* existierte und es zweifelhaft wäre, daß Gott sich im Menschen Jesus unübersehbar kundtut, so wäre die Bemühung aller natürlichen Theologie völlig vergeblich. Und wiederum anders: *Ist* Gott der den Menschen in Freiheit erwählende Gott, dann ist alles, was aufgrund einer eigenen Wahl des Menschen als „Gott", als „höchstes Wesen" usw. bezeichnet werden könnte

---

KD II 2, 457: „Der erwählte Mensch ist dazu bestimmt, dem gnädigen Gott zu entsprechen, sein geschöpfliches Bild, sein Nachahmer zu sein. Nicht der eines selbstentworfenen Gottes- und Menschenbildes, sondern der des ihn erwählenden gnädigen Gottes selbst und als solchen! Ihm ist er verpflichtet. Ihm ist er sich schuldig." „Nur in seiner, des gnädigen Gottes Nachahmung, kann er sein eigenes Leben haben."

und auch schon so bezeichnet wurde, „als Gotteserkenntnis weder wirklich noch möglich"[34].

Barth geht noch weiter: Wenn der Mensch von sich aus die Gottesfrage stellt, wenn er sich kraft eines natürlichen Gottesbewußtseins für fähig oder für gezwungen hält, die Idee eines vollkommenen Wesens zu bilden, dann tut er dies immer, um sich der Wirklichkeit seiner eigenen Existenz und der Wirklichkeit der Welt zu versichern. Aber diese Sicherheit wird ihm so nicht zuteil. Der Mensch kann nie sicher sein, daß seine Idee Gottes „keine bloße Idee ist". Selbst der ontologische Gottesbeweis, jener „berühmte Schluß von der Vollkommenheit des Wesens Gottes auf seine Existenz (,) sieht unserer Vermutung, daß wir seien und daß etwas sei, sieht also dem Problem, das durch ihn gelöst werden sollte, doch allzu ähnlich . . ., als daß wir uns seiner zu trösten vermöchten"[35].

Das Anliegen des ontologischen Gottesbeweises muß deshalb erwählungstheologisch begründet werden. Es muß eine andere Beantwortung finden als in jenem philosophischen Schluß[36]. Weder kann die Wirklichkeit Gottes noch kann unsere eigene Daseinswirklichkeit aus dem höchsten menschlichen Gedanken erschlossen werden. Beides aber erschließt sich mit überführender Kraft durch Gottes Offenbarung in einer „unserem Bewußtsein widerfahrenden Entgegensetzung". So „wie alles, was außer dem Schöpfer existiert, sein Existieren ihm und ihm allein zu verdanken hat, so kann auch alles außer ihm stattfindende Wissen um Existenz nur dadurch zustande kommen, daß er sein unfehlbares Wissen um seine eigene Existenz (als Grund alles sonstigen Existierens) nicht verborgen hält, sondern offenbar macht"[37]. Nur von hier aus ist anthropologische und ontologische Sicherheit und gewisse Erkenntnis zu erlangen. Philoso-

---

[34] KD II 1, 5.

[35] KD III 1, 397 f.

[36] *Schelling* hatte einmal notiert (aaO. 232 f., Anmerkung 1): „Unbegreiflich . . ., daß man . . . so lange übersehen konnte, daß vom Dasein Gottes nur ein ontologischer Beweis möglich ist. Denn wenn ein Gott ist, so kann er nur sein, *weil* er ist." Somit ist dieser „Beweis" aber „im eigentlichen Sinn *kein* Beweis, und der Satz: Es ist ein Gott, der unbewiesenste, unbeweisbarste, *grundloseste Satz*, so grundlos, als der oberste Grundsatz des Kritizismus: Ich bin!" — Mit seiner Gottes- und Erwählungslehre setzte Barth (der hier mit Schelling übereinstimmte) unverkennbar einen Kontrapunkt zu Descartes. Dabei hat er aber nicht hinter Descartes auf die Fassung des ontologischen Gottesbeweises bei Anselm „zurückgegriffen". Vielmehr ergab sich die gewisse Nähe zu Anselm aus einer progressiven kritischen Verarbeitung der durch Descartes inaugurierten Situation! — Das Dilemma des zeitgenössischen *Existentialismus* aber lag für Barth darin, daß hier zwar ebenfalls ein kritischer Progreß über Descartes hinaus angestrebt wurde, jedoch ein Unvermögen bestand, die Lage durch die (für eine „Verwindung" Descartes' eben erforderliche!) Entgegensetzung des *göttlichen* „Ich bin" philosophisch zu bereinigen.

[37] KD III 1, 399.

218

phisch aber ist es nicht zu begründen, daß unsere eigene Existenz und unsere Umwelt nicht nur Schein sind.

Die im Gefolge des von Nietzsche angesagten Nihilismus entstandene existenzphilosophische Erkenntnis der radikalen Fraglichkeit des Daseins, die zeitgenössische Erfahrung des Hineingehaltenseins ins Nichts, erscheint von hier aus als der optimale geistesgeschichtliche Hintergrund für Barths erwählungstheologisches Reden von Gott. Das Zeitalter des Atheismus und des philosophischen Ausbruchs aus dem Gehäuse der traditionellen Metaphysik kommt dem erwählungstheologischen Reden von Gott entgegen. So ist das Problem der natürlichen Theologie in Barths Gotteslehre auch nicht einfach ausgeklammert, sondern insofern überholt und aufgenommen, als Barths Gotteslehre nun nicht mehr die Unangemessenheit, sondern die Angemessenheit, die Unausweichlichkeit der Nihilismuskonsequenz für alles nicht aus der Christusoffenbarung schöpfende Denken voraussetzt.

2.4 Barth hat die Erwählung — ein Novum in der reformierten Lehrtradition! — als „integrierenden Bestandteil der Gotteslehre"[38] entfaltet. Er explizierte umgekehrt die Gotteslehre erwählungstheologisch. Erwählung ist nach Barth „ein spontanes opus internum ad extra des trinitarischen Gottes", das „den Charakter der *Gnade* hat" und kundtut, „daß Gott *für uns* ist"[39]. Dieses göttliche Für-Uns setzt notwendig ein göttliches In-sich-selber-Sein voraus. Die Bedingung der Möglichkeit von Erwählung ist, wie wir bereits sahen, der Eigenstand, die in sich selbst gründende und spontan leuchtende und sprechende Lebendigkeit des Erwählenden. Ließe sich die von unserem Bewußtsein unabhängige, eigene trinitarische Wirklichkeit Gottes schlechterdings theologisch nicht denken und nicht zur Sprache bringen, so ließe sich auch nicht begründet von Gottes *Gnade* reden. Ist aber die christliche Rede vom gnädigen Gott keine Fiktion, so ist auch die christliche Rede vom innertrinitarischen Sein, in dem Gott kein anderer ist als in seinem Wirken ad extra, keine metaphysische Spekulation. Spekulativ und unfähig, den gnädigen Gott zu denken, wäre vielmehr jede Gotteslehre, die vom offenbaren Sein Gottes nicht Gottes innertrinitarisches Sein zu unterscheiden wüßte.

„Keine Idee Gottes, kein vom Menschen ersonnener und gemachter und zur Gottheit erhobener Gott ist in sich selber gnädig, eben darum auch nicht dem Menschen. Der wahre, der lebendige Gott ist gnädig, transzendiert sich selbst, schließt sich auf und teilt sich mit — zuerst in sich selbst, dann und von daher auch dem Menschen in dessen ewiger Erwählung und in deren zeitlich-geschichtlicher Vollstreckung."[40] Durch die Wahl

---

[38] KD II 2, 85.
[39] KD II 2, 26.
[40] KD IV 3.1, 89.

des Menschen Jesus gehört der Mensch schon *vor* der Schöpfung zu Gott. Nicht aber gehört Gott von der Schöpfung her immer schon zum Menschen, so daß daher der Begriff des Menschen eine natürliche Theologie implizieren würde. Nicht der Mensch ist schöpfungsmäßig auf Gott hin, sondern Gott hat sich in einem urzeitlichen trinitarischen spontanen Akt des Sich-selbst-Transzendierens in Jesus Christus auf den Menschen hin bestimmt. Deshalb erübrigt und verbietet sich die natürliche Theologie[41]. Weil Gott sich schon vor der Schöpfung selbst zur Menschlichkeit bestimmte, liegt die Verbundenheit des Menschen mit Gott nicht in einer von der Schöpfung her datierenden göttlichen Bestimmung des Menschen[42].

In seinem innertrinitarischen Sein hat Gott schon vor der Schöpfung dies „vorweggenommen", daß er sich in seinem Sohn mit dem Menschen gnädig verbünden will[43]. In dieser Vorwegnahme und Wahl hat die gesamte von Gott unterschiedene Wirklichkeit, die Schöpfung, ihren Anfang[44]. „Jesus Christus war *Gottes Wahl hinsichtlich dieser Wirklichkeit.*"[45] Weil diese Wirklichkeit in Jesus Christus ihren Grund und ihre Bestimmung hat, wird sie in ihm allein ontologisch zureichend begriffen. Es ist deshalb geradezu natürlich, keine natürliche Theologie zu haben und nicht im Rahmen einer allgemeinen Ontologie auf Gott zu schließen, sondern umgekehrt vom Handeln Gottes in Christus aus zu einer allgemeinen Ontologie hinzugelangen.

Barth war davon ausgegangen: Die im Hinblick auf die Christologie in rechter Weise durchgeführte Trinitätslehre ist keine metaphysische Spekulation, sondern eine theologisch unumgängliche Paraphrase dessen, daß Gott sich offenbart. (Und: Offenbarung und Erwählung fallen hier zusammen). Will die Theologie im Anschluß an das Neue Testament von Gottes Offenbarung reden, so entdeckt sie immer wieder, daß der Offenbarungsbegriff die Trinitätslehre impliziert. Und entsprechend, so meinte Barth, gelte auch für jede nicht metaphysisch-spekulativ ihr Ziel verfehlende Anthropologie und Ontologie, daß sie die Erwählungslehre implizieren. Die Erwählungslehre gibt in ihrer Verbindung mit der Trinitätslehre

---

[41] Vgl. *Jüngel,* Gottes Sein ist im Werden, 94 Anmerkung 90.
[42] Vgl. KD II 1, 315 f.: „Die ewige Korrelation zwischen Gott und uns, wie sie in Gottes Offenbarung sichtbar ist, ist in Gott allein und nicht etwa in Gott *und in* uns begründet. Sie bedeutet unsere Bindung an Gott, aber nicht Gottes Bindung an uns." — Und doch bedeutet hier: „unsere Bindung an Gott", daß allein *Gott* uns gebunden haben kann, dadurch, daß er — als der nicht an uns Gebundene — sich uns aus freien Stücken verbündete.
[43] KD II 2, 109.
[44] KD II 2, 107.
[45] KD II 2, 109.

als Gotteslehre darüber Auskunft, warum und mit welcher Bestimmung überhaupt Seiendes ist — und nicht vielmehr Nichts.

2.5 Mit der trinitarisch konzipierten und erwählungstheologisch ausgeführten Gotteslehre griff Barth unmittelbar in die philosophische ontologische Fragestellung ein. Er konkurrierte als Theologe mit der in der zeitgenössischen Philosophie, insbesondere in der Existenz-Philosophie versuchten Weiterführung der überkommenen ontologischen Problematik. Er konkurrierte mit diesen Versuchen, ohne sich von ihnen abhängig zu machen. Er führte in der KD die großen Fragestellungen des neuzeitlichen Denkens und dieses Denken *als Theologie* weiter. In den kontemporären philosophischen Bemühungen um das ontologische Problem sah er für die Theologie deshalb nichts Förderliches, weil es sich ihm herausgestellt hatte, daß es nur eine erwählungstheologische Lösung finden könne.

Die idealistische Grundfrage nach der Bestimmung des Menschen findet ihre Beantwortung in der Orientierung an dem von Gott erwählten Menschen Jesus, der maßgeblichen „Wiederholung und Nachbildung Gottes selber" (Ur-Analogie)[46]. In ihr muß die ganze Schöpfung als die von Gott christusgemäß erschaffene Wirklichkeit erkannt werden. Immer unter der Voraussetzung, daß Gott als der in Jesus Christus den Menschen Erwählende tatsächlich existiert, ist für Barth die Folgerung unabweisbar: Alle an der Wirklichkeit nicht vorbeiredende Ontologie und Anthropologie muß christologisch begründet sein.

3. Die Begründung der Anthropologie auf die Christologie

a) Der „neue Barth" und die Vertiefung der Gegensätze innerhalb der dialektischen Theologie

3.1 Im Bewußtsein, daß uns die Sünde den Ausblick auf die wirkliche Beschaffenheit des Menschen verstellt, beschritt Barth in KD III, 2 (1948) einen ungewöhnlichen Weg zur Anthropologie: Es bleibe nichts anderes übrig als „die Begründung der Anthropologie auf die Christologie"[47]. Wir wissen „aus uns selbst ... nicht, was wir eigentlich sind". Die menschliche Natur ist uns „in ihrer urbildlichen und ursprünglichen Gestalt" allein im „Menschen Jesus" („auf Grund seines einzigartigen Gottesverhältnisses") offenbar[48]. Der Mensch Jesus „ist *der* Mensch — erstlich und eigentlich

---

[46] KD III 2, 261. — Vgl. *E. Jüngel*, Die Möglichkeit theologischer Anthropologie auf dem Grunde der Analogie, 538. 556 f.
[47] KD III 2, 50 f.
[48] KD III 2, 60 f.

er ganz allein"[49]. Er steht dafür gut, daß unsere Existenz und unser Wesen nicht nur „Schein" sind[50]. Er ist der Erkenntnisgrund *und* der Seinsgrund des Menschen[51]. Er ist in seinem „unmittelbaren Gegenüber und Einssein mit Gott... für uns die Offenbarung der *Wahrheit* über den Menschen". Und so ist er „unmittelbar der *wirkliche* Mensch"[52].

3.2 Den Menschen realistisch sehen, dies hieß aber z. B. für Brunner[53], ihn als den im Existenzwiderspruch befindlichen Sünder erkennen[54]. Der „wirkliche Mensch", lehrte Brunner, ist derjenige, „dessen miserabilis ruina Calvin beschreibt"[55]. Des Menschen Wirklichkeit „ist der Zwiespalt, die Zweideutigkeit" seiner Existenz[56]. Ähnlich lehrte z. B. auch Gogarten[57] und überhaupt die übrige zeitgenössische Theologie.

Barth dagegen fragte, wogegen der Mensch denn sündige. Gegen die Gnade! Der Mensch wäre kein Sünder, wenn seine Wirklichkeit nicht das Sein in Gottes Gnade wäre. Der Mensch könnte niemals seine Sünde erkennen, erkennte er nicht zuvor die Gnade als sein wahres Sein. „Erkannte Sünde" ist aber auch immer schon die vergebene, die „im Licht der triumphierenden Gnade Gottes erkannte Sünde". „Die schmecken und fühlen wie freundlich der Herr ist, sie und sie allein sind es, die ihre Sünde erkennen." Von menschlichen Erfahrungen aus wie Schwermut, Resi-

---

[49] KD III 2, 49.

[50] KD III 1, 26 f.

[51] KD III 2, 175. — Vgl. KD II 1, 34 u. ö.

[52] KD III 2, 51. — Vgl. KD II 1, 171. 258. — KD II 2, 171. 384. KD III 2, 58 ff. 158 ff. u. ö. — Vgl. *K. Barth*, Christus und Adam nach Römer 5 (1952), 1964² (B. suchte in diesem ursprünglich für KD III 2 vorgesehenen „Beitrag zur Frage nach dem Menschen und der Menschheit" die Hauptthese seiner theologischen Anthropologie exegetisch zu begründen): Die „besondere Anthropologie Jesu Christi" bildet „das Geheimnis auch des ‚Adam' und also das Gesetz aller Anthropologie" (aaO. 73). „Das Christliche ist abgesehen von aller Religiosität heimlich, aber in radikaler Wahrheit das allgemein Menschliche." Also kann „gerade das Menschliche nur vom Christlichen her verstanden werden. Denn Christus steht oben und ist Erster, Adam steht unten und ist Zweiter. Und so ist gerade das Christliche das allgemein Menschliche, während das, was man gewöhnlich dafür hält, das Adamsmäßige, das Besondere ist, das jenem auf alle Fälle untergeordnet ist, das nur im Zusammenhang mit jenem Raum und Geltung hat." „Diese große grundsätzliche Umkehrung ist es, die V 12 bis 21 in aller Folgerichtigkeit vollzogen wird." Und von hier aus ist es unumgänglich, „auf die entscheidende Bedeutung der menschlichen Natur Christi hinzuweisen" (aaO. 118 f.).

[53] S. o. S. 207 ff.

[54] Vgl. MW, 82.471. — Ferner *E. Brunner*, Der neue Barth. Bemerkungen zu Karl Barths Lehre vom Menschen, ZThK 48, 1951, 92 f.

[55] MW, 76.

[56] *E. Brunner*, Die andere Aufgabe der Theologie, ZZ 7, 1929, 266.

[57] Vgl. z. B. *F. Gogarten*, Die Problemlage der theologischen Wissenschaft. ZZ 10, 1932, 295 ff.

gnation, Identitätskrise, Entfremdung gibt es keinen Zugang zum Phänomen der Sünde[58]. Sofern neuere Theologie von hier aus Verständnis für die menschliche Sündhaftigkeit und Gnadenbedürftigkeit zu wecken suchte, trägt sie selbst Verantwortung dafür, daß der Begriff „Sünde" ein blindes Wort werden mußte. Nur von der die Wirklichkeit des Menschen konstituierenden Gnade Gottes aus erschließt sich die Einsicht in jene ernstliche und umfassende Entartung unseres Seins, die wir Sünde nennen. Aber „der sündige Mensch für sich ist nicht der wirkliche Mensch." Der *nur* sündige Mensch ist eine „Abstraktion". Die „Erkenntnis des wirklichen Menschen hängt an dieser Erkenntnis: daß er Gottes Gnade teilhaftig ist". „Die Gnade Gottes, Gottes Bund mit dem Menschen, ist das Erste, des Menschen Sünde ein Zweites."[59]

3.3 Darüber, daß der von der Sünde gezeichnete Mensch nur „im Lichte Jesu Christi" erkannt werden könne, gab es in der dialektischen Theologie keine Meinungsverschiedenheit. Doch Barth gelangte von der Erwählungslehre her ja zu der Konsequenz, daß Christus nicht nur ratio cognoscendi, sondern auch ratio essendi des menschlichen Geschöpfes sei. Und dies zweite — Barths Verständnis Jesu Christi als des „Seinsgrund(es) des geschöpflichen Menschenwesens" — stieß auf großes Befremden. Wenn Barth sagen konnte, der Mensch habe „sein Sein in der von Jesus begründeten Geschichte", und des Menschen Existenz *folge* „auf die Geschichte des Menschen Jesus"[60], so hielt Brunner dies für unverständlich[61]. Die erwählungstheologische Ontologie, die diese Aussage ermöglichte[62], vermochte Brunner nicht nachzuvollziehen. Er lehnte überhaupt Barths Erwählungslehre als unbiblisch ab[63]. Möglicherweise meine Barth, „daß jeder Mensch als solcher an der Gnade Jesu Christi teilhat — nicht etwa durch den Glauben, sondern dadurch, daß er geschaffen ist, dadurch, daß er als Mensch geboren ist"[64]. Dann aber liege bei Barth ein schwerer dogmatischer Fehler vor, nämlich unbiblische Gleichsetzung von Schöpfungswerk und Heilswerk, Schöpfungsbund und Heilsbund.

„Ist nicht", so fragte Brunner, „zwischen 1934 und 1948 dieses geschehen, daß Barth damals über der rettenden Gnade die Schöpfungsgnade ignorierte, während er jetzt dazu zu neigen scheint, die rettende Gnade mit der Schöpfungsgnade zu identifizieren, jene in dieser aufgehen zu lassen?"[65] Dann hätte sich inzwischen nichts zum Besseren hin verändert.

---

[58] KD III 2, 40 f.
[59] KD III 2, 36.
[60] KD III 2, 193 f.
[61] *E. Brunner*, Der neue Barth, ZThK 1951, 98.
[62] S. o. S. 211 ff.
[63] *E. Brunner*, Dogmatik I (1946), 1972⁴, 353 ff.
[64] *E. Brunner*, Der neue Barth, ZThK 1951, 98. — Vgl. hierzu: KD III 2, 174.
[65] *Brunner*, aaO. 95.

Barths konstante Unfähigkeit zur rechten natürlichen Theologie hätte in der Sicht Brunners jetzt im Gegenteil ein noch problematischeres Ergebnis gezeigt. Sollte Barth auf jene Identifizierung tatsächlich festzulegen sein[66], so befürchtete Brunner, auch Barths Rede von der Sünde als dem Nichtigen, als der ontologischen Unmöglichkeit[67], meine vielleicht: Die Sünde ist gar keine Wirklichkeit[68]. Aber da Barth dies nie (vielmehr das Gegenteil!) behauptet hat[69], wollte Brunner am Ende an seine eigene Interpretation doch „nicht recht glauben". Ein so besonnener Dogmatiker wie Barth werde Schöpfung und Erlösung schwerlich im Ernst gleichsetzen wollen[70]. Es würde sonst „ja das Werk der Versöhnung kein Werk mehr sein und es würde ja die Forderung der Buße dahinfallen und die Entscheidung des Glaubens aufhören, eine Entscheidung zu sein"[71].

Gegen den „neuen" Barth von KD III, 2 verteidigte Brunner die alte Abfolge und Wechselbeziehung von Schöpfung und Erlösung, Natur und Gnade, Gesetz und Evangelium. Die Buße, deren Notwendigkeit Barth niemals bestritt, konnte Brunner nicht anders verstehen denn als Übergang vom Existenzwiderspruch in die diesen Widerspruch aufhebende Gnade kraft einer durch Gott ermöglichten persönlichen Glaubensentscheidung. Daß Barth, dem sich die persönliche Heilsfrage in der Geschichte Jesu Christi schon entschieden hat, die Dialektik und den Kampf zwischen nichtgläubiger und gläubiger Existenz anscheinend gar nicht mehr als einen individuellen Lebensvorgang auffaßt, dies ist es, was Brunner nicht versteht[72].

---

[66] Vgl. *Brunner*, aaO. 100 (über Barths Theologie): „Weil die Schöpfungsgnade mit der Erlösungsgnade identisch ist, darum ist die Lehre vom Staat aus der Lehre von der Kirche abzuleiten..., darum kann man das (weltliche) Recht von der Rechtfertigung des Sünders her begründen..."

[67] Vgl. KD III 2, 162.

[68] *Brunner*, aaO. 95.

[69] Vgl. KD III 2, 29 ff.

[70] *Brunner*, aaO. 100.

[71] Ebd.

[72] Indem bereits die Vorstellung eines existentiell „verwirklichten" Glaubens als „natürliche Theologie" verdächtigt wurde, mußte bei Barth die Theologie selbst „existentiellen" Charakter erhalten. Es konnte und mußte jetzt von der Theologie ausgesagt werden, *sie* sei der Gnade, der Berufung, der Erwählung, des Glaubens, der Rechtfertigung usw. bedürftig (vgl. z. B.: Vorträge III, 92. 138 ff. — KD I 1, 2. 18 ff. 303 u. ö.). Das Unternehmen der Theologie, in das hinein die Strukturmomente gläubiger Existenz gleichsam „auswanderten", wurde von Barth in gewisser Weise „fideisiert" und „personifiziert". Dem entspricht, daß dem Phänomen des Glaubens-Aktes selbst von Barth stets ein auffallend geringes Interesse entgegengebracht wurde. Barth witterte hier das Zentrum der individualistischen und subjektivistischen modernen „Religion". In der KD behandelte er den „Glauben" deshalb erst spät und auffallend kurz (KD IV 1, 862—872 = der Schlußabschnitt des Bandes). Er mied die „Unbescheidenheit" neuzeitlicher Glaubenslehren, die, wie er meinte, die christliche Wahrheit meist

Dabei hatte Brunner „der Sache nach" gern zugestimmt[73], als der
„neue" Barth in KD III, 1 (1945) seine Thesen vom Gnadenbund als dem
„inneren Grund der Schöpfung"[74] und von der Schöpfung als dem „äußeren Grund des Bundes"[75] entfaltete. Brunner war sogar freudig über-
rascht, als Barth in diesem Zusammenhang ohne Vorbehalt sagen konnte,
der Mensch sei „durch seine ganze *Natur* . . . für diesen Bund bestimmt
und disponiert". Doch es mußte Brunner schließlich als ein unerwartetes,
rätselhaftes Zuviel an natürlicher Theologie erscheinen, wenn Barth fort-
fuhr: „Dieser Bund kann von keiner Natur des Geschöpfs . . ., durch keine
Eigentümlichkeit des Menschen oder der Welt ernstlich und real bedroht
und angefochten werden"[76].

Brunner hätte es wohl verstanden, wäre Barth auch jetzt wieder in der

---

so darstellten, „als sei das ihre höchste Ehre, rund um das christliche Individuum
mit seinem bißchen Glauben rotieren zu dürfen" (828). — Daran, daß sich bei
Barth in der Konsequenz dieser Anschauung die Strukturmomente „heilsge-
schichtlicher Existenz" auf die *Theologie* verlagerten, daß also in gewisser Weise
eine Theologie der Theologie entstand —, daran nahm, neben vielen anderen
(vgl. *Herrigel*, aaO. 66; *Bonhoeffer*, aaO. 67; *Rendtorff*, aaO. [R.I] 179 ff.), vor
allem *Brunner* großen Anstoß. Noch 1963 schrieb er: Barths „Abgleiten in eine
neue Orthodoxie kommt vielleicht am deutlichsten darin zum Ausdruck, daß
Barth anfing, von ‚theologischer Existenz' zu sprechen". „Nichts bezeichnet deutlicher die Abwendung von der seinerzeit von Kierkegaard übernommenen Erkenntnis des *Glaubens* als Existenz als diese sinnwidrige Verbindung von Existenz und *Theologie*. Es gibt wohl gläubige oder christliche Existenz, nicht aber
theologische. Denn Theologie ist Nachdenken über den Glauben, nicht das Sein
im Glauben." Barth aber hat „die Erkenntnis Luthers ‚Gott und Glaube gehen
zuhauf' . . . verloren". Er meint, „daß dem Glauben gegenüber der Offenbarung
Gottes ein durchaus untergeordneter Platz zukommt". Deshalb ist bei ihm „an
die Stelle einer dem Glauben allein sich erschließenden Gotteswahrheit . . . eine
’Gottesmetaphysik und Gottesspekulation getreten" (*E. Brunner*, Wahrheit als
Begegnung. Einführung in die 2. Aufl., 1963, 47—49). — Vgl. hierzu jetzt:
Fangmeier, aaO. 366 ff. — S. auch *K. Barth*, Theologische Existenz „heute"
(Antwort an Emil Brunner), EvTh 1/2, 1948/49.

Am frühesten hat *Bultmann*, (1922, Anfänge I, 130 ff.) in diesem Zusammenhang Kritik an Barth angemeldet: „Ist der Glaube, wenn er von jedem seelischen Vorgang geschieden, wenn er *jenseits des Bewußtseins* ist, überhaupt noch
etwas Wirkliches? Ist nicht das ganze Reden von diesem Glauben eine Spekulation, und zwar eine absurde?" — *Barth* schrieb noch 1968, es sei in dieser Kritik
„sachlich schon der ganze, auch der spätere und späteste Bultmann deutlich zu
erkennen. Kein Wunder, daß die Nähe, ja Bundesgenossenschaft . . . nur eine
scheinbare und vergängliche sein konnte": „Bultmann war und ist ein Fortsetzer
der großen Tradition des 19. Jahrhunderts und also in neuem Gewand ein echter
Schüler Schleiermachers" (*K. Barth*, Nachwort zur Schleiermacher-Auswahl, hg.
v. H. Bolli. Siebenstern-TB 113/114, 1968, 301 f.).

[73] *E. Brunner*, Der neue Barth, ZThK 1951, 98.

[74] KD III 1, 258 ff.

[75] KD III 1, 103 ff.

[76] KD III 1, 106.

Weise „hyperreformatorisch" über die Brunnersche Anthropologie hinaus-
gegangen, daß er den Abgrund menschlicher Bundesferne, die völlige Un-
disponiertheit des Sünders für die Gnade und die theologische Irrelevanz
der von Brunner so genannten formalen imago betont hätte. Dies hatte
Brunner erwartet. Hier war er auch zur Verteidigung gerüstet. Und so
war er erfreut und verwirrt zugleich, als Barth 1948 den natürlichen Menschen als „bündnisfähig" bezeichnete und einräumte, daß des Menschen
geschöpfliches Wesen der „Gnade Gottes nicht einfach fremd und wider-
strebend sein kann, sondern in einer bestimmten Vertraulichkeit gegenüberstehen muß"[77].

Ist der Mensch Jesus, so lehrte Barth jetzt, „das geschöpfliche Bild Gottes selber", wie könnte dann dieses Bild in uns einfach abwesend, „nicht
mindestens vorgebildet und angezeigt" sein[78]? Das menschliche Geschöpf
tendiert seiner Natur entsprechend zu Gott hin. Es macht sich immer
schon auf „und geht zu seinem Vater". „Die Frage, ob es das kann, ist gegenstandslos. Es tut es."[79]

Diese Aussagen bedeuteten indessen keine nachträgliche Anerkennung
der für Brunner grundlegenden Unterscheidung einer unverlierbaren formalen und einer zerstörten materialen imago Dei. Im Gegenteil: Diese
Unterscheidung war jetzt erst recht abgewiesen. Barth rechnete auch jetzt
nicht mit zwei kategorialen Hinsichten, in denen der Mensch jeweils zu
verstehen wäre. Er lehrte einen einheitlichen, christologisch begründeten
Begriff der Gottesebenbildlichkeit. Und er verlegte sich jetzt auch nicht,
wie es vielleicht scheinen könnte, auf einen ganz umfassend verstandenen
Begriff der formalen imago Dei. Sondern er stellte in der christologischen
Begründung die ganze Anthropologie auf den Boden dessen, was Brunner
die materiale Gottesebenbildlichkeit genannt hatte.

Barth lehrte auch jetzt nicht mit Brunner[80], dem Menschen eigne unverlierbar eine Vernunftnatur, kraft deren er fähig (capax) ist, den Ruf
seines Abgottes, aber auch den Ruf seines Gottes zu vernehmen. Vielmehr: Vernünftig ist der Mensch nur, wenn „er wirklich *vernimmt*, was
Gott ihm zu sagen hat, so daß er eben damit, daß er dies unterließe, ein
unvernünftiges Wesen würde". Entsprechend kommt dem Menschen auch
keine freischwebende formale Verantwortlichkeit zu. Verantwortlich ist
und handelt der Mensch nur, wenn „er Gott die seinem Wort entsprechende *Antwort gibt*, so daß er, wenn er das nicht täte, unverantwortlich
handeln würde"[81].

---

[77] KD III 2, 267.
[78] KD III 2, 268.
[79] KD III 2, 211.
[80] S. o. S. 177 ff. und s. u. S. 344 ff.
[81] KD III 2, 156.

Daß nach Barth alles das, was nach Brunner nur von der im Glauben wieder geschenkten materialen imago Dei ausgesagt werden könnte, schon für den natürlichen Menschen Geltung hat, dies nötigte Brunner, den „Bankrott" seines „Verstehenkönnes" anzumelden: „Entweder ist mit dem ‚wirklichen Menschen' der Mensch gemeint, den Jesus Christus errettet, also der Mensch, der den Willen Gottes nicht tut — oder aber dieser ‚wirkliche Mensch' ist nicht der Mensch, der wir sind."[82] Brunners genereller Einwand gegen Barths Anthropologie lautete, Barth mache den Menschen Jesus zum Erkenntnis*gegenstand* der Anthropologie, statt auf die Christologie nur als auf das entscheidende Erkenntnis*mittel* die „Quelle und Norm der Erkenntnis" des wirklichen Menschen zu rekurrieren. Es entgehe Barth die spezifische menschliche Situation mit ihren vielschichtigen empirischen Implikationen. Statt Anthropologie treibe Barth Christologie. Er verwechsle diese Aufgabe mit jener[83].

Doch Barth meinte, den grundsätzlichen Unterschied zwischen Christologie und Anthropologie sehr wohl zu sehen[84]. Der Unterschied zwischen Jesus und uns — und darauf basiert Barths theologische Anthropologie — ist bei aller „Entsprechung und Ähnlichkeit" „unaufhebbar" und „grundsätzlich", weil nur Jesus „Gottes Wort an den Menschen ist", weil nur er den Auftrag hat, „an Stelle, in Vertretung eines jeden Anderen zu sein und zu handeln ... und mit seinem Leben ihr Leben möglich und wirklich zu machen"[85]. Wir aber sind diejenigen, die ihrer natürlichen, geschöpflichen Bestimmung entsprechen, wenn wir dem Sein Jesu für Gott und für den Mitmenschen entsprechen[86]. Deshalb ist für Barth theologische Anthropologie nur auf dem Grunde der Analogie („analogia relationis") möglich. Deshalb erübrigt sich ihm auch die Frage nach der formalen Eignung des Menschen für die Gnade. Und ferner Brunners Sorge, die Gnade werde, sofern jene Frage nach der formalen Eignung unterbleibt, dem Menschen einfach angeworfen.

b) Theologische Anthropologie und Humanwissenschaft

3.4 Auch P. Tillich meinte, bei Barth müsse „die Botschaft den Menschen in ihrer jeweiligen Situation zugeschleudert werden wie ein Stein". Er stelle sich nicht auf einen „gemeinsamen Boden" mit den außerhalb seines „theologischen Zirkels" stehenden Menschen[87]. Barths wirklicher Mensch erscheint, wie selbst H. U. v. Balthasar empfand, als ein dogma-

---

[82] *Brunner,* aaO. 96.
[83] Vgl. *E. Brunner,* Dogmatik Bd. 2, 1950[1], 62.
[84] KD III 2, 82. 264 f. 269 u. ö.
[85] KD III 2, 262—265.
[86] KD III 2, 382.
[87] *P. Tillich,* Systematische Theologie I, 13.

tisch, als ein christologisch überfremdeter Mensch[88]. Und noch heute begegnet das Urteil, demgegenüber habe Brunner den Menschen realistischer gesehen und ihn in seiner konkreten Situation anzusprechen vermocht. Von Brunner, nicht aber von Barth aus sei interdisziplinäres Gespräch mit der natur- und sozialwissenschaftlichen Anthropologie möglich. Denn Brunners Ansatz enthalte die „Anzeige einer theologischen Anthropologie . . ., die den Anspruch auf potentiell allgemeine Einsichtigkeit nicht nur behauptet, sondern einzulösen unternimmt"[89]. Zwar sei Brunner noch durch eine gewisse „theologische Vorfixierung" gehindert gewesen, sich „auf das gegenwärtige Erfahrungsbewußtsein in dessen faktischem Bestand und ganzer Widersprüchlichkeit einzulassen". Aber in die Richtung, in der der Theologie auch dies möglich wird, habe er doch schon gewiesen[90]. — Nun: hier liegen Mißverständnisse vor!

Gerade für Brunner und für Tillich ist eine belastende „theologische Vorfixierung" der Erfahrung ganz unvermeidlich. Beide können die

---

[88] v. Balthasar, aaO. 254 f.: Bei Barth muß deshalb „im Verhältnis zwischen Philosophie und Theologie eine letzte Unklarheit bleiben. Wohl kommt einerseits eine Deduktion der Natur aus der Christologie nicht in Frage, wird somit die Natur einer eigenen Erforschung und Wissenschaft überlassen. Aber andererseits wird dieser Wissenschaft kein wirklicher Raum gewährt, um sich zu entfalten; man fährt ihr dazwischen, indem man von Christus als dem wahren Menschen redet, als wäre alles übrige Menschsein nur ein Epiphänomen Christi. Und doch ist man unfähig, da nun einmal der Mensch nicht Christus ist, von der Theologie her das Maß des Abstandes zwischen Christus und dem Menschen festzulegen". — Während Barth dies allerdings versucht hat, meinte B., „zur Bestimmung dieses Maßes" bedürfe es „der Mithilfe der Philosophie". — Vgl. hier auch die exegetische Kritik an K. Barth, Christus und Adam nach Römer 5, 1952[1] bei R. Bultmann, Adam und Christus nach Rm 5. ZNW 50, 1959, 145 ff.: Davon, daß schon „die adamitische Menschheit innerhalb der Herrschaft Christi stand", wisse Paulus nichts. Er sage auch „nichts davon, daß wir nachträglich die Ordnung des Reiches Christi auch in der Welt Adams wieder erkennen dürfen". Wenn Paulus 1. Kor. 15, 45—47 „ausdrücklich Adam und Christus als den ersten und zweiten Menschen unterscheidet", so zeige dies, daß er „die umgekehrte Reihenfolge ausdrücklich ablehnt" (163). Barth verkenne die mythologisch-gnostische Grundlage der Argumentation von Röm. 5, 12 ff., sollte er etwa meinen, von Christus sei hier als der „Idee des ‚wahren' Menschen" die Rede. Als vollends unverständlich wertete es B., daß Barth aus Röm. 5 „herauslesen" wolle, daß „auch der sündige Mensch, den wir allein kennen . . ., die menschliche Natur Christi widerspiegelt und also nicht aufgehört hat, der wahre Mensch zu sein und uns das Bild des wahren Menschen zu zeigen" (165). — Freilich trifft die Rede von Christus als der „Idee" des Menschen nun gar nicht Barths eigene Auffassung von der Sache (vgl. z. B. KD III 2, 382 unten)! Andererseits ist Barths Exegese von Röm. 5 nicht einfach diskussionslos unmöglich (E. Jüngel, Das Gesetz zwischen Adam und Christus, 1963, in: Unterwegs zur Sache, 1972, 145 ff.).

[89] Koch, aaO. 176.

[90] So Koch über Brunner, aaO. 177.

228

in der existentiellen Erfahrung liegende Frage niemals unmittelbar so aufnehmen, wie sie außerhalb der Theologie z.B. in der Philosophie tatsächlich begegnet und formuliert wird. Indem beide die existentielle Erfahrung auf den Nenner einer Frage bringen, auf die die Offenbarung Antwort geben soll, entgeht schon ihre Erhebung der empirischen Situation einer theologisierenden Interpretation nicht. Um die existentielle Frage zu fixieren, können sie ja beide nicht eine problematische Quersumme aus der modernen Philosophie, Literatur und Humanwissenschaft ziehen. Schon bei der Ausarbeitung der Frage muß es ihnen vielmehr darum gehen, die vorliegenden außertheologischen Formulierungen von der Offenbarung her zu korrigieren, ihre Einseitigkeiten und kurzschlüssigen Absolutsetzungen zu überwinden.

Zwar wies Tillich darauf hin, das Material für die Ausarbeitung der existentiellen Frage müsse ausschließlich aus der Erfahrung stammen[91]. Die Frage sei nicht aus der Offenbarungsantwort abzuleiten, sondern von ihr unabhängig[92]. Und doch sah gerade er, daß die Form, daß die Formulierung der Frage „durch das ganze theologische System und die darin gegebenen Antworten geprägt" wird[93]. Es ist also, dialektisch, sowohl eine Unabhängigkeit wie auch eine Abhängigkeit von Frage und Antwort zu konstatieren. Dabei scheint die Hauptschwierigkeit der Tillichschen Methode der Korrelation darin zu liegen, daß die existentielle Frage in einer Weise gestellt werden muß, wie sie im sog. allgemeinen Denken so niemals vorgetragen wurde. Keine konkrete Philosophie und Humanwissenschaft könnte sich mit Tillichs Ausarbeitung der Frage identifizieren. Schon der zwar an Heidegger orientierte, zentrale Tillichsche Begriff der Ek-sistenz beruht auf einer Unterscheidung von existentia und essentia[94], die Heidegger als metaphysisch verworfen hat[95]. Auch ist der Sinn von Ek-sistenz beim späteren Heidegger dem Tillichschen Existenzverständnis genau entgegengesetzt[96]. Dies alles berechtigt — analog zu Tillichs Urteil über Barth — zu der Feststellung, hier werde dem natürlichen Menschen, wenn nicht die Antwort, so eben in gewisser Weise bereits die Frage „zugeschleudert wie ein Stein". Das Problem des Offenbarungspositivismus ist jedenfalls durch die Methode der Korrelation keineswegs schon erledigt. Es ist hier vielmehr in einer für das interdisziplinäre Gespräch be-

---

[91] P. Tillich, Systematische Theologie II, 21.
[92] AaO. 19 f.
[93] AaO. 22.
[94] AaO. 25 ff.
[95] Heidegger, aaO. 15.
[96] Vgl. Heidegger, aaO. 13 f.: Die „Ek-sistenz", das „Stehen in der Lichtung des Seins", bedeutet bei H. gerade nicht (wie bei Tillich) die Entfremdung, das Herausstehen aus der Essenz, sondern im Gegenteil „das, worin das Wesen des Menschen die Herkunft seiner Bestimmung wahrt".

sonders gravierenden Weise auf jene Ebene vorverlagert, wo die Theologie um den „gemeinsamen Boden" mit dem Empirischen bemüht ist.

Brunner und Tillich stehen beide vor der Schwierigkeit, daß es von der widersprüchlichen Wirklichkeitserfahrung bzw. von den empirischen Entfremdungsphänomenen aus keinen Übergang gibt zu einer Lehre von der Sünde als der Wirklichkeit des Menschen. Eben deshalb erfährt ihre Explikation der empirischen Situation des Menschen eine theologische Vorbehandlung. Demgegenüber ist Barths Anthropologie auf dem Boden der Christusanalogie allerdings frei, sich auf das gegenwärtige Erfahrungsbewußtsein in seinem *faktischen* Bestand und in seiner ganzen Widersprüchlichkeit ohne „theologische Vorfixierung" einzulassen. Die Analogie nimmt das Menschliche, wie es als Phänomen erfahren und erkannt wird. Und so ist es eigentlich merkwürdig, daß sich in der evangelischen Theologie nicht bereits die Meinung durchsetzte, heute biete keine andere Dogmatik von ihrem Ansatz her so gute Möglichkeiten für das interdisziplinäre Gespräch wie gerade die Barthsche.

3.5 Gleich am Anfang von KD III, 2 wies Barth darauf hin, er wolle die theologische Anthropologie in einer methodischen Nähe und Nachbarschaft zu den exakten Wissenschaften vom Menschen entfalten[97]. Für unmöglich erklärte Barth gleichzeitig die Zusammenarbeit mit jeder spekulativen Theorie vom Menschen, gleichgültig, ob diese „den Gottesgedanken einschließt oder ausschließt"[98]. Den großen Vorzug der exakten Wissenschaft sah er darin, daß sie sich von weltanschaulichen Implikationen freizuhalten bemüht, daß sie sich an den Phänomenen selbst genügen läßt und keine Ontologie gewinnen will[99]. Wie sich die Theologie an Gottes Wort hält, um nicht frei zu spekulieren, um nicht aus menschlicher Selbstintuition heraus normative Antworten auf letzte Fragen zu erteilen, so hält sich die exakte Wissenschaft in demselben Bewußtsein, daß in den letzten Fragen keine sichere Erkenntnis zu gewinnen ist, an die menschlich erkennbaren Phänomene[100]. Physiologie und Biologie, Psychologie und Soziologie usw. wollen und sollen nicht feststellen, „daß der Mensch in seiner leiblichen, seelischen und geschichtlichen Existenz dies und das ist oder nicht ist", sondern, „daß das Phänomen Mensch vom Menschen selbst nach dessen vorläufiger Einsicht ... in dieser und dieser Eigentümlichkeit des Bestandes und des Ablaufs seiner Existenz gesehen und verstanden werden will. Exakte wissenschaftliche Anthropologie liefert bestimmte Präzisierungen und Anhaltspunkte als Beiträge zum weiteren Fragen nach dem menschlichen Wesen und zur weiteren Ausbildung der

---

[97] KD III 2, 12. 25—28. 241.
[98] KD III 2, 24.
[99] KD III 2, 12.
[100] KD III 2, 12 f.

Technik seiner Behandlung. *Daß* und *was* er ist, das setzt sie, indem sie ja selber eines der Werke des Menschen ist, voraus, um ihn darüber aufzuklären, *wie* er ist". Sie berührt zwar nicht seine „Wirklichkeit", aber sie „enthüllt ... die ganze Fülle seiner Möglichkeiten"[101]. Sie bietet nicht jene grundlegende ontologische Sicherheit, die der Mensch zum Leben braucht, aber sie bietet ebenfalls lebensnotwendige und vom Menschen selbst zu schaffende „bedingte, relative Sicherheit"[102]. So betrachtet, gehört die exakte Wissenschaft unter die guten Werke[103]. Sie impliziert keinen Widerspruch zur theologischen Anthropologie, sondern sie könnte sich gerade mit ihr in sinnvoller Arbeits- bzw. Erkenntnisgemeinschaft zusammenfinden.

Die exakten Humanwissenschaften suchen im interdisziplinären Gespräch den Austausch mit der Philosophie[104] und auch der Theologie, weil die von ihnen ausgeklammerte Frage des rechten Menschenbildes von entscheidender Bedeutung für den Sinn ihrer Arbeit ist. Die exakten Wissenschaften vom Menschen münden zuletzt in das Problem ein, was denn die unverkrüppelte, aufrechte Natur des Menschen sein, worin die wünschenswerte soziale Verfassung des Menschlichen bestehen möchte, und was umgekehrt als eine widernatürliche Verbiegung der ursprünglichen Menschennatur zu gelten habe. Eben diese Frage ist weltanschaulich kontrovers[105].

Auf eben diese Frage nach der ursprünglichen Art des Menschen[106] hat auch die Theologie in „Konkurrenz", wie Barth sagt, zu jeder spekulativen Theorie vom Menschen und zu jedem sog. allgemeinen Seinsverständnis zu antworten[107]. Sie untersucht das menschliche Wesen, wie es im Lichte des Wortes Gottes erkennbar ist. So fragt *sie* nach der Wahrheit des menschlichen Wesens[108] und verantwortet es, „den *Wahrheitsanspruch* zu stellen"[109]. Sie weiß sich berufen, in ontologischer Hinsicht das Letzte und Eigentliche über den Menschen zu sagen[110]. Sie äußert sich nicht über bestimmte Erscheinungen des menschlichen Wesens, sondern über seine Wirklichkeit; nicht über Teilaspekte oder schließlich deren

---

[101] KD III 2, 26.
[102] KD III 2, 103.
[103] KD III 2, 27.
[104] Hierzu etwa *Schulz*, aaO. 464 u. ö.
[105] Einen Eindruck davon verschafft z. B. die Lektüre des seit 1967 in vielen Auflagen erschienenen Buchs von *A. Plack*, Die Gesellschaft und das Böse. Eine Kritik der herrschenden Moral.
[106] Vgl. KD III 2, 31.
[107] KD III 2, 23.
[108] KD III 2, 21.
[109] KD III 2, 27.
[110] KD III 2, 22.

Summe, sondern über das Ganze[111]. Indem sie zu zeigen versucht, was der Mensch in seinem Verhältnis zu Gott ist, zeigt sie, was die exakte Wissenschaft nicht zeigen kann, und was die spekulative Theorie vom Menschen dennoch, wie die Theologie, zeigen zu können meint: daß und was der Mensch wirklich ist[112]. Aber wegen der das Menschliche deformierenden Sünde könnte wenigstens die Theologie vom wirklichen Menschen und seiner Art gar nicht reden, würde sie ihre Erkenntnis nicht am Menschen Jesus gewinnen. Insofern traut sie sich, nach Barth, nicht zu, was die spekulative Theorie vom Menschen riskiert: aus gewissen allgemeinen Erfahrungen heraus ein Bild von der wahren Beschaffenheit und Bestimmung des Menschen zu entwerfen.

Von der Barthschen Theologie aus gesehen gilt: Auf die Christologie begründete Anthropologie und exakte Wissenschaft vom Menschen bedingen sich gegenseitig. Zwar kann sich der exakte Humanwissenschaftler auch anderswoher ontologische Orientierung verschaffen. Aber er muß es nicht. „Die Anthropologie der exakten Wissenschaft kommt ... nicht notwendig aus dem toten Winkel, wo Gottes Wort noch nicht oder nicht mehr gehört wird"[113]. Umgekehrt ist die theologische Anthropologie, so wie Barth sie begründet, auf die exakte Wissenschaft vom Menschen angewiesen. Denn man fragt nicht nach der Wirklichkeit, nach der Aktualität des Menschen, ohne zugleich auch nach seinen Möglichkeiten, nach seiner Potentialität zu fragen. Jene Frage geht dieser zwar voraus, denn: actus sunt praevii potentiis[114]. Aber jene Frage ist nicht ohne diese. Die exakte empirische Erkenntnis des Menschen gibt der theologischen Anthropologie das *Material*, am dem sich die vom Menschen Jesus her zu gewinnende Erkenntnis der Wirklichkeit des Menschen als Kriterium bewährt[115].

Deshalb ist die Meinung, Barths Anthropologie sei von ihrem Ansatz her nach der Seite des Empirischen nicht offen, falsch. Der Rekurs auf Jesu leiblich-seelische Existenz und auf Jesu vorbehaltloses Sein für Gott und für den anderen ergäbe ja, für sich genommen, keine Anthropologie. Das quantitativ Wenige, was am neutestamentlichen Christuszeugnis über die Wirklichkeit des Menschen abzulesen ist, will angewandt werden im Kontext gegenwärtiger anthropologischer Erfahrung, Erkenntnis und Problematik.

Barth meinte auch nicht, der Wahrheitsanspruch der dogmatischen Er-

---

[111] KD III 2, 21.
[112] KD III 2, 28.
[113] KD III 2, 27.
[114] Vgl. *Thomas von Aquino*, S. Th. I, q. 79, a. 10, obj. 3.
[115] Gegen *Dekker*, aaO. 70, wo sich folgende Barth-Interpretation findet: „Für die Theologie sind die Phänomene des Mensch-Seins nicht relevant, sie werden der Analyse der nichttheologischen Wissenschaften in ihren Anthropologien eigener Art überlassen."

kenntnis des wirklichen Menschen unterscheide sich von der empirischen Humanerkenntnis durch eine grundsätzlich zu beanspruchende Immunität oder Nicht-Falsifizierbarkeit ihrer Ergebnisse[116]. Das Gegenteil ist richtig. Die dogmatische Erkenntnis entspricht nach Barth auch darin der exakten naturwissenschaftlichen, daß sie es nötig hat, sich im Erfassen ihres Gegenstandes „fortlaufend zu korrigieren und zu verbessern"[117]. Sie ist eine ihrem Gegenstand immer nur näherungsweise adäquate, offene Wissenschaft. Wenn Barth dennoch anderen dogmatischen Verfahrensweisen und Ergebnissen mit einem apodiktischen Nein! begegnen könnte, so allein deshalb, weil dort die Falsifizierbarkeit der Dogmatik auch noch einem anderen Kriterium unterlag als bei Barth. Lag dieses Kriterium für Barth allein in der noch besseren Einsicht in den Aussagewillen der Schrift, so forderte die theologia naturalis eine ständige Rektifizierung theologischer Sätze auch vom Wandel der geschichtlichen Situation her. Und dabei war nicht dies strittig, ob die veränderte Situation auch die dogmatische Sprache beeinflussen muß — was sich von selbst versteht —, sondern wie es zu vermeiden ist, daß die Geistesgeschichte faktisch zu einer zweiten Norm neben der Schrift wird.

3.6 Die eigentliche Schwierigkeit von KD III, 2 liegt, wie gezeigt werden sollte, nicht in einer Ratlosigkeit, die den Empiriker oder den exakten Naturwissenschaftler der Barthschen Dogmatik gegenüber ergreifen müßte. Da Barth sich selbst an jenen Ort stellt, wo es keine naturwissenschaftliche Fragestellung mehr gibt, steckt wenigstens in der Frage der Wissenschaftskonformität und Wissenschaftlichkeit seiner theologischen Anthropologie kein wirkliches Problem. Problematisch erscheinen könnte hingegen Barths Verständnis jener anderen, nichttheologischen Wege zur Humanerkenntnis, mit denen seine Anthropologie teils kooperieren, teils konkurrieren will: also sein Begriff der Wissenschaft und der Philosophie im allgemeinen.

Im Hinblick auf den Positivismusstreit in der deutschen Soziologie während der sechziger Jahre könnte z. B. gefragt werden, ob Barth nicht das außertheologische Denken und Erkennen, um der Existenz der Theologie willen, geradezu zu einer naturwissenschaftlichen, wenn nicht gar zu einer positivistischen Selbstbescheidung aufmuntert oder verurteilt. Für die in der dialektischen, kritischen Theorie der Gesellschaft (Adorno-Kreis) liegende These, „daß die Wissenschaft in Ansehung der von Menschen hervorgebrachten Welt" nicht „ebenso indifferent verfahren" dürfe, „wie es in den exakten Naturwissenschaften mit Erfolg geschieht"[118], scheint Barths Anthropologie keine offene Stelle zu besitzen und keine

---

[116] Vgl. KD III 2, 22.
[117] KD III 2, 27.
[118] *Habermas*, aaO. 157.

Unterstützung zu bedeuten. Aber auch die von K. R. Popper eingeschlagene Richtung würde sich in Barths Fragestellung schwerlich einfügen.
Barth wünschte sich als Gesprächspartner eine „faktisch *reine* Wissenschaft: rein in ihrer Unterscheidung von der Theologie, aber rein auch in
ihrer Unterscheidung von aller Pseudotheologie"[119]. Dies scheint zwar seine Anthropologie einem kritischen Rationalismus im Sinne H. Alberts,
entgegen dessen Vorstellung von der dialektischen Theologie, zu empfehlen[120]. Aber es empfiehlt eben auch die Albertsche Position nicht Barth,
da er deren letzte Antworten auf die Frage der Anthropologie nicht akzeptieren könnte.

Das Problem der Barthschen Position könnte heute darin gesehen werden, daß sie, wie v. Balthasar sagt, der Wissenschaft keinen wirklichen
Raum gewährt, sich zu entfalten; daß sie das philosophische Element aus
der Wissenschaft wie auch aus der Theologie auszuschalten bestrebt ist[121].
Barth scheint die heute weithin gegebene Nicht-Existenz des theologischen Denkens im öffentlichen Leben entweder zu wenig oder zu sehr
ernst genommen zu haben. Zu wenig, wenn man davon ausgeht, daß die
mit einer „zweiten Schöpfung" belastete pluralistische Gesellschaft keiner
„reinen Wissenschaft" bedürftig oder fähig ist und gewisse, von den verschiedenen theologischen Belehrungen über die Wirklichkeit des Menschen unabhängige, gemeinsame humanistische Grundbegriffe einfach
braucht. Zu sehr, indem Barth das spezifische Anliegen der theologischen
Anthropologie anscheinend nirgendwo auch im allgemeinen Bereich noch
ein gutes Stück weit mit vertreten und geteilt fand. Die Anthropologie
von Brunner bis Tillich fand hier ja überall noch Anknüpfungspunkte,
ohne sich freilich jemals mit einer außertheologischen Anthropologie ganz
zu identifizieren. Ob sie deshalb mit den allgemeinen Bemühungen um
den Menschen solidarischer ist als die Barthsche Anthropologie, bleibt
aber fraglich. Mindestens ist die merkwürdige Klage fehl am Platz, Barth
tue den außertheologischen, philosophisch-spekulativen Theorien vom
Menschen *Gewalt* an[122]. Er konnte und wollte diese Theorien ja nicht
unterdrücken. Er wagte es — und hieran wäre er zu messen —, mit ihnen
zu konkurrieren. Dies aber implizierte auch Solidarität.

c) Der Mensch Jesus als das Kriterium der Humanität

3.7 Um Barth hier keinem Mißverständnis auszusetzen, ist hinzuweisen
auf seine Feststellung, es sei die an der menschlichen Natur Jesu abzule-

---

[119] KD III 2, 12.
[120] Vgl. *Albert*, aaO. 104 ff. u. ö.
[121] Vgl. *Balthasar*, aaO. 254 f.
[122] Auch wird die „Wirklichkeit" bei Barth nicht „mit dem totalen Sinnent-
zug" bedroht, wie es *Rendtorff*, (aaO. [R. II] 138) offenbar empfindet.

sende „Grundform der Menschlichkeit" auch schon extra muros ecclesiae erkannt und beschrieben worden: „z. B. von dem Heiden Konfuzius, von dem Atheisten L. Feuerbach, von dem Juden M. Buber"[123]. Die Erkenntnis dessen, was den Menschen zum Menschen macht, ist nicht bei der Theologie monopolisiert. Ist die Wirklichkeit und die ontologische Bestimmung des Menschen im Sein Jesu leuchtend und sprechend offenbar, so ist grundsätzlich auch die spekulative Theorie des Menschen in der Lage, mit der theologischen Anthropologie konform zu gehen. Hier finden sich also zuweilen „Bestätigungen", von denen Barth sagte, daß der Theologe sie zwar „nicht nötig" habe, sich ihrer aber „auch nicht zu schämen" brauche, sondern „freuen" dürfe. Noch wichtiger aber sei, daß wir angesichts der vielen ganz anderen Humanitätsbegriffe an Jesus ein „Kriterium" haben. Aller natürlichen Erkenntnis des Humanen gegenüber habe die christliche Anthropologie den „Vorsprung", sich „zum vornherein" auf *die* Konzeption der Humanität hinzubewegen, „laut welcher der Mensch als solcher und von Haus aus nicht ohne den Mitmenschen, sondern mit ihm ist, laut welcher seine Menschlichkeit in ihrem Wesen zutiefst und zuhöchst in der Freiheit seines Herzens für den Anderen besteht"[124]. Weil Jesus dieses Kriterium ist, hat sein Leben eine andere Funktion als das unsere: Es ist das messende, nicht das zu messende Leben.

3.8 Das menschliche Sein Jesu zeichnet sich vor dem aller übrigen Menschen nicht durch ein anderes „Was", sondern durch ein anderes

---

[123] KD III 2, 333.

[124] KD III 2, 333 f. — Vgl. auch das KD IV 3.1 über die „wahren Worte ... extra muros ecclesiae" (122) bzw. über die in der Welt vorhandenen „echte(n) Gleichnisse des Himmelreichs" (145) Gesagte. Es handelt sich hierbei nicht bloß um „Rücklichter" der Gnade, sondern wirklich um eigene „Lichter" der Geschöpfwelt (157 ff.). Diese bedeuten, erstens, eine Offenbarung *Gottes* — und zwar nicht nur eine Teiloffenbarung, die, wie z. B. Brunner lehrte, nur dazu ausreicht, den Menschen „unentschuldbar" zu machen, sondern wirklich eine Offenbarung des vollen göttlichen Wesens. Ist doch die Welt „das theatrum gloriae Dei ..., der Raum ..., in welchem Gottes eigene Herrlichkeit im Werk der Versöhnung ... aufleuchtete" (158; vgl. 173 f.). Diese natürlichen Lichter sind, zweitens, Wesensoffenbarungen der *Welt*, die nicht nur „ist", sondern auch „spricht" und somit dem Menschen nicht „schlechterdings finster werden" kann (159). Diese Lichter zeigen, drittens, auch außerhalb des christlichen Bereiches zuweilen den wirklichen *Menschen*, der dem Gnadenwort Gottes (und damit seiner natürlichen Bestimmung) entspricht: „Der natürliche Mensch ist nun einmal — auch mit seinem natürlichen Wissen um sich selbst — im Bereich der göttlichen Gnade: in dem Bereich, in dem auch Jesus Mensch gewesen ist. Wie sollte es da ... anders sein, als daß er da neben viel schlechterem auch eines besseren Wissens um sich selbst ... da und dort fähig sein sollte?" (KD III 2, 334) — Alle diese Lichter machen die Welt „nicht einfach hell, so wie Gott in seinem Wort oder so wie die Welt in seiner Sicht und Erkenntnis einfach und schlechterdings hell ist. Sie bewirken aber Lichtungen und Erleuchtungen" (KD IV 3.1, 159).

„Wie" aus. Auf den jeweils „anderen Stand", sagt Barth[125], „auf die jeweils andere Stellung", sagte Hegel in anderem Zusammenhang, kommt „alles an"[126]. Wir sind bei Barths Begründung der Anthropologie auf die Christologie an Hegel erinnert, weil auch Hegel das Grundmenschliche, das was den Menschen zum Menschen macht, nicht unmittelbar aus der Erfahrung — weder aus der Widerspruchserfahrung noch aus einem religiösen Abhängigkeitsgefühl oder Gottesbewußtsein — hergeleitet hat. Es genügt nicht, sagte Hegel in der *Vorrede zu Hinrichs Religionsphilosophie* (1822), daß wir Inhalte „wie Gott, Wahrheit, Freiheit" aus uns selbst schöpfen, so daß „diese Gegenstände" letzten Endes „das Gefühl zu ihrer Berechtigung haben sollen". Vielmehr liegt alles daran, daß „umgekehrt solcher objektive Inhalt als an und für sich gilt" und danach „in Herz und Gefühl erst einkehrt", so daß die Gefühle dann „wie ihren Inhalt so ihre Bestimmung, Berichtigung und Berechtigung von demselben erhalten".

Wir sind an Hegel erinnert, weil Barths trinitarisch begründeter Gegenentwurf zur sog. Bewußtseinstheologie, und weil insbesondere die Barthsche Prädestinationslehre mit ihrer gegen die natürlichen Theologie gerichteten Spitze an der Hegelschen Ontologie ein gewisses Pendant hat. Wir sind an Hegel erinnert, weil Hegels Konflikt mit Schleiermacher eine ähnliche Struktur aufwies wie Barths Konflikt mit Brunner, Bultmann und Gogarten, hinter denen Barth ja auch Schleiermacher stehen sah. Und wir sind auch deshalb an Hegel erinnert, weil Hegels Verständnis des „wirklichen Menschen" bei S. Kierkegaard und eindrucksvoll auch bei K. Marx in der *Kritik des Hegelschen Staatsrechts* (1843) eine Zurückweisung erfuhr, die auch für Brunners, Bultmanns und Gogartens Kritik der Barthschen Anthropologie sehr aufschlußreich ist.

Exkurs VI: Hegel und Marx über den wirklichen Menschen

Wir beziehen uns auf die §§ 261—313 der Hegelschen *Grundlinien der Philosophie des Rechts* (1820). Ferner auf die erwähnte Schrift von K. Marx aus dem Jahre 1843 (= Marx I) sowie auf Marx' Abhandlung von 1843/44 *Zur Kritik der Hegelschen Rechtsphilosophie. Einleitung* (= Marx II); beide in der Ausgabe von Lieber und Furth, Band 1, 258—426 und 488—505.

Hegel wollte den Begriff des wirklichen Menschen vom Staatsganzen ausgehend und ausdrücklich nicht vom empirischen Individuum her gewinnen. Der wirkliche Mensch ist der *Fürst*, der Monarch eines Staatsgebildes, ohne den das Volk eine „formlose Masse" wäre (vgl. § 279). Marx interpretiert, Hegel verstehe

---

[125] KD III 2, 62.
[126] *Hegel*, Werke Bd. 11, 60.
[127] Ebd.

den Fürsten als „den wirklichen ‚Gottmenschen‘“, als „die wirkliche Verkörperung der Idee" (sc. des Staates) (Marx I, 285). Demgegenüber bezeichnet Marx selbst nicht den Fürsten, nicht die mit dem Staatsganzen *identische* Persönlichkeit, als den wirklichen Menschen, sondern umgekehrt die vom Staatsganzen *entfremdete* Persönlichkeit, den *Proletarier.* Im Proletariat erblickte Marx einen „Stand" des Widerspruchs, der, genaugenommen, „die Auflösung aller Stände ist". Das Proletariat bildet eine „Sphäre", „welche einen universellen Charakter durch ihre universellen Leiden besitzt", ja, die „mit einem Wort der *völlige Verlust* des Menschen ist, also nur durch die *völlige Wiedergewinnung* sich selbst gewinnen kann" (Marx II, 503 f.).

Marx zufolge, ermöglichte sich das „vom wirklichen Menschen abstrahierende Gedankenbild des modernen Staats" bei Hegel daher, daß „der moderne Staat selbst vom wirklichen Menschen abstrahiert oder den ganzen Menschen auf eine imaginäre Weise befriedigt" (Marx II, 496). Daß hier ein Abstraktionsprozeß vorliegt, dies zeige sich auch daran, daß Hegel die von der Geschichte bereits überholte, aber in Preußen noch bestehende gesellschaftliche Verfassung des ancien régime *als Philosophie* am Leben erhält und sie so den realen Verhältnissen vor- und überordnet. Tatsächlich vermittle sich Hegels „wirkliche Idee" gar nicht mit der Wirklichkeit, sondern „hinter der Gardine" — „nur mit sich selbst". Ohnehin sei ja, wie Hegel lehrt, der Staat die ontologische Voraussetzung z. B. der einzelnen Familien, sondern diese seien die Voraussetzung des Staates. Aber „in der Spekulation wird es umgekehrt": Die „wirklichen Subjekte werden zu *unwirklichen,* anders bedeutenden, objektiven Momenten der Idee"; sie werden „als *Erscheinung,* als *Phänomen* angesprochen". „Die gewöhnliche Empirie hat nicht ihren eigenen Geist, sondern einen fremden zum Gesetz, wogegen die wirkliche Idee nicht eine aus ihr selbst entwickelte Wirklichkeit, sondern die gewöhnliche Empirie zum Dasein hat" (Marx I, 262).

Das „mystische Resultat", welches sich Marx aus der Durchsicht der Hegelschen Rechtsphilosophie („und der Hegelschen Philosophie überhaupt" ergab, lautete deshalb: Bei Hegel werde das Wirkliche zu „Phänomenen" degradiert, und doch habe Hegels Idee gar keinen anderen Inhalt als eben diese „Phänomene" selbst. Es werde also das realiter „Produzierende" paradoxerweise „als das Produkt seines Produktes gesetzt" (Marx I, 264 f.). Hegel verselbständige die Prädikate und lasse sie hinterher „auf eine mystische Weise in Subjekte sich verwandeln" (Marx I, 284). Kurz: er verdrehe „die empirische Tatsache in ein metaphysisches Axiom" (Marx I, 287).

IV. Barth und Hegel

Literatur (außer Arbeiten Barths und Bultmanns): *H. U. v. Balthasar,* Karl Barth. Darstellung und Deutung seiner Theologie (1951), 1962². — *F. Chr. Baur,* Kirchengeschichte des 19. Jahrhunderts, hg. v. E. Zeller (1862), 1877². — *L. Feuerbach,* Grundsätze der Philosophie der Zukunft, Zürich und Winterthur 1843. — *J. G. Fichte,* Erste Einleitung in die Wissenschaftslehre (1797), WW I (hg. v. I. H. Fichte), 417 ff. — *Chr. Gestrich,* Dogmatik und Pluralismus. In: Weth-Gestrich-Solte, Theologie an staatlichen Universitäten? 1972. — *J. Habermas,* Erkenntnis und Interesse (1968), 1970[5]. — *G. W. F. Hegel*, Werke in zwanzig Bänden, hg. v. E. Moldenhauer und K. M. Michel, 1969 ff. — *E. Jüngel*, Gottes Sein ist im Werden (1965), 1967[2]. — *K. Lehmann*, Die dogmatische Denkform als hermeneutisches Problem. EvTh 30, 1970, 469 ff. — *K. Löwith*, Hegels Aufhebung der christlichen Religion (1962), in: Vorträge und Abhandlungen. Zur Kritik der christlichen Überlieferung, 1966, 54 ff. — *F.-W. Marquardt*, Theologie und Sozialismus. Das Beispiel Karl Barths. Gesellschaft und Theologie, Abteilung: Systematische Beiträge. Nr. 7, 1972. — *W.-D. Marsch*, Denkbarkeit Gottes? Fichte, Schleiermacher und Hegel antworten auf die Frage nach Gott (1797—1800), 1967. — *K. Marx*, Zur Kritik der Nationalökonomie — Ökonomisch-Philosophische Manuskripte (1844), in: Frühe Schriften I, hg. v. H.-J. Lieber u. P. Furth, 1962, 506 ff. — *K. R. Popper*, Die offene Gesellschaft und ihre Feinde. Bd. II: Falsche Propheten (deutsch: 1958), 1970[2]. — *T. Rendtorff*, Kirche und Theologie. Die systematische Funktion des Kirchenbegriffs in der neueren Theologie, 1966. — *D. Schellong*, Karl Barth als Theologe der Neuzeit. In: K. G. Steck/D. Schellong, Karl Barth und die Neuzeit. ThEx Nr. 173, 1973, 34 ff. — *W. Schlichting*, Biblische Denkform in der Dogmatik. Die Vorbildlichkeit des biblischen Denkens für die Methode der „Kirchlichen Dogmatik" Karl Barths, 1971. — *W. Schulz*, Hegel und das Problem der Aufhebung der Metaphysik, in: Festschrift M. Heidegger zum 70. Geburtstag, 1959, 67 ff. — *J. Splett*, „Denkform", in: Sacramentum mundi I, 1967, 842 ff. — *D. F. Strauß*, Das Leben Jesu, Bd. II, Tübingen 1836. — *H. Thielicke*, Theologische Ethik II 2, 1958. — *P. Tillich*, Systematische Theologie, Bd. II, 1958. — *E. Topitsch*, Vom Ursprung und Ende der Metaphysik, 1948, (1972[2] dtv WR 4105).

1. *Idealismus, Metaphysik und Christologie*

1.1 Im 20. Jahrhundert stand das rechte Verständnis des wirklichen Menschen *in der Theologie* erneut zur Debatte. Wieder war es strittig, ob der Mensch ontologisch von seinem höchsten Begriff, vom „vere homo" her zu verstehen sei. Oder ob sich seine Wirklichkeit von der empirischen Situation der Entfremdung, vom Existenzwiderspruch, von der Sünde her bestimme.

Das hiermit bezeichnete Problem ist nicht einfach eine Frage des Denkstils. Wohl erinnert bereits der Gegensatz Marx — Hegel an den im mittelalterlichen Universalienstreit aufgebrochenen Konflikt zwischen Nominalismus und Realismus und an seine Wurzeln in der griechischen Philosophie. Und heute ist man oft bereit, die Unentscheidbarkeit solcher letzten philosophischen Gegensätze hinzunehmen. Fichtes Wort: „Was für eine Philosophie man wähle, hängt ... davon ab, was man für ein Mensch ist" — dieses Wort wird dann in einem pluralistischen Sinn mißverstanden. D. h. es wird dann ohne den nachfolgenden Satz Fichtes verstanden: „Ein von Natur schlaffer oder durch Geistesknechtschaft, gelehrten Luxus und Eitelkeit erschlaffter und gekrümmter Charakter wird sich nie zum Idealismus erheben."[1]

---

[1] *Fichte*, aaO. (WW I) 434.

Für Fichte war „Idealismus" identisch mit „Philosophie" überhaupt. Wer immer zum unabhängigen Denken sich emporarbeitet, wem es um den Menschen geht und wer die Wahrheitsfrage nicht träge in suspenso läßt oder im Dogmatismus befangen bleibt, der ist Idealist. Fichte hielt es für möglich, daß der Idealismus sich mit der Zeit „als die einzige wahre Philosophie bewähren" werde[2]. Und er behielt insofern recht, als später der Linkshegelianismus zusammen mit dem Idealismus auch die klassische Philosophie überhaupt in Frage stellte. Auch wenn Hegel die abendländische Philosophie nicht definitiv abgeschlossen hat, geriet diese in der Zeit nach Hegel doch in eine permanente Krise. Insbesondere wurde ihr die Frage nach dem wahren Wesen des Menschen, nach dem wirklichen Menschen, zu schwer, seitdem die Hegelsche Linke hier noch einmal mit ihrem Einspruch gegen Hegel hervorgetreten war. Dennoch blieb diese Frage als eine in ihrer Offenheit existentiell dringliche Frage bestehen. Sie wurde im 20. Jahrhundert *als ein theologisches Problem* erneut wieder aktuell. Hierbei stellte sich aber auch sofort jene Problematik wieder ein, der die Frage nach dem wirklichen Menschen im Konflikt zwischen den Linkshegelianern und der idealistischen Philosophie ausgesetzt war.

Wie im einzelnen zu zeigen sein wird, handelte es sich demnach bei der Differenz, die das Lager der dialektischen Theologie spaltete, nicht um eine bloß zufällige strukturelle Parallele zum Gegensatz Marx — Hegel, nicht um eine geschichtlich zusammenhanglose theologische Variante der am Ende des Idealismus aufgebrochenen philosophischen Problematik. Ob es allein die im Idealismus eingelagerten christlichen Elemente waren, oder ob noch andere Faktoren es bewirkten: Jedenfalls kehrte im 20. Jahrhundert die Frage nach dem Wesen und der ontologischen Bestimmung des Menschen, und in diesem Sinne die Wahrheitsfrage, als ein aus der Philosophie ausgestoßenes und gleichwohl unerledigtes Problem in die Theologie zurück. Dies aber brachte nicht nur der Theologie eine neue geschichtliche Rolle. Es war dies ebenso folgenreich für die Philosophie selbst[3]. Aus einer tiefen Traditionskrise heraus mußte in beiden Wissenschaften im 20. Jahrhundert ein neuer Grund gelegt werden.

---

[2] AaO. 435.

[3] Vgl. KD III 2, 142. *Barth* zitiert hier *K. Jaspers*, Die geistige Situation der Zeit, 1931, 146: „Existenzphilosophie würde sogleich verloren sein, wenn sie wieder zu wissen glaubte, was der Mensch ist." Und B. kommentiert: Die Existenzphilosophie will also „eigentlich gar keine Anthropologie sein, Anthropologie so wenig wie Psychologie oder Soziologie". Barth erklärt dies (KD III 2, 138) mit der „Lethargie", die den europäischen, vor allem den deutschen Menschen befallen habe. Die Frage nach dem wirklichen Menschen sei dem Europäer und vor allem dem Mitteleuropäer praktisch gleichgültig geworden, weil er „seiner selbst überdrüssig geworden ist, weil er an sich selbst gar keinen Anteil mehr nehmen, sich die Aufregungen und Enttäuschungen jenes Fragens, Suchens und Über-sich-selbst-hinaus-greifens gar nicht mehr zumuten... mag, weil er weder die

a) Ein „Hegelianismus" Barths?

1.2 Ein „Hegelianismus" Barths drängt sich im Zusammenhang der Ontologie[4] und der Lehre vom Menschen geradezu auf. Ist es doch auch nach Barth so, und nicht allein nach Hegels Sicht des Verhältnisses von „Fürst" und „Bürger", daß die Existenz des Menschen, „der wir sind" (Brunner), auf die Existenz des einen, wahren, urbildlichen Menschen ontologisch *folgt*[5]. Ferner, daß die unmittelbare empirische Analyse des Menschen nur „Phänomene des Menschlichen", nur den „Schattenmenschen", nicht aber den wirklichen Menschen zu erfassen vermag[6]. Auch nach Barth, und nicht allein nach Hegels Verhältnisbestimmung von „Staat" und „Familie", müssen sich die Verhältnisse „unten" nach den sie allererst konstituierenden Verhältnissen „oben" richten[7]. Und es war auch schon bei Hegel so, nicht erst bei Barth, daß das „Geheimnis" des wirklichen Menschen mit gutem Grund bereits an dessen „grundloser" und unvergleichlicher *Geburt*, auf der eben sein besonderer Stand, seine „Majestät" beruhe[8], festgemacht wurde.

1.3 In der Weise der Marxschen Kritik an Hegels mystifizierender, metaphysischer Verwandlung empirischer Größen in *Ideen*, denen das Empirische dann nachträglich wieder entsprechen müsse, hat man Barths Denken in Entsprechungsverhältnissen tatsächlich oft zu desavouieren versucht. Die Kritik traf Barths „Spiel" mit den Analogien, die auf drei Ebenen — im innertrinitarischen Sein, im christologischen Sein und im zwischenmenschlichen Sein — bestehen und in ihrer zielgerichteten Abfolge geschöpfliches Leben allererst ermöglichen sollen.

Bekannt ist H. Thielickes Versuch, die Willkürlichkeit der bei Barth auf dem Grunde der Analogie gewonnenen Erkenntnis nachzuweisen: Mit dem Verfahren, nach der Entsprechung zwischen dem himmlischen und dem irdischen Leben zu fragen, ließen sich auch total andere anthropologische und vor allem politische Resultate als die bei Barth vorgetragenen

---

Freudigkeit zum Glauben, noch den Ingrimm, der zum atheistischen Trotz nötig ist, weiter aufzubringen fähig, weil ihm alles leid geworden ist".

[4] Barth selbst wies darauf hin, daß man als Theologe von Hegels „aktualistischem Wirklichkeitsbegriff" „lernen" könne, sofern man den richtigen Gebrauch davon mache (Prot Th 19. Jh, 372; vgl. 374).

[5] Vgl. KD III 2, 193 f.

[6] KD III 2, 28. 83 ff. 90. 236 u. ö.

[7] Vgl. KD III 2, 12: „Die Welt ist in ... ihrer Struktur ... nicht ungleichartig, sondern gleichartig jenem Geschehen im Bunde zwischen Gott und Mensch, der das Ziel und der Sinn der Schöpfung ist. Es *entspricht* offenbar der *Himmel* dem Sein und Tun *Gottes*. Es *entspricht* die *Erde* dem Sein und Tun des *Menschen*. Es *entspricht* das *Zusammensein* des Himmels und der Erde dem *Bunde*, in welchem das göttliche und das menschliche Sein zusammentreffen." Vgl. KD III 2, 262 f. (über die analogia relationis).

[8] *G. W. F. Hegel*, Grundlinien der Philosophie des Rechts (1820) § 281.

erzielen. Es ermögliche die Barthsche Analogie keine zuverlässige Erkenntnis, sondern nur eine theologische Scheinrechtfertigung persönlicher ideologischer Anschauungen[9].

Hiermit wurde auch Barth das klassische Verfahren der Metaphysik[10] unterstellt, gewisse ideologische Humanitätsbegriffe, gewisse subjektive Erfahrungen, gewisse menschliche Prädikate als Setzungen Gottes mit neuem, objektivem, himmlischen Rang auf die Erde zurückstrahlen zu lassen. Doch eine derartige Interpretation greift viel zu kurz. Sie läßt die mehr hintergründigen geschichtlichen Zusammenhänge und Motive unberücksichtigt, die Barth zu seinem Erkenntnisverfahren veranlaßten. Sie nimmt Barths Denken in bestimmt qualifizierten Entsprechungsverhältnissen als freischwebende Spekulation mit einer konkreten ideologischen Funktion, statt die konkrete dogmatische Funktion dieses Denkens auf dem Hintergrund der theologie- und geistesgeschichtlichen Tradition aufzudecken.

b) Barths Begründung der Anthropologie auf die Christologie als Revision der idealistischen Begründung der Christologie auf die Anthropologie

1.4 Barths christologischer Ansatz der Anthropologie steht nicht allein im Gegensatz zu der Lehre vom Menschen bei anderen zeitgenössischen Theologen. Er richtet sich auch gegen das philosophische Verständnis des Menschen im Idealismus und in dessen Nachgeschichte. Scheinbar zwar führt Barths Ansatz auf seine Weise wieder in eben jene metaphysische Verirrung hinein, die Marx Hegel vorwarf. Tatsächlich implizierte er jedoch eine eminent antimetaphysische Spitze.

Die Metaphysik blickt auf den Menschen im allgemeinen. Sie beruht, wie Marx wohl zu Recht sagt, auf bestimmten (Lebens-)Erfahrungen. Sie verarbeitet geschichtlich erworbene Erkenntnisse über das dem Leben — immer unter konkreten Interessenverhältnissen! — zuträglich oder abträglich Erscheinende zu einem idealen Begriff vom Menschen. Dieser Begriff ist als Grund und Kritik des Individuums diesem selbst stets vorweg. Das Individuum ist wirklich in dem Maße der von ihm erreichten Partizipation an diesem Begriff. Indem dieser Begriff an und für sich gilt und feststeht, kommt auch das Individuum nur in ihm zur Geltung und zu sich selbst. — Aber die Geschichte, die Erfahrung, die Erkenntnis schreiten fort und verdichten sich in diesem Fortschritt zu einem Angriff auf die

---

[9] *Thielicke*, aaO. 717 f.
[10] Vgl. die Charakterisierung des metaphysischen Denkens bei *Topitsch*, aaO. 281 u. ö.

etablierte und nunmehr, wie bei Marx, als ein Herrschaftsphänomen zur Erfahrung gelangende Metaphysik. Das dem Allgemeinen an Vielfalt überlegene Individuelle kommt nun zum Vorschein als jenes „Mehr", das sich die Schulweisheit nicht träumen läßt. So kommt es zur nominalistischen Reaktion gegen den Realismus, oder zur empirisch-materialistischen Reaktion gegen den Idealismus. Und diese Reaktion versteht sich, wie bei Marx, als wahren „Humanismus" und als das „aufgelöste Rätsel der Geschichte"[11] — um schließlich doch wieder beim Problem der vom wirklichen Menschen abstrahierenden, die Erkenntnis abschließenden Metaphysik zu enden.

Barth hat gesehen, daß auch die Theologie nichts anderes als Metaphysik ist, sofern sie das Individuum von einem aus bestimmten Erfahrungen geschöpften, allgemeinen, idealen Begriff des Menschen (der ihr mit Christus zusammenfallen mag) her versteht. Wenn sie also z. B. mit D. F. Strauß und vorausgegangenen Idealisten die ganze Menschheit als den eigentlichen, „wirkliche(n) Inhalt der Christologie"[12] begreift[13]. Barth wies darauf hin, daß die Theologie demgegenüber den konkreten einzelnen Menschen nicht von einem solchen, die ganze Menschheit repräsentierenden Allgemeinbegriff her verstehen darf. Die Theologie ist vielmehr zu der Aussage genötigt: Die Allgemeinheit, die Menschheit als ganze, partizipiert an einem einzelnen! An *einem* konkreten Menschenleben erhellt, was es mit der Menschheit im allgemeinen, was es mit der „Idee" des Menschen auf sich hat[14]. Weder die Kollektivperson „Fürst" noch die Kollektivperson „Proletarier", sondern der „Mensch Jesus" gilt ihr — dem Griechen ist es Torheit — als der wirkliche Mensch.

Diese Torheit, diese antimetaphysische Spitze der Christologie ist im Zeitalter des Idealismus in aller Regel vermieden und verleugnet worden: Jesus wurde von einem idealen Begriff des Menschen im allgemeinen, vom allgemeinen Ideal der Einheit des Menschen mit Gott her verstan-

---

[11] *Marx*, aaO. 594.

[12] Prot Th 19. Jh, 509.

[13] Vgl. *Strauß*, aaO. Bd. II, 734 (Schlußabhandlung): „Wenn der Idee der Einheit von göttlicher und menschlicher Natur Realität zugeschrieben" werden soll, dann kann das nicht heißen, daß diese Einheit „einmal in einem Individuum ... wirklich geworden sein müsse". „Das ist ja gar nicht die Art, wie die Idee sich realisiert, in ein Exemplar ihre ganze Fülle auszuschütten, und gegen alle anderen zu geizen, sondern in einer Mannchfaltigkeit von Exemplaren, die sich gegenseitig ergänzen ..., liebt sie ihren Reichtum auszubreiten. Und das soll keine wahre Wirklichkeit der Idee sein?"

[14] Vgl. KD III 2, 158: „Die ontologische Bestimmung des Menschen ist darin begründet, daß in der Mitte aller übrigen Menschen Einer der Mensch Jesus ist. Man wird immer nur bis zu den Phänomenen des Menschlichen vorstoßen, solange man in der Frage nach dem Menschen einen anderen Ausgangspunkt wählt. Man wird sich immer in Abstraktionen bewegen, solange man dabei wie

den. Man konnte deshalb auch die in Barths Dogmatik wieder grundlegende Voraussetzung einer besonderen und einmaligen Stellung Jesu nicht gutheißen. Man mußte vielmehr einen vom Menschen Jesus ablösbaren und auf die Menschheit im allgemeinen übertragbaren Gottesbegriff voraussetzen — jenen metaphysischen Gottesbegriff, auf den Feuerbach sich bezog.

Die Voraussetzung bei Barths Begründung der Anthropologie auf die Christologie ist der besondere Stand des Menschen Jesus. Der besondere Stand des Menschen Jesus aber ist nach neutestamentlichem Zeugnis dadurch begründet, daß allein dieser Mensch mit Gott wesenseins ist. Die christologisch begründete Anthropologie vermag daher den Menschen im allgemeinen nicht in dieser Wesenseinheit mit Gott zu sehen. Und sie vermag folglich auch Gott nicht metaphysisch in der Wesenseinheit mit der Menschheit im allgemeinen zu sehen. So bedeutet sie zugleich eine Revision der idealistischen Anthropologie, Christologie und Gotteslehre: Gott ist Mensch. Aber der Mensch ist nicht Gott. Die Christologie steht in der Mitte. Sie bringt Gottes Göttlichkeit als Gottes freie Selbstbestimmung zur reinen Menschlichkeit zur Sprache. Und sie bringt die Menschlichkeit des Menschen rein zur Sprache, indem sie den Menschen von seiner Selbstbestimmung zur Göttlichkeit befreit.

Metaphysik gibt der Erfahrung Ausdruck, daß das Individuum vom Allgemeinen abhängig ist, daß es sich ins Allgemeine fügen und vor ihm rechtfertigen muß. Metaphysik ist ein Weltbegreifen, das zwischen dem Allgemeinen und dem Einzelnen, zwischen Wirklichkeit (Idee) und Erscheinung, zwischen oben und unten unterscheidet, beides durch einen „chorismos" voneinander trennt und zugleich wieder aufeinander bezieht. Im Horizont der Christologie aber läßt sich ein solcher „chorismos" nicht mehr ordentlich denken. Die Christologie verunmöglicht es, das Verhältnis von Gott und Mensch im Rahmen einer ordentlichen Metaphysik zu begreifen: Gott hat sich erniedrigt, der Mensch ist erhöht; das Hohe ist auch das Niedrige, das Niedrige zugleich das Hohe; die Erscheinung ist hier gerade das Wirkliche, und die Wirklichkeit gibt sich als Erscheinung. Das Geheimnis der Macht des Menschen Jesus über die Metaphysik als Herrschaftsphänomen liegt aber darin, daß dieser Mensch das Gesetz der

---

gebannt auf alle übrigen Menschen, oder vielmehr: auf einen Menschen überhaupt und im Allgemeinen blickt, als ob dessen Anblick — nachdem man davon abstrahiert hat, daß Einer in ihrer Mitte der Mensch Jesus ist — uns über den wirklichen Menschen belehren könnte. Man verfehlt dann den einzigen uns wirklich gegebenen archimedischen Punkt oberhalb des Menschen und damit die einzige Möglichkeit zu dessen ontologischer Bestimmung." — Zum Verständnis des Verhältnisses zwischen homo und humanitas in der Theologie des 19. Jahrhunderts, ferner bei Barth und bei Feuerbach, s. jetzt auch: *Marquardt*, aaO. 270 ff.

Metaphysik erfüllt hat! In seiner vorbehaltlosen liebenden Existenz für den anderen hat er den Anspruch der Allgemeinheit gegenüber dem Individuum erfüllt und zugleich das Individuum gegenüber der Allgemeinheit gerechtfertigt.

Deshalb datiert die *Krise* der traditionellen abendländischen Metaphysik eigentlich nicht von der Neuzeit, sondern vom geschichtlichen Ereignis des Lebens Jesu her. Von daher aber auch die sonst Hegel zugeschriebene *Vollendung* dieser Metaphysik. Und wenn schließlich Heidegger die Frage nach der *Verwindung* der in ihrer neuzeitlichen Vollendung kritisch gewordenen Metaphysik aufwarf, so konnte eine wieder zu ihrem Eigenen zurückfindende Theologie von der Christologie aus in diese geistesgeschichtliche Fragestellung unmittelbar einspringen. Dies ist es, was Barth offenbar gesehen oder gespürt hat, als er die Anthropologie auf die Christologie begründete. Daher seine Meinung, es solle sich die Theologie die philosophische Fragestellung und überhaupt die Ontologie nicht mehr von außen, vom Gang der Geistesgeschichte vorschreiben lassen, sondern sie gleichsam in eigener Regie bearbeiten. — Freilich resultierte diese Meinung, rebus sic stantibus, gerade doch aus einer sehr genauen und kritischen Beobachtung des gegenwärtigen Standes des Denkens.

Ist mit dieser Paraphrase die Intention der Barthschen Rede von Jesus als dem wirklichen Menschen richtig getroffen, so wird zugleich klar, daß bei Barth in diesem Zusammenhang kein „Platonismus" mehr und auch keine „platonische Denkform" vorliegt. Barth hat dann vor allem nicht, wie dies einst F. Chr. Baur Schleiermacher vorwarf[15], die platonische Idee durch die Christologie ersetzt. Er hat weder unfreiwillig noch absichtlich vom Idealismus her vorgegebene metaphysische Schemata christologisch gefüllt. Gerade diese Schemata wollte er nicht wieder füllen, sondern sie von dem in der Christologie liegenden antimetaphysischen Anstoß her sprengen. Denn daran hing für ihn, zumal nach Feuerbach, die Möglichkeit des Redens von Gott.

c) Zu der Kritik an Barths „idealistischer Denkform" (H. U. v. Balthasar)

1.5 Wir können uns der Auffassung H. U. v. Balthasars[16] nicht anschließen, Barth habe — gerade auch in der KD — das ihm von Schleiermacher und dem deutschen Idealismus vorgegebene „begriffliche Rüstzeug", überhaupt „das offene Schema" des Platonismus, des Denkens „vom höchsten Punkt her", in biblischem Sinne mit einem neuen Inhalt

---

[15] Vgl. *Baur*, aaO. 202 ff.
[16] Siehe zum folgenden *v. Balthasar*, aaO. 201—259.

gefüllt[17]. Zusammenfassend urteilte v. Balthasar, bei Barth habe zwar „die aufklärerisch-idealistische Verwässerung des Christlichen ... der ursprünglichen klaren Botschaft Platz gemacht". Andererseits wirke sich aber „auch auf diesen anderen Inhalt" „die Denkform ... so mächtig" aus, daß gefragt werden müsse, ob man es noch mit einem „innerhalb christlicher Theologie möglich(en)" System zu tun habe[18].

H. U. v. Balthasar würde folgendes sicher nicht in Abrede stellen: Die neuzeitliche Philosophie, insbesondere der Idealismus, ist uns allen — und war auch Barth — *mehr* als ein gewaltiges Arsenal der Logik und der verschiedenen „Denkformen"[19], aus dem jeder nach Herkunft und Neigung sich bedienen könnte. Um es wieder mit Fichte zu sagen: Philosophie ist kein „todter Hausrath, den man ablegen oder annehmen könnte, wie es uns beliebte"[20]. Die neuere Philosophie bestimmt an ihrem Teil als historisches Geschick auch noch unsere Situation. Und ihre Schemata und ihre Begrifflichkeit stellen keine freien Formen vor, von denen der konkrete geschichtliche Inhalt auch abgelöst und durch einen anderen ersetzt werden könnte. Letzteres war auch weder Barths Vorhaben noch sein faktisches Vorgehen. Gerade ihm konnte nicht verborgen bleiben, daß er sonst, wie v. Balthasar ja befürchtete, auch den Inhalten dieser Philosophie ausgeliefert wäre. Wenn die Terminologie der Barthschen Dogmatik dennoch eine unübersehbare Affinität zum idealistischen „Denkschematismus" aufweist — und zwischen „Denkschematismus" und „Denkform" wäre hier zu unterscheiden, da sich Barth die *Form* des theologischen Denkens allein von der Bibel vorschreiben lassen wollte[21] —, so deshalb, weil in der KD die (auch der Bibel nicht fremde) Problematik der idealistischen Philosophie, *das Freiheitsproblem*, in theologisch eigenständiger Weise und in kritischer Konkurrenz aufgenommen und bearbeitet wird.

Was v. Balthasar nicht erklärt hat, ist die geschichtliche Notwendigkeit oder der geschichtliche Sinn der von Barth gewählten Begrifflichkeit. Balthasar sah zwar, daß sich mit der dialektischen Theologie der von der Bibel her notwendige Protest gegen die Umformung der christlichen Überlieferung durch die dialektische Philosophie des Idealismus erhob. Aber er erblickte offensichtlich keinen eigentlichen Sinn, keine direkte Notwendigkeit, sondern nur Gefahren darin, daß sich dieser Protest ausgerechnet in diese der idealistischen Denkform täuschend ähnlich sehende Begrifflichkeit kleidete. Er meinte, Barth sei es *trotz* der ihn bleibend prägenden idealistischen Begrifflichkeit in vieler Hinsicht gelungen, zu einer

[17] AaO. 209—211.

[18] AaO. 216.

[19] Zur Problematik des im Neukantianismus wurzelnden Begriffs „Denkform" s. z. B. *Splett*, aaO. 842 ff., ferner *Lehmann*, aaO. 470.

[20] *Fichte*, aaO. (WW I) 434.

[21] Vgl. *Schlichting*, aaO. 33.

schriftgemäßen Theologie durchzustoßen. Balthasar sah also nur eine die dogmatische Leistung beschränkende und vom Erbe her belastende, negative Funktion der Barthschen Terminologie; nicht aber deren positive Funktion, nämlich, das bei Hegel auf seinen Höhepunkt gelangte philosophische Denken der Neuzeit im Rahmen einer schriftgemäßen Theologie von innen her aufzusprengen.

Indem v. Balthasar auf das Rätsel der „idealistischen Denkform" bei Barth blickte, versäumte er, nach dem geschichtlichen Fortgang der Problemstellungen der idealistischen Philosophie selbst zu fragen. Um Barths Theologie in ihrer eigentümlichen sprachlichen Gestalt zu verstehen, darf aber nicht nur ihre theologiegeschichtliche Erneuerungsleistung (Rückwendung zu Bibel und Reformation) im Blick sein. Es ist auch ihre geistesgeschichtliche Funktion zu bedenken im Hinblick auf die Wirkungsgeschichte des Idealismus, im Hinblick auf das Schicksal, das diesem Denken im 19. und im 20. Jahrhundert widerfuhr. Es ist die Wanderung und Wandlung seiner großen Fragestellungen, die nach ihrem philosophiegeschichtlichen Problematisch-, Unwirksam- und Überholtwerden in anderer Form der Theologie noch einmal zu denken gaben, die in neuer Gestalt *als Theologie* weiterlebten, mit zu berücksichtigen. Hier erst steht heute die Barth-Interpretation vor zunächst rätselhaft erscheinenden Phänomenen und vor lohnenden Aufgaben.

1.6 Marx warf Hegel vor, er habe von der Geschichte bereits überholte Wirklichkeitsstrukturen *als Philosophie* weiterleben lassen und zum lebensfeindlichen Richtmaß der Gegenwart gemacht[22]. Bei Barth aber war eine bereits „gestorbene", jedenfalls eine vielfach bereits als überwunden angesehene Philosophie in der Theologie noch aktuell! Es war dies aber nicht allein die Philosophie Hegels oder auch diejenige Kants. Sondern ebenso z. B. diejenige von Marx. Es war dies ferner die Philosophie des von der Geschichte soeben für einmal wieder überrollten Liberalismus und Humanismus; überhaupt die von der „Konservativen Revolution" bekämpfte Befreiungsphilosophie des ausgehenden 18. und des früheren 19. Jahrhunderts. Und man könnte als geschichtliche Ortsbestimmung der Barthschen Theologie geradezu dies angeben: Barths Theologie ist schwerlich dort von Bedeutung, wo diese Philosophie im breiteren gesellschaftlichen Bewußtsein in Kraft steht, aber überall dort und immer dann, wo bzw. wann das Anliegen dieser Philosophie gar kein Gehör mehr findet. Dabei hat Barth diese Philosophie durchaus nicht unkritisch konserviert. Er wollte sie tatsächlich von der Bibel her vernichtend kritisieren; er wollte die Freiheitsfrage auf eine ganz andere Grundlage stellen. Und so gab Barth auch der philosophischen Erledigung des Idealismus insofern recht als er deren geschichtliche Unvermeidlichkeit anerkannte. Zugleich aber

---

[22] S. o. S. 235 f.

246

sollte mit Barths theologischer Neubegründung des Freiheitsanliegens auch der — an und für sich verständliche — materialistische, positivistische und nihilistische Protest gegen den Idealismus überflüssig werden. So erklärt sich das großartige Vermögen der Barthschen Theologie, die Anliegen von philosophiegeschichtlich einander widerstrebenden geistigen Bewegungen miteinander zur Geltung zu bringen[23].

Wenn sich die Spaltung des Kreises von „Zwischen den Zeiten" in einer Form vollzog, die an den Gegensatz zwischen der Dialektik Hegels und der Dialektik bei den Linkshegelianern erinnert, wenn bei Brunner, Bultmann und Gogarten wegen Barths Nähe zur Denkweise Hegels die Kierkegaardsche Hegelkritik wieder aufbrach, so ist doch folgendes merkwürdig: Bei näherem Zusehen haben sich jetzt, gegenüber der Situation am Ende des Idealismus, die Fronten geradezu vertauscht! Barth dachte nicht wie Hegel. Hegels Lebensanschauung war Barth weitgehend fremd. Den gesellschaftspolitischen Vorstellungen Hegels stand Barth viel ferner als etwa — Gogarten. Und was Barth sachlich zur Anthropologie beigetragen hat, dies legte einer Verständigung mit Hegel viel größere Hindernisse in den Weg als einer Verständigung etwa — mit Marx. Ohne daß dies nun näher ausgeführt werden müßte, leuchtet ein: Die erstaunliche Diskrepanz zwischen Barths offenkundiger Nähe zur Hegelschen *Denkweise* und seiner offenkundigen Ferne zum Hegelschen *Denken* ist hier das eigentlich Bedenkenswerte. Es eröffnet sich von hier aus eine wichtige Einsicht in das geschichtliche Wesen und Vermögen der Theologie als Wissenschaft. Interpretatorisch lüftet sich aber das Geheimnis der genannten Diskrepanz nur, wenn zusammen mit den idealistischen Bezügen der Barthschen Theologie die umwertende Funktion der in der KD angestrebten *biblischen Denkform* im Blick ist.

Exkurs VII: Barth über Hegel

Hegel, dem Barth in *Die protestantische Theologie im 19. Jahrhundert* (1960[3]) einen „Ehrenplatz" zuwies (aaO., 355), stand für Barth in der Reihe jener neuzeitlichen Philosophen, zu denen der Theologe „endlich und schließlich Nein sagen muß" (aaO., 354). Hegel bedeutete Barth eine „große Frage", aber auch „eine große Enttäuschung" und nur „vielleicht doch auch eine große Verheißung" (aaO., 378).

Die Enttäuschung hängt mit Hegels Antwort auf die Frage nach dem wirklichen Menschen zusammen: „Ist eine Theorie der Wahrheit", fragt Barth, „die sich aufbaut auf die innere Konsequenz eines von der Praxis losgelösten Denkens, noch die Theorie des wirklichen Menschen, die Theorie seiner Wahrheit?" Eine Nähe zu Marx ist nicht zu verkennen, wenn Barth die weitere Frage an-

[23] Hierzu auch *Marquardt.* aaO. 333.

schließt: „Kann die Theorie der Wahrheit eine andere sein, als die Theorie der Praxis des Menschen?" Und Barth gibt dann die aufschlußreiche Antwort, von der Theologie aus gesehen sei dies „wirklich nicht" möglich. Die Theologie können nicht, wie Hegel, „unerschüttert" über die Praxis des Menschen hinwegdenken (aaO., 374 f.). Wo es um die Frage des wirklichen Menschen geht, weiß sich Barth also gerade dem Hegelschen Denkansatz nicht verpflichtet, ist ihm Hegels ganzes Verfahren fremd.

Im Blick auf die Praxis und Wirklichkeit des Menschen verbietet sich für Barth, erstens, jene „Hemmungslosigkeit", in der Hegel den Begriff der *Sünde* von einem übergeordneten Standort aus „in die Einheit und Notwendigkeit des Geistes mit einbezogen" hat. Hegel „meinte einen Punkt zu kennen, von dem aus sie zugleich als das Schicksal und als Schuld und wiederum zugleich als der Giftbecher des Todes und als Quellpunkt der Versöhnung zu verstehen sei. Er meinte die Sünde als einen ‚momentanen oder längeren Durchgangspunkt' verstehen zu können". „Er hat dementsprechend auch die *Versöhnung* nicht als einen unbegreiflich neuen Anfang, sondern einfach als eine Fortsetzung des einen Geschehens der Wahrheit, die mit dem Sein Gottes selbst identisch ist, verstanden" (aaO., 375). — Nach Barth müßte in einer wirklich realistischen Sicht der Mensch gesehen werden als ein ohne Ausweg und ohne höhere Übersicht in die Sünde verstricktes Wesen. Diese Hegelkritik Barths zeigt, daß sich Barths eigene Anthropologie etwa von derjenigen Brunners nicht darin unterscheidet, daß sie den wirklichen Menschen auf eine das Phänomen der Sünde eskamotierende Weise „vom höchsten Punkt" her idealistisch mißverstehen würde.

Eine auf die Praxis und Wirklichkeit des Menschen blickende Theologie kann, zweitens, Hegels Verständnis der *Offenbarung* im ganzen nicht akzeptieren. Offenbarung ist für Hegel eine Größe, „die von der Philosophie als der eigentlichen Sachwalterin des Geistes ... auf ihren rein logischen Gehalt zu reduzieren ist". Zu „einem realen ... Gegenüber von Gott und Mensch, zu einem Gesprochenwerden und Hören eines Wortes, eines neuen, im strengen Sinn offenbarenden Wortes zwischen Beiden" kann es bei Hegel also „nicht kommen". „Indem Gott sich offenbart, hat ihn der Religionsphilosoph schon eingesehen", er „hat den Hebel schon in der Hand, den er bloß niederzudrücken braucht, um von Gottes *Offenbaren* weiterzukommen zu der höheren Stufe des göttlichen Offenbar*seins* (aaO., 376).

Der Philosoph W. Schulz sagt: Hegel ist „am Problem Gottes gescheitert". In dem Bestreben, die abendländische Metaphysik zu vollenden, ließ Hegel „den Gedanken Gottes selbst und als solchen scheitern" (Hegel u. das Problem der Aufhebung der Metaphysik. In: Heidegger-Festschrift 1959, 87 f.). Barth sagt, Hegels Gott ist „mindestens sein eigener Gefangener". Hegels lebendiger Gott — „ist doch der lebendige Mensch". Sofern der lebendige Mensch bei Hegel aber „der *denkende* Mensch" ist, und zwar der „*abstrakt* denkende Mensch", fragt es sich, ob bei Hegel an der Stelle des wirklichen Menschen nicht „ein bloß *gedachter* Mensch" steht. Und es könnte sein, daß auch der Gott Hegels „ein bloß denkender und bloß gedachter Gott ist, dem dann der wirkliche Mensch als einem Götzen oder einem Nichts gegenüberstehen ... würde" (Prot Th 19. Jh, 376 f.).

Das 19. Jahrhundert hat sich schnell und gründlich über Hegel hinweggesetzt. Es akzeptierte weder seine Unbekümmertheit gegenüber den Methoden und Ergebnissen der exakten Wissenschaft (aaO., 370) noch sein großartiges Angebot einer generellen philosophischen Bereinigung des neuzeitlichen Konflikts zwischen Glaube und Vernunft (aaO., 366). Oft hat man angenommen, Hegels imposante Synthese der seit Beginn der Neuzeit in ein kirchliches und in ein allgemeines Wahrheitsbewußtsein auseinanderbrechenden Elemente des abendländischen Denkens sei deshalb nicht dankbar aufgegriffen worden, weil die hiermit verbundene geistige „Zumutung" doch „allzu schwer" war — und vor allem: „allzu theologisch bedingt". Doch Barth führte Hegels wirkungsgeschichtliche Tragik erstmals ganz im Gegenteil darauf zurück, daß diese theologische Zumutung „noch nicht radikal genug, daß der Theologie darin nicht zu viel, sondern vielmehr zu wenig war, als daß sie glaubwürdig hätte wirken können" (aaO., 372). Deshalb mußte auf Hegel ein Marx, ein Feuerbach, ein Kierkegaard und schließlich auch ein Positivismus und Historismus folgen. Deshalb setzte im 19. Jahrhundert wieder so schnell „die Zeit der geringeren Dinge" ein (aaO., 345). Deshalb ist nach Jahrzehnten der Hegelmüdigkeit im Jahre 1914 schließlich das Zeitalter der „modernen Menschen", dessen eindrucksvollste Stimme Hegel in Barths Augen allerdings war, mit einem schrecklichen Mißton zu Ende gegangen (aaO., 354, 348 f.).

Hinzu kam, daß Barth zu sehen meinte, das 19. Jahrhundert habe „kein gutes Gewissen, keine eigentliche Freudigkeit, keinen Auftrieb" mehr gehabt seitdem es Hegel, „seinen echtesten und getreuesten Sohn", verleugnete (aaO., 346). Und diese ganze Sicht bedeutete für Barths eigene Arbeit eine eminent fruchtbare Perspektive. Es ergab sich hieraus für Barth selbst die Vision und Aufgabe eines neuen, eines an den entscheidenden Punkten verbesserten Angebots! Eines Angebots, das den Gedanken Gottes *nicht* scheitern läßt, und auf das deshalb auch kein neuer Marx, kein neuer Feuerbach, wohl auch kein neuer Kierkegaard und schließlich keine neue geschichtliche Exekution und Explosion verkehrter geistiger Grundlagen folgen müßten. Bei dieser grundlegenden Vision und Aufgabenstellung aber sind Barth diejenigen, die gegen ihn im Lager der dialektischen Theologie das Anliegen der Kierkegaardschen Hegelkritik erneuerten, in den Rücken gefallen. So jedenfalls war für Barth sein scharfer Protest, sein „Nein"! motiviert.

Ein solches neues Angebot, ein solcher neuer Anlauf zu der von Hegel unglücklich in einer abschließenden Philosophie angestrebten Versöhnung von Vernunft und Glaube, von allgemeinem und kirchlichem Wahrheitsbewußtsein in ihrer neuzeitlichen Entzweiung, hätte im Verständnis Barths zuerst die vom Idealismus vorausgesetzte Identität von Gott und Mensch *aufzubrechen*. Es müßte ferner rechtgläubiges und nicht heterodoxes, es müßte kirchlich-dogmatisches und nicht allgemeines Wahrheitsbewußtsein explizieren. Und zwar um gerade im Interesse eines humanen öffentlich-gesellschaftlichen Denkens und Handelns der Gepflogenheit die Legitimation zu entziehen, *dem Menschen* göttliches Wesen zuzuschreiben. Diese kirchlich-dogmatische Abrechnung mit der im neueren philosophischen Denken virulenten „Häresie" geschähe mithin im Interesse des Freiheitsgedankens, in der Anerkennung des menschlichen Rechts auf Autonomie und in der Unterstreichung der Pflicht zur Aufklärung.

Der Gottesbegriff selbst würde wieder davon frei werden, sein banales Geheimnis in einer unnötigen, verhängnisvollen Hypostasierung anthropologischer Prädikate zu besitzen. Und so würde auch der Begriff des Menschen davon frei werden, das Geheimnis der Theologie, der Gotteslehre, in sich zu schließen. Die Anerkennung der Freiheit Gottes gegenüber dem Menschen brächte dem Menschen seine eigene Freiheit zurück (vgl. KD III, 2, 230 u. ö.). Feuerbachs Anliegen käme so erst wirklich zu seinem Recht. Denn die „Entsprechung Gottes" ist „wirklich jener ganze Mensch ... Seele und Leib, von dem Feuerbach offenbar reden wollte" (Prot Th 19. Jh, 488).

2. Hegels Folgen und die Spaltung der dialektischen Theologie

2.1 Hegel hatte sich in der Abhandlung *Glauben und Wissen* (1802) daran gestoßen, daß in Fichtes Philosophie Gott als „etwas Unbegreifliches und Undenkbares" galt, daß die Gottesfrage seit Kant überhaupt von der (theoretischen) Vernunft abgewiesen und Gegenstand praktischer, gefühlsmäßiger Frömmigkeit wurde[24]. Hier habe sich die Vernunft folgendermaßen selbst beschränkt: es sei das, worauf sie ausgehen könne, „nicht, Gott zu erkennen, sondern, was man heißt, den Menschen"[25]. Hegel aber bezweifelte, daß die Vernunft in dieser Selbstbeschränkung, die letztlich eine Beschränkung auf das Sinnliche war, auch nur zur Erkenntnis des Menschen fähig sei. Seine Kritik richtete sich vor allem dagegen, daß sich das „Wissen" der Vernunft seit der Aufklärung selbst an dem Gegensatze zum „Glauben" der Religion bestimmte, was dann auch eine problematische Selbstbestimmung der Religion aus dem Gegensatz ihres Glaubens zum „Wissen" der Vernunft zur Folge hatte[26]. „Der glorreiche Sieg, welchen die aufklärende Vernunft über das, was sie nach dem geringen Maße ihres religiösen Begreifens als Glauben sich entgegengesetzt betrachtete, davongetragen hat, ist beim Lichte besehen kein anderer, als daß weder das Positive, mit dem sie sich zu kämpfen machte, Religion, noch daß sie, die gesiegt hat, Vernunft blieb und die Geburt, welche auf diesen Leichnamen triumphierend als das gemeinschaftliche, beide vereinigende Kind des Friedens schwebt, ebensowenig von Vernunft als echtem Glauben an sich hat."[27] Daher erklärte es sich, daß Kant mit seinen religionsphilosophischen Schriften „kein Glück machte". Kants Fehler sei nicht gewesen, daß er versuchte, durch die philosophische Form die positi-

---

[24] *Hegel*, Werke Bd. 2, 288.
[25] AaO. 299.
[26] Vgl. *Hegel*, Werke Bd. 16, 18—24.
[27] *Hegel*, Werke Bd. 2, 288.

ven Religionen anzutasten oder zu verändern. Aber er reüssierte nicht, „weil dieselben auch dieser Ehre nicht mehr wert schienen"[28].

Der totale Sieg der Aufklärung über die Religion war aber, so fuhr Hegel fort, ein Pyrrhussieg[29]. Hegel wollte die Angelegenheit in einem zweiten Anlauf glücklicher bewältigen indem er sich nicht mehr länger vom Gegensatz Glauben-Wissen her die Grenze zwischen dem Außervernünftigen und dem Vernünftigen diktieren ließ. Der Gegensatz von Glauben und Wissen falle, recht verstanden, in die Vernunft (Philosophie) selbst[30]. Und hier, innerhalb der Vernunft (Philosophie), bilde er die Grenze zwischen bloßer Verständigkeit und einem im philosophischen Vollsinn des Wortes vernünftigen Denken.

Hegel reklamierte das Gottesthema für die Philosophie, weil zum vollen Begriffe der Vernunft die Gehalte des (christlichen!) Glaubens hinzugehörten. Hegels Interesse war es aber nicht, dem dürftigen Begriff des Glaubens, den sich die Aufklärungsphilosophie selbst entgegensetzte, den biblisch-reformatorischen, den „echten" Glauben entgegenzustellen, um von hier aus jene unzulängliche Grenzziehung zu überwinden. Eine folgenschwere Willkür und Einseitigkeit Hegels! Es ging ihm allein um den Vernunftbegriff. Kein Glaube sollte der Vernunft mehr gegenüberstehen, vielmehr jener in dieser „aufgehoben" werden, weil auch Hegel meinte, es sei die Zeit des Glaubens, ebenso wie die Zeit des Dogmas und der Kirche, vorbei[31]. Die Zeit sei „erfüllt", „daß die Rechtfertigung durch den Begriff Bedürfnis ist" und folglich im Glauben nichts mehr gerechtfertigt ist[32].

Auf diese Entscheidung Hegels *gegen* die dogmatische Wiederherstellung des Glaubens ist Barth dann zurückgekommen. Hier liegt der bedeutsamste philosophiegeschichtliche Bezug seiner Theologie.

2.2 Die Hegelsche Linke versuchte, die „theologische" Komponente (die nach Barth die Bezeichnung „Theologie" freilich nicht verdiente) aus der Hegelschen Philosophie durch eine nachträglich noch einmal im Geiste Kants vorgenommene Entmythologisierung wieder auszutreiben. Damit

---

[28] AaO. 287.

[29] AaO. 287 f.

[30] AaO. 287.

[31] *Hegel*, Werke Bd. 17, 340–343.

[32] AaO. 343. — Herrschend war die kirchliche Versöhnungslehre, Hegel zufolge, nur auf der ersten Stufe der Christentumsgeschichte (aaO. 320). Von den Gemeinden wurde diese Lehre als etwas Objektives gewußt und unmittelbar anerkannt. Diese Lehranerkennung geschah aber noch nicht „auf eine sinnliche Weise". Noch war die Wahrheit „nur als *gewußte* vorhanden". Die Weise ihres Erscheinens war, „daß sie gelehrt werde". Und „Kirche" bedeutete „wesentlich die Veranstaltung, daß ein Lehrstand sei, dem aufgetragen ist, diese Lehre vorzutragen" (aaO. 322). — Als Lehrkirche mußte die Kirche mit der Zeit aber notgedrungen *verweltlichen:* Was „geistlose Weltlichkeit ist, tritt an der Kirche ...

zugleich wurde seinerzeit über der von Hegel noch einmal rehabilitierten, von Kant jedoch bereits entthronten *Ontologie*[33] (als der ersten Teildisziplin der vorkantischen Metaphysik) der Stab gebrochen.

Barth suchte, formal ebenfalls auf Kants Unterscheidung zwischen Theologie und Philosophie zurückgreifend[34], die Auflösung der aufklärerischen Polarisierung von Glauben und Wissen im Gegensatz zu Hegel darin, daß er zusammen mit der Gottesfrage *auch* das ontologische Problem dem „Glauben", der Theologie überwies.

Barths theologische Kontrahenten in der theologia-naturalis-Frage wiederum versuchten, in das von der Hegelschen Linken entmythologisierte, d. h. in das von Hegels „Onto-Theo-Logik" (K. Löwith)[35] gereinigte materialistische, naturalistische oder existentialistische Wirklichkeitsverständnis die Gottesfrage nachträglich wieder einzutragen! In dieser Verschränkung mit der Hegelschen Philosophie und ihren Folgen hat sich die Spaltung der dialektischen Theologie vollzogen.

---

selbst hervor, weil das Weltliche [noch] nicht an ihm selbst versöhnt ist" (aaO. 331). Das unversöhnt eindringende Weltliche trieb das Christentum schließlich auf seine zweite Stufe, diejenige der Aufklärung, die nun allerdings auf eminent kirchenkritische Weise mit der von der kirchlichen Versöhnungslehre selbst betonten Freiheit des Geistes Ernst machte (aaO. 333). Aufklärung ist für Hegel wesentlich Negation. Die Grundfesten, die festen Inhalte der lehrenden Kirche werden zerstört. Die Privatreligionen, der Subjektivismus schießen ins Kraut - und als religiöser Subjektivist ist für Hegel auch Schleiermacher noch klassischer Aufklärungstheologe. Erst mit der *Überwindung der Aufklärung durch die Philosophie* kommt die Welt wieder in Ordnung. „Die Aufklärung, diese Eitelkeit des Verstandes", ist nicht nur ein Feind der Kirche, die ja durch die Aufklärung verdrängt worden ist, sondern auch „die heftigste Gegnerin der Philosophie", die freilich ihrerseits bestimmt ist, die Aufklärung schließlich zu beseitigen. Die Aufklärung nimmt es der Philosophie besonders „übel, wenn diese die Vernunft in der christlichen Religion aufzeigt". Recht verstandene und betriebene Philosophie aber läßt sich nicht abhalten, die christliche Wahrheit auf den Begriff zu bringen, die Eindeutigkeit wiederherzustellen, die das von der Aufklärungseitelkeit betrogene Volk braucht und will. Und erst so — und gerade nicht durch „Gefühlsreligion"! — wird auch das *Gefühl* befriedigt. Denn die „Philosophie *denkt*, was das Subjekt als solches *fühlt*" (aaO. 340—343). — Mit der philosophischen Herstellung der zweiten Naivität des Christlichen aber *fällt die Kirche!* Aufgelöst hat sie bereits die noch der Aufklärung zugehörige, inhaltlich unbestimmte subjektivistische „Gefühlsreligion", die bewirkte, „daß die heilige Kirche keine Gemeinschaft mehr hat und in Atome zerfällt" (aaO. 340). Jetzt ist es die „Organisation des Staates", „wo das Göttliche in die Wirklichkeit eingeschlagen, diese von jenem durchdrungen und das Weltliche nun an und für sich berechtigt ist". „Die wahre Versöhnung, wodurch das Göttliche sich im Felde der Wirklichkeit realisiert, besteht in dem sittlichen und rechtlichen Staatsleben: dies ist die wahrhafte Subaktion der Weltlichkeit" (aaO. 332).

[33] Vgl. *Hegel*, Werke Bd. 8, 99 f. (= Enzyklopädie d. phil. Wissenschaften § 33).
[34] S. o. S. 133 ff.
[35] *Löwith*, aaO. 55.

2.3 Hegel konnte bei Brunner, Bultmann und Gogarten *keinen* „Ehrenplatz" erhalten. Sie alle sahen sich nicht veranlaßt, wie Barth ausgerechnet bei Hegels onto-theologischer Fragestellung und bei dem großen Versöhnungsangebot des Hegelschen Denkens wieder anzuknüpfen. Sie wußten sich vielmehr darin dem Linkshegelianismus verpflichtet, daß dieser die faktische Unversöhntheit der bei Hegel bloß im Denken vermittelten Daseins- und Wirklichkeitswidersprüche aufgezeigt hatte. Von hier aus kamen sie weiter zu einer theologischen Anthropologie. Sie sahen aber keine Möglichkeit, wie Barth den Hegelschen Versöhnungswillen samt den gravamina der Hegelschen Linken in *einem* theologischen Entwurf miteinander zur Geltung zu bringen. Sie bildeten vielmehr eine Front gegen den bei Barth, wie es scheinen konnte, von Hegel her wiederkehrenden Essentialismus. (Hegel wurde von P. Tillich als „der klassische Essentialist" bezeichnet, weil er über den mit der Existenz gegebenen „Zwiespalt" philosophisch hinweg gedacht habe[36]).

So erwuchsen den einstigen Antipoden Hegels im 20. Jahrhundert neue, theologische Anwälte, die auch alle an der Existenz- oder Person-Philosophie ihrer Zeit nicht vorbeikamen. Sie werteten die Bemühungen eines Teils der zeitgenössischen Philosophie, den Idealismus und seine Folgen durch ein ursprünglicheres Denken und, wie bei Heidegger geschehen, durch eine Neufassung der ontologischen Frage, zu überwinden, als Indiz einer nach wie vor bestehenden Kompetenz der Philosophie, das ontologische Problem geschichtlich weiterzuführen.

Indem sie freilich nicht bis auf Hegel selbst, sondern nur bis auf die Hegelkritik zurückgingen, bestand für sie eine fundamentale Schwierigkeit darin, wie die Gottesfrage überhaupt wieder an die zeitgenössische existentialphilosophische Ontologie herangeführt werden könnte. War doch bei Heidegger, im Unterschied zu Hegel, „Gott" für die Ontologie nicht mehr von Belang. Und auch K. Jaspers Frage nach dem „Transzendenten" wollte und konnte die theologische Gottesfrage nicht ersetzen[37].

2.4 Hegel hatte in *Glauben und Wissen* gesehen, daß die unzulängliche Behandlung der Gottesfrage bei Kant, Fichte oder Jacobi ein Resultat jenes allgemeinen Gefühls war, „worauf die Religion der neuen Zeit beruht" — des Gefühls: „Gott selbst ist tot"[38]. Hegel setzte sich deshalb am Ende seiner Abhandlung mit dem zu erwartenden Vorwurf auseinander, es müsse bei diesem Stand der Zeit die Aufforderung (Hegels) als ein Anachronismus erscheinen, die Vernunft solle, um zu sich selbst zu kommen, Gott denken und das Absolute und Unendliche in ihr Wissen aufnehmen. Hegel begegnete dieser einkalkulierten Kritik mit einer aus dem

---

[36] *Tillich*, aaO. 30.
[37] Hierzu KD III 2, 136 ff.
[38] *Hegel*, Werke Bd. 2, 432.

Arsenal der christlichen Dogmatik geschöpften *List*. Er relativierte die neuzeitliche Atheismuserfahrung mit dem Argument, sie sei nur die Erfahrung eines in der Bewegung des Lebens Gottes selbst liegenden, einzelnen „Moments". Mit dem Begriff vom „spekulativen Karfreitag, der sonst historisch war", faßte Hegel das Sterben Gottes im „Abgrund des Nichts, worin alles Sein versinkt", als einen nur momentanen Durchgangspunkt „der höchsten Idee", die aus diesem Abgrund allerdings wieder „in die heiterste Freiheit ihrer Gestalt auferstehen" könne und müsse[39]. Hegel wollte die neuzeitliche Atheismuserfahrung über sich selbst wieder hinausführen indem er sie als eine beschränkte Teilansicht Gottes interpretierte. Warum freilich gerade das Zeitalter der Aufklärung Zeuge dieses — und nur dieses einen! — Moments der göttlichen Selbstbewegung geworden sein soll, dieses Problem wird durch Hegels listiges Argument nicht gelöst.

Feuerbach konnte, ebenso wie Marx, hier nur den Versuch wahrnehmen, „das verlorene, untergegangene Christentum durch die Philosophie wieder herzustellen, und zwar dadurch, daß ... die *Negation* des Christentums *mit dem Christentum selbst identifiziert* wird". In Hegels Behauptung der Identität von Theologie und Philosophie, von „Christentum und Heidentum auf seinem höchsten Gipfel, auf dem Gipfel der Metaphysik", liege letztlich „der unselige Widerspruch der neuern Zeit". Hegel verdecke diesen Widerspruch bloß, indem er den Atheismus zu einer objektiven Bestimmung Gottes macht, indem bei ihm „Gott als ein *Prozeß* und als ein Moment dieses Prozesses der Atheismus bestimmt wird". „Aber so wenig der aus dem Unglauben wieder hergestellte Glaube ein wahrer, weil stets mit seinem Gegensatz behafteter Glaube ist, so wenig ist der aus seiner Negation sich wieder herstellende Gott ein wahrer, vielmehr ein sich selbst widersprechender, ein atheistischer Gott."[40]

Feuerbach sah in Hegels Relativierung des Atheismus nur den Versuch, das Christentum wieder herzustellen. Aber das von Hegel offiziell verfolgte Anliegen war ja, daß die zur bloßen Verständigkeit degenerierte Vernunft der Aufklärung wieder das Absolute und Unendliche in ihr Wissen einbeziehen und sich aus dem Glauben regenerieren sollte. Doch machte Hegel auch mit diesem Programm kein Glück. Es ist ihm nicht gelungen, wie z. B. J. Habermas unlängst darlegte, Kants Vernunftkritik durch spekulative Selbstreflexion des Geistes so zu vertiefen, daß ein philosophisch aufgeklärter Wissenschaftsbegriff gewonnen worden wäre. Alle methodisch verfahrenden Wissenschaften können sich vor Hegels spekulativer Norm „nur als Beschränkungen des absoluten Wissens erweisen und blamieren". Indem bei Hegel „sich Philosophie als die eigentliche Wissen-

---

[39] AaO. 432 f.
[40] *Feuerbach*, aaO. § 21.

schaft behauptet, verschwindet das Verhältnis von Philosophie und Wissenschaft überhaupt aus der Diskussion. Mit Hegel entsteht das fatale Mißverständnis, als sei der Anspruch, den vernünftige Reflexion gegen abstraktes Verstandesdenken erhebt, gleichbedeutend mit der Usurpation des Rechtes eigenständiger Wissenschaften durch eine nach wie vor als Universalwissenschaft auftretende Philosophie."[41] Viel kritischer noch als Habermas äußerte sich K. R. Popper über Hegels Verhältnis zur Naturwissenschaft[42]. — Aber warum hat Hegel hier versagt? Sollte auch dies damit zusammenhängen, daß der in Hegels Vernunftbegriff aufgehobene „Glaube", wie Feuerbach sagt und wie Hegel wohl wußte, nicht mehr der Glaube war, und daß die bei Hegel mit „Gott" zusammenfallende höchste Idee — nicht Gott ist?

2.5 Hegels problematische Stellung zu den Naturwissenschaften und zum Natürlichen überhaupt, „die hochmütige Tiefe seiner Naturverachtung", in der er sich mit Marx einig war[43], konnte bei Barths dogmatischer Revision der „Theologie" Hegels keine Wiederholung finden. Es stellte sich vielmehr heraus, daß mit dieser dogmatischen Korrektur auch die identitätsphilosophischen Implikationen, an denen Hegel hier scheiterte, dahinfallen, und somit neue Ausgangsmöglichkeiten für das Gespräch mit den Wissenschaften freigelegt werden.

K. Löwith zwar führte Hegels Un-Verhältnis zur Natur auf dessen Verwurzelung in der christlichen Tradition zurück: Nur der als „Denken und Geist" definierte *Mensch* steht bei Hegel in einem Verhältnis zu Gott. Nicht aber die als „Äußerlichkeit, die nicht von sich weiß" definierte *Natur*, die allein in einem Verhältnis zum Menschen steht. Dabei gehört es für Hegel überdies zum Begriff des Menschen, daß der Mensch aus dem Zusammenhang des Natürlichen heraustreten soll, daß er aus diesem Paradies ausgetrieben werden muß, um aus der Instinktbeherrschtheit zur Vernunftherrschaft zu gelangen. Löwith meinte, die von Hegel dem Menschen eingeräumte Sonderstellung gegenüber der Natur gehe auf die alttestamentliche imago-Dei-Anschauung zurück, die dem Menschen eine einzigartige Stellung im Kosmos zudenkt. Obwohl Hegel sich die biblische Schöpfungsgeschichte, wie alle Idealisten, „ins spekulativ Philosophische übersetzt" hat, schlage die christliche Tradition an dieser Stelle doch durch[44].

Nach Barth hat die Theologie aber zu lehren, es gebe außer dem Menschen „in eigener Würde, mit eigenem Recht, umgeben von dem Geheimnis eines eigenen Verhältnisses zu ihrem Schöpfer auch andere von Gott

---

[41] *Habermas*, aaO. 35.
[42] *Popper*, aaO. 36 ff.
[43] *Löwith*, aaO. 93.
[44] AaO. 92 f.

gesetzte ... Wirklichkeit". Eben dies macht die Genesis „unmißverständlich" klar. Der Mensch ist „nur *ein* und nicht *das* Geschöpf"[45]. — Hegel gelangte zu seiner Degradierung des Natürlichen nicht, *obwohl* er sich die biblische Genesis spekulativ umdeutete, sondern *weil* er es tat. Die ganze Hegelsche „Dialektik" bedürfte, sofern hinter ihr die idealistische Umformung der alttestamentlichen Sündenfallgeschichte steht, der theologischen Korrektur: Es müßte die Versöhnung bzw. die Wiedergeburt bzw. die geistvermittelte zweite Natürlichkeit *als Gnade* verstanden werden. Es müßte ferner die Entfremdung bzw. das Negative nicht, wie bei Hegel, gerade als eine positive Arbeit des Geistes interpretiert[46], sondern als *Sünde* verstanden werden. Und es wäre von hier aus schließlich das Natürliche im Gegensatz zu Hegel nicht als etwas von vornherein negativ Qualifiziertes zu interpretieren, nicht als das geistlose, unmittelbare Ansich der Dinge, das „negiert", „aufgehoben" werden müsse[47] — sondern positiv als Gottes gute *Schöpfung*.

Wie insbesondere die *Rechtsphilosophie* zeigt, impliziert demgegenüber Hegels Dialektik nicht nur eine problematische Stellung zur Natur, sondern auch eine autoritäre Pädagogik: Schon im Kind soll „das bloß Sinnliche und Natürliche ausgereutet" werden[48]. Die Erziehung muß ihr Objekt so bald wie möglich brechen und es so auf den Weg zur geistvermittelten zweiten Naivität bringen. Die erste Natürlichkeit ist das, „worin der Mensch nicht bleiben soll", weil „die Natur von Hause aus böse" ist[49]. — Barth betont im Gegensatz hierzu die ursprüngliche Güte der Natur[50]. Seine ganze Theologie widerstreitet Hegels autoritärer Pädagogik und ihren wirkungsgeschichtlichen Zusammenhängen. Sie bricht dem unmenschlichen Hegelschen Weg zu einem in zweiter Natürlichkeit angeblich objektiv werdenden (christlichen) Geist mit einem christologischen Gegenentwurf die dämonisch autoritäre Spitze ab. Und sie bringt von hier aus auch Feuerbachs Anliegen einer Rückkehr zum Natürlichen zu Ehren[51].

Diese Hinweise genügen, um die Aufgabe zu verdeutlichen, die gerade

---

[45] KD III 2, 2.
[46] Vgl. etwa *Hegel*, Werke Bd. 3, 24 ff. 36 ff.
[47] Vgl. etwas *Hegel*, Werke Bd. 19, 494 ff.
[48] *Hegel*, Werke Bd. 7, 327.
[49] *Hegel*, Werke Bd. 19, 494.
[50] Vgl. KD III 1, 464: „Auch wir haben ... die Formel aufgenommen ..., daß die von Gott ... geschaffene Welt nicht nur nicht schlecht, nicht nur gut, sondern, weil Gottes Wohlgefallen sie geschaffen ..., die *beste* aller Welten ist."
[51] Barth betrachtete das *Unnatürliche* der natürlichen Theologie und Religion als das, worin der Mensch nicht bleiben soll. Das Christliche, wie es seinem Verständnis entsprach, meint in einem fundamentalen Sinn Freiheit von Religion; das Christliche *ist* das (von Feuerbach auf unglücklichem Wege gesuchte) Natürliche.

der kirchlich-dogmatischen Theologie für die geistige Befreiung von Hegel und seinen Folgen zufällt. Sofern Hegels Philosophie für die Wissenschaften, die ein zureichendes anthropologisch-ontologisches Fundament suchen, eine große Verheißung und zugleich eine große Enttäuschung bedeutet hat, entsteht für sie aus der kirchlich-dogmatischen Hegelrevision eine neue Situation. Es ist nicht dasselbe, ob alle Wissenschaften in die Philosophie des absoluten Geistes einmünden sollen, oder ob alle Wissenschaften, wie Barth empfohlen hat, „in ihrer Spitze Theologie sein" sollen[52]. Scheinbar zwar kehrt mit diesem Barthschen Postulat Hegels philosophischer Anspruch nach einem Zeitraum von hundert Jahren als ein theologischer Herrschaftsanspruch wieder. Tatsächlich geht es Barth an seinem spezifischen Ort in der Wirkungsgeschichte Hegels aber um eine Intervention zugunsten der Wissenschaften, um eine Freistellung der Wissenschaften für offene Wahrheitsforschung. Die Unverträglichkeit des Hegelschen Anspruchs, aber auch die Unverträglichkeit einer gänzlichen Ignorierung der großen Hegelschen Frage an die Wissenschaften — und beides wurde zuletzt im Positivismusstreit in der deutschen Soziologie wieder offenkundig — wären nach Barths Überzeugung miteinander vermieden, wenn Philosophie, Geschichtswissenschaft, Soziologie, Psychologie, Pädagogik usw. je an ihrem Teil die theologische Aufgabe „übernehmen und eine besondere Theologie überflüssig machen würden"[53]. Nur weil sie dies derzeit faktisch nicht tun und sich in ihrer Spitze anderswo orientieren, wurde für Barth das gesonderte Unternehmen einer kirchlichen Dogmatik notwendig.

Wenn die KD in formaler Übereinstimmung mit der älteren Orthodoxie wieder nach dem rechten Inhalt der Dogmatik fragt, steht sie damit doch gänzlich außerhalb der Sphäre dessen, was Kant und der Idealismus als Dogmatismus, als dogmatistisches Denken bezeichneten. Diesem Dogmatismus wirkt die KD gerade entgegen. Sie löst ihn von seinen geistesgeschichtlichen Wurzeln her auf sofern sie pseudotheologische Überformungen der ratio dogmatisch destruiert. Bei Barth entspricht dem kirchlich gebundenen dogmatischen Denken eine falsifizierbare, undogmatische Wissenschaft[54]. Die im Zusammenhang des Dritten Reichs besonders deutlich gewordene ideologiekritische Wirksamkeit der KD ist nicht einfach das Ergebnis einer stillschweigenden Rezeption gewisser Aufklärungstraditionen, sondern in erster Linie das Ergebnis einer *dogmatischen Aufklärung* des Idealismus und seiner philosophischen Vor- und Nachgeschichte.

Die KD ist bisher viel zu wenig in dieser ihrer „geistesgeschichtlichen"

---

[52] KD I 1, 5.
[53] KD I 1, 3.
[54] S. o. S. 231 f.

Funktion gesehen und verstanden worden, viel zu wenig auch in ihrer Bedeutung für die Wissenschaften und für die geschichtliche Klärung des
neueren gesellschaftlichen Bewußtseins. Sie wurde vielmehr daraufhin befragt, ob sich ihre Theologie selbst als Wissenschaft und vor der Wissenschaft sehen lassen könne, ob sie in ihrer dogmatischen Form selbst dem
neueren gesellschaftlichen Bewußtsein standhalte. Die Sorge, daß die KD
nicht genügend mit dem gegenwärtigen Wahrheitsbewußtsein vermittelt
sei, stand auch hinter allen Einwänden Brunners, Bultmanns und Gogartens. Und das ist nun das Dilemma, in das die dialektische Theologie geriet: Barth suchte mit einer wiederhergestellten Kirchenlehre Klärung und
Orientierung in das gegenwärtige Selbst- und Weltbegreifen zu bringen.
Und auf der anderen Seite wurde versucht, die Theologie am gegenwärtigen Selbst- und Weltbegreifen geschichtlich zu orientieren und ihre zeitgemäße Form zu klären. Auf der einen Seite also von der Theologie her
die Sorge für den rechten Zustand des allgemeinen Denkens; auf der anderen Seite vom allgemeinen Denken her die Sorge für den rechten Zustand der Theologie. Dazwischen aber liegt das Problem der natürlichen
Theologie. Es erweist sich, von hier aus gesehen, eigentlich nicht als eine
vor letzte dogmatische Entscheidungen stellende Frage. In ihm stand
nicht dies zur Entscheidung, *ob* die Theologie die christliche Überlieferung im Horizont des neuzeitlichen Denkens zu entfalten habe, sondern
wie dies geschehen müsse; wo die Theologie einzusetzen habe, um eben
dies zu tun.

2.6 Indem sich Barth der Feuerbachschen Kritik an Hegels fragwürdiger Wiederherstellung des Gottesgedankens aus der neuzeitlichen Gottesleugnung anschloß, zog er aus dieser Kritik doch eine Konsequenz, die Feuerbach selbst zu ziehen unterließ. Barth versuchte, Gott *vor* seiner Negation zu denken. Im Sinne der christentumsgeschichtlichen Kategorien Hegels[55] ausgedrückt, ging Barth scheinbar wieder hinter die Aufklärung
zurück in die Zeit der Lehrkirche, des Dogmas und des Glaubens[56]. Trotz
des Grundgefühls der neuen Zeit ging er vom Glauben an die Existenz
Gottes aus[57]. Und indem er die Existenz Gottes nicht nur, mit Hegel, als
ein Sein Gottes „in der Tat"[58] definierte, sondern näher von der „Alles
nicht nur neu beleuchtenden, sondern real verändernden Tatsache, daß

---

[55] Vgl. Anm. 32.

[56] Die Aufmerksamkeit hierauf hat zuerst *T. Rendtorff* — ohne allerdings auf
die in Hegels christentumsgeschichtlicher Spekulation eingelagerten Fiktionen
hinzuweisen — in seinen verschiedenen Arbeiten über Barth und die dialektische
Theologie gelenkt (schon in seiner Habilitationsschrift „Kirche und Theologie",
1966, besonders: 209).

[57] Vgl. KD II 1, 288 ff.

[58] KD II 1, 288. — Vgl. *Hegels* Herausstellung der *Tätigkeit* Gottes (Werke
Bd. 16, 40 sowie Bd. 17, 193).

Gott ist"[59], sprach, deutete er auch hier an: Der kirchlich-dogmatische Ausgangspunkt ist *kein* Rückschritt hinter Hegel, weil er dessen Gottesbegriff in einer Weise korrigiert, die z. B. auf Marx' Philosophiekritik (hier: im Sinne der 11. Feuerbach-These) bereits zurückblickt und deren Recht gegen Hegel (und eben auch gegen Feuerbach) wohl begriffen hat, deren Anliegen in einer von Hegel bereits für anachronistisch angesehenen biblischen Kirchenlehre wohl zu würdigen weiß[60].

Hegel suchte die „Vernunft des Allgemeinen"[61], in der sich die Religion selbst begriffen hat und, am Widerspruch der Aufklärung zum Bewußtsein ihrer selbst gelangt, mit der Erkenntnis und Intelligenz versöhnt[62]. Die Grundlehren des Christentums, so stellte Hegel fest, seien seit der Aufklärung größtenteils aus der Dogmatik verschwunden, und die *Philosophie* sei jetzt „wesentlich orthodox": „die Sätze, die immer gegolten, die Grundwahrheiten des Christentums werden von ihr erhalten und aufbewahrt."[63] — Daß Hegel diese Aufbewahrung faktisch aber doch nicht leistete, daß sein dialektischer Vernunftbegriff nun doch nicht die

---

[59] KD II 1, 289.

[60] Hierauf hat *Marquardt* (besonders: aaO. 240 f.) aufmerksam gemacht. M. führte weiter aus: Was man — gewöhnlich unter Berufung auf Barths antischolastische und antimetaphysische Vorordnung des „Handelns" vor das „Sein" (vgl. „esse sequitur operari", KD II 1, 91) — den aktualistischen Wirklichkeitsbegriff Barths nennt, dies sei nicht allein in der Auseinandersetzung mit „katholischer" Lehre entwickelt worden. Hier habe vielmehr das marxistische Theorie-Praxis-Verhältnis die Barthsche „Ontologie" (die im philosophischen Sinne gar keine ist) entscheidend beeinflußt. Und dieser Einfluß erstrecke sich auch auf Barths Gottesverständnis und auf Barths Rede von der „Revolution Gottes" (aaO. 19 und 240). In Barths Gotteslehre gehe es nicht mehr um die traditionelle ontologische Problematik von Sein und Werden, Sein und Akt, sondern um Sein und *Veränderung:* Barth „denkt ‚Gott' als Praxis, Macht und Diesseitigkeit und in diesem Sinne als Realität. Er denkt ‚Gott' theologisch unter den antitheologischen Kriterien von Karl Marx". Auch die kantisch-neukantianischen Elemente seines Denkens sind marxistisch „gebrochen" (278). — Ist M.s Aufregung über den (marxistischen) Fund zu groß? Sicherlich wäre die große Bedeutung des Linkshegelianismus für Barths Theologie und Gottesbegriff noch präziser erfaßt worden, wären die hier zu verzeichnenden Einflüsse — weiter ausgreifend — vor allem auf dem Hintergrund der Barthschen Grundkontroverse mit Hegel (sowie des Barthschen Gesamtbilds von der neuzeitlichen Philosophie von Descartes bis Heidegger) interpretiert worden. Dann hätte sich vielleicht auch M.s Kritik an Jüngels „These von ‚Gottes Sein im Werden'", mit der Barths eigener Intention zuwider eine ontologische Lokalisierung des Seins Gottes vorgenommen werde (232), erübrigt. — Gleichzeitig damit, daß in M.s Studie D. Bonhoeffers „Akt und Sein" offenbar nicht berücksichtigt wurde, sind doch auch wesentliche geschichtliche Zusammenhänge unberücksichtigt geblieben oder ausgeblendet worden.

[61] *Hegel*, Werke Bd. 16, 39.

[62] Vgl. aaO. 25.

[63] *Hegel*, Werke Bd. 17, 202.

Dialektik des christlichen Glaubens in sich hineinzunehmen vermochte, sondern sowohl das Natürliche wie auch das Negative wie auch die Versöhnung *zutiefst heterodox* bestimmte, dies war der Ausgangspunkt für Barths neuen Einsatz. Hegel hat, was die Orthodoxie betrifft, seinen eigenen Anspruch nicht eingelöst. Deshalb ist er auch in theologischer Hinsicht vom weiteren Geschichtsverlauf desavouiert worden: Das seiner selbst bewußte christliche Denken hatte sich in der Folgezeit gerade nicht in der Philosophie und auch nicht in der gesellschaftlichen Allgemeinheit des Staates abgespielt, sondern — unter Einschränkungen — in der kirchlichen Theologie vor allem in der Wirkungsgeschichte Schleiermachers. Die Bewußtheit, in die Hegel das in seiner Philosophie angeblich auf den Begriff gebrachte und sich selbst gegenständlich gewordene Christentum hineingehoben zu haben glaubte, wich schon bei dem Theologen und Hegelianer R. Rothe dem „unbewußten Christentum" des modernen Kulturmenschen. Für Hegels spekulative christentumsgeschichtliche Theorie liegt hierin im Grunde eine vernichtende Ironie[64].

Barth stellte genau dort, wo Hegel die Vernunft bzw. die Philosophie mit Hilfe des Glaubens wiederherzustellen und gleichzeitig zu vollenden gedachte, die Weiche anders. Er holte den von Hegel im Jahre 1802 unterlassenen Versuch nach, die schlechte aufklärerische Entgegensetzung von Glauben und Wissen durch eine Wiederbesinnung auf die Inhalte von „echtem Glauben"[65] zu überwinden. Er ging, Hegels onto-theologische Fragestellung noch einmal aufgreifend, bis an die Stelle zurück, wo die Gottesfrage noch wirklich in der Philosophie gelegen hatte, hier jedoch eine dem Neuen Testament widersprechende Beantwortung fand. Er ging damit genau an die Stelle zurück, wo *auch der Linkshegelianismus* bei Hegel die Weiche falsch gestellt fand, ohne doch den Fehler in Hegels theologischer Unzulänglichkeit zu suchen. Für Barth aber war damit ein Ansatz gewonnen, bei dem die Gotteslehre *nicht erst nachträglich* der materialistischen, nihilistischen und existentialistischen philosophischen Reaktion auf Hegel wieder implantiert werden mußte. Barth war gegenüber anderen dialektischen Theologen darin im Vorteil, daß er sich mit seiner Gotteslehre eo ipso auf jene Fragestellungen bezog, mit denen auch die zeitgenössische Philosophie befaßt war in ihrer Bemühung, den Idealismus und seine Folgen in einem ursprünglicheren Denken zu verarbeiten und zu überholen.

Wie Hegels Philosophie steht somit auch Barths KD in gewisser Weise noch in der Konsequenz der Aufklärung selbst. Sie bezieht sich historisch auf den von Feuerbach im Anschluß an Hegel namhaft gemachten „un-

---

[64] Siehe auch meinen Aufsatz: Dogmatik und Pluralismus, aaO. 85.
[65] Vgl. o. S. 278 die Argumentation Feuerbachs!

selige(n) Widerspruch der neueren Zeit"[66] zurück. Indem sie die Hegelsche Identifizierung von „Theologie" und Philosophie revidiert in der *Abgrenzung* einer auf „Reinheit der Lehre" bedachten Theologie[67] gegenüber philosophischer Pseudotheologie und theologischer Heterodoxie, will sie auf ihre Weise aus diesem Widerspruch, aus der „Dialektik der Aufklärung" herausführen. Das Novum besteht hier — außer in der Tatsache, daß bei Barth die Theologie wieder aus ihrer von Hegel diagnostizierten modernen Gleichgültigkeit gegenüber dem Dogma[68] herausfindet — darin, daß für Barth nun die zeitgenössische Philosophie kein entscheidender Orientierungsfaktor für die Theologie mehr ist. Darin liegt auch der entscheidende Unterschied vor allem gegenüber Bultmann.

Hegel hatte behauptet, die Theologie, die sich selbst nicht mehr für den rechten Inhalt ihrer Lehre interessiere, streite vergeblich wider die dem Glauben von der Philosophie her angeblich drohende Zerstörung: Die Theologen besitzen gar „nichts von dem Gehalte mehr, der zerstört werden könnte"[69]. Ihre Explikation des Christlichen beschränkt sich auf einen gewissen Standard „moralischer Absichten", der auch von Sokrates her begründet werden könnte[70]. „Die Gottheit Christi, das Dogmatische, das der christlichen Religion Eigene wird beiseite gesetzt." Die Theologen suchen Zuflucht in einer historischen Behandlung der Dogmen und entlasten sich sogar von der Trinitätslehre mit dem Argument, sie „sei von der alexandrinischen Schule, von den Neuplatonikern in die christliche Lehre hereingekommen". Dabei, meinte Hegel, ist es „zunächst doch gleichgültig", woher jene Lehre kam; „die Frage ist allein die, ob sie *an und für sich wahr* ist"; „aber das wird nicht untersucht, und doch ist jene Lehre die Grundbestimmung der christlichen Religion"[71]. Auch in der Frage der ewigen Seligkeit und Verdammnis findet man sich in der Theologenschaft „geniert", „wenn man ausdrücklich veranlaßt werden sollte, sich affirmativ auszusprechen"[72]. — „Da ist die Theologie durch sich selbst niedrig genug gestellt. Wird das *Erkennen der Religion* nur *historisch* gefaßt, so müssen wir die Theologen, die es bis zu dieser Fassung gebracht haben, wie Kontorbediente eines Handelshauses ansehen, die nur über fremden Reichtum Buch und Rechnung führen, die nur für andere handeln, ohne eigenes Vermögen zu bekommen . . ." „Solche Theologie befindet sich gar nicht mehr auf dem Felde des Gedankens." Die moderne historisch-kritische Theologie erzählt „uns viel von der Geschichte des Ma-

---

[66] S. o. S. 252 f.
[67] KD I 2, 848 ff.
[68] *Hegel*, Werke Bd. 16, 45.
[69] AaO. 44.
[70] AaO. 45 f.
[71] AaO. 40.
[72] AaO. 46.

lers eines Gemäldes, von dem Schicksal des Gemäldes selber, welchen Preis es zu verschiedenen Zeiten hatte, in welche Hände es gekommen ist, aber vom Gemälde selbst lassen sie uns nichts sehen"[73].

Weil Hegel dieses bemerkt und ausgesprochen hat, weil er in seiner Philosophie alle diese Schäden der Theologie beseitigen wollte, darum erhob Barth ihn als eine tragische Gestalt, die zwar am richtigen Punkt zugriff, aber mit der philosophischen Umformung des Christentums doch kein Glück machte, auf einen theologiegeschichtlichen „Ehrenplatz". In Hegels Theologiekritik ist Barths dogmatisches Programm gegenüber der neuprotestantischen Theologie praktisch schon vorformuliert. Daß Barth diese Zusammenhänge in der KD nicht selbst deutlich ausgewiesen hat, ist kein Grund, sie zu übersehen. Offensichtlich schien Barth Hegels Fragestellung als solche über alles hinauszuweisen, was in der Ära Schleiermacher-Ritschl-v. Harnack-Troeltsch erreicht wurde. An Hegels Fragestellung anknüpfend, suchte Barth die von Schleiermacher ausgegangene theologiegeschichtliche Entwicklung zu korrigieren. Er trat der Wirkungsgeschichte Schleiermachers mit derjenigen Hegels, der Wirkungsgeschichte Hegels freilich auch mit derjenigen Schleiermachers entgegen. Auf der Suche nach einem beide Wirkungsgeschichten übergreifenden, deren lähmende Disparatheit überwindenden Standort ließ Barth der Schleiermacherschen Linie Objektivität, der Hegelschen Linie Kirchlichkeit angedeihen.

Bei Barth ist Hegels Kritik der *Theologie*, und nicht erst Schleiermachers und Kierkegaards theologische und Feuerbachs und Marx' philosophische Kritik *Hegels*, in der evangelischen Kirche im 20. Jahrhundert angekommen und hier zur Grundlage eines dogmatischen Neubaus geworden. Neben dieser erneuerten Dogmatik aber erschien nun die zeitgenössische Philosophie in einem Zustand, in dem sie sich nicht darüber beklagen durfte, daß sich die Theologie jetzt jener Fragen annimmt, die für die Philosophie früher einmal wesentlich waren, jetzt aber die Philosophie „genieren": die Gottesfrage, die Frage nach dem Wesen oder nach der Bestimmung des Menschen, die Frage nach der Wirklichkeit und Verläßlichkeit der Welt — und in diesem umfassenden Sinne: das ontologische Problem. Bei Barth ist eine Umkehrung der Hegel gegebenen Konstellation von Theologie und Philosophie eingetreten.

2.7 Die Frage, ob nicht dennoch der *Philosophie* im 20. Jahrhundert noch immer eine auch von der Theologie anzuerkennende Kompetenz zukomme, die Ontologie in maßgeblicher Weise zu bearbeiten und geschichtlich weiterzuführen, diese Frage war vor allem zwischen Barth und Bultmann strittig. Sie bezeichnet überhaupt einen der entscheidenden Differenzpunkte innerhalb der dialektischen Theologie. Einig war man

---

[73] AaO. 48 f.

18 Gestrich

sich in der dialektischen Theologie darin, daß die Theologie vom ontologischen Problem betroffen sei. Daß sie auf jeden Fall klar zu machen habe, mit welchem Begriff von Wirklichkeit, Sein und Geschehen *sie* arbeite. Bultmann meinte deshalb (und nichts anderes meinte auch Barth), zur theologischen Aufgabe gehöre die ontologische Besinnung mit hinzu[74]. Doch nun fand Bultmann sich mit Gogarten in der Auffassung zusammen, diese unerläßliche Besinnung werde in Barths Dogmatik gerade versäumt. Dabei macht aber die KD, wie es Barths Stellung zu Hegel entspricht, auf der ganzen Linie ontologische Aussagen[75]! Für Bultmann — daher erklärt sich seine Kritik — bedeutete ontologische Besinnung jedoch, „daß sich die Theologie mit der Philosophie befasse, und zwar heute mit eben der Philosophie, die die ontologische Frage neu gestellt hat"[76]. Theologie müsse sich über das Selbstverständnis des heutigen Menschen klar werden sowie über ihr Verhältnis zu derjenigen Philosophie, die dieses Selbstverständnis begrifflich expliziert. Barth aber lasse den Begriff der Wirklichkeit überhaupt undiskutiert[77] — eine höchst überraschende Behauptung angesichts des tatsächlichen Befundes in der KD! Für Bultmann war es undenkbar, daß eine Klärung des Wirklichkeitsbegriffs dogmatisch immanent auch ohne Zuhilfenahme der zeitgenössischen Philosophie geschehen könnte[78].

Brunner, Bultmann und Gogarten betrachteten die Existenz-Philosophie primär als ein Unternehmen, das über das gegenwärtige Daseinsverständnis in einem allgemeinen Sinne Auskunft gibt: Die in der Gegenwart aktuelle Philosophie ist der Indikator des geschichtlichen Stands des allgemeinen Wahrheitsbewußtseins. Darüber hinaus würdigen sie die Existenz-Philosophie aber auch darin, daß deren Fragestellung dem Neuen Testament und der reformatorischen Theologie wieder besonders nahe komme[79]. P. Tillich bezeichnete sie als einen „Glücksfall der christlichen Theologie"[80]. Ihre biblischen und christentumsgeschichtlichen Reminiszenzen, ihr idealismuskritischer, mit der theologischen Neubesinnung nach dem Ersten Weltkrieg parallel laufender Ansatz und ihre historische Verpflichtung gegenüber Kierkegaard gaben diesem Urteil Anhalt. Dies alles weckte auch die Hoffnung, aus einer kritischen Zusammenarbeit der

---

[74] Briefw B-B, 169.

[75] Vgl. *Jüngel*, aaO. 74: „Barths Dogmatik macht auf der ganzen Linie ontologische Aussagen. Aber eine Ontologie ist diese Dogmatik nicht; jedenfalls nicht im Sinne einer von einem allgemeinen Seinsbegriff her entworfenen Seinslehre, innerhalb derer an seinem Ort auch das Sein Gottes ... verhandelt würde."

[76] Briefw B-B, 169 f.   [77] AaO. 183.

[78] Vgl. *R. Bultmann*, Die Geschichtlichkeit des Daseins und der Glaube (1930), in Heidegger und die Theologie, hg. v. G. Noller, ThB Bd. 38, 1967 (72 ff.), 81.

[79] Vgl. *R. Bultmann*, Neues Testament und Mythologie (1948), in: Kerygma und Mythos I, 1960⁴, 33.

[80] *Tillich*, aaO. 33.

Theologie mit dieser Philosophie könne eine neue, die neuzeitliche Divergenz von Theologie- und Geistesgeschichte übergreifende fundamentale Ontologie hervorgehen, die auch den Wirklichkeitsbezug der Theologie regele.

Bei Barth, der diese Hoffnung nicht teilte, war doch das mit ihr verknüpfte Anliegen durch den neuen Einsatz bei Hegel grundsätzlich anerkannt, freilich auch schon grundsätzlich überholt. Es trennte Barth von Bultmann und anderen nicht dies, daß er ohne philosophiegeschichtliche Orientierung vorgegangen wäre und etwa direkt aus der Bibel und der älteren Theologie heraus eine mit der gegenwärtigen Situation unvermittelte, eigene Ontologie entfaltet hätte. Äußerlich gesehen, liegt das Besondere des Barthschen Vorgehens allein darin, daß der theologische Wirklichkeitsbezug in der KD nicht über die Existenz-Philosophie, sondern über die Fragestellungen einer bereits versunkenen Philosophie hergestellt wird. Ohne die von Kant bis Hegel und sodann vom Linkshegelianismus erzielte Fixierung bzw. Destruktion des ontologischen Problems wäre Barths kirchlich-dogmatischer Vorstoß allerdings nicht denkbar und auch nicht verstehbar. Die KD ist keineswegs in dem Sinne frei von natürlicher Theologie, daß sie auf den geschichtlichen Gang des neuzeitlichen Wahrheitsbewußtseins nicht reagiert bzw. keine Rücksicht genommen hätte. Die Barthsche Kirchenlehre, die im Gegenteil wohl die geschichtlich reflektierteste Theologie darstellt, die es im 20. Jahrhundert bislang gibt (und die eigentlich in keiner, auch nicht in der „orthodoxesten" Zeile aus einem anderen Jahrhundert stammen könnte als dem unseren), reagierte *anders* als z. B. die Theologie Bultmanns auf die gegenwärtige Situation. Diese Differenz ist im folgenden sachlich zu bestimmen und auf ihren kirchengeschichtlichen Sinn, ihre historische und theologische Bedeutung und Notwendigkeit hin zu befragen.

V. Der Gegensatz Barth-Bultmann als systematisches und als kirchengeschichtliches Problem

Literatur (außer Arbeiten, die im Abkürzungsverzeichnis genannt oder in einem der dort aufgeführten Sammelwerk enthalten sind): *K. Barth*, Rudolf Bultmann. Ein Versuch, ihn zu verstehen. ThSt(B) H. 34, 1952[1]; 1964[3] (zusammen mit der 2. Aufl. v.: Christus und Adam nach Römer 5). — *Ders.*, Die Menschlichkeit Gottes. ThSt(B) H. 48, 1956. — *Ders.*, Einführung in die evangelische Theologie (1962), Siebenstern-TB 110, 1968. — *Ders.*, Nachwort. Schleiermacher-Auswahl, hg. v. H. Bolli, Siebenstern-TB 113/114, 1968, 290 ff. — *E. Brunner*, Wahrheit als Begegnung, (1938), 1963[2]. — *Ders.*, Dogmatik III, 1960. — *R. Bultmann*, Die Geschichtlichkeit des Daseins und der Glaube. Antwort an G. Kuhlmann (1930), in: Heidegger und die Theologie, hg. v. G. Noller, ThB Bd. 38,

1967, 72 ff. — *Ders.*, Zum Problem der Entmythologisierung, 1952, in: Kerygma und Mythos II, 177 ff. — *Ders.*, Theologie des Neuen Testaments (1953), 1965[5]. — *Ders.*, Zur Frage der Entmythologisierung, 1954, in: Kerygma und Mythos III, 47 ff. — *Ders.*, Geschichte und Eschatologie (1957), 1964[2]. — *Ders.*, Das Verhältnis der urchristlichen Christusbotschaft zum historischen Jesus. SAH 1960. — *W. Dilthey*, Die Entstehung der Hermeneutik (1900), in: Gesammelte Schriften V, 1924, 317 ff. — *G. Eichholz*, Der Ansatz Barths in der Hermeneutik. In: Antwort. Karl Barth z. 70. Geburtstag, 1956, 52—68. — *E. Fuchs*, Hermeneutik (1954), 1969[4]. — *Ders.*, Die Frage nach dem historischen Jesus (1956), in: Zur Frage nach dem historischen Jesus. Ges. Aufsätze II, 1960, 143 ff. — *H. Gollwitzer*, Die Existenz Gottes im Bekenntnis des Glaubens. BEvTh Bd. 34 (1963), 1968[5]. — *M. Heidegger*, Sein und Zeit (1927), 1960[9]. — *E. Jüngel*, Gottes Sein ist im Werden (1965), 1967[2]. — *E. Käsemann*, Das Problem des historischen Jesus. ZThK 51, 1954, 125 ff. (in: Exegetische Versuche und Besinnungen I, 1960, 187 ff.). — *F. Nietzsche*, Werke Bd. III, hg. v. K. Schlechta, 1956. — *H. Ott*, Objektivierendes und existentielles Denken. Zur Diskussion um die Theologie Rudolf Bultmanns. ThZ 10, 1954, 257 ff. — *J. M. Robinson*, Die Hermeneutik seit Karl Barth. In: Neuland in der Theologie (hg. v. J. M. Robinson und J. B. Cobb, Jr.) Bd. 2: Die neue Hermeneutik, 1965, 13 ff. — *G. Sauter*, Vor einem neuen Methodenstreit in der Theologie? ThEx Nr. 164, 1970. — *M. Scheler*, Die Stellung des Menschen im Kosmos (1927) Neudruck 1947. — *J. Schreiber*, Walfisch und Elefant (Karl Barth und Rudolf Bultmann), in: Neues Testament und christliche Existenz. H. Braun zum 70. Geburtstag, 1973. — *W. Schulz*, Philosophie in der veränderten Welt, 1972.

Das im Nebeneinander der Theologien Barths und Bultmanns liegende Problem hat die nach 1945 angetretene Theologengeneration stark beschäftigt. Dadurch wurden nach dem Zweiten Weltkrieg die theologischen Differenzen zwischen Barth und Bultmann korrekter als bei den dialektischen Theologen selbst herausgearbeitet. Auch wurden übergreifende, vermittelnde Versuche vorgetragen. Z. B. setzte die von E. Käsemann inaugurierte neue Frage nach dem historischen Jesus mit ihrer Kritik an Bultmann an einem Punkt ein, den auch Barth, ohne selbst die Frage nach dem historischen Jesus wieder aufzugreifen, bei Bultmann für bedenklich hielt[1]. Deutlicher noch lassen die einschlägigen Arbeiten E.

---

[1] Vgl. *K. Barth*, Rudolf Bultmann, 1952, 17 f.: Bultmann zerreiße den Zusammenhang zwischen Christus und dem Kerygma, er rücke „Jesus Christus selbst ... an den Rand, in das merkwürdige Dunkel eines nicht näher zu bestimmenden ‚Woher‘ jenes Übergangs" (vom Alten zum Neuen). — Für Barth selbst wurde seit KD II 2 die Frage nach der „menschlichen Natur Jesu" immer wichtiger. Wenn auch er — nach wie vor — lehrte, das „Was und Wie" des menschlichen Lebens Jesu, „um das der Biograph wissen möchte" spiele keine Rolle, allein das „Daß" sei wichtig (KD III 2, 397; vgl. 398), so hatte dies doch einen ganz anderen Akzent als die entsprechende Lehre bei *Bultmann* (z. B.: Das Verhältnis der urchristlichen Christusbotschaft zum historischen Jesus, 1960, 9 f.; ferner GuV I, 265). Barth meinte, in der „greifbare(n) Armut" des historisch erkennbaren Bildes Jesu liege gerade sein Reichtum, weil hierdurch der Blick auf die analogisch-urbildliche Bedeutung Jesu konzentriert wird (KD III 2, 398).

Fuchs' die Bemühung erkennen, gewisse Intentionen Barths für die Präzisierung Bultmannscher Fragestellungen fruchtbar werden zu lassen[2], gleichzeitig aber auch Bultmannsche Desiderate (u. a. historische Kritik) Barth gegenüber zu behaupten. Die in den fünfziger und sechziger Jahren in der „Schule" Bultmanns erfolgte neuerliche Konzentration auf das Problem der Hermeneutik war ebenfalls ein Versuch, aus dem festgefahrenen Gegensatz Barth-Bultmann herauszufinden[3].

Heute sind wesentliche neue Einsichten in die theologische Beschaffenheit des Gegensatzes Barth-Bultmann kaum mehr zu erwarten. Auch ist die Zeit, in der hierfür sowie für vermittelnde Lösungen ein vitales kirchliches Bedürfnis bestand, vielleicht schon vorbei. Denn der Theologie Bultmanns, die nach 1945 zwanzig Jahre im Vordergrund gestanden hatte, widerfährt in letzter Zeit — meist wird angenommen: wegen ihres besonderen Verhältnisses zur Existenz-Philosophie — ein rapider Plausibilitätsschwund. Barths KD wiederum, die in ihrer methodischen Distanz gegenüber der Philosophie im Prinzip wieder aktueller wurde, scheint doch als „Dogmatik" von unserer gegenwärtigen Situation in Kirche und Gesellschaft weit entfernt. Allerdings haben die Kirchen Barths KD nicht einfach schon hinter sich. Sie haben sie, anders als Bultmanns Theologie, weithin noch gar nicht eingeholt. Sollte dies noch bevorstehen, so wäre es aber mit einer bloßen Wiederholung Barthscher Sätze nicht getan. Es müßten dann offenbar die Lebensprobleme unserer der „Verwissenschaftlichung" anheim gefallenen Welt mehr im Vordergrund stehen. Und es wären die nach wie vor hilfreichen Anstöße der Barthschen Theologie zu sondern von Barths historisch notwendigem Denkweg zu diesen Resultaten. Doch dann müßte auch der zeitbedingte Ort, die geschichtliche Funktion der Barthschen Theologie in ihrem eigentümlichen Kontrast zu derjenigen Bultmanns begriffen sein, damit das historisch bereits Abgegoltene vom Unabgegoltenen unterschieden werden kann. Und dazu bedürfte es nicht mehr allein der Einsicht in das theologische *Wie* der Differenz Barth-Bultmann, sondern auch des Aufschlusses darüber, *warum* die

---

[2] Barth hatte es nicht in gleicher Weise wie Bultmann nötig, die Rückfrage hinter das Christuskerygma auf den in einigen Grundzügen erkennbaren „anthropologischen Befund" zu unterbinden. Für Barth kam es auch nicht darauf an, streng zwischen dem (nachösterlichen) Kerygma auf der einen, der Predigt und dem Verhalten Jesu auf der anderen Seite zu unterscheiden. Für ihn galt vielmehr: Jesu „Wort und Tat" — und beide nicht nur in ihrem „Nebeneinander", sondern in ihrem „Ineinander" — *sind* „Momente des neutestamentlichen Kerygmas" (KD III 2, 398). — Von hier bis zu E. *Fuchs'* Sicht des Zusammenhangs von Jesu Verkündigung und Verhalten ist der Weg nicht weit: „... Jesu Verhalten erklärt den Willen Gottes mit einer an Jesu Verhalten ablesbaren Parabel" (Gesammelte Aufsätze II, 1960, 154. — S. auch schon E. *Fuchs*, Hermeneutik, 1963[3], 3 ff. 11 ff. 211 ff. 223 ff.).

[3] Hierzu z. B. WuG I, 323—326.

266

evangelische Theologie im 20. Jahrhundert in eine derartige Polarisierung hineingeriet.

Im folgenden wird zunächst der theologische Gegensatz in seinen Grundzügen umrissen (Kap. 1). Sodann fragen wir nach den gemeinsamen hermeneutischen Anfängen (Kap. 2) und untersuchen Bultmanns Weg zur existentialen Interpretation (Kap. 3). Wir beschränken uns hier auf einige Hauptgesichtspunkte und setzen den Ertrag bisheriger Forschungen voraus. Kap. 4 leitet mit einer Prüfung der Rede von Barths „Objektivismus" und von Bultmanns „Subjektivismus" zu der für unsere Untersuchung maßgeblichen Fragestellung über. Die Kap. 5—7 analysieren geschichtliche und sonstige Hintergründe, also das „Warum" des Gegensatzes.

1. Die Konturen der systematischen Differenz

1.1 Die Gegensätze gehen darauf zurück, daß Barth die Existenz Gottes, der sich in Jesus Christus selbst offenbart, als eine nicht zu problematisierende *Tatsache*[4] voraussetzt, während Bultmann die neuzeitlichen Schwierigkeiten, von dieser Tatsache zu reden, voraussetzt und deshalb um eine Ortsbestimmung Gottes (und des Redens von ihm) in unserer Wirklichkeit bemüht ist. Doch von dieser Hauptbestimmung der Differenz aus und ihr untergeordnet — läßt sich auch ein Zweites, scheinbar Entgegengesetztes sagen: Gerade Barths Ansatz bei der Nicht-Fraglichkeit der Existenz Gottes ist bezogen auf die Probleme der neuzeitlichen Metaphysikkrise und der mit ihr verknüpften Atheismuserfahrung, während Bultmanns Ansatz bezogen ist auf die in der zeitgenössischen (Existenz-) Philosophie sich anbahnende Überwindung dieser Metaphysikkrise im Zuge einer ursprünglicheren Ausarbeitung der ontologischen Frage. Die neue philosophische Reflexion auf die Existenzproblematik eröffnet Bultmann ein Wirklichkeitsverständnis, in dessen Horizont (unter der Voraussetzung, daß Gott unser sündig-unangemessenes Reden von ihm und gleichzeitig auch von unserer Existenz rechtfertigt[5]) das Reden von Gott wieder als sinnvoll und möglich erscheint. Barth aber gelangt erst von der dogmatischen Explikation der Existenz Gottes her zu einem angemessenen Wirklichkeitsverständnis.

Für Barth, der zuerst „die *besondere* Frage nach Gottes *Sein*" stellt, „weil Gott als das Subjekt seiner Werke für deren Wesen und Erkenntnis so entscheidend charakteristisch ist, daß sie ohne dieses Subjekt etwas ganz Anderes wären als das, was sie laut des Wortes Gottes sind"[6] — für

---

[4] Vgl. KD II 1, 289.
[5] GuV I, 37.
[6] KD II 1, 290 f.

Barth ist es selbstverständlich, aus der Gotteslehre die (Orts-)Bestimmung unserer Wirklichkeit allererst herzuleiten. Bultmann geht davon aus, daß über das Maß und die Grenzen des Wirklichkeitsverstehens dadurch schon eine Vorentscheidung getroffen ist, daß „ich ein Mensch und dazu der Mensch einer bestimmten Zeit bin"[7].

Thema probandum der Barthschen Theologie ist nicht Gott oder die Möglichkeit, von ihm zu reden[8], vielmehr der Mensch und die Welt im Hinblick auf die Frage, wie von *deren* Wirklichkeit zu reden sei. Für Barth ist es sehr bezeichnend, zu sagen, problematisch sei nicht dies, ob Gott selber wirklich „Person", d. h. ein in der Tat seiner freien Selbstbestimmung existierendes Subjekt sei, „sondern das ist problematisch, ob wir es sind"[9]. Die Gewißheit der Existenz Gottes als Person ist das durch die Offenbarung „*schon* gelöste Problem"[10].

Die nähere Bestimmung der Differenz ist nun nicht die, daß Bultmann im Rahmen einer natürlichen Theologie Gottes Sein der (vorgängig philosophisch verstandenen) Wirklichkeit im allgemeinen subsumieren würde, während Barth die Wirklichkeit im allgemeinen in das (vorgängig offenbarungstheologisch explizierte) Sein Gottes hineinnähme. Auch Bultmann versteht Gott als „die Alles bestimmende Wirklichkeit", außerhalb derer es keinen „Standpunkt" geben kann[11]. Andererseits wird gerade bei Barth die Wirklichkeit im allgemeinen von der besonderen Wirklichkeit Gottes abgehoben. Die Differenz bestimmt sich näher aber so, daß Barth von der Wirklichkeit des Menschen (und der Welt) erst reden kann, *nachdem* vom Sein Gottes die Rede gewesen ist und daß auf der anderen Seite Bultmann, ebenso wie Gogarten, vom Sein Gottes und vom Sein des Menschen (und der Welt) stets nur *gleichzeitig*, in einem unauflöslichen Miteinander, zu reden vermag. Zwar läßt sich auch Barth vom „Existentialismus" daran erinnern, „daß man von Gott nicht reden kann, ohne vom Menschen zu reden". Aber er läßt sich sodann nicht in den „alten Irrtum" zurückführen, „als ob man vom Menschen reden könne, ohne zuerst . . . von Gott geredet zu haben"[12]. Für ihn besteht kein Zirkel zwischen der Selbstgewißheit und der Gottesgewißheit, so daß die eine Gewißheit immer mit der anderen zusammenfallen müßte. „Es geht in der Theologie darum, die Selbstgewißheit auf die Gottesgewißheit zu gründen und an der Gottesgewißheit zu messen und also mit der Gottesgewißheit

---

[7] Briefw B-B, 182.
[8] Vgl. *Jüngel*, aaO. 2.
[9] KD I 1, 143. – Vgl. schon Röm², 254.
[10] KD II 1, 42.
[11] GuV I, 26.
[12] K. *Barth*, Die Menschlichkeit Gottes, 1956, 19 f.

268

anzufangen, ohne auf die Legitimierung dieses Anfangs durch die Selbstgewißheit zu warten."[13]

1.2 Der Sinn von Barths vorordnender Isolierung der Gotteslehre gegenüber der Lehre vom Menschen ist, erstens, ein *dogmatischer:* Gott
darf in keiner Weise als abhängig gedacht werden; auch nicht als abhängig von seinem Geschöpf. „Gott bedarf keines Geschöpfs."[14] Andererseits
darf das Geschöpf, darf der Mensch in keiner Weise als Träger einer zu
seinem natürlichen Wesen gehörigen Gottesbeziehung verstanden werden.
Gott ist nicht immer schon „mitgesetzt", indem der Mensch „gesetzt" ist.
Daß zwischen Gott und dem Menschen dennoch eine nicht aufhebbare
Beziehung besteht, dies ist nicht im Wesen des Menschen begründet. Das
Zusammensein Gottes mit dem Menschen muß, wenn es Wirklichkeit ist,
in Gott selbst begründet sein[15]. Es ist daher von *Gott* zu reden, damit
dann auch vom wirklichen Menschen, vom Menschen in seinem Zusammensein mit Gott, die Rede sein kann.

Bultmann hatte gesagt: „will man von Gott reden, so muß man offenbar *von sich selbst reden.*"[16] Es muß vom Menschen, und zwar vom Menschen im Hinblick auf seine *Existenz* die Rede sein, damit wirklich auch
von Gott die Rede ist. Bultmann bekannte sich zu der von Barth verworfenen Meinung, daß ein theologischer Satz nur gültig ist, „wenn er sich als
echter Bestandteil des christlichen Verständnisses der *menschlichen* Existenz ausweisen kann"[17]. Doch mit diesem Postulat konnte Bultmann
Barths dogmatisches Interesse an der Unabhängigkeit und an der Freiheit
der Gnade Gottes durchaus verbinden. Wir müssen deshalb hinter den
erst vordergründig sich zeigenden Gegensatz zurückfragen nach dem zwischen Barth und Bultmann strittigen hermeneutischen Problem.

Der Sinn von Barths vorordnender Isolierung der Gotteslehre gegenüber
der Lehre vom Menschen ist, zweitens, ein *hermeneutischer.* Ebenso beruht aber auch Bultmanns Korrelation des Redens von Gott und des Redens von uns selbst auf bestimmten hermeneutischen Erwägungen. Die
Hermeneutik, wie sie sich in der evangelischen Theologie im 20. Jahrhundert herausbildete, vermittelt kritisch den immanenten Weg von der
Schriftauslegung zur Dogmatik (Verkündigung) mit dessen theologie- und
geistesgeschichtlichen (und dann auch: gesellschaftlichen) Bezügen. Und
eben diese kritische Vermittlung war bei Barth und Bultmann jeweils anders verstanden und geleistet worden: Barth hat die Gotteslehre der Lehre
vom Menschen vorgeordnet und gerade damit einen Ausgangspunkt ge-

[13] KD I 1, 204.
[14] KD II 1, 62.
[15] *K. Barth*, Die Menschlichkeit Gottes, 1956, 10. U. ö.
[16] GuV I, 28.
[17] GuV II, 233. — Vgl. KD III 2, 534.

wonnen, um in einer Zeit der radikalen Verunsicherung des Menschen[18] *den Menschen* zu orientieren, ihn theologisch aufzuklären, ihm seine unverrückbare Bestimmung und Wirklichkeit in seiner Stellung zwischen Gott und Welt aufzuzeigen. Bultmann ordnete die Gottesfrage mit der Frage nach unserer Existenz zusammen; er erklärte das Reden von Gott „nur als ein Reden von uns"[19] für möglich und gewann gerade damit einen Ausgangspunkt, um in einer Zeit, in der das Reden von Gott in einem bislang ungekannten Maße problematisch wurde, die Vokabel *Gott* zu verifizieren.

Bultmanns Korrelation des Redens von Gott und von unserer Existenz wurzelt nicht einfach in der dogmatischen Tradition des Luthertums. Ausschlaggebend war vielmehr die Beobachtung, daß sich der Mensch im Horizont des am Subjekt-Objektschema orientierten modernen Denkens und Forschens selber nicht „verstehen" könne. Er kann sich in dem von der objektivierenden Wissenschaft entworfenen Weltbild nicht in der „Geschichtlichkeit" seiner Existenz begreifen. Und weil nun, wie die Existenz-Philosophie zeigte, der eigentliche Charakter menschlichen Seins diese geschichtliche Existenz ist, deshalb ist auch von Gott nicht objektivierend, sondern in der ontologisch ursprünglicheren Dimension der Existenzproblematik zu reden. Erst die Existenz ist das Feld, wo der Mensch von der Wirklichkeit Gottes und der Welt in seinem eigenen Sein betroffen wird. Bultmann meinte, Barth habe diese hermeneutischen Erwägungen niemals richtig verstanden[20].

1.3 Wir sahen aber: Die Theologien Barths und Bultmanns bewegen sich in einem entgegengesetzten Richtungssinn. Hier ist die Theologie, das Reden von Gott, der Ausgangspunkt. Dort ist die Theologie, das Reden von Gott, der Zielpunkt. Dahinter steht ein je verschiedenes Interesse, besser: eine unterschiedliche Sorge. Von der „kirchlichen" Voraussetzung her, daß Gott tatsächlich existiert und sich in Jesus Christus offenbart, gilt Barths Sorge der Gewinnung einer dieser Tatsache angemessenen, daher „allgemeinen" Ontologie, Anthropologie und Ethik. Barth denkt als Theologe gleichsam für das Denken; er durchdenkt aus der Theologie heraus, was allen Menschen unter den geschichtlichen Bedingungen der Gegenwart zu denken gibt oder zu denken geben sollte. Bultmanns Sorge aber gilt zunächst der Theologie selbst. Er fragt unter der soeben erst wieder in den Blick gekommenen Voraussetzung, daß der Mensch als ein ge-

---

[18] *Scheler* (aaO. 10) schrieb 1927, „daß zu keiner Zeit der Geschichte der Mensch sich so problematisch geworden ist wie in der Gegenwart". — Die Kehrseite der in der dialektischen Theologie wieder aufgelebten Gottesfrage war dies, daß sich der „moderne Mensch" selber in fundamentaler Weise fragwürdig geworden war.

[19] GuV I, 33.

[20] Vgl. Briefw B-B, 171 f.

schichtliches Wesen existiert, nach dem angemessenen Reden von Gott. Und er findet von hier aus auch den Fehler der Theologie „seit mehr als zwei Jahrhunderten" nicht, wie Barth, in deren apologetischer und auch für den eigenen Bestand besorgter Reaktion auf die jeweilige Philosophie. Noch stößt er sich, mit Barth, an der neuprotestantischen Überfremdung des Gottesthemas von anthropologischen Fragen her. Sondern er findet den Fehler der vorigen Theologie darin, daß sie sich (noch) „nicht mit dem *Selbstverständnis* des modernen Menschen auseinandersetzte, sondern mit seinen *wissenschaftlichen Objektivationen*"[21]. Die vorige Theologie hatte gleichsam noch nicht die richtige Philosophie. Zusammenfassend können wir jetzt sagen: Bultmann durchdenkt von dem her, was gegenwärtig die Existenz-Philosophie allen Menschen zu denken gibt oder zu denken geben sollte, die Möglichkeit einer Theologie, die sich selbst in angemessener Begrifflichkeit verständlich artikuliert und so ihrem Verkündigungsauftrag gerecht wird. Barths Grund-Sorge ist, es möchte über dem apologetischen Interesse moderner Theologie, Gottes Wirklichkeit (und zugleich ihre eigene Möglichkeit) auszuweisen, das Sein Gottes selbst verkürzt werden auf die vom Menschen aus als relevant betrachtete Wirklichkeit. Bultmann bewegt letztlich die Sorge, es möchte eine unmittelbar vom geoffenbarten Sein Gottes ausgehende Theologie abstrahieren von der Wirklichkeit, die uns tatsächlich angeht, und es möchte eine solche Theologie in einem Denken in zwei Räumen scheitern[22].

2. Gemeinsame hermeneutische Anfänge

Bultmann hatte sich während der Anfänge von Barth überzeugen lassen, daß die *Sache*, um die es in der Bibel geht, nicht allein und nicht allererst durch historische Kritik zu ermitteln und anzueignen ist, sondern ihrerseits — gegenüber dem Ausleger der Bibel — eine eminent kritische Funktion ausübt. Noch v. Harnack sah in der historisch-kritischen Methode „die einzig mögliche Weise", in der eine wissenschaftliche Theologie „sich des Gegenstandes erkenntnismäßig zu bemächtigen" vermag[23]. Die historisch-kritische Methode war der am Subjekt-Objektschema orientierten Erkenntnistheorie verpflichtet. Insofern war sie, wie die dialektischen Theologen meinten, theologisch untragbar und hermeneutisch unreflektiert. Ihr von Barth als drollig[24] und von Bultmann als denkbar widersinnig[25] bezeichnetes Ideal war, tunlichst die Subjektivität und Individuali-

---

[21] Briefw B-B, 175.

[22] Von einem solchen Denken kann aber auch bei Barth keine Rede sein. Vgl. hierzu z. B. *Jüngel*, aaO. 44 f.

[23] Ein Briefwechsel mit Adolf von Harnack (1923), in: Vorträge III, 14.

[24] KD I 2, 519.

[25] GuV II, 230.

tät des Interpreten auszuschalten. Es sollte in aller „Unbefangenheit" die größtmögliche Objektivität erzielt werden. Demgegenüber rückte in der dialektischen Theologie das existentiell betroffene *Subjekt* in den Vordergrund[26]. Doch diese hermeneutische Wendung vom vermeintlich unbefangenen Textverstehen hin zu der vom Text selbst ausgehenden Kritik des Selbstverständnisses des Interpreten hatte folgende Kehrseite: Gerade jetzt wurde dem *Objekt,* der Sache des Texts, die entscheidende Bedeutung zuerkannt. Die herkömmliche historische Kritik hatte in einer von ihr nicht durchschauten Weise tatsächlich subjektiv interpretiert. Im Vorwort zur zweiten Auflage des *Römerbriefs* erinnerte Barth daran, daß in der kritischen Theologie bisher stets der wissenschaftlichen Textauslegung eine Bewertung des Textinhaltes von irgendeiner privaten Weltanschauung aus zur Seite ging[27]. Das Erkenntnissubjekt, der Interpret, dessen Vernunft nach Kant nur einsieht, was sie nach ihrem eigenen Entwurfe hervorbringt, blieb mit sich selbst allein[28]. Deshalb sagte Bultmann, wenn die liberale Theologie von Gott zu reden meinte, habe sie doch nur vom Menschen gesprochen[29].

Die von der dialektischen Theologie initiierte hermeneutische Wende war ein Versuch, die Verstehensfrage theologisch sachgemäßer und zugleich ontologisch ursprünglicher und folglich auch allgemeiner — es ging um eine zureichende *allgemeine* Hermeneutik! — zu stellen als in der liberalen Theologie und der hinter ihr stehenden Philosophie. In der Auseinandersetzung mit v. Harnack schrieb Barth, die Wissenschaftlichkeit der Theologie sei doch wohl „an die Erinnerung gebunden", daß das Objekt der Theologie „zuvor Subjekt gewesen ist"[30]. Dieser Gesichtspunkt führte in den Anfängen der dialektischen Theologie zu einer „*Umkehrung* des geläufigen Begriffs vom ‚Verstehen' des Neuen (und des Alten) Testamentes und vom Verstehen überhaupt und als solchem". Es ging „in jener wunderlichen Frühlingszeit" um die „Begründung des menschlichen Erkennens in des Menschen Erkannt*werden* und Erkannt*sein* vom *Gegenstand* seines Erkennens her"[31]. Und zu dieser hermeneutischen Grundle-

---

[26] Vgl. *Robinson,* aaO. 40.

[27] Anfänge I, 110 f.

[28] Vgl. *Bultmann*s Brief an Barth vom 11—15. XI. 1952, Briefw B-B, 190: „Der vor Ihrem Aufbruch geläufige Begriff von Verstehen des N (und A)T setzte in der Tat voraus, daß der Interpret das, was ihm im Text mitgeteilt werden kann, grundsätzlich schon weiß und durch den Text nur daran „erinnert' zu werden braucht. Der Text ‚begegnet' dann nicht; er wird nicht zur Anrede gehört, und so kann es nicht dazu kommen, daß der Interpret seines Erkanntwerdens und Erkanntseins vom Gegenstand seines Erkennens her inne wird."

[29] Vgl. GuV I, 2. 18.

[30] Vorträge III, 10.

[31] *K. Barth,* Rudolf Bultmann, 1952, 52 und 9.

gung durch Barth hatte sich auch Bultmann stets bekannt[32]. Was Barth
jedoch später als Bultmanns Verrat an den gemeinsamen Anfängen, als
verhängnisvolle Revision jener hermeneutischen Umkehrung und als neuerliche Aufrichtung des „anthropozentrischen Mythus" beklagte[33], dies verstand Bultmann selbst gerade als einen weiteren Ausbau, als eine methodische Sicherung des in Barths *Römerbrief* intendierten, aber willkürlich
durchgeführten neuen Auslegungsverfahrens[34].

Bultmann meinte, die neue hermeneutische Orientierung bedürfe sogar
der strengsten Handhabung der historisch-kritischen Methode, wenngleich deren Funktion nun eine andere sein müsse als in der vorigen
Theologie. Eine „Theologie des Wortes Gottes" wäre ohne Selbsttäuschung gar nicht möglich, falls sie nicht über ein Instrument verfügt, um
in der Bibel zwischen der „Sache wirklich adäquaten" und inadäquaten
oder in ihrer Zeitbedingtheit mißverständlich gewordenen Aussagen zu
unterscheiden[35]. Nur die historische Bibel- und Traditionskritik hindert
den Glauben daran, sich in der Meinung, auf Gottes Wort zu gründen,
tatsächlich doch nur auf ein bestimmtes historisches Weltbild zu beziehen.
Die historisch-kritische Methode erzieht „radikal zur Freiheit und Wahrhaftigkeit", „nicht nur, indem sie von einem gewissen Geschichtsbild frei
macht, sondern indem sie von einem jeden für wissenschaftliche Erkenntnis möglichen Geschichtsbild frei macht und zum Bewußtsein bringt, daß
die Welt, die der Glaube erfassen will, mit der Hilfe der wissenschaftlichen Erkenntnis überhaupt nicht erfaßbar wird"[36]. Die wissenschaftliche
Kritik ermittelt also nicht mehr länger, worauf der Glaube gründen kann,
sondern was als Grund des Glaubens *nicht* in Frage kommt.

3. Bultmanns Weg zur existentialen Interpretation

Sehr bald sicherte Bultmann seine W. Herrmann verpflichtete, neuartige Funktionsbestimmung der historisch-kritischen Methode noch besser ab
durch das hermeneutische Instrumentarium, das aus Heideggers Existenz-
analyse und Destruktion der traditionellen Erkenntnistheorie zu gewinnen

[32] Vgl. Briefw B-B, 190.
[33] *K. Barth*, Die Menschlichkeit Gottes, 1956, 19: „Und was bedeutet... die
neuerdings besonders eifrig proklamierte ‚Überwindung des Subjekt-Objekt-
Schemas', solange nicht geklärt und gesichert ist, daß diese Unternehmung im
Resultat nicht doch wieder auf den anthropozentrischen Mythus hinauslaufen,
gerade jenen *Verkehr* zwischen Gott und Mensch und damit den *Gegenstand*
der Theologie nicht aufs neue problematisieren wird?"
[34] Vgl. Briefw B-B, 190.
[35] Vgl. *Bultmann*, (1922) Anfänge I, 140–142.
[36] GuV I, 4. — Vgl. *Bultmann*, (1920) Anfänge II, 41: Die historisch-kritische

war. Auch Heidegger hatte von W. Herrmann gelernt[37]. Und es schien sich sein in den Zwanziger Jahren versuchter Durchbruch durch das „metaphysische" Denken in der Subjekt-Objektkorrelation, insbesondere durch das von der objektivierenden Wissenschaft entworfene Weltbild, sehr genau einzufügen in die neue hermeneutische Fragestellung der dialektischen Theologie.

Das existentielle Beteiligtsein, Aufgerufensein, Infragegestelltsein ist das Merkmal des „geschichtlichen" Verstehens. Da die neutestamentlichen Texte den Menschen in seinem „Selbstverständnis" betreffen wollen, sind auch sie „geschichtlich" zu interpretieren. Die neutestamentliche Botschaft ist „dem Menschen von heute ... so verständlich zu machen, daß er dessen innewird: tua res agitur"[38]. Soweit war auch Barth einverstanden[39]. Aber er schloß sich Bultmanns weiterer These nicht an, die besagt: Vom Inhalt sämtlicher Mitteilungen, die den Menschen in seiner Existenz betreffen (können), muß der Mensch schon ein *Vorverständnis* haben. Der Mensch weiß kraft seiner eigenen Existenz, wovon die Rede ist. Zwar kann er, so erläutert Bultmann, von Ereignissen wie dem Tod des Sokrates oder der Ermordung Cäsars schlechterdings nicht wissen, bevor er nicht durch die Überlieferung von ihnen hörte. „Aber um diese Ereignisse als geschichtliche Ereignisse zu verstehen und nicht als bloß beliebige Begebenheiten, muß ich allerdings ein Vorverständnis von den geschichtlichen Möglichkeiten haben, innerhalb derer diese Ereignisse ihre Bedeutsamkeit und damit ihren Charakter als geschichtlicher Ereignisse gewinnen."[40] Dies klingt einleuchtend, fast trivial. Aber damit hängt nun eine ganze Hermeneutik zusammen, deren Konsequenzen die Auseinandersetzung mit Barth beherrschten. Wir nehmen vorweg: Barth hat den im Begriff „Vorverständnis" enthaltenen spezifischen Begriff des Verstehens nicht akzeptiert. Es leuchtete ihm nicht ein, daß es bei allem geschichtlichen Verstehen, und konkret z. B. beim Verstehen des Neuen Testaments, „so oder so um ein *Sichselbstverstehen* des Menschen" und folglich, so meinte Barth, um „Anthropologie" gehen soll[41]. Bultmann sah jedoch den Begriff „Vorverständnis" durch Barth mißverstanden. Wir erläutern deshalb die von Bultmann diesem Begriff beigemessene hermeneutische Bedeutung[42].

Theologie hat „zur Selbstbesinnung zu führen, den geistigen Stand des Bewußtseins klären und reinigen zu helfen".

[37] Vgl. Briefw B-B, 188. 190.
[38] Briefw B-B, 170.
[39] Vgl. *K. Barth*, Die Menschlichkeit Gottes, 1956, 20.
[40] GuV II, 231.
[41] K. Barth, Rudolf Bultmann, 1952, 37.
[42] Siehe auch unten S. 361.

Das als Phänomen von Heidegger aufgedeckte Vorverständnis[43] entspricht mutatis mutandis dem inneren Bild, das das Subjekt in jeder car-
tesisch-idealistischen Erkenntnistheorie vom Objekt hat. Doch es besteht
folgender Unterschied: Die erkenntnistheoretische Aktualisierung jenes
inneren Bildes ist nur möglich, sofern es um jenen Weltbereich geht, der
für mich dinglich verfügbar ist. Verstehen hat hier „den Charakter des
‚Sehens‘, des sich aus der Distanz vollziehenden Betrachtens". Um die Aktualisierung des Vorverständnisses aber geht es dort, wo mir die Welt als
Geschichte, d. h. wo mir eine „Möglichkeit meines Daseins" begegnet.
Hier hat Verstehen „den Charakter des ‚Hörens‘, des Sich-Angeredet-Wis-
sens, der Entscheidung"[44]. Aus diesem Grunde trat bei Bultmann auch
die Frage der Gotteserkenntnis zurück hinter der Frage, wie von Gott zu
reden sei. Darin zeichnete sich bei ihm (während Barth die traditionelle
Begrifflichkeit beibehielt) „die Wende von der erkenntnistheoretischen
Fragestellung, die im 19. Jahrhundert vorherrschte, zur hermeneutischen
Fragestellung ab"[45].

Ein Vorverständnis ist auch vorauszusetzen für „das Verstehen von Be-
richten über Ereignisse als Handeln Gottes"[46]. Der Mensch weiß in gewisser Weise schon „vor der Offenbarung Gottes . . . wer Gott ist, nämlich
in der Frage nach ihm". Wäre es nicht so, „würde er auch in keiner Offenbarung Gottes Gott als Gott erkennen". In den Fragen nach Glück,
Heil oder Sinn verbirgt sich „in irgendeiner Ausgelegtheit" ein existentielles Wissen um Gott[47]. Dieses Wissen ist nun Gegenstand der natürlichen Theologie. Wegen der grundlegenden Bedeutung dieses Wissens ist
auch die natürliche Theologie für alle dogmatische Arbeit durchgehend
bedeutsam. Allerdings ist Bultmanns Begriff der natürlichen Theologie
nicht der gewöhnliche; es handelt sich nicht um einen Unterbau für die
Dogmatik. Die natürliche Theologie hat die Funktion, von der Offenbarung her jenes Vorwissen um Gott in seinem Charakter als „nichtwissendes Wissen", eben als „Vorverständnis", allererst „aufzuklären"[48].

Für die wissenschaftliche Exegese stellt sich an dieser Stelle das Problem, ob die Beziehung zwischen dem fragenhaften Vorverständnis und
dem wirklichen Verstehen theoretisch so streng zu fassen ist, daß sich die
Hermeneutik auf ihrem Gebiet der traditionellen Erkenntnistheorie eben-
bürtig zur Seite stellen kann. Dieses Problem hat schon Dilthey beschäftigt[49]. Für Bultmann liegt die Lösung darin, daß an die Stelle „irgendei-

---

[43] Vgl. Briefw B-B, 186.
[44] GuV I, 160.
[45] WuG II, 345.
[46] GuV II, 231.
[47] GuV II, 232.
[48] GuV II, 311 f.
[49] Vgl. Dilthey, aaO. 317 ff.

ner" Ausgelegtheit des Existentiellen „die sachgemäße Ausgelegtheit der menschlichen Existenz" treten muß. Diese zu erarbeiten, ist die Aufgabe der philosophischen existentialen Daseinsanalyse[50]. Von Heidegger, aber durchaus auch von anderen Philosophen[51], kann der auf exegetische Arbeit angewiesene Theologe lernen, „wie Existenz begrifflich zu explizieren ist"[52]. Dadurch wird der Theologe selbst zu jener „existentialen Interpretation der Verkündigung" befähigt, nach der „die Situation des Menschen von heute . . . verlangt"[53].

4. Die Rede vom „Objektivismus" Barths und vom „Subjektivismus" Bultmanns

4.1 Wir haben Bultmanns Weg zur existentialen Interpretation ausführlicher skizziert, um jetzt zu zeigen, inwiefern die ganze Methode mit einer einseitigen dogmatischen Konzentration auf den subjektiven oder den anthropologischen Aspekt des Gottesverhältnisses nichts zu tun hat. Nach E. Brunner führte der Weg Barths in einen „orthodoxen Objektivismus" hinein, zu dem sich dann Bultmanns Theologie — an Kierkegaards Satz „die Subjektivität ist die Wahrheit" orientiert — wie die als „Gegenstoß" proklamierte andere „Hälfte der Wahrheit" verhielt[54]. Aber diese Aufteilung im Sinne einer Präponderanz hier der objektiven dort der subjektiven „Hälfte" des Glaubens und der Offenbarung geht in die Irre[55]. Auch bearbeiteten Barth und Bultmann nicht jeweils nur eine der beiden Seiten der ganzen theologischen Aufgabe, sondern sie bearbeiteten das Ganze von zwei verschiedenen Seiten her.

---

[50] GuV II, 232.

[51] Vgl. z. B. R. *Bultmann*, Zur Frage der Entmythologisierung, in: Kerygma und Mythos III, 1954, 50.

[52] Briefw B-B, 186.

[53] Briefw B-B, 172.

[54] E. *Brunner*, Dogmatik III, 245 ff. — Brunners Spätwerk war als eine Theologie der vernünftigen Mitte konzipiert, die die Einseitigkeit des Barthschen Objektivismus und die Einseitigkeit des Bultmannschen Subjektivismus überwinden sollte. Brunner sah der zeitgenössischen theologiegeschichtlichen Entwicklung „das Hegelsche Dreitaktschema" zugrunde liegen. Und er meinte, mit seiner eigenen Arbeit auf die dritte Stufe der Vermitteltheit von Objektivismus und Subjektivismus weiterzuführen. Dennoch ist seine Dogmatik nicht als eine solche bahnbrechende Leistung in die Theologiegeschichte eingegangen. Sie hat aus der im Nebeneinander der Theologien Barths und Bultmanns liegenden Schwierigkeit nicht herausgeführt, weil eben schon die tatsächliche Differenz dieser Theologien nicht richtig erfaßt worden war. — Vgl. auch: E. *Brunner*, Wahrheit als Begegnung, 1963[2], 45 ff.

[55] Vgl. schon *Barth* (1925) Vorträge II, 277 (über die völlige Nutzlosigkeit, in

a) Ontologische Probleme der Exegese. Barths und Bultmanns
wechselseitige Kritik ihres Auslegungsverfahrens

4.2 Freilich stellte auch Barth Bultmann in die Reihe derer, die mit
dem jungen Melanchthon die Frage nach Gottes eigener Wirklichkeit ver-
säumen und sich in einem „abstrahierenden Subjektivismus" nur an das,
was Gott am Menschen tut, an das „pro me" der Heilstat, halten[56]. —
Das Neue Testament bezeugt *Gottes* Handeln am Menschen. Bultmann
aber kehre in einer Fortführung der von Schleiermacher ins Werk gesetz-
ten „Anthropologisierung der Theologie"[57] die neutestamentliche Ordnung um. Er beginne bei der „Selbsterfahrung" der neutestamentlichen
Zeugen[58]. Er reduziere die Hauptsätze des christlichen Bekenntnisses auf
Aussagen „über das innere Leben des Menschen"[59].

Solche Urteile wurden von Bultmann als völliges Mißverständnis der
existentialen Interpretation gerügt. Zu Recht, sofern die nicht-objektivie-
rende, also die geschichtliche Textinterpretation in der hermeneutischen
Dimension des „tua res agitur" von Haus aus mit einer vom „extra nos"
abstrahierenden Konzentration auf das „pro me" nichts zu tun hat. Ferner, weil Bultmanns Existenzbegriff nicht das „innere Leben", sondern
den Menschen in seiner Beziehung zu dem „von ihm Verschiedenen und
ihm Begegnenden (sei es Umwelt, Mitmensch oder Gott)" bezeichnete[60].
Gerade dies war ja bei Heidegger zu lernen, daß das menschliche Subjekt
nicht zuerst für sich allein da ist und sodann in eine Beziehung mit äußeren Objekten eintritt, vielmehr schon in einem ursprünglichen Zusammenhang mit dem es von außen her Umgebenden existiert[61]. Deshalb ist
auch in Bultmanns Begriff „Selbstverständnis" (und nicht: „Selbsterfahrung") ein gläubiges oder vorgläubiges Verstehen von Gott und Welt immer schon mitgesetzt. Nicht aber ist die Realität, die eigene Wirklichkeit
Gottes und der Welt ins Selbstverständnis hinein aufgelöst! Sondern es ist
die eigene, von unserer Existenz unabhängige Wirklichkeit Gottes und der
Welt gerade vorausgesetzt als die Bedingung jeder echten Begegnung.

Barth wendet gegen die existentiale Interpretation ein, Gottes Wort begegne stets als ein fremdes, dem menschlichen Verstehen zuwiderlaufendes Wort[62]. Bultmann entgegnet, die existentiale Analyse könne „über-

---

der Theologiegeschichte bald das subjektive, bald das objektive Moment wieder
stärker zu betonen).

[56] *K. Barth*, Rudolf Bultmann, 1952, 12 ff.
[57] *K. Barth*, Nachwort, 1968, 300.
[58] *K. Barth*, Rudolf Bultmann, 1952, 13.
[59] KD III 2, 534.
[60] GuV II, 234. Briefw B-B, 186. U. ö.
[61] Vgl. *Schulz*, aaO. 292 f.
[62] *K. Barth*, Rudolf Bultmann, 1952, 48.

haupt erst klären, in welchem Sinne das Wort Gottes als ein fremdes und meinem Verstehenkönnen zuwiderlaufendes bezeichnet werden kann"[63]. Indem sie die formalen Bedingungen untersucht, unter denen menschliche Existenz sowohl von Vertrautem wie von Fremden betroffen werden kann, bringt sie allererst „den echten Anstoß" der neutestamentlichen Verkündigung zur Geltung[64]. Barth gegenüber weiß sich Bultmann darin im Vorteil, daß er selbst über eine ontologisch ausgewiesene Begrifflichkeit verfügt. Die von dieser Begrifflichkeit seinerzeit ausgegangene Faszination ist auch heute noch verständlich. Schien sie doch das Neue Testament zugleich in seiner eigentlichen, wahren Intention *und* dem „existentiellen" gegenwärtigen Denken und Fragen entsprechend auslegen zu können. Barth wies zwar — und auch dies ist heute nachzuempfinden — auf die der neutestamentlichen Botschaft einfach nicht adäquate „Frostigkeit und Leere" der Bultmannschen Interpretation hin[65], die alles, formalisierend, auf eine doppelte Bestimmtheit der Existenz hinausführe: auf die vom Kerygma aufgedeckte *alte* Bestimmtheit durch die Sünde, durch das Lebenwollen aus dem „Sichtbaren und Verfügbaren" heraus, und auf die durch das Kerygma gleichzeitig aufgerufene *neue* Bestimmtheit durch den Glauben[66]. — Doch was demgegenüber als reichere Entfaltung der Botschaft bei Barth erscheinen könnte, dies beruht in der Sicht Bultmanns eben allein auf einem Überhang ontologisch unaufgeklärter Reste aus dem „objektivierenden" mythologischen und metaphysischen Denken.

Es ist bekannt, daß Barth von der Jungfrauengeburt bis hin zur Himmelfahrt Jesu, von den Schöpfungs-„Sagen" der Genesis bis hin zur Erwartung des neuen Jerusalem im Buch der Offenbarung nichts als für das Verständnis der „Sache" irrelevant oder hinderlich empfand; daß er im Gegenteil liebevoll, wenn nicht zuweilen pflichtschuldigst, allem Sinn und theologische Wegweisung ablauschte. Die Frage der historischen Authentizität und der sachlichen Integrität des Berichteten spielte für ihn eine untergeordnete Rolle. Bultmann hat seine Einwände vor allem an Barths Behandlung der *Auferstehung Jesu* konkretisiert. Barth gab Bultmann zu, diese sei kein von der Wissenschaft feststellbares historisches Faktum. Aber er fuhr fort, dennoch sei sie gewiß *geschehen*. Es gebe ja Ereignisse, die „viel sicherer wirklich in der Zeit" geschahen als alles, was der Historiker feststellen kann[67]. Was aber, so fragte Bultmann, versteht Barth folglich unter „Geschichte" und „Geschehen"? Welches ist der Ursprung und der Sinn seiner Begrifflichkeit? Auch Bultmann wollte die Rede von der Auf-

---

[63] Briefw B-B, 189.
[64] Ebd.
[65] *K. Barth*, Rudolf Bultmann, 1952, 16.
[66] AaO. 12 f.
[67] KD III 2, 535 f.

erstehung Jesu, die er dem mythischen Weltbild zuordnete, nicht als eine dem Kerygma ungemäße Rede ausscheiden. Er fragte auch hier nach dem gültigen, dem existentialen Sinn des Mythos. Doch eben darin versuchte er „methodisch zu verfahren", während er bei Barth nur „willkürliche Behauptungen" wahrnahm[68]. Dabei erkannte er Barths erstaunliche theologische Treffsicherheit in der Exegese, die u. a. mit Barths Orientierung am Bibelverstand der älteren Kirche zusammenhing, immer an. Aber er konnte sich Barths Verfahren nicht anschließen[69]. Und wenn man nun fragt, warum Bultmann aus der Geschichte der Theologie des 20. Jahrhunderts nicht wegzudenken, sondern in einer notwendigen Stellung neben Barth zu würdigen ist, so ist der Grund offenbar dieser: weil er es bei aller Anerkennung für Barths hermeneutischen Durchbruch nicht zugab, daß sich alle wissenschaftliche Bibelkritik vor einer von der theologischen Sache und Tradition innerlich bewegten Exegese nur solle blamieren können. Niemals wird Bultmann zu bestreiten sein, daß die neutestamentlichen Texte uns heute vor komplexe Probleme der „Entmythologisierung" stellen. Bultmanns exegetisches Gesamtwerk brachte hier schon durch seine besondere methodische Luzidität Ergebnisse, die zu ignorieren ein Rückschritt wäre.

Was aber Barths Kritik an der existentialen Interpretation betrifft, so ist jetzt sofort die These anzuschließen, daß diese Kritik — wird sie anders begründet als bei Barth selbst — doch nicht einfach als falsch gelten kann. Aus zwei Gründen scheint der Subjektivismus-Vorwurf diskutabel zu sein.

Erstens: Bultmanns entmythologisierende Transformation des heilsgeschichtlichen biblischen Verständnisses der *Weltgeschichte* in ein heilsgeschichtliches Verständnis der *individuellen Existenz* wird der biblischen *Dialektik* zwischen der objektiven, äußeren und der persönlichen Geschichte nicht gerecht. Diese Dialektik kann Bultmann in der existentialen Interpretation deshalb nicht interpretierend zur Geltung bringen, er kann sie vielmehr nur eliminieren, weil er ja den „mythologischen" Gedanken einer kosmischen Entwicklung zum heilsgeschichtlichen Eschaton hin zurücknimmt, in den Gedanken eines eschatologischen (Heils-) „*Geschehen(s) innerhalb der Geschichte*", das sich (nur) im Glauben des einzelnen je neu aktualisiert[70]. Bultmanns Eschatologie ist ohne Eschaton. Seine existentiale Interpretation der Heilsgeschichte ist noch deren anthropologisierender Reduktion durch den Rationalismus und den Pietismus[71] verpflichtet. Insofern freilich unterscheidet sich Bultmanns Theorie

---

[68] GuV II, 234 f.

[69] Vgl. GuV I, 57.

[70] R. *Bultmann*, Geschichte und Eschatologie, 1964², 180.

[71] S. o. S. 186 ff.

von jener älteren Umformung, als sie nicht auf den komplementären Gedanken einer fortschreitenden Höherentwicklung der menschlichen Gattung angewiesen ist, folglich auch den individuellen Heilsweg nicht „gesetzlich", sondern „evangelisch" denkt.

Zweitens: Bultmanns existentiale Interpretation profitiert zwar von Heideggers Zusammendenken des Subjektes mit der äußeren Welt im Begriff der Existenz. Dasein ist ein „In-der-Welt-Sein"[72]. Insofern geht es in der existentialen Interpretation, wie in der Existenz-Philosophie überhaupt, nicht mehr einfach um „Anthropologie"[73]. Es geht nicht mehr um den Menschen in seiner Besonderheit, aus der heraus er in eine — objektivierende Beziehung zur Welt eintritt. Es geht nicht mehr um die Begründung des Äußeren auf das Innere. Und insofern ist die Tradition der „Innerlichkeit" und des „Subjektivismus" durchbrochen. Aber durchbrochen ist diese Tradition doch nur im Rahmen der Möglichkeiten der Existenz-Philosophie. Und es ist zu fragen, ob diese Philosophie nicht als ganze ihrer Herkunft nach immer noch der „Philosophie der Subjektivität" angehört, jener Philosophie, „die als eine besondere die Neuzeit bestimmende Ausgestaltung der Philosophie der Innerlichkeit zur Geltung kommt, und der es ... eigentümlich ist, das Selbst als *Selbstverhältnis* in den Mittelpunkt ... zu stellen". Diese Auffassung vertritt gegenwärtig W. Schulz[74]. Zwar hebt er die Existenz-Philosophie ab von der klassischen Innerlichkeitsmetaphysik des Idealismus, die die Welt von der absoluten, unendlichen, identitätsphilosophisch gedachten Subjektivität her konstruiert. Dieser gegenüber vollzieht die Existenz-Philosophie eine Bewegung der „Verendlichung", die sich besonders in einer pessimistischen Destruktion des idealistischen Fortschrittsglaubens und in der Hervorhebung von Angst, Sorge und verantwortlicher Entscheidung für die je eigene Existenz inmitten einer an sich sinnlosen Gesamtgeschichte artikuliert. Aber damit repräsentiert die Existenz-Philosophie doch nur *eine* der beiden Hauptströmungen, die die philosophische Situation nach Hegel bestimmen. Während die Existenz-Philosophie von Kierkegaards Versuch herkommt, gegenüber dem Idealismus „noch innerlicher zu werden", hat eine andere, teils Feuerbach und Marx, teils den Wissenschaften verpflichtete philosophische Strömung das Prinzip der Innerlichkeit von Grund aus negiert[75].

---

[72] *Heidegger*, aaO. 383.
[73] Siehe aber *R. Bultmann*, Theologie des NT, 1953¹, 187!
[74] *Schulz*, aaO. 273.
[75] AaO. 272

19*

b) Übereinstimmung in der Ablehnung des Cartesianismus
in der Theologie

4.3 Wir sahen bereits, daß Barth zwar nicht ausschließlich, aber *auch* dieser zweiten nachidealistischen Strömung verpflichtet ist. Allein schon deshalb war für ihn die existentiale Interpretation nicht schon die richtige Methode, die Existenz-Philosophie nicht schon die richtige Philosophie. Sein Verhältnis zu der von Kierkegaard ausgegangenen philosophischen und theologischen Richtung ist nicht einfach ein negatives, und seine Verpflichtung gegenüber jener anderen, durch „Sozialismus und Wissenschaft" sowie durch „gegenständliches" Denken charakterisierten Strömung ist nicht eine ausschließliche. Die Möglichkeit aber, beide Tendenzen kritisch zu vermitteln, fand er in einer *biblischen Hermeneutik*. Diese Hermeneutik entwickelt am Leitfaden der Gotteslehre eine theologisch eigenständige Parallele zu der bei Heidegger, Bultmann oder Gogarten versuchten existentialen Destruktion des Denkens im Subjekt-Objekt-Schema.

Barth wollte, ebenso wie Bultmann, ein über Gott „verfügendes", ein „objektivierendes" Reden von Gott vermeiden[76]. Wenn er dennoch aufgrund seiner eigenen methodischen Voraussetzungen Gottes „Gegenständlichkeit" betonte und ein Bedürfnis anmeldete, in der Theologie zu „objektivieren"[77], so deckte sich dies gerade nicht mit dem, was bei Bultmann mit negativem Vorzeichen „Gott als ein Objekt des Denkens" ansehen[78] hieß. Barth sagte: „Wir haben Gott wohl als Gegenstand; wir haben ihn aber nicht so, wie wir andere Gegenstände haben." Gott ist ein „Objekt" besonderer Art, das der üblichen erkenntnistheoretischen Subjekt-Objekt-Korrelation nicht unterworfen ist. Wenn Gott in unseren Erkenntnisbereich eintritt und sich selbst als Gegenstand setzt, so schafft *er* auch allererst den Menschen als „das Subjekt seiner Erkenntnis"[79].

Schon in der CD von 1927 wandte sich Barth gegen die Meinung E. Schäders, es gelte die „idealistische Einstellung Kants ebensowohl, wenn die Erkenntnis der Welt in Natur und Geschichte, wie wenn die Erkenntnis Gottes in Frage steht"[80]. Und es war damals schon das *Proslogion* des Anselm von Canterbury, das Barth ermutigte, die Erkenntnisfrage in bezug auf Gott neu zu stellen, „ohne sich durch die Schlagbäume der Kantischen Erkenntnistheorie, bei der *dieser* Erkenntnisgegenstand ja vielleicht gar nicht in Betracht gezogen ist, sofort verblüffen zu lassen"[81]. Während

---

[76] Vgl. KD II 1, 14 f. 21 f. — KD I 1, 208 f. — Vgl. *Jüngel*, aaO. 53 ff.
[77] Briefw B-B, 198 f.
[78] GuV I, 26.
[79] KD II 1, 21 f.
[80] CD, 92 f.
[81] CD, 97.

die Existenz-Philosophie die herkömmliche Erkenntnistheorie darin kritisierte, daß sie die Existenz in ihrer Geschichtlichkeit nicht in Betracht ziehe, genügte sie Barth nicht im Hinblick auf die besondere Gegenständlichkeit des Seins Gottes. Das gegen die neuprotestantische Bewußtseinstheologie gerichtete Ergebnis Barths war damals, Gottes Wirklichkeit müsse schlechterdings als bewußtseinsunabhängig gelten. Denn alle unsere Gotteserkenntnis — und dahin geht das intelligere Anselms — wurzelt in unserem vorgängigen Erkanntwerden und Erkanntsein durch Gott[82].

Im Unterschied zu Bultmann behält Barth die *Terminologie* der überkommenen Erkenntnistheorie bei. Aber indem er sie in der „Anwendung" auf die Frage der Gotteserkenntnis alteriert, ereignet sich auch bei ihm der Durchstoß zur hermeneutischen Fragestellung. Barth meinte, dieser Durchstoß sei nicht auf eine andere, bessere Philosophie gegründet, und es interessiere ihn nicht einmal, ob es sie gibt. Denn in der *Theologie* sei es ohnehin unmöglich, „cartesianisch" zu denken[83]. Gott und sein Wort sind uns nicht so gegeben, wie uns „natürliche" Größen gegeben sind. Freilich auch nicht so, wie uns „geschichtliche" Größen gegeben sind[84].

Soll dennoch von realer Gotteserkenntnis die Rede sein — und Gottes Wort will sie ja ermöglichen —, so muß die Theologie, Barth zufolge, unterscheiden zwischen einer „primären" und einer „sekundären" Gegenständlichkeit Gottes. „Primär" ist Gott allein sich selber gegenständlich, erkennt Gott — innertrinitarisch — sich selbst. „Sekundär" gibt sich Gott in seiner Offenbarung dem Menschen als Gegenstand zu erkennen[85]. Diese Unterscheidung wurde von Barth nicht deshalb vorgenommen, um Kants Unterscheidung zwischen dem Ding an sich und dem Ding in seiner Erscheinung theologisch doch wieder zu entsprechen. Sondern deshalb, um dem Paradox des Christusgeschehens Rechnung zu tragen, dem Ereignis nämlich, daß Gott ganz der Unsere ist, uns tatsächlich als Gegenstand faßlich wird und dennoch freier Gott bleibt. Auf dem Boden dieser Unterscheidung vermochte Barth sich abzugrenzen einerseits gegenüber einem dogmatischen Objektivismus, der, was er für Offenbarung hält, ohne Rücksicht auf den konkreten Menschen und dessen konkrete Erkenntnisbedingungen in den Raum stellt; andererseits gegenüber einem theologischen Subjektivismus, der die Gotteserkenntnis den allgemeinen erkenntnistheoretischen Bedingungen innerweltlich möglicher Objekterkenntnis oder den allgemeinen hermeneutischen Bedingungen möglichen menschlichen Selbstverständnisses unterwirft.

H. Gollwitzer hat recht, wenn er Barths umdeutende Übernahme der

---

[82] CD, 103.
[83] KD I 1, 203 f.
[84] KD I 1, 136.
[85] KD II 1, 15 f.

Begriffe „Subjekt" und „Objekt" auf das Gottesverhältnis dadurch motiviert sieht, daß Barth das *Gegenüberstehen zweier Größen"* zur Sprache bringen wollte. Die Frage sei nicht, ob dieses Begriffsschema auch auf das Gottesverhältnis anzuwenden ist — denn dieses Verhältnis läßt sich mit keiner Begrifflichkeit einfangen —, „sondern ob es der theologischen Sprache dienstbar gemacht werden kann"[86]. Doch ist über Gollwitzer hinaus festzustellen, daß Barth sich offenbar mit Bedacht gerade in die Tradition der herkömmlichen Erkenntnistheorie hineingestellt hat! Einmal, um deren philosophiegeschichtlich manifest gewordene hermeneutische Unzulänglichkeit von dem Punkt her zu überwinden, wo vor allem der Idealismus Gottes Sein identitätsphilosophisch mit dem Sein des Menschen zusammenfallen ließ (und damit weder als Gotteserkenntnis noch als Anthropologie genügte). Zum andern, um gegenüber der existentialen Interpretation, die noch in der Tradition der Philosophie der Subjektivität und der Innerlichkeit steht, den theologischen und ontologischen Vorrang des Seins Gottes in seiner doppelten Gegenständlichkeit vor dem menschlichen Sein hermeneutisch zur Geltung zu bringen.

c) Barths Hermeneutik

Worauf läuft Barths Hermeneutik hinaus? Überraschenderweise hat Barth seine am besonderen Problem der Gotteserkenntnis gewonnene *biblische* Hermeneutik als richtungsweisend auch für das Verstehen im allgemeinen erklärt[87]. Bultmann andererseits betrachtete seine der Frage nach dem Selbstverständnis entlanggehenden Prinzipien *allgemeiner* Hermeneutik als maßgeblich auch für die Gotteserkenntnis. Barth, der forderte, die Hermeneutik solle sich ihre Prinzipienlehre nicht von einer allgemeinen Anthropologie, auch nicht von allgemeinen Reflexionen über das Wesen der Sprache, sondern von der Hl. Schrift „diktieren" lassen[88] — Barth scheint sich mit dieser Forderung so sehr in die Nähe des orthodoxen Inspirations-„Dogmas" gestellt zu haben, daß die Allgemeinheit seiner Hermeneutik nicht mehr recht einsichtig ist. Indessen ist Barths Hermeneutik nichts weniger als geheimnisvoll, und ihre Prinzipien laufen zunächst einfach auf eine Umkehrung der von W. Dilthey angeregten Verstehenslehre hinaus. Das Stichwort „biblische Hermeneutik" besagt in methodischer Hinsicht, daß Barth Dilthey und der idealistischen Tradition gegenüber eine noch vollständigere Umkehrung des Verstehens intendierte, als dies in der existentialen Interpretation Bultmanns und in der Exi-

---

[86] *Gollwitzer*, aaO. 38.
[87] *K. Barth*, Rudolf Bultmann, 1952, 50. — KD I 2, 515.
[88] KD I 2, 515.

stenz-Philosophie — um des subjektivitätsphilosophischen Erbes willen — erreicht werden konnte.

Nach Barth bedeutet wirkliches Verstehen, daß ich dann weiß, *was* zu mir gesagt ist. Der Gegenstand, die Sache eines Textes oder eine Rede ist mir dann erschlossen. Nicht aber bedeutet wirkliches Verstehen, daß mir dann der Autor eines Textes oder einer Rede erschlossen ist, oder daß ich das Selbstverständnis dieses Autors aufgedeckt habe. „Hat er denn etwa dazu zu mir geredet, um mir sich selbst darzustellen? Welcher gewissenlosen Gewalttat würde ich mich ihm gegenüber schuldig machen, wenn der Ertrag meiner Begegnung mit ihm nun etwa nur der sein sollte, daß ich ihn jetzt kenne oder etwa besser kenne als zuvor? Welche Lieblosigkeit! Hat er denn nicht etwas gesagt zu mir?"[89]

Für W. Dilthey dagegen stand im Zentrum der Hermeneutik „die Frage nach der *wissenschaftlichen* Erkenntnis der Einzelpersonen, ja der großen Formen singulären menschlichen Daseins überhaupt". Hinter den mitgeteilten Sinnestatsachen sollte die „innere Wirklichkeit" eines fremden Daseins erfaßt werden. Das Wesen eines Textes lag für Dilthey darin, daß er fragmentarisch und durch das Medium der von ihm mitgeteilten äußeren Sachverhalte hindurch ein fremdes Inneres erkennen läßt, ein fremdes Inneres, das kraft unseres eigenen Lebensverständnisses durch ergänzende „Nachbildung" in unserem eigenen Inneren verstanden werden kann[90].

Die Frage nach dem Autor und seinem Selbstverständnis wollte Barth nicht völlig unter Verbot stellen. Aber es lag ihm daran, die Hermeneutik auf folgende dreistufige Rangfolge festzulegen. Zuerst geht es um die mitgeteilte *Sache*. Sodann und von hier aus um das *Wort*, in dem diese Sache sich artikuliert. Zuletzt ist von der zur Sprache gebrachten Sache her auch nach dem redenden *Subjekt* zu fragen[91]. Erst diese Rangfolge gewährleistet nach Barth in der dem redenden anderen Menschen gebührenden Achtung ein wirkliches Verstehen. Bei der Hl. Schrift, deren Autoren von sich aus hinter ihrer „Sache" zurückstehen wollen, erscheint es Barth geradezu als selbstverständlich, daß sie in dieser Ordnung ausgelegt sein will. Aber diese Ordnung müßte der Kanon überhaupt alles Verstehens sein. „Es gibt keine besondere biblische Hermeneutik."[92] An der für die Bibelexegese sachgemäßen Hermeneutik könnte alle Hermeneutik lernen, daß Verstehen nur glückt, wenn das zu verstehende Objekt bzw. Subjekt nicht von vornherein am Maßstab des Selbstverständnisses des Interpreten rekonstruiert wird, vielmehr in *offener* Auslegung die Chance er-

---

[89] KD I 2, 514 f.
[90] *Dilthey*, aaO. 317.
[91] KD I 2, 514.
[92] KD I 2, 515.

hält, den Interpreten aufgrund ihm gänzlich neuer Mitteilungen zu *ver-ändern*[93]. Da sich aber eine solche Bereitschaft und Offenheit des Interpreten nicht von selbst versteht, da eine „solche Willigkeit in der Beziehung zwischen Mensch und Mensch so wenig zur Verfügung steht ... wie in der Beziehung zwischen Mensch und Gott, wird es doch wohl so sein, daß es zum Zustandekommen eines auch nur teilhaften, aber echten und rechten Verstehens auch von Mensch zu Mensch eben der Schule des Heiligen Geistes bedarf, in der allein das Alte und das Neue Testament als Zeugnis von Gottes Wort verständlich ist"[94].

In der Umkehrung des Diltheyschen Ansatzes beim Vorrang der Frage nach der „inneren Wirklichkeit" des Autors gelangte Barth also zu den hermeneutischen Basissätzen, daß 1. rechtes Verstehen ein objektives, ein dem mitgeteilten Gegenstand gerecht werdendes Verstehen ist, daß 2. ein solches Verstehen wegen der alle zwischenmenschliche Kommunikation verzerrenden subjektiven bzw. ichhaften Implikationen unseres Hörens und Auslegens keineswegs selbstverständlich ist, und daß deshalb 3. alles wirkliche Verstehen in der Schule des Hl. Geistes erlernt werden muß. Dies läuft allerdings auf eine grundsätzliche Skepsis gegenüber der Möglichkeit einer nach Kunstregeln verfahrenden wissenschaftlichen Methode des Verstehens zwischenmenschlicher Kommunikation hinaus. Barth hielt sich auch hier an seine Grundthese, daß die philosophische Frage nach der Wirklichkeit und nach dem wirklichen Menschen für das rechte Reden von Gott ohne Aufschlußwert ist und sogar ihrerseits dann erst recht gestellt und beantwortet wird, wenn zuerst von der Wirklichkeit Gottes die Rede war. Der Mensch kann weder im anderen sich selbst noch in sich selbst den anderen erkennen. Hermeneutik als eine wissenschaftlich gemeinte Methode, fremdes Leben zu begreifen, ist offenbar blind gegenüber dem Phänomen der Sünde. Eben deshalb nimmt sie den anderen nicht „sachlich" ernst, sondern versucht, durch Erkenntnis seiner persönlichen Eigenart und seines Selbstverständnisses um eine wirkliche Konfrontation mit seinem „Anliegen" herumzukommen.

Es ist aber zu bezweifeln, daß Barth mit diesem von trefflichen Einzelbeobachtungen ausgegangenen (und von den philosophischen Gegenströmungen zur Subjektivitätsphilosophie belehrten) Generalangriff auf alle in der Wirkungsgeschichte der Diltheyschen „Geisteswissenschaft" betriebene Hermeneutik auch z. B. Bultmann und die in seiner Schule weitergeführte Hermeneutik wirklich traf. Barth befürchtete, Bultmanns Lehre von einem normativen Vorverständnis konkurriere mit dem Hl. Geist, setze ihm Schranken und bedeute deshalb den Tod alles wirklichen Verste-

---

[93] Vgl. *K. Barth*, Rudolf Bultmann, 1952, 50 f.
[94] AaO. 51 f.

hens[95]. Aber er sah doch auch selbst, daß Bultmann als Ausleger des Neuen Testaments nach nichts anderem als nach der „Sache" des Kerygmas fragte[96].

5. Der Dissens im Verständnis der theologischen Aufgabe

5.1 Theologische Arbeit bedeutet für Barth ein Messen geschehener und geschehender Verkündigung an der Schrift. Und im Zusammenhang damit auch: Schriftauslegung, Bemühung, die inneren Verknüpfungen und die äußeren Konsequenzen der Botschaft zu erfassen. Es geht um ein Explizieren, Definieren und Konstruieren dessen, was den Inhalt der Dogmatik bilden muß. Es geht um die *Erkenntnis* des Gegenstandes der Offenbarung.

Theologische Arbeit bedeutet für Bultmann primär ein nach wissenschaftlichen Regeln verfahrendes *Übersetzen*. Frühere Geschichte, nämlich die im neutestamentlichen Kerygma zur Sprache kommende Betroffenheit menschlichen Selbstverständnisses, soll durch hermeneutisch sachgemäße Übersetzungsarbeit der Möglichkeit nach — sofern Gott Glauben erweckt — gegenwärtige Geschichte werden. Bultmann sagt dann auch, die Aufgabe der Theologie sei es, „das aus dem Glauben erwachsende Verständnis von Gott und damit von Welt und Mensch zu entwickeln[97]. Doch dieses „Entwickeln" läuft auf ein der Übersetzung dienendes Destruktionsverfahren hinaus: Frühere Glaubensgedanken und frühere Verkündigung müssen aus ihrer Umklammerung durch ein „vergangenes Weltbild" gelöst werden[98].

Was die Theologie im Verständnis Barths zu immer neuen Anstrengungen herausfordert, das ist letztlich die Faszination durch den „Gegenstand" oder das Bedürfnis, die Eroberung unserer menschlichen Sprache und also unserer Wirklichkeit durch die Offenbarung zu erkennen und dieser Offenbarung „immer wieder ein bißchen gerechter zu werden, als man es zuvor gewesen war"[99].

Was die Theologie im Verständnis Bultmanns zu immer neuen Anstrengungen herausfordert, das ist der geschichtliche Wandel der Situation[100], die Veränderung im Weltbild und im Wahrheitsbewußtsein. Die Faszination durch die großen neuzeitlichen Veränderungen hat die Bultmannsche Theologie und Übersetzungsarbeit entscheidend geprägt.

---

[95] AaO. 52.
[96] Vgl. aaO. 8.
[97] Briefw B-B, 177.
[98] Briefw B-B, 170.
[99] *K. Barth*, Rudolf Bultmann, 1952, 8.
[100] Vgl. z. B. *R. Bultmann*, Theologie des NT, 1953¹, 572 f.

Barth kritisiert Bultmann, er übersehe bei seiner vorrangigen Behandlung des Übersetzungsproblems, daß wir noch längst nicht wissen, was wirklich im Neuen Testament steht. Bultmann verhalte sich so, als ob wir schon hätten, was da von der einen Sprache und Begrifflichkeit in die andere übersetzt werden soll. Recht verstanden, sei die neutestamentliche Botschaft aber nicht nur wegen ihrer — unserer Zeit fremden — Terminologie interpretationsbedürftig, vielmehr wolle die Botschaft selbst ausgelegt sein[101]. Nach Barth kommt alles darauf an, daß die Theologie ihren Gegenstand allererst in sich selber zu erfassen, zu denken unternimmt. Und indem sie sich auf diesen Weg begibt, geschieht bereits auch die Übersetzung. Hier steht Barth den entsprechenden Auffassungen Hegels[102] besonders nahe.

Bultmann meint, Barth scheitere gerade an der der Theologie gestellten Übersetzungsaufgabe. Denn er leiste diese nicht in offener, methodischer und radikaler Destruktion des mythologischen Weltbilds und des objektivierenden Denkens überhaupt, sondern er bagatellisiere sie als eine „nebenbei" zu erledigende Aufgabe[103]. Im übrigen vertritt Bultmann die hermeneutische These, daß sich in eins mit der rechten Übersetzung auch die inhaltliche Erfassung vollzieht[104]. Die Differenz Barth-Bultmann verweist daher auch auf das Problem der hermeneutischen Korrelation von explicatio und applicatio.

Bultmann unterscheidet zwischen dem wissenschaftlichen und dem glaubenden Verstehen der neutestamentlichen Botschaft. Was die wissenschaftliche Theologie leisten kann, ist ein korrektes Erfassen der im Text „an mich gerichteten Entscheidungsfrage". Dieses wissenschaftliche Verstehen und das Übersetzen des Textes sind identisch. Ein anderes aber ist das „glaubende Ja", das sich nicht dem wissenschaftlichen Verstehen, sondern dem Hl. Geist verdankt[105].

Barth lehnt diese Unterscheidung zwischen Glauben und (wissenschaftlichem) Verstehen ab: „Glaube ich nicht ,aus eigener Vernunft noch Kraft', wie soll ich dann verstehen ‚können'?" Auch das sachlich korrekte Verstehen verdankt sich dem „Einleuchten" des Hl. Geistes[106]. Das intelligere setzt den Glauben voraus. Erkenntnis und Verstehen der „Sache" kann nur gläubiges Erkennen und Verstehen bedeuten[107].

Für Bultmann dagegen hängt schlechterdings die Möglichkeit methodisch angemessener theologischer Arbeit davon ab, daß Glauben und Ver-

---

[101] *K. Barth*, Rudolf Bultmann, 1952, 7 f.
[102] S. o. S. 260 f.
[103] Briefw B-B, 170.
[104] Briefw B-B, 174.
[105] Briefw B-B, 174. Vgl. GuV II, 211 ff.
[106] *K. Barth*, Rudolf Bultmann, 1952, 48.
[107] Vgl. KD II 1, 11 ff.

stehen *nicht* von vornherein schon zusammenfallen: „Denn offenbar kann der Forscher nicht seinen Glauben als Erkenntnismittel voraussetzen und über ihn als eine Voraussetzung methodischer Arbeit verfügen."[108] Der den Sinn des Kerygmas erforschende Theologe kann sich der im Text an ihn gerichteten Entscheidungsfrage „existentiell" auch entziehen. Weil solchermaßen zwischen Verstehen und Glauben unterschieden werden muß, ist es für Bultmann auch dringlich, auf keinen Fall ein so „abgründiges Mißverständnis" wie die Verwechslung von „existentialer" und „existentieller" Auslegung zuzulassen[109].

Hier wirken sich nun die Unterschiede im Verständnis der Hermeneutik[110] greifbar für das Theologie- und Glaubensverständnis im ganzen aus. Die Differenz zu Barth besteht hier darin, daß Bultmann den vom Hl. Geist zu wirkenden Glauben vom Erkenntnisakt ablöst und in das Gebiet der existentiellen Verwirklichung und Entscheidung verweist, während bei Barth das vom Hl. Geist zu wirkende Ja des Glaubens[111] gebunden bleibt an die Glaubenserkenntnis, an jene komprehensive Bewegung also, die der „Gegenstand" des Glaubens im glaubenden Subjekt selbst in Gang bringt. Die Differenz Barth-Bultmann reicht in so tiefe theologiegeschichtliche Erfahrungen und Spannungen hinunter, wie sie von der mittelalterlichen Scholastik als der Gegensatz zwischen einem Verständnis der Theologie als scientia speculativa oder scientia practica, von der älteren protestantischen Theologie als der Gegensatz zwischen orthodoxer und pietistischer Glaubensauffassung ausgetragen wurden.

5.2 Bultmann will die neutestamentliche Botschaft in neuer „theologischer Ausgelegtheit" darstellen[112]. Dies geschieht durch wissenschaftliche Prüfung der Sachgemäßheit der einzelnen Schriftaussagen. Zu prüfen ist, ob „das glaubende Verstehen ... klar entwickelt ist" oder noch einer Hemmung unterliegt „durch das vorgläubige Verstehen von Gott, Welt und Mensch". Ferner, ob die Botschaft etwa das Verhalten Gottes gegenüber Mensch und Welt in einer unangemessenen juristischen, mythologischen, kosmoslogischen, mystischen oder idealistischen Terminologie zur Sprache bringt. Die durch eine solche Prüfung hindurchgegangene Botschaft ist dann bereits auch die übersetzte, die ausgelegte Botschaft.

Und nun ist zu fragen, ob Bultmann, der Anspruch hat, auch als Systematiker gehört zu werden[113], nicht immer an gewisse theologische Grenzen gestoßen ist, die mit der von Haus aus exegetischen Ausrichtung seiner Arbeit zu tun haben. Das „Material" seiner Theologie bleibt wesent-

---

[108] R. *Bultmann*, Theologie des NT, 1953[1], 581.
[109] Vgl. Briefw B-B, 170. 185.
[110] S. o. S. 270 f. und 282 ff.
[111] Vgl. KD II 1, 11.
[112] R. *Bultmann*, Theologie des NT, 1953[1], 581.
[113] Vgl. KD III 2, 534.

lich durch die exegetische Fragestellung, d. h. durch die neutestamentliche Vorlage bestimmt und in gewisser Weise auch beschränkt. Die „Kriterien" der theologischen Auslegungs- und Übersetzungsarbeit entstammen dagegen der durch die Existenz-Philosophie angeregten existentialen Interpretation. Barth, der jeden Einfluß einer Philosophie auf die theologische Kriterienbildung zu einer Reduktion der neutestamentlichen Botschaft hinführen sah, wollte gerade die hermeneutischen „Kriterien" der Bibel selbst entnehmen[114]. Dafür verfügt seine Theologie im Vergleich zur Bultmannschen über ein viel reicheres, den Umfang des Neuen Testaments weit überschreitendes „Material". Hinzukommen die dogmatische Tradition der Kirche (das „Gespräch der Kirche mit sich selbst")[115] und die verschiedenen Gestalten der häretischen Umformung dieser Tradition, vor allem in der neuzeitlichen Philosophie.

Bultmanns Grenze war es, daß er die neutestamentliche Botschaft nicht in einem kritischen Durchlaufen ihrer kirchengeschichtlichen Sprachgestalten für die Gegenwart neu zu formulieren vermochte. Was aus fast zwei Jahrtausenden kirchlicher Reflexion und Auslegung des Kerygmas zu lernen ist, wurde für seine Theologie zu wenig fruchtbar. Er hat, wiewohl vom Luthertum geprägt, seine Brücke vom Neuen Testament zur Gegenwart gleichsam über einen großen, leeren historischen Zeitraum gespannt. Indem er mehr sein wollte und auch mehr war als ein historisch-kritisch arbeitender Exeget, d. h. indem er sich durch die existentiale Interpretation des Kerygmas unmittelbar auch der Aufgabe einer geschichtlich und hermeneutisch reflektierten gegenwärtigen theologischen Rechenschaft unterzog, hat er doch nicht die hierfür erforderlichen dogmen- und philosophiegeschichtlichen Zusammenhänge und Gesamtaspekte mitbedacht. Deshalb konnte er auch die Existenz-Philosophie des früheren Heidegger, deren hermeneutische Grundintentionen ihm intuitiv vor allem dem paulinischen und dem johanneischen Kerygma adäquat zu sein schien, nicht ausreichend distanziert in ihrer philosophiegeschichtlichen Stellung und Abkünftigkeit analysieren und relativieren, so daß sie in seiner Theologie eigentümlich unverarbeitet und übergewichtig erscheint. Und deshalb blieb seine Exegese z. T. auch hinter derjenigen zurück, die von der Kirche vor der neuzeitlichen Disziplinentrennung innerhalb der Theologie geleistet wurde. In seinem im Vergleich zu Barth eklektischen Verhältnis zur Theologiegeschichte — nicht aber einfach und nicht allein, wie Barth meinte, in seiner existentialen Interpretation — liegt es begründet, daß der positive Ertrag seiner neutestamentlichen Auslegungsarbeit in einer gewissen inhaltlichen Beschränktheit, in einer auf „Formalisierung" beruhenden sprachlichen Monotonie[116] vor uns steht.

---

[114] S. o. S. 282.

[115] KD I 1, 105.

[116] S. o. S. 276 f.

6. Die beiden »Elemente« der Theologie Barths und Bultmanns

6.1 Barth und Bultmann haben sich nicht verstanden. Wegen des verschiedenen Richtungssinnes ihrer Theologien sahen sie Gegensätze, wo sie sich sachlich tatsächlich nahe waren, und sie übersahen andererseits oft, daß sich hinter einer gleichartigen Begrifflichkeit hier und dort ein völlig anderer Sinn verbarg. Das einst in der Geschichte der deutschen Literatur äußerst fruchtbare Ereignis, daß der „objektivierende" Goethe und der dem „Subjektivismus" der Philosophie Kants verpflichtete Schiller sich in Freundschaft zu einer Arbeitsgemeinschaft zusammenfanden, hat sich im Verhältnis Barth-Bultmann nicht wiederholt. Der Anstoß, den sie aneinander nahmen, war trotz gegenseitiger persönlicher Wertschätzung, ein durchgehender. Ihre großen Schwierigkeiten, sich einander verständlich zu machen, führte Barth einmal in einem Brief an Bultmann darauf zurück, sie beide bewegten sich mit ihren vielleicht verwandten Bestrebungen in einem je verschiedenen „Element" — wie „Walfisch" und „Elephant", „die sich an irgend einem ozeanischen Gestade in grenzlosem Erstaunen begegneten"[117]. Welches aber sind diese beiden Elemente?

Das Element, in dem Barth die christliche Botschaft zu entfalten suchte, ist der mit der Geschichte der Theologie gegebene Sprachzusammenhang. Das Element der Theologie Bultmanns ist der mit der Geschichte der Philosophie gegebene Sprachzusammenhang. Dies besagt weder, daß Barth und Bultmann ihre Theologien außer an der Schrift auch an einer genau in ihrem Gesamtzusammenhang reflektierten „normativen" theologischen bzw. philosophischen Tradition orientiert hätten. Noch, daß sie zwischen der neueren Theologiegeschichte und der neueren Philosophiegeschichte, die tatsächlich oft ineinander laufen, streng unterschieden hätten. Noch ist schließlich ausgesagt, daß Barths Theologie einen „theologischen", Bultmanns Theologie aber einen „philosophischen" Charakter hätte. Sondern es handelt sich um eine Aussage über die verschiedenen *Räume*, in denen Barth und Bultmann ihre Theologien entfalteten.

Für Barth war es *notwendig*, dogmatische Arbeit nicht etwa in einer vermeintlich unvorbelasteten direkten Konfrontation mit den biblischen „Quellen" zu betreiben, sondern in einem (allerdings von der Bibel her kritischen) Gespräch mit der Theologiegeschichte. Gleichzeitig hielt Barth es für *möglich*, Theologie nicht im Sprachzusammenhang der Philosophiegeschichte zu betreiben, vielmehr von der Philosophie eklektischen Gebrauch zu machen. Für Bultmann dagegen war es *notwendig*, die theologische Arbeit in den von der Philosophie stellvertretend für andere Wissenschaften reflektierten geschichtlichen Fortgang des allgemeinen Wahrheitsbewußtsein hineinzustellen, die theologische Begrifflichkeit und das

---

[117] Briefw B-B, 196 (Brief vom 24. XII. 1952).

290

theologische Wirklichkeitsverständnis an der zeitgemäßen philosophischen Ontologie zu überprüfen. Er hielt dies deshalb für unerläßlich, weil „die Botschaft jeweils dem Seinsverständnis entsprechend neu formuliert werden, (,übersetzt‘) werden muß"[118]. Gleichzeitig hielt Bultmann es für *möglich*, als Theologe nicht im Gesamtsprachzusammenhang der Theologiegeschichte zu arbeiten, vielmehr sich auf frühere Theologie eklektisch zu beziehen.

Barth denkt aus dem Sprach- und Verpflichtungszusammenhang heraus, der durch die Existenz der *Kirche* charakterisiert ist. Und so versucht seine Theologie, dem allein verpflichtenden biblischen Zeugnis und Auftrag zu entsprechen. Bultmann denkt aus dem Sprach- und Verpflichtungszusammenhang heraus, der durch das *allgemeine* Wahrheitsbewußtsein charakterisiert ist. Doch gerade so versucht er, dem allein verpflichtenden biblischen Zeugnis und Auftrag zu entsprechen. Und eben dadurch steht auch gerade Bultmanns Theologie noch in einer Kontinuität zur neueren protestantischen Theologie! Sie ist ferner, in ihrem Element, wesentlich Theologie *für* die Kirche, indem der letzteren zu einer zeitgemäßen Verkündigung verholfen werden soll. Bultmanns Theologie ist aber von ihrem auf die zeitgemäße Philosophie reagierenden Ansatz her von vornherein kein Beitrag zur Weiterentwicklung oder zur geschichtlichen Klärung des allgemeinen Denkens selbst. Als ein solcher Beitrag ließe sich andererseits Barths Theologie durchaus verstehen. Und gerade sie ist im übrigen, auch wenn sie sich in der kirchlichen Atmosphäre des durch die Geschichte der Theologie konstituierten Sprachzusammenhanges bewegt, nicht ohne Kontinuität zur neueren Philosophiegeschichte. Während sie mit der neueren protestantischen Theologie bricht, setzt sie doch die geistesgeschichtlichen Veränderungen seit Hegel und Nietzsche unbedingt voraus.

6.2 „Gegen die erkenntnistheoretischen Dogmen tief mißtrauisch, liebte ich es, bald aus diesem, bald aus jenem Fenster zu blicken, hütete mich, mich darin festzusetzen, hielt sie für schädlich, — und zuletzt: ist es wahrscheinlich, daß ein Werkzeug seine eigene Tauglichkeit kritisieren *kann?* — Worauf ich achtgab, war vielmehr, daß niemals eine erkenntnistheoretische Skepsis oder Dogmatik ohne Hintergedanken entstanden ist — daß sie einen Wert zweiten Ranges hat, sobald man erwägt, *was* im Grunde zu dieser Stellung *zwang*."[119] F. Nietzsche formulierte mit diesem Selbstbekenntnis bereits auch Barths Stellung zum Anspruch der Philosophie, kritisch über den in den Einzelwissenschaften verwendeten Begriffen zu wachen und ihren Erkenntnisgang methodisch festzulegen. Wie alle aufstrebenden modernen Wissenschaften in der Faszination

[118] Briefw B-B, 175.
[119] *Nietzsche*, aaO. 486.

durch den jeweiligen Gegenstand ihre wichtigsten Ergebnisse, wenn nicht gegen, so doch ohne die Philosophie gewannen, so lief auch Barths Theologie den methodischen Ansprüchen philosophischer Erkenntniskritik davon. Auch finden wir bei Barths Darstellungen neuzeitlicher philosophischer Entwürfe durchweg den Nietzsche-Blick auf die (anthropologischen) „Hintergedanken". Deshalb waren diese Darstellungen oft überaus treffend und erhellend. Hinzu kam aber, daß sich Barths Methode, nach der verborgenen „Dogmatik" oder „Skepsis", genauer, nach der *Häresie* dieser Entwürfe zu fragen, als ein interpretatorischer Schlüssel hervorragend bewährte, ja, einen überraschenden Zugang zu den jeweils auch im Fortgang der Philosophiegeschichte von der Philosophie selbst bemerkten, wirklichen Problemen dieser Entwürfe eröffnete.

Barth war sich im klaren über die von Nietzsche — und zuvor in anderer Weise von Hegel gegenüber Kant — namhaft gemachte Aporie der herkömmlichen Erkenntnistheorie, nämlich, eine kritische, methodische Reflexion des erkennenden Subjektes auf sich selbst ausklammern zu müssen. Doch nun bestand folgende Situation: Die genannte Aporie gab *auch* den entscheidenden Anstoß zur Vertiefung der ontologischen Frage in der Existenz-Philosophie. Deshalb gelangte Bultmann zu der Auffassung, diese sei für die Theologie gegenwärtig verpflichtend. Indem die Existenz-Philosophie die Seinsfrage ursprünglicher ausarbeitet, deckt sie zugleich die „Hintergedanken" herkömmlicher Erkenntnistheorie auf und untersucht die formalen Bedingungen, unter denen menschliches Dasein gelebt und verstanden werden muß.

Barths eigener Zugang zur überkommenen erkenntnistheoretischen (und der ihr inhärierenden anthropologischen und ontologischen) Problematik ist folgender: Barth beobachtete, daß die erkenntnistheoretische und schließlich hermeneutische Fragestellung auf ihrem Weg von Descartes bis Heidegger nicht allein von anthropologischen und ontologischen Implikationen und Aporien begleitet war, sondern auch von einem Bruch mit der kirchlichen Gotteslehre. In einer Auseinandersetzung mit den *Meditationes de prima philosophia* des Descartes (1641)[120] stellte Barth vor allem dies heraus, jener Gott, der noch bei Descartes — nach vorgängigem Beweis seiner Existenz — die Gewißheit des menschlichen Ich- und Weltbewußtseins garantieren sollte, sei nicht mehr der Gott des christlichen Glaubens, sondern der Gott der Philosophen[121]: „Bewiesen" hat Descartes jenen Gott, der dann, weil er tatsächlich doch nicht bewiesen werden konnte, bald auch nicht mehr bewiesen werden sollte. Diesem philosophischen Gott entsprach bei Descartes der Mensch, jenes in scheinbarem Zweifel an der Wirklichkeit der Außenwelt[122] auf sich selbst zurück-

---

[120] KD III 1, 401 ff.
[121] KD III 1, 411 ff.
[122] KD III 1, 408 f. 414.

292

geworfene, jedoch hinter diese Selbstgewißheit auch nicht mehr zurück-
fragende, denkende Subjekt. Wie die weitere neuzeitliche Entwicklung
zeigt, ist die bei Descartes erst lediglich einem Scheinzweifel ausgesetzte
Selbst- und Weltgewißheit dann aber zwangsläufig doch noch zu einem
wirklichen *Problem* geworden. Und schon bei Descartes hätte dies geschehen *können*. Denn Descartes' Gottesbeweis bedeutete in seinem Mißlin-
gen nun doch „keine Unterstützung, sondern eine fundamentale Bedrohung ... des Aufweises der Gewißheit unserer eigenen Existenz und einer
realen Außenwelt". Barth pflichtete Descartes bei, wenn dieser formal
noch mit dem christlichen Glauben die Legitimierung des Selbst- und
Weltbewußseins von der Gotteserkenntnis abhängig sein lassen wollte.
Aber das Problem ist, Barth zufolge, daß Descartes das Zeugnis des Glaubens durch das Zeugnis des menschlichen Geistes ersetzt hat und deshalb
in seiner ersten Philosophie auch weder *die* Einsicht in die abgründige
Problematik geschöpflicher Existenz noch *die* untrügliche Gewißheit unserer Wirklichkeit, die allein coram Deo zu gewinnen sind (und die für
ein wirkliches Leben allerdings benötigt werden) erreichen konnte[123].

Für Barth ergab sich hieraus der Schluß, daß 1. jene *Aporie* herkömmlicher Erkenntnistheorie[124], deren ontologische und anthropologische Implikationen zuletzt Heidegger beschäftigten, *allererst entstanden* ist im Zuge
der philosophischen Loslösung des ganzen Problemkreises von der Gotteserkenntnis des Glaubens. Und daß es deshalb 2. für die Theologie extrem
abwegig wäre, irgendeine nunmehr um die „Verwindung" dieses Erbes
bemühte Philosophie aufzubieten, um etwa unsachgemäße, im Subjekt-
Objektschema befangene theologische Gedanken und Begriffe aufzuklären. Sondern daß 3. umgekehrt die Theologie, auch der Philosophie gegenüber, sich auf ihren eigenen Ausgangspunkt und Auftrag zu besinnen
und das anthropologische und ontologische Problem im Rahmen einer
kirchlichen Dogmatik zu bearbeiten hat — in einem Rahmen also, in
dem sich ohnehin nicht „cartesianisch" denken läßt[125], und in dem sowohl der erkenntnistheoretische Scheinzweifel wie die erkenntnistheoretische Verzweiflung von vornherein ausgeschlossen sind.

Diese problemgeschichtliche Orientierung ist es, die Barth auch dem
Weg Bultmanns gegenüber „Nein!" sagen ließ. Es geschah dies aber offensichtlich nicht, um Bultmanns Frage nach der Relevanz des allgemeinen modernen Wahrheitsbewußtseins und Seinsverständnisses für die
Theologie einfach abzuschneiden, sondern um diese Frage noch radikaler
zu stellen. Barth meinte, mit seiner aus dem kirchlichen Element heraus
denkenden Theologie nicht hinter den Bultmann beschäftigenden Fragen

---

[123] KD III 1, 414 f.
[124] S. o. S. 271 u. ö.
[125] S. o. S. 280 f.

zurückzubleiben, sondern ihnen — auch aus historischen Gründen — schon voraus zu sein. Freilich trugen die Entwicklungen innerhalb der Philosophie seit Nietzsche das Ihre dazu bei, daß bei Barth dieses theologische Problembewußtsein überhaupt entstehen und daß nun eine kirchliche Dogmatik zugleich zu einer wirklichen Alternative zur zeitgenössischen (Existenz-)Philosophie werden konnte.

7. Ergebnisse

Der Versuch, die Differenz Barth—Bultmann von den beiden verschiedenen Räumen oder „Elementen" ihrer Theologien her zu erfassen, ist korrekter und aufschlußreicher als z. B. folgende Sicht der Differenz: Barth denke, ausgehend von Gottes Offenbarung, dann auch zum Menschen und zu den Problemen der Philosophie hin; Bultmann aber denke vom Menschen und von der Philosophie aus zur Gottesfrage hin. Dieses: Von-Gott-aus . . . Vom-Menschen-aus konstruiert vorschnell einen groben dogmatischen Gegensatz. Übersehen ist, daß der unterschiedliche Richtungssinn der beiden Theologien zunächst auf ihrer Verwurzelung in einem je verschiedenen Denk- und Sprachraum beruht. Erst wenn dies in Rechnung gestellt ist, lassen sich die wirklichen Gegensätze erkennen.

Daß Barth und Bultmann z. T. dieselben überkommenen Fragen von zwei verschiedenen Seiten her aufgreifen konnten, dies ergab sich als Möglichkeit aus ihrer kirchengeschichtlichen Situation. Dabei ist im Rückblick deutlich, daß es falsch wäre, die vermeintlichen und tatsächlichen Schwierigkeiten der beiden Theologien durchweg als zwangsläufige Resultate des jeweils eingeschlagenen Weges aufzufassen. Der Barthsche Ansatz schließt z. B. eine konsequente historisch-kritische Textauslegung nicht einfach aus. Und gewiß hätte Barth die Frage, mit welchem Wirklichkeitsverständnis seine Theologie arbeite, auch am Material und an der ontologischen Problemstellung der Existenz-Philosophie erläutern und beantworten können. Bultmanns Ansatz schließt z. B. nicht von vornherein eine umfassendere Berücksichtigung des kirchengeschichtlichen Sprachzusammenhanges aus. Insofern verweisen die verschiedenen „Elemente" der Theologien Barths und Bultmanns nicht auf eine unüberbrückbare systematische Differenz. Sie verweisen anscheinend überhaupt nicht auf ein grundsätzliches Problem evangelischer Theologie, so daß sich die ganze Konstellation im Prinzip jederzeit wiederholen könnte. Und zwar deshalb nicht, weil die dialektische Theologie unwiederholbar ist in ihrer Bemühung und in ihrem geschichtlichen Auftrag, in der End- und Auflösungsphase des Idealismus an ihrem Teil die Situation zu klären und die Theologie neu zu orientieren.

Barth ist Bultmann in dessen Grundverständnis der theologischen Ar-

294

beit als einer Tätigkeit des „Übersetzens" nicht gefolgt. Das ist verständlich, weil die neutestamentlichen Texte eben nur vom „Element" der Bultmannschen Theologie aus gesehen zunächst in einem Bereich „draußen" stehen, aus dem heraus sie übersetzt werden müssen. Aber hier zeigt sich auch erneut die Zeitgebundenheit, ja, die Antiquiertheit der Problemstellung. Bultmanns Übersetzungsverfahren könnte heute nicht nur als „existentiale Interpretation" nicht mehr fortgeführt werden. Denn, wie gezeigt wurde, bedeutete „Übersetzung" für Bultmann die Übertragung der Botschaft ins jeweils aktuelle „Seinsverständnis". Diese Übersetzungsarbeit setzt die Existenz einer „richtigen Philosophie!"[126] auf jeden Fall voraus. Und da, wie Bultmann selbst betonte, keine Philosophie absolute Erkenntnisse oder eine Normal-Ontologie vermittelt, erwartete Bultmann, daß sich die Philosophie im weiteren Verlauf der Geschichte immer mehr präzisiert und „die Phänomene immer besser und deutlicher zu zeigen" vermag. Dadurch werde dann auch die Theologie angetrieben, „weiterzulernen und umzulernen"[127]. — Es ist aber (schon von den inzwischen in der Philosophie erfolgten Entwicklungen her) unwahrscheinlich, daß dieses fast naive Bild der Philosophie, und damit die ganze Vorstellung, gegenwärtig noch einen Sitz im Leben hat. Was bedeutet im Zeitalter des Pluralismus die Frage nach der „richtigen Philosophie"? Und gibt es, sofern die Wissenschaften immer stärker die Philosophie bestimmen und sie auch verdrängen, noch jenen Sprach- und Verpflichtungszusammenhang, der durch die „Geistesgeschichte" bzw. durch die Geschichte des „allgemeinen Wahrheitsbewußtseins" charakterisiert ist?

Barths Theologie scheint von *diesem* Antiquierungsprozeß weniger betroffen. Nicht, weil sie z. B. in ihrem sehr ursprünglichen Verhältnis zum Sozialismus (aber auch zum Liberalismus!) unserer Zeit besonders entgegenkommt. Auch nicht, weil sie der momentan obsolet gewordenen Tradition der „Innerlichkeit" von Anfang an die Spitze bot. Denn darin liegen heute gerade viel weniger als vor einer Generation die Gründe, die Barths Theologie als aufregend und zeitgemäß erscheinen lassen. Barths politische Impulse, aber auch der Beitrag der KD zur Klärung der theologie- und geistesgeschichtlichen Situation, gehören wohl zum Teil zum geschichtlich bereits Abgegoltenen. Eher wäre heute wieder auf Barths Stellung zur Philosophie im ganzen hinzuweisen. Gewiß beruhte Barths Weigerung, seine Theologie an der (zeitgenössischen) Philosophie auszurichten, nicht schon auf der Diagnose, die neuzeitliche Philosophie sei „am Ende" oder jedenfalls von den Wissenschaften überholt. Barth war eher an einer starken Philosophie orientiert, von der er allerdings meinte, daß

---

[126] Vgl. Kerygma und Mythos II, 192.
[127] *R. Bultmann*, Die Geschichtlichkeit des Daseins und der Glaube (1930), in: ThB Bd. 38, 1967 (72 ff.), 77.

sie in der Theologie nichts zu sagen habe. Dennoch hat Barth als einziger dialektischer Theologe den erst im letzten Drittel des 20. Jahrhunderts ganz deutlich hervorgetretenen Kräfteverhältnissen im Bereich von Philosophie und Wissenschaft faktisch immer schon mit seiner Theologie entsprochen.

Auf dem Hintergrund der Problematik, die heute der Bultmannschen Theologie anhaftet, scheint der Barthsche Weg der Theologie z. B. unter folgenden Aspekten noch aktuell: Was bleibt, ist offenbar die Erkenntnis, daß Theologie nur dann sinnvoll betrieben werden und im Gespräch mit anderen Wissenschaften relevant sein kann, wenn sie hinter ihre eigene Tradition nicht wieder zurückfällt; wenn sie sich die in der Kirche bereits *gewonnene Sprache* zunutze macht; wenn sie in der Faszination durch ihren „Gegenstand" diesem selbst nach-denkt und an ihm denken lernt; wenn sie von vornherein von der Existenz Gottes im Bekenntnis des christlichen Glaubens ausgeht und nicht „sicut deus non daretur" verfährt.

D) Offenbarung

I. Die Wiederentdeckung der Schöpfungsoffenbarung

Literatur (außer Arbeiten, die im Abkürzungsverzeichnis genannt oder in einem der dort aufgeführten Sammelwerke enthalten sind): *P. Althaus*, Uroffenbarung. Luthertum 1935, 4 ff. — *Ders.*, Die Inflation des Begriffs der Offenbarung in der gegenwärtigen Theologie. ZSTh 18, 1941, 134 ff. — *Ders.*, Die christliche Wahrheit. Lehrbuch der Dogmatik, Bd. I (1947[1]), 1969[8] (vereinigt mit Bd. II). — *J. Baur*, Die Vernunft zwischen Ontologie und Evangelium. Eine Untersuchung zur Theologie Johann Andreas Quenstedts, 1962. — *G. Bornkamm*, Die Offenbarung des Zornes Gottes (Röm 1—3), in: Das Ende des Gesetzes. Gesammelte Aufsätze Bd. 1, BEvTh Bd. 16, 1963. — *E. Brunner*, Die andere Aufgabe der Theologie. ZZ 7, 1929, 255 ff. — *Ders.*, Offenbarung und Vernunft (1941), 1961[2]. — *Ders.*, Dogmatik I (1946[1]), 1972[4]. — *H. Daxer*, Römer 1,18—2,20 im Verhältnis zur spätjüdischen Lehrauffassung, 1914. — *J. Fehr*, Das Offenbarungsverständnis in dialektischer und thomistischer Theologie, 1939. — *G. Gloege*, Artikel „Christliche Offenbarung, dogmatisch". RGG[3], IV, 1609 ff. — *K. Heim*, Vorlesung über den Römerbrief im WS 1924/25 (hektographierte Nachschrift). — *G. Heinzelmann*, Uroffenbarung? ThStKr 1934/35, 415 ff. — *W. Herrmann*, Der Verkehr des Christen mit Gott (1886[1]), 1896[3], 1921[7]. — *Ders.*, Schriften zur Grundlegung der Theologie I, hg. v. P. Fischer-Appelt, ThB Bd. 36/I, 1966. — *E. Kinder*, Das vernachlässigte Problem der ,natürlichen' Gotteserkenntnis in der Theologie. KuD 9, 1963, 316 ff. — *M. Lackmann*, Vom Geheimnis der Schöpfung. Die Geschichte der Exegese von Röm 1, 18—23; 2, 14—16 und Acta 14, 15—17, 17, 22—29 vom 2. Jahrhundert bis zum Beginn der Orthodoxie, 1952. — *D. Lührmann*, Das Offenbarungsverständnis bei Paulus und in Paulinischen Gemeinden. WMANT 16, 1965. — *O. Michel*, Der Brief an die

Römer. Kritisch-exegetischer Kommentar ü. d. NT (Begr. v. H. A. W. Meyer) 4. Abteil., 1963[12]. — *A. Nygren*, Der Römerbrief, 1959[3]. — *H. Ott*, Röm 1, 19 ff. als dogmatisches Problem. ThZ 15, 1959, 40 ff. — *W. Pannenberg*, Einführung, Offenbarung als Geschichte, hg. v. W. Pannenberg, KuD Bh 1 (1961[1]), 1970[4]. — *Platon*, Sämtliche Werke. In der Übers. v. F. Schleiermacher. Rowohlts Klassiker, 1957 ff. — *I. H. Pöhl*, Das Problem des Naturrechtes bei Emil Brunner. SDGSTh Bd. 17, 1963. — *H.-G. Pöhlmann*, Das Problem der Ur-Offenbarung bei P. Althaus. KuD 16, 1970, 242 ff. — *K. Prümm*, Offenbarung im Neuprotestantismus. Divinitas 8, 1964, 417 ff. — *H. Schlier*, Über die Erkenntnis Gottes bei den Heiden. EvTh II. 1935, 9 ff. — *C. Stange*, Natürliche Theologie. Zur Krisis der dialektischen Theologie. ZSTh 12, 1935, 367 ff. — *H. Steubing*, Naturrecht und natürliche Theologie im Protestantismus, 1932. — *W. Trillhaas*, In welchem Sinne sprechen wir beim Menschen von „Natur"? ZThK 52, 1955, 272 ff. — *U. Wilckens*, Das Offenbarungsverständnis in der Geschichte des Urchristentums, in: Offenbarung als Geschichte, hg. v. W. Pannenberg. KuD Bh 1 (1961[1]), 1970[4], 42 ff.

1. Die neuere Geschichte des Offenbarungsverständnisses als hermeneutisches Problem

1.1 Oft ist während der dreißiger und vierziger Jahre daran erinnert worden, „bis in die letzten Menschenalter hinein" habe die Kirche doch *immer* eine *zweifache* Offenbarung gelehrt[1]. Aber diese Erinnerung an scheinbar Selbstverständliches überspielte, wie zu zeigen sein wird, eine ganze Reihe überkommener hermeneutischer Schwierigkeiten. Jetzt wurde angenommen, im 19. Jahrhundert habe eine fast unbegreifliche Fehlentwicklung begonnen: Die Theologie setzte sich über den bisherigen, auf einer „klaren Schriftlehre" beruhenden kirchengeschichtlichen Consensus hinweg[2]. Sie vernachlässigte insbesondere die Aussagen von Röm. 1,18 ff.; 2,14 f. und behauptete, Offenbarung Gottes ereigne sich allein in Jesus Christus. Bei W. Herrmann hat sich „die Konzentration auf die Christusoffenbarung und die damit verbundene Ablehnung jeglicher ‚natürlichen' Theologie' noch verschärft, bis sie dann ... durch K. Barth eine unüberbietbare Radikalisierung erfuhr"[3].

Durch diesen „Christomonismus" (P. Althaus) — hinter dem der Druck der Metaphysikkritik Kants sowie das Wirklichkeitsverständnis des Positivismus und der Naturwissenschaften stünden — sei die Weltwirklichkeit von der Theologie selbst dem Atheismus überlassen worden. Man habe es hingenommen, daß Gott in Natur und Geschichte anscheinend nicht begegnen und nicht erfahren werden könne. Dadurch sei die Theologie weltlos geworden; die Welt selbst sei unter den fatalen Aspekt der Eigen-

---

[1] P. *Althaus*, Die christliche Wahrheit I (1947[1]), 45. — Vgl. *Kinder*, aaO. 317 f.

[2] E. *Brunner*, Offenbarung und Vernunft, 76.

[3] *Kinder*, aaO. 318.

gesetzlichkeit geraten. „Die *Natur*", schrieb Althaus 1935, war seit Kant und durch die Naturwissenschaft entgottet — wer hätte noch den Mut gehabt zu einer Theologie der Natur aufgrund von Röm. 1,20? Theologie der *Geschichte* aber schien mit dem Zusammenbruch der großen, idealistischen Systeme endgültig gescheitert. Nicht der Eifer für die Ehre Christi, sondern die Geisteslage, nicht das theologische Thema, sondern die philosophische, weltanschauliche Haltung trieb zur Verneinung der Ur-Offenbarung[4].

Wer damals solche Kritik vorbrachte, dem stand eine doppelte Aufgabe vor Augen: Die Theologie muß aufhören, vor dem modernen Denken zu „kapitulieren", wenn anders ihr der Bezug auf die Wirklichkeit nicht ganz verlorengehen soll. Und die Theologie muß die Offenbarungsfrage von der Bibel statt von der „Geisteslage" aus beantworten, also — so schien es — zur Lehre und Unterscheidung einer zweifachen Offenbarung zurückkehren.

Das weiterführende Moment lag hier in der Einsicht: Weder die Geschichte noch die Natur sind menschlichem Handeln und Erkennen so vollständig unterworfen, daß von hier aus die Nicht-Gegenwart, Nicht-Wirksamkeit, Nicht-Offenbarung Gottes in diesen Bereichen von vornherein schon feststünde. Geschichte und Natur unterliegen doch nur partiell, nur in einer bestimmten Hinsicht der freien menschlichen Gestaltung und Erforschung. Deshalb sind weder die Religion noch der metaphysische Gottesgedanke, weder ein theistisches Weltbegreifen noch der traditionell-christliche Begriff der Schöpfungsoffenbarung durch die in der Neuzeit eingetretene Situation schon erledigt.

Um zu dieser Einsicht vorzustoßen, hatte die damalige Theologie aber gerade an der „Geisteslage" selbst einen Rückhalt. Jetzt waren die ungewollten, negativen Folgen des Aufbruchs in die Neuzeit im Gespräch: die erneute Geburt der Entfremdung aus der — idealistisch — aus der Entfremdung heraus geborenen Freiheit; die plötzlich über scheinbar vernünftig gestaltete Verhältnisse hereinbrechenden Katastrophen. Die Kehrseite des Fortschritts und die Grenzen der Wissenschaft beschäftigten nach dem Ersten Weltkrieg in besonderem Maße; und eben dadurch erhielten auch gewisse Formen eines religiösen Weltbegreifens neuen Auftrieb. Jetzt lag es auch für die Theologie nahe, der Dogmatik des 19. Jahrhunderts Voreiligkeit bei der Neufassung des Offenbarungsbegriffs vorzuwerfen: Dem modernen Weltbegreifen hätte die Wirklichkeit als Geschichte und als Natur längst nicht so vollständig bis hin zur Leugnung einer Ur-, Grund- oder Schöpfungsoffenbarung (Althaus, Tillich, Brunner) abgetreten werden dürfen.

---

[4] *P. Althaus*, Uroffenbarung, 4.

Doch wenn man jetzt meinte, die Theologie des 18./19. Jahrhunderts habe plötzlich begonnen, das biblische Offenbarungsverständnis an die zeitgenössischen Weltanschauungen zu verraten, und man selbst mache jetzt diesen Schaden durch eine Rückkehr zur Lehre von Gottes zweifacher Offenbarung wieder gut, so war diese Problemsicht aus mehreren Gründen höchst unzulänglich. 1. ließ die Entgegensetzung einer (im 19. Jahrhundert) ideologisch begründeten und einer (im 20. Jahrhundert) biblisch begründeten Offenbarungslehre die Einsicht in die Existenz neuer ideologisch-weltanschaulicher Vorgaben vermissen, die im 20. Jahrhundert gerade der Annahme und Unterscheidung zweier Offenbarungen entgegenkamen — und sie auch problematisch machten. 2. wurde bei der zuversichtlichen Erinnerung an das, was die Kirche mit Selbstverständlichkeit bis in die letzten Menschenalter hinein immer von der Offenbarung aussagte, übersehen, daß die Ursachen der „christomonistischen" Wendung im 19. Jahrhundert z. T. auch im 20. Jahrhundert noch virulent sind. Wissenschaft und Technik sind in dem Sinne, wie sie für die Theologie im 19. Jahrhundert zu einer Herausforderung wurden, für die Theologie des 20. Jahrhunderts nicht etwa *kein* Problem mehr. Es hätte in der Zeit zwischen den beiden Weltkriegen jedenfalls nicht der Eindruck erweckt werden dürfen, als ob in der Offenbarungslehre eine Rückkehr zum status quo ante das Gebotene und das Richtige wäre. 3. waren damals die exegetischen und systematischen Bedingungen einer „schriftgemäßen" Offenbarungslehre nicht exakt untersucht worden. Hätte man wirklich nach dem der Bibel eigenen Offenbarungsbegriff gefragt, so wäre sofort deutlich geworden, daß die Unterscheidung zweier Offenbarungen nicht auf einer „klaren Schriftlehre" beruht. Nimmt man alle im Alten und im Neuen Testament das Phänomen der Offenbarung betreffenden Aussagen und Begriffe zusammen, so ergibt sich zunächst eine Vielfalt von Offenbarungsbegriffen. Trifft man jedoch die systematische Vorentscheidung, daß unter Offenbarung im strengen Sinne Gottes volle Selbsterschließung zu verstehen ist[5], so wird man in der Tat die Einheit und Einzigkeit der Offenbarung in Jesus Christus feststellen. Alle Taten, in denen Gott sich selbst offenbart, weisen schließlich auf ein einziges umfassendes Geschehen hin, das vom frühen Judentum für die Zukunft erwartet, und dessen eschatologischer Anbruch vom Urchristentum im Geschehen der Auferweckung Jesu geglaubt wurde[6]. Mit Recht wies W. Pannenberg darauf hin: „Die Gegner der Auffassung Barths, daß die Christusoffenbarung die einzige Offenbarung überhaupt ist, haben . . . nie

---

[5] So z. B. Barths und Bultmanns Lehrer *W. Herrmann* (vgl. Schriften zur Grundlegung der Theologie I, 127. 129). — Siehe hierzu auch *Pannenberg*, aaO. 8 f.

[6] Vgl. *Wilckens*, aaO. 42 f. 87 f.

recht berücksichtigt, daß die Einzigkeit der Offenbarung in ihrem strengen Begriff als Selbstoffenbarung bereits beschlossen ist."[7]

1.2 An den genannten drei Punkten griffen die meisten damaligen Versuche, die Lehre von der zweifachen Offenbarung Gottes zu erneuern, zu kurz. Sie lösten somit nicht, sondern sie verdeckten eher eine Verlegenheit, in der sich die Theologie mit dem Offenbarungsbegriff schon seit längerem befand. Es ist ja nicht zu bestreiten, daß hinter der im 19. Jahrhundert aufgebrochenen Einsicht, einzig der durch Jesus mögliche Zugang zu Gott bewahre vor dem Atheismus, auch eine theologische Verlegenheit stand. Auf seine Weise hat F. Schiller in *Die Götter Griechenlands* das Problem prägnant formuliert:

(Einst) Gab man höhern Adel der Natur
Alles wies den eingeweihten Blicken,
Alles eines Gottes Spur.

(Jetzt) Ausgestorben trauert das Gefilde
Keine Gottheit zeigt sich meinem Blick —
Auch von jenem lebenswarmen Bilde
Blieb der Schatten nur zurück.

Gleich dem toten Schlag der Penduluhr
Dient sie knechtisch dem Gesetz der Schwere,
Die entgötterte Natur.

Die Entgötterung der Natur könnte als eine Folge der Wirkungsgeschichte des Alten und Neuen Testaments verstanden werden. Schillers Aussage scheint zunächst auf einen erneuten Sieg des Christentums über das Heidentum hinzuweisen. Tatsächlich wies Schiller aber auf neuzeitliche Vorgänge hin, die auch die traditionelle christliche Schöpfungstheologie verunsicherten. Eine knechtisch dem Gesetz der Schwere dienende Natur kann schwerlich zugleich als der Ort göttlicher Offenbarung gedacht werden. Deshalb galt jetzt auch der Theologie meist nicht mehr die Natur, nicht mehr der Bereich der „Determination" (Fichte), sondern die Welt des geistig über das Natürliche hinausstrebenden Geschichtlich-Sittlichen als die Wirklichkeitssphäre, auf die Gottes Offenbarung sich bezieht. Eine Theologie der *Geschichte* war bis zur Zeit Troeltschs den „christomonistisch" denkenden Theologen des 19. Jahrhunderts durchaus noch möglich! W. Herrmann unterschied zuletzt folgendermaßen einen falschen vom richtigen Weg: „Man kann *erstens* den Beweis unternehmen, daß die Gedanken des Glaubens durch dasjenige bestätigt werden, was in der Welt *nach Naturgesetzen* wirklich ist. Man kann *zweitens* den Beweis führen, daß die Gedanken des Glaubens mit dem geschichtlich Wirklichen übereinstimmen und mit demjenigen, was in der Welt wirklich wer-

---

[7] *Pannenberg*, aaO. 9.

den *soll*. Der erstere Weg ist der katholische, der letztere ist der dem evangelischen Glauben angemessene."[8]

Nicht mehr begehen ließen sich im 19. Jahrhundert beispielsweise die Wege der älteren *Physikotheologie*, die von der Zweckmäßigkeit und Herrlichkeit der Schöpfung auf einen weisen, gütigen Schöpfer zurückschloß. Die Physikotheologie konnte offenbar auf dem Hintergrund des aufstrebenden Rationalismus und Autonomiebewußtseins Gottes Wirklichkeit und Offenbarung nicht mehr recht als die *in Christus* dem verlorenen Sünder begegnende Gnade deutlich machen. Sie sah aber im Bereich des *ersten Glaubensartikels* die entscheidende Möglichkeit, dem Atheismus bzw. dem drohenden Wirklichkeitsschwund des Redens von Gott entgegenzutreten. Doch im 19. Jahrhundert schien dann gerade wieder eine Theologie des *zweiten Glaubensartikels* als Bollwerk gegen den Atheismus dienen zu können.

Diese grobe geschichtliche Skizze reicht aus, um jetzt auch hier zu fragen: Waren denn die Ursachen des soteriologischen Schwunds, den die Physikotheologie in *ihrer* Verlegenheit offenbar zu kompensieren bestrebt war, im 19. Jahrhundert nicht mehr virulent? Konnte man sich jetzt offenbarungstheologisch erneut auf Voraussetzungen stützen, die der älteren Theologie eigentlich bereits zerbrochen waren? War mit der jetzigen Fixierung des Offenbarungsverständnisses an Jesus auch bereits die Schwierigkeit bereinigt, aus der heraus die Physikotheologie einen Zugang zu Gott kaum mehr über die göttliche Gnade, sondern am ehesten noch über die göttliche Weisheit und Tugend fand? Tatsächlich wirkte diese Schwierigkeit immer noch kaum verarbeitet nach, wie an der moralisierenden und individualisierenden Grundtendenz vieler christologischer und soteriologischer Konzeptionen aus dem 19. Jahrhundert erhellt.

Blicken wir auch hinter die Physikotheologie weiter zurück, so stoßen wir z. B. auf die alte und für die *altprotestantische Orthodoxie* wieder besonders bedeutsam gewordene Unterscheidung einer Offenbarung Gottes im Buche der Natur von der Offenbarung Gottes in der Hl. Schrift (revelatio generalis und revelatio specialis). Auch diese Unterscheidung, die innerhalb der altprotestantischen Lehrentwicklung bis hin zu Hollaz wiederum einem einschneidenden Bedeutungswandel unterworfen war[9], könnte als Symptom einer theologischen Verlegenheit interpretiert werden. Kam mit beginnender Neuzeit die veritas scripturae doch offenbar nur noch als ein Spezialfall von Wahrheit überhaupt in den Blick. Und wurde doch die eigentlich maßgebliche Offenbarung nun als eine kodifizierte, als eine maßgeblich im Modus der Schriftlichkeit begegnende Wahrheit verstanden. Zudem mußte jetzt die Schriftwahrheit mit Hilfe des Inspira-

---

[8] *W. Herrmann*, Schriften ... I, 142.

[9] Vgl. etwa *Baur*, aaO. 74.

tionsgedankens gegenüber neuen, außertheologischen Evidenzen und Gewißheiten abgesichert werden. Die „Wirklichkeit" begann der Theologie zu entgleiten. Sie sollte deshalb über die revelatio generalis an der schwachen Kette eines allgemeinen Theismus festgehalten werden.

Schließlich signalisiert das neuere theologische Reden von der „Offenbarung" überhaupt eine Verlegenheit. Der erst *nach* der Reformation auf den Begriff der Offenbarung fallende Nachdruck — noch für Luther war das eigentliche Korrelat zum Glauben nicht die „Offenbarung", sondern die „Verheißung"[10] — weist, allgemein betrachtet, auf ein theologisches Bedürfnis nach einer unangreifbaren Position hin. Unter diesem Aspekt könnte die von P. Althaus im Jahre 1941 festgestellte „Inflation des Begriffs der Offenbarung in der gegenwärtigen Theologie"[11] geradezu als äußeres Zeichen eines nahezu perfekt gewordenen Wirklichkeitsverlusts begriffen werden. Verfolgt man die neuzeitliche Entwicklung des protestantischen Offenbarungsverständnisses *rückwärts*, so entsteht jedenfalls der Eindruck, es sei ein anfänglicher Kurzschluß in einer Kettenreaktion von Mißverständnissen potenziert worden: Immer wieder wurden „Fehler" der vorangegangenen Generationen entdeckt und korrigiert. Dabei wurde aber die von *diesen* geleistete Bearbeitung und relative Bewältigung der noch weiter zurückreichenden Schwierigkeiten anscheinend wieder verspielt. Man versuchte, von den „Einseitigkeiten" der Väter zu der scheinbar besseren, ausgewogenen Lehre der Großväter zurückzukehren. Dabei hatte sich aber die Struktur der Probleme, die jetzt nach einer Lösung verlangten, längst grundlegend verändert.

1.3 Zu Beginn des 20. Jahrhunderts hatten sich die inzwischen angelaufenen Schwierigkeiten mit dem Offenbarungsbegriff aufs äußerste zugespitzt. Weder die Vernunft noch die Natur, weder die Geschichte noch die Kultur konnten noch unproblematisch als der Bezugspunkt oder als der Ort der Offenbarung gelten. In einer regelrecht verfahrenen Situation mußte jetzt das Verhältnis von Offenbarung und Wirklichkeit, von Theologie und (neuzeitlicher) Philosophie von Grund aus neu bestimmt werden. Vor dieser Aufgabe stand die dialektische Theologie. Aber ihre Vertreter konnten sich nicht auf eine gemeinsame Konzeption einigen.

---

[10] Vgl. *Gloege*, aaO. 1609.
[11] Das Wort „Inflation" verweist hier nicht auf ein quantitatives Ansteigen der Verwendung des Offenbarungsbegriffs, sondern auf eine qualitative theologische Ausweitung des Offenbarungsbegriffs. Seit Kant, meinte A., herrsche eine Tendenz, die ganze Heilsgeschichte dem Offenbarungsbegriff zu subsumieren. Dabei habe dieser „seine legitime theologische Stelle" doch nur dort, „wo nach der Erkenntnis Gottes gefragt wird" (aaO. 147). Das gesamte (heils-)geschichtliche Handeln Gottes dürfte diesem Begriff aber *nicht* subsumiert werden. Denn dann erführe das Evangelium eine unerträgliche „Intellektualisierung"; der Wirklichkeitsbezug des göttlichen Heilshandelns ginge verloren.

Barth hat die Frage nach der *Wirklichkeit* der Offenbarung in neuer Weise so bearbeitet, daß er nicht mehr zuerst danach fragte, wo oder auf welche Weise die Offenbarung unsere Wirklichkeit treffe, sondern zuerst danach, welches denn die eigene Wirklichkeit der Offenbarung Gottes in Jesus Christus sei! Er thematisierte also zunächst nicht den *Bezug* der Größe „Offenbarung" zu der Größe „Wirklichkeit", sondern er explizierte zuerst das in der Offenbarung selbst Ausgesagte, um sodann zu zeigen, daß der Bezug zu unserer Wirklichkeit in der Tat des göttlichen Sich-Offenbarens schon mitgesetzt ist, also nicht als ein zusätzliches oder als ein vorweg zu klärendes Problem gelten kann[12]. Dies bedeutete einen Durchstoß durch das im Vorausgegangenen beschriebene Dilemma der neueren Theologie, weil die Frage nach dem Ort und nach der Ausweisbarkeit der Offenbarung in unserer Wirklichkeit ersetzt wurde durch die Frage nach der Qualifikation unserer Wirklichkeit durch die Offenbarung[13].

Demgegenüber war die Erneuerung der Lehre von der Schöpfungsoffenbarung ein historisch eher rückwärts gerichteter Versuch, die in der Neuzeit immer weiter forgeschrittene, jetzt aber als voreilig erkannte Disqualifikation der Wirklichkeit als des Raums göttlicher Offenbarung zu revidieren, also der völligen Beschlagnahmung der Wirklichkeit durch das profane Weltbegreifen entgegenzutreten. Hier wurde auf dem Hintergrund der Krise und der in den Vordergrund gerückten Grenzen des neuzeitlichen Denkens eine in bestimmter Hinsicht nach wie vor zu behauptende schöpfungsmäßige Beziehung der Offenbarung zur Wirklichkeit als Geschichte *und* als Natur thematisiert. Die hier erneut geforderte Unterscheidung einer Schöpfungsoffenbarung von der Christusoffenbarung war freilich — schon von der genannten Problemstellung her — mit keiner altprotestantischen Unterscheidung von revelatio generalis und revelatio specialis mehr identisch. Daß hier dennoch aus der Tradition Begriffe wie „natürliche" Gotteserkenntnis, „natürliche" Theologie usw. wieder aufgenommen wurden, war verwirrend. Zumal sich der Naturbegriff in der Neuzeit wandelte, war und ist diese Terminologie unglücklich und auch dem genannten offenbarungstheologischen Versuch ganz unangemessen.

2. *Brunners Begriff der Schöpfungsoffenbarung*

2.1 Gegen Barths „einseitigen Offenbarungsbegriff"[14] führte Brunner in der zweiten These von NuG biblische und reformatorische Belege für die Existenz einer Schöpfungsoffenbarung vor[15]. Vorweg ist kritisch anzumerken: Brunner setzte seinen eigenen, der Ergänzung durch die Schöp-

---

[12] S. u. S. 320 ff.
[13] Vgl. KD I 2, 4 f.
[14] NuG, 199/35.
[15] NuG, 177—180/11—15; 187 ff./22 ff.

fungsoffenbarung bedürftigen Begriff der Christusoffenbarung auch bei Barth voraus, während Barth tatsächlich eine vollständig andere offenbarungstheologische Konzeption vertrat, die der von Brunner gewünschten Ergänzung gar nicht fähig war. Brunners Traditionsbeweis für die Schöpfungsoffenbarung aber litt daran, daß er eine Fragestellung decken sollte, die weitgehend in den herangezogenen Quellen noch gar nicht enthalten war.

Im ganzen erweist sich Brunners „christliche theologia naturalis" als ein eigentümliches Kunstprodukt, in dem geschichtlich heterogene Elemente unklar zusammengewoben sind: Alttestamentliches Schöpferlob überschneidet sich mit Elementen paulinischer Missionspredigt, der zufolge Juden und Heiden aufgrund ihrer schöpfungsmäßigen Kenntnis Gottes „keine Entschuldigung haben" (Röm. 1,20). Und das Ganze überschneidet sich wieder mit der neuzeitlichen Frage einer natürlichen Gotteserkenntnis sowie mit einem lebhaften Interesse Brunners am Naturrecht, als dessen Grundlage ebenfalls Gottes Schöpfungsoffenbarung angenommen wird. Auch wird Calvins Unterscheidung einer Schöpfungsoffenbarung und einer Erlösungsoffenbarung mit Luthers Unterscheidung von Gesetz und Evangelium zusammengebracht, ohne daß die systematischen Unterschiede genau sichtbar würden. Brunners Naturbegriff selbst schillert in zahlreichen Nuancen. Besonders diese Äquivokationen des Naturbegriffs leisten einem Mißverstehen der Brunnerschen theologia naturalis Vorschub.

Dabei trug Brunner seine Lehre von der Schöpfungsoffenbarung wie aus einem Guß vor. Gerade darin liegt aber ihre Mißverständlichkeit, die sich auch in der umfangreichen, im Urteil sehr disparaten Sekundärliteratur spiegelt. Erst die Einsicht, daß in Brunners Begriff der Schöpfungsoffenbarung heterogene Elemente vereinigt sind, bewahrt vor hoffnungslosen Verstehensbemühungen.

2.2 „Es ist durchaus notwendig, daß diese Welt von etwas ein Abbild ist." „Jedem aber ist... offenbar..., daß sie das Schönste alles Gewordenen ist." Ihr „Werkmeister" ist „der beste aller Urheber" (Platon)[16].

„Die Welt ist Gottes Schöpfung. In jeder Schöpfung ist der Geist ihres Schöpfers irgendwie erkennbar. Jedes Werk lobt seinen Meister." — „Wo Gott etwas tut, da drückt er dem, was er tut, den Stempel seines Wesens auf. Darum ist die Schöpfung der Welt zugleich Offenbarung, Selbstmitteilung Gottes. Dieser Satz ist nicht heidnisch, sondern christlicher Fundamentalsatz" (Brunner)[17].

---

[16] Timaios 29 a und b.
[17] NuG, 177/11 f.

„Die Versuche, in der Wirklichkeit der Natur dem menschlichen Verstand das Walten des Schöpfers aufzudecken, gehören doch einer vergangenen Lebensperiode der christlichen Menschheit an" (W. Herrmann)[18].

Brunners Argument erinnert an Platon. Doch es geht hier und dort um Verschiedenes. Platon beschreibt im *Timaios* die Entstehung der Welt. Er möchte auf diesem Wege das Wesen des *Kosmos* erklären. Brunner dagegen plädiert für die Erkennbarkeit *Gottes* aus dem Kosmos heraus. Er argumentiert gegen Zweifel, es möchte die Einrichtung der Welt vielleicht gar keine Gotteserkenntnis zulassen. Mit diesem Problem hat Platon nichts zu tun. Dieser Zweifel gehört der Neuzeit. Er hat sich im Laufe des 18. und des 19. Jahrhunderts immer mehr verstärkt. Die liberale Theologie aber hatte dies, wie das Urteil W. Herrmanns zeigt, vollkommen begriffen.

Nun will aber auch Brunner keinen auf dem Kausalitätsprinzip aufbauenden Gottesbeweis führen[19]. Für einen Gottesbeweis genügte die Logik des Brunnerschen Syllogismus ohnehin nicht. Er hat folgende logische Struktur: „1. In jeder Schöpfung ist der Geist ihres Schöpfers irgendwie erkennbar. 2. Die Welt ist Gottes Offenbarung. 3. Also kann man von einer Erkennbarkeit Gottes in seiner Schöpfung reden." Der mittlere Satz nimmt aber das Ergebnis des Syllogismus bereits vorweg. Er kommt, wie C. Stange zeigte, von der natürlichen Theologie schon her, deren Möglichkeit durch den Syllogismus erst erwiesen werden sollte[20]. Tatsächlich interessiert Brunner die „vermöge des Nus"[21] gegebene Rückschlußmöglichkeit von der Welt auf die Existenz, die Majestät, die Weisheit[22] und den Willen[23] des Schöpfers primär nun auch gar nicht im Zusammenhang der Gotteslehre selbst, sondern zuallererst im Zusammenhang der Lehre von der Sünde: Gäbe es keine Erkennbarkeit Gottes aus seinen Werken, so „könnte" der Mensch nicht sündigen[24]! Doch weil sich Gott hier zu erkennen gibt, ist ein Nicht-Anerkennen Gottes „unentschuldbar"[25]. Brunners Interesse an der Schöpfungsoffenbarung zielt also nicht auf den Nachweis der Möglichkeit natürlicher Gotteserkenntnis — diese wird vorausgesetzt —, sondern auf das Phänomen des Nicht(-An)erkennens Gottes durch den Menschen. Deshalb weiß sich Brunner auch von

[18] *W. Herrmann*, Der Verkehr des Christen mit Gott, 1896[3], 51 (ähnliche Ausführungen: 1921[7], 50 f.).
[19] Vgl. NuG, 206/43: „Die falsche Anknüpfung ist, um es mit einem Wort zu sagen, der Gottesbeweis."
[20] *Stange*, aaO. 388.
[21] *E. Brunner*, Offenbarung und Vernunft, 84.
[22] NuG, 179/13 f.
[23] NuG, 178/12; 188 f./24.
[24] NuG, 178/13.
[25] NuG, 177/12.

der im Vaticanum I gelehrten „katholischen" natürlichen Theologie durch eine Kluft getrennt[26]: Der Mensch kann sich, so lehrte Brunner, der klaren Offenbarung Gottes in seinen Werken *nur* verschließen. „Von Gott aus kommt es" — „objektiv" — „zur Erkenntnis, aber vom Menschen aus kommt es" — „subjektiv" — „zum Wahn"[27].

So gelangt Brunner in einem weiteren Gedankenschritt zu dem Ergebnis: Die „rechte natürliche Gotteserkenntnis hat nur der Christ, d. h. der Mensch, der zugleich in der Christusoffenbarung drinsteht"[28]. Unsere subjektive „theologia naturalis... hat ja für uns keinen praktischen Wert". „Sie ist ganz und gar überflüssig und außer Kraft gesetzt durch die bessere Erkenntnis, die wir in Christus haben. Christus... ist es, der für diese nicht nur unvollkommene, sondern auch ... durch Unwahrheit verkehrte subjektiv-natürliche Erkenntnis Gottes ... die wahre Erkenntnis Gottes in seinem Werk ... zurückgibt."[29]

Andererseits gilt aber: Der „Bußruf des Evangeliums" wäre als „Rückruf zu einem Ursprünglichen" schlechterdings unverständlich, hätte nicht *zuvor* die den Menschen „unentschuldbar" machende Schöpfungsoffenbarung ihr Werk getan. Letztere ist darum die „Voraussetzung" der Christusbotschaft[30].

Nun weist dieser Versuch Brunners, Schöpfungsoffenbarung und Christusoffenbarung einander recht zuzuordnen, schon im Gedankengang eine Friktion auf. Nicht recht einsichtig ist bereits dies, warum Brunner hier den Gedanken einer „Unvollkommenheit" der Schöpfungsoffenbarung hereinbringt. Man erwartet ja nicht die Aussage, daß diese Offenbarung dem Menschen nicht genügt, vielmehr, daß der Mensch etwas „objektiv" vollauf Genügendes verkehrt! Unklar bleibt zunächst aber auch, warum Brunner die Schöpfungsoffenbarung angesichts der Christusoffenbarung plötzlich als „überflüssig" bezeichnen kann. Vollends scheint Brunner seinen eigenen Gedankengang zu verwirren, wenn er in diesen von Calvin her schließlich noch folgende Aussage einbringt: Die Naturordnung ist „durch die Sünde nicht nur nur im subjektiven..., sondern auch im objektiven Sinne gestört, aber doch nicht so, daß etwa der Wille Gottes, die ‚Regel' der Natur nicht mehr sichtbar wäre"[31]. Die auf die „Verantwortlichkeit" und „Unentschuldbarkeit" des Menschen zielende Argumentation Brunners scheint ja zusammenzubrechen, wenn nun mit einem Male

---

[26] Vgl. *E. Brunner*, Dogmatik I (1960³), 136 ff. — *Ders.*, Offenbarung und Vernunft, 80. 82. — Ferner NuG², V.

[27] *E. Brunner*, Offenbarung und Vernunft, 80. — NuG, 170—180/13—15; 188 f./23 f.

[28] NuG, 180/15.

[29] NuG, 193 f./29.

[30] *E. Brunner*, Offenbarung und Vernunft, 81.

[31] NuG, 189/24.

auch die Natur im objektiven Sinne „gestört" sein soll. Auf der anderen
Seite aber erscheint rätselhaft, warum Brunner jetzt nicht mehr daran
festhält, daß der Sünder zu wirklicher Gotteserkenntnis aus der Schöpfung ganz und gar unfähig ist, sondern trotz der Sünde eine ungestörte
natürliche Erkenntnis des göttlichen Willens für möglich hält.

Mit dieser theologischen Disparatheit der Brunnerschen Ausführungen
über die Schöpfungsoffenbarung haben, so weit ich sehe, alle Interpreten
größte Mühe gehabt, so daß bald gegen den „katholisierenden" Brunner
die klaren „reformatorischen" Aussagen Brunners über das gänzliche Unvermögen des Sünders zu einer natürlichen Gotteserkenntnis hervorge-
kehrt, bald aber die Möglichkeit einer umgekehrten Interpretation bevor-
zugt wurde. Barth hat sich angesichts dieses zwiespältigen Befunds mit
der Vermutung geholfen, Brunner meine, die „Starkrankheit" des Sünders sei zwar „sehr weit, aber doch nicht bis zur völligen Erblindung fortgeschritten"[32]. Barth zog Brunners widersprüchliche Aussagen also kurzerhand auf einer mittleren Linie zusammen, auf die dann der Pelagia-
nismus-Vorwurf paßte.

Will man jedoch offenkundige Formulierungsschwächen Brunners
nicht sogleich gegen diesen ausnützen, so ist der naheliegenden Frage
nachzugehen, ob Brunner nicht in einem und demselben Zusammenhang
und mit einer und derselben Begrifflichkeit zwei (nicht klar genug gegeneinander abgegrenzte) dogmatische Zielsetzungen verfolgt habe. Geht
man dieser Vermutung nach, so läßt sich tatsächlich wenigstens Brunners
Meinung selbst klar ermitteln.

Eine erste Gedankenreihe Bunners befaßt sich mit der Frage, wie der
Mensch zum Evangelium, zur Erlösung gelangt. Brunner beschreibt hier,
ähnlich wie z. B. auch Althaus[33], den klassischen soteriologischen Weg
mit seinen verschiedenen „Stationen": Schöpfungsmäßiges Wissen um
den Willen Gottes — nicht zu entschuldigende Verkehrung dieses Wissens
(Sünde) — hieraus resultierendes menschliches Elend — Erlösung durch
Christus und Wiederherstellung der Gotteserkenntnis. Dogmatisches Thema und Ziel ist hier die „Überführung" des Sünders, seine Hinführung
zu Christus. Die Schöpfungsoffenbarung ist hier deshalb notwendige
„Voraussetzung", weil ohne sie das Christusgeschehen unverständlich bliebe, und das Evangelium ins Leere stieße. Brunner geht es hier um die
dogmatische Grundlegung seiner Eristik; er untersucht die subjektiven
bzw. anthropologischen Bedingungen der Verkündigung des Evangeliums.

Die zweite Gedankenreihe aber dient nicht der Eristik, sondern der
Ethik. Hier führt der Weg nicht von der Schöpfungsoffenbarung zu Christus, sondern umgekehrt von der Christusoffenbarung zur Schöpfung. Es

---

[32] „Nein!", 219/18.
[33] S. u. S. 317.

geht hier nicht um eine natürliche Erkenntnis Gottes, sondern um christliche Erkenntnis der Natur. Eine ganz andere Art der theologia naturalis
ist hier im Blick: Nicht eine von der Christus-Erkenntnis streng zu unter-
scheidende natürliche Erkenntnis „vermöge des Nus" ist gemeint, sondern
die allein im Lichte der Christusoffenbarung ohne „Störung" mögliche
Erkenntnis des schöpfungsmäßigen Sinnes der Naturordnung. Brunner
versucht hier bereits seiner Lehre von den Schöpfungsordnungen ein of-
fenbarungstheologisches Fundament zu geben. Und *dabei* ist zu zeigen,
daß die Beobachtung der Welteinrichtung allein noch keine theologisch
ausreichende Ethik ermöglicht, weil die Sünde auch hier die Erkenntnis
stört. Die Schöpfungsordnungen sind — wie Brunner gegen Gogarten und
gegen ein von der Zweireichelehre her anders argumentierendes Luthertum betont — *nur* im Lichte Christi recht zu erfassen[34]. Daß Brunner
sich an dieser Stelle gerade „barthianisch" entscheiden wollte, dies trug
gewiß zur Ambivalenz seiner Lehre von der Schöpfungsoffenbarung bei.
Dadurch gab er Barth selber den Weg frei, die beiden verschiedenen
Aspekte der Brunnerschen Lehre in einer — theologisch unsinnigen —
Quersumme zusammenzuziehen.

3. Die fragwürdige Berufung auf Röm. 1 und 2

Die neutestamentlichen „Hauptstellen" Röm. 1,18 ff., 2,14 f. dienten
Brunner zum Schriftbeweis seiner These, die Schöpfungsoffenbarung sei
die „Voraussetzung" der Christusoffenbarung[35]. *Nicht* unbeeindruckt von
der exegetischen Beweisführung Brunners war u. a. K. Barth. Er hielt, um
Brunners dogmatischen Folgerungen zu entgehen, immerhin exegetische
Gegendarstellungen für angebracht. So behauptete Barth, erstens, nur auf
einer „Nebenlinie" lehre die Bibel die Möglichkeit einer Erkenntnis Gottes
aus der Schöpfung[36]. Zweitens vertrat Barth im Anschluß an Augustin —
aber entgegen der Meinung der Mehrzahl der modernen Exegeten[37] —
die Auffassung, mit den „Heiden", die nach Röm. 2,14 von Natur aus des
Gesetzes Werk tun, meine Paulus „unzweideutig" die „Heiden*christen*"[38].
Doch der auf die Exegese von Röm. 1 und 2 verwandte Fleiß (und überhaupt der in seinem theologischen und wissenschaftlichen Ethos problematische Eifer, hier, wie auch immer, eine *direkte* exegetische Bestätigung der eigenen systematischen Konzeption zu erhalten) stand in einem
Mißverhältnis zu der im Streit um die Schöpfungsoffenbarung tatsächlich

[34] Vgl. NuG, 200 f./37; 183/18; 195/31.
[35] Vgl. NuG, 177/12 Anmerkung 8.
[36] Vgl. KD II 1, 121. 112.
[37] Siehe hierzu *Michel,* aaO. 81.
[38] KD I 2, 332.

verhandelten Frage nach der rechten Form christlicher Verkündigung in einer dem Christentum weithin entfremdeten modernen Welt. Faktisch wurde in jedem Falle in die Texte von Röm. 1 und 2 eine fremde theologie- und geistesgeschichtliche Problematik eingetragen[39].

Gegen Brunners Benützung dieser Texte wäre daran zu erinnern: Paulus wollte Röm. 1,18 ff. jedenfalls nicht zum Ausdruck bringen, „daß für uns sündige Menschen die erste, die Offenbarung aus der Schöpfung, nicht genüge, um Gott so zu erkennen, daß diese Erkenntnis Heil bringt"[40]. Paulus redete hier aber auch nicht von einer Schöpfungsoffenbarung Gottes aus der missionarischen Erwägung heraus, es könne das Röm. 1,16 genannte Evangelium nur unter der Voraussetzung zum Zuge kommen, daß *zuvor* eine Verschuldung gegenüber der schöpfungsmäßigen Offenbarung der Majestät und des Willens Gottes bestand. Und „Predigt des Evangeliums" (vgl. Röm. 1,15) zielt in diesem Zusammenhang auch nicht auf die Erlösung von solcher Schuld. Der Form nach liegt hier ja eine Anklagerede vor[41]. Und zwar wird hier nun doch nicht etwa die Schöpfungsoffenbarung, sondern gerade die „Predigt des Evangeliums ... notwendig zur Anklage der Menschheit"[42].

Ferner wies K. Heim schon 1924 darauf hin, daß Röm. 1,18 ff. jedenfalls „außerhalb unserer modernen Atheistenfrage" liege[43]. Das geht aus V. 23 deutlich hervor, wo das törichte „Umlügen" Gottes „in ein Bild gleich dem vergänglichen Menschen und der Vögel und der vierfüßigen und der kriechenden Tiere" gebrandmarkt wird. Paulus konnte mit dieser Anklage deshalb auch außerhalb des Judentums auf Einverständnis rechnen, weil ein stoisch-vernünftiger, aufgeklärter Hellenismus längst schon das Verderbliche der dinglichen Gottesverehrung einzusehen vermochte und zur Erkenntnis der Unsichtbarkeit Gottes sowie zum theoretischen Monotheismus vorgestoßen war. Hieran knüpfte Paulus an. Der Brunnersche Gedanke aber, erst die Christusoffenbarung könne so den „Star stechen", daß der Mensch den schöpfungsmäßig manifesten Gott nicht mehr in Götterbilder „umlügt"[44], steht bei Paulus hier gar nicht zur Debatte. Vielmehr war es für Paulus an dieser Stelle gerade eine Frage der *Vernunft*, die Torheit des Götzendienstes zu entlarven[45].

---

[39] Vgl. *Nygren*, aaO. 70: „Mit einem ... von vornherein feststehenden Begriff der natürlichen Gotteserkenntnis pflegt man sich ... Paulus zu nähern, und die Frage wird dann ... so gestellt: spricht Paulus von einer solchen natürlichen Gotteserkenntnis oder nicht? Dann ist es ganz gleich, ob man die Frage mit ja oder mit nein beantwortet, — die Antwort wird doch falsch."

[40] NuG, 178/13.

[41] Vgl. *Bornkamm*, aaO. 18 ff.

[42] *Michel*, aaO. 59.

[43] *Heim*, aaO. (zur Stelle).

[44] NuG, 179/14.

[45] Vgl. schon *Daxer*, aaO. 6 f. Ferner *Bornkamm*, aaO. 10 sowie *R. Bultmann*,

Das alles schränkt die modernen missionarischen „Anwendungsmöglichkeiten" dieser Paulusstellen drastisch ein. So ist es erstaunlich, daß sie im 20. Jahrhundert überhaupt besondere Aktualität erlangten und heftig umstritten wurden. Verständlich wird dieser Vorgang vielleicht von der Tatsache her, daß zwischen den beiden Weltkriegen eine eigenartige „neuheidnische" Stimmung aufgekommen war. Vielen galt irgendeine (meist eine „mystische") „Gottgläubigkeit" wieder als selbstverständlich. Und dieser Verirrung gegenüber hielt z. B. Brunner das Atheismusproblem für ganz irrelevant[46]. Für die Theologie aber war eine verwickelte Lage entstanden, in der man sich an die Situation des Paulus erinnert fühlen konnte. Wo nun aber tatsächlich, trotz der historischen Differenzen[47], geradezu eine Identität der Situation angenommen wurde, waren Fehldeutungen der Paulustexte nicht zu vermeiden. So ist es wohl zu erklären, daß sich Brunner[48], Althaus[49] und viele andere der (ganz unpaulinischen!) Vorstellung hingaben, die Kirche müsse die noch vorhandene oder in irgendeiner Form wieder neu entstandene religiöse Substanz pfleglich behandeln! Erst in einem zweiten Schritt wiederholten diese Theologen dann auch die (noch paulinische?) Anklage, der Gottesgedanke werde in diesen modernen Formen der Religiosität bzw. in den verstümmelten Formen früherer Christianität in nicht zu entschuldigender Weise entstellt und verkehrt.

II. Drei dogmatische Schwerpunkte im Streit um die Ur- oder Schöpfungsoffenbarung

Literatur (außer Arbeiten, die im Abkürzungsverzeichnis genannt oder in einem der dort aufgeführten Sammelwerke enthalten sind): *P. Althaus*, Uroffenbarung. Luthertum 1935, 4 ff. — *Ders.*, Die christliche Wahrheit. Lehrbuch der Dogmatik, Bd. I (1947¹), 1969⁸ (vereinigt mit Bd. II). — *K. Barth*, Rezension: Brunners Schleiermacherbuch. ZZ 1924 Heft 8, 49 ff. — *Ders.*, Das christliche Verständnis der Offenbarung. ThEx H. 12, 1948. — *Ders.*, Amsterdamer Fragen und Antworten. ThEx H. 15, 1949. — *D. Bonhoeffer*, Widerstand und Ergebung,

---

Anknüpfung und Widerspruch, 1946, GuV II, 125. — Die entgegengesetzte Auffassung, Paulus kenne keine vernünftige Gotteserkenntnis aus „Uroffenbarung", sondern argumentiere retrospektiv vom Evangelium her, vertraten z. B. *Steubing*, aaO. 106 f. und *Heinzelmann*, aaO. 426.

[46] MyW, 3 f.

[47] Vgl. hierzu auch *Schlier*, aaO. 9 Anmerkung 1.

[48] Vgl. *E. Brunner*, Die andere Aufgabe der Theologie. ZZ 7, 1929, 273: „... es ist niemals zu rechtfertigen — und ganz besonders nicht in einer Zeit, wo *alles* Gottesbewußtsein schwindet — das auch dem sündigen Menschen als Schöpfungsgnade verbliebene Gottesbewußtsein als nicht vorhanden oder als nichts bedeutend zu behandeln" (— ein einigermaßen rätselhafter Satz!).

[49] S. u. S. 314 f.

21 Gestrich

hg. v. E. Bethge, Neuausgabe 1970. — *R. Bultmann*, Marburger Predigten, 1956. — *H. Th. Goebel*, Wort Gottes als Auftrag. Zur Theologie von Rudolf Bultmann, Gerhard Ebeling und Wolfhart Pannenberg, 1972. — *E. Hirsch*, Schöpfung und Sünde in der natürlich-geschichtlichen Wirklichkeit des einzelnen Menschen. Versuch einer Grundlegung christlicher Lebensweisung, 1931. — *E. Jüngel*, Gottes Sein ist im Werden (1965[1]), 1967[2]. — *F. Konrad*, Das Offenbarungsverständnis in der evangelischen Theologie. BÖTh Bd. 6, 1971. — *K. Leese*, Recht und Grenze der natürlichen Religion, 1954. — *W. Lohff*, Zur Verständigung über das Problem der Ur-Offenbarung. Dank an P. Althaus, Eine Festgabe z. 70. Geb., 1958, 151 ff. — *W. Lütgert*, Schöpfung und Offenbarung. Eine Theologie des ersten Artikels. BFChTh 2. Reihe, 34. Bd. 1934. — *W. Pannenberg*, Dogmatische Thesen zur Lehre von der Offenbarung. In: Offenbarung als Geschichte, hg. v. W. Pannenberg. KuD Bh 1 (1961[1]), 1970[4]. — *Ders.*, Grundzüge der Christologie (1964[1]), 1969[3]. — *Ders.*, Grundfragen Systematischer Theologie, 1967. — *H. G. Pöhlmann*, Das Problem der Ur-Offenbarung bei Paul Althaus. KuD 16, 1970, 242 ff. — *A. Schlatter*, Das christliche Dogma, Lahr und Stuttgart 1911. — *R. Walker*, Zur Frage der Uroffenbarung. Eine Auseinandersetzung mit K. Barth und P. Althaus, Bad Canstatt o. J. — *W. Wiesner*, Das Offenbarungsproblem in der dialektischen Theologie. FGLP 3. Reihe Bd. II, 1930. — *G. Wünsch*, Wirklichkeitschristentum. Über die Möglichkeit einer Theologie des Wirklichen. BSTh Bd. 3, 1932.

1. Die Offenbarung und das menschliche Selbstverständnis

Uneinigkeit im Verständnis der Offenbarung bedeutete im 20. Jahrhundert stets: Uneinigkeit darüber, wie die Theologie trotz und angesichts der Tatsache, daß die Existenz Gottes in der Neuzeit zweifelhaft wurde, von Gott reden kann. Primär ging es in den Kontroversen um den Offenbarungsbegriff gar nicht um die Frage, ob sich Gott nur in Christus oder teilweise bzw. in anderer Weise auch „natürlich" erschließe. Der eigentliche Streitpunkt war vielmehr, woraufhin dem modernen Menschen Gottes Offenbarung überhaupt verständlich sei. — Hatte E. Hirsch recht mit der Behauptung, Gott müsse heute erst wieder als der Schöpfer gesehen werden, „ehedem er als Erlöser und Versöhner verstanden werden kann"[1]?

Einig waren sich, ohne daß dies in der Regel ausgesprochen worden wäre, alle darin, daß Gott heute nicht mehr einigermaßen fraglos im traditionell-metaphysischen Sinn als Grund und Abschluß der Welt bekannt ist. Die Uneinigkeit aber bezog sich auf die Frage, ob im Selbstverständnis auch des heutigen Menschen kraft der Existenz und Wirksamkeit einer Schöpfungsoffenbarung ein Wissen um Gott enthalten sei; ferner, ob dieses Wissen ein nichtwissendes Wissen sei; schließlich, ob die Christusoffenbarung grundsätzlich in der Beziehung auf dieses Selbstverständnis expliziert werden müsse.

Drei Antworten standen zur Diskussion. Entweder identifizierte man

---

[1] *Hirsch*, aaO. 7.

das Selbstverständnis geradezu mit der Ur- oder Schöpfungsoffenbarung. Man wertete es dann als ein von Gott stammendes und als ein den Willen Gottes offenbarendes Wissen, wobei es als gleichgültig angesehen wurde, daß der moderne Mensch dieses Wissen sich selbst zu verdanken glaubt[2]. Oder aber man wertete das Selbstverständnis als eine Verkehrung der Ur- oder Schöpfungsoffenbarung. Auch das Selbstverständnis galt dann von vornherein als in sich selbst verkehrt. Es sei aber relevant, weil die Theologie in einer Art negativer Anknüpfung auf es Bezug nehmen muß; oder weil — so Bultmanns systematisch bedeutsame Variante dieses zweiten Wegs — die Theologie den Glauben als die Macht beschreiben muß, die dieses Wissen als ein falsches Wissen aufdeckt[3]. Die dritte Antwort schließlich ging dahin, daß das Selbstverständnis weder positiv noch negativ als die von der Theologie in einem besonderen Arbeitsgang zu erhebende Bezugsgröße des christlichen Redens von Gott gelten dürfe. Für Barth ergab sich der Verzicht auf die Analyse des vorgläubigen menschlichen Selbstverständnisses schon daraus, daß er auch den neuzeitlichen Schwund der „Selbstverständlichkeit" Gottes nicht als den Eintritt eines für die Theologie neuen und einer besonderen Bearbeitung bedürftigen Problems bewertet hat[4].

2. Natürliche Theologie bei A. Schlatter

2.1 Auf dem ersten der genannten drei Wege finden wir schon den dezidierten Gegner aller cartesianisch und idealistisch beeinflußten Theologie: Adolf Schlatter (1852—1938). Von der faktischen „Unvermeidlichkeit des Gottesgedankens" überzeugt[5], lehrte Schlatter, Atheismus — zu unterscheiden von Antitheismus! — gebe es, „streng genommen", nicht. So-

---

[2] So direkt ausgesprochen bei *Wünsch*, aaO. 28 f.: Der „Begriff der Uroffenbarung ist in der heutigen Zeit von besonderer Wichtigkeit; er meint alles das, was der moderne Mensch anerkennt, worauf er sich stützt, aufgrund dessen er sich versteht. Er schließt in sich die ganze Hingegebenheit an das Diesseits, die ehrfürchtige Sachlichkeit und bewußte Exaktheit des modernen Menschen. So ergibt eine Darstellung des Selbstverständnisses des modernen Menschen inhaltlich das, was theologisch unter Uroffenbarung zu verstehen ist. Dieser Begriff, der seit Römer 1,18 ff. und 2,14 f. ... eine bedeutende praktische Rolle in der christlichen Theologie spielte, gewinnt bei der heutigen Weltauffassung" auch dann „eine hervorragende Bedeutung", wenn heute der „natürliche Mensch ... die Uroffenbarung noch nicht als ... Selbstenthüllung *Gottes* erkennt". Denn er kennt sie ja dennoch in ihrem „Inhalt, von dem er glaubt, seine Erkenntnis *sich selbst* zu verdanken", nichts davon wissend, daß er mit seiner Erkenntnis tatsächlich „den Willen Gottes in bezug auf die Welt aufgedeckt hat".

[3] S. u. S. 313 f.

[4] Vgl. oben S. 18.

[5] *Schlatter*, aaO. 27 ff. Vgl. 27: „Da der Kausalitätsgedanke unserem Selbstbewußtsein so angehört, daß wir nicht nur die Vorstellung Wirker, sondern auch

lange der Mensch überhaupt etwas von sich selbst wisse, sei er auf keinen Fall Atheist. „Der uns immer wahrnehmbare Beweis Gottes" aber bestehe darin, „daß wir, indem wir Gott verneinen, uns selbst preisgeben"[6]. Da der Mensch nun von Natur aus nicht auf Selbstpreisgabe und Selbstzerstörung angelegt ist, schrieb ihm Schlatter auch eine natürliche Fähigkeit zu wirklicher Gotteserkenntnis und zu einer dem Willen Gottes wirklich entsprechenden Sittlichkeit zu.

Nachdrücklich wandte sich Schlatter gegen die reformatorische Lehre von der radikalen sündigen Verderbtheit unserer (Gottes-)Erkenntnis und Sittlichkeit: „Wir könnten nur dann alles, was wir sind und tun, sündlich nennen, wenn wir vergäßen, daß wir nie bloß das besitzen, was wir als unser eigenes Produkt hervorbrachten", und daß wir nie „aufhören, Gottes Werk zu sein"[7]. Tatsächlich erzeuge unser Denken „nicht lauter Irrtum und nicht lauter Wahrheit, sondern wir haben mitten in unsrem Irren auch wahre Gedanken. Ebenso ist unser Wollen nicht lauter Bosheit und auch nicht lauter Güte, sondern wir haben mitten in unserer Sündhaftigkeit auch Gutes"[8]. Auch wenn das Wahre und Gute in der außerchristlichen Frömmigkeit begegnet, gehe es um die eigenste Sache der Kirche. Die Kirche muß in „herzlicher Mitfreude und dienender Mitarbeit", meinte Schlatter, alles „pflegen, was den Gedanken und Willen des Menschen zu Gott hinwendet"[9].

Unter den Bedingungen der Neuzeit hielt Schlatter es für unumgänglich, jene „Beschränkung der Theologie auf die Kenntnis Jesu" zu durchbrechen, die bereits „die Dokumente der Reformation" (!) kennzeichne und bewirkt habe, daß in unserer theologischen Tradition „der Gedanke, daß Gott unser Schöpfer sei, leer geblieben ist". Nur deshalb habe die Reformation überhaupt diesen christomonistischen Weg beschreiten können, weil die Philosophie damals noch mit der Theologie zusammenwirkte und alles sammelte, „was uns am Menschen erkennbar ist". Doch der Umkreis der theologischen Aufmerksamkeit sei dadurch von Anfang an „verkürzt" geblieben. Es kennzeichne den Reformationstheologen, daß er, „wenn er als Philosoph spricht, nur die griechischen Traditionen wiederholt, wenn er aber als Dogmatiker spricht, vom Menschen und der Natur redet, als ob er sie nie sähe, sondern einzig durch die Sprüche der Schrift von ihnen hörte". Der neueren protestantischen Theologie sei daraus ein schweres Dilemma erwachsen, „weil heute die Angliederung einer Philosophie an die Theologie unmöglich ist". Eine Überwindung dieses Dilem-

---

die Vorstellung Gewirktes beständig auf uns anwenden, ist uns der Gottesgedanke unvermeidlich gemacht."

[6] AaO. 29.
[7] AaO. 244.
[8] AaO. 245.
[9] AaO. 450.

mas suchte Schlatter selbst in der Richtung der von J. Böhme bis hin zu Oetinger, Schelling und Baader unternommenen theosophisch-mystischen Vorstöße zu einer christlichen Naturlehre. Die „Gebrechen" dieser älteren Entwürfe mit ihrer undeutlichen „Grenze zwischen der Erkenntnis und der Phantasie" wollte er jedoch vermeiden[10].

2.2 Aber es ist doch aufschlußreich, daß ein Schlatter immerhin so nahestehender Theologe wie W. Lütgert zur Zeit des Dritten Reichs in der Nachbarschaft dieser in ihrer Art nicht unsympathischen Gedanken „die deutsche Form des Christentums" zu entwickeln vermochte. Hier steht plötzlich ein „heldische(s) Christentum" vor uns, das — unter Berufung auf die Uroffenbarung Gottes in Natur und Geschichte — den dritten Glaubensartikel durch „Mystik" ersetzte und den zweiten so umformte, daß „an die Stelle des Gekreuzigten der Herrscher", an die Stelle des Versöhnungstodes Jesu sein „Heldentod" trat[11]. Spätestens von hier aus erscheint bedenklich, daß auch der Dogmatik Schlatters ein Kriterium dafür fehlte, in welchem Betracht das natürlich-geschichtliche Selbstverständnis durchaus nicht als ein Korrelat der Gotteserkenntnis, sondern als ein Korrelat der Nichterkenntnis Gottes in der Sünde verstanden werden muß.

3. „Natürliche Offenbarung" bei Bultmann und „Ur-Offenbarung" bei P. Althaus

Der andere Versuch, mit Hilfe des Gedankens einer Schöpfungsoffenbarung das Selbstverständnis in die theologische Arbeit einzubringen, unterschied sich vom Schlatterschen Weg zunächst durch sein grundsätzlich positives Verhältnis zur lutherischen Reformation. Diesen zweiten Weg gingen nicht nur einige dialektische Theologen, sondern seinerzeit z. B. auch das „Jungluthertum".

3.1 Lehrte Schlatter, alles menschliche Selbstverstehen impliziere Gotteserkenntnis, so konnte Bultmann mit entgegengesetzter Tendenz sagen: Darin, daß der Mensch einen natürlichen Begriff von einem höchsten, allmächtigen, unendlichen Wesen hat, zeigt es sich, daß er auch ein Wissen von sich selbst, daß er Erkenntnis seiner eigenen Begrenztheit, Fragwürdigkeit und Nichtigkeit besitzt[12]. Der christliche Glaube kann dieses natürliche Wissen eigentlich nur bestätigen[13]. Darin freilich bestätigt er die-

---

[10] AaO. 606 f.

[11] *Lütgert*, aaO. 16 f.

[12] *Bultmann*, (1941) GuV II, 82 f. 86. — *Ders.*, (1929) GuV III, 5 f.: „Wir wissen um Offenbarung, weil sie zu unserm Leben gehört." „Um Offenbarung wissen, heißt um uns selbst wissen als um solche, die auf Offenbarung angewiesen sind." „Um Offenbarung wissen, heißt also um unsere Eigentlichkeit, aber damit zugleich um unsere Begrenztheit wissen."

[13] *Bultmann*, (1941) GuV II, 86.

ses Wissen nicht, daß es sich auf seiner Vorderseite gleichzeitig auch als eine wirkliche Erkenntnis Gottes, des höchsten Wesens, versteht. Als die Grundform menschlicher Selbsterkenntnis kann dieses Wissen doch nur zugleich als die *Frage* nach Gott gelten. Weil der Mensch natürlicherweise aber „sein negatives Wissen zu einem positiven Wissen umlügt", steht dann, „wenn Gottes Offenbarung wirklich Ereignis wird", die „entscheidende Frage" im Raum, ob der Mensch „sein falsches Wissen von Gott" preisgibt und sich „seine sündige Existenz radikal aufdecken läßt"[14]. In diesem Sinn ist für Bultmann die Frage nach dem menschlichen Selbstverständnis grundsätzlich theologisch relevant.

3.2 Bei P. Althaus trat noch eine ganz andere Komponente hinzu: Die Art, wie sich der natürliche Mensch in einer bestimmten historischen Situation selber begreift, sei offenbarungstheologisch höchst bedeutsam. Bultmann betonte die prinzipielle, Althaus aber die aktuelle Bedeutung des Selbstverständnisses — und dies hatte Bultmann geflissentlich vermieden[15].

Im Jahre 1935 beschäftigte Althaus das Problem, ob er den Menschen des neuen nationalen Ethos das Evangelium etwa so zu verkündigen habe, daß er ihnen ihre Erfahrung einer heiligen Ordnung im völkischen Lebensgesetz verdächtigen, ins dämonische Zwielicht rücken müsse. Sollte er predigen, hier würden Götzen angebetet, Gott aber bezeuge sich dem Menschen nur in der Bibel, nur in Christus? — „Nein, so können wir nicht reden. Wir wissen von der Ur-Offenbarung. Darum wissen wir und bezeugen es den Menschen, daß sie in dem Ergriffensein von den Ordnungen es mit dem wirklichen Gott zu tun haben, dem Schöpfer ... Himmels und der Erde." Zwar ist, fuhr Althaus fort, die an Blut und Boden orientierte Volksfrömmigkeit „wahrlich noch nicht der christliche Glaube"; jedoch auch nicht einfach Heidentum. Sie könne es nur „jeden Augenblick werden". Nämlich dann, wie Althaus mit Bultmann zusammentreffend sagt, „wenn die in ihrer Heiligkeit erlebte Ordnung und Grenze unseres Lebens mit Gott selber ... gleichgesetzt wird". „Daß diese heidnische Einstellung unter uns in diesen Jahren immer wieder Ereignis geworden ist und wird, bedarf keines Wortes." Die rechte christliche Verkündigung aber rufe „die Menschen nicht *hinweg* von dem, was sie heute ergriffen hat, sondern sie geht mit ihnen in diese ihre Erfahrung *hinein* und löst sie von der heidnischen Verkennung und Auswertung". „Es ist entscheidend für die Mächtigkeit der christlichen Verkündigung über unsere Zeit, ob sie von dem Wissen um die Ur-Offenbarung geleitet ist oder nicht. Führen wir das Gespräch mit der Zeit nicht aus dem Wissen um

---

[14] AaO. 99.

[15] Vgl. etwa *R. Bultmann*, Predigt über Gen. 8,22 (9. Mai 1937), in: Marburger Predigten, 1956, 27 f. 34.

die Ur-Offenbarung, dann wird Deutschland ein heidnisches Land und die Kirche eine Sekte."[16]

Hier liegt Bemühtheit um eine zeitgemäße Theologie ebenso am Tag wie die Naivität, mit der solche zeitgemäße Theologie in einer zur Verhütung von Schlimmerem riskierten Parteinahme für die Frömmigkeit von 1933 gesucht wurde. Deutlich zeigt sich die Verkehrtheit jener auch bei Schlatter begegnenden Annahme, Theologie und Kirche müßten für alle Frömmigkeit und Religiosität dankbar sein, sie als ehrliche Versuche des (modernen) Menschen, (wieder) zu Gott zu finden, „pfleglich" behandeln. Daß Althaus seine Furcht deutlich aussprach, andernfalls werde die Kirche in der heutigen Welt eine Sekte und verliere ihren Einfluß auf das breite, vom Rückfall ins Heidentum bedrohte Volk, ist aufschlußreich genug.

Den Begriff der Ur-Offenbarung selbst nahm Althaus kritischer auf als z. B. W. Lütgert. Eine direkte Approbation der aus der Ur-Offenbarung resultierenden Frömmigkeit stand ja nicht zur Debatte; eine Korrektur von der in der Hl. Schrift bezeugten Offenbarung her war angestrebt. Doch es ist gerade die Frage, ob diese nachträgliche biblische Zurechtweisung der aus missionarischen Gründen zunächst als wertvoll anerkannten religiösen Erfahrung wirklich eine theologische Verbesserung des Begriffs der Ur-Offenbarung bedeutete. Schlatters uneingeschränkte Behauptung einer auch ohne das Offenbarungszeugnis der Schrift möglichen echten Gotteserkenntnis war demgegenüber nicht nur konsequenter, sondern auch dogmatisch interessanter. Denn sie sprach den modernen Menschen nicht nur auf seine natürliche Möglichkeit hin an, in irrender Religiosität den Gott der Christenheit zu suchen, sondern sie wies auf seine natürliche Bestimmung hin, ein Christ zu sein!

3.3 Bultmann hatte nicht gesagt, die Theologie müsse mit dem heutigen Menschen solidarisch in die Welt seiner religiösen und parareligiösen Erfahrungen hineingehen. Sondern er behauptete, die Theologie komme an der Tatsache nicht vorbei, daß im Zusammenhang des Sich-selbst-Verstehens natürliche Theologie immer schon stattfindet, und daß der Mensch das in dieser natürlichen Theologie enthaltene *Selbst*verständnis in *Gottes*erkenntnis „umlügt". Wir finden bei Bultmann hier den merkwürdigen Satz: „Es gibt also eine ‚natürliche Offenbarung', oder es *gab* sie wenigstens"[17]. Das durch die Schöpfungsoffenbarung eröffnete rechte Selbstverständnis steht dem Menschen faktisch doch nicht mehr zur Verfügung, weil er dieses schöpfungsmäßige Wissen ständig zur Grundlage

---

[16] P. *Althaus*, Uroffenbarung, 16—19.
[17] *Bultmann*, (1929) GUV III, 26. — Eine ausführlichere Exegese dieses Satzes bei *Konrad*, aaO. 64 ff.

eines falschen Existenz-und Gottesverständnisses macht[18]. „Eine andere
Möglichkeit gibt es nur, wenn die Möglichkeit gegeben wird, daß der
Mensch von anderswoher in seine Gegenwart kommt als aus der Lüge,
der Sünde. Daß diese Möglichkeit gegeben ist, sagt *die Botschaft von
Christus.*"[19] Doch die Voraussetzung einer natürlichen Offenbarung ist
dadurch nicht überflüssig. Die Tatsache, daß sich der Mensch in der Sünde selbst mißversteht, setzt „die grundsätzliche Möglichkeit" eines zutref-
fenden Selbstverständnisses und einer wirklichen Gotteserkenntnis voraus[20]. Und daraus folgt eben die Annahme einer natürlichen Offenbarung,
obwohl es diese für uns gar nicht „gibt", und obwohl Bultmann selbst
andererseits den neutestamentlichen Befund in dem thetischen Satz zu-
sammenfaßte: „Die Offenbarung besteht also in nichts anderem als in
dem Faktum Jesus Christus."[21] Die natürliche Offenbarung bedeutet
gleichsam nur den anthropologischen Resonanzboden der Christusoffenbarung; aber insofern basiert auf ihr, Bultmann zufolge, allerdings der
Wirklichkeitsbezug der auf den Glauben abzielenden christlichen Verkündigung.

Bliebe die auf der Ur- oder Schöpfungsoffenbarung beruhende natürliche Religion und Theologie mit ihrem verkehrten Selbst- und Gottesverständnis schlechterdings außerhalb des Gesichtskreises evangelischer Dogmatik und Verkündigung, so bedeutete dies für Bultmann — ebenso wie
für Althaus oder Brunner — eine unsinnige Aufspaltung des Gottesbe-
griffes selbst: Die Theologie würde dann vom Gott der Christusoffenbarung so reden, als hätte dieser mit dem in der natürlichen Religion und
Theologie erfragten Gott gar nichts zu tun[22].

4. Das Problem einer „Aufspaltung des Gottesgedankens" (Barth und P. Althaus)

4.1 Demgegenüber wertete Barth nicht die Ausklammerung der natürlichen Religion und Theologie, sondern er bezeichnete jede negative oder
positive Anknüpfung an sie als eine „Aufspaltung des Gottesgedankens"[23]. Im Rahmen einer Auseinandersetzung mit der vom Vaticanum I
dekretierten natürlichen Theologie nannte Barth jede theologische Rezep-

---

[18] *Bultmann,* (1929) GuV III, 26: „Der Mensch aber hat sich mißverstanden
und sich an Gottes Stelle gesetzt." — B. spricht deshalb von der natürlichen
Gotteserkenntnis oft auch als von einem „nichtwissenden Wissen" (aaO. 6; vgl.
8.26). Und dieses nennt er auch Vorverständnis.

[19] AaO. 26 f.

[20] *Konrad,* aaO. 65.

[21] *Bultmann,* (1929) GuV III, 18.

[22] Hierzu *Bultmann,* (1941) GuV II, 79 ff.

[23] Vgl. KD II 1, 91.

tion einer außerhalb der Christusoffenbarung begegnenden Gotteserkenntnis „ein Attentat auf den christlichen Gottesbegriff"[24]. Die „Einheit Gottes" werde nicht ernst genommen, eine „Teilung auch des einen Gottes selbst" geschehe, wenn man „hinsichtlich der Erkennbarkeit Gottes ... eine vorläufige Teilung vollziehen" zu können meint, also in der „noetischen Frage" anders vorgeht als in der „ontischen"[25].

Althaus erblickte in diesem Votum nun auch eine Kritik an seiner Lehre von der Ur-Offenbarung. Barth hatte hier den Rang einer wirklichen Gotteserkenntnis jeder Erkenntnis bestritten, bei der nicht sogleich des Menschen Seligkeit und Verdammnis sowie Gottes Ehre und das Wunder seiner Liebe im Blick ist, vielmehr die Beschäftigung damit zurückgeschoben wird, weil man zunächst „in abstracto" und in einer „viel gemächlicheren Situation" nach der Existenz Gottes überhaupt fragen will[26]. Damit war Althaus' Begriff der Ur-Offenbarung eigentlich nicht direkt angegriffen; aber immerhin war angegriffen die auch im modernen Luthertum oft begegnende Annahme, heute sei Luthers Frage nach dem „gnädigen Gott" deshalb nicht mehr ohne weiteres die theologische Grundfragestellung, weil der moderne Mensch nicht mehr vordringlich das Wesen Gottes zu erfahren suche, sondern „fundamentaler" bei der Frage ansetze, ob Gott überhaupt existiere. Der Ansicht, unter den Bedingungen der Neuzeit komme der Frage nach dem „Daß" Gottes ein Prius gegenüber der Frage nach dem Wesen Gottes zu, ist Barth hier entgegengetreten[27].

Gegen den Vorwurf einer „Teilung Gottes" verteidigte sich Althaus folgendermaßen: „Auch wir wissen: es ist der eine Gott. Aber sein Handeln mit der Menschheit hat *Stationen*. Es steht freilich nicht so, daß Gott sich erst nur zu einem Teile und dann in Christus ganz erschlösse. Aber es steht so, wie in dem Gleichnis vom verlorenen Sohn: er hat ... schon Erkenntnis seines Vaters, als er aus dem Vaterhause fortgeht; er wird an diesem ihm wohlbekannten Vater schuldig, und als er dann heimkehrt und der Vater ihn wieder aufnimmt, da lernt er ihn nun doch ganz neu kennen. Das Erste und Zweite verhält sich nicht wie Teil und Ganzes; es hat also keinen Sinn, hier von ,Aufspaltung' des Vaters zu reden. Sondern eine personhafte *Geschichte* hat sich begeben. Sie hat *Stufen*."[28]

Es wurde schon gesagt: Von den Voraussetzungen Althaus' her wäre

[24] KD II 1, 140.
[25] KD II 1, 86.
[26] KD II 1, 88.
[27] Vgl. auch „Nein!", 255/59 f.: „Arme Theologen, die, um wirklich, um christlich von Gott zu reden, zuerst und vor allem sich darum bemühen müßten, ,überhaupt von Gott zu reden'! Arme Gemeinden, arme ,Intellektuelle', arme moderne Jugend, denen nach diesem Rezept früher oder später sicher ... nur noch ,überhaupt von Gott' geredet werden wird!"
[28] *P. Althaus*, Die christliche Wahrheit I (1947¹), 70 f.

erst dann von einer „Aufspaltung" des Gottesbegriffs zu reden, wenn die Ur-Offenbarung ignoriert würde, wenn sich die Theologie mit einer völligen Disparatheit des Gottes der religiösen Erfahrung und des Gottes der Christusoffenbarung abfände. Eine Theologie der Ur-Offenbarung, meinte Althaus, kann den verdeckten wahren Gottesbegriff an der verkehrten Religiosität, wie sie gerade in der Gegenwart begegnet, herausarbeiten. Denn Ur-Offenbarung meine nicht, wie Barth annehme, rationale natürliche Theologie — diese hielt auch Althaus für katholisch und falsch —, sondern echte „Betroffenheit des Menschen von Gott"[29].

4.2 Aber Barth teilte schon grundsätzlich nicht die Althaussche Lagediagnose, derzufolge sich die religiös suchenden Menschen der Gegenwart ins „Vaterhaus" zurücksehnten. Es war für ihn gar keine Frage, daß z. B. die Frömmigkeit des neuen nationalen Aufbruchs und Ethos „verdächtigt", ins „dämonische Zwielicht" gerückt werden müsse!

Wie viele andere sah Althaus 1933 eine Bewegung aufbrechen, die in suchender Unbestimmtheit zu dem „Vater" zurückdrängte, von dem sich in beiden vorausgegangenen Jahrhunderten immer mehr Menschen wegbewegt zu haben schienen. War bislang der Gottesgedanke immer vollständiger aus der Wirklichkeit in Natur und Geschichte verdrängt worden, so wurden diese Bereiche jetzt wieder Zentren tiefer religiöser Erfahrung. Deshalb schien eine Theologie der Ur-Offenbarung gerade jetzt erforderlich. Sie schien diesen neuen Aufbruch auffangen und zugleich theologisch klären zu können.

Für Barth aber bestand die theologische Problematik der beiden zurückliegenden Jahrhunderte nicht darin, daß der Gottesgedanke zunehmend aus Natur und Geschichte verbannt wurde — denn dadurch kam mindestens keine *zusätzliche* und auch keine von der Theologie mit einem besonderen Verfahren wieder zu beseitigende Gottlosigkeit in die Welt. Für Barth lag das Problem gerade darin, daß die Theologie in dem genannten Zeitraum immer angestrengter Gottes Wirklichkeit und Erfahrbarkeit in Natur und Geschichte nachzuweisen suchte. Dies habe jetzt zu einem „tumultuarischen Durchbruch natürlicher Religion in den Bereich der Kirche und Theologie" geführt[30]. Während für Althaus die Aufrichtung der Ur-Offenbarung integrierender Bestandteil seiner Neuzeit- und Säkularisierungskritik war, bedeutete für Barth die Bestreitung der Ur-Offenbarung einen Bestandteil seiner Kritik am neueren Protestantismus und dessen „Säkularisierung"[31] der Offenbarung. Auf dem Boden der Althaussschen Fragestellung, die auf eine Wiedereinholung des in der Neuzeit verdrängten Gottesgedankens abzielte, mußte Barths „Christomo-

---

[29] AaO. 69.
[30] KD I 2, 316.
[31] S. o. S. 61.

nismus" als ein höchst fahrlässiger Verzicht auf ein theologisches Begreifen der Wirklichkeit erscheinen, ja als die fatale Folge dessen, daß man
den modernen „Relativismus" zum „Bundesgenossen der Theologie", zum
„Zuchtmeister auf Christum hin" bestellt habe[32]. Umgekehrt mußte auf
dem Boden der Barthschen Fragestellung jeder Anknüpfungsversuch im
Zeichen der Ur-Offenbarung als eine fatale Reproduktion des Neuprotestantismus erscheinen, als ein neuerlicher, zum Scheitern verurteilter Versuch, erst den Gottesgedanken überhaupt sicherzustellen.

Auf beiden Seiten aber war man der Meinung, endlich wieder von der
Schrift her und nicht mehr von der „Geisteslage" aus Theologie zu treiben. Für Althaus standen die eigentlichen „Bekenner" der nicht weltanschaulich verkürzten biblischen Wahrheit gerade außerhalb der „Bekennenden Kirche". Die „Häresie" schien ihm „nicht bei den Vertretern der
revelatio generalis, sondern bei ihrem unversöhnlichen Bestreiter" (Barth)
zu liegen[33].

5. Der Schock der Neuzeit und das Offenbarungsverständnis Barths

5.1 In der Erkenntnis, daß die Theologie nicht annehmen darf, es gäbe
Epochen der Geschichte, deren Geist der Sache der Theologie besonders
entfremdet ist, und wiederum andere, deren Wirklichkeitsverständnis der
Sache der Theologie besonders entgegenkommt[34], hat Barth die Offenbarungsfrage anders aufgenommen, als dies auf den beiden im Vorangegangenen untersuchten Wegen geschah. Barths theologiegeschichtliche Bedeutung liegt nicht zuletzt darin, daß er an der modernen Theologie ein
Phänomen aufdeckte, das als Schock der Neuzeit bezeichnet werden könnte. Dieser Schock wurde im 20. Jahrhundert, als die Theologie auf die
Neuzeit wie auf eine abgeschlossene Epoche zurückzublicken begann, in
einer zwiespältigen Weise empfunden. Daß die geistigen Veränderungen
der letzten Jahrhunderte Irreversibles, die Theologie definitiv Verpflich-
tendes mit sich brachten, dies wurde gerade jetzt deutlich. Aber darüber
kam es auch noch einmal zu einem Erschrecken über den Wechsel der
Dinge seit der Reformation. Im 16. Jahrhundert war es noch die Theologie, die — der Philosophie voranschreitend und sie kritisch benützend —
das allgemeine Denken weiterbrachte und in der evangelischen Durchdringung des Verhältnisses von Gott, Welt und Mensch vollmächtig die
Wirklichkeit erschloß. Dieses christlich-reformatorische Wirklichkeitsverständnis ging in der Neuzeit offenbar schrittweise verloren; und auf des
Messers Schneide schien es zwischen den beiden Weltkriegen zu stehen, ob

---

[32] P. *Althaus*, Uroffenbarung, 4.
[33] P. *Althaus*, Die christliche Wahrheit I (1947¹), 71.
[34] Vgl. KD I 1, 26 f.

320

Deutschland ein heidnisches Land wird (P. Althaus), ob vielleicht überhaupt die zivilisierte Welt dem Nihilismus und einer massenstaatlichen Entpersönlichung anheimfällt (E. Hirsch).

Dieser Schock war aber von dem Empfinden begleitet, jetzt auf dem Kulminationspunkt der neuzeitlichen Entwicklung, sei die Zeit reif geworden, daß die Uhr wieder in der anderen Richtung gehe.

Wer so dachte, dem verband sich der kirchliche Auftrag, Sündern das Evangelium zu verkündigen, unter der Hand noch mit einer zweiten, ähnlich gerichteten Aufgabenstellung. Hier ging es gleichsam um die Bemühung, auch die Zeit selbst zu missionieren und zu heilen. Das in der Neuzeit zum Durchbruch gelangte Wahrheitsbewußtsein sollte darin als verkehrt entlarvt werden, daß es den Gottesgedanken abstieß. Solche Bemühung um ein besseres, die Grundbeziehung alles Seienden zum Schöpfer wieder wahrnehmendes Wirklichkeitsverständnis galt als unerläßlich, weil ohne ihren Erfolg auch die Verkündigung des Evangeliums sinnlos erschien. Gogarten meinte, daß das spezifisch moderne Welt- und Selbstverständnis eine säkularisierte evangelische Heilslehre darstelle und deshalb für das Evangelium selbst verschlossen sei, andererseits aber auch schon für das Gesetz, weshalb dem modernen Denken die Wirklichkeit ebenfalls verschlossen bleibe.

Aus dieser Diagnose ergab sich für die Gegenwart das Postulat einer evangelischen Theologie des Gesetzes oder einer evangelischen natürlichen Theologie, einer am christlichen Gottesgedanken orientierten Anthropologie, Ontologie, Erkenntnis- und Kulturlehre.

5.2 Seitdem Barth Ende der Zwanziger Jahre das Anliegen dieser natürlichen Theologie zu überschauen meinte, bezog er eine Gegenposition, hinter der u. a. folgende Erwägungen standen: 1. Verkündigung des Evangeliums bedeutet seit eh' und je eine Konfrontation des Gott leugnenden, des Gott aus der Wirklichkeit ausklammernden Menschen mit Gottes Wirklichkeit. Deshalb entstand in der Neuzeit für die Wahrnehmung des kirchlichen Verkündigungsauftrags keineswegs eine ganz neuartige Situation. 2. Andererseits bezeichnet aber auch die Reformation keineswegs eine Epoche, deren allgemeine Grundbegriffe noch theonomer oder christlicher Natur gewesen wären. Es hat in der Geschichte des Abendlandes überhaupt nie eine christliche Zeit gegeben. Vollends heute aber ist die Vorstellung von einer „zusammen mit dem übrigen Herkommen automatisch zu übernehmenden Christlichkeit...", so zäh sie sich auch noch behaupten und in allerlei Restaurationsversuchen von der Kirche oder von der Welt her erneuern mag, schon geschichtlich gesehen unmöglich geworden"[35]. 3. Es ist deshalb eine dogmatische Verirrung, wenn in der Gegenwart der Verkündigungsauftrag verknüpft wird mit dem kul-

[35] KD IV 3.2, 603.

turtheologischen oder -philosophischen Versuch, den christlichen Gottesgedanken im allgemeinen Wirklichkeitsverständnis „wieder" zu verankern.
Es ist theologisch unhaltbar, das evangelische Thema der Heimkehr des
Sünders zu Gott in irgendeiner Form zu verbinden mit dem Desiderat einer „Wiederverchristlichung" der allgemeinen Verhältnisse[36]. 4. Der Fehler liegt hierbei nicht einfach in einem unevangelischen und zugleich illu-
sionären kirchlichen Imperialismus, sondern noch eher gerade in einem
unevangelischen Beeindrucktsein durch die Machtentfaltung des neuzeitlichen Denkens. Der Fehler liegt in der Bereitschaft, alle theologischen Aktivitäten an der neuzeitlich gewordenen Problemlage auszurichten. 5. Was
die Theologie in dieser Situation tatsächlich zu leisten hätte, dies wäre ein
— wohl verstandener — „Ungehorsam gegenüber der Geschichte (der
Neuzeit!)". Die Theologie müßte sich wieder auf ihre eigenen Füße stellen, sich vollständig frei machen von ihrem neuzeitlichen Schock und den
von *ihm* her diktierten Vermittlungsbemühungen. Barth sah aber schon
im Jahre 1924, daß dies unter den gegenwärtigen Bedingungen einer
„theologischen Revolution" gleichkäme, die nicht weniger einschneidend
wäre als die Reformation selbst[37].

5.3 Die auf ihre eigenen Füße gestellte Theologie ist eine „kirchliche"
Theologie. Und „kirchlich" heißt für Barth: „von der Fremdherrschaft
der allgemeinen Wahrheiten frei und frei für die christliche Wahrheit."[38]

Es erübrigt und verbietet sich jene theologische Doppelverpflichtung,
außer nach dem Inhalt der christlichen Verkündigung zu fragen und diesen Inhalt zu bezeugen, zugleich auch die Offenheit des heutigen Menschen für diesen Inhalt festzustellen und sodann eine christliche Durchdringung und Neufundierung der säkularistisch gewordenen Kultur zu
versuchen. Die Theologie muß aufhören, nach der Beziehung zwischen
der Offenbarung einerseits, dem Selbst- und Wirklichkeitsverständnis des
modernen Menschen andererseits zu fragen. Statt solcher „Theologie des
‚und'"[39] bedarf es einer Theologie, die die eigne Wirklichkeit der Offenbarung und sodann die der Offenbarung eigene Möglichkeit, sich zu vermitteln, untersucht[40].

Es erübrigt und verbietet sich dann auch die Frage nach einer Ur- oder
Schöpfungsoffenbarung. Und zwar nicht nur, weil diese Frage im 20.
Jahrhundert in der Regel aus jenem von Barth abgelehnten apologeti-

---

[36] Barth hielt eben schon die Diagnose, die „nachchristliche Ära" sei eingetreten, für „Unsinn". Er ließ 1948 nur die Diagnose gelten, daß eine zahlenmäßige
Verminderung der sog. Christenheit eingetreten sei (Amsterdamer Fragen und
Antworten, 7 f.).
[37] *K. Barth*, Rezension: Brunners Schleiermacherbuch, 63 f.
[38] KD I 2, 136.
[39] S. o. S. 61.
[40] Vgl. KD I 2, 3 ff.

schen Interesse heraus gestellt wurde. Zwingend ausgeschlossen war für Barth eine Theologie der Ur- oder Schöpfungsoffenbarung aber, weil „der Begriff der Offenbarung und der Begriff Gott nach christlichem Verständnis" zusammenfallen „mit der Anschauung Jesu Christi". „In der Anschauung Jesu Christi beziehen sich beide auf *Wirklichkeit*."[41] In Jesus Christus begegnet Gottes „Selbstoffenbarung" „als das zu uns gesprochene Wort", welches uns anschaulich und eindeutig allein „im Zeugnis der heiligen Schrift gegeben ist"[42]. Hat sich Gott in Jesus Christus ganz, ohne etwas von seinem Wesen zurückzuhalten, offenbart, so bedeutet dies zugleich negativ: Gott hat sich in Jesus Christus als ein außerhalb dieser Offenbarung verborgener Gott offenbart. Und er hat den Menschen als ein außerhalb dieser Offenbarung für Gott blindes Wesen qualifiziert[43]. Die Selbstoffenbarung Gottes in Jesus Christus schließt es aus, daß uns Gott auch aus der Natur oder aus der Geschichte erkennbar würde.

Die Feststellung, die Vernunft sei nicht in der Lage, in der Wirklichkeit Gott und Gott als wirklich zu erkennen, ist demnach ein christlicher Glaubenssatz. Der Gott aber, dessen Erkennbarkeit und Existenz z. B. der Atheist leugnet, „ist ja gar nicht Gott". Es bedarf eben der Offenbarung in Jesus Christus, um mit Sicherheit zu wissen, daß Gott in keinem menschlichen Erkenntnisvermögen und in keiner menschlichen Untersuchung Raum hat[44].

In formaler Übereinstimmung mit skeptischen oder mit atheistischen Beurteilungen der Offenbarungsfrage weist nun auch das — Barth zufolge dem biblischen Offenbarungsbegriff wirklich gemäße — Dogma von der Jungfrauengeburt durch sein christologisches „natus ex virgine" darauf hin, daß die menschliche Natur an sich keine Fähigkeit und Eignung besitzt, die Stätte der göttlichen Offenbarung zu werden[45]. Wohl hat Gott in seiner Offenbarung die menschliche Natur und die menschliche Geschichte angenommen; aber diese sind nicht ihrerseits Gefäße oder Träger der Offenbarung Gottes[46]. Deshalb lautet auch die zentrale theologische Verstehensfrage nicht: Kraft welcher natürlichen Eignung oder kraft welcher existentiellen Problematik usw. kann der Mensch von Gottes Offenbarung überhaupt erreicht werden? Sondern: Wie ist es im Wesen Gottes begründet, daß Gott sich dem Menschen offenbaren kann? Wie ist die Beziehung zum Menschen hin im Wesen Gottes selber wirklich?

Ist dies die Schlüsselfrage einer christlichen, einer christologisch begründeten Offenbarungslehre, so muß die Theologie den Begriff der Of-

---

[41] *K. Barth*, Das christliche Verständnis der Offenbarung, 11.
[42] AaO. 21.
[43] Vgl. KD I 2, 32.
[44] Ebd. — Ferner: *K. Barth*, Das christliche Verständnis der Offenbarung, 9.
[45] KD I 2, 205 f.
[46] S. o. S. 218 f.

fenbarung trinitarisch explizieren. Der christliche Offenbarungsbegriff impliziert dann grundsätzlich das Problem der Trinitätslehre. Diese aber wurzelt im christlichen Offenbarungsbegriff als ihrem Grund[47]. Die Trinitätslehre sagt von dem in Jesus Christus sich selbst dem Menschen offenbarenden und zueignenden Gott aus, daß er schon vor der Schöpfung nicht ohne den Menschen war[48], daß er von Ewigkeit her für andere frei sein kann und in seinem Wesen nicht einsam ist. Bevor die Welt war, war Gott in seinem Sohn für uns bereit und offen[49]. Somit offenbart uns die Offenbarung: „Gott ist da, wo wir sind. Er hat unsere Natur zu seiner eigenen gemacht, aber auch unsere Sünde zu seiner eigenen, unseren Tod zu seinem eigenen."[50]

Offenbarung ist und bleibt — ausschließlich — eine Bestimmung, ein Prädikat der *göttlichen* Existenz. Offenbarungslehre ist für Barth nichts anderes als Gotteslehre. Doch indem die Offenbarung an Gott gebunden bleibt, ist sie auch für die menschliche Existenz von entscheidender Bedeutung. Weil Gott in Jesus Christus gehandelt hat, „darf der Mensch leben"[51]. Ohne Gottes Offenbarung in Christus hätte die menschliche Existenz weder eine wirkliche „Bestimmung" noch eine wirkliche „Begrenzung"[52]. D. h. sie hätte dann nur am Tod, der aber selbst stumm ist, der lediglich das Ende und nicht zugleich auch ein Außerhalb und Oberhalb repräsentiert[53], eine „negative" Grenze. Nicht aber hätte sie diejenige „positive" und gerade darum „starke", „absolute Grenze"[54], die die Voraussetzung unserer Freiheit ist[55]. — Im Unterschied zum Bultmannschen Begriff der *natürlichen* Offenbarung, bei dem der Mensch als begrenztes, ohnmächtiges und fragwürdiges Wesen in den Blick kommt[56], enthält die Barth allein bekannte Offenbarung kein begrenzendes Nein, sondern nur ein Ja zum Menschen[57].

5.4 Dieses der „Selbstinterpretation" Gottes in Jesus Christus nachfolgende Verständnis der Offenbarung[58] ist nun zugleich Barths entscheidende, kritische Antwort auf die neuere und auf die zeitgenössische protestantische Theologie.

D. Bonhoeffer hat von „Offenbarungspositivismus" gesprochen. Er

---

[47] KD I 1, 320 ff. 328 f.
[48] S. o. S. 218 ff.
[49] KD I 2, 38. 259. — KD I 1, 144. — KD IV 2, 34.
[50] *Barth*, (1934) Vorträge III, 164.
[51] *K. Barth*, Das christliche Verständnis der Offenbarung, 32.
[52] AaO. 31 ff.
[53] KD I 1, 146 (unten).
[54] *K. Barth*, Das christliche Verständnis der Offenbarung, 32.
[55] Vgl. aaO. 34.
[56] S. o. S. 313 f.
[57] *Barth*, aaO. 32.
[58] KD I 1, 329.

324

dürfte Barth wenigstens darin mißverstanden haben, daß er meinte, Barth setze als Offenbarung etwas vor, von dem „es dann heißt: ‚friß Vogel, oder stirb'"[59]. Gerade nicht *etwas* wird hier vorgesetzt, trotz des Dogmas der Jungfrauengeburt, der Trinitätslehre usw., die von Barth nicht einfach dem Glauben als Fürwahrzuhaltendes zugemutet werden, sondern die alle als Interpretationsmittel aufgenommen sind[60] und als solche die Offenbarung *näher bestimmen*. Nicht etwas wird vorgesetzt, das den Menschen in seiner Wirklichkeit und Freiheit negativ begrenzen, ihm ein sacrificium intellectus auferlegen würde. Um eine wunderhaft-mirakulöse Deutung der Wirklichkeit geht es ja von vornherein nicht. Auch ist nicht von der Offenbarung als von dem Geheimnis der Wirklichkeit die Rede. Vielmehr ist in rationaler Bemühung[61] um das Wunder und Geheimnis der *eigenen* Wirklichkeit und Freiheit Gottes die Rede davon, wie sich Gott nach biblischem Zeugnis dem Menschen schenkt, aufschließt, ihn sich versöhnt. Und nur, wenn Barth die Offenbarung und das menschliche Selbstverständnis hier als zwei Gegebenheiten oder Wirklichkeiten einander konfrontiert hätte, wenn er hier überhaupt das Göttliche und das Menschliche als zwei zu vermittelnde (oder auch nicht zu vermittelnde) Größen hätte aufeinandertreffen lassen — nur dann müßte sein Offenbarungsbegriff als positivistisch gelten.

Man muß die systematische und die theologiegeschichtliche Bedeutung des Offenbarungsbegriffs Barths nun aber auch erneut auf dem Hintergrund des Folgenden sehen: Dieser Offenbarungsbegriff umgeht nicht nur die neuzeitlichen Problematisierungen des Phänomens der Offenbarung, sondern er leistet auch positiv dies, daß spezifisch neuzeitliche Probleme die inhaltliche Entfaltung des Offenbarungszeugnisses nicht heimlich unterwandern und stören. Dies geschieht aber z. B. bei Althaus. Sein scheinbar konventionelles Vorgehen, in „Stufen" vom Gesetz zum Evangelium, von der Ur-Offenbarung zur Erlösungsoffenbarung hinzuführen, gewinnt unter der Hand noch einen anderen Charakter als ihn entsprechende theologische Traditionen hatten. So steht jetzt mit der Gesetzesthematik zusammen auch die Frage eines angemessenen, dem Gottesgedanken Raum gebenden Wirklichkeitsverständnisses zur Debatte. Und zusammen mit der Rede von der Ur-Offenbarung geht es darum, den ontologischen Ort des Redens von Gott allererst zu bestimmen. Auch wenn man (mit Brunner und Althaus) der Meinung ist, solche natürliche Gesetzes- und Offenbarungserkenntnis sei „im Lichte des Evangeliums" zu korrigieren, bleibt hier die Tatsache des Eindringens einer zweiten,

---

[59] *Bonhoeffer*, aaO. 312 f.

[60] S. *Barth*s Ausführungen über die Interpretation der Offenbarung: KD I 1, 264 f.

[61] Vgl. KD I 1, 388: „Theologie heißt rationale Bemühung um das Geheimnis."

neuzeitbedingten Fragestellung bestehen. Das Gesetz begegnet jetzt außer in seiner anklagenden und in seiner unterweisenden Funktion geradezu auch im Sinne eines Gottesbeweises. Eine Theologie der Ur-Offenbarung aber erhält nun auch die apologetische Funktion einer Konkurrenz und Korrektur moderner Weltanschauungen. Barth wollte diese Nebenfragestellungen aus der Gottes- und Offenbarungslehre ausschließen. Er befürchtete, es würde sonst die Verkündigung des Evangeliums konditionalisiert, von unmaßgeblichen Faktoren abhängig gemacht; das Evangelium würde als ein selber schutz- und apologiebedürftiges Heil mißverstanden. Barth wollte auch dem entgegenwirken, daß sich das Evangelium heutzutage in der Auslegung moderner Grund- und Transzendenzerfahrungen auf den theologischen Gesetzesbegriff hin bereits erschöpft.

Der Kirchenkampf verhinderte nicht, daß sich die evangelische Theologie nach dem Zweiten Weltkrieg sogar überwiegend mit den durch Barths Offenbarungsbegriff ausgeschlossenen oder übersprungenen apologetischen, hermeneutischen, kultur- und geistesgeschichtlichen Aspekten des heutigen kirchlichen Verkündigungsauftrags befaßte. Allerdings wurden auch die von Althaus, Brunner oder Bultmann entwickelten Offenbarungsbegriffe mehr und mehr als unzulänglich erkannt, obwohl sie alle nach wie vor, wenigstens gegenüber Barth, auch ein unabweisbares Anliegen zu implizieren scheinen. Das seinerzeit strittig Gewordene beschäftigt die Theologie jedenfalls immer noch, wenn sich auch Verschiebungen in der Fragestellung ergeben haben.

Hier ist abschließend auf den Versuch W. Pannenbergs hinzuweisen, *mit* Barth den Begriff der Offenbarung als Selbstoffenbarung Gottes in Jesus Christus trinitarisch zu explizieren[62], zugleich aber *gegen* Barths offenbarungstheologische Intention den Verlauf der Weltgeschichte — der Gott indirekt offenbare und an seinem Ende mit Gottes Wesen eins sei — als zur Offenbarung hinzugehörig zu begreifen[63]. Im Bereich dieses Entwurfs scheint die überkommene Unterscheidung zwischen einer christozentrischen Offenbarungstheologie und einer (evangelischen) natürlichen Theologie überholt. Oder anders: Die Disparatheit dieser beiden Theologien, die im Rahmen der Theologie des *Wortes* Gottes eine zwangsläufige war, scheint mit Pannenbergs universalgeschichtlichem Ansatz überwunden. Und überwunden scheint somit auch einerseits der schwache Punkt der früheren Behauptung einer besonderen Ur- oder Schöpfungsoffenbarung, wo die unkontrollierten ideologischen Einbrüche möglich waren, andererseits die Selbstisolierung der Theologie gegenüber

---

[62] Vgl. *W. Pannenberg*, Grundzüge der Christologie, 127—129.
[63] *W. Pannenberg*, Offenbarung als Geschichte, 97. Vgl. ebd.: „Das Wesen Gottes, obwohl von Ewigkeit zu Ewigkeit dasselbe, hat in der Zeit eine Geschichte."

326

der allgemeinen Religionsgeschichte und dem allgemeinen Denken, wie sie vor allem bei Barth beklagt wurde.

Nach Barths Kriterien wäre allerdings auch der Versuch Pannenbergs natürliche Theologie. Denn er behandelt jene zwei Fragestellungen (die Frage nach dem Inhalt der Offenbarung und die Frage nach dem Sinn der Geschichte; die Frage nach dem Wort Gottes und die Frage einer zureichenden Anthropologie und Ontologie) als *Einheit*, während Barth meinte, die erste Frage müsse der jeweils anderen vorausgehen, sie sei ihr gegenüber „selbständig zu entwickeln"[64]. Die Verbindung der ersten Frage mit der zweiten zu einer Einheit aber ist der Boden des Problems der natürlichen Theologie, so wie es sich Barth dargestellt hat.

Deshalb läßt sich mindestens nicht sagen, Pannenberg habe die in der dialektischen Theologie aufgebrochenen Gegensätze dergestalt vermittelt, daß nun die einst disparaten Intentionen miteinander zur Geltung kämen. Pannenberg hat vielmehr Barths offenbarungstheologische Grundlegung so aufgenommen, daß er gerade die von Barth ausgeschiedene Fragestellung zu bearbeiten vermag. Seine Arbeit ist besonders orientiert an der neuzeitlichen Krise der Metaphysik; und sie ist gleichzeitig charakterisiert durch die Bemühung, vom urchristlichen Geschichts- und Eschatologieverständnis her „unser gesamtes Wirklichkeitsverständnis" umzuformen. Es geht um eine Korrektur des neuzeitlich gewordenen Wirklichkeitsverständnisses von der christlichen Botschaft aus, aber gleichzeitig um deren Bewährung an der (heutigen) Welt- und Selbsterfahrung des Menschen[65].

Der eigentliche theologische Opponent Pannenbergs ist deshalb noch immer die KD Barths, die allerdings auch erst durch Pannenbergs Entwurf mit einer auf gleicher systematischer Höhe stehenden Reflexion dessen, was Barth natürliche Theologie nannte, konfrontiert wurde. In dieser Situation könnte heute die Polarisierung zwischen einer mit Bedacht erneut auf das Barthsche „Deus dixit" rekurrierenden und einer ontologisch ausweisenden bzw. bewährenden Theologie drohen. E. Jüngel gibt zu bedenken: „... was hilft die Versicherung, man müsse vom Sein Gottes geschichtlich reden, wenn man vom Sein Gottes nicht geschichtlich reden *kann*? Damit, daß man dem Gottesbegriff historische Prädikate gibt, ist es doch nicht getan." Jüngel will aber — mit Barth — darauf hinaus, daß allerdings dennoch von einer Geschichtlichkeit Gottes die Rede sein muß, weil ja die in Jesus Christus zur Anschauung gelangende „Selbstbewegung" Gottes dazu nötigt, „die Geschichtlichkeit Gottes *aus Gott* zu den-

---

[64] KD I 1, 135 f.
[65] Vgl. *W. Pannenberg*, Grundfragen systematischer Theologie, 6 (Anmerkung 2). S. 365.

ken"[66]. Erneut ist aber der Gedanke abgewiesen, Gott sei *aus der Geschichte* zu denken und zu erkennen.

Die systematische Bedeutung des Gegensatzes dieser beiden Bestimmungen des Verhältnisses von Offenbarung und Geschichte ist heute differenziert herauszuarbeiten[67]. Dabei wäre zu berücksichtigen, daß nicht allein die in der Tradition der Barthschen Wort-Gottes-Theologie denkende Dogmatik die Intention verfolgt, die Freiheit Gottes in ihrer Relation zur gnädigen Bindung Gottes an das menschliche Geschick auszusagen. Und daß auch nicht nur diese Dogmatik Wert darauf legt, Gott als den *Herrn* der Geschichte, die Offenbarung als das *Maß* der Geschichte zu denken. Auf der anderen Seite wäre der gegenüber Barth erhobene Vorwurf einer zu geringen verifikatorischen Leistung, einer hermeneutisch zu unklaren und einer philosophisch zu wenig ausgewiesenen Redeweise noch einmal zu überprüfen. Denn wir können heute Barths KD als eine theologische Leistung verstehen, die sehr präzis in die im 20. Jahrhundert bestehende, geschichtlich gewordene Gesprächslage zwischen Theologie und Philosophie eingriff. Barths Gotteslehre und Barths Anthropologie sind nicht unvermittelt mit der seit und nach Hegel verhandelten ontologischen und anthropologischen Problematik. Und interessanterweise sind sie es gerade darin nicht, daß Barth hier mit den in der Theologie üblich gewordenen Vermittlungen brach. Unter diesem Aspekt ist es heute noch offen, ob nicht gerade auf dem Fundament der Barthschen Offenbarungslehre auch dem Bedürfnis nach zeitgemäßer und sachgemäßer Verifikation des Redens von Gott entsprochen werden könnte.

Es kann nicht schaden, wenn sich die zwei genannten offenbarungstheologischen Konzeptionen heute gegenseitig zu einer Herausforderung werden. (Wäre es doch enttäuschend und merkwürdig, wenn am Ende aller seitherigen Bemühungen um den Offenbarungsbegriff doch nur ein mit der neuzeitlichen Welt sich identifizierendes, am Offenbarungsbegriff aber uninteressiertes „ethisches" Christentum einem sich kirchlich abkapselnden, ebenso problematischen „dogmatischen" Christentum gegenüberstünde). Inzwischen dürfte anerkannt sein, daß die aus Barths Offenbarungsbegriff scheinbar oder tatsächlich herausgefallene apologetische und christentumsgeschichtliche Problematik nicht nur als solche theologisch bedeutsam ist, sondern auch für Barth nicht einfach gegenstandslos war. Die Frage ist aber nach wie vor, wie dieser Problemkreis theologisch sachgemäß bearbeitet wird.

---

[66] *Jüngel*, aaO. 106.
[67] Einen Beitrag dazu leistet *H. Th. Goebel*, Wort Gottes als Auftrag, 1972.

22*

E) Ordnungen

I. Zur Entstehung der Theologie der Ordnungen

Literatur (außer Arbeiten Brunners und Gogartens): *P. Althaus*, Theologie der
Ordnungen (1934[1]), 1935[2]. — *Ders.*, Uroffenbarung. Luthertum 1935, 4 ff. — *H.
Bergson*, Schöpferische Entwicklung, 1921 (übers. v. E. Kantorowicz). — *H.
Krings*, Ordo. Philosophisch-historische Grundlegung einer abendländischen Idee.
In d. Buchreihe: Philosophie und Geisteswissenschaften Bd. 9, 1941. — *F. Lau*,
Artikel „Schöpfungsordnung", RGG[3] V, 1961, 1492 ff. — *C. E. Luthardt*, Kom-
pendium der Dogmatik. Leipzig 1866[2]. — *K. E. Olimart*, Der Begriff der Schöp-
fungsordnung in der evangelischen Theologie der Gegenwart. Diss. Münster
1933. — *A. Ritschl*, Die christliche Lehre von der Rechtfertigung und der Versöhnung, Bd. III, Bonn 1888[3]. — *G. Wingren*, Von der Ordnungstheologie zur
Revolutionstheologie. NZSThRPh 12, 1970, 1 ff.

In den Auseinandersetzungen um die sog. Schöpfungsordnungen hatte
die dialektische Theologie ihre ideologische Bewährungsprobe zu bestehen. Hier stellte sich ihr aus aktuellem Anlaß das Problem der natürlichen Theologie ganz konkret. Wie die „Theologie der Revolution" in der
zweiten Hälfte der sechziger Jahre auf dem Hintergrund gesellschaftlicher Umbrüche schlagartig in den Vordergrund rückte (und sich kritisch
gegen das vom Schöpfungsordnungsgedanken mit geprägte, bisherige
kirchliche Selbstbewußtsein wandte), kam es um das Jahr 1932 herum zu
einem „Blitzstart der Ordnungstheologie"[1]. Damals mußte es sich herausstellen, ob die dialektische Theologie wirklich als eine klärende geistige
Potenz in den diffizilen Prozeß der neuzeitlichen Entwicklungen eingriff.
Ob sie sich selbst in der jetzt eingetretenen Situation sicher an die richtige
Stelle zu bringen wußte. Ob sie von Hause aus mehr war als nur ein von
der Zeitwoge mit emporgetragenes Epiphänomen allgemeiner gesellschaftlicher Wandlungsprozesse.

1. Brunners Definition der Schöpfungsordnungen

Brunner bezeichnet die Schöpfungs- oder Gemeinschaftsordnungen als
ein Mittel der göttlichen *Erhaltunsgnade*[2]. Letztere ist von der Christus-

---

[1] *Wingren*, aaO. 1. — Unhaltbar erscheint aber W.s These, der Teil über die
„Ordnungen" in *E. Brunner*s Ethik: Das Gebot und die Ordnungen (S. 273—S.
551) sei aus einem plötzlich „von außen" aufgezwungenen Bedürfnis heraus
noch nachträglich verfaßt worden, nachdem die „theologische Ganzheit" des
Werkes schon erreicht war. Zweifellos hat B. dieses Werk von vornherein so konzipiert wie es uns vorliegt. Auch beschäftigte ihn — ebenso wie Gogarten — das
Thema der Ordnungen nicht erst zu Beginn der dreißiger Jahre. Schon 1929
gab B. eine kleine Schrift heraus mit dem Titel: Von den Ordnungen Gottes
(vgl. *F. Gogarten*, Ehe als Schöpfungsordnung. Bremer kirchl. Monatshefte 1,
1929, 13 ff.).

[2] NuG, 180 f./15 f.

gnade zu unterscheiden. Denn sie hebt nicht die Sünde auf, sondern nur deren äußerste Konsequenz: die gegenseitige Selbstvernichtung der Menschen. Indem der Schöpfer seine Gnade „dem sündigen Geschöpf nicht ganz entzieht"[3] verweist er es an gewisse Ordnungen, an „Konstanten des geschichtlich-sozialen Lebens" wie Staat, Ehe oder Beruf[4]. Das Geschöpf hält sich an diese Konstanten notfalls instinktiv und unbewußt[5]. Genauer definiert Brunner die Ordnungen als „Gegebenheiten des menschlichen Zusammenlebens, die allem geschichtlichen Leben als unveränderliche Voraussetzungen zugrunde liegen, darum in ihren Formen zwar geschichtlich variabel, aber in ihrer Grundstruktur unveränderlich sind, und die zugleich in bestimmter Weise die Menschen aufeinander hinweisen und zusammenfügen"[6].

Der Begriff der Ordnungen ist demnach zunächst kein spezifisch theologischer, sondern ein philosophischer und soziologischer Begriff. Er meint die naturgesetzähnlichen Invarianten im Bereich des gesellschaftlichen Zusammenlebens.

Leider blieben in der damaligen theologischen Diskussion das Erbe des Ordo-Denkens bei Augustin, in der Scholastik und schon in der griechischen Philosophie[7] sowie der gesamte wissenschaftliche Komplex der zeitgenössischen ethnologischen, religionsgeschichtlichen und soziologischen Erforschung der Strukturen und Ordnungen außer Betracht. Das Interesse lag an anderer Stelle: In der neuen Entdeckung der natürlichen Ordnungen manifestierte sich das Bewußtsein eines umfassenden Gegensatzes zum Geist und zur Theologie des 19. Jahrhunderts.

2. Philosophiegeschichtlicher Hintergrund

Bergson definierte in *L'évolution créatrice* (1907[1]) den Begriff der Ordnung als „eine gewisse Übereinstimmung von Subjekt und Objekt". Ordnung „ist der in den Dingen sich wiederfindende Geist"[8]. Damit war nun zugleich das Hauptproblem des Idealismus aufgegriffen: Die Übereinstimmung von Subjekt und Objekt wurde im Idealismus gerade wieder durch das Subjekt selbst vermittelt. Die *logische Ordnung* war gegenüber der Seinsordnung als das eigentliche Aktive und Wirkliche gedacht; und bei Hegel schien die Seinsordnung in der Denkordnung „aufgehoben". In der Folge kam es zu linkshegelianischen Umkehrungen dieses Verhältnisses, in denen freilich der Idealismus selbst fortwirkte — bis er sich

---

[3] NuG, 180/15.
[4] NuG, 181 f./17.
[5] NuG, 182/18.
[6] GO, 194; vgl. 197. — Ähnlich P. *Althaus*, Theologie der Ordnungen, 7.
[7] Hierzu die Monographie v. *Krings*.
[8] Zit. n. H. *Bergson*, Schöpferische Entwicklung, 1921, 227.

schließlich in den verschiedenen naturalistischen und positivistischen Kanälen verlor. Am Ende standen Historismus und Relativismus. Gleichzeitig aber setzte mit der Lebensphilosophie und der philosophischen Phänomenologie eine Gegenbewegung ein. Ihr Thema war der aus der *Seinsordnung* selber heraus sich manifestierende Geist. Bergson stellte fest, es gebe zwei Arten von Ordnungen, in denen sich der Geist wiederfindet: die geometrische, rational-zweckmäßig konstruierte und die lebendige, vor allem durch den Willen gestaltete künstlerische Ordnung (wie sie z. B. aus Beethovens Symphonien vorscheint)[9]. Spätestens schon seit Schopenhauer und Nietzsche war das „idealistische" Denken mit dieser zweiten Art der Ordnung konfrontiert. Dies war sozusagen die Vorbereitung des 20. Jahrhunderts im 19. Jahrhundert.

Von dieser zweiten Art der Ordnung, der Übereinstimmung von Subjekt und Objekt, ist angenommen worden, daß sie sich vom Seinsgrund der Welt her vermittle. Der Annahme einer solchen Ordnung aber entsprach zugleich das geschichtliche Bewußtsein und das Lebensgefühl, es sei der die Wirklichkeit konstruierende moderne Mensch unwirklich, weltlos geworden; er sei auf sich selbst zurückgeworfen. Aus dieser Grundstimmung heraus wurde die vergessene (Welt-)Wirklichkeit vor und neben der durch das Subjekt vermittelten Wirklichkeit vorrangiges philosophisches Thema. Man achtete auf den Geist, der durch die Grundverhältnisse bzw. durch die „Natur" selbst vermittelt ist. Das Subjekt und seine Vernunft sollten mit der ursprünglichen Erschlossenheit der Welt in der Sprache, im durchschnittlichen Lebens-Verhalten und in den natürlichen Ordnungen versöhnt werden. — In den Niederungen dieser Philosophie stellten sich dann auch eine „Volksnomostheorie" und die verschiedenen Rekurse auf „Blut und Boden" ein.

3. Theologiegeschichtlicher Hintergrund

Der im Neuluthertum des 19. Jahrhunderts entstandene Begriff der Schöpfungsordnungen erweist sich als Konglomerat aus Elementen der lutherischen Stände-, Berufs- und Zweireichelehre sowie diverser Einflüsse des neueren naturrechtlichen Denkens[10]. Der Begriff schien den Vorzug zu besitzen, daß er im Bereich des „Gesetzes" theologische Differenzierungen zuließ (z. B. zwischen den um der Sünde willen gegebenen „Erhaltungsordnungen" und den unabhängig von der Sünde, etwa zur Fortpflanzung des Lebens, gegebenen „Schöpfungsordnungen")[11]. Seine wichtigste dogmatische Funktion war aber, der Theologie den *Wirklichkeitsbezug*

---

[9] AaO. 227 ff.
[10] Hierzu *Lau*, aaO. 1492 ff.
[11] NuG, 182/17.

parallel zu den neuen philosophischen Strömungen zu erhalten bzw. herzustellen.

Die ältere protestantische Dogmatik bietet mit dem im Rahmen der Protologie abgehandelten Lehrstück von der göttlichen *Vorsehung* (Unterabschnitte: conservatio, concursus divinus, gubernatio) ein gewisses Äquivalent zum Schöpfungsordnungsgedanken. Tertium comparationis ist Gottes gnädige Erhaltung und Lenkung der Welt.

Die späte Entstehung einer Theologie der Ordnungen hat nun auch damit zu tun, daß sich die Vorsehungslehre in der Neuzeit noch „am längsten gehalten hat"[12]. Erst die exakte Naturforschung disqualifizierte sie als „unwissenschaftlich". Ferner entdeckte die idealistische Philosophie Diskrepanzen zwischen dem Vorsehungsglauben und der Sittlichkeitsforderung. Hierdurch geriet die so lange vital gebliebene Providenzlehre im 19. Jahrhundert in einen besonders rapiden Verfall. Dafür sah man sich jetzt aber „in die ungeheure Weltmaschine mit ihren eisernen gezahnten Rädern, mit ihren schweren Hämmern und Stampfen hilflos hineingestellt". D. F. Strauß, selber ein engagierter Kritiker des Vorsehungsgedankens, hat dies so gesehen und zugegeben. Zugleich tröstete ihn die Vorstellung, in der Weltmaschine bewegten sich nicht bloß „unbarmherzige Räder", es ergieße sich auch „linderndes Öl" in sie[13]. — Später hat A. Ritschl diesen Trost als unzulänglich bezeichnet und gefordert, der Vorsehungsglaube müsse der Christenheit in neuer Form zurückgewonnen werden. Für Ritschl war es „nur ein Fehler der Erkenntnis, wegen des wissenschaftlich erkannten Naturzusammenhanges den Glauben an die göttliche Vorsehung für ungültig zu erklären, welcher [doch] aus der religiösen Wertschätzung unserer geistigen Persönlichkeit im Vergleich mit unserer relativen Abhängigkeit von der Welt entspringt"[14]. Ritschl führte diesen Erkenntnisfehler bis auf die altprotestantische Orthodoxie zurück. Diese habe in der Providenzlehre die Weiche falsch gestellt „sofern sie den Glauben an Gottes Vorsehung als ein Stück natürlicher Religion darstellte"[15]. Dieses Abstrahieren von Soteriologie und Christologie suchte Ritschl zu vermeiden indem er die Vorsehung auf das „Ziel der Beherrschung der Welt in der Gemeinschaft des Reiches Gottes" bezog[16]. Das war ihm möglich, weil inzwischen die evolutionistische Denkweise maßgebend geworden war. Ritschl stand, wie seine Zeitgenossen, vor der Notwendigkeit einer Vermittlung zwischen den mechanischen Abläufen in der technischen Welt (und auch in der Natur selber) auf der einen Seite und der Welt des Geistes, der Freiheit und der Sittlichkeit auf der anderen Seite.

---

[12] *Luthardt*, aaO. 92.
[13] Mitgeteilt bei *Ritschl*, aaO. 584.
[14] *Ritschl*, aaO. 587.
[15] AaO. 590.
[16] Ebd.

Und diese Vermittlung leistete ihm der Glaube an die göttliche Weltregierung und deren sittliche Ökonomie auf das Reich Gottes hin.

Mit dem Plausibilitätsschwund der Ritschlschen Weltanschauung nach dem Ersten Weltkrieg stieß auch Ritschls Vorsehungsglaube auf theologische Kritik. Wie im Zuge der philosophischen Entwicklung die Weltvergessenheit des „deutenden" und technisch „verändernden" modernen Denkens bekämpft wurde, so geriet jetzt auch Ritschls auf die „Beherrschung der Welt" ausgerichtete Ökonomie des Reiches Gottes in Mißkredit. Auch sie schien das Natürliche bloß als den Stoff des Geistes zur sittlichen Weltvollendung zu begreifen, es als weisungslos, sprachlos und gefährlich zu diskriminieren. Die Ordnungen, so äußerte sich Althaus, „in die hinein wir gebunden sind, die Normen, die wir aus ihnen hören", waren „der Skepsis des Relativismus preisgegeben". Deshalb mußte man im 19. Jahrhundert, in dem die Lehre von den Schöpfungsordnungen nicht gedeihen konnte, die Annahme machen, erst „von Christus her" werde einsichtig, „daß Treue besser ist als Treubruch, daß ich meinen Bruder nicht totschlagen, sondern ihm dienen soll". „Aber diese Gedanken" fuhr Althaus fort, „sind von vorgestern und gestern, nicht mehr von heute. Die Bücher, in denen sie stehen, müssen heute neu bearbeitet werden. Die Gedanken sind treuer Ausdruck einer Zeit der praktischen und theoretischen Zersetzung aller ein Volksleben erhaltenden Bindungen und Normen."[17]

II. Die Ordnungen im Horizont der Zweireichelehre

Literatur (außer Arbeiten Barths, Brunners und Gogartens): *W. Elert*, Bekenntnis, Blut und Boden. Drei theologische Vorträge, 1934. — *A. Hakamies*, „Eigengesetzlichkeit" der natürlichen Ordnungen als Grundproblem der neueren Lutherdeutung. Studien zur Geschichte und Problematik der Zwei-Reiche-Lehre Luthers. UKG Bd 7, 1971. — *E. Hirsch*, Schöpfung und Sünde in der natürlich-geschichtlichen Wirklichkeit des einzelnen Menschen, 1931. — *M. Honecker*, Liebe und Vernunft. ZThK 68, 1971, 277 ff. — *K. V. L. Jalkanen*, Die Schöpfungsordnungen und ihre Grenzen im Licht der Bibel. Helsinki 1939. *F. Lau*, Artikel „Schöpfungsordnung", RGG³ V, 1961, 1492 ff. — *I. Pöhl*, Das Problem des Naturrechts bei E. Brunner. SDSTh Bd. 17, 1963. — *E. Troeltsch*, Die Soziallehren der christlichen Kirchen und Gruppen. Ges. Schriften I (1912¹), 1923³. — *W. Wiesner*, Die Lehre von der Schöpfungsordnung. Anthropologische Prolegomena zur Ethik, 1934.

1. Brunners problematische Stellung zwischen Barth und Gogarten

1.1 Theologen, die jetzt immer noch nicht eine in ihrer Funktion und Bedeutung selbständige Schöpfungsordnung von der Heilsordnung in

---

[17] *P. Althaus*, Uroffenbarung, 4 f.

Christus zu unterscheiden wußten, gerieten in den Verdacht, die „Weltlosigkeit" und „Unwirklichkeit" des im 18. und 19. Jahrhundert vorherrschend gewesenen Denkens fortzusetzen. So wurde auch Barth — sogar durch Brunner — kritisiert, es drohe bei ihm der Wirklichkeitsbezug der Theologie „unter den Tisch" zu fallen[1]. Es war ein zentrales Anliegen der Brunnerschen Ethik *Das Gebot und die Ordnungen* (1932), die Selbstverständlichkeit theologisch zu realisieren, daß Gottes Gebot nicht „über der gegebenen Wirklichkeit schwebt, ohne Zusammenhang mit ihr"[2]. Aber Barth konnte gerade dieses Anliegen Brunners als „gesund" und „unaufgebbar" bezeichnen[3]. Strittig war eben nicht, *ob* die Theologie einen solchen Zusammenhang sehen und realisieren müsse, sondern *wie* sie dies tun soll.

Barth hatte nichts dagegen, daß Brunner das uns trotz der Sünde erhaltene Vermögen, leidlich zu existieren, auf eine gnädige Anordnung Gottes zurückführte[4]. Aber Barth hielt es für falsch, in diesem Zusammenhang von einer „besonderen (oder vielmehr ‚allgemeinen'), der Gnade Jesu Christi sozusagen voranlaufenden Gnade" zu reden[5]. Wenn mit Anordnungen Gottes gerechnet werde, die mit Gottes erlösendem Handeln *nicht* identisch sein sollen, so bedeute dies eine „bis in den Gottesbegriff selbst hineinreichende Aufspaltung des einen Gebotes Gottes, die um jeden Preis unterlassen werden sollte"[6].

Nun hatte auch Brunner betont, Gott als Schöpfer sei „kein anderer als der Erlöser"; und nur „im Lichte der Christusoffenbarung" sei von der Erhaltungsgnade und von den Ordnungen „richtig" die Rede[7]. Doch gemeinsam mit den anderen Ordnungstheologen lehrte Brunner gleichzeitig, Gott wirke als Schöpfer und Erhalter *anders* denn als Erlöser: Erlösung schafft er nur, wo sein Wort im Glauben vernommen wird. Erhaltung wirkt er auch dort, „wo man nichts von ihm weiß"[8]. Erlösung geschieht allein aus Gnade. Am Schöpfungs- und Erhaltungswerk aber ist der Mensch als Mitarbeiter Gottes beteiligt[9].

Barths Einwände gegen Brunners „Abstraktion zwischen Schöpfung

---

[1] Vgl. GO, 594. — Ferner *Hirsch*, aaO. 97.

[2] GO, 192.

[3] KD III 4, 21.

[4] „Nein!", 221/20. — Vgl. aber 222/21: „Verdient dies ‚Gnade' zu heißen: daß wir ... immer noch ... unter allerhand wenigstens den gröbsten Unfug und Unfall mäßigenden Bedingungen existieren dürfen? An sich betrachtet, könnte dies doch wohl weithin ebensogut unsere Verurteilung zu einer Art Vorhölle bedeuten!"

[5] „Nein!", 221/20.

[6] KD III 4, 40.

[7] GO, 203; vgl. 80. — NuG, 180 f./16.

[8] GO, 203 f.

[9] NuG, 181/16.

und Erlösung" wiederholen nun der Sache nach die Thesen vom Streit um die „Schöpfungsoffenbarung". Brunners Begriff der Schöpfungsordnungen wird zuletzt deshalb abgelehnt, weil auch Brunner nicht plausibel machen könne, daß die festen, regelmäßigen Strukturen und Ordnungen des menschlichen Zusammenlebens wirklich und klar den Schöpferwillen Gottes erkennen lassen. Muß z. B. auch der *Krieg*, wie E. Hirsch annahm[10], als „Schöpfungsordnung" gelten? „Kann", so fragte Barth, „der Anspruch mit dem hier Einer und dort Einer ... mir nichts dir nichts ‚Schöpfungsordnungen' proklamiert, wie es ihm nach seiner liberalen oder konservativen oder revolutionären Gemütsverfassung gerade paßt — kann dieser Anspruch etwas Anderes bedeuten als die tumultuarische Aufrichtung des Papsttums irgend einer höchst privaten Weltanschauung?"[11]

Im ganzen beurteilte Barth Brunners Ordnungstheologie ebenso negativ wie die entsprechenden Ansätze bei Hirsch oder Gogarten. Brunner aber distanzierte sich als „Barthianer" ausdrücklich von Hirschs Verständnis der Ordnungen, bei dem die Schöpfung nicht von der Erlösung her verstanden werde, vielmehr im ersten Glaubensartikel eine „„natürliche Theologie' als Basis der christlichen" etabliert sei[12]. Und durch Barth ließ sich Brunner auch von der politischen Gefährlichkeit der „ungebrochen konservativ-autoritäre(n)" Gogartenschen Ordnungslehre überzeugen. Freilich war dann aber Barth nicht für Brunners evangelisch „gebrochene", den Konservatismus mit dem Utopismus vermittelnde Theologie der Ordnungen zu gewinnen[13]. Mit seinem vermittelnden Vorstoß hatte Brunner die Fronten verwirrt. Und wie es zu gehen pflegt, traf dann Barths „Nein!" in der Person Brunners den Kritiker in der „eigenen Familie" härter als den ihm eigentlich fremden „Gegner": Gogarten.

1.2 Die systematisch interessanteste Frage der Theologie der Ordnungen ist: Enthalten Staat, Ehe, Beruf usw. in sich selbst auch bereits die Impulse und die Kriterien ihrer sachgemäßen Verwirklichung? Ist also mit der Existenz der Ordnungen auch bereits angezeigt, *wie* sie verwirklicht werden wollen? Haben sie eine eigene klare Intentionalität und Rationalität, denen die Gesellschaft und der einzelne zu ihrem eigenen Wohl

---

[10] Siehe bei *Lau*, aaO. 1493.

[11] „Nein!", 224/23 f. — Vgl. auch *Barth*s Gegenthese KD II 2, 22: „Was Gott in seiner Freiheit tut, das ist in Ordnung. Und daß es in Ordnung ist, das kann und muß von uns ... erkannt und anerkannt werden, ohne daß wir es zuerst an unseren Ordnungsbegriffen gemessen und daraufhin als ordentlich anerkannt hätten. Gott ziemt es, *uns* zu lehren, was Ordnung ist. Uns aber ziemt es, unsere Ordnungsbegriffe an seiner Entscheidung zu messen und also von *ihm* zu lernen, was Ordnung ist." — Vgl. KD II 2, 34. 171. 754. Sowie: KD III 3, 145 und KD III 4, 20 f. — Ferner *K. Barth*, Der heilige Geist und das christliche Leben, in: K. Barth u. H. Barth, Zur Lehre vom Heiligen Geist. ZZ 8, 1930, Bh 1, 49 f.

[12] GO, 596.

[13] NuG, 200/36 f. — Vgl. GO, 594 f.

entsprechen sollten? — Oder bieten die Ordnungen doch nur einen unbe-
stimmten Rahmen, der so oder so gefüllt werden kann, und über dessen
rechte Ausfüllung die von außen hinzutretende Vernunft des Menschen je
nach Umständen entscheiden muß? — Oder schließlich: Wird der Sinn
der Ordnungen vielleicht erst dem Christen ganz deutlich? Bedarf es des
gläubigen Hörens auf Gottes Wort, um ihre Forderung recht zu verstehen? Und bedarf es der Liebe als der Frucht des Glaubens, um sie recht
und „evangelisch" zu verwirklichen?

Brunner beantwortete die erste und die letzte der soeben gestellten drei
Fragen bejahend. Er sah in den Ordnungen Lebenskreise, „*gemäß* denen
wir zu handeln haben", weil uns aus ihnen — auch wenn ihr voller Sinn
erst am Evangelium erhellt — „gebrochen und indirekt... Gottes Wille
entgegenkommt"[14]. Demgegenüber lehrten aber die von der lutherischen
Zweireichelehre herkommenden Theologen, die Ordnungen müßten regu-
liert werden „e ratione"[15]. Diese Theologen vermochten ebensowenig wie
auf seine Weise Barth dem Brunnerschen Komparativ zuzustimmen, der
Glaubende verstehe die (aus Trieb und Vernunft heraus nur „einigermaßen" zu verwirklichenden) Ordnungen „*richtiger*" als der Ungläubige[16].

Nach Brunners Meinung errichtete das Luthertum ein „unheilvolles
Dogma" mit seiner Verweisung der politisch-ethischen Fragen in das
„Reich zur Linken", in dem nur die Vernunft, nicht auch das Evangelium
zu hören sei. „Diese kluge Scheidung ist viel zu bequem, um wahr zu
sein."[17] Auf ihr beruhe die lutherische Neigung, sich in bestehende Verhältnisse zu fügen und selbst Gewaltherrschaft theologisch zu rechtfertigen. Und dieser Neigung entsprechend trage nun auch Gogartens *Ordnungstheologie* „der Bezogenheit des Gläubigen auf das kommende Reich
Gottes zu wenig Rechnung". Sie übergehe „das Revolutionäre, das im
christlichen Ethos steckt"[18]. Auf der von Brunner angestrebten mittleren
Linie zwischen den Theologien Barths und Gogartens hieß es: „Die
Emanzipation von tyrannischer Autorität — sei's nun väterliche, landes-
herrliche oder wirtschaftsherrliche — ist in autoritären Zeiten so notwendig,
wie die stärkere Bindung an konkrete Autoritäten in freiheitstrunkenen
Zeiten."[19]

Vor allem wollte Brunner nachweisen, daß ein totaler Staat durch eine
evangelische Theologie der Ordnungen nicht zu rechtfertigen sei[20]. Er

[14] GO, 275. — Vgl. *Barth*s Kritik: KD III 4, 31 f.
[15] *Elert*, aaO. 32. — Vgl. F. *Gogarten*, Die Schuld der Kirche gegen die Welt (1928[1]), 1930[2], 19.
[16] NuG, 182/18.
[17] GO, 202.
[18] GO, 594.
[19] GO, 595.
[20] Vgl. *E. Brunner*, Gerechtigkeit, 1943, 159: Im Gegensatz zum „Zentralis-

nahm auch entsprechende Naturrechtstraditionen auf[21], um zu zeigen: Ordnungen, die „Instrumente der Tyrannei" wurden, sind „reif zur Zerbrechung"[22]. Da sich aber auch die andere Seite auf das Naturrecht berufen konnte, verstärkte Brunner diese Aussagen noch mit an Barths Theologie angelehnten Argumenten: Gott „erhält die Welt nicht, um sie zu erhalten, sondern um sie zu vollenden. Darum ist seine Bejahung der Gegebenheit nur eine bedingte — nämlich eine durch das *Ziel* bedingte, die Bejahung eines Vorläufigen". Im „Warten auf die Welt der Vollkommenheit, deren wir im Glauben teilhaftig sind", fordert Gott „auch von uns aus *ein Neues*"[23].

Soweit dies alles auch kritisch gegen die lutherische Zweireichelehre gesagt war, hielt nun Gogarten solche Kritik (die an E. Troeltschs aus zweiter Hand geschöpftem Bild von der konservativ-patriarchalischen lutherischen Ethik und „Doppelmoral"[24] orientiert war) nicht für diskussionswürdig. Wenn Gogarten die Ordnungen, der lutherischen Unterscheidungen von Gesetz und Evangelium entsprechend, ins „Reich zur Linken" verwies, so stand im Hintergrund zwar das Thema der Rechtfertigung des Sünders, nicht aber eine Absicht auf Rechtfertigung des Bestehenden! Er verwahrte sich ausdrücklich gegen die Unterstellung, die genannte Unterscheidung übergehe die „lebensgestaltende Mächtigkeit" des Glaubens[25]. Luther hatte die beiden Reiche ja nicht gegeneinander isoliert gedacht. Was es um das Gesetz ist, kommt nur am Evangelium heraus. Und in diesem Sinne gab es auch für Gogarten Erkenntnis der Schöpfungsordnungen nur „aus dem Glauben an die Erlösung"[26]. Aber dies bedeutete nicht, daß das Evangelium, wie bei Brunner, auch in den Bereich der Ordnungen hineingetragen werden und deren Wesen bestimmen müßte. So „vermischt" man die beiden Reiche.

Brunner hatte zwar Barths Neuerung, das Gesetz in das Evangelium hineinzustellen, abgelehnt[27]. Aber er verwarf auf der anderen Seite — wie wenn er nun doch von dieser Voraussetzung Barths herkäme — auch die an der Zweireichelehre orientierte These der Lutheraner, die Ordnungen

---

mus" des „totalen Staats" erscheint der „Förderalismus" als „der gerechte Aufbau der Ordnungen, nämlich der Aufbau von unten. Das ist Schöpfungsordnung...".

[21] Hierzu *Pöhl*, aaO. 194 f.

[22] GO, 201 und 203.

[23] GO, 199. — Vgl. *Barth* KD III 3, 91: „Weil servatio, darum creatio, darum auch conservatio." — Ferner: KD IV 2, 197. 615.

[24] Vgl. *Troeltsch*, aaO. 492. 501 u. ö. — S. auch: *Hakamies*, aaO. 37—41.

[25] *F. Gogarten*, Wider die Ächtung der Autorität, 1930, 20.

[26] *F. Gogarten*, Die Schuld der Kirche gegen die Welt (1928[1]), 1930[2], 18; vgl. 44.

[27] Vgl. MW, 502: „Luther fängt erst da an, recht über das Gesetz zu denken, wo Barth aufhört."

seien nicht nach Maßgabe des Evangeliums, sondern allein nach Maßgabe der Vernunft zu verwirklichen.

2. Die „jüdischen Lehren" der Neuzeit (Gogarten und Barth)

In einer Theologie der Ordnungen im Sinne Gogartens geht es um „unideologische, nüchterne Erkenntnis der Welt"[28]. Daß die Ordnungen Sache der Vernunft sind, dies bedeutet bei Gogarten aber keineswegs, sie seien wissenschaftlich zu untersuchen, sie seien pragmatisch zu gestalten! Denn die im Sinne neuzeitlicher Erkenntniskritik und moderner Wissenschaft „rationale" Wirklichkeitserkenntnis und -bewältigung unterliegt bei ihm gerade dem Ideologieverdacht! *Die* Vernunft, die zur rechten Verwirklichung der Ordnungen anleitet, ist nach Gogarten eine andere als diejenige, die den technisch-rationalen Wirklichkeitsbezügen zugrunde liegt.

Die in einem technischen Sinn als die zu gestaltende und zu unterwerfende Materie verstandene Wirklichkeit, ferner die im humanistischen Sinn als soziales Betätigungsfeld verstandenen Ordnungen — dies beides ist offenbar nicht „Gesetz" im Sinne der Zweireichelehre. Denn in dieser Wirklichkeit und in diesen Ordnungen manifestiert sich *menschlicher* Wille, nicht „Gottes ewiger Wille", an dem die Menschen „zuschanden werden"[29]. Die Ordnungen, die der Mensch als einen Rahmen begreift, innerhalb dessen er bessere Verhältnisse erzeugen soll, sind nicht die „Sündenordnungen", die die Wirklichkeit des Menschen eigentlich kennzeichnen. Der moderne Mensch hat die Tendenz, diese Wirklichkeit zu verleugnen. Er will es — immer nach Gogarten — nicht wahrhaben, daß sein Leben unveränderlichen Ordnungen und Zwängen, an denen er nur schuldig werden kann, unterliegt. Er schafft sich deshalb eine technisch-soziale (Schein-)Wirklichkeit, in der er freier Herr zu sein scheint.

Bei Luther noch — und mit diesem Problem ringt Gogarten — schienen sich „Gesetz" und „Wirklichkeit" zu decken. In der Neuzeit aber kam es anscheinend zu einer diese Kongruenz aufsprengenden Verdoppelung der Wirklichkeit als schöpfungsmäßige und als gemachte Welt, als Natur und als Geist, als res extensa und als res cogitans, als Objekt und als Subjekt, als aufgezwungene Verhältnisse und als Emanzipation.

Derartige Erwägungen zum Neuzeitsyndrom haben aber etwas Kurzschlüssiges an sich. Denn selbstverständlich ist nicht anzunehmen, es sei der Problemkreis der „Machbarkeit der Welt" dem Mittelalter einfach noch fremd gewesen. Oder: Spezifikum der Neuzeit sei eine doppelte Wirklichkeitserfahrung. Doch dürfte bei Gogartens Verständnis der Ord-

[28] *F. Gogarten*, Die Schuld der Kirche..., 1930², 20.
[29] *F. Gogarten*, Wider die Ächtung der Autorität, 1930, 25.

nungen immerhin dies richtig gesehen bzw. vorausgesetzt sein, daß es *nicht* angeht, die Ordnungen der technisch-sozialen Strukturen theologisch als „Sündenordnung" und als „tötendes Gesetz" zu interpretieren, und daß die Unterscheidung von Gesetz und Evangelium sowie die Zweireichelehre in der Neuzeit überhaupt schwieriger, jedenfalls für Mißbrauch anfälliger wurden.

Nach Gogarten implizieren aber die technisch-sozialen Schöpfungen der (modernen) Subjektivität eo ipso ein schuldhaftes Zudecken oder Verdrängen der Schöpfungsordnung, ja, eine Flucht vor der Wirklichkeit selbst und somit auch vor dem *Gesetz.* Es ist interessant, daß demgegenüber Barth z. B. bei den idealistischen Entwürfen gerade eine Fluchtbewegung vor der *Gnade* diagnostizierte. Gogarten und Barth redeten hier offenbar auf verschiedene Weise vom selben Sachverhalt. Doch welches ist die Bedeutung und die Tragweite der hier vorliegenden Differenz?

Immer bescheinigte Gogarten dem die Neuzeit und die Aufklärung beflügelnden humanitären Wollen einen liebenswerten Zug, der in einer das Bessere erstrebenden Auflehnung gegen resignierende Schicksalsergebenheit liege[30]. Gleichzeitig erblickte er jedoch in diesem modernen Wollen ein falsches Verständnis des Guten: Gut ist hier der Mensch, der frei ist[31]. Freiheit aber wird verstanden „als das An-und-für-sich-sein des Menschen, als dasjenige, worin die Menschen, wenn sie es realisieren könnten, wären wie — ja nun wie Gott"[32]. Dabei weiß man „natürlich, daß der empirische Mensch nicht gut ist in diesem Sinn. Man weiß, daß es ‚das Gute' ... nur gibt als Seinsollendes, und daß es ‚das Gute' darum eben nicht ‚gibt'. Aber man behauptet, daß der Mensch gut *werden* soll. Und unter diesem Aspekt des Gutwerden-sollens versteht man die Geschichte". Der moderne Mensch fällt sogleich „ins Bodenlose", er verliert den „Sinn seines Lebens", wenn es ihm einmal nicht mehr möglich ist, die Geschichte im Sinne der „Idee des Fortschritts und des Ziels" zu verstehen[33].

Barth schrieb 1922, die von der Confessio Augustana (Art. 17) verworfene Vorstellung vom Tausendjährigen Reich werde doch „nicht zu umgehen sein", „wo immer das ethische Problem ernsthaft ins Auge gefaßt wird"[34]. Gogarten aber behauptete im Jahre 1930, „daß man das ethische Problem nur dann zu Gesicht bekommen kann, wenn man den Irrtum dieser ‚jüdischen Lehren' eingesehen hat und vor ihm auf der Hut ist"[35]. — Hier ist auf beiden Seiten Leidenschaft zu spüren. Zwar schränkte

---

[30] S. o. S. 87 f.
[31] *Gogarten,* aaO. 30.
[32] AaO. 31.
[33] AaO. 30 f.
[34] *Barth,* (1922) Vorträge I, 139.
[35] *Gogarten,* aaO. 27.

Barth sein Bekenntnis zum Chiliasmus durch die Feststellung wieder ein, eine wirklich neue Welt sei nicht vom Fortschritt der Geschichte, sondern allein vom ewigen Leben zu erwarten. Aber er meinte, dem evangelisch-eschatologischen Hoffnungsziel *analog* müsse auch ein Hoffnung weckendes Ziel der irdischen Geschichte angenommen werden. Ganz zu Recht frage man deshalb in der Ethik nach einem „geschichtlichen Ideal", nach einem „innerhalb der Zeit liegenden und zu verwirklichenden Zielzustand", nach einer „auf Wahrheit und Gerechtigkeit, auf Geist und Liebe, auf Friede und Freiheit gegründeten Verfassung der menschlichen Gesellschaft". „Ohne Chiliasmus, und wenn es nur ein Quentchen wäre, keine Ethik, so wenig wie ohne die Idee einer moralischen Persönlichkeit. Wer von dieser judaica opinio etwa frohgemut ganz frei sein sollte, von dem wäre zu sagen, daß er die ethischen Probleme wirklich noch nicht oder wirklich nicht mehr sieht."[36]

Gogarten war diese Einstellung unerträglich. Er argwöhnte — zu Unrecht, was Barths Meinung betrifft —, hier greife wieder die häretische Vorstellung von einer kontinuierlichen kulturellen Höherentwicklung zum Reiche Gottes hin Platz[37]. Als ob das Gottesreich durch Menschen verwirklicht werden könnte! Als ob es sich keimhaft, anfangsweise hier auf Erden realisieren ließe! Bei Barth aber war ein synergistischer Vorgriff auf Gottes künftige Vollendung der Welt gar nicht im Blick. Vielmehr das Bild einer *Entsprechung* zwischen der Bewegung des Gottesreichs und der Bewegung der irdischen Geschichte. Die Meinung war, hoffnungsvoll und aussichtsreich seien gesellschaftliche Zielsetzungen nur dann, wenn sie nicht *gegen* die Intention der in Gottes Freiheit beschlossenen und im Evangelium verheißenen Vollendung der Welt konzipiert und realisiert werden.

Barth und Gogarten waren beide damit befaßt, die Verknäuelung von „Evangelischem" und „Häretischem" im neuzeitlichen Denken, insbesondere im Idealismus, zu entwirren. Sie beide meinten, die im 20. Jahrhundert zu einer bedrängenden Erfahrung gewordenen negativen Folgen der Aufklärung gingen letztlich auf die häretische Konstitution der Moderne zurück. *Deshalb* sei Gegenaufklärung das historische Schicksal der Aufklärung selbst geworden, und *deshalb* sei enttäuschende Unfreiheit auf der Kehrseite gerade des Freiheitsversprechens der Aufklärung entstanden, weil in der Neuzeit entscheidende anthropologische Grundbegriffe der evangelischen Lehre *nicht* entsprochen haben.

Das utopische Geschichtsverständnis und die moderne Freiheitsidee auf der einen, das Christentum auf der anderen Seite schienen Gogarten unvereinbar. Was der „Geschichte gegenüber nötig ist", so sagte er mit

---

[36] *Barth*, aaO. 140.
[37] *Gogarten*, aaO. 25 f.

„dürren Worten", „das ist, daß die sie beherrschenden Notwendigkeiten klar erkannt werden"[38]. Die geschichtliche Wirklichkeit ist nicht einfach der Raum freier menschlicher Selbstverwirklichung, sondern der Raum, in dem Vorgegebenheiten begegnen, denen der Mensch, will er nicht ins Bodenlose geraten, entsprechen muß. (Genau so sagte es auch jene philosophisch-weltanschauliche Gegenströmung gegen den „Geist des 19. Jahrhunderts", von der oben die Rede war[39]). Diese Vorgegebenheiten oder „Notwendigkeiten" widerstreben dem Utopismus und Chiliasmus. Sie halten die Welt in dem Zustand, der sie zu einer allezeit der Gnade Gottes bedürftigen und „zu einer der kommenden Vernichtung verfallenden, unvollkommenen, sündigen Welt macht". Sie sind also „wahrlich" so beschaffen, „daß der Mensch immer wieder auf den Gedanken eines Ziels kommt, das diesen Zustand der Welt aufhöbe"[40].

Der unideologisch, nüchtern erfaßte Zustand der Welt erweist sich, Gogarten zufolge, als bestimmt durch die „tatsächliche Ungleichheit der Menschen, in der sie aufeinander angewiesen sind". Und er ist ferner charakterisiert durch die „Notwendigkeit des Zwanges", weil die aufeinander angewiesenen Menschen tatsächlich „auseinanderstreben", sich ihrer mitmenschlichen Pflicht entziehen. So betrachtet, ist über die Welt das „Gegenteil" von Gleichheit und Freiheit... im Sinne der Selbstbestimmung des Menschen" zu sagen[41]. Sowohl die Erfahrung wie das Wort Gottes bestätigen es Gogarten, daß die Ungleichheit und die Notwendigkeit des Zwanges das darstellen, „was seit dem Sündenfall gewesen ist und bleiben wird bis an den Jüngsten Tag und ohne das menschliches Leben in der Geschichte nicht möglich ist"[42].

Dies alles ist nicht vorschnell als konservative Ordnungstheologie, als reaktionäre Theologie des „tötenden Gesetzes" in einem Kontrast und Gegensatz zur Theologie der evangelischen Freiheit bei Barth zu sehen! Um wirkliche Freiheit ging es gerade auch Gogarten. Um die Kritik der idealistischen Anthropologie ging es gerade auch Barth. Barth und Gogarten intendierten von zwei verschiedenen Seiten her das gleiche. Nur daß bei jenem als der Bezugspunkt der theologischen Analyse die „Hoffnung", das *Freiheitsversprechen* der Neuzeit diente, während bei diesem das „Verhängnis", die modernen gesellschaftlichen *Zwangsstrukturen* der eigentliche Bezugspunkt waren. Und weiter: Barth suchte aus der häretischen Konstitution der Moderne — und damit aus der „Dialektik der Aufklärung" — herauszufinden im Zuge der Wiederherstellung einer

---

[38] *Gogarten*, aaO. 28. — Vgl. *Ders.*, Die Schuld der Kirche gegen die Welt, 1930[2], 33.

[39] S. o. S. 330.

[40] F. *Gogarten*, Wider die Ächtung der Autorität, 1930, 28.

[41] Ebd.

[42] AaO. 28 f.

möglichst reinen evangelischen Kirchenlehre. Gogarten suchte dasselbe zu erreichen durch die Wiederherstellung eines *möglichst reinen Wirklichkeitsverständnisses.*

Um ein solches, mit dem theologischen Gesetzesbegriff (statt mit den modernen Zwangsstrukturen) konvergierendes Wirklichkeitsverständnis wieder zur Geltung zu bringen, bedurfte auch Gogarten des Rekurses auf die Kirche. Nicht die Ideologiekritik der Wissenschaften und der Philosophie, sondern allein die Ideologiekritik des christlichen Glaubens dringt, Gogarten zufolge, zu diesem reinen Wirklichkeitsverständnis durch[43]. Der Dienst der Kirche am Denken müsse es heute sein, „das natürliche Licht der Vernunft" wieder entzünden zu helfen, das „durch den irrsinnigen Traum von der Freiheit und dem Selbstbewußtsein des Menschen, das heißt von der Göttlichkeit des Menschen ausgelöscht ist"[44].

Gogartens Theologie basiert auf der Zweireichelehre. Gogartens Gebrauch der Zweireichelehre unterscheidet sich von demjenigen Luthers aber mindestens darin, daß der Zweireichelehre bei Gogarten primär die hermeneutische Funktion zukommt, die in der Neuzeit entstandene geistige Lage zu klären! Die Zweireichelehre ordnet bei Gogarten zunächst gar nicht das Verhältnis von Gesetz und Evangelium, sondern offenbart eine „Fehlanzeige" bezüglich einer substantiellen Wirklichkeitserfahrung in der Neuzeit. Im „Reich zur Linken" schien die Wirklichkeit ungreifbar geworden, ideologisch verflüchtigt. Deswegen war Gogartens Anwendung der Zweireichelehre zunächst *ideologiekritisch* gemeint; sie sollte allererst Vernunft und Wirklichkeit wiederherstellen. — Wir haben aber oben schon gesehen, daß Gogarten hier dem Umstand nicht Rechnung zu tragen vermochte, daß „Gesetzeserfahrung" in der Neuzeit ebenso wie in früheren Epochen statthat und daß gerade der die Wirklichkeit fliehende und sich dabei selbst „verwirkende" Mensch jener Sünder ist, zu dem die evangelische Rechtfertigungsbotschaft redet[45].

---

[43] *F. Gogarten,* Die Schuld der Kirche..., 1930², 22.

[44] AaO. 44. — Überwunden werden sollte der (von *Gogarten* als Preis für den modernen Fortschrittsglauben betrachtete) „schauerliche, dinghafte, unmenschliche, dämonische Despotismus der berühmten und berüchtigten Eigengesetzlichkeit der politischen und wirtschaftlichen und anderen Verhältnisse" (Wider die Ächtung d. Autorität, 1930, 39). Die Rückkehr unter die Herrschaft Gottes und die schöpfungsmäßige Ordnung sollte befreien von der Diktatur der Verhältnisse, von der Herrschaft unmenschlicher Zwänge oder, mit Luther, von der stets an die Stelle der Herrschaft Gottes tretenden Herrschaft des Teufels (aaO. 40). — Während E. Troeltsch die moderne „Eigengesetzlichkeit" u. a. gerade auf die „religiöse Idee" Luthers und auf die Soziallehren des Luthertums zurückgeführt hatte (s. *Hakamies,* aaO. 43), bezeichnete Gogarten den modernen sozialen Utopismus, der u. a. auf die „Schwärmer" der Reformationszeit zurückgeht, als die Wurzel dieser „Eigengesetzlichkeit". Und er erwartete insbesondere von der genuinen lutherischen Theologie ihre Überwindung!

[45] S. o. S. 108 f.

342

Sicher hängt es nun auch damit zusammen, daß Gogartens ideologie-kritisch gemeintes Argument, die Wirklichkeit sei „nüchtern" zu verstehen und als vorgegebene Ordnung überhaupt erst wieder anzunehmen, selber Züge einer wirklichkeitsfremden Ideologie aufweist. Auffällig ist in diesem Zusammenhang eine Barth fremde, doch auch bei Brunner wieder begegnende düstere Tendenz zur *Selbstanklage*, zu einer als „Trauerarbeit" wenig produktiven Selbstkritik des heutigen Christentums. Von der modernen „Auflösung der Familie", von der gegenwärtigen „Zuchtlosigkeit auf dem Gebiet des geschlechtlichen Lebens" und vom „Irrsinn unseres heutigen politischen Lebens" behauptete Gogarten: „Daß es aber so ist, daran sind wir Christen schuld."[46] Aber hinter dieser Bereitschaft, alles auf sich nehmen, stand auch ein Wille, den Protestantismus als geistige Führungsmacht wiederzugewinnen! Hier drangen jene speziellen Fragestellungen und auch jene theologische Romantik ein, die wir oben als eine Wirkung des „Schocks der Neuzeit" untersucht haben[47]. Und von hier aus wird auch verständlich, daß der konservativen politischen Romantik und den ihr verpflichteten Bewegungen die Hoffnung entgegengebracht werden konnte, *sie* könnten das Christentum aus der — „unter dem Einfluß des idealistischen Denkens" entstandenen — „Innerlichkeit" befreien und auch die moderne „Privatisierung des Glaubens" überwinden helfen[48].

F) ANKNÜPFUNG

I. Brunners Lehre vom Anknüpfungspunkt unter Berücksichtigung des Verhältnisses zu Barth und zu Schleiermacher

Literatur (außer Arbeiten Barths, Brunners und Bultmanns): O. *Bayer*, Gegen Gott für den Menschen. Zu Feuerbachs Lutherrezeption. ZThK 69, 1972, 34 ff. (60—65). — G. *Ebeling*, Die Beunruhigung der Theologie durch die Frage nach den Früchten des Geistes. ZThK 66, 1969, 354 ff. — F. *Ebner*, Das Wort und die geistigen Realitäten. Pneumatologische Fragmente, 1921. — L. *Feuerbach*, Das Wesen des Christentums (1841). Ausgabe in 2 Bänden hg. v. W. Schuffenhauer, 1956. — G. *Heinzelmann*, Zum Stand der Frage nach dem religiösen Apriori.

---

[46] F. *Gogarten*, Die Schuld der Kirche... 1930², 45. — Vgl. E. *Brunner*, Das Grundproblem der Ethik, 1931, 23 f.: Die Französische Revolution und ihre Schrecken sind „vor allem der Ruchlosigkeit und sittlichen Schwäche der damaligen Kirche anzurechnen"! Dasselbe gilt von der heute „vor sich gehenden Bolschewisierung aller Lebensverhältnisse"! — „Die ganze Entgleisung des modernen Geistes wäre niemals möglich gewesen, wenn die Christenheit wirklich christlich gewesen wäre."
[47] S. o. S. 319 ff.
[48] F. *Gogarten*, Die Schuld der Kirche..., 1930², 26.

ThStKr 1931, 324 ff. — *K. Leese*, Recht und Grenze der natürlichen Religion, 1954. — *H. Leipold*, Missionarische Theologie. Emil Brunners Weg zur theologischen Anthropologie. FSÖTh 29, 1974. — *W. Link*, „Anknüpfung", „Vorverständnis" und die Frage der „Theologischen Anthropologie" (1935), jetzt in: Heidegger und die Theologie, hg. v. G. Noller, ThB Bd. 38, 1967, 147 ff. — *Y. Salakka*, Person und Offenbarung in der Theologie Emil Brunners während der Jahre 1914—1937. Schriften der Luther-Agricola-Gesellschaft 12, Helsinki 1960. — *F. Schleiermacher*, Über die Religion. Reden an die Gebildeten unter ihren Verächtern (1799), hg. v. H.-J. Rothert, PhB 255, 1958. — *Ders.*, Kurze Darstellung des theologischen Studiums zum Behuf einleitender Vorlesungen. Krit. Ausg. v. H. Scholz, 1961⁴. — *Ders.*, Der christliche Glaube. Aufgrund der 2. Aufl. hg. v. M. Redeker, 1960⁷. — *Ders.*, Über seine Glaubenslehre, an Herrn Dr. Lükke (Sendschreiben), WW I, 2, 575—653. — *Ders.*, Briefe, hg. v. L. Jonas-W. Dilthey, Berlin 1860—63 2. A., 4 Bde. — *E. Troeltsch*, Psychologie und Erkenntnistheorie in der Religionswissenschaft, Tübingen 1905. — *Ders.*, Wesen der Religion und der Religionswissenschaft (1906), in: Ges. Schriften II, Tübingen 1913, 452 ff. — *Ders.*, Das religiöse Apriori (1909), Ges. Schriften II, Tübingen 1913, 754 ff.

1. Die Stellung des Lehrstücks innerhalb der Brunnerschen theologia naturalis

Brunners Überlegungen zum Anknüpfungspunkt[1] und zur Frage der Kontinuität zwischen dem „alten" und dem „neuen" Menschen[2] — die fünfte und sechste These in NuG — lenken wieder zum Thema der Gottesebenbildlichkeit des Menschen zurück: Die imago Dei im formalen Sinne, die „formale Personalität" oder „persona quod" im Unterschied zu „persona quid"[3], ist identisch mit dem Anknüpfungspunkt[4].

Den in NuG behandelten Themen ist gemeinsam, daß sie vom allgemeinen, schöpfungsmäßigen Handeln Gottes am Menschen reden. Brunner ordnet diese Thesen der theologia naturalis zu, eben weil sie zur Sprache bringen, was dem Menschen generell zukommt, was Glaubenden und nicht Glaubenden gemeinsam ist. Dieses Kontinuierliche und Allgemeine schlägt sich nieder in einem natürlichen Wissen des Menschen von sich selbst, das als solches unverändert auch ins „gläubige Wissen" aufzunehmen ist[5]. Gemeint ist das natürliche Wissen darum, daß der Mensch ein vernünftiges, wortfähiges, verantwortliches Wesen ist[6]. An diese menschliche Wesensstruktur — das „Humanum" — knüpft die christliche Botschaft an. Die Lehre vom Anknüpfungspunkt aber ist Kernstück der eri-

---

[1] NuG, 183—185/18—20.
[2] NuG, 185—187/20—22.
[3] FAn, 514. — NuG, 177/11.
[4] NuG, 183/18.
[5] *E. Brunner*, Theologie und Ontologie — oder die Theologie am Scheidewege, ZThK 12, 1931, 113.
[6] Vgl. NuG, 183/18.

344

stischen Theologie, die Brunner Ende der zwanziger Jahre als Korrektiv
zum „Dogmatizismus" Barths zu entwickeln begann.

2. Brunners Stellung zwischen Barth und Bultmann

Mit seinen Thesen über den Anknüpfungspunkt erreichte Brunner seine
größte Nähe zu Bultmann, dessen Begriff „Vorverständnis"[7] ihm ein
Stück weit übereinzustimmen schien mit dem, was er selbst unter dem
Anknüpfungspunkt verstand[8]. Doch äußerte Brunner in diesem Zusammenhang Bultmann gegenüber ähnliche Vorbehalte, wie er sie bei der
Lehre von den Schöpfungsordnungen Gogartens gegenüber anmeldete.
Hatte Brunner an Gogartens Begriff der Ordnungen die zu geringe evangelische Durchdringung, die zu ungebrochene weltanschauliche Prägung
kritisiert[9], so lautete auch die Kritik am Bultmannschen „Vorverständnis",
dieser Begriff sei zu vorbehaltlos an der nur vermeintlich formalen, tatsächlich eine Weltanschauung implizierenden Anthropologie Heideggers
orientiert[10]. Brunner suchte auch hier einen Standort zwischen Barth und
Bultmann, so wie er sich bei der Lehre von den Ordnungen zwischen
Barth und Gogarten gestellt hatte. Die logischen und theologischen
Schwierigkeiten seiner Position sind hier und dort dieselben.

3. Zur Motivation der Brunnerschen Frage nach dem Anknüpfungs-
punkt

Brunners Übergang zu einer die Anknüpfungsproblematik umkreisen-
den, eristischen Theologie bedeutete einen gewissen, aber doch nur partiellen Bruch mit den eigenen dialektischen Anfängen. Ein zu Beginn der
zwanziger Jahre zurückgestelltes, wenngleich stets mitgeführtes Thema
der Brunnerschen Theologie wurde wieder stark akzentuiert. Inhaltlich
klar umrissene und zeitlich genau begrenzte theologische „Perioden" lassen sich im Werk Brunners nicht unterscheiden.

Brunner schrieb 1922, die neuere protestantische Theologie sei darin zu
kritisieren, daß sie die Religion im „Vernunftnotwendigen" verankert
habe. So sehr sei für diese Theologie das Interesse an der „Auseinandersetzung mit der Kultur" erkenntnisleitend geworden, daß sie die Gottesfrage nicht mehr um ihrer selbst willen, sondern nur noch als einen besonderen Aspekt der Kulturfrage bedacht habe[11]. In einem psychologisie-

---

[7] S. o. S. 272 ff. und s. u. S. 361.
[8] FAn, 508. — S. aber die Bestreitung bei *Link*, aaO. 149.
[9] S. o. S. 332 ff.
[10] FAn, 508 ff. 527. — S. u. S. 363 ff.
[11] *Brunner*, (1922) Anfänge I, 276.

renden Subjektivismus sei vor allem Schleiermacher nicht mehr für den rechten Inhalt, nicht mehr für das rechte „Was" des Glaubens besorgt gewesen. Seine Aufmerksamkeit habe vorrangig dem „Wie", d. h. der Frage nach der Intensität, der Fülle oder Schwäche des religiösen Gefühls gegolten[12].

Etwa seit Mitte der zwanziger Jahre tendierte Brunner jedoch selber zu einem Standort hin, der ihm die Auseinandersetzung mit der Kultur zur besonderen Pflicht machte. Brunners Schleiermacherbuch von 1924 war der eigentliche Wendepunkt, auch im Verhältnis zu Barth. Danach setzte Brunner alle Akzente, wenn nicht umgekehrt, so doch anders als zuvor — und zwar, mit Barth zu reden, gewiß in einer „erst *relativ* Schleiermacherfreien" Weise[13]. Die Wiederbesinnung auf den rechten Inhalt der Dogmatik hielt Brunner jetzt nicht mehr für vordringlich[14]. Und er warnte auch nicht mehr vor „Vermittlungen" zwischen dem Glauben und dem „natürlichen Erkenntnis- und Erfahrungsbestand", in denen er zuvor den Grundschaden des Neuprotestantismus erblickt hatte[15].

Es war vor allem die *Enttäuschung* über den bisherigen Ertrag der gemeinsamen dialektischen Anfänge, was bei Brunner diesen Umschwung auslöste. Unaufgefordert hatte sich Brunner nach dem Ersten Weltkrieg in die Arbeitsgemeinschaft mit Barth und Gogarten hineingestellt in der Meinung, durch Mitwirkung an der jüngsten und zukunftsträchtigsten theologischen Bewegung zur Erneuerung der Kirche beizutragen. Als es sich aber abzeichnete, daß auch die dialektische Theologie nur ein sehr begrenzt erfolgreicher Reformversuch wie viele andere im 18. und 19. Jahrhundert sein könnte, bedeutete dies für Brunner ein klares Zeichen, die bisherige Richtung zu überprüfen. In diesem Zusammenhang wies Brunner auch auf scholastische oder intellektualistische Verhärtungen hin, die der eristisch und existentiell-beweglich begonnene Weg Barths inzwischen erfahren habe[16]. In einem seiner Kopenhagener Vorträge aus dem

---

[12] AaO. 277. — Vgl. *Brunner*, (1924) Anfänge I, 288.
[13] Prot Th 19. Jh, 380.
[14] Vgl. *E. Brunner*, Die andere Aufgabe der Theologie. ZZ 7, 1929, 274: „Täuschen wir uns nicht: der Ausbau der Dogmatik zur vollständigen ‚reinen Lehre' ist, so notwendig er innerhalb der Kirche ist, nicht einmal innerhalb der Kirche, geschweige innerhalb der heutigen Situation überhaupt das dringliche Erfordernis. Die durch das neue dogmatische Interesse zunächst bedingte, und vielleicht zunächst gerechtfertigte Abwendung [!] von der eristischen Aufgabe der Theologie müßte mit der Zeit — und diese Zeit ist nahe — zu einem gefährlichen Chinesentum führen und den Zustand schaffen, daß zwar die zünftigen Theologen sich heftig über das extra Calvinisticum und das filioque ereifern, die ganze übrige Welt aber an diesen Gesprächen verständnislos und verächtlich vorübergeht."
[15] Siehe EEG[3], 89.
[16] Vgl. *E. Brunner*, Die andere Aufgabe... ZZ 7, 1929, 271.

Jahre 1934 klagte Brunner, an dem entscheidenden Punkt, wo es darum
geht, daß „Gottes Wahrheit in menschliche Wirklichkeit sich umsetzt",
wo also das Wirken des Hl. Geistes im Blick ist, sei, wie vordem manche
Reformbewegung, „auch die theologische Erneuerung der letzten zwei
Jahrzehnte . . . zum Stehen gekommen"[17]. Dies ist der Hintergrund der
Brunnerschen Frage nach dem Anknüpfungspunkt.

4. Die Frage des Hl. Geistes als Angelpunkt der Kontroverse

G. Ebeling wies darauf hin, daß in der Kontroverse Brunner-Barth der
Frage des rechten Verständnisses der Pneumatologie entscheidende Bedeutung zukomme. Brunner, ständig „beunruhigt durch die Frage nach dem
Sichtbarwerden der Früchte des Geistes"[18], betrachtete etwa seit 1925 die
missionarische Praxis zunehmend als die vordringliche und als die innerhalb der dialektischen Theologie ihm persönlich zufallende Aufgabe.
Doch stellte er seine jetzt vornehmlich an der Frage nach dem theologischen „Wie" ausgerichtete Arbeit[19] nicht gegen, sondern neben die an der
„Was"-Frage ausgerichtete Theologie Barths. Brunner wollte, ohne die eigene bisherige Polemik gegen den Neuprotestantismus zu revozieren,
auf dem Boden der von Barth heraufgeführten Wende in die Auseinandersetzung mit der Kirche und vor allem der Kultur der Gegenwart eintreten. Die Wege des Neuprotestantismus blieben für ihn unter dem Ver-
dikt, „falsche natürliche Theologie" zu sein[20]. Aber die missionarische
Durchschlagskraft der von der dialektischen Theologie gewonnenen
Grundeinsichten wollte er in der Besinnung auf die Anknüpfungsproblematik entschieden erhöhen.

Barth schrieb gegen Brunner, der Hl. Geist bedürfe keines Anknüpfungspunktes außer desjenigen, „den er selbst setzt"[21]. „Theologie als solche", meinte Barth, „kann nicht ‚in Mission einmünden'." „Theologische
Arbeit will wie jede rechte Wissenschaft um ihrer selbst willen, ohne
Rücksicht auf die praktische Tragweite und Brauchbarkeit ihrer Ergebnisse betrieben sein." „Wer ihr erst von dem Augenblick ab ‚dankbar' wird,
wo er etwas mit ihr anfangen kann, das heißt, wo sie ihm Wind in seine
eigenen Segel und Wasser auf seine eigenen Mühlen gibt, der sollte ihr
lieber nicht danken, denn ihm ist sie sicher nicht, was sie auch ihm sein
könnte."[22] Barth hat nie gemeint, mit dieser Grundhaltung die praktischen und missionarischen Erfordernisse der Theologie wirklich zu ver-

---

[17] *E. Brunner*, Vom Werk des Heiligen Geistes, 1935, 3 und 8.
[18] *Ebeling*, aaO. 355.
[19] Vgl. NuG, 206/43.
[20] NuG, 207/44.
[21] „Nein!", 252/56.
[22] *Barth*, (1932) Vorträge III, 111.

nachlässigen. Er hielt diese Haltung vielmehr auch in praktischer Hinsicht für die zweckmäßigste. Und er hielt Brunners Vorhaben, außer in einem möglichst reinen und sachlichen Interesse nach dem Gegenstand der Theologie zu fragen, auch noch die Vermittelbarkeit und den missionarischen „Erfolg" dieses Gegenstandes zu einem besonderen Thema zu erheben, für denkbar unpraktisch[23].

5. Der Anknüpfungspunkt und das religiöse Apriori

Daß sich gerade am Anknüpfungspunkt, wie nirgends sonst, die Geister schieden, lag u. a. daran, daß dieser Begriff es schwer hatte, von dem loszukommen, was Schleiermacher die „Anlage ... zur Religion" nannte[24], und was dann Troeltsch als „religiöses Apriori" bezeichnet hatte[25]. Die Debatte um das religiöse Apriori war nämlich kaum zu einem gewissen Abschluß gelangt[26], als bei Brunner und Bultmann die Frage nach dem Anknüpfungspunkt aufbrach. Freilich wollten diese dialektischen Theologen die Gottesbeziehung nicht erneut als „ein psychologisch lokalisiertes und kulturell begrenztes Geschehen" interpretieren. Hiergegen hatten sie sich während der Anfänge ein für allemal abgegrenzt[27]. Der Anknüpfungspunkt galt ihnen folglich auch nicht mehr als ein besonderes „Organ", das, im Unterschied etwa zum gliedernden Verstand, für die intuitive Rezeption religiöser Inhalte zuständig wäre[28]. Jetzt war der Mensch als ganzer im Blick[29]. Der Anknüpfungspunkt bedeutete nicht die freie Stelle, wo im Rahmen einer allgemeinen Anthropologie für die Religion Raum wäre, sondern das ganze natürliche Selbstverständnis des Menschen in seiner Bedeutung für die theologische Anthropologie. Der entscheidende Unterschied zum Denkmodell des religiösen Apriori lag darin, daß zur Anknüpfung von vornherein der Widerspruch des Sündern hinzugedacht wurde. Alle weiteren Differenzen zur älteren Apriori-Frage lassen sich hieraus ableiten.

---

[23] „Nein!", 257/61.
[24] Vgl. *F. Schleiermacher*, Über die Religion. Ur-Aufl., 122; vgl. 144. 244.
[25] Zuerst *E. Troeltsch*, Psychologie und Erkenntnistheorie in der Religionswissenschaft, Tübingen 1905. — Vgl. auch *Ders.*, Ges. Schriften II, Tübingen 1913, 452 ff. 754 ff. — Eine umfassende Literaturübersicht zum Problem des religiösen Apriori gibt: *Leese*, aaO. 147 ff.
[26] Hierzu *Heinzelmann*, aaO. 324 ff.
[27] Vgl. z. B. *Brunner*, (1922) Anfänge I, 273.
[28] Vgl. *Bultmann*, (1933) GuV I. 295 ff. — *Ders.*, (1928) GuV I, 120.
[29] Vgl. FAn, 514.

348

6. Barths Gleichsetzung von Anknüpfungspunkt und Anknüpfungs-ereignis

Dennoch bewertete Barth die neue Fragestellung als eine nur schlecht kaschierte Rückkehr zur Ära Schleiermacher-Troeltsch: „Die Frage nach dem ‚Anknüpfungspunkt‘ hätte . . . Brunner im christologischen, im pneumatologischen, im ekklesiologischen, aber auf keinen Fall im anthropologischen Zusammenhang auch nur einfallen dürfen. Konnte er es bei dem sola scriptura — sola gratia! nicht aushalten und mußte er also die schiefe Bahn betreten . . . — was zürnt er mir, wenn mein allerdings sehr umfassender Einwand gegen ihn der ist, daß ich ihn von einem Thomisten oder Neuprotestanten nicht mehr grundsätzlich zu unterscheiden weiß"[30]? Barth selbst hat zwischen dem *Akt* der Anknüpfung einerseits und dem Anknüpfungs*punkt* andererseits niemals unterschieden. Er fragte immer nur danach, wodurch Anknüpfung Ereignis wird; nicht aber zugleich danach, woran und mit welcher anthropologischen Bedeutung sich Anknüpfung vollzieht. Während Barth, auch wenn er selber gelegentlich positiv vom „Anknüpfungspunkt" sprach, damit doch stets das Werk des Hl. Geistes am Menschen meinte[31], war es für Brunner und Bultmann entscheidend wichtig, zwischen dem Anknüpfungsereignis und dem Anknüpfungspunkt zu unterscheiden. Jenes ist Sache des Hl. Geistes, dieser aber bestimmt die Form der Theologie.

Wenn Barth immer darauf hinwies, daß der Mensch als Sünder nur von Gott selbst erreicht wird, so wurde ihm dies von keinem dialektischen Theologen bestritten[32]. Kritisiert wurde vielmehr die äußere Form seiner Theologie. Brunner etwa setzte voraus, daß auch Barth mit seinem theologischen Verfahren den vielschichtigen Problemen der Anknüpfung gerecht werden wollte. Barths dogmatische Argumentation wende sich „an das natürliche begründende Denken", und dies sei sogar „eine ausgezeichnete Form der Anknüpfung". Nur erschöpfe sich theologische Arbeit darin nicht. Sie vollziehe sich auch als eine „Radikalisierung der ‚theologischen‘ Begriffe des natürlichen Denkens"[33]. Und man dürfe nicht in der theologischen Theorie, etwa im Interesse „reiner Lehre", „das in Abrede stellen, ohne was weder zu der Apostel Zeiten noch sonstwann Verkündigung möglich war, noch auch tatsächlich geschehen ist"[34].

---

[30] „Nein!", 227/27.
[31] Vgl. KD I 1, 251.
[32] Vgl. *Bultmann* (1946) GuV II, 119. — FAn, 518.
[33] FAn, 531.
[34] FAn, 530 f.

7. Grenzen des Problembewußtseins bei Brunner

Brunner ging, ähnlich wie Bultmann, davon aus, der Widerstand gegen die christliche Botschaft habe *zwei Ursachen:* Die Sünde, und dann auch situationsbedingte Hindernisse wie sprachliche Verständnisschwierigkeiten, Veränderungen im Weltbild usw. Den in der Sünde liegenden Widerstand kann nur Gott im Werk des Hl. Geistes brechen. Den in bestimmten geschichtlichen Umständen liegenden Widerstand aber hat die Theologie aufzuarbeiten und zu beseitigen. Zu den Widerständen der zweiten Art rechnete Brunner auch ideologische Vorwände, „die der Mensch sich schafft, um sich nicht so sehen zu müssen, wie er sich eigentlich sieht"[35]. Solche weltanschaulichen Fiktionen muß die Theologie auflösen, wenn sie ihren Gegenstand vermitteln will. Sie muß den Menschen bei seinem sprachlichen und verantwortlichen Wesen behaften. Sie sollte darauf dringen, daß sich der Mensch zu diesem Allgemeinsten und Gleichbleibenden seiner Natur bekennt und über die Konsequenzen dieser formalen Bedingungen seiner Existenz nachdenkt.

Die Problematik dieser Brunnerschen Fixierung des Anknüpfungspunktes liegt auf der Hand: Versucht die Theologie, zunächst Einigkeit über ein zureichendes Selbst- und Wirklichkeitsverständnis zu erzielen, so kann sie hiermit — aber kann sie es denn? — dem Sünder doch nicht den Glauben einsichtig machen. Auf der anderen Seite ist das Vorhaben, situationsbedingte Widerstände zu beseitigen und weltanschauliche Vorwände niederzuringen, immer auch schon ein Kampf mit der Sünde selbst. Die Unterscheidung zwischen einer in die Zuständigkeit Gottes und einer in die Zuständigkeit der Theologie fallenden Beseitigung von Glaubenshindernissen ist aus dogmatischen Gründen letztlich undurchführbar. An diesem Punkt setzte Barths Kritik unter dem Hinweis auf das Wirken des Hl. Geistes ein.

Freilich achtete auch Brunner darauf, die Lehre vom Hl. Geist nicht synergistisch zu verkürzen. Wie Bultmann meinte er, wenn Theologie überhaupt ein legitimes und sinnvolles Unternehmen sei, so doch deshalb, weil eben die theologische Bemühung um zeit- und situationsgerechte Verkündigung ad hominem ein notwendiges, sachlich gerechtfertigtes Unternehmen ist. — Hier zeigt es sich: Auch die Kontroverse um den Anknüpfungspunkt lief auf die Frage hinaus, was es denn unter den Bedingungen des 20. Jahrhunderts überhaupt bedeute, theologisch ad hominem zu reden, oder, in welcher Lage sich die Theologie auf dem Hintergrund der überkommenen Probleme im Verhältnis von neuerer Theologie und neuerer Philosophie überhaupt befinde.

---

[35] FAn, 531 f.

8. Brunner und Schleiermacher

Was Brunners Verhältnis zu Schleiermacher betrifft, so bemerkte Barth
mit Recht, Brunner habe in seinem Schleiermacherbuch *Die Mystik und
das Wort* (1924[1]) die Hälfte dessen, was bei Schleiermacher zur Sprache
gekommen ist, unterschlagen. Brunner sei dem Apologeten, Politiker, kul-
turprotestantischen Professor und Philosophen Schleiermacher über der
einseitigen Darstellung des Mystikers Schleiermacher nicht gerecht geworden[36]. Man kann hinzufügen: Brunner konnte in seiner Kampfschrift von
den genannten Seiten Schleiermachers keinen Gebrauch machen, weil sie
ihm — vielleicht unbewußt — Einleuchtendes enthalten. Gerade Brunner
hat sich denn auch wichtigsten Bestrebungen Schleiermachers wieder angenähert.

Das Schleiermacherbild, das Brunner bereits vor dem Ersten Weltkrieg
in seiner Dissertation *Das Symbolische in der religiösen Erkenntnis* (1914)
gezeichnet hatte, hat sich auf die Dauer bei Brunner doch gehalten. Brunner dachte damals noch im Rahmen der religionspsychologischen Fragestellung. Er stellte den Glauben in einer grundsätzlichen Unterschiedenheit von allen anderen psychischen Funktionen dar. Gleichzeitig behauptete er die Einheit aller psychischen Funktionen im Glauben[37]. Die Nähe
zu Schleiermacher ist hier, wie Brunner selbst sah, groß. Aber er meinte,
Schleiermacher habe die religiöse Erkenntnistheorie noch nicht gehörig
entwickelt. Er habe von seinem Ansatz her nicht erfassen können, was in
der Religion objektiv wahr ist. Das liege daran, daß Schleiermacher, der
auf dem Gebiet der Religion etwas leistete, was nur mit Kants Leistung
auf dem Gebiet der Philosophie vergleichbar ist, die Vernunftkritik Kants
selbst nicht zu integrieren vermochte. Dies aber müsse geschehen, wenn
die Theologie „nicht einem schrankenlosen Subjektivismus" verfallen
soll[38]. — Die Grundfrage in Brunners Dissertation war also das Problem
einer Vermittlung zwischen Schleiermacher und Kant. Die Lösung suchte
Brunner teils in der Richtung der Husserlschen Phänomenologie, teils im
Anschluß an Bergsons Begriff der Intuition, der nur auf den Intellekt ab-
gestellte Erkenntnistheorien korrigieren sollte. So weit sich Brunner später
auch von diesen Anfängen wieder entfernte, er hatte in seiner Dissertation
doch eine Problemstellung bearbeitet, die in seinem Werk präsent
blieb. Erstens blieb die Vermittlung zwischen einem falschen Subjektivismus und einem falschen Objektivismus Brunners zentrales Anliegen —
bis hin zu den späten Versuchen, einen mittleren Weg zwischen den

---

[36] *K. Barth*, Brunners Schleiermacherbuch. ZZ 1924, H. 8, 56—58. — Prot Th
19. Jh, 389.
[37] AaO. 126 ff.
[38] AaO. 6.

Theologien Bultmanns und Barths zu finden. Zweitens führte Brunner
seinen schon im ersten Satz der Dissertation aufgenommenen Kampf gegen den Intellektualismus in der Theologie später als Auseinandersetzung
mit dem scholastischen Denkstil Barths weiter[39].

Was Brunner später mit Schleiermacher verband, war nicht zuletzt die
gemeinsame Sorge um die „Gebildeten". Ferner spielte der Sache nach
Schleiermachers These, ein natürliches Wissen um Gott müsse im Sinne
einer „ursprünglichen Offenbarung Gottes"[40] „irgendwie im Selbstbewußtsein gegeben sein"[41], bei Brunner wieder die größte Rolle. Dasselbe
gilt für die von Schleiermacher betonte Kontinuität zwischen dem „alten"
und dem „neuen" Menschen und für den hiermit zusammenhängenden
Gedanken, der Mensch sei für die Christusgnade „empfänglich", gerade
weil seine Sünde als Verkehrung seiner Natur dieser Gnade widerspricht[42].
Legte Brunner großen Wert auf die Feststellung, mit der „formalen Personalität" (Vernunftnatur, Wortfähigkeit usw.) sei „die Beziehung in
Richtung ‚Gott' gegeben"[43], so betonte auch Schleiermacher, der „Intelligenz" sei „in ihrer subjektiven Funktion" „die Richtung auf das Gottesbewußtsein mitgegeben"[44]. Schließlich treten die Parallelen im Gesamt-
verständnis der theologischen Aufgabe hervor: Der Glaube soll, Brunner
zufolge, kein berechtigtes Anliegen der Vernunft außer acht lassen; die
Vernunft aber soll, sich selbst recht verstehend, im Glauben aufgehoben
sein[45]. Recht verstandene Philosophie und recht verstandene Dogmatik
können sich, Schleiermacher zufolge, nicht widersprechen[46]. Das Bild run-
det sich mit dem Hinweis auf den Brunner und Schleiermacher gemeinsamen Antidogmatismus und Antiintellektualismus[47] sowie auf die bei beiden bestehende Dominanz der apologetischen und der ethischen Fragestellung.

Bei seinem Gericht über Schleiermacher von 1924 war Brunner vor allem F. Ebner verpflichtet. Ebner hatte seine Wortphilosophie ausdrücklich

[39] Der erste Satz der Dissertation lautete (aaO. V): „Scholastik ist eine Erscheinung, die nicht bloß dem Mittelalter angehört; zu allen Zeiten, auch in der
Gegenwart, ist der Fortschritt des Denkens gehemmt worden durch ein geistiges
Trägheitsgesetz, durch eine natürliche Tendenz, ungeprüfte Anschauungen als
unumstößliche, axiomatische Wahrheiten hinzunehmen und auf solchen Dogmen
den Bau einer Weltanschauung aufzurichten."
[40] F. Schleiermacher, Der christliche Glaube, 1960[7], § 4.4.
[41] AaO. § 29.1.
[42] Vgl. aaO. § 88.4 und § 13. 1. — Siehe auch FAn, 517. — NuG, 185 f./20 f.
[43] FAn, 522.
[44] F. Schleiermacher, Der christliche Glaube, 1960[7], § 33.1.
[45] E. Brunner, Offenbarung und Vernunft (1941), 1961[2], 25.
[46] F. Schleiermacher, Briefe II, 349 ff. — Ders., Über seine Glaubenslehre, an
Herrn Dr. Lücke (Sendschreiben), WW I, 2, 614. — Ders., Der christliche Glaube, 1960[7], § 28.3.
[47] Hierzu Prot Th 19. Jh, 390.

gegen den Psychologismus und gegen das „mystische" Denken entfaltet[48]. Hieran anknüpfend, kritisierte Brunner Schleiermachers irrationales, sprachloses „Gefühl". Schleiermachers „psychologische Fragestellung" habe ein ganzes Jahrhundert irregeführt[49]. Psychologie aber, so hatte Ebner geschrieben, kommt niemals „bis zum Geist hin"[50]. Erst das Wort „ist etwas . . ., das einen Sinn hat, etwas das dem Geistigen im Menschen . . . entgegenkommt"[51]. Und Brunner fügte dem hinzu: „Sinn ist zu allen psychologischen Funktionen das Übergreifende. Durch das Wort wird *alles* in uns angesprochen: Verstand, Wille und Gefühl."[52]

Da dies alles gegen Schleiermacher gesagt war, hat man es hier mit einer Schleiermacher durch ein grobes Mißverständnis hindurch gerade wieder erstaunlich nahe kommenden Interpretation zu tun. Man vergegenwärtige sich das Folgende: Fand die Religion während der Aufklärungszeit ihren Wirklichkeitsbezug im Moralisch-Vernünftigen, sodann in der Romantik im Gefühl (und „Gefühl" war nicht ein psychologischer Begriff, sondern philosophischer terminus technicus für die höchste Form der Wahrnehmung), so verlagerte sich der ontologische Durchgangspunkt der Religion im 20. Jahrhundert auf das Wort. Das jetzt — oft im Anschluß an Luthers Theologie — wiederentdeckte Wort erhielt nun eine Relevanz, die es bei Schleiermacher aus geschichtlichen Gründen nicht haben konnte. Eine andere Frage ist es aber, ob diejenigen, die eine angemessene Würdigung des worthaften Charakters des Evangeliums sowohl wie der Existenz bei Schleiermacher vermißten, mit ihrer Wiederentdekkung des Wortes zugleich auch schon Schleiermachers Verfahren im ganzen hinter sich ließen. Brunner wenigstens hatte dies beabsichtigt. Aber wenn er sich allein durch das alle Geistesfunktionen übergreifende Wort an den Kern der Personalität herangeführt sah, so hätte ihm zu denken geben müssen, daß bei Schleiermacher dem Gefühl dieselbe Funktion zukam. Schon in den *Reden* wollte Schleiermacher mit seiner Ortung der Religion im Gefühl bis in jene Tiefenschicht vorstoßen, die sich der psychologischen Betrachtungsweise deshalb nicht mehr erschließt, weil aus ihr heraus die einzelnen psychischen Funktionen entstehen und ihr Gepräge empfangen[53]. — So geht Brunners Kritik, Schleiermachers Ansatz erschöpfe sich in einem der Offenbarungswirklichkeit unangemessenen religionspsychologischen Verfahren[54], an Schleiermachers tatsächlichen Intentionen in einem Maße vorbei, das einer unfreiwilligen Zustimmung nahe kommt.

---

[48] *Ebner*, aaO. 185.
[49] MyW, 105.
[50] *Ebner*, aaO. 99.
[51] *Ebner*, aaO. 59.   [52] MyW, 105.
[53] Vgl. *F. Schleiermacher*, Über die Religion. Ur-Aufl., 117. 156 f.
[54] Vgl. EEG, 38 f.

9. Brunners Verständnis der theologischen Aufgabe zwischen 1925 und 1934

9.1 In seiner Zürcher Antrittsrede *Die Offenbarung als Grund und Gegenstand der Theologie* (1925) gab Brunner seine spätere theologische Arbeitsrichtung erstmals deutlich zu erkennen: Die theologische Wissenschaft steht unter einem „Doppelthema". Einerseits ist der Theologie „die genauere Bestimmung des Begriffs der Offenbarung" aufgegeben. Andererseits muß die Theologie gegenüber Fragen „vom allgemeinen Bewußtsein aus" Rechenschaft des Glaubens ablegen. Unter der ersten Themastellung fragt die Theologie nach dem Gehalt der Aussage: „Gott war [!] in Christus." Unter der zweiten zeigt sie, worauf sich der christliche Glaube „angesichts des Widerspruchs des natürlich vernünftigen Bewußtseins" gründet. Beiden Themen, meinte Brunner, habe sich die Theologie zu allen Zeiten gewidmet[55].

Daß Brunner jetzt aber dem zweiten Thema besondere Bedeutung zumaß, geht daraus hervor, daß er es am Schluß seiner Antrittsrede allein noch im Blick hatte, wenn er von „Theologie" sprach. Alle lebendige Theologie, so hieß es abschließend, sei wesentlich polemisch. Sie expliziere den Glauben nach der Seite hin, wo seine Geltung durch das Zeitbewußtsein bedroht erscheint. Dabei greife sie die „sündig-verkehrte Intellektualität" an; sie erschüttere alle scheinbar gesicherten Erkenntnispositionen und führe das Denken „an den Punkt, wo der Mensch von sich aus nichts mehr weiß"[56]. Brunner identifizierte hier die ganze Theologie mit dem, was er später dann doch wieder nur als „die andere Aufgabe der Theologie" und als „Eristik" bezeichnete.

Was der Theologie innere Bewegung, geschichtliche Lebendigkeit gibt, ist, wie bei Bultmann[57], das sich wandelnde Zeitbewußtsein[58]. Eine Beunruhigung des Zeitbewußtseins aber durch die innere Bewegtheit der Theologie fällt, trotz der Angriffsgebärde, aus diesem Verständnis der Theologie eigentlich heraus. Deshalb ist Brunners Eristik im tiefsten Grunde auch Irenik.

9.2 Im Jahre 1929 stellte Brunner wieder beide Themen oder Aufgaben der Theologie in ihrer Verbundenheit dar: Die erste, wesentliche (!) Aufgabe der Theologie ist die immer neue Besinnung auf das Wort Gottes. Gefordert ist hier eine systematische, d. h. eine den sachlichen Zusammenhängen des Bibelinhaltes nachgehende Arbeit. Diese systematische Darstellung soll aber auch bereits „existentiell" sein; sie soll Beteiligung

---

[55] *Brunner*, (1925) Anfänge I, 308.
[56] AaO. 319.
[57] S. o. S. 285 ff.
[58] Vgl. FAn, 509. 512.

spüren lassen[59]. Andererseits soll und kann diese „vorwiegend thetisch und explikativ den rechten Sinn und Zusammenhang" der Glaubenssätze entfaltende, „dogmatische" Theologie noch nicht darauf achten, „mit wem sie vom Glauben redet"[60]. Auch hat sie bei ihrer „abstrahierenden, theoretischen Darlegung"[61] nicht etwa schon auf Gedanken einzugehen, die der Glaubenswahrheit widersprechen[62].

Alles in allem: eine merkwürdige, eine für sich allein gar nicht lebensfähige systematische und zugleich dogmatische und zugleich existentielle erste und wesentliche theologische Aufgabenstellung! Brunner preßte hier die Dogmatik in eine Form, in die sie niemals hineinpaßt, und mit der sich dann insbesondere Barths Dogmatik nicht identifizieren ließ — eine wichtige Ursache späterer Differenzen! Offensichtlich nahm Brunner diese gewaltsame Auseinanderreißung von theologischer explicatio und applicatio vor, um Terrain für die zweite Aufgabe der Theologie zu gewinnen, um den Raum für *seine* Aufgabe freizuhalten. Doch hatte er damit Barth eine Angriffsfläche geboten, die nicht ungenutzt blieb. Als Brunner seine „*andere* Aufgabe der Theologie zu proklamieren für nötig hielt", da wußte Barth, daß er und Brunner „geschiedene Leute seien"[63].

Die andere Aufgabe der Theologie verstand Brunner wesentlich als Polemik[64]. Doch nahm er dieses Wort nicht, mit Schleiermacher, für den um die Reinheit der Lehre besorgten Kampf der Kirche nach innen. Sondern er interpretierte die Polemik eher so, wie Schleiermacher die Apologetik bestimmte[65]. Es geht um ein „Niederringen" der sich „wahnsinnig" vor dem Worte Gottes verschließenden Vernunft. Oder auch um „die Befreiung der in diesem Vernunftwahn und dieser Vernunfteinsamkeit sich heimlich nach dem göttlichen Du sehnenden Vernunft"[66]. Demnach dient diese zweite Aufgabe der Theologie vor allem dazu, im Anschluß an das von F. Ebner vorformulierte Programm das ich-einsame neuzeitlich-idealistische Denken aufzubrechen. Apologetik wollte Brunner diese Aufgabe jedoch nicht nennen. Er verband mit dieser Vokabel die Vorstellung einer schwächlichen Rechtfertigung der Offenbarung vor der Vernunft[67]. Aber auch den Begriff der Polemik gab Brunner wieder auf, weil die andere Aufgabe der Theologie nicht allein auf Angriff, sondern auch auf „Erfül-

---

[59] *E. Brunner*, Die andere Aufgabe der Theologie. ZZ 7, 1929, 255.

[60] AaO. 269.

[61] AaO. 269 f.

[62] AaO. 259.

[63] „Nein!", 253/57 f.

[64] *Brunner*, aaO. (ZZ 7, 1929) 256.

[65] Vgl. *F. Schleiermacher*, Kurze Darstellung des theologischen Studiums, 1961[4], §§ 41—62.

[66] *Brunner*, aaO. (ZZ 7, 1929) 257 f.

[67] AaO. 258.

lung" eingestellt sei. Um dies beides zum Ausdruck zu bringen, wählte Brunner schließlich die Bezeichnung „Eristik"[68]. Als deren hervorragendste Vertreter in neuerer Zeit betrachtete er Männer wie Pascal, Hamann und Kierkegaard[69].

Die eristische Theologie hat bei der menschlichen Frage nach Gott einzusetzen und den „Anknüpfungspunkt der göttlichen Botschaft" festzustellen. Ferner ist sie zuständig für hermeneutische Probleme: Sie hat sich mit den Hindernissen auseinanderzusetzen, die dem Evangelium aus dem Wandel der Zeiten bzw. des allgemeinen Wahrheitsbewußtseins erwachsen[70]. Als einen hermeneutischen und zugleich missionarischen Wink gab Brunner die Regel zu bedenken: Der „Eristiker muß die Sprache der Welt und seiner Zeit kennen, er muß sogar selbst in ihr reden und darf nur indirekt, versteckt das Christliche sagen. Ja, er soll es in der Regel gar nicht sagen, sondern es nur im Rücken haben und ständig vom Wissen um es begleitet sein, indem er den ‚Feind' in den Engpaß treibt"[71].

Barth hätte diese Regel aus mehreren Gründen nicht annehmen können. Einmal wäre ihm die zwar einer gewissen seelsorgerlichen Erfahrung entspringende Anweisung, das Evangelium „versteckt" zu sagen, als mit dem öffentlichen Wesen der christlichen Botschaft unvereinbar erschienen. Zum andern hätte er die Möglichkeit, das Christliche „im Rücken" zu haben, deshalb rundweg bestritten, weil doch gerade die Theologie lebendiger Ausdruck dafür ist, daß wir das Christliche *nicht* schon „haben", sondern zu erkennen suchen. Schließlich müßte Barth auch die bei Brunner stets wiederkehrende Vorstellung vom in die Enge zu treibenden Feind als eine unchristliche Gesetzestheologie verwerfen[72]. Brunner bewegte sich hier auf einer Linie, die Barth auch bei Gogarten und beim zeitgenössischen Luthertum als besonders problematisch empfand.

Brunner hob noch hervor, die von ihm namhaft gemachten zwei „Arten" von Theologie seien in der Theologiegeschichte nicht immer getrennt gewesen. In Calvins *Institutio* etwa seien sie ineinander übergegangen[73]. Auch erforderten manche Zeiten eine fast ausschließliche Betonung des

---

[68] AaO. 259 f.

[69] AaO. 260 f. 273. — Für die Gegenwart wies er besonders auf Gogarten hin.

[70] AaO. 270 f.

[71] AaO. 272.

[72] *Brunner* schrieb FAn, 518: „Der Mensch muß an sich verzweifeln, um wirklich glauben zu können." — *Barth* schrieb „Nein!", 252/56: „Gericht über die menschliche Existenz zu halten, sich selbst über sich selbst Bescheid zu sagen, sich selbst als mit Verzweiflung bestraft zu erkennen, weltanschauliche Fiktionen zu lösen, Götzen zu entlarven usw. Wenn das nicht Offenbarungsmächtigkeit ist!" Offenbar kann man „auch via Kierkegaard zu diesem traurigen Ergebnis kommen!" Und da Brunner hier angelangt ist, ist bei ihm „der Kreislauf, in dem sich die Theologie offenbar seit 200 Jahren bewegt hat, neu eröffnet" worden.

[73] *E. Brunner*, Die andere Aufgabe der Theologie. ZZ 7, 1929, 270.

356

biblisch-dogmatischen Aspekts. Andere Zeiten wiederum — und dazu gehöre die Gegenwart — benötigten vorwiegend die eristische Theologie. In
solchen Zeiten seien dann nicht Exegese und Dogmatik vordringlich, sondern die Anstrengung, nicht an der Wirklichkeit vorbeizureden, das Evangelium nicht in einer sich selbst genügenden Theologie einzusperren.

Das war gegen Barth gesagt, der seine andere Einschätzung der Gegenwart auch mit einem anderen, auf Dogmatik und Exegese eingestellten
Theologieverständnis verband. Dabei wußte Brunner, daß Barths *Römerbrief* gerade deshalb „eristische" Effekte zeitigte, weil auch er schon unter
dem Pathos der Frage nach dem rechten dogmatischen „Was" stand, weil
er „zur Sache" zurückrief, weil er die Theologie „aus der Umklammerung
durch den Idealismus" und also aus der Häresie herauszurufen trachtete,
und weil er schließlich — Brunner sagte es selbst — eine dogmatische
Grenzziehung „zwischen allgemeiner und besonderer Offenbarung" vor-
nahm[74].

So haftete denn Brunners Kritik an Barth etwas Halbherziges an. Er
freute sich an allem, was Barth schrieb[75], und er konnte dennoch Barths
Ablehnung seiner christlichen theologia naturalis nicht verstehen. Er
mußte einräumen, daß auch Barth „zum wirklichen Menschen wirklich
zu reden" wisse. Seine Kritik kleidete sich dann aber in das Argument,
Barths Grundsätze könnten „andere dazu verführen, nicht mehr wirklich
zum wirklichen, und das heißt immer: zum heutigen Menschen zu reden,
also nicht mehr zu *reden*, sondern zu *deklamieren*"[76]. Daß Barth Brunner
schließlich hart in den Weg trat, ist auf dem Hintergrund dieser Vorge-
schichte einigermaßen verständlich. Für Brunner ging es in der Auseinandersetzung mit Barth (der rätselhafterweise trotz fragwürdiger Grundsätze
zu guten Ergebnissen komme) immer um die Anerkennung einer theologischen Methode, die er selbst aus missionarischen Erwägungen heraus
befolgen wollte, und die Barth, wie Brunner meinte, de facto zwar befolg-
te, aber nicht anzuerkennen gedachte.

9.3 Mit einem Aufsatz über den Anknüpfungspunkt vom Jahre 1932
kam Brunners theologietheoretische Begründung der anderen Aufgabe
der Theologie zum Abschluß. Brunners Konzentration auf die theologische
„Wie"-Frage erreichte hier (in einer gewissen Nähe zu Bultmann) ihre
reifste Gestalt oder, wie Barth urteilte, ihre interessanteste und zugleich
gefährlichste Ausprägung. In NuG kam dann sachlich nichts Neues mehr
hinzu. Barth meinte, der Wagen sei hier nur „weitergerollt auf die flache-
re Strecke, wo es nun wirklich einfacher ist, ihn zum Stehen zu bringen"[77].

---

[74] AaO. 273 f.
[75] Vgl. NuG, 169/3.
[76] E. *Brunner*, Die andere Aufgabe ... ZZ 7, 1929, 275.
[77] „Nein!", 248/51.

Brunner war 1932 dazu übergegangen, die ganze theologische Aufgabe mit dem Problem der Anknüpfung zu identifizieren. Er schrieb jetzt, das „immer selbe, unveränderliche" theologische „Was" sei ein für allemal vorgegeben in der Offenbarung. Die Aufgabe der Theologie aber sei es, für dieses „Was" in einem immer neuen (und der Offenbarung gewiß niemals ganz adäquaten) „Wie des Hindeutens" die jeweils geeignete Form zu finden[78].

In scheinbarem Widerspruch hierzu sagte Brunner aber im gleichen Zusammenhang, die Frage nach dem Anknüpfungspunkt könne nur eine zweite, niemals die erste Frage sein. Wer sie der dogmatischen Frage vorordne, habe „schon das Evangelium an die Welt verraten"[79]. Dieser Gedanke scheint nun sogar die Thesen von 1929 wieder abzuschwächen. Und es ist zunächst unklar, wie er sich zu Brunners neuer, „eristischer" Sicht der ganzen und einen theologischen Aufgabe verhält. Der scheinbare Widerspruch löst sich folgendermaßen: Die „gewisse Zurückhaltung"[80], die Brunner hier nun doch gegenüber der Frage nach dem Anknüpfungspunkt noch übte, war lediglich motiviert durch die Erinnerung an den katholischen Gedanken, daß die Gnade dem Natürlichen nicht widerspreche, sondern es vollende. Allerdings meinte Brunner jetzt, Theologie sei nichts anderes als der Versuch rechter Anknüpfung. Aber weil es auch falsche Anknüpfung gibt[81], weil ein katholisches „gratia perficit naturam", weil eine „mystische Lehre vom Seelenfünklein", weil eine „modern-liberale Auffassung" von der Kontinuität zwischen allgemeiner und besonderer Offenbarung, zwischen „Gottesgeist und Menschengeist" im Raum stehen, deshalb betonte Brunner die Notwendigkeit einer *dogmatischen* Vorbesinnung.

Die folgenden zwei Sätze stellte Brunner jetzt nebeneinander: 1. Das Evangelium läßt sich nur in der „Kontinuität" zum allgemein-menschlichen, vor allem zum allgemein-religiösen „Vorverständnis" verkündigen. 2. Das Evangelium läßt sich dennoch nur „in der völligen Durchbrechung dieser Kontinuität" verkündigen. Das Vorverständnis wird nicht nur, wie nach Bultmann, radikalisiert und korrigiert, „sondern in der schärfsten Weise negiert"[82]. Um der Sünde willen, kann rechte theologische Anknüpfung nur „dialektisch" geschehen. Die Beziehung von Theologie und Verkündigung zur natürlichen Erfahrung ist eine gebrochene. Aber sie ist immerhin eine Beziehung, die auf jeden Fall wahrgenommen werden muß.

---

[78] FAn, 509 und 512.
[79] FAn, 505.
[80] Ebd.
[81] Vgl. NuG, 206/43.
[82] FAn, 510.

24 Gestrich

9.4 Man kann fragen, ob dieses Verständnis der theologischen Aufgabe tatsächlich jene extreme Gegenposition zum Barthschen Theologieverständnis bedeutete, als welche es Barth empfand. Äußerlich gesehen, war der Gegensatz tatsächlich perfekt geworden. Für Barth schien sich die ganze theologische Aufgabe in der Frage nach dem rechten dogmatischen „Was" zu erschöpfen — während das „Wie" Sache Gottes bleibt[83]. Brunner aber ließ die Theologie ganz in der „Wie"-Frage aufgehen — während das „eigentliche Was" nur „Gott allein sagen kann"[84]. Doch nach allem ist auch deutlich, daß Brunners Frage nach der rechten, zeitgemäßen und hilfreichen Form theologischer Rede im Grunde gerade dem jetzt und hier zu vertretenden christlichen „Was" galt[85], wie umgekehrt Barths Frage nach dem „Was" ganz entschieden bereits die „Wie"-Frage implizierte[86].

Unter den Bedingungen der Gegenwart hielt Barth den explikativen Weg der Dogmatik zugleich für den missionarisch geeignetsten Weg. Er stand unter dem Eindruck, daß in der Wirkungsgeschichte des Idealismus und der neueren protestantischen Theologie die Kenntnis des rechten, evangelischen Inhalts der Dogmatik weitgehend verlorengegangen sei und daß der Versuch, diesen Inhalt wieder bekannt zu machen, sich in dieser Situation eo ipso als ein existentiell-angriffiges Unternehmen, als ein Angriff auf die „sündig-verkehrte Intellektualität" (Brunner) auswirke.

Brunner aber hielt es längst nicht in dem Maße wie Barth für schwierig, heute wieder inhaltlich zu erfassen, was in der neutestamentlich-reformatorischen Überlieferung tatsächlich zur Sprache kommt. Brunner nahm hier keine erst noch ganz in den Anfängen steckende Aufgabe wahr. Schwierig schien ihm vielmehr die missionarische Verbreitung einer inzwischen erneut ausreichend bekannten dogmatischen Tradition. Er betrachtete deshalb Barths Vorgehen zunehmend als sterile Beschäftigung der Theologie mit sich selbst. Barth indessen bewertete Brunners Vorgehen bald als einen Rückfall in den Neuprotestantismus, bald als ein höchst überflüssiges Zusatzunternehmen zu seiner eigenen Arbeit und bald als ein falsches Streben nach theologischem Erfolg.

10. Feuerbach und die Polarisierung von Glaube und Liebe

In der Eristik erblickte Brunner ein theologisches Werkzeug der Liebe. Dem der Bibel entfremdeten modernen Menschen sucht die Eristik das Evangelium nahezubringen. Brunner ermahnte Barth, es müsse die Theo-

---

[83] Vgl. „Nein!", 255 ff./60 ff.
[84] FAn, 512.
[85] Vgl. FAn, 512 über die Kohärenz der Wie- und der Was-Frage.
[86] Vgl. „Nein!", 253/57 f.

logie, der Inkarnation Jesu Christi entsprechend „in Liebe anknüpfen", die Menschen an ihrem tatsächlichen Ort aufsuchen. „Wer Anknüpfung verschmäht oder gleichgültig behandelt, ist lieblos und hochmütig."[87] Es stand Brunner fest, daß nur der Hl. Geist das Gelingen der Anknüpfung bewirken kann[88]. Aber er konnte doch nicht, wie Barth, die ganze Materie des Anknüpfungspunktes als eine „Randfrage"[89] abtun. „Es könnte sein", schrieb er in NuG, daß der Theologe und Seelsorger „wegen des Was in den Himmel, aber wegen des Wie in die Hölle käme. Die Mißachtung der Frage nach dem Wie ist nicht etwa theologischer Ernst, sondern theologischer Intellektualismus. Über dem Was wacht sozusagen der Glaube, aber über dem Wie muß die Liebe wachen. Wo es aber an diesem Wie, also an der Liebe fehlt, da muß es auch am Glauben fehlen."[90]

Die neuere Philosophie und Theologie war durchgängig mit dem Problem des Widerstreits zwischen Dogma und Ethos, Glaube und Liebe befaßt. Der Neuzeit gilt das Dogma als lebensfeindlich. Sie schätzt die Liebe und sie mißtraut dem Glauben. Daß im Wesen des Glaubens eine dogmatisch-skrupulöse Borniertheit liege, weil der Glaube alle Außenstehenden ausschließe, die dann von der zutiefst „ungläubigen" Liebe doch gerade wieder eingeschlossen werden — dies hat vor allem Feuerbach im 27. Kapitel von *Das Wesen des Christentums* (1841) ausgeführt[91]. Und auch von Brunner läßt sich sagen, daß er jener modernen Rede vom dogmatischen Christentum, demgegenüber man die Liebe zum Maßstab machen müsse, mindestens nicht von vornherein die Spitze abgebrochen hat. Dies aber tat Barth, indem er den Glaubensbegriff, an den z. B. Feuerbach sich hielt, einer biblisch-reformatorischen Revision unterzog. Man könnte Barths dogmatische Arbeit überhaupt als einen Versuch verstehen, den evangelischen Sinn des Glaubens wieder so zu explizieren, daß der neuzeitliche Protest der Liebe gegen den Glauben gegenstandslos wird. Brunner aber wollte aus der modernen Polarisierung von Glaube und Liebe in der anderen Weise herausfinden, daß er im Bereich des kirchlichen Christentums auf die Verwirklichung jenes Ethos und jener Liebe gegenüber den Außenstehenden drängte, die die Frucht des Glaubens und des Hl. Geistes sein müßte, und die die neuzeitliche Kirchen- und Christentumskritik nicht ohne jedes Recht ständig vermißte.

---

[87] FAn, 513; vgl. 532 Anmerkung 21. — Ferner *E. Brunner*, Die andere Aufgabe ... ZZ 7, 1929, 273: „Es ist ... eine nicht zu rechtfertigende Lieblosigkeit, wenn man dem heutigen Menschen — ich rede jetzt von dem außerhalb aller Kirchentore —, der es durch die ganze Entwicklung des geistigen und kulturellen Lebens und obendrein durch die geringe Lebendigkeit der Kirche schwer genug hat, überhaupt ‚irgend etwas zu glauben', diesen Glauben noch schwerer macht, indem man die Brücken, die Gott dem sündigen Menschen zum Glauben hin gelassen hat, in falschem Eifer für die Ehre Gottes abbricht."
[88] FAn, 530.   [89] Vgl. „Nein!", 254/58.
[90] NuG, 206/43.   [91] *Feuerbach*, aaO. II, 376 ff.

24*

II. Der Lehrgegensatz Bultmann—Brunner

Literatur (außer Arbeiten Brunners, Bultmanns und Gogartens): *C. Grossner,* Martin Heidegger, in: Die Zeit (Nr. 20 vom 15. Mai 1970). — *M. Heidegger,* Sein und Zeit (1927[1]), 1963[10]. — *Ders.,* Kant und das Problem der Metaphysik (1929[1]), 1951[2]. — *K. Heim,* Ontologie und Theologie. ZThK 11, 1930, 325 ff.; jetzt in: Heidegger und die Theologie, hg. v. G. Noller, ThB 38, 1967, 59 ff. — *G. W. Ittel,* Der Einfluß der Philosophie M. Heideggers auf die Theologie R. Bultmanns. KuD 2, 1956, 90 ff. — *G. Kuhlmann,* Zum theologischen Problem der Existenz. Fragen an Rudolf Bultmann. ZThK 10, 1929, 28 ff.; jetzt in: Heidegger und die Theologie, hg. v. G. Noller, ThB 38, 1967, 33 ff. — *W. Link,* „Anknüpfung", „Vorverständnis" und die Frage der „Theologischen Anthropologie". Thr 7, 1935, 205 ff.; jetzt in: Heidegger und die Theologie, ThB 38, 1967, 147 ff. — *K. Löwith,* Phänomenologische Ontologie und protestantische Theologie. ZThK 11, 1930, 365 ff.; jetzt in: Heidegger und die Theologie, ThB 38, 1967, 95 ff. — *M. Luther,* Kritische Gesamtausgabe, Weimar 1883 ff. (WA). — *O. Schnübbe,* Der Existenzbegriff in der Theologie Rudolf Bultmanns. Ein Beitrag zur Interpretation der theologischen Systematik Bultmanns. FSThR 4, 1959. — *P. Tillich,* Religiöse Verwirklichung, 1930.

1. Die Religion als Anknüpfungspunkt

Auf die Frage, ob in den religiösen Vorstellungen von Gott der Gott des christlichen Glaubens intendiert sein könnte, antwortete Bultmann mit: „Ja und Nein"[1]. An sich hat es die Religion stets nur mit Götzen — Bultmann sagt: mit dem Teufel — zu tun[2]. „Der Mensch redet von Gott, weil er von seinem Wünschen und Fürchten umgetrieben wird, weil er sich dem Unheimlichen, dem Rätsel ausgeliefert weiß und seine Wunsch- und Angstträume hypostasiert zu einem Wesen, das seinem Leben Erfüllung und Vernichtung bringen kann."[3] Mit dieser Anspielung auf Feuerbach kam Bultmann auch der Barthschen Bewertung des Religionsphänomens nahe. Und wie Barth betonte Bultmann, der christliche Glaube selbst sei nicht „Religion", „keine Blüte im Garten des menschlichen Geistes, sondern eine fremde Pflanze, von jenseits her in die menschliche Welt gebracht". Deshalb bleibe der christliche Glaube auch unberührt vom gegenwärtigen Niedergang der Religionen, der eintrat, weil durch Technik und Zivilisation die Welt und das Leben mehr und mehr ihre Rätsel verlieren. Das Verhältnis des Glaubens zur Religion ist durchweg: Widerspruch. Selbst, wenn es im Namen einer Religion zu Selbstaufopferung und Selbsterniedrigung kommt, kann der Glaube darin nur „Empörung gegen Gott" erblicken[4].

---

[1] *Bultmann,* (1933) GuV I, 300.
[2] AaO. 299 und 303.
[3] AaO. 300.
[4] *Bultmann,* (1946) GuV II, 118 f.

Trotzdem gilt (und hier ist die Nähe zu Brunner groß): Gerade im Widerspruch des Glaubens gegen die Religion „wird in paradoxer Weise der
Anknüpfungspunkt geschaffen, oder besser: aufgedeckt". „Einen Widerspruch gibt es nur, wo ein Verhältnis besteht; und ein verkehrtes Verhältnis ist auch ein Verhältnis. Einem Stein kann ... Gott nicht widersprechen, weil der Stein selber nicht spricht, — sondern nur dem Menschen,
den er nach seinem Bilde geschaffen hat. Der Mensch, den Gottes Widerspruch trifft, ist der Mensch, der sich in den Widerspruch zu Gott gestellt
hat und der dadurch sich selbst verloren hat. Gottes Widerspruch ruft ihn
zu sich selbst zurück, zu dem, was er eigentlich ist."[5] Deshalb impliziert
alle Religion in der Tat eine — verkehrte — Intention auf den Gott des
christlichen Glaubens.

Nach Bultmann ist der Widerspruch des Menschen gegen Gott — also
die Sünde — der Anknüpfungspunkt. An die Sünde knüpft, ihr wider-
sprechend, das Wort von der Gnade an[6]. Also: Nicht die Religion als fra-
genhaftes, der Korrektur bedürftiges *Vorverständnis* von Gott, sondern die
Religion als *Sünde,* als Widerspruch gegen Gott, ist der Anknüpfungspunkt. Die Religion ist an sich beides, Vorverständnis und Sünde. Macht
Bultmann sie hier gerade in ihrer Eigenschaft als Sünde thematisch, so
zeigt dies: Der Anknüpfungspunkt ist bereits als ein theologischer Begriff
verstanden. Er wird gleichsam erst freigelegt unter dem Geschehen der
Gnade, welches die Religion als Sünde aufdeckt.

Brunner hat nun gelegentlich das Vorverständnis als den Anknüpfungspunkt bezeichnet[7]. Aber hieraus wird sein Gegensatz zu Bultmann noch
nicht sofort deutlich, da Bultmanns Begriff des Vorverständnisses ohnehin
eine andere Bedeutung hat als derjenige Brunners. Brunner scheint mit
Bultmann wirklich übereinzustimmen, wenn er sagt, der Anknüpfungspunkt liege nicht in positiven religiösen Fähigkeiten, er sei vielmehr „im
Negativen" aufzufinden[8]. Aber gerade die Religion selbst wird von Brunner wiederum anders bewertet als von Bultmann. Brunner sagt: „Die Religion ist — auch wenn sie wüstestes Heidentum ist — unverkennbares
Merkmal der Gottbezogenheit des Menschen und zugleich notwendiger
Anknüpfungspunkt für die wahre Gotteserkenntnis."[9] Religion gehört zu
den Phänomenen, die von der Theologie nicht nur besonders ernst genommen, sondern in bestimmter Hinsicht auch positiv gewürdigt werden müssen. Religion ist, anders als bei Bultmann, wirklich die *notwendige* Voraussetzung der Verkündigung und des Glaubens. Wer die Religion nur

---

[5] AaO. 120.
[6] Ebd.
[7] Vgl. FAn, 508.
[8] *E. Brunner,* Die andere Aufgabe der Theologie. ZZ 7, 1929, 262.
[9] FAn, 522.

bekämpft, wer dem modernen Niedergang des Religiösen gleichgültig oder gar erfreut gegenübersteht, weil ja der christliche Glaube der Religion aufs schärfste widerspreche, der sägt an dem Ast, der auch das Christentum trägt. „Einen Menschen, der nichts mehr von Gottesbewußtsein hätte, könnte das Wort Gottes nicht mehr erreichen."[10]

Bultmann hat die Religion gerade nicht so exklusiv wie Brunner auf das natürliche *Gottes*bewußtsein hin ausgelegt. Nicht dieses religiöse Gottesbewußtsein ist bei ihm die notwendige Voraussetzung der Verkündigung und des Glaubens. Es ist bei ihm nicht so, daß der Anknüpfungspunkt verlorenginge, wenn die Religion durch die moderne Entzauberung der Welt immer mehr zurückgedrängt, wenn der Atheismus zur Regel würde. Denn worauf es ihm ankommt, ist dies: Die anthropologischen Phänomene, an die die Verkündigung anknüpft, wenn sie z. B. an die Religion anknüpft, sind auch im Zeichen der Religionslosigkeit und des Atheismus noch greifbar. Existent bleibt die Erfahrung der Unheimlichkeit des Daseins; das Umgetriebensein von der Frage nach dem Sinn des Lebens; das geheime Wünschen und die Angst.

Brunners Lehre vom Anknüpfungspunkt aber steht noch unter der theistischen Prämisse. D. h. sie bezeichnet das, „was der natürliche Mensch von Gott, vom Gesetz und seiner eigenen Gottgehörigkeit weiß", als den „unerläßliche(n) Anknüpfungspunkt der göttlichen Gnade"[11]. Bultmann aber unterscheidet sich hier darin von Brunner, daß sich seine Weise, den Anknüpfungspunkt im Widerspruch des Menschen gegen Gott aufzufinden, gegenüber der Frage: Theismus oder Atheismus? neutral verhält. Dadurch steht er gleichsam mit seinem ganzen theologischen Lebensgefühl näher bei Barth als bei Brunner, den die theistische Prämisse zu einer militanten Haltung gegenüber dem Atheismus und dem Marxismus nötigte.

2. Anknüpfung am „Materialen" oder am „Formalen"?

Weil er die Sünde als den Anknüpfungspunkt versteht, kann Bultmann auch sagen, „der Mensch in seiner Existenz", der Mensch „als ganzer" ist der Anknüpfungspunkt[12]. Brunner hält diese Aussage für „nichtssagend, so wahr sie auch ist". Der Anküpfungspunkt sei selbstverständlich nichts Partielles, nicht eine Art religiöses Apriori im Menschen. Doch es gehe auch gar nicht darum, gegenüber diesem Irrtum nun den ganzen Menschen als Anknüpfungspunkt zu bezeichnen. Etwas anderes stehe zur Debatte, nämlich, wie sich das Kontinuierliche und das Diskontinuierliche

---

[10] NuG, 184 f./19.
[11] NuG, 185/19 f.
[12] Vgl. *Bultmann*, (1946) GuV II, 120.

beim Betroffenwerden des Menschen durch Gottes Wort zueinander verhalten. „Wir fragen nach dem Verhältnis dessen, was der natürliche Mensch
‚mitbringt‘ und was auch im Glauben irgendwie ‚erhalten‘ bleibt, zu
dem Neuen, das ihm im Glauben geschenkt wird.“[13]

Der Gegensatz Bultmann—Brunner liegt hier darin: Bultmann bezeichnet als den Anknüpfungspunkt die — materialiter — durch die Sünde
qualifizierte Existenz. Brunner dagegen bestimmt den Anknüpfungspunkt
formal als das dem Glauben und dem Unglauben Gemeinsame, d. h. als
das, was im Glauben „erhalten bleibt“. Bultmanns Begriff des Anknüpfungspunktes ist systematisch ganz anders konzipiert als der Brunnersche.
Er bezeichnet dasjenige Materiale oder Inhaltliche, *woran* angeknüpft
wird. Brunners Begriff aber bezeichnet dasjenige Formale, vom Gegensatz
Glaube-Unglaube unberührt Bleibende, *wodurch* angeknüpft wird. Bei
Bultmann steht der Gesichtspunkt im Vordergrund, daß das Evangelium
an ein konkretes Daseinsverständnis anknüpft. Brunner hat im Blick, daß
das Evangelium anknüpft durch Inanspruchnahme gewisser den Menschen besonders auszeichnender Fähigkeiten oder Eigenschaften[14]. Bultmann reflektiert den sachlichen Zusammenhang von Glaube und Existenz, Glaube und Erfahrung, gläubigem Wissen und vorgläubigem Wissen. Brunner aber reflektiert die technische Ermöglichung gläubiger Existenz. Im einen Fall steht das *hermeneutische Problem* der Verkündigung,
stehen die modernen Verstehensschwierigkeiten hinsichtlich der christlichen Überlieferung im Vordergrund. Im anderen Fall das in der Praxis
sich stellende *missionarische Problem*.

3. Die strittige Bewertung der philosophischen Daseinsanalyse

a) Brunner zum Verhältnis von Theologie und Ontologie

3.1 Der augenfälligste Unterschied zwischen Bultmanns und Brunners
Behandlung der Anknüpfungsthematik liegt darin, daß Bultmann die formale Daseinsanalyse des früheren Heidegger für die Ausarbeitung des
Vorverständnisses „übernehmen“ konnte, während Brunner dies aus prinzipiellen Erwägungen heraus nicht tat[15]. Zwar bezeichnete es auch Brunner als die „Aufgabe einer kritischen Philosophie, den Begriff der formalen Personalität, wie er auch im christlichen Glauben impliziert ist, genauer auszulegen“[16]. Doch meinte er, eine Philosophie, die dies wirklich

---

[13] FAn, 514.
[14] Vgl. MW, 516.
[15] Vgl. *E. Brunner*, Theologie und Ontologie — oder die Theologie am Scheidewege, ZThK 12, 1931, 111. — Ferner MW, 521 ff.
[16] FAn, 525 f.

leistet, sei „bis heute noch nicht dagewesen"[17]. Kant komme diesem Ideal noch am nächsten. Heidegger aber habe dieses Ziel schon gar nicht erreicht, nicht nur, weil seine Philosophie „atheistisch, sondern auch, weil sie heimlich theologisch ist"[18]. In Abhängigkeit von der Heidegger- und Bultmannkritik bei G. Kuhlmann[19], K. Heim[20] und K. Löwith[21] meinte Brunner, bei Heidegger sei immer schon „formal Ontologisches und Ontisches miteinander verknüpft". Heidegger biete deshalb nicht die neutralen vorgläubigen Strukturen des Daseins, sondern die ideologisch bereits deformierten Strukturen des Unglaubens usw.[22] Die Theologie aber sei gezwungen, die wirklich neutralen Strukturen des Menschlichen — also den Anknüpfungspunkt — im Rahmen einer theologischen Anthropologie selber auszuarbeiten[23].

Brunners Bedenken gegen den Gebrauch eines philosophischen Menschenverständnisses in der Theologie scheinen ihn, im Vergleich zu Bultmann, als den strenger vom Worte Gottes her argumentierenden Theologen auszuweisen. Schärfer als Bultmann scheint er den Gegensatz, die Diskontinuität zwischen dem natürlichen und dem gläubigen Daseinsverständnis zu erfassen. In einem scharfsinnigen Vergleich beider Positionen gelangte jedoch W. Link 1935 zu der Auffassung, Brunners Problemsicht sei nicht die dem Evangelium gemäßere, sondern sie sei systematisch schwach und zudem „innerhalb einer evangelischen Theologie schlechterdings verboten"[24]. Entgegen Brunners eigener Feststellung einer gewissen Nähe zu Bultmann berührten sich die Lehren beider nur formal, nicht in der Sache. Auch die von Brunner dort, wo er sich von Bultmann abgrenzt, angestrebte Nähe zu Barth beruhe auf Schein. Tatsächlich kämen sich, bei aller Verschiedenheit der Ansätze, gerade Bultmann und Barth der Intention nach sehr nahe, während andererseits Brunner und Gogarten zusammengehörten[25].

Heute kann W. Links Gesamtbewertung der Kontroverse nicht mehr in allen Punkten übernommen werden. Seine engagierte, brillante Analyse war bewußt parteiisch; sie war als Beitrag zur aktuellen dogmatischen und kirchenpolitischen Diskussion gedacht. Im folgenden wird ein charakteristischer Ausschnitt aus der seinerzeit strittigen Materie neu untersucht.

[17] FAn, 527.
[18] E. Brunner, Theologie und Ontologie ... ZThK 11, 1931, 122.
[19] Vgl. Kuhlmann, aaO. 33 ff.
[20] Vgl. Heim, aaO. 59 ff.
[21] Vgl. Löwith, aaO. 95 ff.
[22] Brunner, aaO. (ZThK 1931), 114.
[23] AaO. 122.
[24] Link, aaO. 148.
[25] Vgl. Link, aaO. 186 ff. u. ö.

3.2 Bestimmte Bultmann, wie gezeigt wurde, den Anknüpfungspunkt als etwas Materiales, nämlich als die Sünde, so galt ihm gleichzeitig die ontologische Daseinsanalyse der Philosophie als streng formale Arbeit. Brunner dagegen bestimmte den Anknüpfungspunkt streng formal, während ihm gleichzeitig jene Daseinsanalyse, um der Sünde willen, schon in einer ganz bestimmten Weise inhaltlich gefüllt, nämlich: ideologisch verzerrt erschien.

3.3 Für Brunners Verständnis des Anknüpfungspunktes im ganzen sind zwei Gesichtspunkte besonders charakteristisch. Der erste scheint mit Bultmanns Auffassung zusammenzugehen, der zweite widerspricht ihr entschieden. Und in ihrer Verbindung widersprechen beide Gesichtspunkte der Bultmannschen Definition des Anknüpfungspunktes. Der eine von Brunner stets hervorgehobene Aspekt weist darauf hin, daß der Hl. Geist niemals die „Identität des menschlichen Subjektes" aufhebt oder auch nur beeinträchtigt[26]. „Das Subjekt als solches, die Selbstbewußtheit, wird auch im Glaubensakt nicht aufgehoben."[27] Es ist wirklich der *Mensch*, das frei-verantwortliche, vernünftige Wesen, das zum Glauben kommen und im Glauben seine menschliche Natur erhalten und voll verwirklichen soll. „Der Mensch wird von der Bibel nicht als tabula rasa vorausgesetzt oder zur tabula rasa gemacht." Die Bibel versteht ihn „nie, am allerwenigsten im Glaubensvorgang, als truncus et lapis, als ein *Objekt*, das behandelt wird so, wie ein Brett vom Schreiner behobelt wird"[28]. Der zum Glauben kommende Mensch ist nicht passiv, sondern im Gegenteil „im höchsten Maße aktiv"[29], eben weil Gott in seinem Handeln am Menschen „immer das Subjektsein des Menschen respektiert"[30]. Es geht deshalb auch die Rede von einer „Allkausalität" oder „Alleinwirksamkeit Gottes" dogmatisch nicht in Ordnung[31].

Alle diese Ausführungen — sie bilden die Grundlage der Brunnerschen Lehre vom Anknüpfungspunkt — kommen nicht nur mit ähnlichen Äußerungen Bultmanns überein, sondern sie gehen auch mit der Theologie Barths grundsätzlich konform. Allerdings stieß sich Barth, zumal in den dreißiger Jahren, an der Gewichtigkeit, mit der Brunner diese Gedanken vortrug. Es war ihm unverständlich, daß ein Theologe nicht sein ganzes Interesse dem zuwendet, was durch Gottes Gnade neu und anders werden soll, sondern ausgerechnet der Feststellung, die Gnade alteriere die geschöpfliche Struktur des Menschlichen *nicht*. Galt Brunners Leidenschaft der Aussage, daß der Mensch als Mensch nicht vernichtet wird, wenn

---

[26] NuG, 186/21.
[27] NuG, 185/20.
[28] MW, 517.
[29] MW, 518.
[30] MW, 520.
[31] Ebd.

Gottes Gnade ihn trifft, so setzte Barth, der die formale Eignung des Menschen für die Gnade für selbstverständlich hielt, ebenso leidenschaftlich dagegen: „Der Mensch... ist das, was durch Gottes Wort und Geist überwunden, mit Gott versöhnt, von Gott gerechtfertigt und geheiligt... werden soll"[32].

Aus der besonderen Weise, wie Brunner die Frage nach der anthropologischen Bedeutsamkeit der Gnade zuspitzte und ausrichtete, ergab sich ein weiteres Problem. Wir kommen zum zweiten charakteristischen Aspekt des Brunnerschen Verständnisses der Anknüpfung: Brunner empfand es als ein Problem, daß uns jene formalen Grundstrukturen des Daseins, die den Menschen zum Menschen machen, keineswegs im Sinne eines philosophischen sensus communis schon erschlossen sind. Die Aussage, die Gnade alteriere und zerstöre diese formalen Grundstrukturen nicht, — und sie sind ja der Anknüpfungspunkt! — hat darin eine zumindest praktische Schwierigkeit, daß es weltanschaulich doch strittig ist, was den Menschen zum Menschen macht. Aus diesem Grund verhält es sich nicht so, daß die Verkündigung einfach am natürlichen menschlichen Selbstverständnis anknüpfen könnte. Wohl wird das natürlich-geschöpfliche Wesen des Menschen im Glauben nicht vernichtet. Und trotzdem kann es nicht das *ungläubige* Selbstverständnis des „natürlichen Menschen" sein, was im Glauben erhalten bleibt und bestätigt wird. Um anknüpfen zu können, muß die Theologie „vom Glauben aus" den Anknüpfungspunkt allererst freilegen. Sie muß jedes „falsche" Verständnis der formalen Strukturen des Daseins destruieren. Und dies ist die Aufgabe einer theologischen Eristik, die mit Ideologien und Weltanschauungen ringt, um den Menschen zu zwingen, sich selbst so zu sehen, „wie er sich eigentlich sieht"[33].

Wenn Bultmann lehrt, die Philosophie verstehe grundsätzlich auch „die Möglichkeit für die Bewegung des Glaubens", da diese „eine Bewegung des Daseins ist"[34], so bestreitet Brunner dies. Nach Brunner weist die philosophische Daseinsanalyse nicht die ontologischen Bedingungen auf, denen sowohl die gläubige wie die ungläubige Existenz unterliegt[35]. Die Theologie müsse vielmehr davon ausgehen: Die Philosophie verfehlt schon und gerade die allgemeine ontologische Struktur des Menschseins. „Das Sein-in-Verantwortung, das Sein-in-Entscheidung, das Sein-in-Freiheit und all die von dieser Grundbestimmung weiter abhängigen Bestimmungen der Schuld usw. sind solche, die, so formal sie auch sind, vom christlichen Schöpfungsbegriff aus ganz anders gedacht werden als ohne die-

[32] „Nein!", 256/61.
[33] S. o. S. 349 ff.
[34] *Bultmann*, (1933) GuV I, 308.
[35] Vgl. FAn, 510.

sen."[36] Da Gott der Schöpfer aller Seinsstrukturen ist, wird, Brunner zufolge, nur *die* Ontologie der Wirklichkeit gerecht, die schöpfungstheologisch entfaltet ist[37]. Das im Urteil der Theologie legitime Betätigungsfeld
der Philosophie beschränkt sich dann aber auf die Logik und auf gewisse
Bereiche der Mathematik[38].

Brunner „müßte den Satz K. Heims ‚jede Theologie... wendet ontologische Voraussetzung über die Struktur des Ich- und Du-Verhältnisses auf
die Beziehung zwischen Gott und Mensch an'... umkehren und sagen:
jede heutige Ich-Du-Philosophie wendet, vielleicht ohne es zu wissen,
christliche Kategorien an, in der Meinung, rein aus der Vernunft heraus
zu philosophieren. Es ist kein Zufall, daß die Existenzphilosophie von dem
Christen und Theologen Kierkegaard geschaffen worden ist; es ist weiter
kein Zufall, daß Heidegger in seinem Versuch, von den christlichen Voraussetzungen dieser Philosophie loszukommen, auch bereits den Kierkegaardschen ontologischen Grundbegriffen einen anderen Sinn unterlegt
hat"[39]. — Gerade wenn diese geschichtlichen Perspektiven mit berücksichtigt werden, so zeigt es sich Brunner, daß man nicht hoffen darf, die richtige Ontologie ohne den Glauben zu schaffen. Die richtige Daseins-Onto-
logie entsteht vielmehr, näherungsweise, „durch kritische Sichtung der
Vernunftbegriffe vom Glauben aus; das heißt durch eine grundsätzlich
christliche Philosophie"[40].

Diese letzten Thesen Brunners weisen eigentlich eine doppelte Motiva-
tion auf. Sie berühren auch zwei verschiedene Problemkreise. Der erste ist
ein historischer, der zweite ein dogmatischer. Brunners Desiderat einer
christlichen Philosophie, einer Ontologie vom Glauben aus, stellt unter
dem *historischen* Aspekt vor die Frage: Ist nicht wenigstens dies unbe-
streitbar und also von Brunner richtig gesehen, daß die Theologie und die
christliche Tradition in die neuere philosophische Anthropologie und Ontologie derart hineinverwoben sind, daß ohne und gegen die Theologie
hier schwerlich „richtige" Lösungen zu erwarten sind? Unter dem *dogmatischen* Aspekt aber wäre zu fragen: Wenn das christliche Verständnis des
„Natürlichen" oder der objektiven ontologischen Strukturen des Daseins
ein anderes ist als das philosophische, näher, wenn die Theologie einen eigenen und besonderen formalen Begriff von Freiheit, Verantwortlichkeit
usw. für den richtigen hält — sind dann Freiheit und Verantwortlichkeit
von der Theologie im Sinne *gläubiger* Existenz verstanden? Brunner
meint dies offensichtlich nicht so. Um völlig genau zu sein: Er meint es

---

[36] MW, 522.
[37] Vgl. MW, 521.
[38] MW, 522 f.
[39] MW, 522.
[40] MW, 523 f.

teilweise anders. Er kann allerdings auch sagen, der christlich verstandene Freiheitsbegriff sei identisch mit dem Glauben, er meine die „Freiheit-in-Gott"[41]. Aber in der Logik der hier vorgeführten Argumentationskette ist nun eine andere Aussage fällig. Wenn die Theologie auf ihre besondere Weise die formalen ontologischen Strukturen des Daseins ausarbeitet, dann sind diese nicht etwa speziell im Sinne gläubiger Existenz verstanden, sondern: Sie sind dann so verstanden, wie sie als *Anknüpfungspunkt* für den Glauben verstanden werden müssen. Diese Begriffe beschreiben dann, wie die Wirklichkeit des Daseins, sei es gläubig oder ungläubig, „wirklich" ist. Mit anderen Worten: Sie beschreiben die für alle menschliche Existenz geltenden formalen Strukturen zwar ideologiefrei, aber noch nicht gläubig.

Und an dieser Stelle ist Brunners Lehre vom Anknüpfungspunkt eben nicht klar. Hier hat auch die Kritik immer eingesetzt. Es ist, wenigstens unter dem dogmatischen Aspekt, gar nicht einzusehen, wie diese mittlere, ideologiefreie ontologische Ebene *zwischen* dem „alten" Sein unter der Sünde und dem „neuen" Sein unter der Gnade erreicht werden, ja, was sie sachlich überhaupt bedeuten kann. Und es ist auch nicht einzusehen, wie ein Mensch je von einer ideologisch verzerrten Sicht des Daseins durch Eristik befreit werden könnte, *ohne* daß diese Befreiung schon das Geschenk des Glaubens selbst, vielmehr eben doch erst der Anknüpfungspunkt für den Glauben wäre.

b) Bultmanns Ablehnung einer „Glaubensontologie"

3.4 Bultmanns Verständnis des Anknüpfungspunktes ist nun an der Stelle klar, wo wir bei Brunner die Unklarheit und dogmatische Verwirrung fanden. Bultmanns Pathos liegt auf der Feststellung, daß es nur *eine* Ontologie geben kann, daß sich gerade die Theologie vor dem Operieren mit einem doppelten Wirklichkeitsbegriff zu hüten hat. — Wenn auch nach Brunner nur *eine* Ontologie in Betracht kommt, nämlich die des Glaubens, so wäre dies für Bultmann freilich eine kurzschlüssige Auskunft. Sie würde in seiner Sicht nicht allein die Existenz zweier Ontologien gerade wieder bekräftigen, sie bedeutete auch ein fundamentales Mißverständnis der *theologischen* Dimension des Ontologieproblems. Das gläubige und das ungläubige Dasein stehen nicht „wie zwei Dinge, die nichts miteinander zu tun haben", nebeneinander[42]. Wenn die Philosophie auch nicht das gläubige, sondern das ungläubige Dasein beschreibt, steht sie mit ihrem Thema jedenfalls doch nicht außerhalb der Materie, mit der auch die Theologie sich befaßt.

---

[41] MW, 523.
[42] *Bultmann*, (1933) GuV I, 308.

Von der philosophischen Ontologie sagt Bultmann — und Brunner nennt den folgenden Satz das „proton pseudos" —: „Da es kein anderes Dasein gibt, als dieses in seiner Freiheit sich konstituierende, sind die formalen Strukturen des Daseins, die in der ontologischen Daseinsanalyse aufgewiesen werden, ‚neutral', d. h. sie gelten für alles Dasein ..., für das ungläubige ... wie für das gläubige, das nur in ständiger Überwindung des Unglaubens glaubt."[43] Bultmann übersieht nicht, daß, was die Philosophie Freiheit nennt, von der Theologie allerdings als Unglaube bezeichnet werden muß[44]. Dies ändert aber am vorigen Satz nichts, weil ohnehin nicht der Glaube, sondern „der Unglaube die Grundverfassung des menschlichen Daseins ... ist"[45]. Und hierbei ist noch besonders zu berücksichtigen, daß auch die Theologie selbst niemals etwas anderes sein kann „als eine Bewegung des Unglaubens, die nur gerechtfertigt sein kann, wenn sie als solche glaubt"[46].

Für Bultmann ist der Rückgriff auf die formale Daseinsanalyse der „ungläubigen" Ontologie theologisch so bedeutsam, daß sich für ihn hieran geradezu das rechte Verständnis von Luthers simul iustus — simul peccator entscheidet[47]. Es geht um die Rechtfertigungslehre[48]. Bultmann geht von der Ontologie des Unglaubens aus, weil es gerade um *sie* im Glauben geht — und die Theologie folglich in die Irre ginge, suchte sie eine *eigene Ontologie* vom Glauben aus zu entwerfen[49]. Das Natürliche wird uns niemals und nirgendwo in seiner Verwandlung und Vollendung durch das Evangelium greifbar. Andererseits gilt vom Evangelium: „Das Evangelium naturalisiert sich nicht" (W. Link)[50]. Es kann also nach protestantischer Auffassung, „nach welcher der Mensch nicht durch die caritas infusa einen übernatürlichen Habitus erhalten hat" (Bultmann)[51], keine Ontologie des gläubigen Daseins geben[52].

---

[43] *Bultmann,* (1933) GuV I, 312. — MW, 523.

[44] GuV I, 310.

[45] AaO. 309.

[46] AaO. 312.

[47] Vgl. *R. Bultmann,* Die Geschichtlichkeit des Daseins und der Glaube. Antwort an Gerhard Kuhlmann (1930), in Heidegger und die Theologie, hg. v. G. Noller, ThB Bd. 38, 1967 (72 ff.), 78.

[48] *Bultmann,* (1933) GuV I, 307.309. — Vgl. *Link,* aaO. 166.

[49] GuV I, 311.

[50] *Link,* aaO. 167.

[51] *R. Bultmann,* Die Geschichtlichkeit des Daseins und der Glaube, aaO. 76 Anmerkung 5.

[52] Vgl. folgenden Versuch *W. Link*s (aaO. 175), Bultmanns Arbeitsverhältnis zu Heidegger positiv zu würdigen: Indem „die Theologie keine eigene Ontologie ausarbeitet, sondern einfach eine philosophische Ontologie übernimmt, gibt sie zu verstehen, daß das Wort, das sie zu bringen hat, an keine bestimmte Ontologie gebunden ist und so *über* jede Ontologie kommt. Es ist darum ein Unter-

c) Zu W. Links Interpretation der Kontroverse

3.5 W. Links erwähnte Untersuchung des Gegensatzes zwischen Barth und Bultmann auf der einen, Brunner und Gogarten auf der anderen Seite läuft darauf hinaus, daß im ersten Fall der Versuch einer zeitgemäßen evangelischen Lehre ein ausnehmend glücklicher, im zweiten aber ein ausnehmend unglücklicher, ein ungewollt in die katholische Lehre von der infusio gratiae hineingeratener Versuch gewesen sei. Aber diese Etikettierung: hier „evangelisches", dort „katholisches" Denken befriedigt heute als Gesamterklärung der damaligen Kontroversen um die Anknüpfung, das Vorverständnis und die Frage der theologischen Anthropologie nicht mehr. Auch im einzelnen läßt die in mancher Hinsicht immer noch unübertroffene Interpretation Links wesentliche Frage offen. Es geht um folgende Punkte:

Bultmanns Benützung der Heideggerschen Daseinsanalyse findet eine ausnehmend günstige Beurteilung, weil gerade sie die Rechtfertigungslehre zur Geltung bringe. Aber das Zwingende an Bultmanns Verfahren hat schon Barth nicht eingesehen! Link ist auf diese Schwierigkeit nicht eingegangen. Ja, er meinte anscheinend, daß auch Barth mit seinen wiederholten Hinweisen auf die Unvermeidlichkeit irgendeiner philosophischen „Brille" Bultmanns Haltung gegenüber der philosophischen Ontologie grundsätzlich geteilt habe.

Sodann finden wir bei Link die Ungewöhnlichkeit, ja Einmaligkeit des spezifisch Bultmannschen Arbeitsverhältnisses zur Philosophie weder erklärt noch berücksichtigt. Dabei gibt es kein historisches Beispiel dafür, daß jemals die Dringlichkeit und die Selbstverständlichkeit einer Abhängigkeit der Theologie von der formalen Daseinsanalyse der „zeitgemäßen" Philosophie so, wie bei Bultmann, zum Postulat erhoben worden wäre.

Hier wäre zu beachten — und so wenig noch Bultmann oder W. Link dies hinreichend in Rechnung zu stellen vermochten, so deutlich ist es jetzt —, daß auch Heideggers Untersuchung der formalen Daseinsstrukturen, der „Existenzialien"[53], keineswegs ein die Philosophie *immer* beschäf-

---

schied, ob ein Theologe Ontologie treibt oder ob ein Theologe diese Ontologie benützt".

[53] Der Begriff des Existenzials ist eine Gegenbildung Heideggers zum Begriff der Kategorie. Das Existenzial gibt über den Seinscharakter des menschlichen Daseins Auskunft; die Kategorie über den Seinscharakter bzw. über die Zustandsformen des nicht daseinsmäßigen, d. h. des außermenschlichen Seienden. — Mit dem Begriff des Existenzials ist jedoch nicht allein die Differenz zur Kategorie, sondern gleichzeitig auch die Differenz zum sog. Existenziellen gesetzt. Die Unterscheidung zwischen existenzial und existenziell — und ihr korrespondiert die Unterscheidung zwischen ontologisch und ontisch — zielt auf die Differenz zwischen dem, was in einem formalen Sinne für alles Daseins konstitutiv ist, und dem, was Dasein je und je faktisch ist.

tigendes Problem betraf. Heideggers „Fundamentalontologie"[54], seine Frage nach dem Sein des Daseins, hatte ihre spezifische geschichtliche Veranlassung. Und eben dadurch beschäftigte sie seinerzeit auch die Theologie. Sie wirkte in der Theologie auch dort, wo man ihre konkrete Bearbeitung und Beantwortung durch Heidegger ablehnte[55]. Lernte man von Heidegger nicht, wie Bultmann es tat, welchen ontologischen Gesetzmäßigkeiten sinnvolle theologische Sätze standhalten müssen, so hatte man doch immer wieder von Heideggers fundamentalontologischer Fragestellung als solcher profitiert und sie gleichsam theologisch imitiert. Ohne diese Fragestellung hätte z. B. Tillich nicht im Rahmen einer — „Protologie" genannten — „theologischen Ontologie" untersucht, „was dem Seienden Sein gibt". Er hätte nicht eine in die „Tiefe", in den „Wesensgrund" der Phänomene dringende „Glaubensschau" intendiert[56]. Ohne Heideggers Unterscheidung zwischen dem ontischen und dem ontologischen Daseinsaspekt[57] wäre es auch bei Brunner schwerlich zu der Unterscheidung zwischen materialer und formaler imago Dei gekommen[58].

[54] „Fundamentalontologie" heißt beim frühen *Heidegger* „diejenige ontologische Analytik des endlichen Menschenwesens, die das Fundament für die zur ,Natur des Menschen gehörige' Metaphysik bereiten soll" (Kant und das Problem der Metaphysik, 1951[2], 13). Das hier verhandelte Problem entstammte der Grundlagenkrise zur Zeit des 1. Weltkriegs und nahm die von Husserl bearbeitete Frage einer „ontologischen" Wissenschaftsbegründung („ontologisch", weil jeder Wissenschaft ein bestimmter *Seinsbereich* zugeordnet werden sollte) auf. *Heideggers* weiterführender Gedanke war zunächst: „Wissenschaften haben als Verhaltungen des Menschen die Seinsart dieses Seienden (Mensch)" (Sein und Zeit, 11). Damit war ausgesagt, daß alle ontologische Wissenschaftsbegründung von einer Ontologie des menschlichen Daseins abhängig ist. Diese Ontologie nennt H. deshalb auch Fundamentalontologie. „Die Fundamentalontologie ist die zur Ermöglichung der Metaphysik notwendig geforderte Metaphysik des menschlichen Daseins. Sie bleibt von aller Anthropologie, auch der philosophischen, grundsätzlich unterschieden." Sie fragt nicht einfach, wer oder was der Mensch sei, sondern sie fragt danach, „in welcher Absicht und Weise, in welcher Begrenzung und unter welchen Voraussetzungen" die konkrete Frage gestellt wird: „was ist der Mensch?" (Kant und das Problem der Metaphysik, 13). — Daß der Mensch selbst — entgegen der traditionellen Metaphysik — *nicht* nach Maßgabe des gegenständlich Seienden verstanden werden darf, daß er aber umgekehrt in einem ursprünglicheren Sinne über das allem Seienden zugrunde liegende Sein Auskunft gibt (indem es ihm nämlich in seiner Existenz-Sorge immer schon um sein Sein geht), dies war der Ausgangspunkt von „Sein und Zeit" (vgl. hier: 12 f.).

[55] Man stellte dann z. B., wie Gogarten, der Heideggerschen Aussage, der *Tod* begrenze das Dasein, die These entgegen, die das Dasein in Wahrheit begrenzende Macht sei das *Du* (vgl. hierzu die Kritik an dieser Entgegensetzung bei R. *Bultmann*, Die Geschichtlichkeit des Daseins und der Glaube, 1930, in: ThB 38, 1967, 86).

[56] *Tillich*, aaO. 130 f.

[57] Siehe Anm. 53.

[58] Vgl. *Schnübbe*, aaO. 38.

Schließlich ist auch die Frage nach dem Anknüpfungspunkt, wie sie Brunner und Bultmann beschäftigte, nicht eine die Theologie seit jeher schon bewegende Angelegenheit. Dieser ganze Problemkreis erhielt auf dem Hintergrund der neuzeitlichen, durch das Christentum „hindurchgegangenen" Philosophie ein ganz eigentümliches Gewicht, eine ganz besondere Zuspitzung. Deshalb kommt es auch hier darauf an, die am Anknüpfungspunkt aufgebrochenen dogmatischen Gegensätze auf die innere Problematik des neuzeitlichen Denkens zurückzubeziehen. Geschieht dies, so werden die dogmatischen Gegensätze nicht etwa relativiert, nicht durch geschichtliche „Erklärung" aufgehoben. Sie könnten dann sogar noch präziser erfaßt werden. Vor allem aber wird dann ersichtlich, in welcher Richtung die hier untersuchten Fragestellungen der dialektischen Theologie künftig neu zu bearbeiten wären.

3.6 Luther, auf dessen Theologie W. Links Aufsatz oft kenntnisreich zurückging, hatte immerhin die Vokabel „formal" wegen ihrer Dunkelheit und ihres philosophischen Charakters nicht gerne gebraucht[59]. Auch hielt er innerhalb der Theologie die klassische Formaldefinition des Menschen als animal rationale nicht für brauchbar: Die Theologie definiert den Menschen als das Wesen, das von Gott gerechtfertigt werden muß[60].

Nun hat Bultmann, um der Rechtfertigungslehre willen, die christliche Verkündigung im Anschluß an Heideggers „formale" Daseinsanalyse existential interpretiert. Philosophische Ontologie bedeutete in seiner geschichtlichen Situation offenbar etwas anderes als bei Luther. Bultmann meinte sich in ein Arbeitsverhältnis zur Philosophie setzen zu sollen, um ein Theologe der Rechtfertigung zu *bleiben*. Luther mußte das traditionelle theologische Arbeitsverhältnis zur Philosophie aufgeben, um ein Theologe der Rechtfertigung zu *werden*. Demnach läßt sich mindestens nicht ohne weiteres mit Bultmann behaupten, es müsse *jede* Theologie, die die gläubige Existenz begrifflich klären will, *explizit* auf die Daseinsanalyse der Philosophie zurückzugreifen[61]. Und auch Bultmanns Bemerkung, so müsse jedenfalls eine Theologie verfahren, die „Wissenschaft und nicht bloß Predigt sein will"[62], zeigt erneut wieder den spezifisch modernen Charakter der Fragestellung selbst.

Die Frage, welche Haltung die Theologie gegenüber der *modernen* Philosophie — etwa der Existenz-Philosophie — einzunehmen habe, kann nicht in jeder Hinsicht dieselbe Beantwortung finden wie die Frage, welche theologische Haltung im Mittelalter gegenüber Aristoteles oder Platon

---

[59] WA 39 I, 228: Ego hoc vocabulo (formalis), ut et reliquis physicis, in ... tota theologia non libenter utor. Quia reipsa est obscura quaedam vox ...

[60] Vgl. WA 39 I, 174 ff. (besonders These 32).

[61] Vgl. R. *Bultmann*, Die Geschichtlichkeit des Daseins und der Glaube, 1930, in ThB 38, 1967, 88.

[62] Ebd.

angemessen war. Wohl gibt es anscheinend ein sich gleich bleibendes Wesen des philosophischen Denkens. Aber es macht einen Unterschied, ob Philosophie als vorchristliches Denken im historischen Sinne begegnet, oder ob sie im historischen Sinne nachchristliches Denken ist, ober ob sie sich gar selbst, wie die idealistische Philosophie, als den legitimen Erben der Aufklärung *und* der Reformation versteht.

Zu den aus der Geschichte und den Fehlern der dialektischen Theologie zu ziehenden Lehren gehört die Einsicht, daß wir das „systematische Problem" des Verhältnisses von Theologie und Philosophie gerade *systematisch* nur noch unbefriedigend und fehlerhaft bearbeiten können, wenn die Größe „Philosophie" nicht zugleich als ein historisch abkünftiges Phänomen im Blick ist, und wenn nicht das zwischen Theologie und Philosophie bestehende Verhältnis selbst geschichtlich verstanden wird.

4. Das Verhältnis Bultmann—Heidegger als theologiegeschichtliches Problem

4.1 Die sachliche Grundlage des Bultmannschen Arbeitsverhältnisses zu Heidegger war zweifellos der Versuch von *Sein und Zeit* (1927¹), die traditionelle Erkenntnistheorie und die idealistische Metaphysik zu „destruieren". Daß der Gegenstand der Theologie den Rahmen der traditionellen Erkenntnistheorie und der idealistischen Metaphysik sprenge, dies war nach dem Ersten Weltkrieg die Grunderfahrung aller dialektischer Theologen geworden. Heideggers Vorstoß war deshalb für die Theologie relevant. Heidegger wußte selbst, daß sein Unternehmen gleichermaßen in die Philosophiegeschichte und in die Theologiegeschichte eingriff. Nach einer Erinnerung K. Löwiths hat er sich als Privatdozent folgendermaßen selbst interpretiert: er sei eigentlich kein Philosoph, sondern „christlicher *Theologe* mit der Aufgabe, die überlieferte Begrifflichkeit der abendländischen Philosophie kritisch zu destruieren"[63].

Was *Sein und Zeit* betrifft, so interessierte sich die Theologie besonders für die in dieser Schrift vorgetragene Sicht des *Menschen*. Der Mensch ist hier als ein *endliches* Wesen beschrieben[64]. Die idealistische Metaphysik aber hatte den Menschen als ein unendliches Wesen verstanden. Sie sah ihn nicht in seiner endlichen Begrenzung und Beschränkung im Gegenüber zu Gott, sondern in einer göttlichen Bestimmung. Eben darin bestand ihre u. a. von der dialektischen Theologie bekämpfte häretische Konstitution. Wenn nun Heidegger den endlichen Menschen in der Durchschnittlichkeit seiner Daseinserfahrung, in seinem Umgetriebensein von Angst, Sorge und Schuld und in seinem „Vorlauf zum Tod" be-

---

[63] Mitgeteilt bei *Grossner*, aaO. 7.
[64] S. o. S. 279.

schrieb, so schien dies gewisse Aspekte des christlichen Verständnisses des Menschen überraschend auch von der Philosophie her wieder ins Recht zu setzen.

An der Restitution einer „christlichen" Anthropologie war Bultmann freilich aus dogmatischen Gründen nicht interessiert. Ihm lag daran, daß Heideggers Aufweis der Endlichkeit des Daseins nun von der Theologie nicht kurzschlüssig wieder in Frage gestellt würde. Er wehrte sich immer gegen eine Kritik an seiner existentialen Interpretation, die besagte, die Theologie müsse das natürliche Wesen des Menschen doch auch noch anders wahrnehmen als bloß in jener profanen Endlichkeit, in der es vom Philosophen Heidegger gesehen wird. Für die Theologie, meinte demgegenüber Bultmann, ist gerade nicht das in irgendeinem Licht schon gedeutete Dasein relevant, vielmehr das Dasein in der Faktizität endlicher Erfahrung, aus der heraus seine sämtlichen Deutungen und Ideale allererst entspringen[65]. Deshalb beruhe es auch auf einem Mißverständnis, wenn man mit christlichem Gehalt gefüllte Begriffe von der Zukunft, der Schuld, dem Tod, der Liebe, dem Mitmenschen usw. gegen die von Heidegger analysierten formalen Voraussetzungen aller Möglichkeiten eines konkreten Existenzverständnisses und -vollzugs ausspielt.

Unser Satz: Bultmann lag daran, daß Heideggers Aufweis der Endlichkeit des Daseins von der Theologie nicht kurzschlüssig wieder in Frage gestellt würde, ist bereits eine Interpretation. Bultmann selbst sah nämlich das Besondere der Heideggerschen Daseinsanalyse nicht darin, daß sie als eine Gegenbildung zur idealistisch-metaphysischen Sicht des „unendlichen Menschen" konzipiert wurde. Sondern darin, daß sie als eine fundamentale Ontologie die formalen Voraussetzungen jeder Metaphysik beschreibt. Dennoch dürfte richtig sein, daß Bultmann als Theologe fasziniert war von dem bei Heidegger erzielten Durchstoß zur Endlichkeit des Daseins und daß er eben diesen Durchstoß als Durchbruch zu einer formalen, allen Deutungen der Existenz vorausliegenden Daseinsontologie bewertet hat.

Sieht diese Interpretation Richtiges, und konzediert man ferner, daß Bultmann mit *seiner* Heideggerdeutung auch zu einer dogmatisch glücklicheren Gesamtauffassung des Problemkreises der natürlichen Theologie gelangte als z. B. Brunner, so ergeben sich jetzt einige Einwände und Rückfragen. Diese beziehen sich auf eine Enge der Bultmannschen Argumentation, die damit zusammenhängt, daß Bultmann selbst die Philosophie Heideggers nicht „geschichtlich einordnen" konnte.

4.2 Die Schwierigkeit, Bultmanns Verhältnis zu Heidegger zu interpretieren, kann auf ein in *Sein und Zeit* selbst liegendes Problem zurückgeführt werden. Entweder hat Heidegger hier das Dasein ontologisch ur-

---

[65] Vgl. *Bultmann*, aaO. (ThB 38, 1967) 77 f. Anmerkung 8.

sprünglicher verstanden, als es in der Philosophie des Idealismus geschah. Dann würde seine Ausarbeitung der Seinsstruktur des Daseins dem idealistischen Daseinsverständnis aber keineswegs widersprechen. Vielmehr zeigte sie die Bedingungen der Möglichkeit *auch* des idealistischen Daseinsverständnisses auf. Oder aber ist in *Sein und Zeit* das Sein des Daseins im Gegensatz und Widerspruch zum idealistischen Verständnis der menschlichen Existenz ausgelegt. Dann allerdings wäre es schwierig, Heideggers Daseinsanalyse zugleich als eine mit dem idealistischen Existenzverständnis konkurrierende *und* als eine das letztere umgreifende Ontologie zu bewerten.

Das hiermit bezeichnete Problem wird von einer anderen Seite her noch deutlicher: Nach dem Sein des Daseins läßt sich philosophisch nur fragen, indem die (Daseins-) *Erfahrung* befragt wird. Wenn Heidegger aus der Erfahrung jene Strukturen erhob, die den Menschen als ein endliches Wesen ausweisen, so steht daneben aber das Faktum, daß auch das Daseinsverständnis des Idealismus auf Erfahrung gründete. Heideggers Rekurs auf die „Durchschnittlichkeit" der Daseinserfahrung zeigt gerade, daß diese an sich nicht eindeutig ist. Eine zwingende empirische Begründung dafür, daß das Dasein endlich ist, gibt es offenbar nicht. Keine Wissenschaft weiß dies besser als die Theologie. Die Theologie wenigstens wüßte keine Begründung für die Endlichkeit des Daseins zu geben, wenn ihr diese nicht von daher feststünde, daß der Mensch Gottes Geschöpf ist. Von hier aus hat aber Heidegger diese Endlichkeit gerade nicht konstatiert und expliziert. Und dies jedenfalls erweckt grundsätzliche — nicht nur theologische! — Bedenken gegen die von Bultmann geteilte Ansicht, Heideggers Daseinsanalyse habe einen ganz anderen, einen ursprünglicheren ontologischen Rang als das Daseinsverständnis der „gewöhnlichen" Metaphysik. Daß Heidegger die metaphysische Tradition des Idealismus kritisch hinterfragte und daß er ihr gegenüber geschichtlich bedingte *Veränderungen* im Daseinsverständnis auf den Begriff brachte, dies ist nicht zu bestreiten. Ebensowenig aber auch eine im Gegensatz und Widerspruch noch bestehende Kontinuität der philosophischen Fragestellung selbst, wie sie ja auch durch den Vergleich von Heideggers und Fichtes Existenzverständnis längst bekannt ist.

Daß das Verhältnis der Theologie zu *Sein und Zeit* meist ein ambivalentes war, ist von hier aus verständlich. Mußte die Theologie, wenn sie Heideggers Interpretation des Menschen als eines endlichen Wesens grundsätzlich begrüßte, nicht zugleich Heideggers Verständnis der Endlichkeit selbst zurückweisen? Mußte sie nicht auch dann, wenn sie gar nicht die von Bultmann mit Recht kritisierte Absicht gehabt hätte, die Daseinsontologie Heideggers vom Glauben aus zu „verbessern", Bultmanns Behauptung bestreiten, die christliche Verkündigung müsse sich auf jeden Fall in den Rahmen der Heideggerschen Daseinsanalyse einfügen? In Frage gestellt wurde Bultmanns Position schließlich nicht allein von der Theologie. Am meisten gefährdet war sie immer schon durch Kritik von seiten der Philosophie selbst. Weil Heideggers Sicht des „endlichen Menschen" prinzipiell weder anders noch besser begründet war als die idealistische Sicht des „unendlichen Menschen", war und ist die Philosophie auch stets frei, der Heideggerschen Daseinsanalyse die Formalität oder den Rang einer allen denkbaren Existenzidealen vorausliegenden Ontologie zu bestreiten! Versuchte die Theologie aber, Heidegger hiergegen in Schutz zu nehmen, so begäbe sie sich in eine peinliche Lage.

4.3 Vor ein weiteres Problem stellen die von Bultmann selbst immer wieder hervorgehobenen Beziehungen Heideggers zur theologischen Anthropologie, zur christlichen Tradition. Um die theologische Relevanz des Ausbruchs Heideggers aus dem idealistischen Verständnis des Menschen festzustellen, müssen auch diese Beziehungen gewürdigt werden. — Es gibt ein evangelisch-reformatorisches Daseinsverständnis, das z. B. in der idealistischen Philosophie und im neueren Protestantismus einigermaßen verschüttet war. Diese Tradition ist in der dialektischen Theologie, aber auch bei Heidegger, wieder wirksam geworden. Diese Tradition eines christlichen Daseinsverständnisses ist nun aber nicht zu verwechseln mit einer *gläubigen* Ontologie des menschlichen Seins. Sie ist „christlich" nicht in einem dogmatischen, sondern im historischen Sinn. Es handelt sich wirklich um eine wiedergewonnene *Tradition*, um neu gemachte, daher auch wieder neu entdeckte Daseinserfahrung. Wieder entdeckt wurden anthropologische Einsichten, wie sie — mutatis mutandis — etwa bei Luther zur Sprache kamen.

Sein und Zeit stellte also vor den in der neueren Geschichte nicht ungewöhnlichen Sachverhalt, daß eine philosophische Ontologie zugleich „Christliches" implizierte. Man kann ohne weiteres die Christlichkeit dieses „Christlichen" sofort wieder bestreiten. Denn es geht hier um nichts, worauf etwa die Kirchen einen exklusiven Erbanspruch hätten. Vor allem auch um nichts, dessen Erwerb etwa die Philosophie „gläubig" machen würde[66]. Und Bultmann hatte recht, wenn er Bestrebungen, von hier aus

---

[66] Dies hat vor allem auch *F. Gogarten* gewußt und betont (vgl. Der Mensch zwischen Gott und Welt, 1956[1], 1967[4], 145). Er hat — wie zuvor schon Kierkegaard — gesehen, „daß, was man für gewöhnlich schon als christliche Geisteshaltung ansieht, in Wahrheit das ist, was wir gleichnisweise geistesgeschichtliche Sedimente, Ablagerungen des christlichen Glaubens nannten, also Säkularisierungserscheinungen des Glaubens. Diesen Erscheinungen gegenüber hat die Theologie nicht die, im übrigen unmögliche, Aufgabe, sie rückgängig zu machen, sondern vielmehr die umgekehrte, sie in einer echten Säkularität festzuhalten, damit sie nicht eine falsche, sagen wir: idealistisch-religiöse Bedeutung erhalten. Die Aufgabe der Theologie ihnen gegenüber ... wäre, sie als Erscheinungen, die nun dem *Humanum* angehören, zu erkennen und den Glauben von ih-

zu einer Ontologie des Glaubens weiterzukommen, zu blockieren suchte. Aber es ist eine andere Frage, ob er auch das hermeneutische Problem gesehen hat, vor das die Wiederkehr einer „christlichen", aber nicht „gläubigen" Daseinsontologie die Theologie stellte. Bei Bultmann schien dieses Problem tatsächlich überhaupt keine Rolle zu spielen, während es z. B. bei Brunner faktisch den Hintergrund seiner gesamten theologia naturalis bildete. Doch hatte auch Brunner die hermeneutische Struktur dieses Problems noch nicht erfaßt. Denn der historische und der dogmatische Aspekt des hier zur Debatte stehenden „christlichen" Daseinsverständnisses gingen bei ihm ständig durcheinander[67].

Es konnte seinerzeit nicht ausbleiben, daß die „geistesgeschichtlich" wieder eingetretene Aktualität des genannten theologischen Erbes ein Gespräch zwischen Theologie und Philosophie in Gang brachte. Die hermeneutischen Schwierigkeiten dieses Gesprächs liegen angesichts der neuzeitlichen Verwicklungen von Theologie und Philosophie auf der Hand. Im Raum stand jetzt die Frage des genuinen theologischen Sinns jenes Erbes; aber auch das Problem des Verhältnisses von Theologie und Philosophie selbst. Denn hier wie dort erforderte der Versuch, überkommene Schwierigkeiten zu bewältigen, eine Revision des Verhältnisses zu der jeweils anderen Wissenschaft. Brunners, Gogartens, aber auch z. B. Barths oder Tillichs damalige Arbeitsrichtungen können als je verschiedene Versuche verstanden werden, dieser Situation und Gesprächslage gerecht zu werden. Bultmann aber hat sich an *diesem* Gespräch gar nicht beteiligt. Daher redeten auch Brunner und Bultmann in der Kontroverse um den Anknüpfungspunkt aneinander vorbei. Die dogmatische Streitfrage, ob die Theologie oder die Philosophie die formalen Daseinsstrukturen aufzuweisen habe, war eben gerade in jener historischen Konstellation verwurzelt, in die Theologie und Philosophie nach dem Ersten Weltkrieg hineingestellt waren.

Bultmann hatte die hermeneutisch schwierige Situation der zeitgenössischen Theologie so verstanden, daß die überkommene theologische Begrifflichkeit den Kontakt zu der Sprache verloren habe, in der sich das allgemeine Wirklichkeitsverständnis gegenwärtig artikuliert. Bultmann sah sich deshalb vor die Aufgabe einer kritischen Bearbeitung und Übersetzung der christlichen Überlieferung gestellt. Brunner und Gogarten aber erblickten die hermeneutische Schwierigkeit ihrer Situation eher noch darin, daß seit der Aufklärung das allgemeine Wirklichkeitsverständnis selbst nicht mehr genüge! Ihnen lag deshalb auch an einer kriti-

---

nen zu unterscheiden. Die Theologie muß das tun, um den rechten, wirklichen Glauben in den Blick zu bekommen, der zwar zu allen Zeiten derselbe ist, der aber nicht zu allen Zeiten denselben Ort im geistigen Kosmos des Menschen hat."

[67] S. o. S. 367 ff.

schen Bearbeitung der neueren geistesgeschichtlichen Tradition von der Theologie her. Und auf diesem Wege hofften sie, auch moderne Verständnisschwierigkeiten hinsichtlich der christlichen Überlieferung zu überwinden. In dieser Verschiedenheit der Arbeitsrichtung liegt die Substanz des Gegensatzes im Verständnis des Anknüpfungspunktes bei Bultmann und Brunner.

Wenn Brunner (und auch Gogarten) von W. Link das Abgleiten in eine Glaubensontologie im Sinne der katholischen infusio-Lehre vorgeworfen wurde, so trifft dies den Sachverhalt nur halb. Denn die Frage einer „christlichen" Anthropologie und Ontologie stellte sich seinerzeit nicht nur als ein problematisches dogmatisches Desiderat, sondern in anderer Weise auch als ein historisch-hermeneutisches Problem im Gespräch zwischen Theologie und Philosophie. Was so verschiedenartige Theologen wie Brunner oder Gogarten, Hirsch oder Tillich miteinander verband, war, daß sie das hermeneutische Problem im Verhältnis von zeitgenössischer Theologie und Philosophie nach einer anderen Richtung hin verfolgten, als es z. B. Bultmann im Anschluß an Heidegger tat. Aber es handelte sich letzten Endes doch um zwei sachlich zusammengehörige Aktivitäten, um zwei Seiten eines und desselben Lösungsversuchs.

Brunner stellte sich selbst in die Nachfolge von Denkern wie Pascal, Herder, Hamann, Kierkegaard, Ebner oder Buber[68]. Bei Bultmann, erst recht aber bei Barth, haben diese Männer alle keine große Resonanz gefunden. Barth hat dem neuzeitlichen Denken auf der Grenze zwischen Theologie und Philosophie stets jene neuere Philosophie vorgezogen, die in bewußter Selbstunterscheidung von der Theologie denkt. Die „christlich"-philosophische Aufklärungskritik bei Herder oder Hamann erschien ihm weniger interessant und zudem viel problematischer als z. B. das Anliegen Kants. Wie bei Bultmann jede „christliche" Heideggerrezeption und -imitation, so stand bei Barth jede „christliche" Korrektur am neuzeitlichen Wirklichkeitsverständnis unter dem dogmatischen Verdacht, daß hier das Evangelium in einer allgemeinen Ontologie eingefangen werden soll.

Dennoch kann der von Brunner in der Nachfolge der genannten Denker unternommene Versuch einer „christlichen" Revision des neuzeitlichen Wirklichkeits- und Menschenverständnisses — wenigstens unter dem historisch-hermeneutischen Aspekt — nicht einfach als indiskutabel erscheinen. Gerade wenn Heideggers Lagediagnose nicht einfach gegenstandslos war, man müsse die in der metaphysischen Tradition verdrängte oder verstellte Frage nach dem Sein des Daseins ausarbeiten, und wenn weiter durch Heideggers Fragestellung auch verdrängte oder verstellte Elemente aus der christlichen Tradition wieder aktuell wurden, gerade

---

[68] Vgl. S. 415.

dann steht hinter den von Pascal bis hin zu Brunner und Tillich unternommenen Vorstößen ebenfalls ein diskussionswürdiges Anliegen. Dies gilt jedenfalls in einem allgemeinen philosophischen Sinn. Das Ziel war hier und dort die Beseitigung einer Sprachstörung, einer Zwiespältigkeit im neueren Denken, als deren Ursache historisch schief gewachsene, unglückliche Verhältnisse zwischen neuzeitlicher Philosophie und Theologie gelten müssen.

4.4 Nach Bultmann ist jede Predigt insgeheim „von einem bestimmten Daseinsverständnis geleitet". Die Predigt muß dieses jedoch nicht „explizit" machen. Aber die Theologie selbst *muß* es tun, „da sie über die Reinheit und Verständlichkeit der Predigt zu wachen hat". „Sie kann ihre Aufgabe nur erfüllen, wenn sie nach den Begriffen fragt, die das Sein des Daseins möglichst sachgemäß und ‚neutral' zum Ausdruck bringen. Wenn sie dabei die Philosophie *nicht* befragt, so ist das ein Scheinmanöver. Denn entweder ist sie dann von einer alten philosophischen Tradition unkritisch abhängig; oder sie treibt eben selbst Philosophie, und die ist dann gewöhnlich danach!"[69] — Die Philosophie, meint Bultmann, ist diejenige Wissenschaft, die den geschichtlichen Fortschritt des Wirklichkeitsverständnisses verzeichnet und die — selbst geschichtlich fortschreitend — die Phänomene schulgerecht und immer besser und deutlicher zu erfassen sucht[70]. Prinzipiell ist aber nicht einzusehen, warum allein die Philosophie der von Bultmann bezeichneten Aufgabe gewachsen wäre. Daß es „gewöhnlich" so ist, kann zwar eingeräumt werden. Aber gerade Bultmanns eigene Zeit könnte die Ausnahme von der Regel sein. Tatsächlich wurde zwischen den beiden Weltkriegen auch wieder eine ontologische Kompetenz der Theologie sichtbar. So zeigte uns etwa die Untersuchung von Barths Verhältnis zu Hegel[71], daß innere Schwierigkeiten der neueren Philosophie-, Geistes- und Gesellschaftsgeschichte durch kirchlich-dogmatische Arbeit Klärungen entgegengeführt wurden, denen nicht nur eine innerkirchliche Relevanz zukommt. Barths Abhängigkeit von einer veralteten Philosophie aber erwies sich uns im selben Zusammenhang als eine nur scheinbare.

Hat Bultmann dies gesehen? Er hat doch eher in der alten Gewohnheit des neueren Protestantismus die Möglichkeiten und die Bedeutung der Philosophie überschätzt. Es war ihm noch nicht *die* Einsicht in die Situation erreichbar, derzufolge auch hätte gesagt werden können: Eine Philosophie, die sich mit ihren überkommenen Problemen auseinandersetzt und dabei das gegenwärtige kirchlich-dogmatische Verständnis dieser Pro-

---

[69] *R. Bultmann*, Die Geschichtlichkeit des Daseins und der Glaube, 1930, in: ThB 38, 1967, 81.

[70] AaO. 77.

[71] S. o. S. 249 ff.

bleme nicht zur Kenntnis nimmt, macht sich unkritisch von der älteren philosophischen und theologischen Tradition abhängig! Daß Bultmann nicht auch diese Seite der hermeneutischen Gesamtsituation erfaßt hat, dies bestimmte bleibend seine Differenz zu Barth.

4.5 Auf der anderen Seite hat Bultmann die Bedeutung der Philosophie für die Theologie auch unterschätzt. Er wollte zwar „ohne Angst ... nach der ‚richtigen' Philosophie" fragen[72]. Doch beschränkte er sich darauf, die aus gewissen Philosophien zu gewinnende formale Daseinsanalyse für die Theologie fruchtbar zu machen. Darin lag eine letzte, unnötige Hemmung gegenüber der Philosophie. Eine Philosophie, die an der Zeit ist, hat der Theologie auf jedenfall etwas zu sagen. Und zwar nicht nur dadurch, daß sie — aber geschieht dies in der Philosophie überhaupt regelmäßig? — das Sein des Daseins tunlichst neutral und formal expliziert. Sondern bedeutsam ist sie gerade auch in dem, worin sie „Weltanschauung" ist. Nicht erst als ontologische, sondern auch als ontische Wissenschaft, nicht erst durch ihren Aufweis existentialer Strukturen, sondern auch durch ihre eigene existentielle Bewegtheit ist Philosophie für die Theologie interessant und wichtig. Die Theologie hat eine aktuelle Philosophie nicht nur „ohne Angst" auf das in ihr begrifflich ausgearbeitete Daseinsverständnis hin zu befragen. Und sie hat auch nicht nur dieses ausgearbeitete Daseinsverständnis für ihre eigenen Zwecke zu benützen. Vielmehr müßte sie auch „ohne Angst" darauf hören, was dieses Denken als ganzes gerade jetzt sagen will, und was es — möglicherweise — auch einer ihrem eigenen Gegenstand nicht mehr genügend verpflichteten Theologie jetzt kritisch zu sagen hat. Die Theologie sollte sich auf dieser Ebene mit dem Gesagten *auseinandersetzen*, also die Philosophie in ihrer konkreten jeweiligen Meinung ernst nehmen. Tut sie dies nicht, läuft sie Gefahr, ihrerseits auch von der Philosophie nicht mehr ernst genommen zu werden. Daß Bultmann hier gehemmt war, dies verschloß ihm nicht nur eine theologische Begegnung mit dem Denken des späteren Heidegger. Es verbaute ihm dies doch auch schon die Möglichkeit einer kritischen Auseinandersetzung mit dem philosophiegeschichtlichen Anliegen und mit der geistesgeschichtlichen Funktion von *Sein und Zeit*.

G) Das Problem der natürlichen Theologie und die Neuzeit. Ein Nachwort

Die dialektische Theologie ist nicht nur als eine Episode innerhalb der modernen Theologiegeschichte einzuschätzen. Es läßt sich nicht über sie

---

[72] R. *Bultmann*, Zum Problem der Entmythologisierung, 1952, in: Kerygma und Mythos II, 192.

hinweg wieder zu der Tagesordnung übergehen, die einst Troeltsch und von Harnack aufgestellt haben. Die Fragen und Antworten der dialektischen Theologie hatten ihre geschichtliche Notwendigkeit; sie beweisen, daß evangelische Theologie in einer schwierigen Zeit präsent war. Jede künftige Theologie müßte diesen Fragen und Antworten standhalten können. Je mehr aber neue Probleme andrängen, desto notwendiger wird ein theologisches Denken, in dem die dogmatischen Differenzen der dialektischen Theologen nicht mehr nachwirken, sondern „aufgehoben" sind. Auf dem Weg dahin müssen wir uns von dem unbewältigt gebliebenen Problem der natürlichen Theologie dadurch befreien, daß wir es im Rahmen größerer Zusammenhänge begreifen und relativieren. Dies war die Aufgabe der vorliegenden Untersuchung.

Nur um den Preis der Simplifikation ließen sich die einzelnen systematischen Ergebnisse von den dazugehörigen Textanalysen abtrennen und jetzt noch einmal gesondert in Form kurzer Thesen vorführen. „Denn die Sache ist nicht in ihrem *Zwecke* erschöpft, sondern in ihrer *Ausführung*, noch ist das *Resultat* das *wirkliche* Ganze, sondern es zusammen mit seinem Werden" (Hegel). Gleichwohl muß abschließend zu zeigen versucht werden, wo wir gegenwärtig mit den seinerzeit ungelöst gebliebenen Problemen stehen. Da hier aber auch an eine Zusammenstellung der wichtigsten Impulse gegenwärtiger systematischer Theologie nicht zu denken ist, bleibt nur das bescheidenere Bemühen übrig, den Impuls dieser Arbeit selbst noch einmal konzentriert zu formulieren.

I. Natürliche Theologie im 20. Jahrhundert

Brunners Lehre vom Anknüpfungspunkt war nicht von dem Verdacht zu befreien, sie mute der Theologie Unmögliches zu; sie sei auch in sich selbst nicht klar. Die trotzige Vernunft in die Enge treiben, daß sie ihren verblendeten Widerstand gegen die Verkündigung aufgeben müsse — das ist keine Möglichkeit für eine ernstlich auf den Hl. Geist zählende evangelische Theologie.

Dennoch bildeten die Gedankenfeinde, die die Eristik Brunners niederringen wollte, auf andere Weise tatsächlich ein zur Bewältigung anstehendes Problem: Die Verzahnungen und Wechselwirkungen zwischen neuerer Philosophie- und Theologiegeschichte hatten Philosophie wie Theologie in eine hermeneutisch schwierige Lage gebracht. Eine Prüfung und Unterscheidung der Geister (1. Joh. 4,1) war angesichts der zwischen Philosophie und Theologie angewachsenen Sprachprobleme dringlich. Nur hätte dies dann nicht als eine Bemühung um den Anknüpfungspunkt durchgeführt werden dürfen. Eine solche Prüfung und Unterscheidung konnte ja nicht, wie Brunner meinte, „Brücken" für den *Glauben* schaffen, sondern allenfalls bessere hermeneutische Bedingungen für das *Denken*.

Als ein solcher evangelischer Dienst am Denken, als ein Beitrag zur Klärung historisch angewachsener und angestauter Verständigungsprobleme zwischen Theologie und Philosophie, hätte eine natürliche Theologie in der Blütezeit der dialektischen Theologie respektabel sein können. Sie hätte auf eine „Begriffsklärung" aus sein müssen, die allerdings nicht ins Vorfeld der eigentlichen dogmatischen Arbeit gehörte, sondern im Gegenteil deren Resultate voraussetzte und sie für gewisse Fragestellungen der neueren Philosophie und der allgemeinen Hermeneutik fruchtbar machte. Der Beitrag einer solchen natürlichen Theologie hätte auch so eindeutig von missionarischen Hintergedanken unterschieden sein müssen, daß er für sich selbst gesprochen hätte. Solche geistige Eigenständigkeit aber kennzeichnete die natürliche Theologie, die tatsächlich versucht worden war, nicht.

Eine weitere Voraussetzung sinnvoller Beschäftigung mit dem Problem der natürlichen Theologie wäre die klare Erkenntnis gewesen: Die Fragen, die sich im 20. Jahrhundert mit der Bezeichnung „natürliche Theologie" verknüpften, unterschieden sich von früheren Fragestellungen beträchtlich! Weil aber auch hierüber seinerzeit keine Klarheit herrschte, muß die spätere Exegese des unglücklichen Gesprächsverlaufs an diesem Punkt einsetzen: Die besondere hermeneutische Struktur der theologia-naturalis-Problematik im 20. Jahrhundert muß in ihrer Fortentwicklung von Fragestellungen in der Antike, im Mittelalter und in der Aufklärungszeit erfaßt werden.

Die alte und die mittelalterliche Kirche fragte nach der theologischen Bedeutung der *vor*christlichen Philosophie und Religion. Sie knüpfte an die — relativ positiv bewertete — philosophische theologia naturalis heidnischer Denker an, wies aber gleichzeitig heidnische Staatstheologie und heidnische Mythologie zurück (Augustin). Die mittelalterliche Scholastik entwickelte auf dieser Grundlage Systeme, die die vorchristliche natürliche Theologie als eine Stimme der Vernunft und der Natur werteten und diese dann mit der übernatürlichen Stimme der biblischen Offenbarung harmonisch verbanden.

Die Theologie der Aufklärungszeit und der auf sie folgenden Epoche fragte im Bewußtsein einer inzwischen aufgetretenen Störung dieser früheren Harmonie nach der dogmatischen Relevanz der *außer*christlichen, der neben dem Christentum stattfindenden frei-vernünftigen „allgemeinen" Wahrheitserkenntnis. Deren Gewicht für das theologische Denken selbst war nun aber von Anfang an umstritten. Seitens der Theologie wurde bald die Einheit der Wahrheit und insofern eine biblische Dignität auch der frei-vernünftigen Untersuchung und Beherrschung der Welt durch den Menschen (Zwei-Reiche-Lehre) hervorgehoben. Bald aber wurde seitens der Theologie die in der freien Vernunftbetätigung liegende sündhafte Tendenz menschlicher Selbstbehauptung gegenüber Gott besonders betont. Dementsprechend wurde seitens der Philosophie die Offenbarung bald als eine früheren Zeiten noch angemessene Vorstufe vernünftiger Wahrheitserkenntnis relativ anerkannt und gewürdigt (Lessing). Bald aber behauptete man pauschal eine den freien Vernunftgebrauch behindernde Funktion aller auf Offenbarung gegründeter Denksysteme. In der Auseinandersetzung zwischen Theologie und Philosophie überwogen die Mißverständnisse. Harmonisierende Verbindungen von Offenbarung und Vernunft wurden von evangelischen Theologen des 17. und 18. Jahrhunderts noch bis in die Zeit Kants hinein unter der Überschrift „natürliche Theologie" angestrebt. Danach wurden sie unmöglich. Selbst die liberale Theologie wollte mit natürlicher Theologie nichts zu tun haben. Natürliche Theologie wurde meist ein Vorwurf, der besagte, durch unbemerkte philosophische Implikationen sei ein theologisches System überfremdet worden. Im Fortgang der Theologiegeschichte erschien immer wieder die Arbeit früherer Generationen als natürliche Theologie: Neue, zeitgemäßere geistige Bindungen ließen der Theologie früheres theologisches Denken als ideologisch verführt erscheinen.

Diese Tradition der rückwirkenden Verdächtigung und Kritik setzten auch die dialektischen Theologen fort. Doch waren sie mit einer erneut gewandelten theologia-naturalis-Frage konfrontiert: Ihnen stellte sich dringlich die Frage einer angemessenen Bewertung der *nach*christlichen, der durch die christianisierte Zeit hindurchgegangenen religiösen, geistigen und sittlichen Strukturen. Die klassische Frage nach dem Verhältnis von Offenbarung und Vernunft wurde überlagert durch das Problem: Wie verhält sich eine an der Bibel orientierte, kirchliche Theologie des Wortes Gottes zur säkularen Religiosität der Moderne, speziell zu den *verbürgerlichten* Präsenzweisen der christlichen Glaubensüberlieferung. Bieten *sie* etwa einen Anknüpfungspunkt für die Verkündigung des Evangeliums? Barth sah im Gegenteil in ihnen nur einen Inbegriff entarteten Glaubens, eben: natürliche Theologie. Aber ihn bedrängte ebenso wie Gogarten die Frage: Wie verhält sich in der Kultur der Gegenwart das Christliche zu seinen eigenen geschichtlichen Folgen (und was sind überhaupt *seine* Folgen)? Andrerseits: Wie verhalten sich die säkularen Folgen der Neuzeit zum Christlichen qua aktueller Verkündigung des Evangeliums?

Mit Recht wurde in den letzten Jahren darauf hingewiesen, daß die dialektische Theologie als Gesamterscheinung noch nicht das letzte Wort bedeute in der Auseinandersetzung mit den verbürgerlichten bzw. in die allgemeine Gesellschaftsstruktur eingegangenen Elementen christlicher Tradition (solche Hinweise vor allem bei Trutz Rendtorff). Die dialektische Theologie bedeutet hier deshalb noch kein letztes Wort, weil sie, vor das Problem der natürlichen Theologie gestellt, dessen geschichtlichen Gestaltwandel nur unzulänglich erfaßt hat. Ihr Ungenügen liegt also nach unserer Sicht *nicht* darin, daß sie gegenüber einem unkirchlichen und undogmatischen Christentum unaufhebbare Zusammenhänge zwischen dem Leben in der christlichen Gemeinde und schriftgemäßem Verkündigen und Glauben behauptet hat. Sondern darin, daß sie das abkünftige Wesen dessen, was ihr entweder als abzulehnende oder aber gerade als neu zu etablierende natürliche Theologie erschien, nicht genügend durchschaute. Ad vocem „natürliche Theologie" wurden in ihrem Bereich die verschiedenartigsten Fragestellungen assoziiert. Man sah sich mit einer klassischen, hauptsächlich um den Pelagianismus kreisenden Problematik konfrontiert. Vielfach war dann aber die Begrifflichkeit, in der über die natürliche Theologie debattiert wurde, der tatsächlich verhandelten Materie gar nicht adäquat. Sie suggerierte das unveränderte Fortbestehen früherer Fragestellungen. Aber schon die Übernahme der Bezeichnung „natürliche Theologie" war im Grunde unglücklich: Sie deckte z. B. die seinerzeit mitspielenden hermeneutischen Probleme bei der Konfrontation christlicher Theologie mit ihrer eigenen Traditionsgeschichte nicht mit ab.

II. Der unglückliche Verlauf der Debatte über die natürliche Theologie und die Unklarheit über die Rolle des Zeitfaktors in der theologischen Arbeit

Im Kern der Kontroverse über die natürliche Theologie lag ein Dissens hinsichtlich der Interpretation der neuzeitlichen Säkularisierung. Dadurch war unter den dialektischen Theologen auch die Stellung zur Philosophie kontrovers. Einerseits hieß es, der Grundschade der gesamten neueren Theologie sei gewesen, daß sie sich, fasziniert vom unaufhaltsamen Aufstieg säkularer Potenzen in der Moderne, ihre Themata immer von außen geben ließ, daß also alle ihre Bewegungen reflexhaft den gesellschaftlichen, wissenschaftlichen und philosophischen Bewegungen in der Neuzeit folgten (Barth: „Theologie des ‚und'"). Andrerseits wurde auch in Kreisen der dialektischen Theologie gesagt, die gesamte neuere dogmatische Arbeit (einschließlich derer Barths) stehe in der Gefahr einer geistigen Gettoexistenz. Es sei überhaupt noch nicht gelungen, den neuzeitlichen Veränderungen, an denen doch das Christentum selbst mitgewirkt habe, theologisch angemessen Rechnung zu tragen.

Im Spannungsfeld dieser Argumente entzündete sich der Streit über die natürliche Theologie. Durch philosophische Zeitströmungen begünstigt, rückte eine „christliche natürliche Theologie" erstmals seit langer Zeit wieder in den Bereich des Naheliegenden. Wo sie begehrt wurde, ging es aber immer ganz speziell um eine Theologie, die die Sache des Neuen Testaments unter den veränderten geistigen Bedingungen der Moderne — oder handelte es sich doch bloß um veränderte Bedingungen vor allem während der zwanziger und dreißiger Jahre? — verständlich zur Sprache bringen könne. Genau dasselbe Anliegen hatte freilich auch Barth bei seiner radikalen Ablehnung der natürlichen Theologie.

Der hiermit umrissene Konflikt war seinerzeit schon deshalb kaum lösbar, weil auch die kompakte Größe „Neuzeit" in den zwanziger und dreißiger Jahren erst sehr unzulänglich aufgeschlüsselt war. Dies beweisen die damals noch möglichen Theorien, die wir als Neuzeitdeutungen in der Analogie der Parabel vom verlorenen Sohn bezeichnet haben. Inzwischen gibt es einen umfangreichen, großenteils erst nach dem 2. Weltkrieg entstandenen wissenschaftlichen Forschungsertrag zum Thema „Neuzeit". Damals aber setzten philosophische, historische und theologische Untersuchungen der Neuzeit als einer, wie es schien, überschaubar gewordenen, abgeschlossenen Epoche erst ein. Die „Ambivalenz" des Geistes der Moderne und die „Dialektik" der Aufklärung drängten sich auf — jedoch sogar dies nur bei den fähigsten, über die damals gängigen einseitigen Pauschalurteile hinausgelangten Interpreten.

Für die dialektische Theologie war mithin der Geist der Moderne, mit dem sie sich so oder so kräftig auseinandersetzte, alles andere als greifbar! Hier eingreifen und angreifen, hieß in Wahrheit, für politische Positionen Partei ergreifen, ja, religiöse und ethische Grundsatzentscheidungen treffen. Weit mehr als dies heute der Fall sein müßte, bedeutete seinerzeit die jeweilige Einschätzung der hinter dem Neuzeitsyndrom stehenden Kräfte eo ipso auch ein persönliches Bekenntnis und ein ideologisches Engagement. Daher war der Streit um die natürliche Theologie so auffällig mit ins Persönliche gehenden ethischen, politischen und weltanschaulichen Imponderabilien durchsetzt.

Weil seinerzeit die Größe „Neuzeit" auch rein historisch schlecht durchsichtig und greifbar war, blieb in der dialektischen Theologie überhaupt die Bedeutung des *Zeitfaktors* für die theologische Arbeit weitgehend unaufgeklärt. Wodurch frühere Theologie veralten, gegenwärtige zeitgemäß und „wahr" sein kann (aber auch z. B. die „Theologie der Großväter" gerade wieder aktuell zu werden vermag, während gegenwärtige Versuche als quantité négligeable erscheinen können), blieb eine dunkle Frage. Die im Hintergrund dieser Erscheinungen wirksamen Verschränkungen der Theologie mit kulturell-gesellschaftlichen Vorgängen, wie sie für gewöhnlich in der Philosophie re-flektiert wurden, blieben unbegriffen und als genuines theologisches Problem unverstanden. Oft redeten dialektische Theologen vorschnell von Fehlern und häretischen Entgleisungen der vorigen Theologie. Ihnen fehlte hier die Einsicht in innere und wesentliche Zusammenhänge zwischen dem Gegenstand der Theologie und dem der Philosophie. Es fehlte ihnen in der Tat, wie der späte Barth im Rückblick auf seine eigene Arbeit konstatierte, eine Theologie des Hl. Geistes — allerdings eine solche, die auch eine wissenschaftstheoretische und hermeneutische Selbstreflexion der theologischen Arbeit mit vollzöge.

Eine solche Theologie des Hl. Geistes müßte wirklich die „Geistesgeschichte" im Zusammenhang sehen, also Theologie- und Philosophiegeschichte, Kirchengeschichte und Kultur- und Gesellschaftsgeschichte als Einheit wahrnehmen. Sie müßte Aussagen machen können über den in der Theologie selbst liegenden Grund der geschichtlichen Philosophiewerdung ihrer wichtigsten Theologumena, sowie über den in der Philosophie selbst liegenden Grund des geschichtlichen Rückgangs zentraler philosophischer Fragestellungen in den Bereich der Theologie.

Beides hängt mit der unterschiedlichen Art und Weise zusammen, wie einerseits eine aus historischer Erfahrung, andrerseits eine von der Christologie her argumentierende Vernunft jeweils am *einzelnen* das *allgemeine* (und am allgemeinen das einzelne) wahrnehmen, und wie sie das eine vor dem anderen rechtfertigen. Spricht die christologische Vernunft bzw. der Logos des Evangeliums das Individuum sola fide gerecht, so daß das Individuum trotz seiner Schuld gegenüber dem Mitmenschen, der Gattung und der Welt in die *Freiheit* entlassen wird, dann darf doch dieses Gerechtsprechen, soll es ernst zu nehmen sein, gleichzeitig nicht den vollen Anspruch von Mitmensch, Gattung und Welt, also den *Anspruch des Gesetzes*, ignorieren oder unbefriedigt lassen. Es muß im christlichen Glauben summa libertas zusammenfallen mit summa servitus (Luther). Die Einheit beider aber wäre weder möglich noch wirklich ohne den christologischen Grund der Rechtfertigung allein aus Glauben: Für die Freiheit, die Christus lebte und einräumte, hat er auch die Last getragen. Sofern nun Philosophie ebensogut wie die Theologie Partei ergreifen möchte für den (einzelnen) Menschen, kommt sie doch in eine unglückliche Lage, sobald sich ihre Parteinahme als ein ungedeckter Wechsel hinsichtlich des vollen Anspruchs des Gesetzes erweist. Theologie aber ist auf eine dem entgegengesetzte Weise gefährdet: Sie kommt in eine unglückliche Lage, wenn ihre Parteinahme für den (einzelnen) Menschen nicht mehr durch den Logos des Evangeliums im Vollsinne evangelischer Freiheit abgedeckt wird, wenn sie also gesetzlich wird.

Philosophie mag den Freiheitsspielraum für den Menschen evangeliumsähnlich „verkündigen" — das von Gogarten einst richtig gesehene Grundproblem ist doch immer, ob er dann auch abgedeckt werden kann durch gleichzeitige volle Erfüllung des Gesetzes. Um diese Aporie zum Verschwinden zu bringen, bringt Philosophie, wie Gerhard Ebeling vielfach zeigte, das Gesetz schon gar nicht *als Gesetz* zur Sprache, sie „vermischt" es mit „Evangelium". *Daher* fällt der Theologie immer wieder die erneute Bearbeitung überkommener Themen und Probleme der Philosophie zu, eine Bearbeitung, die auf die der Theologie mögliche Unterscheidung von Gesetz und Evangelium hinausläuft. Faktisch, wenn auch ohne genügendes Bewußtsein davon, hat die dialektische Theologie gegenüber dem Ausgang der Philosophie des Deutschen Idealismus im 19. Jahrhundert diese Rolle gespielt.

Werden Theologie und christliche Verkündigung gesetzlich, so fallen sie wieder zurück in den Bereich der Philosophie, obwohl diese das Gesetz gar nicht als Gesetz zur Sprache zu bringen vermag. Auch eine gesetzlich gewordene Theologie kann dies nicht mehr. Sie beging zuvor den Fehler, Freiheit nicht mehr allein vom christologischen Grund her zu denken und zu wollen, sondern ihre Freiheitspostulate in der geschichtlich bereits erreichten Freiheit zu begründen. Die wünschenswerten Folgen evangelischer Freiheitsverkündigung wurden zugleich deren vermeintlich zureichende Begründung. Das Tun der Theologie wurde gerechtfertigt durch die Früchte und Werke christlicher Tradition, es wurde angespornt und in Gang gesetzt allein durch das, was aus den Äußerungen des vorigen Christentums geworden ist. Eben diese nicht geleistete Absetzbewegung der Theologie und des christlichen Glaubens von ihrer eigenen Wirkungsgeschichte hat unweigerlich zur Folge, daß Theologie und Glaube zur „Aufhebung" in die Philosophie hinein reif werden. Dafür herangereift, werden sie als noch eigenständig bleiben wollende Phänomene auch verächtlich. Arbeiten der Philosophen, Künstler und Schriftsteller erweisen sich dann als fähiger, die Sache der Freiheit zu vertreten.

Die dialektische Theologie hat es an einer Absetzbewegung von der theologischen Tradition und an biblischen Neubesinnungen nicht fehlen lassen. Darin lag gerade ihre Stärke, aber zugleich doch auch ihre Schwäche, weil sie diese Absetzbewegung nämlich nicht *wie* alle gute vorige Theologie leistete, sondern eher *gegen* alle vorige Theologie. Sie tat es eher frustriert und von Animosität gegen die vorige Theologie erfüllt als aus pneumatologischer Einsicht in die Bedingungen zeitgemäßer, geistesgegenwärtiger Theologie heraus. Dies trug bei zu ihrer späteren Spaltung und Uneinigkeit z. B. über die Bedeutung Schleiermachers. Die in der dialektischen Theologie nicht vorhandene, bestenfalls unbewußt gehandhabte Zeitlehre für die theologische Arbeit müßte in systematischer Hinsicht, wie hier gezeigt werden sollte, vor allem bei der Unterscheidung von Gesetz und Evangelium festgemacht werden. Daraus aber folgt, daß letztlich auch die Bewältigung des Problems der natürlichen Theologie abhängig ist vom Gelingen der Unterscheidung von Gesetz und Evangelium.

Obwohl an dieser Stelle kein dialektischer Theologe ein ausreichendes Problembewußtsein hatte, trugen sie doch alle dazu bei, daß wir heute das Verhältnis von theologischer Tradition und theologischer Arbeit immerhin viel besser als früher erfassen können. Ihr Beispiel macht nämlich folgendes wieder deutlich: Was Theologie und Predigt jeweils *Neues* auszusagen wissen, verdankt seine Neuheit nicht allein den sich wandelnden zeitgeschichtlichen Aktualitäten. Daß das Reden von Gott heute anders geschieht als gestern, ist nicht einfach eine Folge geschichtlicher Veränderungen im „allgemeinen Wahrheitsbewußtsein". Das Neue, das Theologie und Predigt erzählen, ist vielmehr primär in ihrem eigentlichen Gegenstand, in Gott, begründet. Auch dies, daß beide ihr Neues *erzählen* können, hat zuerst und zuletzt an diesem Gegenstand seine Begründung: Gott macht selber Geschichte; als ewig reicher Gott ist er sozusagen in sich selber narrativ; und das Evangelium erweist sich aus seiner eigenen Substanz heraus immer wieder neu als wortmächtig. Derartige Einsichten schlossen die dialektischen Theologen im Zuge ihrer Absetzbewegung von der Theologie des 19. Jahrhunderts zusammen. Gleichwohl erzielten sie keine Einigkeit darüber, wie solche Einsichten nun auch in den fundamentalen Grundlagen einer evangelischen Theologie zu Buche schlagen müßten.

III. Die theologia-naturalis-Frage zwischen Gotteslehre und Anthropologie — ein Reflex der neuzeitlichen Freiheitsfrage?

Erzählung ist nur von einem Gegenstand möglich, der in sich gegliedert ist und lebendige Beziehungen in sich selber entfaltet. Er muß über eine reiche und daher spontan überströmende innere Lebendigkeit verfügen, wodurch er von sich aus in eine Relation tritt zu anderem. Diese Theorie der Erzählung steht jedenfalls hinter der Auffassung Barths, daß nicht erst der Fluß und Wandel der Historie den Gegenstand „Gott" immer wieder neu zur Sprache bringt, immer wieder neue Durchblicke auf den ewig sich gleich Bleibenden gewährt, sondern daß umgekehrt dieser in sich selbst gegliederte, in reichen trinitarischen Beziehungen lebendige „Gegenstand" auch die menschliche Geschichte durchsichtig und sprechend werden läßt. Daher meinte Barth, Gottes Offenbarung sei kein Prädikat der menschlichen Geschichte, es verhalte sich umgekehrt. Er verlangte im Zusammenhang mit seiner Abwehr der natürlichen Theologie, alle Menschengeschichte sei als eine in der Gottesgeschichte mitenthaltene Geschichte zu erzählen, gerade *so* sei sie zu interpretieren.

Die eindrucksvollste Begründung hierfür gab Barth in seiner Prädestinationslehre. Sie stellt seine Spitzenleistung im Kampf gegen die natürliche Theologie dar. Seine *als Gotteslehre* vorgetragene Neuinterpretation des Prädestinationsdogmas redet von einem Geschehen, bei dem die erwählende Aktivität ausschließlich vom überlegenen Partner ausgeht. Dennoch tritt der Erwählende in eine echte Partnerschaft mit dem Erwählten ein. Sie ist durch Wohlgefallen ermöglicht und getragen. Einerseits ist zwar die Überlegenheit des Erwählenden so umfassend, daß in *seinem* Sein sogar das Sein des Erwählten ursprünglich schon mitgesetzt sein muß (indem in Gott die Gemeinschaft des Vaters und des Sohnes und des Hl. Geistes ursprüngliche Wirklichkeit ist, erwählte Gott sich in Jesus Christus schon *vor* der Schöpfung auch den Menschen, ist der Mensch und Gottes liebende Beziehung zu ihm von Ewigkeit her in Gott selber wirklich). Trotzdem muß auch der Erwählte für sich selber „etwas" sein. Er erfährt Erwählung nicht als völlige Abwesenheit oder Vernichtung eigener Freiheit, sondern im Gegenteil als deren Aufblühen. Der Erwählte gelangt durch die Erwählung zu seiner „Eigentlichkeit". Er wird erst jetzt „etwas", nämlich: er selbst.

Das Leben, die Liebe und die Freiheit, die dem Erwählten ein eigentliches Sein ermöglichen, gehören nach Barth primär dem eigenen Sein des Erwählenden zu. Von dort her strömen sie über, wobei sie den Erwählenden zugleich offenbaren. Erwählung wird identisch mit Offenbarung. Die Selbstoffenbarung Gottes in Jesus Christus bringt aber deshalb immer auch die Wirklichkeit des Menschen zur Sprache, weil sie gerade in Gott selber konstituiert ist. Hingegen läßt sich von Explikationen des Anthropologischen aus auf keine Weise zur Erkenntnis des Seins und Wesens Gottes aufsteigen; das Göttliche partizipiert ja nicht an der Fülle des Menschlichen, sondern der Mensch *ist*, indem er an der Fülle Gottes partizipiert.

Der im Lager der dialektischen Theologie entstandene Streit wäre uns verständlicher, hätten Theologen wie Brunner demgegenüber dennoch die Möglichkeit einer natürlichen Gotteserkenntnis aus der Selbsterfahrung des Menschen behaupten wollen. Aber darum ging es gerade nicht. Es ging von Anfang an nicht um die frühere Frage, ob in Anthropologie und Kosmologie eine Erkenntnis Gottes impliziert sei. Eigentümlicherweise ging es in der ganzen Kontroverse überhaupt nicht um die *Gottes*erkenntnis. Indem z. B. nach der auch durch die Sünde nicht zerstörten formalen imago dei im Menschen gefragt wurde, war im Grunde das Wesen, die Stellung, die Befähigung des *Menschen* erfragt und strittig. Die von Barth als eine Selbstverständlichkeit apostrophierte Tatsache, daß der Mensch der Mensch und keine Katze ist, enthielt eben doch den eigentlich brisanten Zündstoff!

Mit seiner trinitarisch konzipierten Gottes- und Prädestinationslehre entzog Barth gewissen, auf dem Gebiet der theologischen Anthropologie fest eingewurzelten Ausprägungen der religiösen Innerlichkeit den Boden. Er hatte — und hierüber entstand Streit — dem Menschen als Menschen die „Gottesbeziehung" abgesprochen. Diese sei, wie Barth folgerichtig im Sinne seiner Prädestinationslehre in immer neuen Zuspitzungen herausbrachte, im Menschen nur „je und je" als ein Übergriff Gottes wirklich und möglich. Ferner leugnete Barth, daß im Leben jedes einzelnen Menschen noch einmal die Entscheidung zwischen Himmel und Hölle fallen, und daß sich das Drama der Heilsgeschichte in jeder Privatgeschichte noch einmal wiederholen müsse. Daß, Barth zufolge, menschliche Selbstverwirklichung erst jenseits dieses Dramas — in der Entlastetheit von dieser letzten Entscheidungsfrage — ein glückliches und zugleich christliches Unternehmen sei, dies ist freilich eine für den gesamten Bereich der Anthropologie folgenreiche und provozierende These.

So war das eigentliche Motiv sämtlicher Überlegungen innerhalb dieses Problemkreises ein anthropologisches Interesse; und alles Strittige lag in der Frage des rechten Verhältnisses von Mensch und Welt, Mensch und Mitmensch und des einzelnen Menschen zu sich selbst. Daß es nur über die Christusoffenbarung und nur durch Gnade zu wirklicher Gotteserkenntnis komme, stand allen dialektischen Theologen fest. Strittig war aber, was die Erkenntnis Gottes in Christus nun eigentlich austrage für die modernen anthropologischen Probleme. In der Kontroverse über die natürliche Theologie stießen verschiedenartige Versuche aufeinander, den modernen Erfahrungen einer Spannung und Entfremdung zwischen Ich und Ich (Selbstentfremdung), zwischen Ich und Du (Ich-Einsamkeit), zwischen Ich und Außenwelt (Verdinglichung) und zwischen Subjekt und Objekt (Wirklichkeitswiderspruch) von der Theologie her heilsam zu begegnen. Als ein Streit, in dem der Druck dieser Fragen unerkannt wirksam war, drehte sich allerdings auch die Kontroverse über die natürliche Theologie um die in der Neuzeit akut gewordene Freiheitsfrage. Strittig war unter den dialektischen Theologen zwar nicht *ob,* aber *wie* der christliche Glaube eine befreiende Antwort sei auf die in der Moderne herrschenden Zwänge und drohenden Verluste menschlicher Substanz und Identität.

IV. Zur Neuzeitfrage: Barths Theologie im Zusammenhang mit Grundproblemen der neueren Philosophie

Die Neuzeit begann in philosophiegeschichtlicher Hinsicht mit der Erfahrung einer Diastase von Subjekt und Objekt. Eine neu empfundene Kluft zwischen „res cogitans" und „res extensa" brachte eine veränderte

Stellung des Menschen gegenüber der Welt (Natur) zum Ausdruck: Mehr und mehr besonderten sich Menschen — zunächst nicht im Sinne einer Flucht, sondern im Sinne wachsender Herrschaft — gegenüber ihrer natürlichen Umgebung. Wenige hatten diesen Prozeß in Gang gesetzt. Aber ihr Denken und Tun hatte Folgen für alle. Mit zunehmendem Verfügbarwerden der Umwelt wuchsen auch die Entfremdungsnöte, und zwar für diejenigen am meisten, die nur verhältnismäßig geringen Anteil an der wachsenden Herrschaft hatten, dafür aber selber mehr und mehr „verfügbar" wurden.

Die in dieser Lage anzustrebende Versöhnung von Subjekt und Objekt ist das schon von Anfang an mitgeführte Hochziel der Neuzeit selber. In der neueren Philosophie wurden Lösungen vorgeschlagen, nach denen teils das Objekt zuletzt im Subjekt versöhnlich „aufgehoben" werden sollte, teils auch dieses in jenem. Im 20. Jahrhundert suchte dann Heidegger fundamental über den Entwurf derartiger, in der Geschichte offenbar nicht verwirklichbarer Subjekt-Objekt-Synthesen hinauszudenken. Er begann damit, das In-der-Welt-Sein als ursprünglich zum Dasein der „res cogitans" hinzugehörig zu interpretieren. Heideggers in „Sein und Zeit" entwickelter Begriff des Daseins blickte also wieder hinter das neuzeitliche Auseinanderfallen von Ich und Welt zurück; man könnte auch sagen: darüber hinaus. Für Bultmann war Heideggers Durchblick auf die Welthaftigkeit des Daseins, d. h. auf die ursprünglich welthafte Konstitution des Subjektes „Mensch", ein so wichtiges Zwischenergebnis auf dem Weg der Bemühung um Überwindung der Subjekt-Objekt-Spaltung, daß er jede Theologie für obsolet erachte, die sich dieses Ergebnis nicht aneignete.

Nun war auch Barth, obzwar nicht mit Heideggers Lösung, so doch mit dem Vorgang der modernen Subjekt-Objekt-Spaltung intensiv befaßt. Beim Studium der Descartesschen Meditationen fiel ihm auf, daß Gott hier zwar eine erkenntnistheoretische Rolle spielt, jedoch auf eine Weise, die eine bevorstehende Auflösung des Gottesgedankens in Anthropologie bereits ahnen läßt. Man kann deshalb an Barth anschließend sagen: der eigentliche Gegenstand der Theologie, Gott, ist im Modus der Abwesenheit am Aufbrechen der eng mit dem Namen Descartes verknüpften neuzeitlichen Subjekt-Objekt-Divergenz beteiligt. Neuzeit ist demnach die Epoche, in der Mensch und Welt nicht mehr wie selbstverständlich als auf das Gegenüber Gottes bezogen gedacht werden; an die Stelle der Distanz zwischen Gott auf der einen, Mensch und Welt auf der anderen Seite, tritt eine Entgegenstellung und Spaltung von Subjekt und Objekt, von Ich und Außen, Ich und Du, Ich und Ich.

Der neuzeitliche Mensch kennt sich durchaus selbst als den Verursacher des Risses, der durch seine Wirklichkeit geht. Zugleich kennt er sich aber auch als den, der zur Herstellung eines versöhnenden Umgreifenden verurteil ist. Ob er dazu auch befähigt sei, ist freilich seit dem Ausgang des deutschen Idealismus überaus unsicher geworden. Erwiesen sich doch viele Konzeptionen der Versöhnung als schädliche Ideologie. Eine wirklich zureichende Definition wird deshalb *die* Zeit als „Neuzeit" bezeichnen, die zusammen mit dem Verlust des Gegenübers Gottes in eine Diastase von Subjekt und Objekt hineingeriet, die sodann das Ich oder die Menschheitsgattung oder das arteigene Volk usw. übersteigerte, zu Götzen machte in der Hoffnung auf eine so erreichbare Versöhnung und die Vermeidung der Entfremdung, und die schließlich aber auch die damit verbundene Ideologisierung des Lebens und Denkens selber durchschaute und wieder loszuwerden trachtete. In diese letztere Bemühung schaltete sich auch Barths Theologie ein. Sie tat dies insofern nicht unbegründeterweise, als die Gottesfrage ja Bestandteil dieses Syndroms ist. Obwohl der Prozeß der Selbstreinigung von Ideologie auch ohne die Mithilfe der Theologie vonstatten geht, hat die Theologie in dieser Lage sowohl Anlaß wie auch die Möglichkeit, Ziele der Ideologiekritik und der Verbesserung menschlicher Freiheit zu formulieren.

War einst dem Hegelschen und auch dem linkshegelianischen Versöhnungsstreben daran gelegen, die vom Christentum angeblich an den Himmel verschleuderten Schätze wieder auf die Erde zurückzuholen, somit auch die religiöse Projektion eines „Gott" genannten höchsten Wesens wieder in die Anthropologie zurückzunehmen, so setzte demgegenüber Barth zu einer überraschend andersartigen Versöhnungskonzeption an. Ihre Grundlage war gerade nicht der Gedanke, daß der Platz Gottes in Wirklichkeit leer, und daß Gott in Wahrheit im Menschen zu finden sei. Sondern Barth ging von dem „Axiom" aus, daß die Stelle Gottes außerhalb der Welt und außerhalb des Menschen wirklich besetzt *ist*! So dachte Barth — sicut deus *daretur*! — über die Subjekt-Objekt-Spaltung und die Erfahrung eines Wirklichkeitswiderspruchs hinaus.

Daß auch Hegel schon der Aufklärung mit christlich-theologischer Tradition wieder aufhelfen wollte, hielt Barth nicht für einen Fehler. Daß Hegel dabei aber den christlichen Gottesbegriff verfehlte (und somit den linken Erben seiner Philosophie eigentlich keinen Anlaß bot, sein System von der *Theologie* zu reinigen), dies hielt Barth, wie oben schon dargelegt wurde, für die wahre Ursache des Desasters seiner Philosophie: Marx und Kierkegaard hatten recht, die Fortdauer der Entfremdung am ideologischen Schein der Hegelschen Versöhnung zu enthüllen. Hier wurzelt Barths Solidarität mit gewissen Fragestellungen der Hegelschen Linken. Freilich meinte Barth: Gerade an der Stelle, wo die Hegelsche Linke — gegen Hegel — nach den realen Bedingungen der Versöhnung fragte, hätte Hegels System selbst vollauf genügt, wäre nur in ihm wirklich der christliche Gottesgedanke expliziert worden! Es war eine Vision Barths, daß die berechtigten ideologiekritischen Anliegen der Hegelkritik alle voll zum Tragen und zum Leuchten kommen können, sofern man die Theologie aus der Versöhnungsdialektik *nicht* ausmerzt — dies führt historischer Erfahrung nach erneut in Ideologie —, sondern den christlichen Gottesgedanken und die evangelische theologia crucis in dieser Dialektik recht zur Geltung bringt. Barths zentrales Interesse an der Häresiekritik wird von hier aus verständlich.

Eine derartige Neuaufnahme Hegelscher Themen nach über hundert Jahren hatte auch den Vorzug, daß Hegels große Fragen überhaupt dem Denken wiedergeschenkt werden konnten. In der Zeit nach Hegel war man mehr und mehr der theo-ontologischen Fragen und auch des Nachdenkens über die Bestimmung des Menschen überdrüssig geworden. Dies hing mit der Erfahrung einer gefährlichen Verführung durch frühere philosophische Theo-Ontologie zusammen. Aber sollte nicht gerade deshalb die Theologie selbst versuchen, eine Basis zu schaffen, auf der der Mensch wieder Zutrauen zu jenen Themen fassen könnte? Daß Barths Dogmatik stellenweise *dazu* beigetragen haben sollte, ist von Barths Zeitgenossen um der dezidierten Kirchlichkeit dieser Dogmatik willen gar nicht erst in Erwägung gezogen worden. Sie beklagten in diesem Zusammenhang allenfalls Barths je und dann nicht vermiedene Verstrickung in undurchsichtigen, abkünftigen idealistischen Begriffen. Sie hatten meistens auch nicht das Bedürfnis, über den „Riß", der durch die Wirklichkeit geht, hinauszudenken. Denn gerade er, so dachte etwa Brunner, *ist* doch die Wirklichkeit. Auch Brunner hat an dieser Stelle Fragen aufgenommen, die auf dem Weg von Hegel zu Nietzsche aufbrachen, vor allem bei Kierkegaard. Aber er stieg eben, anders als Barth, durchaus nicht bei den zentralen Anliegen Hegels selbst in diesen Fragenkreis ein. Diese verschiedenen Einstiegspunkte bei der Philosophiegeschichte des 19. Jahrhunderts haben wiederum mit zur Spaltung der dialektischen Theologie beigetragen.

V. Gogarten und die Freiheit

Freiheitserfahrungen gibt es dort, wo in der Konfrontation mit der uns wohl oder übel betreffenden Wirklichkeit die „Übel" zurücktreten. Es gibt Freiheit näherhin, der normalen Erwartung entsprechend, dort, wo sich „rohe" Wirklichkeit unseren menschlichen Bedürfnissen entsprechend umgestalten läßt. Das Umgestalten der Welt nach Maßgabe subjektiver menschlicher Bedürfnisse schafft aber neue Übel. Im Grunde tangiert das Freiheitsproblem die Grenze dessen, was sich machen läßt. Freiheit als Freiheit vom Übel und Freiheit zum Wohl ist nur denkbar in einer zweiten Schöpfung, die, soll sie geschichtliches Ereignis sein, in einer vollständigen Vermenschlichung der Welt, in einer Totalunterwerfung des Objekts unter das Subjekt bestehen müßte. Dieses Ergebnis aber wäre wiederum das größte Übel für den Menschen. Denn Freiheit ist nur möglich, solange uns noch eine uns wohl *oder* übel beschäftigende Wirklichkeit gegenübersteht.

Unter den dialektischen Theologen hat Gogarten diese Problematik am schärfsten gesehen. Gegenüber dem idealistischen Streben nach menschlicher Selbstbefreiung von den begegnenden Übeln betonte Gogarten die Notwendigkeit, den Traum von einem technisch-sozial machbaren Wohl aus ethischen Gründen fallen zu lassen. Er verurteilte bereits dies, daß der Mensch frei festlegt, was als Wohl oder als Übel zu gelten habe. Hiergegen richtete sich seine Lehre von den Ordnungen. In seiner mittleren Schaffensperiode forderte er ein „deutungsloses" Aushalten der als „Gesetz" verstandenen Wirklichkeit. Damit sollte aber gerade einem theologisch qualifizierten Verständnis von Freiheit das Wort geredet werden. Sehr richtig sah Gogarten, daß wirkliche Freiheit offenbar erst dort beginnt, wo eine Fähigkeit da ist, Wohl *und* Übel in ihrem unaufhebbaren Nebeneinander auszuhalten — ohne doch resignierendem Quietismus zu verfallen. Ein freier Mensch ist demnach nicht der vom Übel zum Wohl übergegangene Mensch, sondern der Mensch, der nicht unter dem Zwang steht, die Wirklichkeit nach seinen subjektiven Wünschen umzuschaffen.

Gogarten empfahl dem in subjektivistische Bindungslosigkeit hineingeratenen modernen Menschen, sich wieder — sofern er Christ ist — in seine Grenzen zu schicken. Gogarten suchte auch zu zeigen, wo diese Grenzen verlaufen. Die technisch-soziale Bekämpfung von Übeln bewertete er selbstverständlich nicht generell negativ. Aber er wies auf Bedingungen hin, die sie erfüllen muß, soll sie ein gutes Werk sein. — Barth hatte im Unterschied zu Gogarten nicht zu einer neuen Bindung im Glauben geraten, sondern er suchte den modernen Menschen zu entlasten, ihm zu zeigen, von welchen ihn niederdrückenden Selbstverpflichtungen und Bürden er in Wahrheit frei sei, weil Gott diese Lasten trägt.

Daß die Differenz Barth — Gogarten in der Freiheitsfrage *so* herauskam, ist auf dem Hintergrund der „Dialektik der Aufklärung" zu sehen. Diese bot seinerzeit der Theologie — bei aller Gefahr, in ihre ideologischen Hintergründe verwickelt zu werden — *zwei* Möglichkeiten, mit dem Freiheitsproblem voranzukommen: Barth setzte, die eine Möglichkeit wahrnehmend, seine Theologie in ein freundschaftliches Verhältnis zum Freiheitsversprechen der Aufklärung. Seine Hegelkorrektur und seine Wiederaufnahme gewisser Anliegen Hegels hatten das Ziel, diesem Freiheitsversprechen seinen in der Wirkungsgeschichte des deutschen Idealismus verspielten Kredit wiederzugeben, somit die Freiheitsbemühung entgegen den Erscheinungen von Freiheitsmüdigkeit wach zu halten. Gogarten indessen orientierte sich, die zweite Möglichkeit wahrnehmend, am Freiheitsmißbrauch, d. h. an den auf der Kehrseite der Aufklärung zutage getretenen Entfremdungserscheinungen. Er schärfte deshalb die Grenzen der Freiheit ein und die Bindungen, die es zu ertragen gelte. Eben damit wollte auch Gogarten Freiheit eröffnen.

Die Theologien Gogartens und Barths hätten sich nicht bis zur Unvereinbarkeit auseinanderentwickeln müssen, wäre beiden die im Gang der Neuzeit begründete Zusammengehörigkeit ihrer zentralen Thematik sichtbar gewesen. Beide hätten dann zum Vorteil der gegenseitigen Verständigung einige zu kurz greifende Perspektiven vermeiden können. Gogarten wäre nicht so einseitig auf das Ziel fixiert gewesen, es müsse dem Menschen das Gesetz heute wieder *als Gesetz* in seiner vollen, Illusionen ausschließenden Härte sichtbar und spürbar werden. Gogarten hätte sehen müssen, daß dies eigentlich kein Ziel darstellt, schon gar nicht ein theologisches. Denn das Gesetz wird ja nur unter einer einzigen Voraussetzung *als Gesetz* sichtbar und spürbar, nämlich unter der, daß das Evangelium bereits über es Herr geworden ist; daß also das Evangelium Glauben gefunden und bereits Freiheit gegenüber der tötenden Macht des Gesetzes eingeräumt hat. Gogarten hätte nicht in der *neuen Bindung* die eigentliche Lösung des Freiheitsproblems sehen sollen, obwohl gewiß der Mißbrauch der Freiheit zur „Dialektik der Aufklärung" hinzugehört. Er hätte des in der christlichen Verkündigung begründeten absoluten Vorrangs der Freiheit innerhalb der Dialektik von Freiheit und Bindung stets gewärtig bleiben müssen. — Was nun Barth betrifft, so hatte er bei seiner Vorordnung des Evangeliums vor das Gesetz nicht genügend deutlich gemacht, woher sich die von ihm dabei in Kauf genommene Änderung gegenüber den traditionellen Vorlagen erklärt. Eine Verdeutlichung des Zusammenhangs zwischen der Vorordnung des Evangeliums und dem neuzeitlichen Geschick des Freiheitsproblems hätte Barth geholfen, gewaltsame Schriftexegesen zu vermeiden und überhaupt seine einschneidende dogmatische Maßnahme besser zu begründen. Er wäre dann auch in der Lage gewesen, unter der Voraussetzung des Vorrangs des Evangeliums auch Gogartens Bemühung um die neue, christliche Bindung als eine wichtige, ja, als eine angesichts des modernen Freiheitsmißbrauchs dringliche ethische Forderung anzuerkennen.

Doch da die geistige Herkunft Barths und Gogartens konträr war, blieb beiden versagt, was in diesem Fall für die theologische Verständigung erforderlich gewesen wäre: eine dialektisch-kohärente Sicht der beiden großen gegenläufigen Strömungen der Neuzeit. Die Kluft zwischen Barth und Gogarten war hier noch wesentlich tiefer als selbst diejenige, die sich durch die „Wende" der dialektischen Theologen etwa zwischen Barth und seinen liberalen Lehrer von Harnack gelegt hatte. Denn Barth und von Harnack trafen sich auch noch nach der Trennung ihrer Wege in der gemeinsamen Freude an dem Bekenntnis Goethes:

> Komm! Wir wollen dir versprechen
> Rettung aus dem tiefsten Schmerz —
> Pfeiler, Säulen kann man brechen,
> Aber nicht ein freies Herz:
>
> Denn es lebt ein ewig Leben
> Es ist selbst der ganze Mann,
> In ihm wirken Lust und Streben,
> Die man nicht zermalmen kann.

Barth hat diese Verse wie folgt kommentiert: „Daß und inwiefern das Alles recht gesagt ist und heute mehr als je mit lauter Stimme gesagt werden muß, das kann freilich erst einsichtig werden mit dem wirklichen Grund des wirklichen göttlichen Anspruches an den Menschen. Aber eben damit wird es dann auch einsichtig." (KD II 2, 614 f.).

REGISTER

I. Personen

(ohne die häufig erwähnten Namen: K. Barth, E. Brunner, R. Bultmann
und F. Gogarten)

Adorno, Th. W. 206
Albert, H. 206, 233
Althaus, P. 15, 18, 25, 39, 54, 56, 60,
  67–71, 161, 172, 198, 295–300, 305,
  309, 313–320, 324 f., 328 f., 332
Aristoteles 44, 372
Asmussen, H. 72
Augustin 58, 130, 175, 307, 329, 382

Baader, F. v. 313
Bachmann, W. 172, 196
Bäumler, Chr. 39, 41
Balthasar, H. U. v. 39, 45, 49, 56 ff.,
  206, 226 f., 233, 236, 243 ff.
H. Barth 42 f., 334
P. Barth 172, 184
Bauhofer, O. 172
Baur, F. Chr. 21, 236, 243, 295, 300
Bayer, O. 342
Beck, J. T. 117
Benz, E. 172, 190
Bergson, H. 28, 328 ff.
Berkouwer, G. 13, 39, 50
Biedermann, A. E. 172, 151, 193
Biel, G. 130
Birkner, H. J. 172, 186
Bloch, E. 68
Blumenberg, H. 72, 106, 110, 114,
  130 ff.
Blumhardt, Christof 57, 60, 117
Blumhardt, Joh. Christof 55, 57, 60, 117
Bodenstein, W. 15
Böhme, J. 313
Bohlin, T. 27 f.
Bonaventura 101

Bonhoeffer, D. 8, 110, 129, 206, 224,
  258, 309, 323 f.
Bonus, A. 74
Bornhausen, K. 172, 198
Bornkamm, G. 295, 308
Bouillard, H. 39, 43, 49, 54
Brunner, P. 172, 183
Brunstäd, F. 149
Buber, M. 170, 234, 378
Buddeus, J. F. 117, 161
Buess, E. 206, 215
Bultmann, R. 1, 8, 10, 15 f.
Buren, P. M. van 10
Buri, F. 10
Busch, E. 39, 49, 166

Calvin, J. 54, 104, 118, 160, 172 f.,
  181 ff., 303, 355
Canterbury, Anselm v. 56, 58, 142, 201,
  280
Cooper, J. Chr. 10
Cornu, D. 143, 157
Cullberg, J. 72, 98

Darwin, Ch. 179
Daxer, H. 295, 308
Dekker, A. 206, 231
Descartes, R. 169, 217, 291 f., 391
Diem, H. 39, 42
Dilthey, W. 106, 264, 274, 282 ff.
Duchrow, U. 39, 54
Duensing, F. 72, 93 f., 98

Ebeling, G. 4, 5, 8 ff., 110, 131, 142,
  166, 168, 310, 342, 346, 387

398

Ebner, F. 27, 31, 33, 41, 170, 342, 351, 354, 378
Eichholtz, G. 264
Eisler, R. 10
Eklund, H. 72, 88, 98, 108
Elert, W. 39, 48, 72, 332, 335

Fangmeier, J. 206, 224
Fehr, J. 295
Feuerbach, L. 53, 87, 166, 170 f., 214, 234, 236, 242 f., 248 f., 253 ff., 257 ff., 261, 279, 357 ff.
Fichte, G. J. 74 ff., 83, 117, 172, 193, 236 ff., 244, 242, 299, 375
Fischer, H. 13, 15, 24, 72, 78, 89, 94, 172, 190
Flacius, M. 181
Franken, J. C. 27
Friedmann, E. H.
Friese, H. 110
Fuchs, E. 264 f.
Fülling, E. 15
Fürst, W. 150

Gerhard, J. 172, 174
Gestrich, Chr. 39, 110, 206
Geyer, H. G. 15
Gide, A. 10
Giesecke, H. 27, 110
Gloege, G. 206, 295, 300
Goebel, G. Th. 8, 310, 327
Goethe, J. W. v. 2. 289, 396
Gollwitzer, H. 264, 281, 295, 300
Grisebach, E. 77, 89, 170
Grossner, C. 360, 373
Guardini, R. 2

Habermas, J. 206, 232, 236, 253, 254
Haitjema, Th. L. 27, 28, 72, 85
Hakamies, A. 332, 341
Hamann, G. 355, 378
K. Hammer 172, 203
Harnack, A. v. 16 f., 28, 46, 48 f., 60, 146, 261, 270 f., 381, 396
Hartmann, E. v. 115
Hauser, R. 39, 66
Hegel, G. W. F. 5, 11, 21, 44, 83, 95, 117, 121 f., 128 f., 170 f., 191, 206 ff., 235 ff., 243–263, 275, 279, 286, 290 f., 327, 329, 379, 381, 392 ff.
Heidegger, M. 39, 110, 128 f., 150, 171 ff., 202 f., 206, 228, 237, 243, 247,

252, 258, 264, 272 ff., 279 f., 288, 291 f., 343, 360, 363 f., 366, 369–376, 378, 391
Heim, K. 149, 295, 308, 360, 364, 366
Heinzelmann, G. W. 39, 47, 295, 309, 342, 347
Heraklit 59
Herder, J. G. 15, 21, 22, 378
Herrigel 72, 76, 206, 224
Herrmann, W. 17, 28, 54, 126, 129, 137, 272 f., 295 f., 298 ff., 304
Hessen, J. 172, 198
Hessert, P. 10
Heussi, K. 15, 24
Hirsch, E. 16, 115, 119, 143 f., 155 ff., 161, 310, 320, 332 ff., 378
Hitler, A. 94, 145
Hoffmann, A. 172
Hoffmeister, J. 10
Holl, K. 105
Hollaz, D. 300
Honecker, M. 332
Hübner, G. 39
Huntemann, F. 39, 44
Husserl, E. 28, 350, 371

Ittel, G. W. 360

Jacobi, F. H. 149
Jacobi, G. 252
Jalkanen, K. V. L. 332
Jaspers, K. 238, 252
Jüngel, E. 39, 42, 59, 166 f., 172, 206, 219 f., 227, 237, 262, 264, 267, 270, 280, 310, 326 f.
Jünger, E. 39, 49

Kähler, M. 15, 20 f., 25, 172 ff.
Käsemann, E. 264
Kahl, J. 72, 89
Kant, I. 21, 30 f., 46, 83, 110, 122, 133 ff., 138, 140 f., 169, 172, 190, 192, 194 f., 202, 245, 249, 251 ff., 256, 263, 271, 289, 291, 296 f., 300, 350, 360, 364, 371, 378, 383
Kierkegaard, S. 2, 40 f., 117, 128 f., 151, 170 f., 207 f., 235, 246, 248, 261 f., 275, 279 f., 355, 366, 376, 378, 392 f.
Kinder, E. 172, 195, 295 f.
Kittel, G. 143, 206, 213
Knak, S. 149
Koch, G. 5

Koch, T. 206, 227
Köhler, W. 15, 21, 23 ff., 39, 47
Kohlbrügge, H. F. 117
Konfuzius 234
Konrad, J. F. 172, 310, 316
Krause, R. 152, 157
Kretzer, A. 72
Krings, H. 328
Krockow, Chr. Graf v. 39, 48, 49
Kroeger, M. 83
Krötke, W. 206, 210
Krüger, G. 39, 44
Kuhlmann G. 103, 263, 360, 364, 369
Kutter, H. 39, 54

Lackmann, M. 295
Lämmerzahl, E. 172, 192
Lagarde, P. de 21
Lambinet, L. 39, 44
Lange, P. 72, 84, 89, 93, 99, 101 ff.,
    172, 180
Langemann, O. 143
Lau, F. 328 f., 332, 334
Leese, K. 310, 343, 347
Lehmann, K. 237, 244
Leipold, H. 27, 343
Lenin, W. I. 155
Lessing, E. 15, 72
Lessing, G. E. 21, 99, 110, 118, 123 f.,
    126 ff., 130, 383
Lichtenberg, G. Chr. 130
Lilje, H. 149
Lindemann, W. 39
Link, W. 8, 141, 172, 177, 343 f., 360,
    364, 369 f., 372
Lipsius, R. A. 173 f.
Löhe, F. 117
Löwith, K. 15, 19, 166, 170, 237, 251,
    254, 360, 364, 373
Lombardus, P. 101
Lübbe, H. 110, 114 f.
Lührmann, D. 295
Lütgert, W. 143 f., 149, 173, 190, 194 f.,
    198, 310, 313, 315
Luthardt, C. E. 175, 328, 331
Luther, M. 3, 30, 47, 57, 83, 91, 104 f.,
    108 ff., 118, 122, 130 f., 146, 160, 190,
    224, 300, 303, 317, 332, 336 f., 341,
    352, 360, 372, 376, 386

Malevez, L. 173
Marquardt, F. W. 40, 42, 61, 71 f., 101,
    237, 242, 246, 258

Marsch, W. D. 40, 67 ff., 237
Marx, K. 90, 155, 170 f., 206, 235 ff.,
    240 f., 248, 253 f., 258, 261, 279, 392
Meier, K. 143
Melanchthon, Ph. 191, 276
Merz, G. 72, 100
Michel, O. 295, 307 f.
Mittelstrass, J. 110
Mohler, A. 40, 49, 143, 155
Moltmann, J. 9, 173, 195
Müller, H. M. 103
Mulert, H. 143 f.

Natorp, P. 30
Naumann, F. 54
Neumann, P. 143
Niemöller, M. 143, 146
Nietzsche, F. 15, 22 f., 42, 64, 67, 118,
    130, 132, 155, 170, 199, 218, 264,
    290 f., 293, 330, 393
Nygren, A. 296, 308

Oepke, A. 40, 44
Oetinger, F. Chr. 313
Oettingen, A. v. 173 f.
Ogden, Sch. M. 10
Olearius, K. 173, 190
Olimart, K. E. 328
Osiander, A. 195, 199
Ott, H. 15, 19, 173, 264, 295
Overbeck, F. 29, 40, 42, 44, 45, 59, 61,
    64, 67, 115, 117

Pannenberg, W. 8 ff., 110, 130, 173,
    201, 203, 295, 298, 310, 325 f.
Pascal, B. 209, 355, 378 f.
Paulus 307 ff.
Pestalozzi, J. H. 54
Peterson, E. 15, 18
Pfaff, Ch. M. 161
Pius IX. 161
Plack, A. 206, 230
Plato 30, 43 f., 296, 303 f., 372
Pöhl, J. H. 296, 332, 336
Pöhlmann, H. G. 173, 200, 203, 296,
    310
Popper, K. R. 200, 233, 237, 254
Pressel, W. 143, 145
Prümm, K. 296
Przywara, E. 173, 203

Quenstedt, J. A. 204, 295

Ragaz, L. 54
Rahner, K. 166, 169
Reisner, E. 72, 97
Rendtorff, T. 7, 13, 166 f., 171 f., 206, 224, 233, 237, 257, 384
Rich, A. 7
Ries, J. 173
Ritschl, A. 16, 20, 43, 118, 137, 173, 190 ff., 195, 198, 261, 328, 331 f.
Ritter, K. B. 149
Robinson, J. M. 9, 14, 173, 202, 264, 271
Roessler, D. 166 f.
Roessler, R. 27, 32
Rothe, R. 95, 116 f., 259

Salakka, Y. 27, 31 f., 343
Sannwald, A. 72, 103
Sauter, G. 264
Scheffzcyk, L. 173
Scheler, M. 264, 269
Schelling, F. W. J. 44, 206, 217, 313
Schellong, D. 5 f., 110, 237
Schempp, P. 40, 44
Schiller, F. 64, 173, 192, 289 f.
Schlatter, A. 117, 173, 191, 310 ff., 315
Schleiermacher, F. E. D. 11, 16, 21, 35 f., 43, 56, 87, 95, 121 f., 128 f., 137, 151, 170, 173, 179, 190 ff., 196 ff., 224, 235, 237, 243, 251, 261, 342 f., 345, 347 f., 350 ff., 354, 387
Schlemmer, H. 143 f.
Schlichting, W. 237, 244
Schlier, H. 296
Schlink, E. 173, 187
Schmid, F. 110, 136
Schmidt, H. W. 27, 35, 39, 44
Schmidt-Japing, F. 40, 44
Schmitt, C. 39
Schneider-Flume, G. 143
Schnübbe, O. 360, 371
Scholder, K. 11 ff., 72, 108, 110, 117
Scholz, H. 124
Schopenhauer, A. 170, 330
Schreiber, J. 264
Schreiner, H. 149
Schröter, F. 72
Schulz, G. 149
Schulz, W. 206, 230, 237, 247, 264, 276, 279
Schumann, F. K. 1 f., 40, 47, 110 ff., 115, 185, 190

Scotus, D. 130
Shaull, M. 11, 143
Smart, J. D. 10
Smend, R. 40, 55
So, M. 206
Söhngen, G. 173, 186, 203
Sölle, D. 40, 66
Sohm, R. 54
Spener, Ph. 190
Spengler, O. 143, 155
Spinoza, B. 5
Splett, J. 237, 244
Stadtland, T. 40
Stählin, W. 149
Stalin, J. 155
Stamm, J. S. 206
Stange, C. 296, 304
Steck, K. G. 6, 237
Steiger, L. 4, 40, 57, 166, 171
Stephan, H. 27, 36
Steubing, H. 296, 309
Stock, K. 206
Strauß, D. F. 17, 237, 241, 331
Strigel, V. 181
Strohm, Th. 40, 52, 73, 75, 77, 90, 93, 108
Szekeres, A. 40, 58

Thielicke, H. 40, 66, 89, 173, 228, 237, 239 f.
Thimme, W. 206
Thomas v. Aquin 172, 231
Thurneysen 1, 16, 49, 83 ff., 128, 143 f.
Thyssen, K.-W. 4, 73 ff., 104, 143, 152
Til, C. v. 40, 44, 57
Til, S. v. 117
Tiling, M. v. 149
Tillich, P. 15 f., 18, 24, 40, 47, 60, 73, 97, 103, 143 f., 150, 153 ff., 157, 207, 226 f., 229, 233, 237, 252, 262, 297, 360, 371, 377 ff.
Tönnies, F. 90 f.
Topitsch, E. 237
Torrance, T. F. 173, 182
Trillhaas, W. 296
Troeltsch, E. 7, 15 f., 19–29, 39 ff., 43, 45, 47, 54, 62, 73 f., 77 ff., 84, 94 ff., 105 f., 110, 117, 127 f., 173, 186, 261, 299, 332, 336, 341, 343, 347 f., 381

Vico, G. 19
Vogel, H. 207

Volk, H. 27, 159, 173
Volken, L. 27 f.

Walker, R. 310
Weber, M. 48, 54, 129
Weth, R. 73 ff.
Wieland, W. 173, 194
Wieser, G. 73, 108
Wiesner, W. 1, 310, 332
Wilckens, K. 296, 298

Wingren, W. 40, 44, 67, 207, 328
Wobbermin, G. 16, 137
Wolf, Erik 173, 183 f.
Wolf, Ernst 146, 173
Wolff, O. 73
Wünsch, G. 310 f.

Zabel, H. 110, 114 f.
Zahn-Harnack, A. v. 40, 60
Zahrnt, H. 39 f., 47, 66, 166

II. Sachen

Abendmahlsstreit 100, 103
Absolutismus, theologischer 130
Aktualismus 204 f., 239, 258
Analogie 54, 59, 71, 99, 200 ff., 239 f.
— analogia attributionis 204
— analogia entis 147, 164 f., 203 f.
— analogia fidei 59, 99, 200 ff.
— analogia relationis 239
Anfänge, dialektische 6, 9, 10 f., 13 f., 15—109
Anknüpfungspunkt 32, 53, 131, 162, 185, 204, 342 ff.
Anthropologie (anthropologisch) 43, 52, 139 f., 147, 166 ff., 169 f., 179 ff., 186 ff., 220 ff., 240 ff., 279
— christliche 374, 378
— theologische 191, 226 f.
— s. a. Mensch
Anthropozentrik 56, 207, 272
Apologetik 2, 204, 354
Apriori, religiöses 347
Atheismus 1, 10, 18, 45, 47, 55, 60, 195, 199, 253, 299 f., 311 f., 362
Auferstehung s. Ostern
Aufklärung(s) 1, 4, 7, 22 f., 43, 55, 68, 73, 110 ff., 172, 249 ff., 257, 339 f., 382, 394 f.
— kritik, christliche 55, 378
Autonomie 106, 115 f., 177
Autorität 30, 83, 88, 90—93, 144

Barmen 145 f., 148 f.
Barthianismus 10
Begriffsklärung 102
Begriffsperseveration 13
Bekenntnis 105
Bibel 12, 44 f.
— s. a. Schrift, heilige
Bindung 106, 144, 152, 394 f.
Bourgeoisie 113
Bultmannianismus 10
Buße 67, 82

Cartesianismus 280 ff., 291 f.
Chiliasmus 339 f.
chorismos 42 f.
Christentum 5 f., 24, 28, 44 f., 59 f.. 94 f., 112 f., 115 f.
— artgemäßes 145
— bewußtes 113
— modernes 7, 59
— s. a. Deutschchristentum
Christologie 10, 101 f., 187, 220 ff., 226, 237 ff., 240 ff.
— christologische Konzentration 56, 192, 201
— s. a. Jesus Christus
Christomonismus 196, 296, 298, 312
Christusoffenbarung 196, 296, 302 f., 306 f., 316 f., 333
corpus Christianum 113

Daseinsanalyse 363 ff., 372, 375 f.
Deismus 21
Denken 247, 382
— modernes 2 f., 6, 59 ff., 87, 105 f., 108, 115, 339, 385
— neuzeitliches 4 f., 7, 16, 55, 82, 90, 132
Denkform 35 f., 244
— biblische 246
— idealistische 243 ff.
— platonische 243
Denkschematismus 44, 203, 244
Deutschchristentum 12, 123, 129, 144 ff., 151 f., 156 ff., 163
Dezisionismus 9, 48 f.
Dialektik 18, 84, 142
— s. a. Theologie
Diastase 59, 61
Dogmatik 19 f., 22, 41, 59 ff., 66, 82, 90, 101 f., 120, 133, 256, 345, 356 f.
— s. a. Methode
— s. a. Theologie
Dogmatismus 256

Dogmatizismus (K. Barths) 159
Drittes Reich 3, 18, 93, 107, 112, 143 ff.,
150, 156, 256, 313
Du-Ich-Beziehung 30, 33, 77, 83, 88 f.,
91 f., 96 ff., 102, 137, 170, 367

Eigengesetzlichkeit 55. 81, 341
Endlichkeit 373 ff.
Endzeit 188, 192
Entfremdung 210, 255, 297, 390, 392
Entmythologisierung 10, 186, 188, 278
Entscheidung 29 ff., 80, 82, 107 f., 287,
390
Erbsünde 185, 192
Erfahrung 31, 125 f., 137 f., 187 ff., 211
Erhaltungsgnade 162, 328, 333
Erhaltungsordnungen 162
— s. a. Ordnungen
Eristik 177, 200, 306, 343 ff., 353,
355 ff., 381
Erlösung 195, 197
Erscheinung 52, 55, 242
Erwählung 130, 211 ff., 389
Eschatologie 9, 19, 57, 84, 186, 188 f.,
195, 201, 278
Ethik 25, 40, 47, 54, 59—72, 98, 306
— idealistische 104
— politische 93
Evangelium 6 f., 49—51, 105, 108,
112 ff., 116, 142, 386 f.
— s. a. Gesetz und Evangelium
Ewigkeit 47, 51 f., 57
— s. a. Zeit und Ewigkeit
Exegese 203, 274, 276, 278, 287 f.
Existenz 52 f., 66, 168, 207, 268 f.,
276 ff., 287
Existenzdialektik 51
Existenzialien 370
Existenzphilosophie 3, 23, 57, 168 ff.,
202, 218, 220, 238, 252, 262 f., 270,
279 ff., 288, 291, 293, 367, 372
Extra Calvinisticum 101, 104

Falsifizierbarkeit 232
Faschismus 1, 147, 157
finitum non capax infiniti s. Extra Calvinisticum

Freiheitsfrage 30 f., 96, 104, 106, 109,
112, 175 f., 244 ff., 248 f., 297, 339 f.,
386 ff., 392 f.
Führer 91, 151

Fundamentalontologie 33, 263, 371,
374
— s. a. Ontologie

Geist 28 ff., 33 f., 41, 45 ff., 95 f., 138,
247, 255
— heiliger 41, 180, 346, 349
— moderner 104 ff., 110
— s. a. Moderne
— s. a. Pneumatologie
— s. a. Glaubensartikel
Geistesgeschichte (geistesgeschichtlich)
3, 6, 14, 24, 35, 37 f., 107, 117, 201 f.,
232, 377, 386
Gemeinde 17, 88, 90 f.
— s. a. Kirche
Gemeinschaft 86, 90 f.
Gerechtigkeit 70
Gericht 49 f., 54, 59, 69, 82
Geschichte (geschichtlich) 8 f., 11,
16 ff., 26, 28 ff., 35, 37 f., 41 ff.,
45 ff., 66 f., 78, 94, 96 ff., 123 ff.,
137 f., 273 f., 277 f., 302, 313, 317,
326, 339
— s. a. Glaube
— s. a. Heilsgeschichte
— s. a. Offenbarung
— s. a. Urgeschichte
Geschichtsbild 272
Geschichtsphilosophie 95 ff., 125, 153 f.
Geschichtsschreibung 19 ff.
Geschöpf 76, 105, 107 f., 200
Gesellschaft 90, 232
Gesetz 44, 49, 66, 92 f., 105 ff., 141 f.,
152, 193, 330, 337 f., 340 f., 355,
386 f., 395
— und Evangelium 34, 49 ff., 55, 66 f.,
69, 92 f., 104 ff., 109, 141 ff., 325,
386 ff., 395
— s. a. Evangelium
Gewißheit 131, 267 f., 292
Glaube 5 f., 17 f., 20, 28, 30, 31 f., 34,
36, 45, 86 f., 104 f., 107, 171, 210,
224, 249 f., 359, 363
— und Geschichte 17 f., 20 f., 28, 30
— und Werke 104 f.
— und Wissen 249, 251 f., 259
Glaubensartikel
— erster 197, 300
— zweiter 300
— dritter 313
Gleichnis 100

Gnade(n) 43, 50 ff., 54 f., 59, 130 f., 153, 162, 175 f., 178 f., 185, 197, 210 f., 214, 218, 315 f., 333
— lehre 182 f., 220
— wahl s. Erwählung
— s. a. Natur
Gnosis 134
Gott(es) 1, 10 f., 16, 20, 25, 45, 51, 56 f., 66 f., 70 f., 75, 111, 130 f., 137 f., 168, 249, 252 f., 266 ff., 280, 316 ff., 326, 333
— Alleinwirksamkeit 57
— beweis (ontologischer) 217
— bewußtsein 362
— beziehung 177, 200, 268, 322, 347, 390
— Dasein 1
— ebenbildlichkeit s. imago Dei
— erfahrung 200
— erkenntnis 280 f.
— Existenz 266 f.
— frage 1, 27, 53, 112, 139, 204
— Freiheit 101, 249
— gedanke 1, 5, 10, 139, 204, 316 f.
— Gegenständlichkeit 280 f.
— Geschichtlichkeit 326 f.
— gleichheit 178
— Jenseitigkeit 16
— lehre 218, 220, 258, 268 f., 323, 389
— Maximal-Gott 130 f.
— der Philosophen 56, 291
— reich 54
— Schöpfergott s. Schöpfer
— Sein 266 f., 270
— Selbstoffenbarung 299, 322, 325
— Tod Gottes 10, 68, 252
— Wort 16 f., 138 f., 168
Götter 19
Grundlagenkrise, allgemeine 6, 13, 35, 37, 80 ff., 144, 150

Häresie (häretisch) 7, 109, 115, 121, 146, 248, 291, 339
Heilsgeschichte (heilsgeschichtlich) 19 ff., 26, 41, 80, 94, 186 ff., 196
Heilsgewißheit 130 f.
Hermeneutik 4, 6, 8, 10, 17, 48, 265, 268, 270 ff., 282 ff.
— allgemeine 271, 282, 382
— biblische 280, 282 f.
Historie 22 ff., 77

Historismus 2, 8, 15, 19 ff., 28 ff., 35 f., 40 f., 85, 94, 330
Humanismus 11, 56, 58, 85, 89, 116, 147, 175, 233 f.
Humanum 174, 182
Humanwissenschaften 226 ff.
— s. a. Wissenschaft
— s. a. Naturwissenschaft

Ich s. Ich-Du-Beziehung
Ideal 64 f.
Idealismus 3, 7, 22 f., 33. 36, 42 ff., 53, 63 ff., 94 ff., 105, 109, 138, 142, 169 f., 186, 190, 194, 237 f., 241, 243 ff., 256, 329 f., 375, 392
— kritischer 42 f.
Idee 32, 42, 52, 55, 138, 142
— s. a. Erscheinung
Identität(s) 52, 75 ff., 95
— mystik 208
— philosophie 76, 254, 279, 282
Ideologie 11 f., 36 f., 65 f., 97, 99, 109, 340 f., 392
— kritik 256, 341, 392 f.
imago Dei 173 ff., 181 ff., 197, 207, 225 f., 254, 343, 371
— imago-Rest 174, 185 f.
Individualismus 91
Individuum 187
infusio gratiae 370, 378
Inkarnation 101, 137 f.
Innerlichkeit 19, 55, 195, 279, 282
Interpretation, existentiale 8, 10, 272 ff., 276, 278 ff., 282, 288, 294, 374
iustitia originalis 174, 181, 190, 193, 196
— s. a. Urstand

Jesus Christus 19 ff., 27, 41, 148, 212 ff., 220 ff., 233 ff., 241 f., 265 f.
— historischer Jesus 8, 21, 264
— Stellvertretung Jesu 212
Jungfrauengeburt 322, 324
Junglutherum 150, 313

Kairos 154 f.
Kapitalismus 60
Katholizismus 43 f., 106, 138, 158, 203
Kerygma 10, 264 f., 271 f.
Kirche 17, 91, 112 f., 250 f., 290, 341
— Bekennende Kirche 145
— katholische 30

Kirchenkampf 11, 105, 110 ff., 145 ff., 325
Kreuz 53, 142
Kritik, historische s. Methode
Konservatismus 1, 11, 340
— konservative politische Romantik 67
— Konservative Revolution 48, 91
Kultur 5 f., 19, 27, 60, 62, 79 f., 82, 84, 90, 94 f., 103,
— christliche 5 f., 39, 43, 60, 85
— optimismus 81

Leben 119
Lebensphilosophie 23, 35, 49, 330
Lehre 119
— reine 7, 348
— reformatorische 104
— reformierte 100, 103 f., 218
Liebe 358 f.
Linkshegelianismus 10, 64, 246, 250 ff., 258 f., 263, 329, 392
Luthertum 103 f., 150 ff., 313
— s. a. Jungluthertum

Materialismus 46 f.
Mensch 30, 36, 52 f., 62 ff., 75 ff., 87, 130 f., 139, 177 ff., 181 ff., 207 ff., 220 ff., 235 f., 240 ff., 365 f., 372 ff.
— alter/neuer 52, 54, 63, 77
— moderner 1, 36, 55, 99, 116, 156
— natürlicher 5, 36, 179, 188, 225, 234
— im Widerspruch 207 ff.
— wirklicher 206 ff., 209, 212, 221 f., 226, 234 ff., 238, 241, 246 f.
— s. a. Anthropologie
— s. a. imago Dei
— s. a. Du-Ich-Beziehung
Menschwerdung (Gottes) 131
Metaphysik 4 f., 10, 90, 195, 204, 240 ff., 371, 374 f., 378
Methode(n) 20
— dogmatische 20, 41
— fragen 13
— historisch-kritische 8, 11 f., 20 f., 48, 270 ff.
— religionsgeschichtliche 46
— theologische 11 f., 18
— universalgeschichtliche 21
Mission (missionarisch) 118, 346 f., 355, 363, 382
Mittelalter 1, 19, 43, 106, 112, 132, 382
Moderne 1 f., 4, 6, 83, 99 f., 105, 111 ff., 385

— s. a. Aufklärung
— s. a. Denken
— s. a. Mensch
— s. a. Neuzeit
Mündigkeit 109, 112 f.
Mystik 24, 35 f., 41, 74, 313
Mythos 74

Naivität, zweite 55, 251, 255
Nationalsozialismus 145, 149, 155, 157
Natürlichkeit s. Naivität
Natur 38, 43, 96, 120, 138, 183, 194 f., 200, 254, 297, 299, 305 f.
Naturalismus 22 f., 36
Naturwissenschaft 29, 190, 195, 232, 254, 297
— — s. a. Humanwissenschaften
— s. a. Wissenschaft
Neologie 125
Neukantianismus 28, 34 f.
Neuprotestantismus 2 f., 8, 16 ff., 38 f., 42 ff., 48, 56, 59, 79, 85, 117 ff., 127 f., 137, 146 f., 179, 196, 207, 345 f.
— s. a. Theologie
Neuzeit 2 ff., 18 f., 26, 35, 37, 53, 73, 83, 106, 109 ff., 127 ff., 181, 206, 337 f., 385, 395
— s. a. Denken
— s. a. Moderne
— druck 51
— Ende der Neuzeit 2
— kritik 104, 110 ff.
— Legitimität der Neuzeit 131
— Schock der Neuzeit 319 f., 342
— syndrom 4 ff., 130, 385
Nihilismus 199, 204, 211, 218
Nominalismus 36, 130 f.
Notwendigkeit 168 f.

Objektivismus (objektivieren) 36, 137, 269 f., 275 ff., 289, 350
Objektivität 202
Offenbarung(s) 8 f., 16, 17 ff., 23, 28, 31 ff., 37 f., 41 ff., 47 f., 51 f., 66 f., 78, 98 f., 101 f., 121 ff., 153, 179 f., 200 f., 247, 295 f., 383
— s. a. revelatio
— s. a. Ur-Offenbarung
— und Geschichte 16 f., 20, 28, 48, 55, 123 f., 302, 326 f.
— und Vernunft 34, 301

— besondere 145
— mächtigkeit 176, 203, 355
— natürliche 313, 315 f., 323 f.
— positivismus 169, 228, 323
— wunder 20
— zweifache 296 ff.
Ontologie 6, 16, 107, 148, 200 ff., 258, 261 ff., 363 ff., 367 ff., 374 f.
— s. a. Fundamentalontologie
— gläubige 369, 376 f.
— philosophische (allgemeine) 369 f., 372, 376, 378
— theologische 367 ff.
— Theo-Ontologie 393
Ordnungen 55, 69, 86, 88 f., 91, 105, 108, 152, 314, 328 ff., 344, 394
— s. a. Erhaltungsordnungen
— s. a. Schöpfungsordnung
ordo salutis 187
Orthodoxie
— und Heterodoxie 258
— altprotestantische 7, 118, 124, 184 ff., 190, 204 f., 256, 300, 331
— bei Karl Barth 44, 113, 275
— philosophische 258 f.
— vernünftige 149
Ostern 42, 44, 47, 50, 52, 54 f., 65, 81, 277

Pantheismus 29
particula exclusiva 161 ff.
Pelagianismusverdacht 178, 183, 384
Person (Persönlichkeit) 29 f., 174, 351, 363
Personalismus (Personphilosophie) 8, 33
— s. a. Du-Ich-Beziehung
Phänomenologie 35, 37
Philosophie 3, 6, 9, 19, 36 f., 44 f., 95, 121, 134, 142, 169 ff., 228, 386 f.
— s. a. Theologie und Philosophie
— s. a. Existenzphilosophie
— s. a. Geschichtsphilosophie
— s. a. Idealismus
— s. a. Lebensphilosophie
— s. a. Personalismus
— s. a. Religionsphilosophie
— s. a. Subjektivitätsphilosophie
— kritik, theologische 140
— kritische 30 ff., 41, 44
— neuzeitliche 2 f., 5 f., 120, 127 ff., 131, 140, 390 ff.

— philosophische Fakultät 133 ff.
— praktische 32
— richtige 294, 380
— theoretische 32

Physikotheologie 300
Pietismus 118, 180, 187, 190
Platonismus 43 ff., 47, 66 ff., 71, 243
Pneumatologie 346
— s. a. Theologie
Positivismusstreit 232 f., 256
Prädestination s. Erwählung
Praxis 24 f., 59, 247
— s. a. Theorie und Praxis
Predigt 16, 101 f.
— s. a. Verkündigung
— s. a. Wort
Profanität 20 f., 26, 103, 113
Prolegomena 101 f.
Protestantismus 2, 9 f., 71 f., 104 ff., 109, 117, 127 f., 157
— s. a. Neuprotestantismus
Protologie 189 ff., 194 ff., 199, 201, 331, 371
Psychologie 30 f.
Psychologismus 30 f., 41, 43, 352

Rationalismus 22, 29, 35, 118
— s. a. Vernunft
Realismus 36, 137 f., 141
Rechtfertigungslehre 67, 369 f., 372
Redlichkeit, intellektuelle 129 f.
Reformation (Reformatoren, reformatorisch) 2 f., 16 f., 26, 43 f., 100, 103 ff., 109, 127 f., 141, 146, 160, 181 ff., 189 f., 192 f., 199 f., 204 f., 207, 312 f., 320
— Jungreformatorische Bewegung 149
— s. a. Jungluthertum
Relativismus 24, 29, 38, 46, 79, 330
Religion(s) 27, 29, 53, 95, 360 ff.
— religiöse Anlage 16
— religiöses Apriori 347
— christliche 260
— geschichte 16 f., 21, 23, 25
— kritik 87
— natürliche 316, 318
— philosophie 16, 94
— psychologie 16, 352
— wissenschaft 2
Renaissance 186
revelatio generalis 300 ff.

revelatio specialis 145, 300, 302
— s. a. Offenbarung
Revolution 54, 81
— Französische Revolution 64, 88
Romantik 22 f., 29, 96

Sachlichkeit 17, 31
Säkularisierung 19, 39, 61, 87, 113 ff., 117, 130, 132 f., 177, 320, 376
Säkularismus 60, 114 f., 131, 321
Schicksal 141 f.
Schöpfer 76, 105, 107 f., 304, 312, 333
Schöpfung(s) 58, 76, 188 ff., 193, 195, 197, 200 f., 203, 223 f., 254 f., 303 f.
— s. a. Erlösung
— s. a. Geschöpf
— s. a. Naivität
— s. a. Ordnungen
— gnade 162, 222 f., 309
— offenbarung 163, 188, 297, 302 ff., 309 ff., 313, 315 f., 321 f., 334
— ordnung 188, 328 ff., 334, 336, 338, 344
— zweite 233
Scholastik 130, 351
Schrift, heilige 37
— s. a. Bibel
Schuld 67
Schwärmertum 105 f.
Sein 200, 202
— s. a. Daseinsanalyse
— s. a. Gott
— s. a. Ontologie
Selbstverständnis 273, 276, 283, 285, 310 ff.
Sinn 30
Situation 13
sola gratia/sola scriptura s. particula exclusiva
Sozialdemokratie 3, 54
Sozialismus (das Soziale, sozial) 61, 64 f., 70, 88 f., 104
— religiöser 25, 28, 49, 60, 154 f.
Soziologie 256
Spätmittelalter 130
Sprache 9, 136, 184, 202
Staat 117
status confessionis 149
status integritatis 191 f.
Stellvertretung (Jesu) 212
Subjekt-Objekt
— Korrelation 273, 280, 329 f.

— Schema 269 f., 292
— Spaltung 5, 390 f.
Subjektivismus 36, 137, 170, 202, 275 ff., 289, 350
Subjektivitätsphilosophie 279, 283 f.
Sünde(r) 6, 43, 52, 76 f., 108, 127, 174 ff., 181 f., 185, 191 ff., 197, 209 ff., 220 ff., 247, 255, 305 ff., 329, 340, 361
Sündenfall 192, 196, 255, 340

Tat/Tätigkeit (Gottes) 257
Technik 70, 75, 116, 155 f.
Text 283
Theismus 2, 10, 195, 204, 301
Theodizee 130
Theologie (theologia, theologisch) 6, 12 f., 17 ff., 34, 37, 78, 119, 166 ff., 223 f., 285 ff., 353 f., 388
— und Philosophie 31 ff., 44 f., 89 f., 95, 121 ff., 127 f., 133 ff., 136 ff., 169 ff., 238, 245 ff., 289, 294, 363 ff., 372 ff., 377 ff., 382, 385 ff.
— biblische 25, 133 ff., 142
— crucis 68, 71, 393
— dialektische 1—14, 16—19, 25 ff., 43, 99, 105, 129, 133, 137, 154, 158 ff., 166 ff., 188 f., 238, 380 ff.
— dogmatische 354
— Erfahrungstheologie 125 f., 137
— evangelische 26
— existentielle 223 f.
— geschichte 11 f., 35
— Theologie der Geschichte 297, 299
— Theologie des Hl. Geistes 11, 386
— Theologie der Hoffnung 9, 195
— historisch-kritische 260
— junglutherische 150 ff.
— jungschweizerische 26
— katholische 147
— Kerygmatheologie 8
— kirchliche 7
— Theologie der Krisis 57
— liberale 2, 8, 25, 28 f., 171, 271, 304
— lutherische 69, 100, 103, 152 f.
— Metatheologie 35
— natürliche (theologia naturalis) 4 ff., 8, 10 f., 18, 47, 58, 61 f., 87, 94, 101, 116 f., 146 ff., 158 ff., 167 f., 170, 176, 179 f., 183, 187 ff., 194, 198 ff., 204, 207 ff., 210 ff., 257, 274, 302 ff.,

311, 315 f., 320, 326, 328, 343, 346, 356, 374, 377, 380 ff.,
— der Natur 297
— neuere protestantische 20, 36, 85, 117 ff., 127 ff., 137, 148, 187, 201
— neuprotestantische s. Neuprotestantismus
— Theologie des 19. Jahrhunderts 2, 4, 8 f., 18, 134, 144, 188 ff., 198
— Ordnungstheologie 11
— philosophierende 140 f
— politische Theologie 11
— positive 2, 106
— protestantische 137
— Radical-Theology 10 f.
— reformatorische 7, 104
— reformierte 100, 103
— religionsgeschichtliche 21, 23, 25
— Theologie der Revolution 11 f., 54
— Schöpfungstheologie 11, 189, 193 ff.
— scholastische 130
— systematische 36 f., 353 f.
— theozentrische 10
— Theologie des „und" 38, 61, 63, 66, 147, 161, 321, 384
— Vermittlungstheologie 149
— Volksnomostheologie 11
— Worttheologie 8, 11
— Theologie des Wortes Gottes 6 ff., 25, 140, 207
Theorie 12, 119 f.
— Theorie und Praxis 258
— s. a. Praxis
— Kritische Theorie 93
— s. a. Wissenschaftstheorie
Theosophie 139
Tier 177 ff., 182
— s. a. Mensch
Tradition 12 f., 125
Trinitätslehre 101 f., 218 f., 260, 323 ff.

Übel 393 f.
Übersetzungsproblematik, theologische 181, 285 f., 288, 294
— s. a. Verifikation
Universalwissenschaft 254
Unterschied, unendlicher qualitativer 52, 56 f.
Ur-Geschichte 29 f., 31, 41 f., 45, 51, 188
Ur-Offenbarung 297, 309 ff., 313 ff., 317 ff., 324 f.

— s. a. Offenbarung
Ursprungsidee 30, 33, 35, 43
Urstand 187, 190 f., 194, 196 f.
— s. a. iustitia originalis
Urzeit 188, 192

Verantwortlichkeit 29 f., 41, 57, 67, 174, 225
Verifikation 11, 90, 124, 168, 180 f., 188, 205,
— s. a. Übersetzungsproblematik
Verkündigung 6
Vernunft 22 f., 28, 32, 34, 37 f., 177, 182 f., 225, 249 f., 336 f.
Versöhnung 247
Verständlichkeit 6
Verstehen 271, 273, 286
Volkstum / Volksnomos 153 f.
Vorsehung 331
Vorverständnis 273 f., 284, 344, 257, 361, 363

Wahrheit 77, 138 ff., 230
Wahrheitsbewußtsein
— allgemeines 7, 9, 17, 35 ff., 45, 73, 99, 121 f., 138, 167, 200, 248, 290, 292
— neuzeitliches 181
Was-Frage / Wie-Frage, theologische 38 f., 164, 356 ff.
Welt 45, 47 f., 52, 106, 112 ff., 304 f.
— christliche 205
— geschichte 19 f., 44
Weltkriege
— Erster Weltkrieg 2 ff., 6, 13, 24 f., 35, 53, 59, 61 ff., 73, 77, 80 f., 108, 111 f., 144, 150, 194
— Zweiter Weltkrieg 8, 58, 110, 140
Weltlichkeit 109, 114, 250 f.
Werke s. Glaube
Wiedergeburt 187
Wirklichkeit(s) 23, 37, 44, 77, 85 f., 88 f., 92 ff., 96, 98 f., 104, 107 f., 138 ff., 202, 208 ff., 337, 368, 393
— bezug 168
— verständnis 4 ff., 30, 38, 44 f., 48, 51 f., 91 f., 96, 98, 100, 189, 204, 266, 326, 341, 343, 368, 377
— widerspruch 143, 207, 209 f., 392
— s. a. Ontologie
Wissen s. Glaube

Wissenschaft 9. 23 f., 33, 45, 96 f., 135, 142, 170 f., 227, 229, 233
— exakte 229 f.
— reine 233
— s. a. Humanwissenschaften
— s. a. Naturwissenschaft
— s. a. Religionswissenschaft
Wissenschaftstheorie 13, 386
— s. a. Theorie
Wort 8 f., 11, 31, 33, 35, 41, 168 f., 352
— Wort Gottes s. Gott, s. Wort
— s. a. Theologie (des Wortes Gottes)

Zeit 81
— faktor (in der Theologie) 384 ff.
— geschichte 13 f.
— strömungen 12 f.
— Zeit und Ewigkeit 52 f., 57, 67, 82
Zwang 340
Zweireichelehre 54 f., 152 f., 330, 332, 335 ff., 341, 383
Zwischen den Zeiten (Kreis, Zeitschrift) 1, 11 f., 14, 25, 85, 111, 136 f., 139, 144, 158

Beiträge zur historischen Theologie

51
Siegfried Raeder
Grammatica Theologica
Studien zu Luthers Operationes in Psalmos
1977. VII, 372 Seiten. Ln. ca. DM 98.—

50
Jürgen Hübner
Die Theologie Johannes Keplers
zwischen Orthodoxie und Naturwissenschaft
1975. VIII, 334 Seiten. Mit 1 Tafel. Ln. DM 84.—

49
Ulrich Köpf
Die Anfänge der theologischen Wissenschaftstheorie
im 13. Jahrhundert
1974. XII, 310 Seiten. Ln. DM 79.—

48
Henneke Gülzow
Cyprian und Novatian
Der Briefwechsel zwischen den Gemeinden in Rom und Karthago
zur Zeit der Verfolgung des Kaisers Decius
1975. IX, 167 Seiten. Kt. DM 42.—

47
Eric Francis Osborn
Justin Martyr
1973. XI, 228 Seiten. Kt. DM 48.—, Ln. DM 56.—

46
Karl-Heinz zur Mühlen
Nos extra nos
Luthers Theologie zwischen Mystik und Scholastik
1972. IX, 298 Seiten. Kt. DM 49.—, Ln. DM 56.—

45
Hans Dieter Betz
Der Apostel Paulus und die sokratische Tradition
Eine exegetische Untersuchung zu seiner „Apologie"
2 Korinther 10—13
1972. IV, 157 Seiten. Kt. DM 34.—